중학교

사회②
자습서

이진석 교과서편

KB033645

구성과 특징

내용 정리

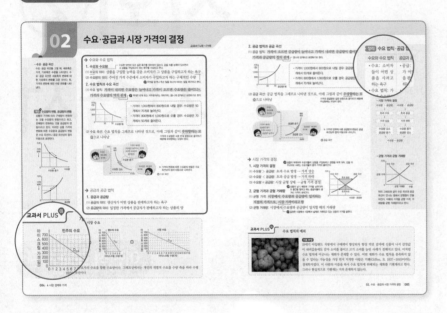

핵심 개념 정리
교과서의 내용을 한눈에 파악할 수 있도록 정리하였습니다. 또한, 첨삭 형태의 해설을 달아 쉽게 이해할 수 있도록 하였습니다.

교과서 PLUS α
교과서의 보충·심화 내용을 자료로 다루고, 자료에 대한 해설을 제시하였습니다.

개념+
어려운 개념이나 중요 개념을 보충 설명하였습니다.

정리
중단원의 핵심적인 내용을 간략하게 정리하였습니다.

활동 풀이

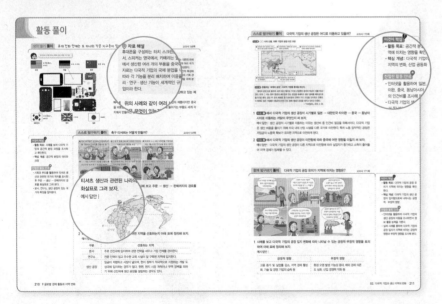

자료 해설
매 생각 열기 활동에 자료 해설을 제시하여 활동에 대한 이해를 높일 수 있도록 하였습니다.

활동 정답
교과서에 수록된 모든 활동에 관한 자세한 풀이와 예시 답안을 제시하였습니다.

이것이 핵심! **친절한 활동 안내★**
활동에 관한 핵심 내용을 제시하고 활동을 안내하였습니다.

문제

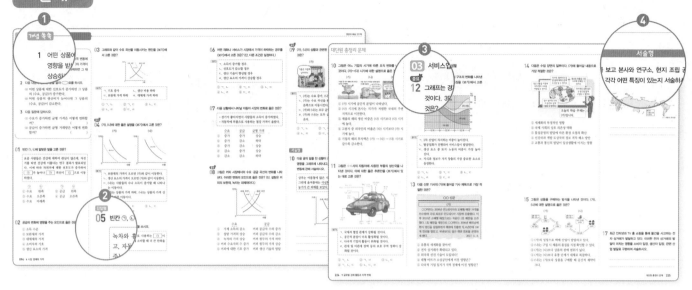

1 개념 쏙쏙

중단원에서 꼭 알아야 할 기본 개념들을 확인할 수 있는 쉬운 문제들로 구성하였습니다.

2 다양한 문제 유형

객관식, 단답형, 서술형 문제 등 다양한 유형의 문제들로 구성하였습니다.

3 중요/빈출

단원에서 꼭 알고 있어야 하는 중요한 문제와 학교 시험에 빈출되는 문제를 통해 학교 내신 시험에 대비할 수 있게 하였습니다.

4 서술형 문제

학교 시험에서 큰 비중을 차지하며 많은 학생이 어렵게 생각하는 서술형 문제를 제시하였습니다. 답안을 써 보면서 서술형에 대한 막연한 두려움을 없앨 수 있을 것입니다.

특별 코너 & 수행 평가 & 정답과 해설

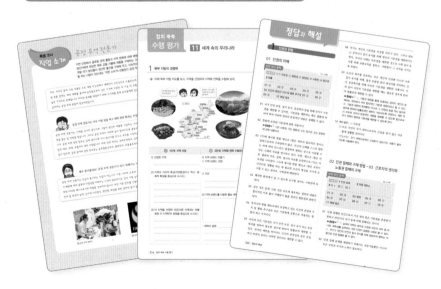

특별 코너 직업 소개

각 대단원과 관련 있는 직업에 관해 묻고 답하는 형식으로 소개하였습니다.

창의 쑥쑥 수행 평가

다양한 수행 평가를 제시하여 창의력을 키울 수 있습니다.

정답과 해설

문제마다 명확하고 친절한 해설을 제공하였습니다. **왜 틀렸을까?** 로 틀린 선택지를 분석하고, **만점 비법!** 을 통해 서술형 문제를 푸는 요령을 익힐 수 있습니다.

차례

1 인권과 헌법

01. 인권의 이해 08
02. 인권 침해와 구제 방법 ~ **03.** 근로자의 권리와 노동권 침해의 구제 14
대단원 마무리 22

2 헌법과 국가 기관

01. 국회의 위상과 역할 30
02. 대통령과 행정부의 역할 36
03. 법원과 헌법재판소의 역할 42
대단원 마무리 48

3 경제생활과 선택

01. 합리적 선택과 경제 체제 56
02. 기업의 역할과 사회적 책임 ~ **03.** 바람직한 금융 생활 62
대단원 마무리 70

4 시장 경제와 가격

01. 시장의 의미와 종류 78
02. 수요·공급과 시장 가격의 결정 84
03. 시장 가격의 변동 90
대단원 마무리 96

5 국민 경제와 국제 거래

01. 국내 총생산과 경제 성장 104
02. 물가 상승과 실업 110
03. 국제 거래와 환율 118
대단원 마무리 124

6 국제 사회와 국제 정치

01. 국제 사회의 특성과 행위 주체 ~ **02.** 국제 사회의 모습과 공존을 위한 노력 132
03. 우리나라의 국가 간 갈등과 해결 140
대단원 마무리 146

7 인구 변화와 인구 문제

01. 인구 분포 ~ 02. 인구 이동 154
03. 인구 문제 162
대단원 마무리 170

8 사람이 만든 삶터, 도시

01. 세계의 매력적인 도시 ~ 02. 도시 내부의 다양한 경관 ... 178
03. 선진국과 개발 도상국의 도시화 ~ 04. 살기 좋은 도시 ... 186
대단원 마무리 194

9 글로벌 경제 활동과 지역 변화

01. 농업의 세계화와 지역의 변화 202
02. 다국적 기업과 생산 지역의 변화 208
03. 서비스업의 변화와 주민 생활 214
대단원 마무리 220

10 환경 문제와 지속 가능한 환경

01. 전 지구적 기후 변화와 해결 노력 228
02. 환경 문제 유발 산업의 국가 간 이전 ~ 03. 생활 속의 환경 쟁점 ... 234
대단원 마무리 242

11 세계 속의 우리나라

01. 우리나라의 영역과 독도 250
02. 우리나라 여러 지역의 경쟁력 ~ 03. 통일 이후 국토 공간 ... 256
대단원 마무리 264

12 더불어 사는 세계

01. 지구상의 다양한 지리적 문제 272
02. 발전 수준의 지역 차 ~ 03. 지역 간 불평등 완화를 위한 노력 ... 280
대단원 마무리 288

창의 쑥쑥 수행 평가 296
정답과 해설 322

인권과 헌법

인간이 인간답게 살기 위해서 가장 필요한 것은 무엇일까요? 바로 '인권'입니다.
인권은 인간이라면 누구나 보장받아야 할 기본적인 권리입니다.
이 단원에서는 인권과 헌법의 관계에 관한 이해를 바탕으로,
우리나라 헌법에서 보장하고 있는 기본권과 일상생활에서의
인권 침해 사례 및 구제 방법, 노동권에 관하여 알아봅시다.

이 단원에서는

01	인권의 이해	인권 보장의 중요성을 이해하고, 우리나라 헌법에서 보장하고 있는 기본권의 종류, 기본권 제한의 내용과 한계를 알아본다.
02	인권 침해와 구제 방법	일상생활에서 인권이 침해되는 사례를 알아보고, 국가 기관에 의한 구제 방법을 알아본다.
03	근로자의 권리와 노동권 침해의 구제	헌법에 보장된 근로자의 권리를 이해하고, 노동권 침해 사례와 그 구제 방법을 알아본다.

⑦ 여학생의 물음에 남학생이 어떻게 대답했을지
생각하여 써 보자.

아이들이 행복해 보이네!
우리는 인권을 얼마나 존중받고
배려하며 살고 있을까?

| 사진 해설 |

사진은 다양한 인종의 어린이들이 손을 잡고 걷는 행복한 모습을 담고 있다. 인권은 인종 · 성별 등과 관계없이 모든 사람에게 부여되는데, 모든 어린이가 나란히 손을 잡고 서 있는 모습에서 이를 느낄 수 있다. 모든 사람이 행복하게 살아가기 위해서는 서로의 인권을 존중하고 배려하는 자세가 필요하다.

| 대답 예시 |

• 나는 인권을 충분히 존중받고 배려하며 살고 있어.
• 나는 가끔 친구를 놀리는데, 앞으로는 친구의 인권을 좀 더 배려해야겠어.
• 내가 입고 싶은 옷을 부모님이 못 입게 할 때는 인권을 존중받지 못하는 기분이 들어.

인권과 헌법

이 단원의 구성

중단원	소주제 및 탐구 활동	핵심 미리 보기
01 인권의 이해	**1 인권의 의미와 중요성** 탐구 인권이란 무엇일까? **2 기본권의 종류** 탐구 헌법에서 보장하는 기본권에는 무엇이 있을까? **3 기본권 제한의 내용과 한계** 탐구 국가가 기본권을 제한하는 까닭은 무엇일까?	인권, 헌법, 기본권, 기본권의 제한, 기본권 제한의 한계
02 인권 침해와 구제 방법	**1 일상생활 속 인권 침해** 탐구 인권 침해란 무엇일까? **2 국가 기관을 통한 인권 침해 구제 방법** 탐구 우리 주변의 인권 침해 문제를 어떻게 해결할 수 있을까?	인권 침해, 법원, 헌법재판소, 국가 인권 위원회
03 근로자의 권리와 노동권 침해의 구제	**1 근로자의 권리** 탐구 노동 삼권은 무엇일까? **2 노동권의 침해와 구제 방법** 탐구 노동권 침해의 사례와 구제 방법에는 어떤 것이 있을까?	근로자, 노동권, 노동 삼권, 노동권 침해와 구제 방법

개념 ➕ 인권과 기본권

인권	인간이라면 당연히 누려야 할 보편적인 권리
기본권	헌법에 규정되어 있는 국민의 권리

→ 인권의 의미와 중요성

1. 인권의 의미와 내용

(1) 의미: 인간이 인간답게 살아가기 위해 마땅히 누려야 할 권리
└ 인간이 태어나면서부터 당연히 가지는 천부적 권리이다.

(2) 내용
  ① 자유롭고 평등한 권리, 인간으로서의 존엄과 가치를 존중받아야 함
  ② 부당하게 자유를 제한당하거나 인종·성별 등에 의해 차별받아서는 안 됨
  ③ 자신의 생각을 자유롭게 표현하며 건강하고 쾌적한 환경에서 살 수 있어야 함

2. 인권의 중요성: 인간이라면 누구나 자유롭고 평등한 권리를 누려야 하며, 인간으로서의 존엄과 가치를 존중받아야 함

→ 기본권의 종류
┌ 오늘날 대부분의 민주 국가에서는 헌법을 통해 국민의 인권을 보장한다.

1. 기본권의 의미: 헌법으로 보장하는 인권

2. 기본권의 종류
뜻 정신적·물질적으로 안락하고 만족스러운 삶을 추구할 수 있는 권리이다.

(1) 인간의 존엄과 가치 및 행복 추구권
  ① 헌법이 보장하고 있는 모든 기본권이 추구하고 지향해야 할 최고의 가치
  ② 모든 기본권의 토대
  ③ 우리나라 헌법 제10조에 규정되어 있음

(2) 평등권
  ① 의미: 생활의 모든 영역에서 합리적인 이유 없이 차별받지 않을 권리
    예 차별 대우 금지, 사회적 특수 계급 제도 금지, 특권 제도 금지, 여성 근로자 차별 금지 등
  ② 성격: 인간의 존엄성을 보호하기 위한 본질적 기본권이며 다른 기본권 보장의 전제가 되는 기본권임

(3) 자유권 ─ 국가로부터의 자유를 지향하는 자유권은 소극적 성격을 갖는다.
  ① 의미: 모든 국민이 국가 권력으로부터 간섭을 받지 않고 자유롭게 생활할 권리
  ② 종류: 신체의 자유, 언론·출판의 자유, 거주·이전의 자유, 직업 선택의 자유 등

• 기본권과 관련된 헌법 조항

평등권	제11조 ① 모든 국민은 법 앞에 평등하다. 누구든지 성별·종교 또는 사회적 신분에 의하여 정치적·경제적·사회적·문화적 생활의 모든 영역에 있어서 차별을 받지 아니한다.
자유권	제21조 ① 모든 국민은 언론·출판의 자유와 집회·결사의 자유를 가진다.
참정권	제24조 모든 국민은 법률이 정하는 바에 의하여 선거권을 가진다.
사회권	제34조 ① 모든 국민은 인간다운 생활을 할 권리를 가진다.
청구권	제27조 ① 모든 국민은 헌법과 법률이 정한 법관에 의하여 법률에 의한 재판을 받을 권리를 가진다.

교과서 PLUS α

세계 인권 선언

1948년 12월 국제 연합(UN) 총회에서 채택한 선언이다. 세계 인권 선언은 제2차 세계 대전을 거치면서 나타난 인간의 존엄성에 관한 경시와 위협에 맞서고자 선포되었다. 이 선언은 기본적 인권 존중을 중요한 원칙으로 하는 국제 연합 헌장의 취지에 따라 보호해야 할 인권을 구체적으로 규정하고 있다. 전문과 본문 30개 조항으로 구성된 세계 인권 선언은 세계 각국의 인권 보장을 위한 노력과 인류 공동의 노력을 제시하고 있다.

이렇게 이해하세요

인권은 인간이 인간으로서 살아가기 위해 마땅히 보장해야 할 권리이다. 이는 생명, 인간 존엄성, 자유, 평등, 인간답게 살 권리 등을 모두 포함하는 매우 포괄적인 개념이다. 세계 인권 선언은 인권 보장이 인류가 보편적으로 추구하여야 할 가치임을 규정하고 선포한 것이다.

(4) **참정권**

① 의미: 국민이 국가의 정치적 의사 형성과 국가 기관의 형성 과정에 직접 또는 간접적으로 참여할 수 있는 권리

② 종류: 선거권, 공무 담임권, 국민 투표권 등

(5) **사회권** — 복지 국가의 등장과 함께 강조되고 있는 기본권이다.

① 의미: 국가에 인간다운 생활의 보장을 요구할 수 있는 권리

② 종류: 인간다운 생활을 할 권리, 교육을 받을 권리, 쾌적한 환경에서 살 권리, 사회 보장을 받을 권리 등

(6) **청구권** — 국가에 대해 일정한 행위를 요청할 수 있는 권리로 적극적 권리이다.

① 의미: 국민이 국가에 대하여 특정한 행위를 요구하거나 침해당한 기본권의 구제를 청구할 수 있는 권리 ───── 🔖 공무원의 직무상 불법 행위로 입은 손해에 대하여 국가에 배상을 청구할 수 있는 권리이다.

② 종류: 청원권, 재판 청구권, 국가 배상 청구권 등

🔖 국가 기관에 문서로 자신의 의견을 청원할 수 있는 권리이다.

➡️ 기본권 제한의 내용과 한계

1. 기본권 제한: 기본권은 다른 사람의 권리를 해치지 않는 범위 내에서 보장되며, 공익이나 질서 유지를 위해 제한할 수 있음 예 간접흡연의 피해로부터 다수 사람의 건강을 보호하고자 공공장소에서 흡연 금지
───── 기본권 제한에 관해서는 헌법에 명시하고 있다.

2. 기본권 제한의 요건

(1) 국가 안전 보장을 위해 필요한 경우

(2) 질서 유지를 위해 필요한 경우

(3) 공공복리를 위해 필요한 경우
───── 🔖 사회 구성원 전체에 두루 관계되는 복지를 의미한다.

3. 기본권 제한의 한계

(1) 국회에서 제정한 법률로써 제한 ───── 🔖 법률에 의해서만 기본권을 제한함으로써 정치 권력의 자의적인 기본권 침해를 막을 수 있다.

(2) 자유와 권리의 본질적인 내용은 침해할 수 없음

4. 기본권 제한의 한계를 헌법에 규정한 이유: 국가 권력이 함부로 국민의 기본권을 제한하지 못하도록 하여 헌법을 통해 기본권을 보장한다는 취지를 최대한 살리기 위한 것임

개념⁺ 참정권의 종류

선거권	국가 기관의 구성원을 선출할 수 있는 권리
공무 담임권	공직을 맡을 수 있는 권리
국민 투표권	국가의 의사 결정에 직접 참여할 수 있는 권리

• **기본권 제한과 관련된 헌법 조항**

헌법 제37조 ② 국민의 모든 자유와 권리는 국가 안전 보장·질서 유지 또는 공공복리를 위하여 필요한 경우에 한하여 법률로써 제한할 수 있으며, 제한하는 경우에도 자유와 권리의 본질적인 내용을 침해할 수 없다.

• **국가 안전 보장을 위한 기본권 제한**

경 고 문
WARNING
군사기지 및 시설에 대한 사진/동영상 촬영은 「군사기지 및 군사시설보호법」에 따라 처벌될 수 있음을 알려드립니다.
Taking Photos / Recording Videos
On Military Base And Facility
Are Prohibited According To
'Military Base And Facility Protection Law'.
해 군 부 산 기 지 전 대 장
COMMANDER BUSAN NAVAL BASE COMMAND

▲ 우리나라는 국가 안전 보장을 위해 군사 시설에 관한 사진 촬영 등을 제한하고 있다.

교과서 PLUS α

행복 추구권

자료 해설

인권은 태어날 때부터 가지는 인간의 고유한 권리이며, 기본권은 인권이 헌법에 규정되어 국민의 권리로 정해진 것이다. 이 중 행복 추구권은 인간의 존엄과 가치와 함께 모든 기본권의 목적이 되는 기본권이다. 행복 추구권은 기본적인 행동의 자유권, 자유로운 인격의 발현권, 자기 뜻에 따라 의식주 생활을 영위하여 행복한 느낌이 들 수 있는 권리 등 국민이 행복을 추구하는 데 필요한 모든 자유와 권리의 내용을 포괄하는 권리이다.

🔼 헌법에서 보장하는 기본권

활동 풀이

생각 열기 풀이　나의 사생활도 중요해요.

> 한서는 휴대 전화로 하는 일이 많다. 사진을 찍기도 하고,

> 친구들과 문자를 주고받거나 일정을 기록하기도 한다.

> 어느 날, 잠시 책상 위에 휴대 전화를 두고 화장실에 다녀왔는데, 친구가 자신의 휴대 전화를 올려 보고 있었다.

📖 자료 해설

제시된 자료를 바탕으로 인권의 의미에 관해 생각해 볼 수 있고, 인권의 중요성에 관해 이해할 수 있다.

1 내가 한서라면 어떤 기분이 들지 써 보자.

예시 답안 | 나만 아는 것들을 들킨 것 같아서 기분이 몹시 나쁠 것 같다.

2 친구의 휴대 전화를 몰래 보는 것이 인권 침해인지 아닌지 써 보고, 그 까닭을 발표해 보자.

예시 답안 | 친구가 허락 없이 나의 휴대 전화를 몰래 보는 것은 인권 침해이다. 왜냐하면, 나의 사생활을 존중하지 않은 행위이기 때문이다.

스스로 탐구하기 풀이　인권이란 무엇일까?

이것이 핵심 ❗

- **활동 목표:** 자신이 생각하는 인권을 그림과 글로 표현하며, 인권의 의미를 이해할 수 있다.
- **핵심 개념:** 인권

친절한 활동 안내 ⭐

인권을 표현하는 그림을 자유롭게 그려보고, 인권의 의미에 관해 생각해 본다.

그림 그리기	문장 만들기
예 🚂	인권은 __기차__ 이다. 왜냐하면, __모든 칸이 '함께' 달려가기__ 때문이다.
그림 그리기	문장 만들기
	인권은 _____ 이다. 왜냐하면, _____ 때문이다.

1 인권을 함축적으로 표현할 수 있는 그림을 그리고, 인권의 의미를 표현하는 문장을 만들어 보자.

예시 답안 |

그림 그리기	문장 만들기
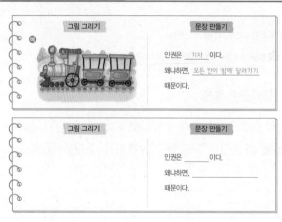	인권은 __꽃__ 이다. 왜냐하면, 함부로 꺾어서는 안 되기 때문이다.

2 완성된 작품에 나타난 인권의 함축된 의미를 발표해 보자.

예시 답안 | 우리가 예쁘다는 이유로 꽃을 꺾는 것처럼, 인권도 우리가 별다른 생각 없이 침해하는 일이 많다. 우리는 일상생활 속에서 사람을 대할 때 함부로 대하지 말고, 신중히 생각하면서 존중하는 태도를 지녀야 한다.

1 다음 기본권에 관한 설명을 읽고, 해당하는 헌법 조항과 사례를 연결해 보자.

예시 답안 | 평등권 → 제11조 ① → 두 번째 사례

자유권 → 제21조 ① → 첫 번째 사례

참정권 → 제24조 → 세 번째 사례

사회권 → 제34조 ① → 다섯 번째 사례

청구권 → 제27조 ① → 네 번째 사례

2 일상생활 속에서 각각의 기본권과 관련된 사례를 찾아 발표해 보자.

예시 답안 | • 자유권: 부당하게 해고된 노동자들이 억울함을 호소하기 위해 집회를 열었다.

• 평등권: 입사 면접을 볼 때 학력, 나이 등에 제한을 두지 않는 블라인드 면접을 본다.

• 참정권: 선거일에 투표소에 가지 못하는 국민을 위해 사전 투표를 진행하였다.

• 청구권: 김 씨는 절도 혐의로 구속되어 재판을 받았지만, 증거가 충분하지 않아 무죄 판결을 받았다. 이에 김 씨는 그동안 입은 정신적·물질적 피해의 배상을 국가에 청구하였다.

• 사회권: 생계가 어려운 국민은 기초 생활 수급자가 되어 국가의 지원을 받는다.

1 위 사례에서 공통으로 제한하고 있는 기본권을 써 보자.

예시 답안 | ❶과 ❷ 모두 자유권을 제한하고 있다.

2 각 사례에서 국가가 국민의 기본권을 제한하는 까닭을 쓰고, 그 제한이 정당한지 토의해 보자.

예시 답안 | ❶에서 도로의 폭주를 단속하는 것은 개인의 안전뿐 아니라 사회 질서 유지를 위해 필요한 조치이다. ❷에서 법정 전염병 관리 대상자를 격리하는 것은 다른 시민의 건강상 안전이라는 공공복리를 위해 필요하다.

이것이 핵심

• **활동 목표:** 관련 조항과 사례를 통해 헌법에서 보장하는 기본권의 종류와 그 의미를 파악할 수 있다.

• **핵심 개념:** 평등권, 자유권, 참정권, 사회권, 청구권

친절한 활동 안내

기본권의 의미를 읽어본 후, 각각의 기본권과 관련된 헌법 조항과 사례를 연결해 본다. 일상생활 속에서도 각각의 기본권과 관련된 사례를 찾아본다.

이것이 핵심

• **활동 목표:** 사례를 통해 국가가 기본권을 제한하는 목적을 이해할 수 있다.

• **핵심 개념:** 기본권의 제한, 기본권 제한의 한계

친절한 활동 안내

자료에서 제한하고 있는 기본권의 종류가 무엇인지 생각해 보고, 국가가 기본권을 제한하는 목적이 무엇인지, 그 제한이 정당한지에 대해 생각해 본다.

실력 확인 문제

개념 쏙쏙

1 다음 ㉠~㉤에 해당하는 기본권의 종류를 적으시오.

종류	내용
㉠	국가 권력으로부터 간섭을 받지 않고 자유롭게 생활할 권리
㉡	모든 국민이 사회생활에서 합리적인 이유 없이 불평등한 대우를 받지 않을 권리
㉢	국민이 국가의 정치적 의사 형성과 국가 기관의 형성 과정에 직접 또는 간접적으로 참여할 수 있는 권리
㉣	국가에 인간다운 생활의 보장을 요구할 수 있는 권리
㉤	국민이 국가에 대하여 특정한 행위를 요구하거나 침해당한 기본권의 구제를 청구할 수 있는 권리

2 우리나라 헌법에는 기본권을 제한할 때에 국회에서 제정한 (　　　　)로써 기본권을 제한할 수 있도록 기본권 제한의 한계를 두고 있다.

01 기본권에 대한 설명으로 옳지 않은 것은?

① 헌법으로 보장하는 인권이다.
② 다른 사람의 기본권을 해치지 않는 범위 내에서 보장된다.
③ 개인의 집합체인 국가는 기본권을 한계 없이 제한할 수 있다.
④ 자유권, 평등권, 참정권, 청구권, 사회권 등이 기본권에 포함된다.
⑤ 인간의 존엄과 가치 및 행복 추구권은 모든 기본권의 목적이자 출발이다.

02 기본권과 그 내용을 바르게 연결한 것은?

① 참정권 – 최소한의 인간다운 삶의 보장
② 사회권 – 종교나 성별에 따른 차별 금지
③ 자유권 – 국가로부터 간섭받지 않을 권리
④ 평등권 – 침해당한 기본권의 구제를 청구할 권리
⑤ 청구권 – 국가 기관의 형성 과정에 참여할 수 있는 권리

중요
03 다음 표는 기본권이 규정된 헌법 조항이다. (가), (나)에 들어갈 기본권으로 적절한 것은?

구분	해당 조항
(가)	제12조 ① 모든 국민은 신체의 자유를 가진다. 누구든지 법률에 의하지 아니하고는 체포·구속·압수·수색 또는 심문을 받지 아니하며, 법률과 적법한 절차에 의하지 아니하고는 처벌·보안처분 또는 강제노역을 받지 아니한다. 제21조 ① 모든 국민은 언론·출판의 자유와 집회·결사의 자유를 가진다.
(나)	제34조 ① 모든 국민은 인간다운 생활을 할 권리를 가진다. ② 국가는 사회 보장·사회 복지의 증진에 노력할 의무를 진다.

	(가)	(나)		(가)	(나)
①	사회권	자유권	②	사회권	평등권
③	자유권	참정권	④	자유권	사회권
⑤	평등권	청구권			

04 자유권에 해당하는 내용이 아닌 것은?

① 누구나 자신이 원하는 직업을 선택할 권리가 있다.
② 쾌적한 환경에서 살 수 있도록 요구할 권리가 있다.
③ 법률에 의하지 아니하고는 신체적 구속을 받지 않는다.
④ 사생활의 비밀에 대하여 공개를 강요당하지 않을 권리가 있다.
⑤ 개인의 의견이나 사상을 간섭받지 않고 외부에 발표할 수 있다.

05 다음 내용과 가장 관련이 깊은 기본권은?

> 똑같은 조건을 가진 사람을 아무런 이유 없이 차별하거나, 차이가 분명히 있는 사람을 똑같이 대우하는 것은 정의가 아니다. 즉, 정의란 같은 것은 같게, 다른 것은 다르게 대우하는 것이다.

① 자유권　　② 참정권　　③ 청구권
④ 평등권　　⑤ 사회권

단답형

06 다음에서 설명하고 있는 기본권을 쓰시오.

> 모든 기본권에 공통으로 적용되는 기본 이념이자 헌법의 최고 가치로, 모든 기본권의 바탕이 되는 포괄적 기본권이다.

(   )

07 다음은 우리나라 헌법 제37조의 내용이다. 이에 대한 설명으로 옳지 <u>않은</u> 것은?

> 제37조 ① 국민의 자유와 권리는 헌법에 열거되지 아니한 이유로 경시되지 아니한다.
> ② 국민의 모든 자유와 권리는 국가 안전 보장·질서 유지 또는 공공복리를 위하여 필요한 경우에 한하여 법률로써 제한할 수 있으며, 제한하는 경우에도 자유와 권리의 본질적인 내용을 침해할 수 없다.

① 헌법에 열거되지 않은 권리까지도 보장됨을 알 수 있다.
② 인간의 존엄성은 어떠한 경우라도 제한할 수 없음을 알 수 있다.
③ 사회 변화에 따라 새롭게 보호되어야 할 필요가 있는 기본권을 인정하는 근거가 된다.
④ 국민의 기본권은 천부 인권이기 때문에 어떠한 경우라도 침해될 수 없음을 알 수 있다.
⑤ 국민의 자유와 권리는 국회에서 제정된 법률로써만 제한할 수 있다는 것을 알 수 있다.

08 다음 사례에서 제한된 기본권의 종류와 제한한 목적을 바르게 연결한 것은?

> 운전자는 교차로에서 자신의 마음대로 운전해서는 안 되고 교통 신호등의 신호에 따라 운행하여야 한다.

① 참정권 - 국가 안보   ② 자유권 - 질서 유지
③ 청구권 - 공공복리   ④ 평등권 - 국가 안보
⑤ 사회권 - 행복 추구

중요

09 다음과 같은 기본권 제한에 대한 설명으로 옳은 것을 〈보기〉에서 고른 것은?

보기

> ㄱ. 공익을 위하여 불가피한 경우에는 국민의 기본권을 제한할 수 있다.
> ㄴ. 기본권 제한을 통해 보호하려는 사익이 침해하려는 공익보다 더 커야 한다.
> ㄷ. 국민의 기본권을 제한할 때는 필요한 경우에 한하여 법률로써 제한할 수 있다.
> ㄹ. 기본권 제한의 목적이 정당한 경우에는 제한의 방법이 적절하지 않아도 상관없다.

① ㄱ, ㄴ   ② ㄱ, ㄷ   ③ ㄴ, ㄷ
④ ㄴ, ㄹ   ⑤ ㄷ, ㄹ

서술형

10 다음 상황에서 주장할 수 있는 기본권이 무엇인지 쓰고, 그 기본권의 의미를 서술하시오.

(1) 기본권: (   )

(2) 의미:

_____

_____

• 기본권 침해와 인권 침해
인권은 누구에게도 빼앗기거나 양도할 수 없는 자연적이고 신성불가침한 권리이다. 오늘날 대부분의 민주 국가에서는 헌법을 통해 인권을 보장하고 있는데, 헌법으로 보장하고 있는 인권을 기본권이라고 부른다. 그러므로 기본권을 존중받지 못하면 인권이 침해되는 것이다.

• 인권 침해
경멸하는 말투로 모욕감 주기, 열등하고 무능력하다고 비난하기, 큰소리를 지르거나 강압적으로 말하기 등과 같은 언어폭력도 인권 침해에 해당한다.

개념+ 국가 인권 위원회의 역할

국가 인권 위원회는 인권 보호와 향상에 관한 전반적인 업무를 수행하는 국가 기관이다. 인권 교육 및 홍보 활동, 인권 침해 관련 민원에 대한 상담 등을 제공하며, 특히 인권 침해나 차별 사례를 조사하고 구제하는 역할을 담당한다.

→ 일상생활 속 인권 침해

1. 인권 침해: 인간으로서 가지는 권리 혹은 법으로 보장되는 기본권을 존중받지 못하는 것

2. 인권 침해의 유형

개인 간의 관계에서 나타나는 인권 침해	• 장애를 이유로 입학을 불허가 • 회사에서 합리적 이유 없이 특정 성별의 사람에게만 부당한 취업 기준을 적용하는 것
국가 권력 작용 과정에서 나타나는 인권 침해	• 예술 작품에 대한 지나친 검열로 인한 표현의 자유 억압 • 국가 기관의 잘못된 행정 처리로 인한 부당한 세금 부과

└ 언론, 출판, 보도, 연극, 영화, 우편물 등의 내용을 사전에 심사하여 그 발표를 통제하는 것이다.

→ 국가 기관을 통한 인권 침해 구제 방법

1. 법원을 통한 구제
(1) 법원: 분쟁이나 범죄 발생 시 사회 질서 유지와 국민의 권리 보호를 위해 재판을 하는 기관
(2) 구제 방법: 인권 침해 당사자의 소장 제출 → 법원의 재판을 통해 침해된 권리 구제

2. 헌법재판소를 통한 구제
(1) 헌법재판소: 국민의 기본권 보장과 헌법 질서 유지를 위해 헌법 재판을 하는 기관
(2) 구제 방법: 국가 권력에 의해 기본권이 침해된 사람이 헌법 소원 제기 → 헌법에 어긋나는지 판단하여 권리 구제

└ 입법부·행정부·사법부 어디에도 소속되지 않은 독립된 국가 기구이다.

3. 국가 인권 위원회를 통한 구제
(1) 국가 인권 위원회: 인권 침해를 조사하여 법령이나 제도의 개선을 권고하는 기관
(2) 구제 방법: 인권 침해 당사자의 진정 → 조사를 통해 필요한 사항의 개선 권고 → 침해된 인권 구제

└ 뜻 국가 기관에 사정을 알리고 어떤 조치를 취하여 주도록 요청하는 것이다.

교과서 PLUSα

인권 침해 방지를 목적으로 하는 공익 광고

[자료 해설]
제시된 자료는 외국인 근로자와 장애인에 대한 차별을 주제로 하고 있다. 우리와 피부색이 다르다는 이유로 외국인 근로자를 차별하고 장애인에 대한 편견을 가지는 것은 인권 침해에 해당한다.
첫 번째 포스터는 피부색이 달라도 모두 똑같이 소중한 삶임을 보여주며, 두 번째 포스터는 장애인에 관한 편견에서 벗어나 그들의 능력을 볼 것을 강조한다.

→ 근로자의 권리

1. 노동권

⊙ 근로자의 근로를 받기 위해 근로자를 지휘·감독하고 그 대가로 임금을 지급하는 근로계약의 당사자인 사업주 또는 경영담당자

(1) 의미: 근로자가 쾌적한 환경에서 합당한 대우를 받으며 일할 권리

(2) 필요성: 근로자는 사용자보다 불리한 위치에 있으므로 자신이 가진 능력과 의사를 바탕으로 합당한 대우를 받으면서 일할 수 있도록 노동권의 보장이 필요함

2. 노동 삼권

(1) 의의: 우리나라 헌법에서는 근로의 권리를 규정하고 근로 조건의 향상을 위해 단결권, 단체 교섭권, 단체 행동권을 노동 삼권으로 보장함

(2) 종류 ── 노동자는 단결권에 따라 노동조합을 조직하고 운영할 수 있으며, 이때 노동조합의 설립과 가입은 근로자만 할 수 있다.

단결권	근로자가 근로 조건의 향상을 위해 **노동조합 등의 단체를 결성하고 가입하여** 활동할 수 있는 권리 ── 사용자는 정당한 이유 없이 교섭을 거부할 수 없다.
단체 교섭권	노동조합이 근로 조건 등에 관해 사용자와 의논하고 절충할 수 있는 권리
단체 행동권	사용자와 의견이 일치하지 않으면, 노동조합이 이에 대항하여 일정한 절차를 거쳐 쟁의 행위를 할 수 있는 권리

⊙ 파업 등 근로자와 사용자 사이에 일어나는 분쟁을 말한다.

3. 근로 기준법과 최저 임금제

(1) 근로 기준법: 근로자가 인간답게 일할 수 있는 최저 기준을 정함으로써 근로자의 기본적 생활을 보장하는 것을 목적으로 제정된 법

(2) 최저 임금제: 헌법에 최소한의 임금을 보장할 것을 규정한 제도

→ 노동권의 침해와 구제 방법

1. 노동권 침해의 종류

── 부당 해고를 당한 근로자는 민사 소송을 통해 해고의 무효를 확인받아 구제받을 수도 있다.

(1) **부당 해고**: 정당한 이유 없이 근로자를 해고하는 것

(2) **부당 노동 행위**: 근로자가 노동조합에 가입했다는 이유로 불이익을 주거나, 노동조합의 가입 또는 탈퇴를 강요하는 등의 행위

(3) 인권 침해: 강제 근로, 폭행, 성희롱 등의 인권 침해

2. 노동권 침해 구제 방법

피해 당사자 (근로자, 노동조합) → [3개월 이내 구제 신청] → 지방 노동 위원회 → [불복 시 10일 이내 재심 신청] → 중앙 노동 위원회 → [불복 시 15일 이내 행정 소송 제기] → 행정 소송 (행정 법원→고등 법원→대법원)

• **헌법에 명시된 노동 삼권**

헌법 제33조 ① 근로자는 근로 조건의 향상을 위하여 자주적인 단결권·단체 교섭권 및 단체 행동권을 가진다.

개념➕ **노동조합**

노동자들이 근로 조건의 유지·개선, 기타 노동자의 경제적, 사회적 지위의 향상을 위하여 조직한 단체이다.

개념➕ **부당 노동 행위의 사례**

• 근로자가 노동조합에 가입했거나 가입하려고 하였다는 이유로 그 근로자를 해고하거나 불이익을 주는 행위
• 근로자가 어느 특정 노동조합에 가입하지 아니할 것 또는 탈퇴할 것을 고용 조건으로 하는 계약 행위
• 근로자가 노동조합을 조직 또는 운영하는 것을 지배하거나 이에 개입하는 행위
• 노동조합의 운영비를 원조하는 행위

• **노동 위원회**

노동 위원회는 노사 문제를 처리하기 위해 설치되었다. 부당 해고 및 부당 노동 행위에 대한 심판 등 근로관계에서 발생하는 분쟁을 신속하고 공정하게 조정하는 역할을 맡고 있다.

교과서 PLUSα

침해된 노동권의 구제 방법

⬆ 노동조합 가입을 이유로 근로자에게 불이익을 준 경우

⬆ 정당한 이유 없이 근로자를 해고한 경우

자료 해설

사용자가 근로자의 단결권, 단체 교섭권, 단체 행동권을 침해한 경우 또는 사용자가 정당한 이유 없이 해고한 경우에는 노동 위원회에 구제 신청을 할 수 있다. 부당 해고에 대해서는 해고 당사자인 근로자만 노동 위원회에 구제 신청을 할 수 있지만, 부당 노동 행위에 대해서는 근로자 또는 노동조합이 구제 신청을 할 수 있다.

활동 풀이

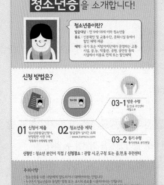

영진이는 학교를 잠시 쉬고 있다. 그런데 학교를 그만두니, 학생증이 없어 불편한 점이 한두 가지가 아니다. 버스나 지하철을 이용할 때 할인이 되지 않고, 신분을 확인할 때도 어려운 점이 많았다. 이를 부당하다고 생각한 영진이는 국가 인권 위원회에 도움을 요청하였고, 그 결과 학생이 아닌 청소년들도 청소년증을 발급받아 학생과 같은 혜택을 누릴 수 있게 되었다.

🔍 자료 해설
청소년증은 청소년의 신분을 증명하고 무료 또는 할인 혜택을 제공하는 증서로, 학교에 다니지 않는 비학생 청소년들도 학생증을 소지한 학생과 동등하게 각종 할인 혜택을 받게 할 목적으로 도입되었다. 학생증과 청소년증의 가장 큰 차이점은 학생증에는 주민등록번호가 없고, 청소년증에는 주민등록번호가 기재된다는 점이다. 그러므로 주민등록번호로 신분 확인이 필요한 은행, 검정고시, 수능, 자격증 시험 등에서 청소년증을 제시할 수 있다.

1 학교에 다니지 않아 학생증이 없는 청소년에게 학생의 혜택을 주지 않는 것이 부당한 까닭을 써 보자.

예시 답안 | 같은 청소년인데도 학생증이 없다는 이유로 학생과 학생이 아닌 청소년을 다르게 취급하는 것은 평등권을 침해한다고 볼 수 있기 때문이다.

2 영진이가 도움을 받은 국가 인권 위원회는 무슨 일을 하는지 알아보자.

예시 답안 | 국가 인권 위원회는 인권과 관련된 법, 제도, 정책, 관행 등을 조사하여 개선 사항과 관련된 의견을 해당 기관에 제시한다. 또한, 사회 곳곳에서 나타나고 있는 인권 침해 사례를 조사하여 구제하는 활동을 한다.

이것이 핵심 ❗
- **활동 목표:** 일상생활 속에서 발생할 수 있는 인권 침해의 사례를 탐색하고, 인권 침해의 의미를 이해할 수 있다.
- **핵심 개념:** 인권 침해

친절한 활동 안내 ⭐
일상생활에서 인권 침해의 사례를 찾아 발표해 보도록 한다.

연예인 △△ 씨는 사람들이 자신의 사진을 몰래 찍어 대는 통에 밖으로 나가는 것이 괴롭다. 친구를 만나거나 물건을 사러 갈 때도 누군가 몰래 자신의 사진을 찍고 있는 것 같아 일상생활을 제대로 하기 어렵다.

얼마 전부터 ○○ 씨의 집 맞은편에 높은 빌딩이 새로 지어지고 있다. 그런데 이 빌딩은 ○○ 씨의 집보다 너무 높고, 지나치게 가깝다. 이런 탓에 ○○ 씨의 집에는 햇빛이 들지 않아 대낮에도 전등을 계속 켜 놓아야 한다.

몸이 불편한 □□ 씨는 ◎◎대학교의 학생이다. 학교에 가면 수업을 듣기 위해 강의실을 이리저리 옮겨 다녀야 하는데, 학교에 계단이 많아 휠체어로 이동하는 데 어려움을 겪고 있다.

1 위의 사례가 인권 침해에 해당하는지 생각해 보고, 그 까닭을 써 보자.

예시 답안 |

❶	개인의 사생활이 침해되고 있으므로 인권 침해이다.
❷	햇빛을 받을 권리가 침해되고 있다. 환경권도 인간답게 살 권리이므로 인권 침해에 해당한다.
❸	자유롭게 이동할 수 있는 신체의 자유와 평등권이 침해되고 있으므로 인권 침해이다.

2 일상생활 속에서 일어나는 여러 가지 인권 침해 사례를 찾아 이야기해 보자.

예시 답안 | 남녀 구분 없는 장애인용 화장실, 학교 폭력, 친구의 약점을 이유로 놀리는 행위, 외모 차별 등

1 모둠별로 학교 또는 자신이 사는 지역에서 발생하는 인권 침해 문제 중 하나를 선택하여 이를 해결하기 위한 방법을 찾아 실행해 보고, 보고서를 써 보자.
예시 답안 |

인권 침해 해결 보고서

1. 모둠 이름: _____

2. 선정한 인권 침해 문제

> 장소: 예 우리 동네
> 상황: 예 우리 동네 학교 가는 길에 휠체어 장애인에 관한 편의 제공이 미흡합니다.
>
> 장소: 학교
> 상황: 휠체어를 탄 장애 학생의 이동이 불편합니다.

3. 해결 방법 찾기

> 예 국가 인권 위원회 누리집(www.humanrights.go.kr)의 '진정·민원 신청'에 글 올리기, 캠페인 활동, 모니터링 점검표 만들기
>
> 해당 학생들에게 불편한 점에 대한 설문 조사를 받고 결과를 학교 게시판에 붙이기

4. 구체적 실행 결과

> 통행로의 폭이 넓어지고, 울퉁불퉁했던 바닥도 휠체어가 다녀도 불편하지 않은 재질로 바뀌었습니다. 또 휠체어가 통행할 수 있는 경사로가 설치되었고 장애 학생들의 엘리베이터 이용이 가능해졌습니다.

이것이 핵심

- **활동 목표:** 학교나 주변 지역에서 일어나는 인권 침해 상황과 해결 방법을 모색할 수 있다.
- **핵심 개념:** 인권 침해, 인권 침해 구제 방법

친절한 활동 안내 ★

이 활동은 주위에서 발생하는 인권 침해 문제를 해결하는 방법을 찾고, 구체적인 실행 결과를 작성하여 발표하는 활동이다.

교과서 PLUS α

군 복무 가산점을 둘러싼 인권 침해 논란

가산점

자료 해설

군대를 다녀온 사람이 공무원 시험을 볼 때 일정한 가산점을 주던 '군 복무 가산점제'는 1961년 제대 군인들이 사회생활에 빨리 정착할 수 있도록 하려는 목적에서 제정되었다. 그러나 이 제도는 1999년 헌법재판소의 위헌 결정으로 폐지되었다. 이후 2011년 국회에서 군 복무 가산점제를 부활하는 내용을 담은 병역법 개정안이 제출되면서 이를 둘러싼 사회적 찬반 논란이 뜨거웠다. 군 복무 가산점제에 관한 찬성 견해는 제대 군인이 병역의 의무를 이행한 것에 대한 보상이 필요하고, 병역 의무를 다한 사람들이 우대받는 사회 풍토를 조성하는 데 필요하다는 것이다. 하지만 반대 관점은 군 복무 가산점제가 의무 이행에 관한 특혜이며, 여성, 장애인, 병역 미이행자에 대한 차별을 가져올 수 있다고 주장한다. 즉, 군 복무 가산점제가 평등권을 침해한다는 것이다.

1계명　만 15세 이상의 청소년만 근로할 수 있어요.
2계명　부모님 동의서와 가족 관계 증명서를 제출해야 해요.
3계명　임금, 근로 시간, 휴일, 업무 내용 등이 포함된 근로 계약서를 반드시 작성해야 해요.
4계명　성인과 같은 최저 임금을 적용받아요.
5계명　하루 7시간, 일주일에 35시간을 초과하여 일할 수 없어요.
6계명　휴일에 일하거나 초과 근무를 하면 50 %의 가산 임금을 받을 수 있어요.
7계명　일주일을 개근하고 15시간 이상 일을 하면 하루의 유급 휴일을 받을 수 있어요.
8계명　청소년은 위험한 일이나 유해 업종의 일은 할 수 없어요.
9계명　일을 하다 다치면 산재 보험으로 치료와 보상을 받을 수 있어요.
10계명　상담은 국번 없이 1350과 1644-3119로 가능해요.
　　　　　　　　　　　　　　　　　　　　－ 고용 노동부, 「청소년 알바 십계명」

📖 자료 해설
고용노동부는 일하는 청소년의 권리를 보호하고, 이들을 고용하는 사업주의 법령 준수를 위해 아르바이트 청소년과 사업주가 알아야 할 '청소년 아르바이트 십계명'을 선정하였다.

1 위의 십계명이 만들어진 까닭을 써 보자.
예시 답안 | 일하는 청소년이 근로자의 권리를 보장받을 수 있도록 만들어졌다.

2 4계명에 밑줄 친 '최저 임금'이 올해는 시간당 얼마인지 고용 노동부 누리집(www.moel.go.kr)에 들어가서 확인해 보자.
예시 답안 | 8,350원(2019년 기준)

이것이 핵심 ❗
• 활동 목표: 다양한 사례를 활용하여 노동 삼권의 의미를 확인할 수 있다.
• 핵심 개념: 단결권, 단체 교섭권, 단체 행동권

친절한 활동 안내 ⭐
이 활동의 핵심은 다양한 사례를 활용하여 노동 삼권의 의미를 직접 확인해 보는 것이다.
각 자료에 해당하는 노동 삼권의 종류와 그 의미를 파악하고 노동 삼권을 보장해야 하는 까닭을 이야기해 본다.

자료 ① △△시멘트, 노동조합 설립

△△시멘트 직원들이 고용 안정과 임금의 보장을 위해 최근 노동조합을 결성하였다. △△시멘트 관계자는 근로자가 근로 조건의 향상을 위해 노동조합을 결성하고, 이에 가입하여 활동할 수 있는 권리를 행사한 것이라고 말했다.

자료 ② ○○중공업, 교섭 전격 합의

○○중공업은 직원들의 근무 조건 개선 요구에 따라 노동조합과 함께 협의회를 열어 의견을 절충하였다. 관계자는 "노동조합이 근로 조건 등에 관해 사용자와 의논하고 절충할 수 있는 권리가 원만히 행사되어 기쁘다."라고 밝혔다.

자료 ③ □□항공, 파업 결의

□□항공 조종사들이 임금 인상안 협상 결렬로 파업에 돌입했다. □□항공 노동조합은 사용자와 의견이 일치하지 않으면, 이에 대항하여 자신들의 주장을 관철하기 위해 일정한 절차를 거쳐 쟁의 행위를 할 수 있는 권리가 있다고 주장하였다.

1 자료 ①～③과 관련 있는 노동 삼권을 적고, 자료에서 그 의미를 찾아 써 보자.
예시 답안 |

구분	노동 삼권	의미
자료 ①	단결권	근로자가 근로 조건의 향상을 위해 노동조합과 같은 단체를 결성하고 가입하여 활동할 수 있는 권리
자료 ②	단체 교섭권	노동조합이 근로 조건 등에 관해 사용자와 의논하고 절충할 수 있는 권리
자료 ③	단체 행동권	노동조합과 사용자의 의견이 일치하지 않으면, 노동조합이 이에 대항하여 일정한 절차를 거쳐 쟁의 행위를 할 수 있는 권리

2 자료를 바탕으로 노동 삼권을 보장해야 하는 까닭을 발표해 보자.
예시 답안 | 근로자는 사용자보다 불리한 위치에 있는 만큼, 자신이 가진 능력과 의사를 바탕으로 합당한 대우를 받으면서 일할 수 있도록 노동 삼권이 보장되어야 한다.

1 갑은 어린이집을 운영하며, 월 급여 120만 원을 주는 조건으로 을을 고용하였다. 하지만 얼마 후 갑은 경영상의 어려움을 이유로 급여를 80만 원으로 줄이는 대신 근무 시간을 줄여 주겠다고 제안하였다. 을이 이를 거절하자 갑은 을에게 한 달 안으로 그만두라고 하였다.

2 병은 ○○ 연구소에서 일하며 노동조합에 가입하여 활동하고 있었다. 이 사실을 알게 된 ○○ 연구소는 병에게 노동조합을 탈퇴할 것을 강요하였다. 병이 이를 따르지 않자 ○○ 연구소는 병에게 개인 종합 결과 평가에서 낮은 등급을 주었다.

1 위 사례에서 노동권이 어떻게 침해되었는지 써 보자.

예시 답안 |

❶	부당 해고
❷	부당 노동 행위

2 위 사례에서 나타난 문제를 해결할 수 있는 방법을 찾아 쓰고 토의해 보자.

예시 답안 | ❶과 ❷의 을과 병은 지방 노동 위원회에 구제를 신청할 수 있다. 지방 노동 위원회의 판정에 불복할 때는 중앙 노동 위원회에 재심 신청이 가능하며, 재심 판정에도 불복할 때는 행정 법원에 소를 제기하여 판결을 받을 수 있다.

교과서 PLUS α

청소년 연기자의 권리 보호

2001년 1편을 시작으로 2010년까지 세계적으로 약 60억 달러의 흥행 수익을 올린 영화 「해리포터」는 여덟 번에 걸쳐 그 시리즈가 완성되었다.

해리포터 시리즈는 한편이 개봉된 후 다음 편이 나오기까지 기본 1년에서 2년 정도의 오랜 시간이 걸렸다.

자료 해설

「해리포터」 시리즈 제작이 오래 걸렸던 것은 청소년 연기자의 근로 허가 요건 및 노동 시간과 관련이 있다. 영국에서는 연기자의 근로 허가 나이가 14세 이상이며, 조건부로 14세 미만이 가능하다. 또한, 노동 시간은 연령대별로 규정되어 있고 공연 및 예행 연습은 1일 최대 3시간 30분으로 정해져 있다. 「해리포터」의 주요 연기자 대부분이 청소년이었고 이에 따라 청소년 근로 시간을 보장하며 촬영하여 천천히 만들어질 수밖에 없었다.

개념 쏙쏙

1 (   )란 인간으로서 가진 권리 혹은 기본권을 존중받지 못하고 타인이나 국가 등에 의해 침해당하는 것을 의미한다.

2 (   )는 국가 권력에 의해 침해된 국민의 기본권을 구제하고 헌법 질서를 유지하는 역할을 한다.

3 다음 내용이 옳으면 ○표, 틀리면 X표 하시오.

(1) 기본권은 헌법에 보장되어 있으므로, 국가 권력에 의한 인권 침해는 발생하지 않는다. (   )

(2) 국가 기관에 의한 권리 침해도 법원의 재판으로 구제받을 수 있다. (   )

(3) 단체 행동권은 노동조합이 근로 조건 등에 관해 사용자와 의논하고 절충할 수 있는 권리이다. (   )

01 인권이 침해된 사례를 〈보기〉에서 고른 것은?

보기
ㄱ. 집을 구매하면서 취득세 500만 원을 냈다.
ㄴ. 임신했다는 이유로 회사에서 퇴사를 권고받았다.
ㄷ. 자동차 운전자에게 안전띠를 의무적으로 매도록 하고 위반 시에 범칙금을 부과하였다.
ㄹ. 학교에 다니지 않는 청소년은 학생증이 없다는 이유로 교통 요금을 할인받지 못하였다.

① ㄱ, ㄴ   ② ㄱ, ㄷ   ③ ㄴ, ㄷ
④ ㄴ, ㄹ   ⑤ ㄷ, ㄹ

02 인권 침해에 대한 설명으로 적절하지 않은 것은?

① 개인의 사생활 침해도 인권 침해이다.
② 개인과 국가 모두에 의해서 발생할 수 있다.
③ 전문가들이 해결해야 할 문제이므로 관심을 두지 않는다.
④ 기본권뿐만 아니라 인간으로서 가진 권리를 존중받지 못하는 것을 의미한다.
⑤ 인권 침해 시 법원, 헌법재판소, 국가 인권 위원회와 같은 국가 기관을 통해 구제받을 수 있다.

03 밑줄 친 '이곳'에 해당하는 국가 기관을 쓰시오.

이곳은 분쟁이나 범죄가 발생했을 때, 사회 질서 유지와 국민의 권리 보호를 위해 재판을 하는 기관이다.

(   )

04 다음 그림과 인권 침해의 유형이 다른 것은?

연예인 △△ 씨의 사진을 몰래 찍어 인터넷에 올려야지.

① 버스에서 가방을 도난당한 것
② 이메일을 해킹당해 사생활이 침해된 것
③ 장애를 이유로 입학이 허가되지 않는 것
④ 우리 집 앞에 높은 건물을 세워 햇볕이 차단된 것
⑤ 잘못된 행정 처리로 인해 부당하게 세금이 부과된 것

중요
05 (가), (나)의 인권 침해를 구제할 수 있는 기관을 바르게 연결한 것은?

(가) ○○피부과 원장은 환자의 동의 없이 촬영한 환자의 사진을 병원 홍보에 이용하였다. 이에 환자는 자신의 권리를 침해당했다고 생각하여 손해 배상을 청구하였다.
(나) 남성 위주의 호주제는 여성 인권을 침해하는 것이며, 이혼·재혼 가구 등의 증가에 따른 현대 사회의 다양한 가족 형태를 반영하지 못한다며 호주제 폐지 요구와 헌법 소원을 제기하였다.

	(가)	(나)
①	법원	헌법재판소
②	법원	국가 인권 위원회
③	헌법재판소	법원
④	헌법재판소	국가 인권 위원회
⑤	국가 인권 위원회	법원

06 다음 사례에서 갑이 취할 수 있는 권리 구제 방법에 대한 설명으로 적절한 것은?

○○ 공단은 국가 기술 자격시험 응시자들이 시험 중 화장실을 출입할 경우 재입실을 금지하고, 시험실 뒤편에서 소변을 보도록 하였다. 응시생 갑은 이를 인권 침해라고 생각하였다.

① 법원에 위헌 법률 심판을 요청한다.
② 헌법재판소에 헌법 소원을 요청한다.
③ 국가 인권 위원회에 구제를 요청한다.
④ 행정 소송을 제기하여 구제를 요청한다.
⑤ 고소를 하여 소송을 통한 처벌을 요구한다.

07 인권 침해 상황에 대해 다음 판결을 내린 국가 기관은?

> 본 공직 선거법 규정은 정치적 표현의 자유 및 선거 운동의 자유를 침해하는 것으로 헌법에 위반된다.

① 법원
② 대법원
③ 감사원
④ 헌법재판소
⑤ 국가 인권 위원회

중요
08 근로자의 권리에 대한 옳은 설명을 〈보기〉에서 고른 것은?

보기
ㄱ. 우리나라에서 노동 삼권은 지방 자치 단체에 의해 보장된다.
ㄴ. 누구나 합당한 대우를 받으며 일할 권리를 노동권이라고 한다.
ㄷ. 사용자가 근로자보다 불리한 위치에 있으므로 노동권이 필요하다.
ㄹ. 근로 기준법은 인간답게 일할 수 있는 최저 기준을 정해 놓은 법이다.

① ㄱ, ㄴ
② ㄱ, ㄷ
③ ㄴ, ㄷ
④ ㄴ, ㄹ
⑤ ㄷ, ㄹ

09 다음 내용과 관련 있는 근로자의 권리는?

△△시멘트 직원들이 고용 안정과 임금의 보장을 위해 최근 노동조합을 결성하였다.

① 단결권
② 단체 교섭권
③ 단체 행동권
④ 근로 기준법
⑤ 최저 임금법

10 다음 글의 빈칸에 들어갈 알맞은 기관을 고른 것은?

> 부당 해고를 당하거나 부당 노동 행위로 노동권을 침해당한 근로자는 3개월 이내에 [   ]에 구제를 신청할 수 있다.

① 대법원
② 행정 법원
③ 고등 법원
④ 중앙 노동 위원회
⑤ 지방 노동 위원회

서술형

11 다음과 같은 헌법 조항을 규정한 이유를 서술하시오.

> **헌법 제33조** ① 근로자는 근로 조건의 향상을 위하여 자주적인 단결권·단체 교섭권 및 단체 행동권을 가진다.

대단원 마무리

재미있게 풀어 보기 **풀이**

교과서 28쪽

|빙고 게임|

- 기본권의 종류: 평등권, 자유권, 참정권, 사회권, 청구권 등
- 인권 침해 구제 기관: 법원, 헌법재판소, 국가 인권 위원회 등
- 노동 삼권: 단결권, 단체 교섭권, 단체 행동권

|가로세로 퍼즐|

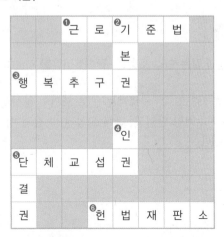

창의 · 융합형 모둠 활동 풀이

교과서 29쪽

이것이 핵심 인권의 중요성을 깨닫는다.
우리 생활에서 발생하는 인권 침해 사례를 탐색하고 포스터를 통해 해결 방안을 제시한다.

예시 답안|

1. 주변에서 일어나는 인권 침해 사례와 그 해결 방안 탐색하기

- 사례: 장애를 이유로 한 학교 입학 불허, 특정 성별에 유리한 취업 기준, 강요 · 모욕 · 폭행 등의 학교 폭력 등
- 해결 방안: 인식 개선, 신고, 상담, 법적 처리 등

2. 우리 모둠의 포스터 주제

 취업 등에 있어서 미인에게 유리한 외모 차별을 주제로 하여, 대안으로 겉보다 내면이 중요함을 드러낸다.

3. 포스터 만들기
   각자 만들어 본다.

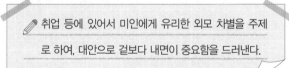

법관

이번 단원에서는 인권과 기본권에 대해 배웠습니다. 인권을 침해당했을 때 우리는 소송을 걸어 재판을 받기도 하는데요. 법관은 어떠한 일을 하며, 어떤 자격을 갖추어야 하는지 알아봅시다.

텔레비전에 나오는 법정 프로그램을 보면 재판을 진행하고 판결을 내리는 사람을 본 적이 있을 겁니다. 법관은 법원에 소속되어 소송 사건을 심리하고 분쟁을 법률적으로 해결·조정하는 권한을 가진 사람입니다. 법관에는 대법원 법관인 대법관과 고등 법원·지방 법원·가정 법원 법관인 판사로 구분됩니다.

그렇군요. 그럼 법관이 하는 일은 구체적으로 무엇인가요?

법관은 사람들 사이의 다툼이 있을 때 법률에 따라 공정한 판단을 내리고 조정하는 역할을 합니다. 어떤 사람이 재판을 청구하여 재판이 진행되면 법관은 법과 법관의 양심에 비추어보아 누구의 주장이 옳은 것인지 판단하는 일을 합니다. 현재 우리나라에는 2,800여 명의 법관들이 법원의 주요 업무인 재판을 맡고 있습니다.

법관이 되려면 무엇을 갖추어야 할까요?

법관이 될 수 있는 자격을 갖추려면 법학 전문 대학원인 로스 쿨에서 3년 동안 교육을 받고 변호사 자격시험을 통과하여야 합니다. 위와 같은 자격을 갖춘 다음 10년 이상 법률 사무에 종사하면서 경력을 쌓아야만 판사에 임용될 수 있습니다. 대법원은 이와 같은 자격과 경력을 갖춘 사람이 판사 임용 신청을 하면 여러 요소를 두루 심사하여 판사로 임용합니다. 법관은 공정하고 진실해야 하며 엄격한 직업 윤리가 요구됩니다. 법관이 되려면 풍부한 법률 지식을 갖추어야 하는 것은 물론이고 다른 사람에 대한 이해심이 많아야 합니다.

01 인권의 이해

01 인권에 대한 옳은 설명을 〈보기〉에서 고른 것은?

보기
ㄱ. 인종, 성별 등에 따라 차등적으로 누릴 수 있는 권리이다.
ㄴ. 모든 국민에게 인정되는 권리로서 헌법을 통해서만 보장된다.
ㄷ. 인간이 인간답게 살아가기 위해 마땅히 누려야 할 권리를 의미한다.
ㄹ. 인간이 태어나면서부터 부여받으며, 인간으로서의 존엄과 가치를 존중받을 권리이다.

① ㄱ, ㄴ　　② ㄱ, ㄷ　　③ ㄴ, ㄷ
④ ㄴ, ㄹ　　⑤ ㄷ, ㄹ

02 다음 헌법 조항과 관련 있는 기본권은?

제31조 ① 모든 국민은 능력에 따라 균등하게 교육을 받을 권리를 가진다.
제32조 ① 모든 국민은 근로의 권리를 가진다.
제34조 ① 모든 국민은 인간다운 생활을 할 권리를 가진다.

① 자유권　　② 평등권　　③ 사회권
④ 참정권　　⑤ 청구권

03 청구권에 대한 설명으로 옳지 않은 것은?

① 국가에 의한 기본권 침해만 보장받을 수 있다.
② 적극적 권리로서 국가에 일정한 행위를 요청할 수 있다.
③ 기본권을 침해당했을 때 기본권의 구제를 청구할 수 있는 권리이다.
④ 공무원의 불법 행위로 입은 손해는 국가에 배상을 요구할 수 있다.
⑤ 국민의 바람이나 어려움을 해결해 달라고 신청하는 청원권도 포함된다.

04 단답형
다음 글의 빈칸에 들어갈 기본권을 쓰시오.

긴 밤 지새우고 풀잎마다 맺힌
진주보다 더 고운 아침 이슬처럼
내 맘에 설움이 알알이 맺힐 때
아침 동산에 올라 작은 미소를 배운다.

위의 「아침이슬」은 1970년대의 정치적 상황에 맞물려 노래 자체의 내용과는 상관없이 대학생들이 많이 부른다는 이유로 금지곡이 되었다. 이는 국가 권력이 정당한 이유 없이 헌법에 보장된 국민의 ◻◻◻◻◻◻을 탄압한 대표적인 사례이다.

(　　　　　　　　)

05 빈출
(가), (나)의 내용과 관련 있는 기본권을 바르게 연결한 것은?

(가) 1963년 '월급을 올려주세요'라는 노래는 방송 윤리 위원회가 생긴 이후 첫 번째 금지곡이었다. 노래 가사 중 'ㅇ사장'이 당시 대통령을 가리키는 것 같다는 이유 때문이었다.
(나) 형사 피의자 또는 형사 피고인으로 구금되었던 자가 법률이 정하는 불기소 처분을 받거나 무죄 판결을 받을 경우 국가에 대해 정당한 보상을 청구할 수 있다.

	(가)	(나)
①	사회권	평등권
②	사회권	참정권
③	자유권	사회권
④	자유권	청구권
⑤	평등권	자유권

중요

06 다음 헌법 조항에 대한 옳은 설명을 〈보기〉에서 고른 것은?

> 헌법 제37조 ② 국민의 모든 자유와 권리는 국가 안전 보장·질서 유지 또는 공공복리를 위하여 필요한 경우에 한하여 법률로써 제한할 수 있으며, 제한하는 경우에도 자유와 권리의 본질적인 내용을 침해할 수 없다.

> 보기
> ㄱ. 기본권 제한의 기본 원칙을 밝히고 있다.
> ㄴ. 공동의 이익을 위해 개인의 기본권을 제한할 수 있다.
> ㄷ. 개인은 기본권을 제한할 수 없지만, 국가는 기본권 제한의 한계가 없다.
> ㄹ. 인간의 존엄성과 같은 권리는 국회에서 제정된 법률로써만 제한할 수 있다.

① ㄱ, ㄴ 　② ㄱ, ㄷ 　③ ㄴ, ㄷ
④ ㄴ, ㄹ 　⑤ ㄷ, ㄹ

07 그림과 같은 목적으로 기본권을 제한한 사례를 〈보기〉에서 고른 것은?

> 왜 나를 가두어 놓는 겁니까?
>
> 법정 전염병 관리 대상자이십니다. 다른 사람들에게 전염이 될 수 있습니다.

> 보기
> ㄱ. 개발 제한 구역을 지정하였다.
> ㄴ. 공공장소에서 흡연을 금지하였다.
> ㄷ. 군사 기밀 지역을 민간인 출입 통제 구역으로 지정하였다.
> ㄹ. 도로에서 규정 속도 이상으로 달리는 자동차를 단속하였다.

① ㄱ, ㄴ 　② ㄱ, ㄷ 　③ ㄴ, ㄷ
④ ㄴ, ㄹ 　⑤ ㄷ, ㄹ

02 인권 침해와 구제 방법

08 다음 글에 해당하는 사례를 〈보기〉에서 고른 것은?

> 인간으로서 가진 권리 혹은 법으로 보장되는 기본권이 존중받지 못하고 타인이나 국가 등에 의해 침해되었다.

> 보기
> ㄱ. 합리적 이유 없이 특정 학교 출신만 채용하는 경우
> ㄴ. 소득이 많은 사람에게 더 많은 세금을 부과하는 경우
> ㄷ. 같은 조건에서 같은 일을 하는데 성별에 따라 임금 차이가 나는 경우
> ㄹ. 자동차 운전자들에게 일정 속도를 준수하도록 하고 위반 시에 범칙금을 부과한 경우

① ㄱ, ㄴ 　② ㄱ, ㄷ 　③ ㄴ, ㄷ
④ ㄴ, ㄹ 　⑤ ㄷ, ㄹ

[09-10] 다음을 읽고 물음에 답하시오.

> 헌법에 보장된 국민의 기본권이 국가 권력에 의해 침해된 경우, ㉠ 는 이를 구제하는 역할을 한다.

09 빈칸 ㉠에 알맞은 국가 기관은?

① 대법원
② 지방 법원
③ 헌법재판소
④ 노동 위원회
⑤ 국가 인권 위원회

10 국가 기관에 기본권을 침해당한 국민이 침해된 권리를 구제받기 위해 ㉠ 기관에 청구하는 것은?

① 탄핵 심판
② 행정 소송
③ 위헌 법률 심판
④ 헌법 소원 심판
⑤ 권한 쟁의 심판

단답형
11 빈칸에 공통으로 들어갈 구제 수단을 쓰시오.

> 국민은 타인의 불법 행위나 국가 기관에 의해서 자신의 인권이 침해되었을 경우 법적으로 구제받을 수 있다. 그중 가장 대표적인 수단은 ☐☐☐☐☐이다. 인권을 침해당한 국민은 법원에 ☐☐☐☐☐을 청구함으로써 침해된 자신의 인권을 구제받을 수 있다.

(   )

12 다음과 같은 경우에 침해된 권리를 구제받을 방법은?

얼마 전부터 경민 씨의 집 맞은편에 높은 빌딩이 새로 지어지고 있다. 그런데 이 빌딩은 경민 씨의 집보다 지나치게 높고, 가깝다. 이런 탓에 경민 씨의 집에는 햇빛이 들지 않아 대낮에도 전등을 계속 켜 놓아야 한다.

① 국가를 상대로 행정 소송을 제기한다.
② 국가 인권 위원회에 재판을 청구한다.
③ 지방 노동 위원회에 구제 신청을 한다.
④ 헌법재판소에 헌법 소원 심판을 제기한다.
⑤ 법원에 손해 배상 청구 소장을 제출하여 재판을 청구한다.

중요
13 국가 인권 위원회에서 하는 일에 대한 설명으로 옳지 않은 것은?

① 인권 구제와 관련된 법률을 제정한다.
② 인권 침해와 관련된 민원을 받고 상담을 제공한다.
③ 사회 곳곳의 인권 침해 사례를 조사하여 구제한다.
④ 인권 의식을 높이고자 인권 교육과 홍보 활동을 한다.
⑤ 인권과 관련된 법령이나 제도 등을 조사하여 개선을 권고한다.

03 근로자의 권리와 노동권 침해의 구제

단답형
14 다음 글의 빈칸에 들어갈 알맞은 말을 쓰시오.

> 우리나라 헌법에서는 근로의 권리를 규정하고 근로 조건의 향상을 위해 ☐☐☐☐☐, ☐☐☐☐☐, ☐☐☐☐☐을 노동 삼권으로 보장하고 있다.

(   )

15 근로자의 권리에 대한 설명으로 옳지 않은 것은?

① 쾌적한 환경에서 합당한 대우를 받으며 일할 권리를 노동권이라고 한다.
② 근로자가 사용자보다 불리한 위치에 있으므로 노동권의 보장이 필요하다.
③ 우리나라 헌법은 단결권, 단체 교섭권, 단체 행동권을 노동 삼권으로 보장한다.
④ 우리나라 헌법에는 최소한의 임금을 보장할 것을 규정한 제도가 마련되어 있다.
⑤ 단체 행동권은 근로자가 노동조합 등의 단체를 결성하고 가입하여 활동할 수 있는 권리이다.

16 빈칸에 들어갈 용어로 가장 적절한 것은?

> 우리나라 헌법에서는 근로 조건의 기준을 법률로 정하도록 있다. 이에 따라 만들어진 ☐☐☐☐☐은 근로자가 인간답게 일할 수 있는 최저 기준을 정함으로써 근로자의 기본적 생활을 보장한다.

① 근로 계약서
② 근로 기준법
③ 근로 증명서
④ 근로 청구서
⑤ 임금 명세서

17 다음 글의 밑줄 친 내용과 관련이 있는 근로자의 권리는?

○○ 항공 조종사들이 임금 인상안 협상 결렬로 무기한 파업에 돌입했다. ○○ 항공 노동조합은 사용자와 의견이 일치하지 않으면 이에 대항하여 자신들의 주장을 관철하기 위해 일정한 절차를 거쳐 <u>쟁의 행위를 할 수 있는 권리</u>가 있다고 주장하였다.

① 단결권
② 단체 교섭권
③ 단체 행동권
④ 근로 기준법
⑤ 최저 임금법

18 노동권 침해 시 구제 절차를 나타낸 다음 그림의 빈칸 ㉠, ㉡에 들어갈 말을 바르게 연결한 것은?

```
피해 당사자     3개월 이내       불복 시      불복 시
(근로자,        구제 신청        10일 이내    15일 이내
노동조합)  →    지방 노동   →    재심 신청    행정 소송 제기
                위원회      →    ㉠       →   ㉡
```

	㉠	㉡
①	대법원	민사 법원
②	행정 법원	행정 법원
③	행정 법원	형사 법원
④	중앙 노동 위원회	민사 법원
⑤	중앙 노동 위원회	행정 법원

19 다음은 기본권 제한을 규정한 헌법 제37조 제2항이다. 물음에 답하시오.

> 헌법 제37조 ② 국민의 모든 자유와 권리는 ┃ ㉠ ┃, ┃ ㉡ ┃ 또는 ┃ ㉢ ┃를 위하여 필요한 경우에 한하여 법률로써 제한할 수 있으며 <u>제한하는 경우에도 자유와 권리의 본질적인 내용을 침해할 수 없다.</u>

(1) 위의 ㉠~㉢에 들어갈 말을 쓰시오.

⋯⋯⋯⋯⋯⋯⋯⋯⋯⋯⋯⋯⋯⋯⋯⋯⋯⋯⋯⋯

⋯⋯⋯⋯⋯⋯⋯⋯⋯⋯⋯⋯⋯⋯⋯⋯⋯⋯⋯⋯

(2) 위의 밑줄 친 부분과 같이 기본권의 제한에 한계를 두는 이유를 서술하시오.

⋯⋯⋯⋯⋯⋯⋯⋯⋯⋯⋯⋯⋯⋯⋯⋯⋯⋯⋯⋯

⋯⋯⋯⋯⋯⋯⋯⋯⋯⋯⋯⋯⋯⋯⋯⋯⋯⋯⋯⋯

20 다음 사례에 나타난 문제점과 이를 해결할 수 있는 방법을 서술하시오.

갑은 ○○연구소에서 일하며 노동조합에 가입하여 활동하고 있었다. 이 사실을 알게 된 ○○연구소는 갑에게 노동조합을 탈퇴할 것을 강요하였다. 갑이 이를 따르지 않자 ○○연구소는 갑에게 개인 종합 결과 평가에서 낮은 등급을 주었다.

⋯⋯⋯⋯⋯⋯⋯⋯⋯⋯⋯⋯⋯⋯⋯⋯⋯⋯⋯⋯

2

헌법과 국가 기관

우리는 텔레비전에서 대통령이나 국회, 법원의 모습을 자주 보곤 합니다.
국민을 위해 일하는 국가 기관인 국회, 대통령과 행정부, 법원과 헌법재판소는
모두 헌법에서 규정하고 있는 만큼 그 위상도 높습니다.
이 단원에서는 이러한 국가 기관이 권력 분립의 원리에 기초하여
다른 국가 기관과의 관계 속에서 어떠한 역할을 하는지 알아봅시다.

⑦ 남학생의 물음에 여학생이 어떻게 대답했을지 생각하여 써 보자.

이 단원에서는

01	국회의 위상과 역할	입법 기관으로서 국회의 위상을 이해하고, 국회의 주요 조직과 기능을 알아본다.
02	대통령과 행정부의 역할	대통령의 지위와 권한을 이해하고, 행정부의 주요 조직과 기능을 알아본다.
03	법원과 헌법재판소의 역할	법원의 주요 조직과 기능을 조사하고, 헌법재판소의 위상과 역할을 알아본다.

| 사진 해설 |

사진은 입법부를 상징하는 국회 의사당의 모습이다. 입법부인 국회는 행정부, 사법부와 함께 국민을 위해 일을 하고 있다. 국회 의사당의 지붕은 국민의 의견을 하나로 모은다는 의미를 담고 있고, 건물을 지지하는 기둥 24개는 국민의 다양한 의견을 상징한다.

| 대답 예시 |

· 국민의 의견을 수렴하여 필요한 법률을 만들고 있을 거야.
· 중요한 책임을 진 분들이 다양한 회의를 진행하고 있지 않을까?
· 뉴스에서 국정 감사를 하면서 행정부를 견제하는 것을 본 적이 있어.

헌법과 국가 기관

이 단원의 구성

중단원	소주제 및 탐구 활동	핵심 미리 보기
01 국회의 위상과 역할	**1 국민의 대표 기관 국회** 탐구 국회의 위상은 무엇이며, 어떻게 구성되어 있을까? **2 국회의 기능** 탐구 국회는 어떤 일을 할까?	국회, 국회 의원, 국회 의장, 상임 위원회, 교섭 단체, 입법, 국정 감사
02 대통령과 행정부의 역할	**1 대통령의 지위와 권한** 탐구 우리나라 대통령은 무슨 일을 할까? **2 행정부의 조직과 기능** 탐구 행정부의 기관들은 어떤 활동을 할까?	대통령, 대통령의 권한, 행정부, 국무총리, 국무 회의
03 법원과 헌법 재판소의 역할	**1 사법 기관인 법원** 탐구 사법권의 독립이 필요한 까닭은 무엇일까? **2 법원의 조직과 기능** 탐구 법원은 어떤 곳일까? **3 헌법재판소의 위상** 탐구 유출된 주민 등록 번호, 평생 바꾸지 못할까? **4 헌법재판소의 역할** 탐구 헌법재판소는 어떤 일을 할까?	사법, 사법권의 독립, 대법원, 고등 법원, 지방 법원, 헌법 재판소

국회의 위상과 역할

개념➕ 대의 민주제

국민이 대표자를 선출하여 그 대표자에게 정치의 운영을 맡기는 것으로, 간접 민주 정치라고도 한다. 오늘날 대다수 국가는 영토가 넓고 인구가 많아 모든 국민이 정치에 참여하는 것이 불가능하므로 대부분의 국가에서는 대의 민주제를 실시하고 있다.

• 헌법에 명시된 국회의 위상

헌법 제40조 입법권은 국회에 속한다.
제41조 ① 국회는 국민의 보통·평등·직접·비밀 선거에 의하여 선출된 국회 의원으로 구성한다.

국회의 지위와 권한은 국가에 따라 다르지만, 입법 기관의 지위가 가장 본질적인 지위라는 점에서는 차이가 없다. 우리 헌법에서는 법률의 제정권이 국회에 있음을 명시하고 있다.

정리 국회의 위상과 구성

위상	국민이 직접 뽑은 국회 의원으로 구성되어 국민을 대표하는 기관
구성	국회 의장, 부의장, 교섭 단체, 상임 위원회

→ 국민의 대표 기관 국회

└ 민주주의의 핵심은 국민의 정치 참여인데, 국민의 정치 참여 방식에 따라 직접 민주주의와 대의 민주제로 구분할 수 있다.

1. 직접 민주주의와 대의 민주제

(1) 직접 민주주의: 모든 국민이 국가의 의사결정이나 정치 과정에 직접 참여하여 국가를 다스리는 것 → 민주 정치의 이상이자 핵심

(2) 대의 민주제
  ① 의미: 국민이 선출한 대표가 정치를 담당하는 것
  ② 오늘날 대다수 국가는 영토가 넓고 인구가 많아서 모든 국민이 정치에 직접 참여하기 어려워 대의 민주제를 실시하고 있음

2. 국회의 위상

(1) 국회: 국민이 선출한 국회 의원으로 구성되어 국민을 대표하는 기관

(2) 국회의 위상 ┌ **왜** 국회의 구성원인 국회 의원이 국민을 대표하기 때문이다.
  ① 국민의 대표 기관: 국민이 선출한 사람들로 구성
  ② 입법 기관: 국민의 의사를 반영한 법률을 만드는 기관
  ③ 정부를 감시하고 통제하는 기관: 정부의 국정 운영을 감시하고 통제함으로써 국가 권력의 남용을 방지하고, 국민의 다양한 요구 및 의사를 정책에 반영함

3. 국회의 구성

(1) 국회 의원 우리나라 국회 의원의 임기는 4년이다.
  ① 지역구 국회 의원: 각 지역에서 선거를 통해 선출
  ② 비례 대표 국회 의원: 정당별 득표율에 비례하여 선출
(2) 국회 의장 및 부의장: 국회 의장 1명 및 부의장 2명 ┐ 국회의 대표로서 국회의 사무를 감독하고 질서를 유지한다.
(3) 상임 위원회: 효율적인 의사 진행을 위해 재정, 통일, 외교 등 각 분야의 전문성을 지닌 의원들이 모여 관련 안건이나 법률을 심사
(4) 교섭 단체: 국회 운영 일정 등 중요한 사안을 논의하기 위해 만들어진 단체
  └ 교섭 단체의 경우 20인 이상의 소속 의원이 있을 때 결성이 가능하다.

교과서 PLUS α — 우리나라 국회 의원의 특권과 의무

↑ 면책 특권

↑ 불체포 특권

↑ 권한 남용 금지 의무

↑ 청렴의 의무

자료 해설

국회 의원은 정치적·법적으로 특수한 위치에 있으므로 일반 공무원과는 다른 특권과 의무를 가진다. 그중 면책 특권은 국회 의원이 직무와 관련하여 국회에서 한 발언과 표결을 국회 밖에서 책임지지 않는다는 특권이다. 불체포 특권은 회기 중에는 국회의 동의 없이 체포할 수 없는 특권으로, 정부를 감시하는 국회 의원이 탄압받지 않게 하는 데 목적이 있다. 또한, 국회 의원은 권한 남용 금지 의무에 따라 국회 의원의 권한을 함부로 사용해서는 안 되며, 청렴의 의무에 따라 재물에 탐욕을 부리지 않고 국가의 이익을 우선하여 양심에 따라 직무를 수행해야 한다.

→ 국회의 기능

1. 입법에 관한 권한

(1) 의의: 국민의 대표 기관으로서 국회가 가지는 가장 대표적인 기능

(2) 내용: 법률의 제정 및 개정, 조약 체결 및 비준에 대한 동의 권한

(3) 법률 제정 및 개정 절차

뜻 대표자가 체결한 조약안을 최종적으로 확인하고 그 나라에서 동의하는 것

① 법률안 제출: 국회 의원 10인 이상 또는 정부에서 법률안 제출

② 법률안 심사: 국회 의장이 법률안을 소관 상임 위원회에 넘기고 심의하여 본회의에 상정

③ 법률안 의결: 국회 본회의에서 재적 의원 과반수 출석, 출석 의원 과반수 찬성으로 의결

④ 법률 공포: 의결된 법률안은 대통령이 15일 이내에 공포한 후, 효력 발생

2. 재정에 관한 권한
행정부가 제출한 예산안 심의·확정, 정부가 1년 동안 예산을 제대로 집행하였는지 심사

뜻 국가가 행정 활동을 위해 필요한 재산을 조달하며 관리·사용하는 모든 경제 활동

3. 일반 국정에 관한 권한

┌ 국정을 감시하고 통제하는 역할을 한다.

(1) 국정 감사 및 국정 조사: 국정의 잘못된 부분을 찾아내어 시정하게 함

(2) 대통령의 국무총리, 감사원장, 헌법재판소장, 대법원장의 임명에 대한 동의권 행사

└ 사법부에 대해 국회가 견제할 수 있는 권한이다.

(3) 탄핵 소추 의결권: 대통령, 국무총리 및 국무 위원 등이 법률을 위배했을 때 파면을 요구할 수 있음

┌ 국회가 행정부나 사법부를 견제할 수 있게 할 뿐 아니라 권력 분립의 원리를 실현하는 장치이기도 하다.

곁다리 정보 (오른쪽 여백)

• 국정 감사와 국정 조사
국정 감사는 국정 전반에 관하여 감사하는 것으로, 매년 9월 정기 국회가 시작될 때 실시된다. 국정 조사는 행정부의 감시와 통제를 위해 필요한 경우에 특정한 사안을 조사하는 것이다.

개념⊕ 탄핵 소추 의결권
탄핵 소추권은 대통령, 고위 공무원이 직무 수행 중에 헌법이나 법률을 위반한 경우 국회가 탄핵 소추를 의결할 수 있는 권리이다. 탄핵 소추가 의결되면 헌법재판소가 이를 심판하여 당사자를 공직에서 파면할 수 있다.

• 국회의 행정부·사법부 견제 수단
국회가 행정부를 견제할 수 있는 권한에는 탄핵 소추권, 예산·결산 심사권, 국무총리 임명 동의권 등이 있다. 그리고 사법부를 견제할 수 있는 권한에는 대법원장, 대법관 임명 동의권 등이 있다. 국정 감사와 국정 조사를 통해서는 행정부와 사법부를 견제할 수 있다.

교과서 PLUS α

국회의 국정 통제, 국정 감사

이렇게 이해하세요
국정 감사는 국정 전반에 관하여 그 문제점을 포괄적으로 지적하고 앞으로의 국정 운영 방향을 제시하는 국회의 중요한 국정 통제 수단의 하나이다. 국회는 국정 전반에 관하여 소관 상임 위원회별로 매년 정기 국회일 다음날부터 20일간 감사를 한다. 국정 감사권은 국정 전반에 관한 일반 감사권을 의미하며 입법권, 예산 심의권 등과 마찬가지로 국회의 독립적 기능이다.

활동 풀이

생각 열기 풀이 국회는 국민을 위해 어떤 일을 할까?

📖 자료 해설

「학교 급식법」이란 학교 급식을 통해 학생의 심신을 건전하게 발달시키고 나아가 국민 식생활 개선에 기여하기 위해 제정한 법이다(1981.1.29., 법률 제3356호). 제정 이후 2003년까지 9차례 개정되었다. 학생의 건강을 걱정하는 국민의 의견을 반영하여 만들어진 법이며, 이 법에 따르면 국가와 지방자치단체는 영양 교육을 통한 식습관의 개선과 학교 급식의 원활한 수행을 위해 필요한 시책을 마련해야 한다.

1 「학교 급식법」이 만들어진 까닭을 써 보자.

    예시 답안 | 학교에서 급식에 관한 문제가 생기자, 학생의 건강을 걱정하는 국민의 의견을 반영하여 「학교 급식법」이 만들어졌다.

2 법률을 어디에서 만드는지 써 보자.

    예시 답안 | 국회

스스로 탐구하기 풀이 국회의 위상은 무엇이며, 어떻게 구성되어 있을까?

이것이 핵심 ❗

- **활동 목표:** 국회의 위상을 창의적으로 나타내 보고, 국회의 구성과 하는 일을 정보 검색을 통해 확인할 수 있다.
- **핵심 개념:** 국회의 위상, 국회 의원, 교섭 단체, 상임 위원회

친절한 활동 안내 ★

이 활동은 국회의 위상을 나타낼 수 있는 문구를 직접 만들어 창의적인 사고력을 기르고, 국회 누리집을 활용하여 국회의 구성을 직접 조사해 보는 데 의미가 있다. 국회가 갖는 위상을 충분히 인지한 후 활동을 한다.

1 모둠별로 국회의 위상을 나타내는 문구를 만들어 보고, 그렇게 만든 까닭을 발표해 보자.

> 예 국회는 '기차'이다. 왜냐하면, 모든 국민과 함께 달려가기 때문이다.

예시 답안 | 국회는 DIY 제품이다. 왜냐하면, 국민의 선택으로 직접 만들어 나가기 때문이다.

2 대한민국 누리집을 참고하여 ❶~❸에 해당하는 내용을 써 보자.

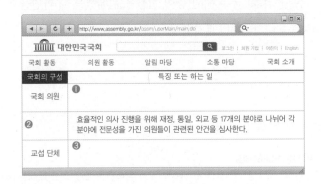

국회의 구성	특징 또는 하는 일
국회 의원	❶
❷	효율적인 의사 진행을 위해 재정, 통일, 외교 등 17개의 분야로 나누어 각 분야에 전문성을 가진 의원들이 관련된 안건을 심사한다.
교섭 단체	❸

예시 답안 |

❶ 국회 의원은 불체포 특권과 면책 특권을 지니며, 헌법상의 의무와 국회법상의 의무를 지닌다.

❷ 상임 위원회

❸ 국회에 20인 이상의 소속 의원을 가진 정당은 하나의 교섭 단체가 되며, 소속 의원들이 의사를 사전에 통합·조정하여 국회의 의사 진행을 원활하게 운영하고자 만들어졌다.

자료 ❶ 청소년 복지 지원법 개정안 국회 통과

「청소년 복지 지원법」 개정 법률안이 국회 본회의에 상정되어 통과되었다. 개정안의 주요 내용은 소년법상 1호 처분을 받은 보호 청소년들을 위탁·보호하는 대안 가정인 청소년 회복 센터에 관한 국비 지원이다. 이는 청소년 회복 센터를 기획하고 설립한 이래 6년 만의 결실이다.
- 「국민일보」, 2016. 5. 19.

자료 ❷ 국회, 26일부터 국정 감사 시작

국회의 국정 감사가 9월 26일부터 시작된다. 상임 위원회별로 진행되는 이번 국정 감사의 대상 기관은 총 691개이다. 국회는 국정 감사를 통해 국가 안보, 국민 안전 등 올해의 국정 전반을 조사할 예정이다.
- 「국민일보」, 2016. 9. 25.

자료 ❸ 2016년 예산안, 국회 본회의 통과

최근 국회는 386조 3,997억 원 규모의 2016년도 예산안을 의결했다. 이는 정부가 제출한 예산안에서 3조 8,281억 원을 삭감한 대신, 지역구 민원과 가뭄 예산 등을 증액해 최종적으로 3,062억 원을 줄인 규모이다.
- 「중앙일보」, 2015. 12. 3.

1 자료 ❶~❸ 을 읽고, 각 기사에서 국회가 한 일을 써 보자.

예시 답안 |

구분	국회가 한 일
자료 ①	법률 개정
자료 ②	국정 감사
자료 ③	정부 예산안 의결

교과서 PLUS α

「아동 학대 범죄의 처벌 등에 관한 특례법」이 만들어지는 과정

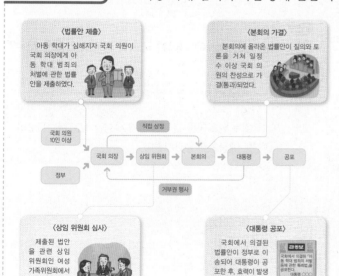

자료 해설

국회 의원 10인 이상이나 정부가 국회 의장에게 법률안을 제출할 수 있다. 제출한 법률안은 소관 상임 위원회의 심사를 거치며, 상임 위원회에서 의결된 안건은 법제 사법 위원회로 넘겨져 자구 검토 절차 등을 거친 뒤 본회의에 부쳐진다. 본회의에 부쳐진 법률안은 질의와 토론을 거쳐 재적 의원 과반수의 출석과 출석 의원 과반수 찬성으로 의결된다. 의결된 법률안은 정부에 이송되어 15일 이내에 대통령이 공포하고, 공포된 법률은 공포한 날부터 20일이 지남으로써 효력이 발생한다.

1 다음 내용에 알맞은 말을 골라 ◯표 하시오.

(1) 국회는 (직접 민주주의, 대의 민주제)에서 국민이 선출한 대표로서, 국민의 대표 기관이다.

(2) 국회는 대표적인 (입법, 행정) 기관이다.

2 국회는 지역에서 다수의 득표로 당선된 (   ) 국회 의원과 각 정당의 득표율에 비례하여 선출된 (   ) 국회 의원으로 구성된다.

3 다음 설명에 해당하는 국회 구성 기관을 쓰시오.

(1) 국회의 대표로서 국회의 사무를 감독하고 질서를 유지한다.   (   )

(2) 일정 수 이상의 의원들로 구성된 단체로, 국회 운영 일정 등 중요한 사안을 논의하기 위해 만들어진 단체이다.   (   )

01 다음과 같은 위상을 가지는 국가 기관은?

- 국민의 대표 기관
- 입법 기관

① 국회   ② 정부
③ 법원   ④ 감사원
⑤ 헌법재판소

02 다음 글의 빈칸에 들어갈 말로 적절한 것은?

| 헌법 제41조 ① 국회는 국민의 보통·평등·직접·비밀 선거에 의하 | 여 선출된 [   ] 으로 구성한다. |

① 판사   ② 장관
③ 대통령   ④ 도지사
⑤ 국회 의원

03 국회의 위상으로 옳은 것은?

① 법률 집행 기관
② 헌법 보장 기관
③ 법적 분쟁 해결 기관
④ 직접 민주 정치 실현 기관
⑤ 정부에 대한 감시 및 통제 기관

04 국회에 대한 설명으로 옳은 것은?

① 국민을 대표하는 기관이다.
② 국회의 역할은 법을 집행하는 것이다.
③ 사회 질서 유지를 통해 정의를 구현한다.
④ 정부의 국정 운영 감시 통제와는 관계없다.
⑤ 대통령이 지정한 국회 의원으로 구성되어 있다.

중요
05 다음 신문 기사에 나타난 국회의 기능으로 옳은 것은?

○○ 신 문
2017년 12월 31일
국회는 본회의를 열고 정부가 작성한 3○○조 규모의 내년도 예산안을 통과시켰다.

① 국정 감사
② 예산안 심의·확정
③ 공무원 임명 동의
④ 법률안 제정 및 개정
⑤ 조약에 대한 동의권 행사

단답형

06 밑줄 친 '이곳'에 해당하는 기관을 쓰시오.

> 이곳은 국회를 구성하는 기관 중 하나로서, 본회의
> 에 상정하기 전에 법률안을 심사하기 위해 만들어졌
> 다. 이곳에서는 분야별로 전문성을 가진 의원들이
> 모여 안건이나 법률을 심사한다.

(   )

[07-08] 다음은 입법 과정을 나타낸 그림이다. 물음에 답하시오.

07 위의 ㉠에 들어갈 말로 알맞은 것은?

① 대법원   ② 본회의
③ 교섭 단체   ④ 특별 위원회
⑤ 헌법재판소

08 위의 입법 과정에 대한 설명으로 옳지 <u>않은</u> 것은?

① 국회 의원과 정부 모두 법률안을 제출할 수 있다.
② 제출된 법률안은 관련 교섭 단체에서 심사한다.
③ 법률안은 재적 의원 과반수의 출석과 출석 의원 과반수의 찬성으로 통과된다.
④ 대통령은 의결된 법률안에 거부권을 행사할 수 있다.
⑤ 국회에서 통과된 법률은 대통령이 공포한 후에 효력이 발생한다.

09 국회의 권한 중 일반 국정에 관한 권한에 해당하는 것을 〈보기〉에서 고른 것은?

> 보기
> ㄱ. 법률의 제정·개정권
> ㄴ. 예산안 심의·확정권
> ㄷ. 국정 감사 및 조사권
> ㄹ. 국무총리, 감사원장 임명 동의권

① ㄱ, ㄴ   ② ㄱ, ㄷ   ③ ㄴ, ㄷ
④ ㄴ, ㄹ   ⑤ ㄷ, ㄹ

10 국회의 조직 구성에 해당하지 <u>않는</u> 것은?

① 교섭 단체
② 상임 위원회
③ 헌법재판소
④ 국회 의장 1명
⑤ 국회 부의장 2명

서술형

11 다음 헌법 조항에서 알 수 있는 국회의 위상을 서술하시오.

> **헌법 제40조** 입법권은 국회에 속한다.
> **제41조** ① 국회는 국민의 보통·평등·직접·비밀 선거에 의하여 선출된 국회 의원으로 구성한다.

• **행정부의 수반**
우리나라 행정부의 수반은 대통령이다. 수반은 반열(班列) 가운데 으뜸가는 자리를 의미하므로, 행정부의 수반은 행정부에서 가장 높은 자리에 있는 사람을 가리킨다.

• **법률안 거부권**
법률안 거부권은 정부로 이송된 법률안에 대하여 이의가 있을 때 대통령이 그 법률안은 국회로 환부하여 다시 심사하도록 요구할 수 있는 권리이다. 대통령은 법률안 거부권을 가지는 데, 이를 통해 국회를 견제할 수있다. 이는 권력 분립의 원칙에 기반한 견제와 균형을 실현하는 기능을 담당한다.

개념⁺ 국가 원수로서의 대통령
원수는 한 나라의 최고 통치권을 가진 사람을 의미한다. 공화국에서는 주로 대통령을, 군주국에서는 군주를 일컫는다.

→ 대통령의 지위와 권한

1. 대통령의 지위 국민이 직접 선거를 통해 선출하며, 임기는 5년이다.
(1) 국가를 대표하는 국가 원수이자 행정부의 수반
(2) 입법부 및 사법부와 동등한 지위를 지님

2. 대통령의 권한
(1) 행정부 수반으로서 권한 : 행정부의 최고 책임자로서 모든 행정 작용은 대통령의 책임하에 이루어짐
　① 여러 기관의 공무원을 임명하거나 해임
　② 국무 회의 의장으로서 중요한 국가 정책에 관한 논의를 하고 이를 최종적으로 결정하며, 결정에 책임을 짐 ┌─ 뜻 국군의 총지휘권자로서의 역할을 하는 것을 의미한다.
　③ 헌법과 법률이 정하는 바에 따라 국군 통수권을 지님
(2) 국가 원수로서 권한 : 대외적으로 국가를 대표하며, 대내적으로 헌법 기관을 구성함
　① 외국과의 조약 체결 및 외국에 외교 사절을 보내는 등 외교에 관한 권한 행사
　② 국회의 동의를 얻어 대법원장, 대법관, 헌법재판소장 등을 임명하여 헌법 기관 구성 ┌─ 왜 국가 위기 상황에 국가와 헌법을 수호하기 위해 대통령이 법에 구애받지 않고 긴급 조치를 명령할 수 있도록 한다.
　③ 국가가 위기 상황에 놓였을 때 긴급 명령권을 행사
　④ 국가 비상사태 시 공공 질서 유지를 위해 계엄 선포를 할 수 있음
　⑤ 헌법 개정안 제안, 국가의 중요한 정책 결정 시 국민에게 직접 의견을 묻는 국민 투표 실시
　　└ 국민 투표는 선거 이외의 국정상 중요한 사항에 관하여 국민이 행하는 투표를 말한다.
　　뜻 내란, 전쟁 등 국가에 비상사태가 생겼을 때 사회 질서를 유지하고자 군대가 해당 지역의 질서를 유지하는 것을 의미한다.

교과서 PLUS α 헌법에 명시된 대통령의 지위

헌법 제66조 ① 대통령은 국가의 원수이며, 외국에 대하여 국가를 대표한다.
② 대통령은 국가의 독립, 영토의 보전, 국가의 계속성과 헌법을 수호할 책무를 가진다.

③ 대통령은 조국의 평화적 통일을 위한 성실한 의무를 진다.
④ 행정권은 대통령을 수반으로 하는 정부에 속한다.

자료 해설
우리나라는 헌법 제66조에 대통령의 지위와 의무를 명시하고 있다. 헌법 제66조 1항은 대통령이 국가 원수로서 갖는 권한을 설명하고 있다. 또한 4항에서는 행정부 수반으로서 대통령이 가지는 권한을 나타낸다.

이렇게 이해하세요
대통령은 헌법에 명시된 것처럼 국가 원수로서 대외적으로 우리나라를 대표하기도 하고 대내적으로 헌법 기관을 구성하기도 한다. 동시에 행정부의 우두머리로서 모든 행정 작용은 대통령의 책임하에 이루어지며 입법부·사법부와 동등한 지위를 가진다.

→ 행정부의 조직과 기능

1. 행정부의 의미

국방, 치안 유지, 여권 발급, 농수산물 가격 조절, 대학 수학 능력
시험 관리, 주민 센터 출생 신고 등이 해당한다.

(1) 행정: 국회에서 제정한 법률을 집행하고, 국가의 목적이나 공익을 적극적으로 실현해 나가는 작용

(2) 행정부: 국회에서 제정한 법률을 집행하고, 정책을 수립·수행하는 국가 기관

2. 행정부의 구성 및 기능

(1) 행정부의 구성 : 대통령, 국무총리, 행정 각부, 국무 회의, 감사원 등의 기관으로 구성되어 있음

(2) 행정부의 역할

구분	내용
대통령	행정부의 수반으로서 국가를 대표하고, 행정부를 지휘·감독함
국무총리	• 대통령을 보좌하고 행정 각부를 관리·감독 • 대통령의 명을 받아 국무 회의를 열고 각부 장관들과 정부 정책 의논 • 국무총리는 국회의 동의를 얻어 대통령이 임명함
행정 각부	• 각부 장관의 지휘 아래 구체적인 행정 사무 처리 • 각부 장관은 국무 위원으로서 국무 회의에 참석하여 국정 전반에 관한 의견 제시
국무 회의	• 행정부 최고의 심의 기관: 정부의 권한에 속하는 중요한 정책 심의 • 대통령, 국무총리와 15명 이상 30명 이하의 국무 위원으로 구성됨 • 대통령이 국무 회의의 의장임 • 국무총리가 회의를 주재하기도 함
감사원	• 대통령에 직속된 행정부 최고의 감사 기관 • 국가의 세입·세출 결산 검사, 행정 기관의 사무와 공무원의 직무 감찰 • 감사원장은 국회의 동의를 얻어 대통령이 임명함

• 행정 국가화 현상

행정부의 역할이 커지면, 권력 분립의 균형이 깨지고 입법부의 역할은 상대적으로 축소된다. 이를 막기 위해 행정을 통제할 수 있는 여러 제도를 실행하고, 우리가 행정부의 역할을 감시하는 태도를 갖추어야 한다.

• 우리나라 정부

(대한민국 정부, 2018년)

개념⁺ 국무총리의 지위

국무총리는 대통령 부재 시의 대통령 권한 대행자, 대통령의 보좌 기관, 국무 회의 부의장, 집행부 제2인자의 지위를 가진다. 우리나라는 대통령에게 많은 권한이 부여되어 있으므로, 대통령을 보좌하고 그 의사에 따라 행정 각부를 관리·감독할 필요에서 국무총리 제도를 두고 있다.

교과서 PLUS α | 국무 회의

자료 해설

국무 회의란 정부의 권한에 속하는 주요 정책을 심의하는 최고 정책 심의 기관이다. 대통령을 의장으로, 국무총리를 부의장으로 하는 국무 회의는 정부의 정책 수립과 결정을 신중히 하고 대통령의 독단과 독선적인 결정을 방지하기 위한 것이다. 다만, 국무 회의는 심의 기관이므로 국무 회의 심의 사항이 대통령을 구속하는 것은 아니다. 대통령은 국무 회의에서 논의된 내용을 그대로 따르지 않고 독자적으로 최종 결정을 할 수 있다. 국무 회의는 대통령 및 국무총리와 15명 이상 30명 이하의 국무 위원으로 구성되며, 관례적으로 국무총리가 회의를 주재한다.

활동 풀이

생각 열기 풀이 한 국가에서 대통령의 역할은 무엇일까?

자료 해설
제시된 자료는 우리나라의 대통령 취임 선서문 중 일부이다. 우리나라 대통령은 취임식에서 헌법 제69조에 해당하는 내용으로 취임 선서를 한다. 이 내용에 의하면 대통령이 헌법을 준수할 의무, 국가를 보위할 의무, 조국의 평화적 통일에 대한 의무, 국민의 자유와 복리를 증진할 의무, 민족 문화를 창달할 의무 등이 대통령의 역할에 포함된다.

1 헌법 제69조 취임 선서문에 나와 있는 대통령의 역할을 써 보자.
예시 답안 | 국가 수호, 국민 자유 및 복리 증진 등

2 취임 선서문을 참고하여 내가 대통령이 된다면 어떤 연설을 할지 취임 연설문을 작성해 보자.
예시 답안 | 대한민국의 대통령으로서 최선을 다해 대한민국의 헌법을 준수하고 국가를 지키며, 국민을 사랑하고 대통령으로서 직책을 성실하게 수행하겠습니다.

스스로 탐구하기 풀이 우리나라 대통령은 무슨 일을 할까?

이것이 핵심
· 활동 목표: 대통령의 업무를 행정부 수반으로서 권한과 국가 원수로서 권한으로 구분할 수 있다.
· 핵심 개념: 대통령, 행정부 수반, 국가 원수

친절한 활동 안내
이 활동의 핵심은 사진에 나타난 대통령의 업무를 보고 행정부 수반으로서 권한과 국가 원수로서 권한을 나누어 보는 데 의미가 있다.
행정부를 지휘하고 감독하는 것은 행정부 수반으로서 권한, 한 국가를 대표하는 역할은 국가 원수로서 권한을 나타낸다.

❶ 국무 회의 진행 ❷ 신임 대법원장 임명

❸ 파병 부대 격려 ❹ 한미 정상 회담 참석

1 ❶~❹가 대통령의 행정부 수반으로서 권한과 국가 원수로서 권한 중 어디에 해당하는지 써 보자.
예시 답안 |

❶ 행정부 수반으로서 권한	❷ 국가 원수로서 권한	❸ 행정부 수반으로서 권한	❹ 국가 원수로서 권한

2 대통령의 최근 한 달간 일정을 알아보고, 해당 업무를 행정부 수반으로서 권한 또는 국가 원수로서 권한으로 구분해 보자.
예시 답안 |

행정부 수반으로서 권한	국가 원수로서 권한
독립유공자 및 유족과의 오찬, 외교부·통일부 핵심 정책 토의 등	대법원장 임명, 한일 의원 연맹 대표단 접견 등

자료 ❶

우리 부서는 변화하는 사회 환경에 부응하여, 일, 가정의 양립과 경제 활동에 관한 실질적인 지원 및 다양한 가족 형태에 맞는 보편적인 지원을 강화하고, 여성과 청소년이 안전한 사회를 만드는 데 앞장서고 있습니다.

○○부 장관

자료 ❷

우리 부서는 아이들 각자가 지닌 다양성이 존중받고 재능과 잠재력을 충분히 펼칠 수 있는 기회를 제공하며, 조건과 형편에 상관없이 대한민국 어디서든 누구나 공평하게 꿈을 키우는 데 앞장서고 있습니다.

△△부 장관

자료 ❸ 주요 정부 조직

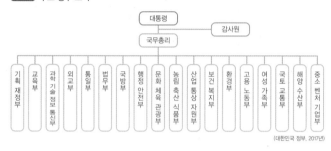

(대한민국 정부, 2017년)

1 자료 ❶ ~ ❷ 에 나타난 장관의 부서 소개가 어떤 기관과 관련이 있는지 자료 ❸ 에서 찾아 써 보자.

예시 답안 |

자료 ①	여성 가족부	자료 ②	교육부

2 모둠을 구성하여 관심 있는 정부 기관을 고른 후 최근 활동을 조사하여 발표해 보자.

예시 답안 |

- 조사 기관: 외교부
- 주요 업무: 대한민국의 외교와 관련한 사무를 관장하는 중앙 행정 기관으로, 외교 정책의 수립 및 시행, 경제 외교 및 국제 경제 협력 외교, 조약 및 그 밖의 국제 협정, 재외 동포 정책의 수립 등을 목표로 하는 곳이다.
- 최근 활동: 대한민국·몽골 외교부 장관 면담 추진, 중부 아프리카의 콩고 민주 공화국과 외교부 장관 회담 개최, 외교부 장관의 이탈리아 및 몰타 방문 등

이것이 핵심 !

• 활동 목표: 제시된 자료와 정부 기관에 대한 조사를 바탕으로 행정 각 부가 하는 일을 확인해 볼 수 있다.
• 핵심 개념: 행정 각부, 주요 정부 조직

친절한 활동 안내 ★

이 활동의 핵심은 우리나라 행정부에서 하는 일을 찾아내며, 관심 있는 부서에 대해 자기 주도적으로 알아보는 데 핵심이 있다.
청와대 홈페이지에서 정부 조직도를 확인할 수 있다.

교과서 PLUS α

우리나라의 행정부

↑ 정부 세종 청사

행정부는 대통령과 국무총리의 지휘 통할하에 정부의 정책을 집행하는 중앙 행정 기관이다. 정부의 정책은 국무 회의의 심의를 거쳐 대통령이 최종적으로 결정하며, 행정 각부를 통해 집중되고 실현된다. 행정 각부의 설치 및 조직과 직무의 범위는 법률로 정한다. 2017년 기준 18개의 부서가 설치되어 있다. 행정 각부의 장은 국무 위원 중에서 국무총리의 제청으로 대통령이 임명한다. 정부 조직법은 행정 각부의 장을 '장관'이라고 하며, 이들은 모두 국무 위원이기도 하다.

실력 확인 문제

1 다음 내용에 알맞은 말을 골라 ◯표 하시오.

(1) 대통령은 입법부, 사법부와 (동등한, 상이한) 지위를 지닌다.

(2) 대외적으로 우리나라를 대표하는 것은 대통령의 지위 중 (행정부 수반, 국가 원수)에 해당한다.

2 국회에서 제정한 법률을 집행하고, 국가의 목적이나 공익을 적극적으로 실현하기 위해 여러 가지 정책을 세우고 실행하는 국가 작용을 (   )이라고 한다.

3 다음 대통령의 권한이 행정부 수반으로서 권한이면 '행', 국가 원수로서 권한이면 '국'을 쓰시오.

(1) 헌법재판소장 임명: (   )
(2) 국군 지휘 및 통솔: (   )

01 우리나라 대통령에 대한 설명으로 옳지 않은 것은?

① 국가와 헌법을 수호할 의무가 있다.
② 입법부 및 사법부와 동등한 지위를 지닌다.
③ 행정부 수반으로서 행정부를 지휘·감독한다.
④ 대통령의 임기는 5년이며 직접 선거로 선출된다.
⑤ 국무 회의 부의장으로서 국가 정책에 관한 논의에 참여한다.

02 대통령의 권한으로 나머지 넷과 성격이 다른 하나는?

① 국군 통수권
② 외국과의 조약 체결권
③ 헌법 기관 구성원 임명권
④ 국가 비상사태 시 계엄 선포권
⑤ 국가 위기 상황 시 긴급 명령권

03 국가 원수로서 대통령의 역할을 〈보기〉에서 고른 것은?

보기
> ㄱ. 국군 통수권
> ㄴ. 외국과의 조약 체결
> ㄷ. 공무원 임명 및 해임권
> ㄹ. 긴급 명령권 및 계엄 선포권

① ㄱ, ㄴ   ② ㄱ, ㄷ   ③ ㄴ, ㄷ
④ ㄴ, ㄹ   ⑤ ㄷ, ㄹ

04 대통령의 권한에 대한 설명으로 옳지 않은 것은?

① 행정부를 지휘·감독할 권한을 가진다.
② 비상사태 시 계엄을 선포할 권한을 가진다.
③ 행정 각부의 장관과 여러 기관의 공무원을 임명할 수 있다.
④ 외국과의 조약 체결 등 외교에 관한 권한을 행사할 수 있다.
⑤ 대법원장, 헌법재판소장 등의 임명에 관한 동의권을 행사할 수 있다.

05 빈칸 ㉠, ㉡에 들어갈 내용이 바르게 연결된 것은?

> 우리나라에서는 국회, 정부, 법원이 권력 분립의 원리를 실현하고 있다. 그 예로 입법부는 행정부를 견제하기 위해 ㉠ 을 갖고, 행정부는 입법부를 견제하기 위해 ㉡ 수단을 지닌다.

	㉠	㉡
①	탄핵 소추권	국정 감사권
②	탄핵 소추권	법률안 거부권
③	법률안 거부권	국정 감사권
④	법률안 거부권	공무원 임명 동의권
⑤	공무원 임명 동의권	국정 감사권

06 밑줄 친 '이것'에 해당하는 국가 기관을 쓰시오.
단답형

> 이것은 행정부 최고의 심의 기관이다. 정부의 권한에 속하는 중요한 정책을 심의하며 대통령, 국무총리, 각 부서 장관인 국무 위원으로 구성되어 있다.

(   )

07 다음 밑줄 친 부분과 관련 있는 국가 기관은?

> 최근 국회에서 '학교 폭력 예방 및 대책에 관한 법률'이 제정되었다. 이에 따라 교육부, 여성가족부, 법무부에서는 마련된 법 조항을 바탕으로 여러 가지 정책을 마련하여 집행하고 있다.

① 입법부
② 사법부
③ 행정부
④ 대법원
⑤ 헌법재판소

08 행정부의 조직에 대한 옳은 설명을 〈보기〉에서 고른 것은?

보기
> ㄱ. 국무 회의는 행정부 최고의 심의 기관이다.
> ㄴ. 대통령은 입법부보다 더 높은 지위를 지닌다.
> ㄷ. 감사원은 대통령 직속 기관이며 감사원장은 대통령이 임명한다.
> ㄹ. 국무총리는 대통령을 보좌하고 행정 각부를 관리하며, 국회 의원이 임명한다.

① ㄱ, ㄴ   ② ㄱ, ㄷ   ③ ㄴ, ㄷ
④ ㄴ, ㄹ   ⑤ ㄷ, ㄹ

09 행정부의 구성에 해당하지 <u>않는</u> 것은?

① 국회
② 감사원
③ 국무총리
④ 국무 회의
⑤ 행정 각부의 장

10 행정부의 조직과 기능에 관한 내용으로 옳지 <u>않은</u> 것은?

① 대통령은 행정부의 최고 책임자다.
② 국민의 의사를 반영하여 법률을 만든다.
③ 행정부는 행정 작용을 담당하는 국가 기관이다.
④ 행정부는 국민을 보호하기 위한 다양한 정책을 수행한다.
⑤ 국방, 치안 유지, 여권 발급 등의 업무가 행정과 관련이 있다.

서술형

11 대통령이 행정부 수반으로서 갖는 권한을 <u>두 가지</u> 서술하시오.

03 법원과 헌법재판소의 역할

교과서 40쪽~45쪽

• 우리나라 법원의 조직도

→ 사법 기관인 법원

1. 사법(司法)

(1) 의미: 분쟁 발생 시 법을 해석하고 적용하여 분쟁을 해결하는 국가 작용

(2) 사법을 담당하는 국가 기관: 법원, 헌법재판소

(3) 사법의 역할 ——————— 사법부라고 부르기도 한다.

　① 법의 적용을 통한 갈등 해결로 법질서 유지

　② 궁극적으로 국민의 권리 보호

2. 사법권의 독립

(1) 의미: 법관이 입법부나 행정부 등 외부의 간섭을 받지 않고, 헌법과 법률에 의해 양심에 따라 독립하여 심판해야 한다는 원칙

(2) 목적: 공정한 재판을 통해 국민의 기본권을 수호

→ 법원의 조직과 기능

1. 법원의 기능: 재판을 통해 법률을 해석하고 적용하여 분쟁을 해결

2. 법원의 구성과 담당 재판

(1) 대법원, 고등 법원, 지방 법원

> 대법원의 판결은 최종적인 효력을 가지며, 3심 재판을 담당한다는 것은 2심 판결에 대한 상고를 의미한다.

대법원	사법부의 최고 기관, 1심과 2심을 거친 3심 재판을 담당
고등 법원	지방 법원 등 1심 법원의 판결에 대한 항소 사건을 재판
지방 법원	민사 또는 형사 사건의 1심 재판을 담당

(2) 특수 법원

특허 법원	특허권 등과 관련된 재판을 담당
가정 법원	가족 간의 다툼이나 소년에 관한 사건을 담당
행정 법원	행정 기관이나 국가와 관련된 행정 사건을 담당

개념＋ **심급 제도**

우리나라는 같은 사건을 서로 다른 급의 법원에서 다시 심판하는 제도인 심급 제도를 두어 재판의 공정성과 정확성을 확보하고자 한다.

교과서 PLUS α　　**사법권의 독립과 관련된 헌법 조항**

제101조 ① 사법권은 법관으로 구성된 법원에 속한다.
③ 법관의 자격은 법률로 정한다.
제102조 ③ 대법원과 각급 법원의 조직은 법률로 정한다.
제103조 법관은 헌법과 법률에 의하여 그 양심에 따라 독립하여 심판한다.
제104조 ③ 대법원장과 대법관이 아닌 법관은 대법관 회의의 동의를 얻어 대법원장이 임명한다.
제106조 ① 법관은 탄핵 또는 금고 이상의 형의 선고에 의하지 아니하고는 파면되지 아니하며, 징계 처분에 의하지 아니하고는 정직, 감봉, 기타 불리한 처분을 받지 아니한다.

자료 해설

왼쪽의 헌법 조항은 모두 사법부의 독립을 규정하고 있는 헌법 조항이다. 법관이나 법원이 다른 국가 기관으로부터 간섭이나 압력을 받지 않는다는 내용이 포함되어 있다.

이렇게 이해하세요

사법권의 독립이 이루어지지 않는다면 외부의 간섭에 의해 공정한 재판이 이루어지지 않을 수 있다. 공정하지 않은 재판은 국민의 기본권을 침해하므로 사법권의 독립이 보장되고 있다.

→ 헌법재판소의 위상

1. 헌법재판소의 위상

(1) 헌법 재판을 담당하는 기관

(2) 국회에서 만든 법률이 헌법에 위반되거나 국가의 행위가 국민의 기본권 침해 시 헌법 재판 진행

(3) 기본권 보장 기관이며 헌법 수호 기관: 헌법 재판을 통해 질서를 보호하고 국민의 기본권 보장

2. 헌법재판소의 구성: 법관의 자격을 가진 9명의 재판관으로 구성되며, 재판관은 대통령이 임명함
└─ 3명은 국회에서 선출한 자를, 3명은 대법원장이 지명한 자를 임명한다.

• 헌법재판소

우리나라는 1987년 헌법 개정 이후, 법원과 별도로 독립된 헌법재판소를 설치하여 헌법 재판을 담당하고 있다.

→ 헌법재판소의 역할

1. 헌법재판소의 역할: 국가 기관의 작용이 헌법에 어긋나거나 기본권을 침해했는지를 심판하는 헌법 재판을 담당

2. 헌법 재판의 종류

(1) 위헌 법률 심판
- 재판의 전제가 된 법률이 헌법에 위반되는지를 심판
- 법률이 헌법에 위반된다고 판단한 경우 그 법률은 효력을 잃게 됨

(2) 헌법 소원 심판: 국가 권력이 헌법에 보장된 국민의 기본권을 침해하고 있는지를 심판

(3) 탄핵 심판: 고위 공직자가 헌법이나 법률에 위배되는 행위를 하였는지를 심판

(4) 정당 해산 심판: 정당의 목적이나 활동이 헌법에서 정한 이념에 어긋난다고 여겨질 때, 정당의 해산 여부를 결정하는 심판

(5) 권한 쟁의 심판: 국가 기관 간, 국가 기관과 지방 자치 단체 간, 지방 자치 단체 간의 권한 다툼으로 인한 분쟁을 해결하기 위한 심판

개념+ 헌법 소원 심판

법률이나 공권력에 의해 헌법의 기본권을 침해당한 국민이 직접 헌법재판소에 구제를 신청했을 때 심판한다. 헌법 소원은 기본권을 침해당한 대인이 권리를 구제받기 위한 대표적인 수단이다.

• 탄핵 제도

탄핵 제도란 일반적인 사법 절차나 징계 절차에 따라 소추하거나 징계하기가 곤란한 집행부의 고위직 공무원이나 법관 또는 선거 관리 위원회 위원과 같이 신분이 보장된 공무원이 직무상 중대한 비위를 범했을 때 이를 국회가 소추하고 헌법재판소가 심판하는 것이다.

교과서 PLUS α

삼권 분립의 중요성

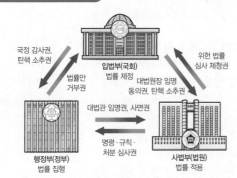

국정 감사권, 탄핵 소추권 / 법률안 거부권

입법부(국회) 법률 제정

위헌 법률 심사 제청권

대법원장 임명 동의권, 탄핵 소추권

대법관 임명권, 사면권

행정부(정부) 법률 집행

명령·규칙· 처분 심사권

사법부(법원) 법률 적용

이렇게 이해하세요

삼권 분립이란 법을 만드는 입법부(국회)와 법을 진행하는 행정부(정부), 법을 적용하는 사법부(법원)가 국민의 기본권을 보장하기 위하여 권한을 나누어 갖고, 견제하며 균형을 이루는 것을 말한다.

행정부는 법률안 거부권으로, 입법부는 국정 감사권으로 서로를 견제한다. 또한, 입법부의 대법원장 임명 동의권과 행정부의 대법관 임명권 등은 사법부를 견제하는 권한이다. 나아가 법원은 법률이 헌법에 위반되는 경우, 헌법재판소에 위헌 법률 심판을 제청함으로써 입법부와 행정부를 견제할 수 있다. 이와 같이 입법부, 행정부, 사법부가 서로 견제하고 균형을 유지해야만 민주주의가 제대로 이루어질 수 있다.

활동 풀이

생각 열기 풀이   공정한 판결을 받고 싶어요!

📖 자료 해설
「홍범 14조」는 조선 시대 말 고종 때 발표한 개혁안이다. 나랏일과 왕실 일을 구분하고, 민법·형법을 만들어 인민의 생명과 재산을 보호하는 등 근대 국가의 틀을 마련한 데 의의가 있다. 무엇보다도 「재판소 구성법」을 시행하여 공정한 사법을 확립하는 데 영향을 주었다.

1 위 만화에서 고종이 「재판소 구성법」을 시행한 까닭을 써 보자.

예시 답안 | 그동안 공정하지 못했던 사법 과정을 바로 세워 공정한 판결을 내리기 위해 사법권의 독립을 규정한 「재판소 구성법」을 시행한 것이다.

2 고종의 말을 바탕으로 올바른 사법 작용이 뜻하는 바를 친구들과 토의해 보자.

예시 답안 | 재판관이 다른 기관이나 사람의 영향을 받지 않고, 공정하게 재판하는 것을 의미한다.

함께 탐구하기 풀이   사법권의 독립이 필요한 까닭은 무엇일까?

이것이 핵심❗
- **활동 목표:** 현행 헌법 조항과 유신 헌법 조항의 비교를 통해 사법권 독립의 중요성을 확인할 수 있다.
- **핵심 개념:** 사법권의 독립, 헌법

친절한 활동 안내⭐
이 활동의 핵심은 현행 헌법 조항과 유신 헌법 조항 내용을 비교하며 사법권 독립이 필요한 까닭을 유추하는 것이다.
유신 헌법은 사실상 대통령 독재를 정당화하기 위해 만들어진 헌법으로, 국민의 기본권을 침해하는 내용이 다수 포함되어 있었다.

다음은 사법부와 관련된 현행 헌법 조항과 유신 헌법 조항이다.

자료 ❶ 현행 헌법 조항
제101조 ① 사법권은 법관으로 구성된 법원에 속한다.
        ③ 법관의 자격은 법률로 정한다.
제103조 법관은 헌법과 법률에 의하여 그 양심에 따라 독립하여 심판한다.
제104조 ③ 대법원장과 대법관이 아닌 법관은 대법관 회의의 동의를 얻어 대법원장이 임명한다.

자료 ❷ 유신 헌법 조항
제103조 ② 대법원장이 아닌 법관은 대법원장의 제청에 의하여 대통령이 임명한다.

1 자료 ❶ 의 조항들이 지켜지지 않는다면 어떤 일이 발생할지 써 보자.

예시 답안 | 자료 ❶ 에 나와 있는 헌법 조항이 지켜지지 않는다면 사법권의 독립이 지켜지지 않아 사법부에 관한 외부 세력의 간섭이 심해질 것이다. 이로 인해 공정한 재판이 어려워질 것이며, 궁극적으로 국민의 기본권을 침해하는 문제가 나타날 수 있다.

2 자료 ❶ 의 제104조 ③과 자료 ❷ 의 제103조 ② 중 사법권의 독립을 보장하고 있는 조항을 쓰고, 그렇게 생각한 까닭을 토의해 보자.

예시 답안 | 자료 ❶ 의 제104조 ③은 사법권의 법관 인사에 관한 독립을 규정하고 있다. 반면, 자료 ❷ 의 유신 헌법 조항은 법관의 임명을 대통령이 하도록 하여 권력 분립의 원리에 어긋난다. 따라서 자료 ❶ 의 제104조 ③이 자료 ❷ 의 유신 헌법 조항과 달리 사법권의 독립을 보장하고 있다.

스스로 탐구하기 풀이 법원은 어떤 곳일까?

교과서 42쪽

법원의 종류	질문	답
대법원	대법원은 몇 명의 대법원장과 대법관으로 구성되어 있나요?	
	대법원의 재판부는 보통 몇 명으로 구성되며 어떻게 판결이 내려지나요?	
	[질문 만들어 보기]	
고등 법원	고등 법원을 설치한 목적은 무엇인가요?	
	[질문 만들어 보기]	
지방 법원	지방 법원에서는 어떤 사건을 재판하나요?	
	[질문 만들어 보기]	

1 인터넷을 활용하여 아래 질문의 답을 찾아보고, 직접 질문을 만들어 답해 보자.

예시 답안 | [대법원]

· 답: ① 1명의 대법원장과 13명의 대법관
② 대법원의 재판부는 보통 4명의 대법관으로 구성되며, 4명의 의견이 모두 일치해야 판결이 내려진다.

· 추가 질문과 답: 대법원은 어떤 사건에 관해 심판권을 가지나요? (민사, 형사, 행정, 특허 및 가사 사건의 판결에 관한 상고 사건을 재판한다.)

[고등 법원]

· 답: 지방 법원 합의부에서 판결한 1심에 관한 항소 사건을 재판하기 위해서이다.

· 추가 질문과 답: 고등 법원의 재판부는 몇 명으로 구성되나요? (판사 3명으로 구성된 합의부에서 재판한다.)

[지방 법원]

· 답: 민사 사건 및 형사 사건을 1심으로 재판한다.

· 추가 질문과 답: 지방 법원은 어떻게 조직되어 있나요? (전국 18곳에 설치되어 있고, 지방 법원 아래에는 41개의 지원이 설치되어 있다.)

이것이 핵심!
· **활동 목표:** 인터넷을 활용하여 각 법원이 하는 일을 파악할 수 있다.
· **핵심 개념:** 대법원, 고등 법원, 지방 법원

친절한 활동 안내
이 활동의 핵심은 각급 법원이 하는 일을 정보 활용 능력을 통해 자기 주도적으로 찾아보고, 관련 질문을 직접 만들어 보는 데 의의가 있다.

스스로 탐구하기 풀이 유출된 주민 등록 번호, 평생 바꾸지 못할까?

교과서 43쪽

1 재판관의 말을 참고하여 헌법재판소가 위와 같은 결정을 내린 까닭을 써 보자.

예시 답안 | 「주민 등록법」 제7조가 개인 정보 자기 결정권을 침해하여, 국민의 기본권을 규정한 헌법에 합치하지 않기 때문이다.

2 만화를 보고 알 수 있는 헌법재판소의 위상을 써 보자.

예시 답안 | 헌법재판소는 국민의 권리를 보장하기 위한 기본권 보장 기관이다.

이것이 핵심!
· **활동 목표:** 실제 헌법 소원 사례를 통해 헌법재판소의 위상을 확인할 수 있다.
· **핵심 개념:** 헌법재판소

친절한 활동 안내
이 활동의 핵심은 실제 헌법 소원 사례를 통해 헌법 불합치 결정이 난 까닭을 찾아보고, 헌법재판소에서 하는 일과 위상을 유추해 보는 것이다.

스스로 탐구하기 풀이 헌법재판소는 어떤 일을 할까?

교과서 44쪽

1 위 사례에서 발생한 문제를 해결하기 위해 헌법재판소에서 어떤 일을 하는지 써 보자.

❶: 헌법 소원 심판을 통해 국가 권력에 의해 침해된 국민의 기본권을 구제해 준다.
❷: 위헌 법률 심판을 통해 법률이 헌법에 어긋나는지 판단해 준다.

이것이 핵심!
· **활동 목표:** 실제 사례를 통해 헌법재판소의 역할을 확인할 수 있다.
· **핵심 개념:** 헌법 소원 심판, 위헌 법률 심판

친절한 활동 안내
이 활동의 핵심은 실제 헌법 재판 사례를 통해 헌법재판소의 역할을 확인해 보는 것이다.

2 각 사례에 관한 판결을 찾아 써 보자.

❶: 재외 국민에 관하여 선거권을 인정하지 아니한 공직 선거법 규정이 선거권 및 평등권을 침해한다고 결정하였다(헌법 불합치 결정).

❷: 공연 윤리 위원회에 의한 영화 사전 심의 제도를 규정한 「영화 및 비디오물의 진흥에 관한 법률」 제12조 등이 헌법상의 검열 금지의 원칙에 위반된다고 결정하였다(위헌 결정).

1 다음 내용에 알맞은 말을 골라 ◯표 하시오.

(1) 분쟁 발생 시 법을 적용하고 그 내용을 판단하여 분쟁을 해결하는 것을 (행정, 사법)이라고 한다.

(2) 법원의 조직에서 최종적인 재판을 담당하는 법원을 (대법원, 고등 법원)이라고 한다.

2 사법부가 입법부나 행정부 등 외부의 간섭을 받지 않고 스스로 판단해 법을 적용할 수 있도록 하는 것을 ( )이라고 한다.

3 다음에서 설명하는 국가 기관을 쓰시오.

(1) 1심 법원의 판결에 대한 항소 사건을 재판한다.
( )

(2) 법률이 헌법에 위반되는지를 심판한다.
( )

01 사법부에 대한 설명으로 옳지 <u>않은</u> 것은?

① 법률을 집행하는 국가 기관이다.
② 재판을 통해 분쟁을 해결하는 기능을 담당한다.
③ 법률에 근거하여 사건의 옳고 그름을 판단한다.
④ 국민의 권리를 보호하고 사회 질서를 유지한다.
⑤ 사법부에는 대법원, 고등 법원, 지방 법원 등이 있다.

02 다음에서 설명하는 법원으로 알맞은 것은?

> • 사법부의 최고 법원이다.
> • 최종 재판인 3심 판결을 담당한다.

① 대법원
② 고등 법원
③ 지방 법원
④ 가정 법원
⑤ 특허 법원

03 사법권의 독립에 대한 설명으로 옳지 <u>않은</u> 것은?

① 법원의 조직은 법률에 의해 독자적으로 구성된다.
② 공정한 재판을 통해 국민의 기본권을 수호할 수 있다.
③ 사회 질서를 유지하고 국민의 권리를 보호할 수 있다.
④ 헌법에 위배되더라도 사회 다수의 의견을 따라야 한다.
⑤ 다른 국가 기관, 정당, 사회 단체 등 외부의 압력을 받지 않아야 한다.

04 중요 그림의 (가)에 들어가는 법원에 대한 설명으로 옳은 것은?

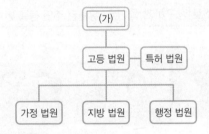

① 헌법 재판을 진행한다.
② 최종적인 재판을 담당한다.
③ 1심 판결에 대한 항소 재판을 담당한다.
④ 민사 또는 형사 사건의 1심 재판을 맡는다.
⑤ 행정 기관이나 국가와 관련된 행정 사건을 담당한다.

05 단답형 다음 글에서 설명하는 국가 기관을 쓰시오.

> 헌법과 관련된 분쟁을 심판하는 독립적인 국가 기관으로, 재판을 통해 헌법 질서를 보호하고 국민의 기본권을 보장한다.

( )

06 헌법재판소에서 열리는 재판의 내용이 <u>아닌</u> 것은?

① 재판의 전제가 된 법률이 위헌인지 여부를 가린다.
② 국가 기관 사이에 권한 다툼이 발생했을 때 이를 심판한다.
③ 공권력에 의해 헌법에 보장된 개인의 기본권이 침해당했는지를 가린다.
④ 고위 공직자가 헌법이나 법률에 위배되는 행위를 하였는지를 심판한다.
⑤ 국가 형벌권 행사를 위하여 범죄 사실 여부를 결정하고, 형벌을 정한다.

07 그림과 같은 제도의 목적으로 적절한 것은?

① 법원 질서 확립
② 재판의 독립 보장
③ 공정한 재판 실현
④ 효율적인 재판 진행
⑤ 재판관의 자율성 보장

08 다음 내용에 해당하는 헌법재판소의 재판은?

> 공연 윤리 위원회에 의한 영화 사전 심의 제도를 규정한 「영화 및 비디오물의 진흥에 관한 법률」 제12조 등이 헌법상의 검열 금지의 원칙에 위배된다고 결정하였다.

① 탄핵 심판
② 헌법 소원 심판
③ 정당 해산 심판
④ 권한 쟁의 심판
⑤ 위헌 법률 심판

09 헌법재판소에 대한 설명으로 옳지 <u>않은</u> 것은?

① 헌법 재판관은 국민의 투표로 선출된다.
② 헌법 수호 기관이며 기본권 보장 기관이다.
③ 법관의 자격을 가진 9명의 재판관으로 구성되어 있다.
④ 헌법과 관련된 분쟁을 심판하는 독립적인 국가 기관이다.
⑤ 어떤 법률이 헌법에 위배되는 경우 법률의 위헌 여부를 심사한다.

10 빈칸에 들어갈 말로 적절한 것은?

> 헌법재판소의 역할 중 국가 권력이 국민의 기본권을 침해하였는지를 심판하는 것을 □□□이라고 한다.

① 탄핵 심판　　　② 정당 해산 심판
③ 위헌 법률 심판　④ 헌법 소원 심판
⑤ 권한 쟁의 심판

서술형

11 다음 헌법 조항이 보장하는 원칙과 목적을 서술하시오.

> 제101조 ① 사법권은 법관으로 구성된 법원에 속한다.
> 제102조 ③ 대법원과 각급 법원의 조직은 법률로 정한다.
> 제103조 법관은 헌법과 법률에 의하여 그 양심에 따라 독립하여 심판한다.

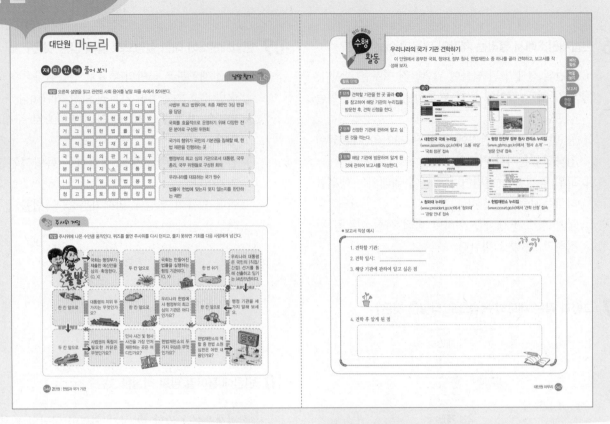

대단원 마무리

재미있게 풀어 보기 풀이
교과서 46쪽

|낱말 찾기|

사	스	상	학	상	우	다	념
이	한	임	수	헌	생	월	방
거	그	위	헌	법	률	심	판
노	적	원	민	재	살	요	위
국	무	회	의	판	거	노	우
분	금	아	지	소	대	통	령
니	기	노	일	심	법	봉	영
청	고	교	토	정	원	장	김

|주사위 게임|

출발 → (○) → 두 칸 앞으로 → (×) → 한번 쉬기 → (직접, 5년) → (통일부, 여성가족부, 교육부 등) → 한 칸 앞으로 → (국무 회의) → 한 칸 앞으로 → (행정부 수반, 국가 원수) → 한 칸 앞으로 → 두 칸 앞으로 → (공정한 재판을 위해 필요함.) → (지방 법원) → (기본권 보장 기관, 헌법 수호 기관) → (국가 권력이 국민의 기본권을 침해할 때 국민의 요청에 따라 기본권을 구제해 주는 심판) → 도착

창의 · 융합형 수행 활동 풀이
교과서 47쪽

이것이 핵심 국가 기관을 방문하여 국가 기관이 하는 역할을 파악할 수 있다.

예시 답안 |

● 보고서 작성 예시

1. 견학할 기관: 국회

2. 견학 일시: 2018년 10월 17일

3. 해당 기관에 관하여 알고 싶은 점
 - 국회 의원은 몇 명인가요?
 - 국회 의원의 헌법상 의무는 무엇인가요?
 - 국회 의원은 어떻게 될 수 있나요?

4. 견학 후 알게 된 점
 - 헌법에 따라 국회 의원 수는 법률로 정하되 200인 이상이어야 한다.
 - 국회 의원이 되려면 국회 의원 선거에 입후보하여 국민의 투표로 선출되어야 한다.
 - 국회 의원은 청렴의 의무, 국익 우선의 의무, 지위 남용 금지, 법률이 정한 바에 따른 겸직 금지의 헌법상 의무를 진다.

헌법재판소 재판관

이번 단원에서는 헌법과 국가 기관에 관하여 배웠습니다. 국가의 독립된 국가 기관 중 헌법재판소가 갖는 위상에 대해서도 배웠는데요. 이러한 헌법재판소에서 판결을 내리는 '헌법재판소 재판관'에 대하여 알아봅시다.

여러분은 텔레비전을 통해 헌법재판소에서 판결을 내리는 '헌법 재판관'의 모습을 본 적이 있으신가요? 나란히 앉아 있는 헌법재판소 재판관의 모습을 보며 위엄이 느껴진 적도 있었을 텐데요. 지금부터 헌법재판소를 구성하는 헌법재판소 재판관에 대해 알아볼까요?

헌법재판소 재판관은 무슨 일을 하나요?

대한민국의 헌법재판소 재판관은 모두 9명이에요. 헌법 재판관은 법률을 바탕으로 그 양심에 따라 독립하여 심판할 수 있는 권한을 지닙니다. 재판관의 역할은 ① 법원의 제청에 따른 법률의 위헌 여부 심판 ② 탄핵 심판 ③ 정당의 해산 심판 ④ 국가 기관 상호 간, 국가 기관과 지방 자치 단체 간 및 지방 자치 단체 상호 간의 권한 쟁의에 관한 심판 ⑤ 법률이 정하는 헌법 소원에 관한 심판 등이 있습니다.

매우 흥미롭네요! 그럼, 헌법 재판관이 되기 위해서는 어떠한 자격이 필요하며 어떻게 임명되나요?

헌법 재판관은 다음에 해당하는 직에 15년 이상 있었던 40세 이상의 자들 중에 임명합니다.

- 판사, 검사, 변호사
- 변호사의 자격이 있는 자로서 국가 기관, 국·공영 기업체, 정부 투자 기관, 기타 법인에서 법률에 관한 사무에 종사한 사람
- 변호사의 자격이 있는 자로서 공인된 대학의 법률학 이상의 직에 있었던 사람

또한, 헌법 재판관은 모두 9명입니다. 재판관은 모두 대통령이 임명하는 데, 이중 3명은 국회에서 선출하는 사람을, 3명은 대법원장이 지명하는 사람을 임명해야 합니다. 헌법 재판관이 되려면 국회의 인사 청문회를 거쳐야 합니다. 헌법재판소의 장(長)은 국회의 동의를 얻어 재판관 중에서 대통령이 임명합니다.

01 국회의 위상과 역할

01 국회에 대한 설명으로 옳지 <u>않은</u> 것은?

① 국회는 국민의 대표 기관이다.
② 국회는 지역구 의원과 비례 대표 의원으로 구성된다.
③ 국회는 대표적인 행정 기관으로서 각종 법을 집행한다.
④ 정부의 국정 운영을 감시하고 통제하는 기능을 담당한다.
⑤ 국민의 요구와 의사를 반영하여 법률을 제정 및 개정한다.

02 국회의 위상에 해당하는 것을 〈보기〉에서 고른 것은?

보기

ㄱ. 국가 원수   ㄴ. 입법 기관
ㄷ. 사법 기관   ㄹ. 국정 감시 기관

① ㄱ, ㄴ   ② ㄱ, ㄷ   ③ ㄴ, ㄷ
④ ㄴ, ㄹ   ⑤ ㄷ, ㄹ

03 다음에서 설명하고 있는 국회의 조직은?

• 효율적인 의사 진행을 위해 두고 있다.
• 본회의에서 결정할 안건을 각 분야에 전문성을 가진 의원들이 미리 조사하고 심의한다.

① 교섭 단체
② 국회 의장
③ 국회 부의장
④ 상임 위원회
⑤ 국회 본회의

04 (가), (나)에 대한 설명으로 옳은 것은?

(가) 국회는 386조 3,997억 원 규모의 내년도 예산안을 의결했다. 이는 정부가 제출한 예산안에서 지역구 민원과 가뭄 예산 등을 증액한 금액이다.
(나) 국회의 국정 감사가 시작되었다. 국회는 국정 감사를 통해 국가 안보, 국민 안전 등 올해의 국정 전반을 조사할 예정이다.

① (가)는 국회의 입법권 행사와 관련 있다.
② (가)는 국정을 제대로 운영하고 있는지 점검하는 권한이다.
③ (나)는 국회의 가장 대표적인 기능이다.
④ (나)는 국정을 감시하고 통제하는 역할을 한다.
⑤ (가)와 (나)는 국회의 재정에 관한 권한이다.

05 다음의 법률 제정 과정에 대한 설명으로 옳지 <u>않은</u> 것은?

| (가) 법률안 제출 | → | (나) 법률안 심의 | → | (다) 본회의 의결 | → | (라) 공포 | → | (마) 효력 발생 |

① (가)는 국회 의원 10인 이상 또는 정부가 할 수 있다.
② (나)에서는 대통령이 직접 법률안을 심의한다.
③ (다)의 경우 재적 의원 과반수 출석, 출석 의원 과반수 찬성으로 의결된다.
④ (라)에서 법률안을 공포하는 사람은 대통령이다.
⑤ (마)는 법률이 공포된 후 효력이 발생한다.

06 국회의 기능으로 옳지 <u>않은</u> 것은?

① 행정부가 제출한 예산안 심의 및 확정
② 국민 대표 기관으로서 법률 제정 및 개정
③ 국무총리, 대법원장의 임명에 대한 동의권
④ 국정의 잘못된 부분을 찾아내어 시정하게 하는 국정 감사 및 조사권
⑤ 국가의 세입·세출 결산 검사 및 행정 기관의 사무와 공무원의 직무 감찰

02 대통령과 행정부의 역할

07 빈칸에 들어갈 말로 옳은 것은?

> 국회에서 제정한 법률을 집행하고, 국가의 목적이나 공익을 적극적으로 실현해 나가는 작용을 [   ]이라고 한다.

① 감사 　　② 입법 　　③ 행정
④ 사법 　　⑤ 탄핵

중요
08 다음의 헌법 조항과 관련 있는 대통령의 권한을 〈보기〉에서 고른 것은?

> **헌법 제66조** ① 대통령은 국가의 원수이며, 외국에 대하여 국가를 대표한다.

보기
> ㄱ. 국군 통수권
> ㄴ. 긴급 명령권
> ㄷ. 행정부 지휘·감독권
> ㄹ. 외국과의 조약 체결권

① ㄱ, ㄴ 　　② ㄱ, ㄷ 　　③ ㄴ, ㄷ
④ ㄴ, ㄹ 　　⑤ ㄷ, ㄹ

09 대통령의 권한을 지위에 따라 구분할 때, 다음의 권한과 같은 범주에 속하지 <u>않는</u> 것은?

> 대통령이 지난 27일 아부다비에 주둔하고 있는 아크 부대를 방문해 부대원들을 격려하였다.

① 행정부를 지휘·감독할 권한을 가진다.
② 국무 회의 의장으로서 중요한 국가 정책에 관해 심의한다.
③ 헌법과 법률이 정하는 바에 따라 국군을 지휘하고 통솔한다.
④ 국가 비상사태 시 공공질서 유지를 위해 계엄령을 선포한다.
⑤ 국무 총리, 행정 각부 장관을 비롯한 여러 기관의 공무원을 임명하고 해임한다.

중요
10 행정부의 구성과 그 역할이 올바르게 짝지어진 것은?

① 국무총리 – 국가를 대표하고 행정부를 지휘·감독한다.
② 행정 각부 – 행정부 최고의 감사 기관으로서의 역할을 수행한다.
③ 대통령 – 행정부의 수반으로서 법률에 따라 분쟁을 직접 해결한다.
④ 감사원 – 정부의 주요 정책을 논의하는 행정부 최고의 심의 기관이다.
⑤ 국무 회의 – 행정부 최고의 심의 기관으로서 정부의 권한에 속하는 중요한 정책을 심의한다.

11 다음 역할을 하는 국가 기관을 고른 것은?

> • 대통령을 보좌하여 행정 각부를 관리한다.
> • 대통령과 함께 국무 회의를 주재한다.

① 대법관
② 국무총리
③ 감사원장
④ 국회 의장
⑤ 행정 각부 장관

12 다음 그림은 입법부와 행정부의 견제 수단을 나타낸 것이다. (가), (나)에 들어갈 내용을 바르게 연결한 것은?

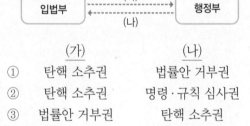

	(가)	(나)
①	탄핵 소추권	법률안 거부권
②	탄핵 소추권	명령·규칙 심사권
③	법률안 거부권	탄핵 소추권
④	법률안 거부권	국정 감사권
⑤	법률안 거부권	공무원 임명 동의권

03 법원과 헌법재판소의 역할

중요
13 사법을 담당하는 국가 기관을 고른 것은?

① 법원
② 국회
③ 감사원
④ 본회의
⑤ 행정 각부

단답형
14 밑줄 친 '이것'에 해당하는 개념을 쓰시오.

> 이것은 분쟁 발생 시 법을 적용하고 그 내용을 판단하여 분쟁을 해결하는 국가 작용을 의미한다.

(   )

15 다음 내용과 관련 있는 것을 고르면?

> • 법원의 조직이나 운영에서 외부의 간섭이나 영향을 받지 않아야 한다.
> • 법관은 외부의 간섭 없이 헌법과 법률에 의하여 양심에 따라 심판한다.

① 입법권의 독립
② 사법권의 견제
③ 사법권의 독립
④ 행정권의 독립
⑤ 행정권의 비대화

16 대법원의 역할에 해당하는 것을 〈보기〉에서 고른 것은?

보기
> ㄱ. 최고 법원으로서 최종 재판을 담당한다.
> ㄴ. 1심과 2심을 거친 3심 재판을 담당한다.
> ㄷ. 민사 또는 형사 사건의 1심 재판을 담당한다.
> ㄹ. 1심 법원의 판결에 대한 항소 사건을 재판한다.

① ㄱ, ㄴ   ② ㄱ, ㄷ   ③ ㄴ, ㄷ
④ ㄴ, ㄹ   ⑤ ㄷ, ㄹ

17 다음 ㉠~㉤과 각 국가 기관이 서로를 견제하기 위해 사용할 수 있는 권한을 바르게 연결한 것은?

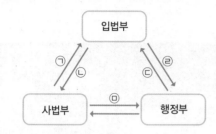

① ㉠ – 위헌 법률 심사 제청권
② ㉡ – 국정 감사 및 국정 조사권
③ ㉢ – 대법원장 임명 동의권
④ ㉣ – 명령·규칙·처분 심사권
⑤ ㉤ – 법률안 거부권

18 다음과 관련 있는 헌법 재판의 종류로 옳은 것은?

> 헌법재판소 전원 재판부는 2005년 11월 24일 재판관 8:1의 의견으로 운전면허를 받은 사람이 자동차 등을 이용하여 범죄 행위를 한 때에 반드시 운전면허를 취소하도록 하고 있는 도로 교통법 제78조 제1항 단서 제5호가 헌법에 위반된다는 결정을 선고하였다.

① 탄핵 심판
② 헌법 소원 심판
③ 위헌 법률 심판
④ 정당 해산 심판
⑤ 권한 쟁의 심판

19 헌법재판소에 대한 설명으로 옳지 <u>않은</u> 것은?

① 탄핵 심판을 담당한다.
② 모든 법적 분쟁을 재판한다.
③ 헌법 수호 기관인 동시에 기본권 보장 기관이다.
④ 법관의 자격을 가진 9명의 재판관으로 구성된다.
⑤ 법률이 국민의 기본권을 침해했는지를 심판한다.

20 다음은 국가의 권력 작용이 입법, 사법, 행정으로 나누어져 있는 모습이다. 이와 같이 국가의 권력 작용을 나누어 놓은 이유를 서술하시오.

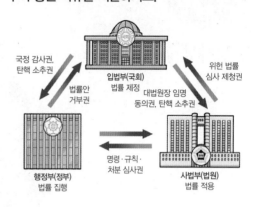

21 다음 헌법재판소의 결정을 통해 알 수 있는 헌법재판소의 위상을 서술하시오.

> 포털 사이트에서 운영하는 인터넷 게시판을 이용할 때, 본인 확인 조치를 하는 것은 인터넷 게시판 이용자의 표현의 자유, 개인 정보 자기 결정권 및 인터넷 게시판을 운영하는 정보 통신 서비스 제공자의 언론의 자유를 침해하는 것으로 헌법에 위반된다.

3

경제생활과 선택

우리는 살아가면서 수많은 경제 활동을 합니다. 물건을 소비하기도 하고, 새로운 상품을 생산하거나 생산 활동에 참여한 대가를 분배받기도 합니다.
이 단원에서는 이와 같은 경제생활에서 직면하는 선택의 문제를 합리적으로 해결하기 위해 고려해야 할 요소들에 관하여 배울 것입니다. 또한, 급변하는 경제 환경 속에서 더욱 중요해진 기업의 역할을 이해하고,
경제적으로 지속 가능한 생활을 하기 위한 금융 생활의 중요성을 알아봅시다.

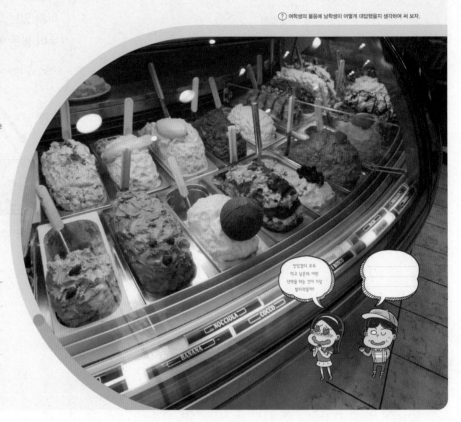

여학생의 물음에 남학생이 어떻게 대답했을지 생각하여 써 보자.

이 단원에서는

01 **합리적 선택과 경제 체제**　합리적 선택의 필요성을 이해하고, 경제 체제의 특징을 알아본다.

02 **기업의 역할과 사회적 책임**　자유 시장 경제에서 기업이 하는 일과 기업의 사회적 책임을 이해한다.

03 **바람직한 금융 생활**　일생 동안 이루어지는 경제생활을 이해하고, 자산 관리와 신용 관리의 중요성을 인식한다.

| 사진 해설 |

사진은 아이스크림 진열대 앞에서 어떤 아이스크림을 골라야 할지 고민하는 모습이다. 이를 통해 일상에서 끊임없이 직면하는 선택의 문제에 친숙하게 접근할 수 있다. 또한, 무엇을 기준으로 아이스크림을 선택할지 고민하면서 경제 문제의 합리적 해결 방안을 생각해 볼 수 있다.

| 대답 예시 |

• 나는 딸기 아이스크림을 먹을래. 딸기 아이스크림은 내가 제일 좋아하는 맛이야.
• 나는 초콜릿 아이스크림을 먹을래. 난 아이스크림을 먹을 때마다 새로운 맛을 먹어 보는 것이 좋아.

경제생활과 선택

이 단원의 구성

중단원	소주제 및 탐구 활동	핵심 미리 보기
01 합리적 선택과 경제 체제	**1 경제 활동의 종류** 탐구 경제 활동의 종류에는 무엇이 있을까? **2 합리적인 선택** 탐구 축구와 용돈, 무엇을 선택해야 할까? **3 기본적인 경제 문제** 탐구 기본적인 경제 문제는 무엇일까? **4 경제 체제의 특징** 탐구 경제 체제들은 어떤 특징이 있을까?	경제 활동, 재화, 서비스, 생산 요소, 희소성, 기회비용, 합리적 선택, 기본적인 경제 문제, 효율성, 형평성, 시장 경제 체제, 계획 경제 체제, 혼합 경제 체제
02 기업의 역할과 사회적 책임	**1 기업의 역할** 탐구 기업의 생산 활동이 사회에 미치는 영향은? **2 기업의 사회적 책임** 탐구 기업의 사회적 책임은 무엇일까? **3 기업가 정신** 탐구 기업가 정신이란?	생산 활동, 기업의 역할, 기업의 사회적 책임, 기업가 정신, 혁신
03 바람직한 금융 생활	**1 일생 동안의 경제생활** 탐구 내가 세워 보는 미래의 경제생활 계획은? **2 자산 관리의 필요성과 방법** 탐구 자산 관리 포트폴리오 작성하기 **3 신용의 의미와 중요성** 탐구 현대 사회에서 신용이 가지는 경제적 의미는?	소비, 소득, 자산 관리, 예금, 적금, 주식, 채권, 보험, 수익성, 안전성, 유동성, 신용

01

합리적 선택과 경제 체제

개념 ▶ 재화와 서비스

재화는 컴퓨터, 휴대 전화처럼 형태가 고정된 상품이며, 서비스는 선생님의 수업, 가수의 공연 등과 같이 가치를 갖는 인간의 활동이다. 재화와 서비스는 경제 활동의 대상으로서 경제 객체라고 한다.

• 생산 요소와 분배

생산 요소란 재화의 생산을 위해 투입되는 것으로, 노동, 자본, 토지의 전통적인 3대 요소와 기업가의 경영 능력까지 포함한다. 이때, 노동에 대한 대가는 임금, 자본에 대한 대가는 이자, 토지에 대한 대가는 지대, 경영에 대한 대가는 이윤의 형태로 분배받는다.

정리 ▶ 합리적 선택의 필요성과 방법

자원의 희소성
↓
선택의 문제에 직면
↓
비용−편익 분석
(단, 이때 비용은 기회비용임)

• 편익 > 기회비용 ⇨ 합리적 선택
• 편익 < 기회비용 ⇨ 비합리적 선택

➜ 경제 활동의 종류와 의의

1. 경제 활동의 의미와 의의

(1) 의미: 인간이 살아가는 데 필요한 것을 만들어 내고 나누고 사용하는 모든 활동을 경제 활동이라고 함
└ 사람이 살아가기 위해 필요한 여러 가지 재화와 서비스를 말한다.

(2) 의의: 경제 활동을 통해 인간은 의식주를 확보하고, 편리한 삶을 누릴 수 있음

2. 경제 활동의 종류 생산에는 상품을 만들어 내는 것뿐 아니라 상품의 운반·저장·판매 활동이 포함된다.

(1) 생산: 재화나 서비스를 만들어 내거나 가치를 증대시키는 활동 ㉐ 공장에서 물건을 만들어 내는 것, 의사가 환자를 진료하는 것 등

(2) 분배: 생산 요소를 제공하고 그에 대한 대가를 받는 활동 ㉐ 노동을 제공한 대가로 임금을 받는 것, 은행에서 이자를 받는 것 등 ┐ 기업이 생산 활동을 하는 데 필요한 노동, 자본, 토지를 생산 요소라 한다.

(3) 소비: 분배를 통해 얻은 소득으로 재화나 서비스를 구매하여 사용하는 활동
㉐ 신발을 구매하는 것, 음악회의 입장권을 구매하는 것 등

➜ 합리적인 선택

1. 자원의 희소성과 선택의 문제

(1) 자원의 희소성 ┌ 희소하지 않은 자원은 비용을 지불하지 않고 이용할 수 있으며, 희소성이 큰 자원은 가격이 비싸다.

① 의미: 인간 욕구는 무한한데 이를 충족할 자원이 한정되어 있는 상태

② 희소성은 자원의 절대적 양에 의해서만 결정되는 것이 아니라 인간의 욕구에 따라 달라짐

(2) 선택의 문제: 자원의 희소성 때문에 개인과 사회는 선택의 문제에 직면하게 됨
㉐ 한정된 용돈으로 책을 살지 영화를 볼지 선택해야 하는 것, 국가가 한정된 예산으로 복지 시설을 늘릴지 도로를 건설할지 선택해야 하는 것 등

2. 합리적 선택

(1) 기회비용: 어떤 것을 선택함으로써 포기하는 여러 대안의 가치 중 가장 큰 것

(2) 비용과 편익을 고려한 합리적 선택

① 비용과 편익: 합리적 선택을 하기 위해서는 선택에 따라 발생하는 비용과 편익을 비교해 보아야 함 선택에 따른 중요한 비용은 기회비용이다. 합리적 선택을 하려면 기회비용을 고려해야 한다.

② 합리적 선택: 선택으로 인해 얻는 편익이 선택에 들어가는 비용보다 큰 선택

🄳 편익이란 선택으로 인해 얻게 되는 만족감이나 이득을 말한다.

교과서 PLUS α

기회비용

자료 해설

결혼이나 출산을 하는 것도 합리적 선택과 관련된다. 사람들은 결혼이나 출산을 통해 얻는 만족감과 이들을 선택할 때 발생하는 기회비용을 고려하여 만족감이 더 큰 경우 결혼이나 출산을 선택하는 것이다. 예를 들어 여성이 출산하게 되면 일정 기간 일을 하지 못하여 수입의 손실이 발생하고 자녀를 양육하는 데 들어가는 비용이 발생한다. 이러한 것들이 출산에 대한 기회비용인데, 출산에 대한 기회비용이 클수록 출산을 선택하기가 어려워진다.

→ 기본적인 경제 문제

1. 세 가지 경제 문제

(1) 경제 문제의 발생: 자원의 희소성 때문에 모든 사회에는 세 가지 기본적인 경제 문제가 발생함

(2) 세 가지 기본적인 경제 문제

① <u>무엇을 얼마나 생산할 것인가</u>: 생산물의 종류와 양을 결정하는 문제

② <u>어떻게 생산할 것인가</u>: 생산 방법을 결정하는 문제 └─ '어떻게 생산할 것인가'에 대한 문제는 노동, 토지, 자본 등 생산 요소를 어떻게 결합할지 결정하는 것이다. 예를 들어, 생산을 늘리기 위해 노동력을 더 확충할지 기계 설비를 더 확충할지 결정하는 것이다.

③ <u>누구를 위하여 생산할 것인가</u>: 생산에 참여한 사람들에게 생산의 가치를 어떻게 나눌 것인지에 대한 문제 └─ '누구를 위하여 생산할 것인가'에 대한 문제는 생산의 결과물을 누구에게 나누어줄 것인가에 대한 문제로서 '분배'의 문제라고 할 수 있다.

2. 경제 문제 해결의 두 가지 기준

(1) 효율성: 최소의 비용으로 최대의 효과를 얻으려는 것

(2) 형평성: 공정하게 분배하는 것

(3) 경제 문제 중 '누구를 위하여 생산할 것인가'의 문제를 해결할 때에는 효율성과 형평성을 함께 고려해야 함

• 경제 문제와 그 해결 기준

경제 문제	해결 기준
무엇을 얼마나 생산할 것인가	일반적으로 효율성을 고려하여 해결
어떻게 생산할 것인가	일반적으로 효율성을 고려하여 해결
누구를 위하여 생산할 것인가	분배의 문제이므로 효율성과 함께 형평성도 고려하여 해결

→ 경제 체제의 특징

1. 경제 문제와 경제 체제

(1) 경제 체제의 의미: 경제 문제를 해결하는 방식이 제도적으로 정착된 것

(2) 구분: 시장 경제 체제, 계획 경제 체제, 혼합 경제 체제

2. 시장 경제 체제와 계획 경제 체제, 혼합 경제 체제

(1) 시장 경제 체제

① 의미: <u>시장의 자율성에 따라 경제 문제를 해결하는 경제 체제</u>

② 특징: 개인과 기업의 <u>자유로운 경제 활동 보장</u>

(2) 계획 경제 체제 └─ 시장 경제 체제는 자유로운 경제 활동을 보장하여 개인의 창의성 발휘, 희소한 자원의 효율적 이용 등과 같은 장점이 있지만, 빈부 격차 발생, 환경 오염 등의 문제도 있다.

① 의미: <u>정부의 계획과 통제에 따라 경제 문제를 해결하는 경제 체제</u>

② 특징: 경제 활동을 열심히 할 동기가 없어 경제적 효율성이 떨어짐

(3) 혼합 경제 체제 **왜** 시장 경제 체제는 효율적이지만 공공의 이익을 위해 정부가 개입하게 되었고, 계획 경제 체제는 비능률적이어서 성장을 위해 시장 경제 체제의 요소를 도입하게 되었다.

① 의미: <u>시장 경제 체제와 계획 경제 체제의 요소가 혼합된 경제 체제</u>

② 오늘날 우리나라를 비롯한 <u>대부분 국가가 채택하고 있다.</u>

• 시장 경제 체제와 계획 경제 체제

교과서 PLUS α

보이지 않는 손

우리가 저녁 식사를 기대할 수 있는 것은 정육업자, 양조업자, 제빵업자들의 자비심 때문이 아니라 그들의 개인 이익 추구 때문이다. 사람은 누구나 생산물의 가치가 극대화되는 방향으로 자신의 자원을 활용하려고 노력한다. 그는 공익을 증진하려고 의도하지 않으며 또 얼마나 증대시킬 수 있는지도 알지 못한다. 그는 단지 자신의 안전과 이익을 위하여 행동할 뿐이다. 그러나 이렇게 행동하는 가운데 '보이지 않는 손'의 인도를 받아서 원래 의도하지 않았던 목표를 달성할 수 있게 된다. 이처럼 사람들은 자신의 이익을 열심히 추구

하는 가운데서 사회나 국가 전체의 이익을 증대시킨다.

자료 해설

자료는 자유방임주의자인 스미스(Smith, A.)가 저술한 책 『국부론』의 일부이다. 스미스는 『국부론』(1776)에서 개인의 이익을 추구하는 자유로운 경제 활동이야말로 사회적 부를 가져오는 것이며, 또 그 활동은 '보이지 않는 손(시장 기구)'에 의해 부의 공정하고 효율적인 배분도 실현하고, 사회적 조화가 실현된다는 것을 이론적으로 보여주었다. 스미스의 이러한 사상은 현대 시장 경제 체제의 바탕이 되었다.

활동 풀이

생각 열기 풀이 공기도 사고팔 수 있을까?

교과서 50쪽

우리나라에서 맑기로 소문난 지리산의 맑은 공기를 담은 캔 상품이 조만간 출시될 전망이다.

지리산 공기 채집 장소는 삼장면 유평리 '무재치기 폭포' 근처가 될 것으로 보인다.

'무재치기 폭포'는 예로부터 기침병 등 기관지 질환이 있는 사람이 이곳에 오면 재채기가 멈출 정도로 맑은 공기가 있다고 하여 '무재치기'(재채기 없는 곳)로 불리기 시작했다고 한다.

산청군은 우선 맑은 공기 캔 판매를 시작한 뒤 대기 오염이 심한 중국에도 수출한다는 계획을 세웠다. 대기 오염이 심각한 중국에서 경쟁력이 있는 상품이 될 수 있다고 판단하였기 때문이다.

『아시아경제』, 2016. 7. 13.

1 공기 캔을 사려는 사람은 주로 어느 지역에 살지 생각해 보고, 그렇게 생각한 까닭을 써 보자.

예시 답안 | 공기 캔을 사려는 사람들은 도시에서 살고 있는 사람들일 것이다. 왜냐하면, 도시는 높은 인구 밀도와 여러 산업 시설들의 밀집으로 인하여 공기의 오염이 심하기 때문이다.

2 지리산에서의 맑은 공기와 도시에서의 맑은 공기를 아래 표에 구분하여 적어 보고, 주변의 사례들을 구별해 보자.

존재량 > 인간의 욕구	존재량 < 인간의 욕구
지리산에서의 맑은 공기, 바람, 파도 등	도시에서의 맑은 공기, 금, 구리, 석유 등

스스로 탐구하기 풀이 경제 활동의 종류에는 무엇이 있을까?

교과서 51쪽

이것이 핵심 ❗
- **활동 목표**: 다양한 경제 활동을 구분하고 일상생활 속의 다른 사례를 제시할 수 있다.
- **핵심 개념**: 생산, 분배, 소비, 재화, 서비스

친절한 활동 안내 ★
우리가 일상생활에서 직·간접적으로 경험하는 다양한 활동 이 가치를 만들거나 증대시키는 것인지 대가를 나누는 것인지, 재화나 서비스를 사용하는 것인지 구분한다.

❶ 월급을 받았어요 ❷ 아이스크림을 사 먹었어요 ❸ 머리카락을 잘라 줬어요
❹ 이자를 받았어요 ❺ 사과를 수확했어요 ❻ 영화를 관람했어요

1 ❶~❻의 경제 활동을 종류별로 나누어 다음 표에 적어 보자.

재화나 서비스를 만들거나 가치를 증대시키는 활동	생산의 대가를 나누는 활동	재화나 서비스를 사용하는 활동
❸, ❺	❶, ❹	❷, ❻

2 ❶~❻ 이외에 일상생활에서 흔히 볼 수 있는 경제 활동을 한 가지씩 써 보자.

재화나 서비스를 만들거나 가치를 증대시키는 활동	생산의 대가를 나누는 활동	재화나 서비스를 사용하는 활동
요리사의 요리 행위, 버스 기사의 운전, 자동차 생산	토지 주인이 임대료를 받는것	신발 구매, 의류 구매, 음악회의 입장권 구매 등

스스로 탐구하기 풀이 기본적인 경제 문제는 무엇일까?

교과서 53쪽

이것이 핵심 ❗
- **활동 목표**: 주어진 상황을 분석하여 각각의 상황이 어떤 경제 문제에 해당하는지 이해하고, 경제 문제를 해결하는 데 고려해야 할 기준을 제시할 수 있다.

친절한 활동 안내 ★
이 활동의 핵심은 자원의 희소성으로 인해 발생하는 세 가지 차원의 경제 문제의 의미를 알고 내용을 구분해 보는 활동이다.

1 ❶~❸은 경제 문제 중 무엇에 해당하는지 써 보자.

❶	❷	❸
무엇을 얼마나 생산할것인가	어떻게 생산할 것인가	누구를 위해 생산할 것인가

2 ❶~❸의 경제 문제를 해결하는 데 고려해야 할 기준을 각각 써 보자.

❶	❷	❸
더 큰 수익을 낼 수 있는 작물	더 큰 수익을 낼 방법	상금 획득 과정에서의 기여도

스스로 탐구하기 풀이 축구와 용돈, 무엇을 선택해야 할까?

교과서 52쪽

중학생인 영수는 다가오는 일요일에 친구들과 축구를 하면서 즐겁게 지내기로 하였다. 그런데 큰아버지께서 영수가 축구를 하기로 한 그때 회사 일을 도와주면 용돈 만 원을 주신다고 하신다. 영수는 어떻게 해야 할지 고민에 빠졌다.

1 영수는 왜 축구 하기와 회사 일 돕기 중 하나를 선택해야 하는지 그 까닭을 써 보자.

예시 답안 | 축구와 회사 일 돕기를 동시에 할 수 없기 때문이다. 즉, 영수에게 주어진 시간은 한정되어 있기 때문이다.

2 각 선택에 따라 영수가 얻게 될 이득을 표에 써 보자.

축구 하기	큰아버지의 회사 일 돕기
즐거움, 건강, 친구들과 좋은 관계 등	큰아버지의 칭찬, 만 원 등

3 영수가 각 선택에 따라 포기해야 하는 이득을 표에 써 보자.

축구 하기	큰아버지의 회사 일 돕기
큰아버지의 칭찬, 만 원 등	즐거움, 건강, 친구들과 좋은 관계 등

4 내가 만일 영수라면 어떤 선택을 할지 쓰고, 그 까닭을 발표해 보자.

예시 답안 | 나라면 축구를 선택할 것이다. 왜냐하면, 축구가 나에게 주는 즐거움과 건강, 친구들과 좋은 관계 등이 큰아버지의 칭찬과 만 원을 더한 것보다 더 크기 때문이다.

스스로 탐구하기 풀이 경제 체제들은 어떤 특징이 있을까?

교과서 55쪽

자료 ❶ 갑국과 을국의 경제 체제

갑국

생산자가 생산 품목과 생산량을 자유롭게 결정해.

을국

국가가 생산 품목의 종류와 수량을 결정해.

자료 ❷ 우리나라 헌법

제119조 ① 대한민국의 경제 질서는 개인과 기업의 경제상의 자유와 창의를 존중함을 기본으로 한다.

② 국가는 균형 있는 국민 경제의 성장 및 안정과 적정한 소득의 분배를 유지하고, 시장의 지배와 경제력의 남용을 방지하며, 경제 주체 간의 조화를 통한 경제의 민주화를 위하여 경제에 관한 규제와 조정을 할 수 있다.

1 자료 ❶ 에 나타난 갑국과 을국의 경제 체제와 그 특징을 써 보자. 예시 답안 |

• 경제 체제
  갑국: 시장 경제 체제
  을국: 계획 경제 체제

• 특징
  갑국: 시장의 자율성에 따라 경제 운용
  을국: 정부의 계획과 통제로 경제 운용

2 자료 ❷ 의 헌법 조항에서 알 수 있는 우리나라 경제 체제의 특징을 써 보자.

예시 답안 | 헌법 제119조 제1항은 우리나라가 시장 경제 체제임을 보여 주고, 제2항은 정부의 개입을 인정하고 있다. 따라서 우리나라 경제 체제는 혼합 경제 체제이다.

3 자료 ❷ 의 우리나라 헌법 제119조 ①, ②와 관련된 실제 사례를 찾아 써 보자.

제119조 ①	제119조 ②
기업들은 생산하고 싶은 물건을 원하는 만큼 생산할 수 있다.	기업들이 서로 모의하여 가격을 올려받을 수 없게 정부가 규제하고, 소득 재분배를 위한 제도를 실시한다.

이것이 핵심
• 활동 목표: 선택의 상황에 직면할 수밖에 없는 이유에 대해 생각해 보고, 합리적인 선택을 위해 기회비용을 고려해야 함을 이해한다.
• 핵심 개념: 선택, 희소성, 기회비용

친절한 활동 안내
이 활동은 자원의 희소성으로 인해 합리적 선택이 필요함을 알고, 합리적 선택을 위해서는 편익과 기회비용을 비교해 보아야 한다는 것을 사례를 통해 확인하는 활동이다.

이것이 핵심
• 활동 목표: 경제 체제를 구분하고 각 경제 체제의 특징을 알아본다.
• 핵심 개념: 시장 경제 체제, 계획 경제 체제, 혼합 경제 체제

친절한 활동 안내
갑국과 을국이 어떤 경제 체제에 해당하는지 비교해 보고, 헌법 분석을 통해 우리나라 경제 체제의 특징을 탐구한다.

개념 쏙쏙

1 경제 활동은 재화나 서비스를 만들어 내거나 그 가치를 증대시키는 (　　) 활동, 생산 요소를 제공한 대가를 돌려받는 (　　) 활동, 재화나 서비스를 사용하는 (　　) 활동으로 구분된다.

2 다음 내용에 알맞은 말을 골라 ◯표를 하시오.

(1) 합리적 선택이 필요한 이유는 인간의 욕구에 비해 자원의 존재량이 적은 자원의 (희귀성, 희소성) 때문이다.

(2) 합리적 선택을 하기 위해서는 편익과 (기회비용, 경제 문제)을 고려해야 한다.

3 다음 설명에 해당하는 경제 체제를 쓰시오.

(1) 경제 문제를 시장의 자율성에 따라 해결한다.
(　　　　　　　)

(2) 국가의 명령과 통제로 경제 문제를 해결한다.
(　　　　　　　)

01 경제 활동과 관련된 설명으로 옳지 <u>않은</u> 것은?

① 생산 활동에는 제조, 운반, 저장, 판매 등이 있다.
② 소비는 만족감을 얻기 위해 행해지는 경제 활동이다.
③ 생산에 필요한 생산 요소는 토지, 노동, 자본 등이 있다.
④ 생산은 유형의 상품인 재화를 만들어 내는 것만을 의미한다.
⑤ 생산 요소의 제공에 따라 생산의 결과물을 나누는 것은 분배 활동이다.

단답형

02 다음 글의 밑줄 친 '이것'은 무엇인지 쓰시오.

인간에게 유용한 자원은 대부분 유한하다. 하지만, 사람들이 필요로 하는 양은 그보다 많은 경우가 대부분이다. 따라서, 우리는 <u>이것</u>으로 인해 '선택'의 상황에 직면하게 된다.

(　　　　　　　　　　　　　　　　　)

중요

03 다음 내용에 해당하는 경제 활동의 사례로 옳은 것을 〈보기〉에서 고른 것은?

사람들이 필요로 하는 재화와 서비스를 만들거나 그 가치를 증대시키는 일이다.

보기

ㄱ. 환자가 치과에서 진료를 받고, 필요한 처치를 받았다.
ㄴ. 택시 운전사가 택시를 운행하여 손님들을 원하는 장소에 데려다 주었다.
ㄷ. 회사를 운영하는 사장이 은행에서 빌린 돈에 대한 대출 이자를 갚았다.
ㄹ. 부동산 중개업자가 건물의 매매 과정에서 관련 정보를 제공하고 계약서 작성을 도왔다.

① ㄱ, ㄴ　　　② ㄱ, ㄷ　　　③ ㄴ, ㄷ
④ ㄴ, ㄹ　　　⑤ ㄷ, ㄹ

04 밑줄 친 부분과 관련한 옳은 설명을 〈보기〉에서 고른 것은?

몇십 년 전만 해도 사람들은 우물에서 물을 길어다 먹었다. 이때에는 물을 사고판다는 것을 상상하기 힘들었다. 하지만 오늘날에는 돈을 내고 <u>생수를 사서 마시는 것이 당연한 일이 되었다.</u>

보기

ㄱ. 환경 오염으로 인해 깨끗한 물은 희소성이 적어졌다.
ㄴ. 오늘날 깨끗한 물의 존재량은 인간의 욕구에 비해 더 많다.
ㄷ. 오늘날에는 우물물을 먹던 시절에 비해 물의 희소성이 더 커졌다.
ㄹ. 오늘날에는 생수가 대가를 치러야만 얻을 수 있는 재화가 되었다.

① ㄱ, ㄴ　　　② ㄱ, ㄷ　　　③ ㄴ, ㄷ
④ ㄴ, ㄹ　　　⑤ ㄷ, ㄹ

05 다음 글과 관련하여 합리적 선택에 대한 설명으로 옳지 **않은** 것은?

> 우리는 살면서 수많은 선택 상황에 직면한다. 이는 자원의 희소성 때문이다. 따라서 우리는 어떤 선택을 할 때 합리적으로 판단하고 결정해야 한다. 선택에 대한 비용은 얼마나 들 것인지, 편익의 크기는 어느 정도일지 충분히 고민해 보아야 한다.

① 비용이 같다면 편익이 큰 것이 합리적 선택이다.
② 편익이 같다면 비용이 작은 것이 합리적 선택이다.
③ 합리적 선택은 비용과 편익이 같은 것을 선택하는 것이다.
④ 합리적 선택은 기회비용이 가장 작은 것을 선택하는 것이다.
⑤ 합리적 선택을 위해서는 비용과 편익 모두를 고려해야 한다.

단답형

06 다음 사례는 어떤 경제 문제를 나타내는지 쓰시오.

( )

07 (가)~(다)의 경제 문제에 대한 설명으로 옳은 것은?

> (가) 무엇을 얼마나 생산할 것인가?
> (나) 어떻게 생산할 것인가?
> (다) 누구를 위하여 생산할 것인가?

① (가)는 생산 방법을 결정하는 것이다.
② (나)는 분배의 문제와 관련된다.
③ (다)는 생산물의 종류와 수량을 결정하는 것이다.
④ (가), (나)와 달리 (다)는 문제 해결 기준으로 형평성보다 효율성을 우선한다.
⑤ (가)~(다)는 모두 자원의 희소성 때문에 발생하는 경제 문제이다.

08 시장 경제 체제의 특징으로 옳지 **않은** 것은?

① 시장의 자율성을 바탕으로 경제 문제를 해결한다.
② 정부의 명령이나 통제 없이 개인의 선택에 따른다.
③ 생산의 효율성을 강조하여 경제 성장을 추구한다.
④ 중앙 정부의 계획으로 생산 품목과 수량이 결정된다.
⑤ 오늘날 많은 나라의 경제 체제의 바탕을 이루고 있다.

09 다음 헌법 조항과 관련된 설명으로 옳지 **않은** 것은?

> 제119조 ① 대한민국의 경제 질서는 개인과 기업의 경제상의 자유와 창의를 존중함을 기본으로 한다.
> ② 국가는 균형 있는 국민 경제의 성장 및 안정과 적정한 소득의 분배를 유지하고, 시장의 지배와 경제력의 남용을 방지하며, 경제 주체 간의 조화를 통한 경제의 민주화를 위하여 경제에 관한 규제와 조정을 할 수 있다.

① ①항으로 보아 우리나라는 기본적으로 시장 경제 체제이다.
② ①항으로 보아 우리나라 경제 체제는 효율성 극대화를 추구한다.
③ ②항으로 보아 우리나라 경제 체제는 시장의 자율성을 인정하지 않는다.
④ ②항으로 보아 우리나라는 분배의 형평성을 고려하고 있다.
⑤ ①, ②항으로 보아 우리나라는 시장 경제 체제에 국가가 개입하는 형태를 취한다.

서술형

10 영수의 선택에 따른 편익을 나타낸 표이다. 영수가 무엇을 선택하는 것이 합리적인지 적고, 그 이유를 설명하시오. (단, 가격은 모두 같음)

선택	편익
과자	10
아이스크림	9
초콜릿	7

개념+ **경제 활동의 참여자들**
경제 활동을 이끄는 주체에는 가계, 기업, 정부가 있다. 가계는 기업에 노동과 자본을 제공하고 그 대가로 소득을 얻어 소비한다. 기업은 재화나 서비스를 생산하여 이윤을 추구한다. 정부는 가계와 기업이 낸 세금으로 국방, 치안, 도로, 교육 등을 생산한다.

• 슘페터의 '기업가 정신'

슘페터는 기술 혁신을 통해 새로운 것을 창조하는 '창조적 파괴' 과정이 기업의 원동력이라고 보았다.

정리 **기업 활동과 사회적 책임**

> 기업의 경제 활동(생산 활동)
>
> ↓
>
> 사회 전체에 이익이 되지만, 때로는 여러 부작용이 나타나기도 함
>
> ↓
>
> 기업의 사회적 책임이 요구됨
>
> ↓
>
> '기업가 정신'을 발휘하는 동시에 기업의 사회적 책임을 위해 노력해야 함

→ **기업의 역할**

1. 기업

(1) 생산 활동을 담당하는 경제 주체: 일상생활에서 사용하는 재화와 서비스 등을 생산함

(2) 기업 활동의 목표: 생산 활동을 통해 이윤의 극대화를 추구함

2. 기업의 역할

(1) **생산 활동 담당** 〔뜻〕 기업이 제품을 판매하여 얻은 총수입에서 생산에 투입된 총비용을 뺀 나머지를 이윤이라고 한다.
 ① 재화나 서비스를 생산하여 소비자들의 욕구를 충족함
 ② 이윤 증대를 위한 노력: 기업은 이윤을 추구하는 과정에서 새로운 상품을 만들고, 신기술을 개발하여 사회 전체의 발전에 기여함

(2) **고용과 소득의 창출**: 기업의 생산 활동이 활발하면 고용이 증가하고 가계 소득이 늘어나 경제가 활성화됨 〔왜〕 생산 과정에서 일자리를 창출하기 때문이다.

(3) **세금 납부**: 생산 활동으로 벌어들인 수입 중 일부를 국가에 세금으로 납부 → 세금은 국가 수입에서 큰 비중을 차지하여 국가 재정에 기여함 〔뜻〕 국가 또는 지방 자치 단체가 행정 활동이나 공공 정책을 시행하기 위하여 자금을 만들어 관리하고 이용하는 경제 활동

→ **기업의 사회적 책임, 기업가 정신**

1. 기업의 사회적 책임

(1) 기업 활동의 긍정적 측면: 고용 증대, 경제 활성화, 국가 재정에 기여 등

(2) 기업이 이윤 추구와 효율성만을 중시할 경우: 환경 오염 증가, 노동자의 권리 보장 소홀 등의 문제 발생

(3) 기업의 사회적 책임: 기업이 사회 전체의 이익에 부합하도록 의사결정을 하는 것을 의미함 예 문화, 복지 사업 등에 대한 지원, 환경 친화적이고 안전한 제품 생산
 └ 기업의 사회적 책임에 대해서는 기업이 생산 활동을 잘 하는 것으로 충분하다는 의견부터 기업이 봉사나 자선 사업 등 적극적 역할을 해야 한다는 의견까지 다양한 관점이 존재한다.

2. 기업가 정신

(1) 의미: 새로운 아이디어로 새로운 상품을 개발하고 새로운 시장을 개척하려는 기업가의 혁신적인 자세 └ 기업가들이 새로운 경영 조직을 만들고, 새로운 시장을 개척하고, 새로운 제품을 개발하는 창조적인 과정을 말한다.

(2) 기업가 정신의 긍정적 측면: 새로운 상품과 기술 개발, 새로운 시장의 개척, 새로운 생산 방법의 도입 등을 통해 기업이 성장하고, 신기술 개발과 신제품 등장으로 사람들의 삶을 더욱 풍요롭게 함

교과서 PLUS α

기업가 정신

〔자료 해설〕
왼쪽의 사진은 2000년대 초반까지도 전 세계 휴대 전화 시장을 이끌어 나가던 N사의 핸드폰이다. 가운데와 오른쪽은 현재 휴대 전화 시장을 양분하고 있는 우리나라의 S사와 미국의 A사 제품이다. 왼쪽 사진의 N사는 현실에 안주하여 신기술 개발을 소홀히 하면서 휴대 전화 시장에서 사라지고 말았다.
기업가 정신은 창의성, 도전 정신 등으로 신기술, 신제품을 개발하여 새로운 시장을 개척하려는 기업가의 혁신적 자세이다. N사의 사례는 기업가 정신이 얼마나 중요한지를 보여 주는 대표적인 사례이다.

→ 일생 동안의 경제생활

1. 시기별 경제 활동

(1) 영·유아기: 부모의 소득에 의존하여 소비 생활을 하는 시기임

(2) 청년기: 일반적으로 소득이 발생하기 시작하며, 소비도 증가함

(3) 중·장년기: 소득이 점차 증가하는 경향이 나타나며, 이와 함께 소비도 늘어남

(4) 노년기: <u>은퇴</u>와 함께 소득이 감소하는 흐름을 보임   뜻 은퇴란 직임에서 물러나거나 사회 활동에서 손을 떼고 한가히 지내는 것을 말한다.

2. 안정적인 경제생활을 위한 계획 수립: 시기별로 개인의 소득이나 소비 수준이 다르므로 일생의 소득과 소비를 고려하여 경제생활 계획을 수립하고 실천해야 함

• 일생 동안의 경제생활

일반적으로 일생 동안의 경제생활은 위 그림과 같은 모습으로 나타나지만, 소득과 소비 곡선은 개인이 처한 환경이나 상황에 따라 다르다.

→ 자산 관리의 필요성과 방법, 신용의 의미와 중요성

1. 자산 관리의 필요성과 방법

(1) 자산 관리의 필요성   뜻 개인이 소유하고 있는 경제적 가치가 있는 것으로서, 현금, 예금, 주식, 채권 등의 금융 자산과 자동차, 부동산 등의 실물 자산이 있다.

① 소비 생활은 평생 지속되지만 소득 발생 기간이 한정됨에 따라 자산 관리 필요

② 미래의 불확실한 상황이나 소득 감소 이후(노후)에 대한 대비

(2) 자산 관리에서 고려해야 할 점   자신이 벌어들인 소득으로 언제 얼마만큼 소비할지, 어떻게 자산을 모으고 불릴지 미리 계획을 세우고 실천하는 것을 자산 관리라고 한다.

수익성	투자를 통해 수익을 얻을 수 있는 정도
안전성	원금이 손실되지 않고 보장되는 정도
유동성	필요할 때 쉽고 빠르게 현금으로 바꿀 수 있는 정도

(3) 자산 관리의 방법

① 예금, 적금: 수익성은 낮은 편이나 원금 손실이 적어 안전성이 높음

② 주식 투자: 높은 수익을 기대할 수 있으나, 원금 손실의 위험성도 높음

③ 기타: 채권 투자, 보험 가입 등

2. 신용의 의미와 중요성

(1) 신용의 의미와 가치

① 의미: 채무자가 채무를 갚을 수 있는 능력, 또는 그에 대한 사회적인 믿음

② 신용의 가치: 현대 사회는 신용을 바탕으로 한 경제 활동이 활발함 → 신용이 좋지 않으면 신용 거래가 원활하지 못함 → 신용 관리가 중요함

(2) 신용 관리 방법   └ 대출받기 어려워지고, 대출 이자도 올라간다.

① 소득을 초과하는 소비를 자제하고, 건전한 소비생활을 해야 함

② 약속된 날짜에 채무를 변제하는 등 높은 신용도를 유지해야 함

개념+ 자산 관리 방법

예금·적금	은행 등 금융 기관에 돈을 맡기고 정해진 이자를 받는 방법
채권	정부, 공공 기관, 주식회사 등이 발행한 채권을 사서 만기일에 원금과 함께 일정한 이자를 받는 방법
주식	기업이 발행하는 증권을 사서 배당금을 받거나 주식을 사고파는 과정에서 이익을 얻는 방법
보험	미리 보험료를 내고 화재나 사고, 질병 등으로 목돈이 필요할 때 일정 금액을 받는 방법

교과서 PLUS α   자산 관리 방법

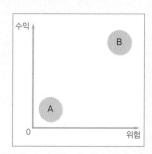

자료 해설

자산 관리는 안전성, 수익성, 유동성을 고려하여 이루어지는데, 그중에서 안전성과 수익성은 서로 반비례하는 경향을 보인다. 즉, 예금·적금은 원금 보장에 대한 안전성은 높지만 정해진 이자율에 따라 이자 수익을 얻는 방식이므로 큰 수익을 기대하기는 어렵다. 반면 주식 투자는 수익성은 높지만, 안전성이 낮다. 왼쪽 그래프의 A는 위험도가 적고 수익성도 적은 투자 방식으로 예금·적금 등이 이에 해당한다. B는 위험도가 높고 수익성도 높은 투자 방식으로 주식이 이에 해당한다.

활동 풀이

생각 열기 풀이 쓰레기로 만든 가방?

어느 디자이너 형제는 비가 내려도 스케치북이 젖지 않을 만큼 튼튼하고 방수성이 좋은 가방을 만들겠다고 생각했다. 그래서 직접 회사를 차렸는데, 이 회사는 가방의 재료로 폐천막, 자동차의 안전띠, 폐자전거의 고무 튜브 등을 활용하였다. 많은 사람이 디자인의 독특함과 자원 재활용의 의미를 높게 평가하여서 이 가방은 전 세계에 팔려 나가고 있다.

▲ 가방의 원료로 사용되는 페트럭 천막

▲ 페트럭 천막을 사용하여 완성된 가방들

📖 **자료 해설**

제시된 가방 회사는 가방을 만드는 천으로, 방수가 되면서 튼튼한 소재를 찾다가, 버려지던 차량용 방수포를 재활용하였다. 새로운 아이디어로 시장을 개척한 기업가 정신이 드러난 사례이다.

1 형제가 만든 회사가 성공한 까닭이 무엇인지 써 보자.

예시 답안 | 독특한 디자인으로 인해 많은 사람의 관심을 받았고, 자원을 재활용하여 제품을 만들어 냄으로써 환경 문제에 관심을 두고 있는 사람들이 자신의 소비 행위가 환경 문제 해결에 도움이 된다고 인식하게 하였다.

2 위 회사가 사회에 이바지한 긍정적인 측면에 관하여 이야기해 보자.

예시 답안 | 자원을 재활용함으로써 환경 문제 해결에 도움을 주었을 것이다. 또한, 회사를 운영하는 과정에서 사람들에게 일자리를 주었고, 이는 고용 증대로 이어졌을 것이다.

스스로 탐구하기 풀이 기업의 생산 활동이 사회에 미치는 영향은?

이것이 핵심❗
- **활동 목표**: 기업의 생산 활동이 가져오는 긍정적 측면에 대해 알아본다.
- **핵심 개념**: 생산 활동, 기업의 역할

친절한 활동 안내⭐
〈자료 1〉의 사례를 통해 기업의 생산 활동이 해당 기업뿐만 아니라 기업이 자리 잡은 지역에 미치는 긍정적 효과를 이해한다. 그 다음 〈자료 2〉에 소개된 것처럼 우리나라 여러 지역이 기업을 유치하기 위해 노력하는 이유에 대해 생각해 본다.

자료 ❶ 지역에 공장이 들어서면……

우리나라의 자동차 회사인 △△사는 인도, 미국, 러시아 등 7개국에 현지 공장을 가동하고 있는데, 공장이 건설된 이후 각 지역 경제는 몰라보게 달라졌다. 고용 창출 효과와 주변 상업 시설 건설, 주택 건설 등으로 지역 경제가 활성화되었다.

자료 ❷ 지역의 기업 유치 활동

우리나라 여러 지역이 국내외 기업 유치에 열을 올리고 있다. 토지를 빌려주거나 세금을 줄여 주겠다고 홍보하고 있다. 심지어 어떤 도시에서는 자기 지역에 공장을 유치하는 데 이바지한 사람에게 상금을 지급한다는 계획도 발표하였다.

1 **자료 ❶** 에 나타난 기업의 역할을 써 보자.

예시 답안 | 현지 공장이 세워지면서 고용이 창출되었고, 주변 상업 시설 건설, 주택 건설 등에 영향을 주어 지역 경제가 활성화되었다.

2 **자료 ❷** 에서 지역들이 기업을 유치하려고 하는 까닭을 **자료 ❶** 과 관련하여 써 보자.

예시 답안 | 우리나라 여러 지역이 기업을 유치하려고 하는 이유는 어떤 지역에 기업이 들어서면 일자리가 생기고, 이는 사람들에게 소득을 가져다주어 지역 경제가 활기를 띠기 때문이다. 사람들이 일자리를 찾아 모여들면 주택이 필요하고 이로 인해 건설 경기가 살아난다. 또한, 여러 서비스 업종이 생겨나는 등 연쇄적인 파급 효과가 생겨 지역 경제 활성화를 기대할 수 있다.

기업의 사회적 책임은 무엇일까?

교과서 58쪽

자료 ❶ 환경 오염과 기업의 책임

한 유명한 자동차 회사가 자동차 배기가스를 조작하여 막대한 수익을 올려 왔다. 오염 물질을 적게 배출하면서 성능이 우수하다는 회사의 홍보를 믿고 자동차를 구매한 소비자들은 기대한 만큼 성능이 뛰어나지 않다는 것을 알게 되었다. 또한, 이 자동차들은 환경 기준을 초과하는 막대한 배기가스를 뿜어내 환경이 소리 없이 망가지고 있다. — 『서울신문』, 2015. 9. 11.

자료 ❷ 기업의 사회적 책임

기업의 사회적 책임은 일반적으로 다음과 같은 4단계로 구분된다. 제1단계는 경제적인 책임으로, 이윤 극대화와 고용 창출 등이다. 제2단계는 법적인 책임으로, 회계의 투명성, 성실한 세금 납부, 소비자의 권익 보호 등이다. 제3단계는 윤리적인 책임으로, 환경·윤리 경영, 제품 안전, 여성·현지인·소수 인종에 대한 공정한 대우 등을 말한다. 제4단계는 자선적인 책임으로, 사회 공헌 활동 또는 자선·교육·문화·체육 활동 등에 대한 기업의 지원을 의미한다. — 기획 재정부, 『시사 경제 용어 사전』

1 자료 ❶ 에서 자동차 회사가 배기가스를 조작한 까닭과 이로 인한 문제를 써 보자.

예시 답안 |

까닭: 자동차의 성능 개선을 위한 비용을 줄이고 많은 이익을 얻기 위하여

문제: 소비자들은 기업의 광고에 속아 성능이 좋지 않은 자동차를 샀고, 배기가스로 인해 환경이 파괴되고 있다.

이것이 핵심
- **활동 목표:** 기업이 이윤 추구에만 몰두하면 어떤 문제가 발생하는지 유추해 보고, 이를 통해 기업의 사회적 책임의 중요성에 대해 이해한다.
- **핵심 개념:** 기업의 사회적 책임

친절한 활동 안내
이 활동을 통해 〈자료 1〉에 제시된 사례처럼 기업이 이윤 극대화에만 집착하면 어떤 문제가 발생하는지를 확인하고, 이를 통해 기업의 사회적 책임의 중요성을 생각해 본다. 단, 기업의 사회적 책임의 정도에 대해서는 사람마다 다르게 생각하고 있다는 점도 인식하고, 단계별 기업의 사회적 책임을 공부한 다음 어느 수준의 사회적 책임이 가장 중요한지 토의해 본다.

2 기업이 사회적 책임을 실천한 사례를 찾고, 자료 ❷ 를 참고하여 어느 단계의 사회적 책임인지 토의해 보자.

예시 답안 | 식품회사인 ○○은 1992년부터 현재까지 4,000명의 아동 심장병 환자의 수술비를 기부하였다. 이는 4단계 자선적인 책임에 해당한다. / 시멘트 회사 △△ 시멘트는 시멘트 채굴 과정에서 나오는 먼지를 최소화하기 위해 집진 설비 투자금을 아끼지 않고 있다. 이는 3단계 윤리적 책임에 해당한다.

3 모둠별로 자료 ❷ 에 제시된 기업의 사회적 책임 4단계 중 어느 것이 가장 중요한지 토의하고 정리하여 발표해 보자.

예시 답안 | 생략

기업가 정신이란?

교과서 59쪽

자료 ❶ 슘페터 '혁신'을 말하다

미국의 경제학자 슘페터는 새로운 생산 방법과 새로운 상품 개발을 기술 혁신으로 규정하고, 기술 혁신을 통해 창조적 파괴에 앞장서는 기업가를 혁신자로 보았다. 그는 혁신자가 갖추어야 할 요소로 신제품 개발, 새로운 생산 방법의 도입, 새로운 시장 개척 등을 꼽았다.

자료 ❷ 체성분 분석기의 대명사가 된 인○○

인○○는 1996년 세계 최초로 상용 체성분 분석기를 개발하였다. 몸속 지방량, 근육량 등을 알고 싶으면 체성분 분석기에 올라가 손잡이를 양손으로 1~2분만 잡고 있으면 된다. 현재는 손목에 차고만 있으면, 근육량, 체지방량, 체질량 지수 등을 알려 주는 시계를 개발하여, 세계 각국에 수출하고 있다.

이것이 핵심
- **활동 목표:** 기업가 정신이란 무엇인지 이해하고, 긍정적 영향에 관하여 설명할 수 있다.
- **핵심 개념:** 기업가 정신, 혁신

친절한 활동 안내
이 활동은 슘페터가 이야기한 혁신이 무엇을 의미하는지 이해하고 이를 토대로 〈자료 2〉에 제시된 기업이 슘페터가 말한 혁신의 어떤 측면에 부합하는지 살펴보고, 또 다른 사례를 찾아보는 활동이다.

1 자료 ❶ 을 읽고 자료 ❷ 의 회사가 '기업가 정신'을 실현하였다고 볼 수 있는 까닭을 발표해 보자.

예시 답안 | 손목에 착용하기만 하면 체성분을 분석해 내는 신기술을 개발하여 건강 관리 분야에서 새로운 시장을 개척하였다.

2 자료 ❷ 와 같은 사례를 우리 주변에서 찾고, 그 기업이 미친 영향에 관하여 토의해 보자.

예시 답안 | 빌 게이츠나 스티브 잡스가 개발한 새로운 상품이 인류의 삶의 방식을 바꾼 것이 대표적인 사례이다. 또한, 페이스북이나 카카오톡 등의 SNS 프로그램을 개발한 사례도 기업가 정신을 실현한 예이다. 새로운 메뉴를 개발하여 창업한 우리 주변의 소규모 식당들에서도 기업가 정신을 찾을 수 있다.

자료 해설

이승훈 선생은 한국의 교육자·독립 운동가이다. 일제의 지배에 반대하여 국권을 회복하려는 비밀 조직인 신민회 발기에 참여했고, 오산학교를 세웠다. 제시된 내용은 이승훈 선생이 신용을 지켜 큰돈을 벌 수 있었다는 것으로 신용의 중요성을 보여준다.

1 이야기 속에서 이승훈 선생이 부자가 될 수 있었던 까닭을 써 보자.

　예시 답안 | 이승훈 선생은 정해진 날에 돈을 갚을 수 없게 되었지만 도망치지 않고, 돈을 갚을 수 없게 된 이유를 설명하고 꼭 갚겠다는 의사를 전달하였다. 이러한 그의 태도가 믿음을 주어 재기할 수 있는 기반을 닦을 수 있었다.

2 돈을 빌린 사람이 갚기로 약속한 날짜에 돈을 갚지 못하면 어떤 문제가 생길지 이야기해 보자.

　예시 답안 | 돈을 갚을 것이라는 신뢰를 얻지 못하게 되어, 급한 일이 있을 때 돈을 빌리기가 매우 어려워진다.

스스로 탐구하기 **풀이**　　내가 세워 보는 미래의 경제생활 계획은?　　　　　　　　　　교과서 61쪽

이것이 핵심 ❗

· **활동 목표:** 미래의 경제생활을 예측해 보고, 지속적인 경제생활을 위한 계획을 수립할 수 있다.

· **핵심 개념:** 지속적인 경제생활, 소비, 소득

친절한 활동 안내 ⭐

이 활동은 개인마다 각양각색으로 나타나는 것이 당연한 활동이다. 따라서 자유롭게 자신이 꿈꾸는 미래에 관한 설계를 하고, 이를 가능하게 하는 경제생활 계획을 수립해 보는 것이 중요하다.

자신의 미래의 삶을 예상하여 일생 동안의 금융 생활을 설계해 보자.

1단계 경제 활동이 독립적으로 이루어지는 20대부터 계획을 세워 보자. 먼저 생활비를 생각해 보자. 월평균 생활비에 12를 곱하면 1년 생활비이다. 1년 생활비에 10을 곱하면 10년 동안 필요한 생활비를 알 수 있다.

2단계 시기별로 이루고 싶은 목표에 따라 발생하는 주요 소비 지출들을 생각해 보자. 예를 들어, 학비, 결혼 비용, 차량 구매 비용, 주택 구입 비용, 자녀 교육비, 의료비 등이 있다.

3단계 자신의 계획에 따라 20대 이후 필요한 소비 지출 총합을 계산해 보자.

구분	20대	30대	40~50대	60대 이후
평균 생활비	월 100만 원	월 (200)만 원	월 (300)만 원	월 (100)만 원
목표 달성을 위한 지출	학비 4천만 원	결혼 자금 5,000만 원 자녀 양육 5,000만 원	주택 마련 2억 원 자녀 교육 및 결혼 2억 원	의료비 1억 원
필요한 비용	1억 2천만 원 (100만 원×12월 ×10년)+4천만 원 =1억 6천만 원	2억 4천만 원 (200만 원×12월 ×10년)+1억 원 =3억 4천만 원	7억 2천만 원 (300만 원×12월 ×20년)+4억 원 =11억 2천만 원	2억 4천만 원 (100만 원×12월 ×20년)+1억 원 =3억 4천만 원

4단계 위의 소비 계획을 바탕으로 필요한 자금을 예측해 보고, 소득이 발생하기 시작하는 나이와 은퇴 나이를 고려하여 이 기간에 어떻게 자금을 마련할지 써 보자.

예시 답안 | 필요한 자금은 19억 6천만 원, 소득 발생 나이는 24세이고 은퇴 나이는 65세이므로 월 평균 약 420만 원이 필요하다.

자산 관리 포트폴리오 작성하기

교과서 62쪽

예금과 적금은 은행 등 금융 기관에 돈을 맡기고 정해진 이자를 받는 자산 관리 방법이야.

주식 투자는 기업이 발행하는 증권을 사서 배당금을 받거나 주식을 사고파는 과정에서 이익을 얻는 거야.

채권을 사면 만기일에 원금과 더불어 일정 이자를 받을 수 있고, 만기일 전에도 다른 사람에게 팔아 이익을 얻을 수 있어.

보험은 미리 보험료를 내고 화재나 사고, 질병 등으로 목돈이 필요할 때 일정 금액을 받는 거야.

이것이 핵심 ❗
- **활동 목표:** 자산 관리 포트폴리오를 작성해 보는 과정에서 자산 관리 방법을 탐색해 보고 구체적인 방안을 계획한다.
- **핵심 개념:** 자산 관리, 예금, 적금, 주식, 채권, 보험

친절한 활동 안내 ⭐
여러 가지 자산 관리 방법의 특징과 장단점을 탐색하고 구체적 상황에서 자신의 필요에 맞는 방법을 자유롭게 선택해 본다. 또한, 자산 관리 방법들의 장단점을 정리한다.

1 자신이 40세에 살고 있는 집을 제외하고 1억 원이 있다고 가정해 보자. 1억 원을 어떻게 투자할지 정하고, 그 까닭을 발표해 보자.

예시 답안 | 살고 있는 집이 있으므로 크게 욕심내지 않고 8천만 원 정도는 은행에 예금의 형태로 맡겨 놓고, 나머지 2천만 원은 주식에 투자할 것이다. 예금은 안정적으로 수익이 들어오고, 주식은 수익률이 높기 때문에 두 가지로 나누어서 투자할 것이다.

2 위 대화에서 소개하는 자산 관리 방법의 장단점을 조사해 보자.

예시 답안 |

구분	장점	단점
예금, 적금	안전성이 높다.	수익성이 낮다.
주식	수익성이 높다.	안전성이 낮다.
채권	비교적 안전성과 수익성이 높은 편이다.	투자 기간이 긴 편이고, 발행 기관에 따라 안전성이 낮기도 하다.
보험	불확실한 미래에 대비할 수 있다.	수익성이 낮다.

현대 사회에서 신용이 가지는 경제적 의미는?

교과서 63쪽

우리나라에서는 현금보다 신용 카드를 더 자주 사용하는 것으로 나타났다. 한국은행 발표에 따르면 가장 많이 이용하는 지급 수단은 신용 카드로 전체의 39.7 %를 차지했다. 금액 기준으로도 신용 카드를 이용하는 비중이 가장 높았다. 신용 카드 사용 확대와 더불어 신용 카드의 무분별한 사용으로 인한 문제도 많이 나타나고 있다.

– 『세계일보』, 2016. 2. 22.

이것이 핵심 ❗
- **활동 목표:** 신용 거래의 장점과 문제점을 파악하여 비교한다.
- **핵심 개념:** 신용

친절한 활동 안내 ⭐
신용 카드를 사례로 신용이 가지는 경제적 가치를 생각해 본다. 또한, 신용 카드 사용 시 발생할 수 있는 문제점을 생각해 봄으로써 무분별한 신용 카드 사용을 경계하는 자세를 갖도록 한다.

1 위의 자료와 관련해 현대 사회에서 신용이 가지는 경제적 가치를 써 보자.

예시 답안 | 신용은 경제생활에서 그 사람을 얼마나 믿을 수 있는가를 보여주기 때문에, 당장 현금이 없어도 거래를 가능하게 하며, 또한 거래를 편리하게 한다.

2 무분별한 신용 카드의 사용이 가져올 수 있는 문제점을 생각하여 써 보자.

예시 답안 | 신용 카드를 사용하여 대금을 지급하면 당장 현금을 지급하지 않기 때문에 과소비로 이어지거나 무분별하게 카드를 사용할 우려가 있다. 무분별한 카드의 사용은 카드 대금의 연체나 빚으로 이어질 수 있다.

1 (   )은 생산 요소를 활용하여 재화나 서비스를 만들어 내거나 부가 가치를 창출하는 생산 활동의 주체이다.

2 다음 내용에 알맞은 말을 골라 ◯표를 하시오.
(1) 자산 관리는 원금을 얼마나 잘 지킬 수 있는가에 대한 정도를 나타내는 (안전성, 수익성)을 고려하여 이루어져야 한다.
(2) 일반적으로 은행에 예금·적금을 하는 것은 주식 투자에 비해 (안전성, 수익성)이 높고, (안전성, 수익성)이 낮은 편이다.

3 다음 설명에 해당하는 자산 관리 방법을 쓰시오.
(1) 회사가 발행한 증권에 투자한다. (   )
(2) 화재나 사고 등 미래의 위험을 대비하여 미리 일정 금액을 납입한다. (   )

01 시장 경제에서 기업의 역할을 〈보기〉에서 고른 것은?

보기
ㄱ. 물건을 소비하여 국가 경제를 활성화한다.
ㄴ. 생산 활동의 주체로 다양한 상품을 만들어 낸다.
ㄷ. 세금을 거두어 사회 구성원이 필요로 하는 재화를 만든다.
ㄹ. 생산 과정에서 일자리를 만들어 내 고용 증가를 가져온다.

① ㄱ, ㄴ　　② ㄱ, ㄷ　　③ ㄴ, ㄷ
④ ㄴ, ㄹ　　⑤ ㄷ, ㄹ

단답형
02 다음 글이 설명하는 것을 쓰시오.

기업이 사회 전체의 이익에 부합하도록 의사결정을 하는 것으로, 건전하게 생산 활동을 하면서 환경 문제 해결을 위해 노력하며 자선 활동 등에도 적극적 역할을 하는 것을 말한다.

(   )

03 밑줄 친 '이것'에 해당하는 것은?

<u>이것</u>은 기업가의 혁신적 태도로, 위험을 감수하더라도 새로운 상품을 개발하고 새로운 시장을 개척하려는 자세를 말한다.

① 기업가 정신
② 기업의 경영 활동
③ 기업의 생산 활동
④ 기업의 사회적 책임
⑤ 기업의 이윤 추구 활동

04 기업에 대한 설명으로 적절하지 **않은** 것은?

① 시장 경제에서 소비의 주체이다.
② 생산 활동을 담당하는 경제 주체이다.
③ 신제품 개발 등을 통해 이윤을 증대하려 한다.
④ 소비자들이 필요로 하는 재화와 서비스를 만들어 낸다.
⑤ 기술 개발을 위한 노력으로 사회 전체에 긍정적 영향을 끼친다.

05 기업의 사회적 책임 중 ◯◯ 기업의 활동과 관계 깊은 것은?

◯◯기업은 자연 환경을 보존하기 위한 숲 보호 활동을 지속적으로 펼치고 있다.

① 이윤 극대화와 고용 창출 등 경제적인 책임
② 환경·윤리 경영, 제품 안전 등 윤리적인 책임
③ 투명한 회계, 소비자의 권익 보호 등 법적인 책임
④ 교육·문화·체육 활동 등에 대한 기업의 지원을 의미하는 자선적인 책임
⑤ 특정 자선 단체나 사회 문제에 기업이 직접 기부하는 사회 공헌 책임

06 자산 관리를 해야 하는 이유로 볼 수 <u>없는</u> 것은?

① 안정적이고 지속 가능한 경제생활을 해야 한다.
② 평균 수명이 늘면서 은퇴 이후의 시기가 길어졌다.
③ 질병, 사고 등 예기치 못한 상황에 대비해야 한다.
④ 생애 주기에 따라 시기별로 개인의 소득과 소비 수준이 달라진다.
⑤ 생산 활동은 평생 이루어지지만, 소비 활동을 하는 기간은 제한되어 있다.

07 그림의 A, B는 자산 관리 방법이다. 이에 대한 옳은 설명을 〈보기〉에서 고른 것은?

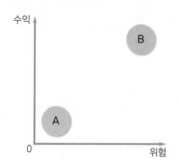

보기
ㄱ. A는 원금 손실의 우려가 적은 편이다.
ㄴ. B는 높은 수익이 기대된다는 장점이 있다.
ㄷ. 주식은 A, 예금이나 적금은 B에 해당한다.
ㄹ. 안전성을 높이려면 A보다 B를 선택해야 한다.

① ㄱ, ㄴ   ② ㄱ, ㄷ   ③ ㄴ, ㄷ
④ ㄴ, ㄹ   ⑤ ㄷ, ㄹ

08 다음 글이 자산 관리에 대해 시사하는 바로 가장 적절한 것은?

'달걀을 한 바구니에 담지 말라.'라는 말이 있다. 모든 달걀을 한 바구니에 담아두었다가 바구니가 넘어지면 달걀들이 한번에 다 깨지기 때문이다.

① 원금 보장이 확실한 상품에 투자해야 한다.
② 자산 관리는 장기적인 관점에서 접근해야 한다.
③ 여러 자산 관리 방법에 분산하여 투자해야 한다.
④ 안전성이 높은 자산 관리 상품에 투자해야 한다.
⑤ 위험 부담을 감수하고 공격적으로 투자해야 한다.

09 (가), (나)에 해당하는 자산 관리 방법을 바르게 연결한 것은?

(가) 은행 등 금융 기관에 돈을 맡기고 정해진 이자를 받는 방법
(나) 기업이 발행하는 증권을 사서 배당금을 받거나 증권을 사고파는 과정에서 이익을 얻는 방법

	(가)	(나)		(가)	(나)
①	예금	주식	②	주식	예금
③	예금	채권	④	주식	채권
⑤	예금	보험			

10 신용 하락의 문제점에 해당하는 것을 〈보기〉에서 고른 것은?

보기
ㄱ. 금융 기관에서 돈을 빌리기가 어려워진다.
ㄴ. 돈을 빌릴 때 높은 이자를 부담하게 된다.
ㄷ. 투자의 수익성이 떨어지고 위험성이 높아진다.
ㄹ. 주식이나 채권 등 수익성이 높은 자산 관리를 하기가 어려워진다.

① ㄱ, ㄴ   ② ㄱ, ㄷ   ③ ㄴ, ㄷ
④ ㄴ, ㄹ   ⑤ ㄷ, ㄹ

서술형

11 다음 글을 읽고 기업에 요구되는 사회적 책임에 관하여 서술하시오.

1984년 인도 한 도시인 보팔시에 있는 살충제 공장에서 가스 유출 사건이 일어났다. 비용 절감을 이유로 안전 장치를 제대로 갖추지 않았기 때문에 유독 가스가 누출되면서 환경이 오염되었다.

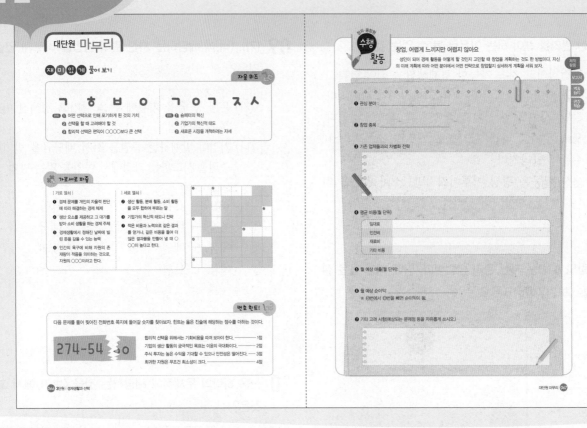

재미있게 풀어 보기 풀이 {교과서 66쪽}

| 자음 퀴즈 |

예시 답안 | 기회비용, 기업가 정신

| 가로세로 퍼즐 |

예시 답안 |

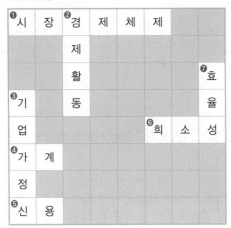

¹시	장	²경	제	체	제	
		제				
		활				⁷효
³기		동				율
업				⁶희	소	성
⁴가	계					
정						
⁵신	용					

| 번호힌트 123 |

1점짜리: ○

2점짜리: ○

3점짜리: ○

4점짜리: ×

따라서 총 6점이므로 찢어진 곳에 들어가는 숫자는 6

창의 · 융합형 수행 활동 풀이 {교과서 67쪽}

이것이 핵심 창업을 위해 무엇을 준비해야 하는지 알아보고 창업 과정에서 필요한 혁신 전략을 생각해 볼 수 있다.

예시 답안 |

① 관심 분야: 건강, 미용 분야

② 창업 종목: 샤워용품, 모발용 제품 제조 및 판매

③ 기존 업체들과의 차별화 전략: 천연 재료를 사용하여 제품을 제조하고 판매함. 이 과정에 소비자가 직접 체험 교실에 참여하게 하여 자신만의 용품을 만들도록 함.

④ 평균 비용(월 단위)
- 임대료: 수도권 외곽 지역에서 건물을 임대함. 월 30만 원
- 인건비: 천연 재료 운송 및 체험 행사 진행에 참여할 직원 1명이 필요함. 월 200만 원
- 재료비: 천연 재료, 친환경 용기 등 월 100만 원
- 기타 비용: 전기료, 차량 유지비, 난방비 등 월 50만 원

⑤ 월 예상 매출(월 단위)
체험 행사 참여비 1인당 10,000원, 평균 방문객 하루 평균(주말 포함) 30명
= 일 매출 30만 원×24일 = 720만 원

⑥ 월 예상 순이익
720만 원 − 380만 원 = 340만 원

⑦ 기타 고려 사항
천연 재료를 사용하면서도 질 좋은 제품을 만들기 위해 제조 기술에 지속해서 투자해야 함. 또한, 피부 특성 등 개인차를 고려하여 적합한 재료를 발굴, 추출해야 함.

자산 관리사

이번 단원에서는 자산 관리의 중요성에 대해 배웠습니다. 평균 수명의 증대로 노후에 관한 관심이 높아지고 있는 시점에서 안정적이고 지속 가능한 삶을 위한 자산 관리는 점점 더 중요해지고 있습니다. 이러한 자산 관리를 전문적으로 도와주는 사람을 자산 관리사라고 합니다.

자산 관리사는 말 그대로 고객의 자산을 전문적으로 관리해 주는 사람입니다. 사람들은 자산을 금융 자산, 부동산 등 여러 종류의 형태로 보유하고 있어서 자산 관리사 역시 전문적인 분야로 나뉩니다. 금융 자산 관리사, 부동산 자산 관리사 등입니다.

일반적으로 자산 관리는 스스로 하는 게 아닌가요? 자산 관리사가 왜 필요한 거죠?

소득 발생 기간은 한정되어 있는데, 수명은 길어지고 있지요. 따라서 자산 관리의 중요성이 날로 증가하고 있는데요. 자산 관리도 전문적으로 할 때, 조금이라도 더 나은 결과를 기대할 수 있을 것입니다.

구체적으로 자산 관리사는 어떤 일을 하나요?

일단, 고객들의 재무 상태를 파악합니다. 그리고 각종 금융 상품, 주식, 부동산 등의 투자 대상을 고객에게 추천하기도 하고 고객의 특성에 맞는 자산 관리 방법을 개발하기도 합니다. 고객들이 원하는 재무 목표를 달성할 수 있도록 전체적인 계획을 수립하는 것입니다. 또한, 새로운 금융 상품이나 투자처에 대해 조사 및 연구하여 고객에게 관련 정보를 제공하고, 고객들의 세금을 줄일 수 있는 절세 방법과 자산 관리에 대하여 상담하고 조언하기도 합니다.

01 합리적 선택과 경제 체제

01 생산 활동에 해당하는 것을 <보기>에서 고른 것은?

보기
> ㄱ. 은행에 저축하여 이자를 받았다.
> ㄴ. 철광석을 녹여 철강 제품을 만들었다.
> ㄷ. 여행을 가기 위해 숙소를 예약하였다.
> ㄹ. 트럭 운전사가 사과를 시장으로 운반하였다.

① ㄱ, ㄴ   ② ㄱ, ㄷ   ③ ㄴ, ㄷ
④ ㄴ, ㄹ   ⑤ ㄷ, ㄹ

02 자원의 희소성에 관한 설명으로 옳지 <u>않은</u> 것은?

① 희소성이 큰 재화나 서비스는 가격이 비싸다.
② 자원의 희소성은 시대와 장소에 따라 달라진다.
③ 자원의 존재량만으로 희소성을 판단할 수 없다.
④ 어떤 자원이 희귀하다면 그 자원의 희소성 또한 크다.
⑤ 희소하지 않은 자원은 비용을 지불하지 않고 이용할 수 있다.

03 ㉠에 들어갈 경제 개념에 대한 설명으로 옳은 것은?

> 합리적 선택을 위해서는 선택에 따라 발생하는 ㉠ 을 고려해야 한다. ㉠ 은 어떤 선택을 해서 포기해야 하는 것 중 가장 가치가 큰 것이다.

① 누구에게나 ㉠의 크기는 동일하다.
② ㉠에 비해 편익이 크다면 합리적인 선택이다.
③ ㉠의 크기가 클수록 합리적 선택에 가까워진다.
④ 소비 활동을 할 때는 ㉠을 고려하지 않아도 된다.
⑤ 어떤 선택에 대한 대안이 여러 가지가 있다면 ㉠ 은 대안들의 가치를 모두 더한 것이다.

04 그림의 상황과 관련된 경제 문제에 대한 설명으로 옳지 <u>않은</u> 것은?

① 분배의 방식을 결정하는 경제 문제이다.
② '무엇을 생산할 것인가'를 결정하기 위한 경제 문제이다.
③ 합리적 선택이 요구되는 상황으로 이윤을 극대화해야 한다.
④ 이러한 경제 문제가 발생하는 근본적 원인은 자원의 희소성 때문이다.
⑤ 이 문제는 생산의 효율성을 극대화할 수 있는 방향으로 해결되어야 한다.

05 다음 글을 바탕으로 할 때 중국과 우리나라 경제 체제에 대한 설명으로 옳은 것은?

> • 우리나라는 시장 경제를 바탕으로 경제적 의사 결정의 자유를 보장한다. 그런데 국민 건강 보험에 의무적으로 가입하게 하는 것처럼 정부가 시장에 개입하기도 한다.
> • 과거 중국은 국가가 생산 품목, 생산량을 결정하였다. 하지만 지금은 많은 사람이 기업을 설립하여 이윤을 추구하고 있다.

① 중국은 시장 경제를 바탕으로 계획 경제의 요소를 도입하였다.
② 우리나라는 계획 경제를 바탕으로 시장 경제의 요소를 도입하였다.
③ 중국과 우리나라는 전통 경제 체제로 경제 문제를 해결한다.
④ 중국과 우리나라 모두 시장 경제와 계획 경제가 혼합된 경제 체제이다.
⑤ 중국과 우리나라 모두 생산의 효율성보다는 분배의 형평성을 더 중시하고 있다.

빈출

06 갑국과 을국의 경제 체제와 관련한 옳은 설명을 〈보기〉에서 고른 것은?

갑국: 생산자가 생산 품목과 생산량을 자유롭게 결정해.

을국: 국가가 생산 품목의 종류와 수량을 결정해.

보기

ㄱ. 갑국은 시장의 자율성을 기반으로 경제 문제를 해결한다.
ㄴ. 갑국은 을국에 비해 경제 주체들의 자유로운 선택을 중시한다.
ㄷ. 을국은 자유방임주의에 기초하여 만들어진 경제 체제이다.
ㄹ. 현재 대부분 국가는 을국의 경제 체제를 기반으로 경제 문제를 해결한다.

① ㄱ, ㄴ   ② ㄱ, ㄷ   ③ ㄴ, ㄷ
④ ㄴ, ㄹ   ⑤ ㄷ, ㄹ

단답형

07 밑줄 친 '이것'에 해당하는 개념을 쓰시오.

이것은 시장 가격에 의해 경제 주체들의 선택이 자율적으로 이루어지도록 하는 경제 체제이다. 물론, 이때 정부의 명령이나 통제는 배제된다.

(   )

08 다음에서 설명하는 경제 체제의 특징으로 보기 어려운 것은?

• 자원 배분의 효율성을 중시한다.
• 정부의 개입과 통제를 배제한다.
• 자유방임주의에 기초한 경제 체제이다.

① 개인과 기업의 창의성을 존중한다.
② 경제 주체들의 선택의 자유를 중시한다.
③ 시장 가격을 기준으로 선택이 이루어진다.
④ 생산자가 생산물의 종류와 수량을 결정한다.
⑤ 국가의 시장 지배를 허용하고 생산 수단을 국가가 관리한다.

02 기업의 역할과 사회적 책임

09 기업의 경제 활동이 미치는 긍정적 영향에 해당하지 않는 것은?

① 일자리를 창출하여 고용 증대에 기여한다.
② 세금을 납부하여 국가 재정에 이바지한다.
③ 가계에 소비 활동을 위한 소득을 제공한다.
④ 생산 활동의 과정에서 경제를 활성화한다.
⑤ 불공정 행위를 규제함으로써 시장 경제 체제를 유지한다.

10 다음 두 자료를 종합하여 내린 결론으로 가장 적절한 것은?

• 우리나라의 자동차 회사인 △△사는 인도, 미국, 러시아 등 7개국에 현지 공장을 가동하고 있는데, 공장이 건설된 이후 각 지역 경제는 몰라보게 달라졌다. 고용 창출 효과와 주변 상업 시설 건설, 주택 건설 등으로 지역 경제가 활성화되었다.
• 우리나라 여러 지역이 국내외 기업 유치에 열을 올리고 있다. 토지를 빌려주거나 세금을 줄여 주겠다고 홍보하고 있다. 심지어 어떤 도시에서는 자기 지역에 공장을 유치하는 데 이바지한 사람에게 상금을 지급한다는 계획도 발표하였다.

① 우리 기업의 해외 진출이 활발하다.
② 기업의 생산 활동은 지역 경제 활성화에 도움이 된다.
③ 기업은 생산 활동 과정에서 이윤 추구와 효율성을 중시한다.
④ 기업은 지역 사회의 교육·문화·복지 사업 등을 적극적으로 지원한다.
⑤ 국내 기업을 유치하면 외국 기업을 유치하는 것보다 경제 발전에 더 도움이 된다.

11 ○○기업이 사회적 책임을 다하는 우수 기업으로 선정된 이유로 적절한 것은?

> ○○ 기업은 저소득층 아이들을 대상으로 무료 학습 지도, 도서 기증 등의 공익사업을 펼치고 있다. 또한, 혼자 사는 노인들을 위한 도시락 기부 및 후원 활동 등도 꾸준히 전개하고 있다.

① 이윤 창출을 위해 노력하였다.
② 기업의 경영을 투명하게 하였다.
③ 환경 문제의 해결에 관심을 두었다.
④ 법률을 지키면서 기업 활동을 하였다.
⑤ 기부 등 복지 사업을 적극적으로 지원하였다.

12 기업가 정신에 대한 설명으로 옳지 <u>않은</u> 것은?

① 기업가의 혁신적인 자세를 의미한다.
② 기업에 많은 이윤을 항상 가져다준다.
③ 경제를 발전시키는 원동력이 될 수 있다.
④ 미래의 불확실성과 위험을 무릅쓰고 변화를 모색하는 기업가의 태도이다.
⑤ 새로운 아이디어로 새로운 상품을 개발하고 새로운 시장을 개척하려는 기업가의 태도이다.

03 바람직한 금융 생활

13 자산과 그 관리 방법에 대한 설명으로 옳은 것은?

① 예금, 주식, 현금, 채권은 실물 자산이다.
② 건물, 토지와 같은 부동산은 금융 자산이다.
③ 자산이 많지 않은 청년기에는 자산 관리를 하지 않아도 된다.
④ 자산 관리는 현재 소비 활동의 만족감을 극대화하는 데 필요하다.
⑤ 평균 수명의 연장으로 생애 전체를 고려한 자산 관리가 더욱 중요해지고 있다.

14 밑줄 친 '이것'에 해당하는 개념을 쓰시오.

> 경제생활을 하다 보면 소득을 잘 관리하고 합리적으로 소비하더라도 돈을 빌려야 하는 상황이 생길 수 있다. 이때 필요한 것이 이것이다. 이것은 금전 거래에서 채무자가 약속된 날짜에 약속된 금액을 갚을 수 있는 능력이나 이에 대한 믿음을 말한다.

(   )

15 자산을 관리할 때 고려해야 할 요소 (가)~(다)에 해당하는 용어로 옳은 것은?

> (가) 투자한 원금의 손실을 가져오지 않는 정도
> (나) 필요할 때 현금으로 쉽게 바꿀 수 있는 정도
> (다) 투자한 금액에 비해 이익을 낼 수 있는 정도

	(가)	(나)	(다)
①	안전성	수익성	유동성
②	안전성	유동성	수익성
③	수익성	안전성	유동성
④	수익성	유동성	안전성
⑤	유동성	안전성	수익성

16 그림은 나이에 따라 달라지는 경제생활을 나타낸다. 이에 대한 설명으로 옳은 것은?

① 20대 이하에서는 소득이 소비에 비해 많다.
② 60대 이후에서는 소득이 소비에 비해 많다.
③ 소득과 소비가 가장 높은 시기는 40~50대이다.
④ 20대 이하 시기의 자산 관리가 노후를 결정한다.
⑤ 소득은 일생 동안 지속해서 증가하는 경향을 보인다.

17 다음에서 설명하는 자산 관리 방법에 해당하는 것은?

> 은행과 같은 금융 기관에 정해진 이자를 기대하고 돈을 맡기는 것으로, 수익성은 낮지만 원금 손실을 막을 수 있다는 측면에서 안전성이 높은 방법이다.

① 보험　　　② 예금　　　③ 주식 투자
④ 채권 투자　　　⑤ 부동산 투자

18 다음은 신용에 관한 수행 평가의 답안이다. ㉠~㉤ 중 옳지 <u>않은</u> 것은?

> **문제:** 신용의 의미와 중요성에 관하여 서술하시오.
>
> **답안:**
> 신용은 ㉠약속한 날짜에 약속한 금액을 갚을 수 있는 능력을 말한다. 신용은 ㉡돈을 빌려야 하는 상황에서 필요하며, 채무를 제때 상환하지 못하면 ㉢신용이 올라간다. ㉣현대 사회는 개인의 신용 사용이 일상화되고 있으므로, 원활한 경제생활을 하려면 ㉤건전한 소비 생활을 하며 신용을 꾸준히 관리해야 한다.

① ㉠　　　② ㉡　　　③ ㉢
④ ㉣　　　⑤ ㉤

빈출
19 자산 관리 수단의 특징에 대한 설명으로 옳은 것은?

① 채권은 발행 기관에 상관없이 수익률이 모두 같다.
② 안전성이 높은 상품은 그만큼 원금 손실의 우려도 크다.
③ 보험은 미래의 위험을 대비하기 위한 자산 관리 방법이다.
④ 예금과 적금은 높은 수익을 기대할 수 있지만, 안전성은 낮다.
⑤ 주식 투자는 높은 수익을 기대하기는 어렵지만, 안전성이 높다.

20 다음 글에 나타난 합리적 선택의 조건을 기회비용과 편익의 측면에서 서술하시오.

> 우리는 살면서 수많은 선택 상황에 직면하게 된다. 가령, 하루 동안의 자유 시간이 주어졌다고 하자. 평소 부족한 잠을 잘 것인가, 아니면 취미 활동을 할 것인가? 그런데 자원은 희소하므로 두 가지를 모두 할 수는 없다. 따라서 선택은 합리적으로 이루어져야 한다.

21 다음 글의 밑줄 친 기업가 정신이 무엇인지 서술하시오.

> 기업은 생산 활동의 주체이며, 기업을 경영하는 기업가는 더 큰 이윤을 얻는 것을 목적으로 한다. 이를 위해 기업가들에게는 기업가 정신이 요구된다. 기업가 정신을 발휘할 때 이윤을 극대화할 수 있다.

22 그림과 관련하여 자산 관리의 중요성이 점점 더 커지고 있는 이유를 서술하시오.

ㄴ

시장 경제와 가격

우리는 필요한 것들을 시장에서 사서 씁니다. 시장에서는 교복, 신발, 학용품은 물론 주식, 노동력 등도 거래되는데, 이러한 경제 활동은 시장 경제에서 매우 중요합니다. 이 단원에서는 경제생활의 중심인 시장의 의미와 종류를 알아보고, 상품의 가격이 시장에서 어떻게 결정되고 변동하는지를 이해합니다. 또한, 수요자와 공급자가 가격 변동에 어떻게 반응하는지 파악하여 시장 경제에서 가격의 중요성을 알아봅시다.

이 단원에서는

01	시장의 의미와 종류	시장의 의미와 종류를 이해하고, 다양한 시장의 특징을 비교해 본다.
02	수요·공급과 시장 가격의 결정	수요 법칙과 공급 법칙을 토대로 시장 가격이 결정되는 원리를 이해한다.
03	시장 가격의 변동	수요 변동과 공급 변동이 시장의 균형 가격을 어떻게 변화시키는지 이해한다.

? 남학생의 물음에 여학생이 어떻게 대답했을지 생각하여 써 보자.

| 사진 해설 |

사진은 시장의 모습이다. 시장의 여러 유형 중 오늘날 우리가 일상적으로 이용하는 시장 중 하나인 재래시장의 모습을 보면서 시장의 의미와 종류에 관해 친숙하게 접근할 수 있다. 또한, 물건에 붙어 있는 가격표를 보면서 가격은 어떤 원리로 결정되고 변동되는지 생각하는 기회를 얻게 한다.

| 대답 예시 |

• 물건을 사려는 사람이 사고 싶은 가격과 물건을 팔려는 사람이 받고 싶은 가격을 서로 협상해서 결정할 것 같아.
• 사람들이 팔려는 물건의 양과 사람들이 사려고 하는 물건의 양이 일치하는 지점에서 가격이 결정될 거라고 생각해.

시장 경제와 가격

이 단원의 구성

중단원	소주제 및 탐구 활동	핵심 미리 보기
01 시장의 의미와 종류	**1 시장의 의미와 역할** 탐구 시장에서는 무슨 일을 할까? **2 다양한 시장의 종류** 탐구 우리 주변에 있는 시장의 종류는? 탐구 새롭게 등장하는 시장, 전자 상거래 시장!	시장의 의미, 특화, 구체적 시장, 추상적 시장, 전자 상거래 시장
02 수요·공급과 시장 가격의 결정	**1 수요와 수요 법칙** 탐구 가격에 따라 수요량은 어떻게 변할까? **2 공급과 공급 법칙** 탐구 가격에 따라 공급량은 어떻게 변할까? **3 시장 가격의 결정** 탐구 시장에서 가격은 어떻게 결정될까? 탐구 학급 시장 개최, 시장 가격은 어떻게 결정될까?	수요, 공급, 수요 곡선, 공급 곡선, 시장 가격, 균형 거래량
03 시장 가격의 변동	**1 수요의 변동** 탐구 고구마가 건강에 좋다는 인식이 수요에 미친 영향은? **2 공급의 변동** 탐구 국제 콩 가격의 상승이 두유의 공급에 미친 영향은? **3 시장 가격의 변동** 탐구 수요와 공급의 변동이 가격에 미치는 영향은?	수요의 변동과 변동 요인, 공급의 변동과 변동 요인, 시장 균형의 변동

시장의 의미와 종류

교과서 70쪽~73쪽

• 시장의 발달
자급자족의 경제생활 → 자급자족의 불편함 → 교환의 필요성 대두 → 활발한 교환 → 교환 장소 및 시간 약속 → 시장의 시작 → 화폐의 등장 → 시장의 확대·발달

개념➕ 시장의 형성

자급자족 경제	원시 사회나 농경 사회는 생활에 필요한 물건을 주로 스스로 만들어 사용함
교환 경제	생산물을 다른 사람과 교환하면서 자신이 더 잘 만들 수 있는 물건만을 생산하여 교환함
시장의 형성	물건을 사려는 사람과 팔려는 사람이 한 장소에서 만나면서 시장이 형성됨

• 시장과 교환의 이득
교환은 교환에 참여하는 모든 사람에게 이득을 가져다 준다는 특성을 갖고 있다. 다른 조건에는 아무런 변화가 없더라도 단지 교환이 이루어진다는 것 하나만으로 교환에 참여한 사람 모두 예전보다 더 풍족한 소비 생활을 누릴 수 있게 된다. 이것을 교환의 이득(gains from trade)이라고 부르는데, 시장이 우리에게 풍요로운 경제생활을 누릴 수 있게 만들어 주는 이유가 바로 그것이다.

→ **시장의 의미와 역할**

1. 시장의 의미 ──(뜻) 상품은 시장에서 거래되는 재화와 서비스를 통틀어 부르는 말이다.

(1) 의미: 상품을 사려는 사람과 팔려는 사람이 만나 이들 간의 상호 작용을 통해 교환과 거래가 이루어지는 곳 → 아래 사진들처럼 상품이 거래되는 구체적인 장소뿐 아니라, 수요자와 공급자 간의 거래 활동을 통해 가격이 형성되고 교환이 이루어지는 모든 곳을 시장이라고 함

재래시장
⬆ 재래시장은 보통 우리가 시장에 간다고 할 때 가는 시장이다.

대형 마트
⬆ 대형 마트는 슈퍼마켓과 백화점이 결합한 형태의 대형 소매점이다.

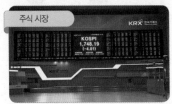
주식 시장
⬆ 주식 시장은 주식을 매매하는 시장으로, 사는 사람과 파는 사람이 만나지 않고 거래한다.

인터넷 쇼핑몰
⬆ 인터넷 쇼핑몰은 인터넷상의 가상 공간에 상품을 진열하고 판매하는 상점이다.

(2) 시장의 확대
① 전자 통신 매체의 발달로 시장의 의미가 확대됨
② 인터넷 쇼핑몰과 같은 다양한 형태의 시장이 등장함

2. 시장의 역할 (왜) 시장이 있어서 사람들은 거래할 상대방을 일일이 찾아다니지 않아도 되고, 필요한 물건을 한곳에서 쉽게 살 수 있기 때문이다.

(1) 거래 시간을 단축하고 거래 비용을 줄여 줌 ──
(2) 분업과 특화를 촉진하여 생산성을 증대시킴

교과서 PLUS ᵅ

자료 해설
그림은 김득신의 「장터로 가는 길」이다. 산업 혁명과 함께 대량 생산이 이루어지면서 사람들 간의 교환(거래)도 급속히 발달하였다. 이에 따라 시장도 그 종류가 다양해졌고 규모가 커지게 되었다. 과거에는 상설 시장이 들어설 만큼 상업이 발달하지 못했기 때문에 정기적으로 시장이 열렸고, 그날에 맞춰서 상인들은 물건을 내다 팔기 위해 먼 길을 이동하기도 하였다.

3. 시장과 분업, 특화

(1) 분업

① 의미: 여러 사람이 일을 나누어서 하는 것

② 분업의 발달 ┌ 교환할 수 없으면 필요한 물건을 모두 직접 만들어야 하므로 교환이 이루어질 때만 분업이 발생할 수 있다.

시장 형성 이전	시장 형성 이후
교환이 활발하지 않아서 사람들은 자신에게 필요한 재화나 서비스를 스스로 생산함	시장에서 교환이 활발히 이루어져 생산과 직업에 있어 분화가 촉진됨

(2) 특화

① 의미: 각자 잘하는 일에 전념하여 전문화하는 것

② 분업과의 관계: 생산 과정의 분업화로 인해 특화가 가능해짐

(3) 시장의 발달: 시장의 형성 → 분업과 특화의 촉진 → 시장의 확대

┌ 일상생활에서 자주 사용하는 '시장'이라는 용어는 농산물 시장, 수산 시장 등 재화나 서비스가 거래되는 장소를 의미한다. 하지만, 재화나 서비스뿐만이 아니라 노동, 자본, 외환 등이 거래되는 시장도 있다.

→ **다양한 시장의 종류**

1. 구체적 시장과 추상적 시장

(1) 구체적 시장: 눈에 보이는 일정한 장소를 차지하는 시장

① 재래시장: 전통적 의미의 시장 예 남대문 시장, 풍물 시장, 5일장 등

② 대형 마트: 대량으로 물건을 공급함으로써 가격 경쟁력을 갖춤

③ 편의점: 각종 생활용품을 취급하는 소매점 ┌뜻 물건을 생산자나 도매상에게 사들여 직접 소비자에게 파는 것이다.

(2) 추상적 시장: 상품이 거래되지만 눈에 보이는 장소가 없는 시장

① 노동 시장: 노동이 거래되는 시장

② 주식 시장: 기업이 발행한 증권이 거래되는 시장

③ 금융 시장: 자본의 공급자와 수요자가 만나는 곳으로, 주로 금융 기관이 이 둘을 매개함으로써 시장이 형성되는 경우가 많음

┌뜻 둘 사이에서 양편의 관계를 맺어 주는 것이다.

2. 전자 상거래 시장

(1) 정보·통신 기술의 발달로 새롭게 등장한 시장

(2) 홈쇼핑, 인터넷 쇼핑, 모바일 쇼핑 앱을 이용한 쇼핑 등이 해당됨

개념⁺ 분업(分業)

분업이란 일을 나누어 처리하는 것을 말한다. 물론, 자급자족의 시대에도 분업은 존재하였다. 가족 단위나 부족 단위로 생산 활동이 이루어졌는데, 그 과정에서 각자가 맡은 역할이 있었다. 하지만, 시장이 형성되면서 분업에도 획기적인 변화가 나타났다. 재화나 서비스의 손쉬운 교환으로 인해 생산 과정이 더욱 세분되었고, 교환을 전제로 특정 재화나 서비스만을 전문적으로 생산하는 것이 가능해졌다.

• 전자 통신 매체와 시장의 확대

정보 통신 기술의 발달로 거래 당사자가 직접 만나지 않아도 교환이 이루어질 수 있다. 그 중 획기적인 변화를 가져온 것은 인터넷의 등장이다.

개념⁺ 생산물 시장과 생산 요소 시장

생산물 시장	일상생활에 필요한 재화와 서비스가 거래되는 시장 예 청과물 시장, 수산물 시장, 꽃 시장, 문구점 등
생산 요소 시장	상품을 생산하는 과정에서 필요한 토지나 노동, 자본 등의 생산 요소가 거래되는 시장 예 노동 시장, 부동산 시장 등

교과서 PLUS α

자료 해설

제시된 사진은 다양한 직업의 모습을 보여준다. 사람들은 분업으로 인해 자기 일에 몰두할 수 있게 되었고 이는 직업의 분화와 전문화로 이어지게 되었다.

이렇게 이해하세요

시장의 형성으로 인해 사람들은 생활에 필요한 모든 것들을 직접 만들어 내지 않게 되었다. 과거에는 필요한 것들을 자신이 직접 만들어 내거나, 교환할 대상을 찾아다녀야 했다. 그런데 교환할 수 있는 상대방을 찾아다니는 것은 시간적으로나 비용적으로 쉬운 일이 아니었다. 따라서, 분업과 특화의 수준은 매우 낮을 수밖에 없었다. 하지만, 시장의 등장으로 교환이 편리해졌고 이에 따라 분업과 특화가 촉진되었다.

활동 풀이

교과서 70쪽

생각 열기 풀이 시장은 어떻게 생겨났을까?

🛡️ **자료 해설**
옛날 사람들은 필요한 물건을 스스로 만들어 사용하였다. 그러다가 자신에게는 풍족하나 상대방에게 부족한 물건을 서로 교환하게 되었고, 교환을 효율적으로 하기 위해 일정한 시간과 장소를 정하여 모인 곳이 시장이다. 자료에서 반투족과 피그미족은 자신들의 생산물인 곡식·철제 농기구와 꿀·고기를 직접 교환하는 물물 교환을 하고 있다. 이러한 교환이 활발해지면서 시장이 형성된 것이다.

1 두 부족 간에 교환이 이루어진 까닭을 써 보자.
예시 답안 | 두 부족의 생산물이 서로 달라서 교환하면 필요로 하는 상품을 모두 직접 생산하지 않아도 되기 때문이다.

2 두 부족 간 교환에서 불편했을 것으로 생각되는 점을 쓰고, 그 해결 방법을 발표해 보자.
예시 답안 | 물물 교환은 상품을 교환할 때 필요한 물건을 가진 거래 상대방을 찾아 이동해야 하고, 교환할 물건 간의 비율을 정하는 데 어려움이 있다. 이러한 어려움을 해결하기 위하여 화폐 사용을 고려하고 시장이 생겼을 것이다.

스스로 탐구하기 풀이 시장에서는 무슨 일을 할까?

교과서 71쪽

이것이 핵심 ❗
• 활동 목표: 시장의 의미를 설명할 수 있다.
• 핵심 개념: 시장의 의미

친절한 활동 안내 ⭐
이 활동은 시장이 장소를 의미하는 것이 아니라 상품을 사려는 사람과 팔려는 사람이 만나 거래가 이루어지는 모든 형태를 의미한다는 것을 이해하는 활동이다.

1 민수의 엄마와 아빠가 대형 마트와 인터넷 쇼핑몰을 시장이라고 한 까닭을 써 보자.
예시 답안 | 시장이란 구체적인 형태가 있든 없든 간에 상품을 사려고 하는 사람과 팔려고 하는 사람이 만나 거래를 하여 필요한 상품을 구할 수 있는 곳이기 때문에 대형 마트와 인터넷 쇼핑몰도 시장이라고 할 수 있다.

2 위의 시장들 외에 우리 주변에서 시장이라고 생각되는 것들을 발표해 보자.
예시 답안 | 편의점, 농수산물 시장, 백화점, 부동산 시장, 주식 시장 등

스스로 탐구하기 풀이　우리 주변에 있는 시장의 종류는?
교과서 72쪽

재래시장

대형 마트

인터넷 쇼핑몰

홈 쇼핑몰 / 주식 시장

노동 시장

1　다음은 위에 제시된 다양한 시장에 대한 질문이다. 이를 완성해 보자.
예시 답안 |

구분	재래시장	대형 마트	인터넷 쇼핑몰	홈 쇼핑몰	주식 시장	노동 시장
주변 시장의 이름	제일 시장	홈플러스	11번가	롯데 홈쇼핑	현대 증권	알바몬
사고파는 것은?	재화와 서비스	재화와 서비스	재화와 서비스	재화와 서비스	재화	서비스
구체적으로 눈에 보이는 시장인가?	눈에 보인다.	눈에 보인다.	눈에 보이지 않는다.	눈에 보이지 않는다.	눈에 보이지 않는다.	눈에 보이지 않는다.

스스로 탐구하기 풀이　새롭게 등장하는 시장, 전자 상거래 시장!
교과서 73쪽

자료 ❶ 티셔츠는 인터넷 쇼핑몰에서

민수네 학급은 이번 체육 대회 때 학급 티셔츠를 맞춰 입기로 하였다. 민수와 친구들은 티셔츠를 사는 일을 맡아 인터넷 쇼핑몰에서 귀엽고 개성 있는 옷을 사기로 하였다. 단체 티셔츠를 주로 판매하는 쇼핑몰을 여러 곳 둘러 본 후 가장 마음에 드는 티셔츠를 파는 곳에서 주문하였다.

자료 ❷ 모바일 쇼핑 앱 활성화

수요일 오전, 출근길 지하철에서 김○○ 씨는 스마트폰을 꺼내 자주 이용하는 모바일 쇼핑 앱에 접속했다. 중학생인 큰딸이 부탁한 소설책과 참고서를 구매하기 위해서였다. 책을 구매한 김○○ 씨는 이어 음반 기획전이 진행 중인 것을 보고 좋아하는 가수의 음반도 주문하였다.

1　자료 ❶, ❷ 의 시장에서 수요자와 공급자는 각각 누구이고, 어떤 방법으로 거래하고 있는지 써 보자.
예시 답안 | 수요자와 공급자: 〈자료 1〉에서 수요자는 민수네 학급 학생들, 공급자는 티셔츠 판매자이다. 〈자료 2〉에서 수요자는 김○○ 씨, 공급자는 서적과 음반 판매자이다. / 거래 방법: 모두 인터넷을 이용하여 거래하였다.

2　자료 ❶, ❷ 에 나타난 시장이 구체적 시장과 추상적 시장 중 무엇에 해당하는지 쓰고, 그렇게 생각한 이유를 설명해 보자.
예시 답안 | 눈에 보이는 장소에서가 아니라 인터넷상에서 거래가 이루어졌으므로 추상적 시장이다.

개념 쏙쏙

1 ( )은 재화나 서비스를 사고파는 곳이다.

2 다음에서 설명하는 시장의 유형을 쓰시오.
(1) 재래시장이나 대형 마트처럼 눈에 보이는 일정한 장소를 차지하는 시장 ( )
(2) 노동 시장, 주식 시장 같이 상품이 거래되지만, 눈에 보이는 장소가 없는 시장 ( )

3 다음 내용에 알맞은 말을 골라 ◯표를 하시오.
(1) 시장이 발달하면서 거래 시간과 비용이 (늘어났다, 줄어들었다).
(2) 정보 통신 기술의 발달로 (재래시장, 전자 상거래 시장)에서의 거래 비중이 급격하게 증가하였다.

---

01 시장에 대한 설명으로 옳지 않은 것은?
① 수요자와 공급자가 거래하는 곳이다.
② 시장을 통해 거래 비용을 줄일 수 있다.
③ 수요와 공급에 대한 정보가 교환되는 곳이다.
④ 눈에 보이는 구체적 장소가 존재해야 형성된다.
⑤ 시장은 사람들이 필요한 물건을 서로 교환하는 과정에서 발생했다.

02 다음 글의 빈칸에 알맞은 말을 쓰시오.

> 시장이 생겨나면서 사람들은 자신이 필요로 하는 상품을 모두 다 생산할 필요가 없어졌다. 하나의 상품을 만드는 과정을 여러 단계로 나누고 더 잘 생산할 수 있는 분야에 [ ]하는 과정에서 더 많은 상품이 생산되었다.

( )

---

03 다음 글의 빈칸에 들어갈 경제 용어로 적절한 것은?

> [ ]은 어떤 물건을 사고자 하는 사람과 팔고자 하는 사람이 만나 거래가 이루어지는 곳이다.

① 교환 　② 소비 　③ 시장
④ 특화 　⑤ 화폐

04 그림의 대화에서 민수가 ㉠과 같이 말한 이유로 적절한 것은?

① 재래시장만 시장이라고 생각하기 때문이다.
② 추상적 시장만 시장에 해당한다고 보기 때문이다.
③ 눈에 보이지 않는 시장을 시장이라고 생각하기 때문이다.
④ 수요자와 공급자가 만나 거래가 이루어지는 곳을 시장이라고 보기 때문이다.
⑤ 인터넷의 발달로 새로 등장한 전자 상거래 시장만 시장으로 보기 때문이다.

05 시장의 역할에 대한 옳은 설명을 〈보기〉에서 고른 것은?

> **보기**
> ㄱ. 거래 비용을 감소시킨다.
> ㄴ. 분업을 통한 특화를 촉진한다.
> ㄷ. 교환의 필요성을 줄어들게 한다.
> ㄹ. 필요한 물건을 직접 생산할 수 있게 한다.

① ㄱ, ㄴ 　　② ㄱ, ㄷ 　　③ ㄴ, ㄷ
④ ㄴ, ㄹ 　　⑤ ㄷ, ㄹ

중요 **06** 시장의 등장이 가져온 변화를 〈보기〉에서 고른 것은?

보기
ㄱ. 상품을 교환하기 시작하였다.
ㄴ. 거래 상대방을 일일이 찾아다니게 되었다.
ㄷ. 분업을 촉진하고 사회 전체의 생산량이 늘어났다.
ㄹ. 특정 분야를 전문화하여 생산하는 사람들이 증가하였다.

① ㄱ, ㄴ　　　② ㄱ, ㄷ　　　③ ㄴ, ㄷ
④ ㄴ, ㄹ　　　⑤ ㄷ, ㄹ

07 구체적 시장에 해당하는 것을 〈보기〉에서 고른 것은?

보기
ㄱ. 백화점　　　　ㄴ. 대형 마트
ㄷ. 노동 시장　　　ㄹ. 주식 시장

① ㄱ, ㄴ　　　② ㄱ, ㄷ　　　③ ㄴ, ㄷ
④ ㄴ, ㄹ　　　⑤ ㄷ, ㄹ

08 다음 글의 밑줄 친 '인터넷 쇼핑몰'에 대한 설명으로 옳은 것은?

민주네 학급은 이번 체육 대회 때 반 티셔츠를 맞춰 입기로 하고, 인터넷 쇼핑몰에서 귀엽고 개성 있는 티셔츠를 사기로 했다. 단체 티셔츠를 주로 판매하는 쇼핑몰을 여러 곳 둘러 본 후 가장 마음에 드는 티셔츠를 파는 곳에서 주문하였다.

① 오늘날에는 그 비중이 점차 감소하고 있다.
② 눈에 보이는 일정한 장소를 차지하는 시장이다.
③ 재래시장, 대형 마트처럼 구체적 시장으로 구분된다.
④ 거래 상대방이나 거래 장소가 구체적으로 드러나는 시장이다.
⑤ 전자 통신 매체를 이용하여 거래가 이루어지는 전자 상거래 시장이다.

중요 **09** (가), (나) 시장의 형태로 옳은 것은?

(가)　　　　　　　(나)

	(가)	(나)
①	구체적 시장	구체적 시장
②	구체적 시장	추상적 시장
③	추상적 시장	구체적 시장
④	추상적 시장	추상적 시장
⑤	모바일 시장	전자 상거래 시장

10 다음 글의 밑줄 친 '시장'에 해당하는 것은?

우리는 흔히 시장이라고 하면 특정한 형태와 장소를 가지는 시장을 떠올리지만, 특정한 형태와 장소가 없이 거래가 이루어지는 시장도 시장이라고 할 수 있다.

① 백화점　　　　　② 의류 상가
③ 가구 상가　　　　④ 주식 시장
⑤ 농산물 시장

서술형

11 자료에 나타난 시장이 구체적 시장과 추상적 시장 중 무엇에 해당하는지 쓰고, 그 이유를 서술하시오.

출근길 지하철에서 김○○씨는 스마트폰을 꺼내 모바일 쇼핑 앱에 접속하여 중학생인 큰딸이 부탁한 참고서를 구매하였다.

• 수요·공급 곡선
수요·공급 곡선을 그릴 때, 세로축은 가격, 가로축은 수량을 나타낸다. 수요·공급 곡선은 세로축의 변화에 대한 가로축의 변화를 그린 것이다. 즉, 가격의 변화에 대한 수량 변화를 나타낸다.

개념 ➕ 수요량의 변동, 공급량의 변동
상품의 가격에 따라 구매량이 변화하는 것을 수요량의 변동이라고 하고, 판매량이 변화하는 것을 공급량의 변동이라고 한다. 이러한 상품 가격의 변화에 따른 수요량과 공급량의 변동은 수요 곡선이나 공급 곡선상의 점의 이동으로 표현한다.

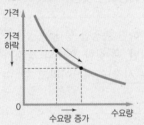

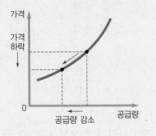

→ 수요와 수요 법칙

1. 수요와 수요량
┌─ 수요란 막연히 갖고 싶은 욕구를 의미하지 않는다. 값을 치를 능력이 있으면서
└─ 그 상품을 구입하고자 하는 욕구를 수요라고 한다.

(1) 수요의 의미: 상품을 구입할 능력을 갖춘 소비자가 그 상품을 구입하고자 하는 욕구
(2) 수요량의 의미: 주어진 가격 수준에서 소비자가 구입하고자 하는 구체적인 수량

🔖 무엇을 얻거나 무슨 일을 하고자 바라는 일을 욕구라고 한다.

2. 수요 법칙과 수요 곡선
(1) 수요 법칙: 가격이 내리면 수요량은 늘어나고 가격이 오르면 수요량은 줄어드는, 가격과 수요량의 역의 관계 ─🔖 역이란 반대 또는 거꾸로라는 의미이다. 음(−)의 관계라고 표현하기도 한다.

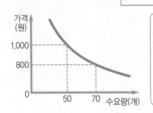

- 가격이 1,000원에서 800원으로 내릴 경우: 수요량은 50개에서 70개로 늘어난다.
- 가격이 800원에서 1,000원으로 오를 경우: 수요량은 70개에서 50개로 줄어든다.

(2) 수요 곡선: 수요 법칙을 그래프로 나타낸 것으로, 아래 그림과 같이 우하향하는 모습으로 나타남
가격과 수요량은 서로 반대 방향으로 움직이기 때문에 우하향하는 모양이 된다.

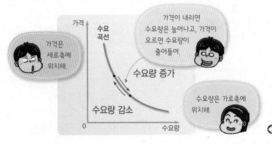

※ 가격의 변화에 따른 수요량의 변동은 수요 곡선상의 점의 이동으로 나타난다.
↻ 수요 곡선

→ 공급과 공급 법칙

1. 공급과 공급량
(1) 공급의 의미: 생산자가 어떤 상품을 판매하고자 하는 욕구
(2) 공급량의 의미: 일정한 가격에서 공급자가 판매하고자 하는 상품의 양

교과서 PLUS α

개별 수요와 시장 수요

민주의 수요		영수의 수요		시장 수요

아이스크림 가격(원): 700 600 500 400 300 200 100
민주의 수요 — 아이스크림 수량(개) 0 1 2 3 4 5 6 7 8 9 10 11 12, D민주

➕

영수의 수요 — 아이스크림 수량(개) 0 1 2 3 4 5 6, D영수

⩵

시장 수요 — 아이스크림 수량(개) 0 1 2 3 4 5 6 7 8 9 10 11 12 13 14 15 16 17 18, D시장

자료 해설
시장 수요는 시장에 있는 모든 수요자의 수요를 합한 수요량이다. 그래프상에서는 개인의 개별적 수요를 수량 축을 따라 수평으로 합한 곡선이 시장 수요 곡선이다

2. 공급 법칙과 공급 곡선

(1) 공급 법칙: 가격이 오르면 공급량이 늘어나고 가격이 내리면 공급량이 줄어드는, 가격과 공급량의 정의 관계 ─ 양(+)의 관계라고 표현하기도 한다.

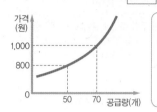

- 가격이 1,000원에서 800원으로 내릴 경우: 공급량은 70개에서 50개로 줄어든다.
- 가격이 800원에서 1,000원으로 오를 경우: 공급량은 50개에서 70개로 늘어난다.

(2) 공급 곡선: 공급 법칙을 그래프로 나타낸 것으로, 아래 그림과 같이 우상향하는 모습으로 나타남

가격과 공급량은 같은 방향으로 움직이기 때문에 우상향하는 모양이 된다.

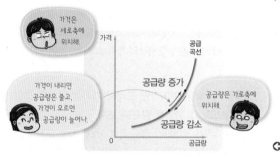

※ 가격의 변화에 따른 공급량의 변동은 공급 곡선상의 점의 이동으로 나타난다.

◐ 공급 곡선

[정리] 수요 법칙·공급 법칙

수요와 수요 법칙	공급과 공급 법칙
• 수요: 소비자들이 어떤 상품을 사려고 하는 욕구 • 수요 법칙: 가격과 수요량의 역의 관계	• 공급: 생산자가 어떤 상품을 판매하고자 하는 욕구 • 공급 법칙: 가격과 공급량의 정의 관계

• 시장 가격의 결정

• 균형 가격과 균형 거래량

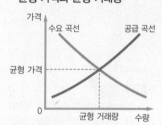

위의 그래프와 같이 수요 곡선과 공급 곡선이 만나는 점에서 균형점이 만들어진다. 이때의 가격을 균형 가격, 거래량을 균형 거래량이라고 한다.

→ 시장 가격의 결정

1. 시장 가격의 결정

(1) 수요량 > 공급량: 초과 수요 발생 → 가격 상승

(2) 수요량 < 공급량: 초과 공급 발생 → 가격 하락

(3) 수요량 = 공급량: 시장 균형 상태 → 균형 가격 결정

왜 상품이 부족하여 수요자들이 상품을 구입하려고 경쟁을 하게 되어, 값을 더 주고라도 사려는 수요자들이 생겨 가격이 올라간다.

왜 상품이 남기 때문에 가격을 낮추더라도 물건을 팔려고 하는 공급자들이 생겨나 가격이 내려간다.

2. 균형 가격과 균형 거래량

(1) 균형 가격: 시장에서 수요량과 공급량이 일치하는 지점의 가격으로, 시장 가격이라고 함

(2) 균형 거래량: 시장에서 수요량과 공급량이 일치할 때의 거래량

┗ 뜻 일정한 시점에서 시장에서 실제로 거래되고 있는 상품의 가격을 말한다.

교과서 PLUS α

수요 법칙의 예외

자료 해설

19세기 아일랜드 지방에서 구매력이 향상되자 항상 먹던 감자에 신물이 나서 감잣값이 내려갔음에도 감자 소비를 줄이고 고기 소비를 늘린 사례가 전해지고 있다. 이처럼 수요 법칙에 어긋나는 재화가 존재할 수 있다. 어떤 재화가 수요 법칙을 충족하지 않을 수 있다는 가능성을 가장 먼저 지적한 사람은 기펜(Giffen, R. 1837~1910)이라는 경제학자였다. 이 사람의 이름을 따서 수요 법칙에 위배되는 재화를 기펜재라고 한다. 그러나 현실적으로 기펜재는 거의 존재하지 않는다.

활동 풀이

생각 열기 풀이   도시락의 가격은?

💬 **자료 해설**

가상의 사례이지만, 실제 우리 주변에 존재하는 여러 상품의 가격이 이 상황처럼 정해지는 경우가 많다. 초과 수요가 나타나면 가격은 상승하게 되고, 초과 공급이 나타나면 가격은 하락하게 된다.

1 도시락 가격이 3,000원일 때는 다 팔렸지만, 5,000원일 때는 다 팔리지 않은 까닭을 생각해 보자.

예시 답안 | 가격이 3,000원일 때는 소비자들이 가격이 적정하다고(혹은 저렴하다고) 생각했기 때문에 수요량이 판매되고 있는 도시락의 개수보다 많거나 같았을 것이다. 반대로 5,000원일 때는 소비자들이 가격이 비싸다고 생각했기 때문에 도시락의 개수보다 수요량이 적었을 것이다.

2 내가 만약 주인이라면 도시락 가격을 얼마로 정할지 써 보고, 그 까닭을 발표해 보자.

예시 답안 | 4,000원 정도. 3,000원일 때는 도시락이 다 팔렸지만 5,000원일 때는 도시락이 다 팔리지 않았기 때문에 4,000원 정도면 도시락을 다 팔고 3,000원일 때보다 이익도 많을 것이다.

스스로 탐구하기 풀이   가격에 따라 수요량은 어떻게 변할까?

이것이 핵심 ❗

- 활동 목표: 가격과 수요량 사이에서 나타나는 역의 관계를 그래프로 그릴 수 있다.
- 핵심 개념: 수요량, 수요 곡선, 수요 법칙

친절한 활동 안내 ⭐

이 활동은 주어진 수요표를 활용하여 수요 곡선을 그려보는 활동이다. 가격별로 수요량을 나타내는 수치를 그래프에 표시하면서 수요량과 가격의 관계를 생각해 보고, 가격의 변화에 따른 수요량의 변화를 그래프를 통해 확인한다.

다음은 크림빵의 가격에 따라 빵을 얼마나 사 먹을지에 대한 생각들이다.

1 위의 생각들을 시장 조사한 것이 수요표이다. 이를 보고 수요 곡선을 그려 보자.

예시 답안 |

[크림빵의 수요표]

가격(원)	수요량(만 개)
500	15
600	12
700	9
800	6
900	3

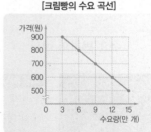

[크림빵의 수요 곡선]

2 가격에 따른 크림빵의 수요량의 변화가 수요 곡선상에 어떻게 나타나는지 확인하고, 가격과 수요량의 관계를 설명해 보자.

예시 답안 | 가격이 오르면 수요량은 줄어들고 가격이 내리면 수요량은 늘어난다. 즉, 가격과 수요량은 역(逆)의 관계이다.

다음은 크림빵의 가격에 따라 빵을 얼마나 팔 것인지에 대한 생각들이다.

이것이 핵심

•활동 목표: 공급표에 따라 공급 곡선을 그려 보는 활동을 통해 공급량과 가격이 정의 관계에 있음을 이해한다.
•핵심 개념: 공급량, 공급 곡선, 공급 법칙

친절한 활동 안내

이 활동은 가격별 공급량을 그래프에 표시하여 공급량과 가격의 관계를 유추해 보는 활동이다.

1 위의 생각들을 시장 조사한 것이 공급표이다. 이를 보고 공급 곡선을 그려 보자.

예시 답안 |

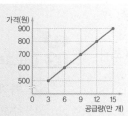

[크림빵의 공급표]

가격(원)	공급량(만 개)
500	3
600	6
700	9
800	12
900	15

2 가격에 따른 크림빵 공급량의 변화가 공급 곡선상에 어떻게 나타나는지 확인하고, 가격과 공급량의 관계를 설명해 보자.

예시 답안 | 가격이 오르면 공급량은 늘어나고 가격이 내리면 공급량은 줄어든다. 즉, 가격과 공급량은 정의 관계이다.

[크림빵의 수요표와 공급표]

가격(원)	수요량(만 개)	공급량(만 개)
500	15	3
600	12	6
700	9	9
800	6	12
900	3	15

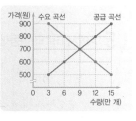

이것이 핵심

•활동 목표: 가격에 따른 수요량과 공급량의 변화를 보며 가격 결정의 원리를 이해한다.
•핵심 개념: 균형 가격, 균형 거래량

친절한 활동 안내

수요 곡선과 공급 곡선을 그려 균형 가격보다 높거나 낮은 가격에서 수요량과 공급량의 차이를 알아본다. 초과 수요가 나타나거나 초과 공급이 나타날 경우 가격은 어떻게 변화할지 생각해 본다.

1 크림빵의 수요표와 공급표를 보고 위의 그래프에 수요 곡선과 공급 곡선을 그려 보자.

2 크림빵의 시장 가격이 600원일 때 시장에서는 어떤 일이 생길지 써 보자.

예시 답안 | 초과 수요, 즉 수요자 간에 경쟁이 발생한다.

3 크림빵의 시장 가격이 900원일 때 시장에서는 어떤 일이 생길지 써 보자.

예시 답안 | 초과 공급, 즉 공급자 간에 경쟁이 발생한다.

4 크림빵의 시장 가격이 700원일 때 시장에서는 어떤 일이 생길지 써 보자.

예시 답안 | 초과 수요나 초과 공급이 없는 균형 상태로, 수요량과 공급량이 만나 시장 가격이 결정된다.

개념 쏙쏙

1 시장에서 상품에 대한 구매 욕구를 (   ), 상품에 대한 판매 욕구를 (   )이라 한다.

2 다음 내용에 알맞은 말을 골라 ◯표를 하시오.

(1) 가격과 수요량 사이의 관계를 나타낸 수요 곡선은 (우상향, 우하향)하며, 가격과 공급량 사이의 관계를 나타낸 공급 곡선은 (우상향, 우하향)한다.

(2) 균형 가격보다 높은 가격 수준에서는 (초과 수요, 초과 공급)이 나타난다.

3 다음에서 설명하는 개념을 쓰시오.

(1) 수요량과 공급량이 일치하는 점에서의 가격 (   )

(2) 수요량과 공급량이 일치하는 점에서의 거래량 (   )

01 수요와 공급에 대한 설명으로 옳지 <u>않은</u> 것은?

① 수요는 어떤 상품을 사고자 하는 욕구이다.
② 공급은 어떤 상품을 판매하려 하는 욕구이다.
③ 어떤 상품의 가격이 오르면 그 상품에 대한 수요량은 늘어나고, 공급량은 줄어든다.
④ 수요량이 공급량보다 많으면 수요자 사이에 경쟁이 높아져 가격이 오르게 된다.
⑤ 공급량이 수요량보다 많으면 공급자 사이에 경쟁이 높아져 가격이 내리게 된다.

단답형
02 다음 글이 설명하는 것은 무엇인지 쓰시오.

> 수요 곡선과 공급 곡선이 만나는 점에서의 가격이다. 이 가격보다 높은 수준에서는 공급자 간의 경쟁이, 이 가격보다 낮은 수준에서는 수요자 간의 경쟁이 발생한다.

(   )

[03-04] 다음 그래프를 보고 물음에 답하시오.

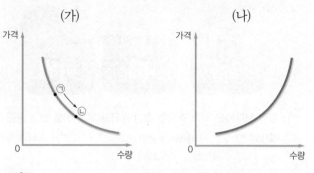

중요
03 (가) 그래프에 대한 설명으로 옳지 <u>않은</u> 것은?

① 가격과 수요량의 관계를 나타낸다.
② 수요 법칙을 그림으로 나타낸 것이다.
③ 가격이 오르면 수요량은 줄어드는 모양이다.
④ 가격이 내리면 수요량은 늘어나는 모양이다.
⑤ ㉠에서 ㉡으로의 이동은 가격이 내려 수요량이 줄어드는 것을 의미한다.

04 (나) 그래프에 대한 설명으로 옳은 것은?

① 수요 법칙을 나타낸다.
② 공급 법칙을 나타낸다.
③ 상품을 사고자 하는 욕구와 관련된 그래프이다.
④ 가격과 수량은 역(逆)의 관계에 있음을 나타낸다.
⑤ 수요량의 변화가 가격에 미치는 영향을 보여 준다.

05 A에서 B로의 이동에 대한 설명으로 옳은 것은?

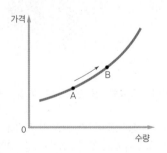

① 가격이 상승하여 수요량이 감소하였다.
② 가격이 상승하여 공급량이 증가하였다.
③ 가격이 하락하여 공급량이 감소하였다.
④ 공급량이 증가하여 가격이 하락하였다.
⑤ 수요량이 증가하여 가격이 상승하였다.

06 시장에서 가격이 오를 때 나타나는 변화를 〈보기〉에서 고른 것은?

보기
> ㄱ. 수요량이 증가한다.
> ㄴ. 수요량이 감소한다.
> ㄷ. 공급량이 증가한다.
> ㄹ. 공급량이 감소한다.

① ㄱ, ㄴ   ② ㄱ, ㄷ   ③ ㄴ, ㄷ
④ ㄴ, ㄹ   ⑤ ㄷ, ㄹ

중요
07 수요·공급 법칙과 관련한 옳은 설명을 〈보기〉에서 고른 것은?

보기
> ㄱ. 가격과 공급량은 역의 관계이다.
> ㄴ. 가격이 상승하면 수요량은 감소한다.
> ㄷ. 균형 가격보다 가격이 낮으면 초과 공급이 발생한다.
> ㄹ. 균형 가격보다 가격이 높으면 수요량보다 공급량이 많다.

① ㄱ, ㄴ   ② ㄱ, ㄷ   ③ ㄴ, ㄷ
④ ㄴ, ㄹ   ⑤ ㄷ, ㄹ

08 표는 사과의 수요량, 공급량을 나타낸다. 이에 대한 설명으로 옳지 <u>않은</u> 것은?

가격(원)	300	350	400	450	500
수요량(개)	50	40	30	20	10
공급량(개)	10	20	30	40	50

① 균형 거래량은 30개이다.
② 시장 가격은 400원에서 형성된다.
③ 가격이 300원일 때 초과 수요가 나타난다.
④ 가격이 350원일 때 수요자 간 경쟁이 발생하여 가격이 상승하게 된다.
⑤ 가격이 450원일 때에는 공급자 간 경쟁이 발생하여 가격이 상승하게 된다.

중요
09 다음은 크림빵의 수요·공급 그래프이다. 이에 대한 옳은 설명을 〈보기〉에서 고른 것은?

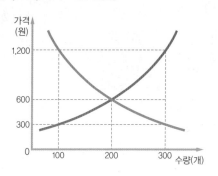

보기
> ㄱ. 시장 가격은 600원에서 결정된다.
> ㄴ. 균형 거래량은 수요량과 공급량을 더한 400개가 된다.
> ㄷ. 가격이 600원에서 300원으로 내리면, 수요량은 100개 더 늘어난다.
> ㄹ. 가격이 1,200원일 때, 수요자 간 경쟁이 나타나 가격은 오르게 된다.

① ㄱ, ㄴ   ② ㄱ, ㄷ   ③ ㄴ, ㄷ
④ ㄴ, ㄹ   ⑤ ㄷ, ㄹ

서술형

10 표는 공책의 수요량과 공급량을 나타낸다. 공책의 균형 가격과 균형 거래량은 각각 얼마인지 쓰고, 어떻게 결정되는지 서술하시오.

가격(원)	1,000	1,500	2,000	2,500	3,000
수요량(개)	100	90	80	70	60
공급량(개)	60	70	80	90	100

시장 가격의 변동

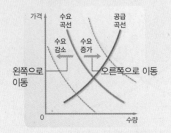

• 수요 곡선의 이동

→ 수요의 변동

1. 수요의 변동

(1) 의미: 상품 가격 이외의 요인에 의해 상품의 수요가 증가하거나 감소하는 것

(2) 수요 곡선의 이동: 수요가 증가하면 수요 곡선이 오른쪽으로 이동하고, 수요가 감소하면 수요 곡선이 왼쪽으로 이동함

2. 수요 변동의 원인

(1) 소득 변화

① 소득 증가: 소득이 늘어나면 상품의 수요를 늘리는 경향이 있어 수요가 증가함

② 소득 감소: 소득이 줄어들면 상품의 수요를 줄이는 경향이 있어 수요가 감소함

(2) 기호 변화 ─ 뜻 기호란 어떤 재화나 서비스를 좋아하는 성향을 말한다.

① 기호 증가: 기호가 증가하면 수요가 증가함 예 건강에 관한 관심이 커지면 건강 식품 수요 증가

② 기호 감소: 기호가 감소하면 수요가 감소함 예 등산에 관한 관심이 식으면 등산용품의 수요 감소

(3) 인구 수 변화: 인구 수가 증가하면 수요가 증가하고, 인구 수가 감소하면 수요가 감소함

(4) 관련 재화의 가격 변동 ── 뜻 대체재란 사이다와 콜라처럼 서로 용도가 비슷하여 대신하여 쓸 수 있는 관계의 재화이다. 대체재는 서로 경쟁 관계에 있다.

① 대체재: 대체재의 가격이 상승하면 수요가 증가하고, 하락하면 수요가 감소함

② 보완재: 보완재의 가격이 상승하면 수요가 감소하고, 하락하면 수요가 증가함

(5) 미래의 가격에 대한 예측 ── 뜻 보완재란 샤프펜슬과 샤프심처럼 함께 소비할 때 만족도가 커지는 관계의 재화이다. 보완재는 서로 보완하는 관계에 있다.

① 미래에 상품 가격이 오를 것이라는 예측: 상품에 대한 수요가 증가함

② 미래에 상품 가격이 내릴 것이라는 예측: 상품에 대한 수요가 감소함

왜 미래에 가격이 오를 것이라고 예상되면 사람들은 가격이 오르기 전에 미리 물건을 사 두려고 하여, 현재의 수요가 증가하게 된다.

정리 수요의 변동 요인

수요 증가의 요인	수요 감소의 요인
• 소득 증가	• 소득 감소
• 기호 증가	• 기호 감소
• 수요자 수 증가	• 수요자 수 감소
• 대체재 가격 상승	• 대체재 가격 하락
• 보완재 가격 하락	• 보완재 가격 상승
• 미래 가격의 상승 예측	• 미래 가격의 하락 예측

→ 공급의 변동

1. 공급의 변동

(1) 의미: 상품 가격 이외의 요인에 의해 상품의 공급이 증가하거나 감소하는 것

(2) 공급 곡선의 이동: 공급이 증가하면 공급 곡선이 오른쪽으로 이동하고, 공급이 감소하면 공급 곡선이 왼쪽으로 이동함

• 공급 곡선의 이동

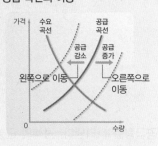

교과서 PLUS α

미술품의 가격

이렇게 이해하세요

유명 화가의 미술품이 상상을 초월하는 비싼 가격에 거래되는 현상을 어떻게 이해할 수 있을까? 레오나르도 다빈치가 그린 '구세주'의 진품은 세상에 단 하나뿐이다. 다빈치는 이미 사망했기 때문에, '구세주'를 다시 그릴 수도 없다. 그런데 이 단 하나의 작품을 원하는 사람들은 매우 많다. 수요는 많은데 공급이 제한되어 있으므로 비싼 가격에 거래되는 것이다. 특히, 요즘 들어 미술품 거래 가격이 폭등한 것은 중국이나 중동 지방의 신흥 부호들이 미술품 구매에 많은 관심을 두게 됨으로써 수요가 증가했기 때문이다.

2. 공급 변동의 원인 _뜻 상품을 생산하는 과정에서 필요한 토지나 노동, 자본 등을 생산 요소라고 한다.

(1) 생산 요소의 가격 변동

　① 생산 요소의 가격 상승: 공급 감소로 이어짐

　② 생산 요소의 가격 하락: 공급 증가로 이어짐 _왜 생산 요소의 가격이 상승하면 공급자는 생산을 통해 얻는 이익이 줄게 되므로 공급을 줄이고, 생산 요소의 가격이 하락하면 같은 비용으로 더 많은 상품을 생산할 수 있어 공급을 늘린다.

(2) **생산 기술의 변화**: 생산 기술이 발달하면 같은 비용으로 더 많은 상품을 생산할 수 있어 공급이 증가함

(3) **공급자의 수 변화**: 공급자들의 절대적인 수가 증가하면 공급이 증가하고, 공급자들의 수가 감소하면 공급이 감소함

(4) **미래의 가격에 대한 예측**: 제품 가격이 오를 것으로 예상되면 공급이 감소하고, 제품 가격이 내릴 것으로 예상되면 공급이 증가함 _왜 가격이 오른 후에 제품을 판매하려고 하여 현재의 공급이 감소한다.

정리 공급의 변동 요인

공급 증가의 요인	공급 감소의 요인
• 생산 요소의 가격 하락 • 생산 기술 발달 • 공급자 수 증가 • 미래 가격의 하락 예측	• 생산 요소의 가격 상승 • 공급자 수 감소 • 미래 가격의 상승 예측

→ 시장 가격의 변동 　시장의 균형 가격은 수요와 공급의 변동에 따라 달라진다. 수요와 공급에 영향을 미치는 요인들에 의하여 수요나 공급이 변화하면 시장 가격도 변한다.

1. 수요의 변동과 시장 가격

(1) **수요 증가**: 수요 곡선이 오른쪽으로 이동하여 균형 가격이 오르고 거래량은 증가함

(2) **수요 감소**: 수요 곡선이 왼쪽으로 이동하여 균형 가격이 내리고 거래량은 감소함

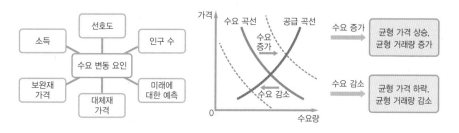

정리 수요의 변동과 시장 가격

수요 증가	수요 감소
↓	↓
수요 곡선의 오른쪽 이동	수요 곡선의 왼쪽 이동
↓	↓
균형 가격 상승, 균형 거래량 증가	균형 가격 하락, 균형 거래량 감소

공급의 변동과 시장 가격

공급 증가	공급 감소
↓	↓
공급 곡선의 오른쪽 이동	공급 곡선의 왼쪽 이동
↓	↓
균형 가격 하락, 균형 거래량 증가	균형 가격 상승, 균형 거래량 감소

2. 공급의 변동과 시장 가격

(1) **공급 증가**: 공급 곡선이 오른쪽으로 이동하여 균형 가격이 내리고 거래량은 증가함

(2) **공급 감소**: 공급 곡선이 왼쪽으로 이동하여 균형 가격이 오르고 거래량은 감소함

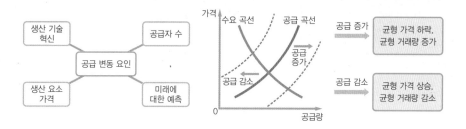

교과서 PLUS^α　농산물 가격의 폭등과 폭락의 비밀

이렇게 이해하세요

과일뿐 아니라 마늘, 호박 등 농산물 가격은 폭등하거나 폭락하는 경우가 많다. 농사의 특성상 농작물은 생산량이 공산품처럼 매번 비슷하기가 어렵고, 농작물은 재배하는 데 공산품보다는 시간이 더 걸린다. 반면, 농산물의 특성상 가격이 변해도 수요량의 변화는 크지 않다. 이러한 수요와 공급의 특성 때문에 농작물은 폭등하거나 폭락하기 쉽다.

활동 풀이

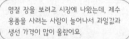

자료 해설
추석이나 설 등 명절을 앞두고 물가 상승에 대한 뉴스를 자주 접할 수 있다. 우리나라는 유교 문화의 영향으로 추석과 설에 차례를 지내는 집이 많아서 명절이면 제수 용품 물가가 상승하는 경우가 많다.

1 추석이 되면 차례상을 차리는 데 필요한 과일과 생선의 가격이 오르는 까닭을 그림 속 주부의 말에서 찾아 써 보자.
  예시 답안 | 과일을 사려는 사람과 생선을 사려는 사람이 많아졌기 때문이다.

2 기자의 말에서 배의 가격이 오른 까닭을 찾아 써 보자.
  예시 답안 | 날씨의 영향으로 배의 수확량이 줄어들었기 때문이다.

이것이 핵심
• 활동 목표: 수요의 변동을 가져오는 요인과 그 요인이 수요에 미치는 영향을 이해한다.
• 핵심 개념: 수요의 변동 요인, 수요 곡선의 이동

친절한 활동 안내
이 활동은 신문 기사에 나타난 고구마에 관한 인식 변화가 고구마 수요 증가의 요인임을 인식하고, 수요의 증가가 수요 곡선을 어느 방향으로 이동시키는지 그래프를 그려 확인하는 활동이다.

'건강한 먹거리'로… 고구마 소비 13년 사이 8.9배 증가
  고구마가 다이어트 식품이나 건강 식품으로 주목받으면서 수요가 늘고 있다. 고구마를 식사 대용으로 섭취하는 사례도 늘었고 케이크, 피자 등 소비하는 방법도 다양해졌다.

고구마가 건강 식품으로 주목받기 전과 후의 고구마 시장의 수요량을 나타낸 표이다.

고구마 가격 (원/kg 당)	고구마 수요량(kg)	
	인식 변화 이전	인식 변화 이후
2,000	500	600
3,000	400	500
4,000	300	400
5,000	200	300
6,000	100	200

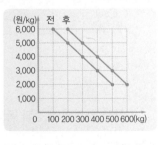

1 인식 변화 이전과 이후 고구마의 수요 곡선을 위의 그래프에 각각 그려 보자.

2 고구마에 대한 선호도의 증가는 고구마의 수요 곡선을 어느 방향으로 움직였는지 써 보자.
  예시 답안 | 고구마에 대한 선호도 증가로 고구마에 대한 수요가 증가하여, 수요 곡선이 오른쪽으로 이동하였다.

국제 콩 가격의 상승이 두유의 공급에 미친 영향은?　교과서 82쪽

국제 곡물가 고공 행진

· 밀, 콩 등 주요 식품 원자재의 국제 가격이 크게 오르고 있다. 특히 국제 콩 가격은 34년 만에 최고치를 경신하면서 콩 공급 부족 현상이 심화되고 있다.

다음은 두유의 원료가 되는 콩 가격이 오르기 전과 후의 두유 시장의 공급량을 나타 낸 표이다.

두유 가격 (원)	두유 공급량(개)	
	콩 가격이 오르기 전	콩 가격이 오른 후
500	500	400
600	600	500
700	700	600
800	800	700
900	900	800

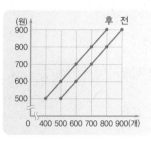

1 콩 가격이 오르기 전과 후의 두유의 공급 곡선을 위의 그래프에 각각 그려 보자.

2 콩 가격이 오른 것은 두유의 공급 곡선을 어느 방향으로 움직였는지 써 보자.

예시 답안 | 콩은 두유의 원료이다. 따라서 콩의 가격이 상승하자 두유의 생산비가 올라 두유의 공급은 감소하고 공급 곡선은 왼쪽으로 이동하였다.

수요와 공급의 변동이 가격에 미치는 영향은?　교과서 83쪽

1 시장에서 다음과 같은 일이 생기면 시장 가격과 거래량에 어떤 변동이 생기는지 수요·공급 곡선을 그려 확인해 보자.

예시 답안 |
① 시장 가격 하락 거래량 감소
② 시장 가격 하락 거래량 증가
③ 시장 가격 상승 거래량 감소
④ 시장 가격 상승 거래량 증가

개념 쏙쏙

1 어떤 상품에 대한 수요는 관련 재화의 가격 변동에 영향을 받는데, 관련 재화 중 (   )의 가격이 상승하거나 (   )의 가격이 하락하면 그 재화의 수요는 증가하게 된다.

2 다음 내용에 알맞은 말을 골라 ◯표를 하시오.

(1) 어떤 상품에 대한 선호도가 증가하면 그 상품의 (수요, 공급)가 증가한다.

(2) 어떤 상품의 생산비가 늘어나면 그 상품의 (수요, 공급)이 감소한다.

3 다음 질문에 답하시오.

(1) 수요가 증가하면 균형 가격은 어떻게 변화할까? (   )

(2) 공급이 증가하면 균형 거래량은 어떻게 변화할까? (   )

01 빈칸 ㉠, ㉡에 알맞은 말을 고른 것은?

요즘 사람들은 건강에 대하여 관심이 많은데, 자전거를 타면 건강에 이롭다는 연구 결과가 발표되었다. 이에 따라 자전거에 대한 선호도가 증가하여 ㉠ 가 늘어나 ㉠ 곡선이 ㉡ 으로 이동하였다.

	㉠	㉡		㉠	㉡
①	수요	왼쪽	②	공급	왼쪽
③	수요	오른쪽	④	공급	오른쪽
⑤	수요	아래쪽			

02 공급의 변화에 영향을 주는 요인으로 옳은 것은?

① 소득 수준
② 보완재의 가격
③ 대체재의 가격
④ 소비자의 기호
⑤ 생산 요소의 가격

03 그래프와 같이 수요 곡선을 이동시키는 원인을 〈보기〉에서 고른 것은?

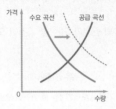

보기

ㄱ. 기호 증가   ㄴ. 생산 비용 하락
ㄷ. 보완재 가격 하락   ㄹ. 대체재 가격 하락

① ㄱ, ㄴ   ② ㄱ, ㄷ   ③ ㄴ, ㄷ
④ ㄴ, ㄹ   ⑤ ㄷ, ㄹ

중요
04 (가), (나)에 대한 옳은 설명을 〈보기〉에서 고른 것은?

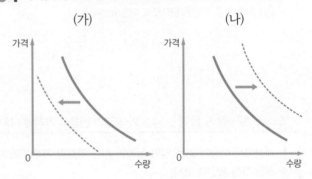

(가)   (나)

보기

ㄱ. 보완재의 가격이 오르면 (가)와 같이 이동한다.
ㄴ. 생산 요소의 가격이 오르면 (가)와 같이 이동한다.
ㄷ. (나)는 사람들의 수나 소득이 증가할 때 나타나는 이동이다.
ㄹ. (가)는 상품의 가격 하락, (나)는 상품의 가격 상승에 따른 이동이다.

① ㄱ, ㄴ   ② ㄱ, ㄷ   ③ ㄴ, ㄷ
④ ㄴ, ㄹ   ⑤ ㄷ, ㄹ

단답형
05 빈칸 ㉠, ㉡에 들어갈 알맞은 말을 쓰시오.

녹차와 홍차는 비슷한 용도로 사용하는 ㉠ 이고, 자동차와 휘발유는 함께 소비할 때 더 큰 만족을 주는 ㉡ 이다.

06 어떤 재화나 서비스가 시장에서 가격이 하락하는 경우를 〈보기〉에서 고른 것은? (단, 다른 조건은 일정하다.)

> 보기
>
> ㄱ. 소득이 증가할 경우
> ㄴ. 선호도가 감소할 경우
> ㄷ. 생산 기술이 향상될 경우
> ㄹ. 생산 요소의 가격이 상승할 경우

① ㄱ, ㄴ   ② ㄱ, ㄷ   ③ ㄴ, ㄷ
④ ㄴ, ㄹ   ⑤ ㄷ, ㄹ

07 다음 상황에서 나타날 자동차 시장의 변화로 옳은 것은?

> • 경기가 좋아지면서 사람들의 소득이 증가하였다.
> • 자동차에 부품으로 사용하는 철강 가격이 올랐다.

	수요	공급	균형 가격
①	증가	증가	상승
②	증가	감소	하락
③	증가	감소	상승
④	감소	증가	상승
⑤	감소	감소	하락

중요
08 그림은 커피 시장에서의 수요·공급 곡선의 변화를 나타낸다. 이러한 변화의 요인으로 옳은 것은? (단, 설탕은 커피의 보완재, 녹차는 대체재이다.)

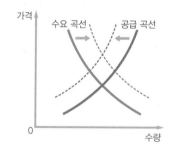

	수요	공급
①	가계 소득의 감소	커피 공급자 수의 증가
②	설탕 가격의 상승	커피 공급자 수의 감소
③	녹차의 가격 상승	커피 원두의 가격 하락
④	커피 수요자의 수 증가	커피 원두의 가격 상승
⑤	커피에 대한 기호 증가	커피 생산 기술의 발달

중요
09 (가), (나)의 상황과 관련된 옳은 설명을 〈보기〉에서 고른 것은?

(가)

(나)

> 보기
>
> ㄱ. (가)는 수요 증가, (나)는 공급 증가의 요인이다.
> ㄴ. (가)는 수요 곡선을 왼쪽, (나)는 공급 곡선을 오른쪽으로 이동시킨다.
> ㄷ. (가)와 (나)는 모두 균형 가격의 하락을 가져온다.
> ㄹ. (가)와 (나)는 모두 균형 거래량의 증가를 가져온다.

① ㄱ, ㄴ   ② ㄱ, ㄷ   ③ ㄴ, ㄷ
④ ㄴ, ㄹ   ⑤ ㄷ, ㄹ

서술형

10 다음 글의 밑줄 친 상황이 상추 시장의 균형 상태에 미칠 영향을 그래프에 나타내고, 균형 가격과 균형 거래량의 변동에 관해 서술하시오.

> 상추는 여름철에 많은 사람이 즐겨 먹는 채소이다. 그런데 올여름에는 <u>극심한 가뭄으로 인해 상추 재배 농가가 큰 피해를 보았다.</u>

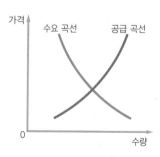

대단원 마무리

재미있게 풀어 보기

미로를 탈출하자!

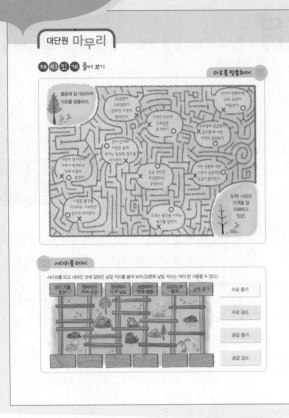

사다리를 타자!

사다리를 타고 내려간 곳에 알맞은 낱말 카드를 붙여 보자(오른쪽 낱말 카드는 여러 번 사용할 수 있다).

수행 활동

일상생활에서 시장 균형의 변동에 관한 보고서 만들기

수요나 공급의 변화를 보도한 신문 기사나 뉴스를 찾아, 다음에 제시한 '균형 변동의 분석을 위한 3단계 접근법'에 따라 분석하여 보고서를 만들어 보자.

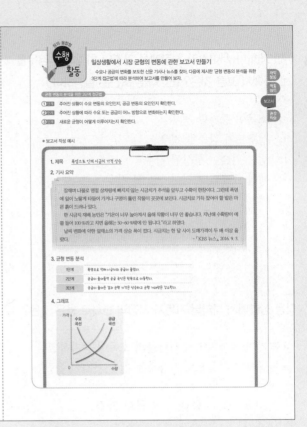

재미있게 풀어 보기 풀이

교과서 84쪽

|미로를 탈출하자|

예시 답안 |

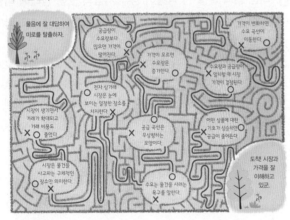

|사다리를 타자|

예시 답안 |

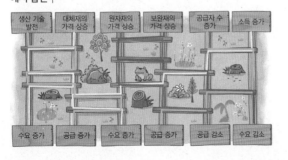

생산 기술 발전	대체재의 가격 상승	원자재의 가격 상승	보완재의 가격 상승	공급자 수 증가	소득 증가
수요 증가	공급 증가	수요 증가	공급 증가	공급 감소	수요 감소

창의·융합형 수행 활동 풀이

교과서 85쪽

이것이 핵심 수요·공급의 변화에 따른 시장 균형의 변동을 분석하는 활동이다.

예시 답안 |

1. '금(金)겹살' 된 삼겹살 … 2개월 새 가격 60% 폭등

2.
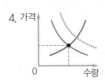
여름 휴가철을 앞두고 돼지고기 가격이 심상치 않다. 돼지고기를 많이 찾는 나들이가 일찍 시작되면서 돼지고기를 찾는 소비자들이 늘어 가격이 오른 것으로 보인다. 돼지고기 가운데 가장 인기가 높은 삼겹살의 소비자 가격은 더욱 요동치고 있다. 농협 대전 유통에서 이날 현재 판매되는 삼겹살 가격은 100g당 2천 600원이다. 전문가들은 당분간 돼지고기 가격이 고공 행진을 계속할 것으로 전망하고 있다.
-「KBS 뉴스」, 2016. 9. 3.

3.
1단계	수요자의 수가 증가하여 돼지고기의 수요가 늘었다.
2단계	수요가 늘면 수요 곡선은 오른쪽으로 이동한다.
3단계	수요가 늘어난 결과 균형 가격은 상승하고 균형 거래량은 증가한다.

4. 가격 / 수량

직업 소개

경매사

시장 가격은 수요와 공급에 의해 영향을 받는데, 이를 잘 보여주는 것이 바로 경매 시장입니다. 경매는 고가의 미술품부터 우리가 자주 접하는 농수산물에 이르기까지 그 대상이 매우 다양합니다. 그러면, 경매사들은 어떤 일을 하는지, 또 경매사가 되기 위해서는 무엇이 필요한지 알아볼까요?

경매란 특정한 물품을 팔려는 사람이 사려는 사람을 많이 모집하여 그들의 가격 신청을 받아 최고 가격을 부르는 사람과 매매 가격을 맺는 것을 말합니다. 경매사는 경매에 내놓은 물품을 확인한 후 경매 우선순위를 결정하고 상장된 물품의 가격을 평가하여 경매 최저 가격을 설정하고 경매를 시행하여 낙찰자를 결정하는 과정을 주관하는 일을 합니다.

어떻게 하면 경매사가 될 수 있나요?

우리나라에서는 경매사 자격 제도를 시행하고 있는데요. 대표적인 것이 농수산물에 대한 경매사 자격이 있습니다. 도매시장법인이 상장한 농수산물에 대한 경매 우선순위를 결정하고, 농수산물의 가격을 평가하기 위한 인력을 양성하기 위한 자격 제도입니다.

매우 흥미롭네요! 경매사가 되기 위해서는 어떤 준비가 필요한가요?

경매사가 되기 위한 가장 일반적인 방법은 경매사 시험을 통과한 후 관련 직종에서 일하는 것입니다. 경매사 시험은 화훼, 축산, 청과, 양곡, 약용, 수산 등 여러 분야에 걸쳐서 시행되고 있습니다. 한국산업인력공단이 주관하고 있지요. 1차 시험은 필기시험이 주를 이루고, 2차 시험은 모의 경매 과정으로 이루어져 있다고 해요. 시험은 격년제로 시행되고 있습니다.

01 시장의 의미와 종류

01 시장에 대한 설명으로 옳지 않은 것은?

① 상품의 거래가 이루어지는 곳이다.
② 수요자와 공급자가 만나는 곳이다.
③ 정보 통신의 발달로 시장의 범위가 확대되고 있다.
④ 물물교환을 통해 거래가 이루어지는 구체적 장소만을 뜻한다.
⑤ 상품뿐만 아니라 노동, 자본 등 생산 요소가 거래되기도 한다.

02 시장의 기능에 대한 옳은 설명을 〈보기〉에서 고른 것은?

보기
> ㄱ. 거래 비용을 줄이는 기능을 한다.
> ㄴ. 거래 대상을 연결해 주어 교환을 편리하게 해준다.
> ㄷ. 시장 거래에서는 항상 수요자가 공급자에 비해 유리하다.
> ㄹ. 시장 거래에서는 항상 공급자가 수요자에 비해 유리하다.

① ㄱ, ㄴ   ② ㄱ, ㄷ   ③ ㄴ, ㄷ
④ ㄴ, ㄹ   ⑤ ㄷ, ㄹ

03 눈에 보이는 일정한 장소를 차지하는 구체적 시장에 해당하지 않는 것은?

① 백화점
② 편의점
③ 대형마트
④ 재래시장
⑤ 주식 시장

02 수요·공급과 시장 가격의 결정

04 빈칸 ㉠, ㉡에 들어갈 알맞은 말을 쓰시오.

> 시장 가격은 시장에서 거래에 참여하는 사람들 간의 자유로운 선택을 바탕으로 형성된다. 이 중 상품에 대한 구매 욕구를 ㉠ 라고 하고, 판매 욕구를 ㉡ 이라고 한다.

㉠ (   ), ㉡ (   )

05 사과의 수요량과 공급량을 나타낸 다음 표에 대한 설명으로 옳은 것은?

가격(원)	800	1,000	1,200	1,400	1,600
수요량(개)	140	110	90	50	30
공급량(개)	70	110	130	150	200

① 가격이 800원일 때 초과 공급이 발생한다.
② 가격이 1,400원일 때 초과 수요가 발생한다.
③ 시장에서의 가격은 1,000원 거래량은 110개이다.
④ 사과에 대한 수요량의 변동은 수요 법칙에 어긋난다.
⑤ 사과에 대한 공급량의 변동은 공급 법칙에 어긋난다.

06 수요와 공급에 대한 옳은 설명을 〈보기〉에서 고른 것은?

보기
> ㄱ. 상품에 대한 구매 욕구를 공급이라고 한다.
> ㄴ. 수요와 공급이 시장에서의 균형 가격을 결정한다.
> ㄷ. 가격의 변화에 따라 수요량과 공급량이 변동한다.
> ㄹ. 수요 곡선은 우상향하는 형태이고 공급 곡선은 우하향하는 형태이다.

① ㄱ, ㄴ   ② ㄱ, ㄷ   ③ ㄴ, ㄷ
④ ㄴ, ㄹ   ⑤ ㄷ, ㄹ

07 그래프에 대한 설명으로 옳지 <u>않은</u> 것은?

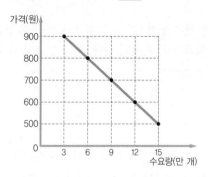

① 수요 법칙을 그래프로 나타낸 것이다.
② 가격의 변화에 따른 수요량의 변동을 보여준다.
③ 가격과 수요량 사이에는 역(逆)의 관계가 나타난다.
④ 가격이 오르면 상품에 대한 구매 욕구는 감소한다는 것을 나타낸다.
⑤ 가격이 오르면 수요량은 증가하고 가격이 내리면 수요량은 감소함을 보여준다.

08 다음은 운동화의 수요·공급 곡선이다. 이에 대한 옳은 설명을 〈보기〉에서 고른 것은?

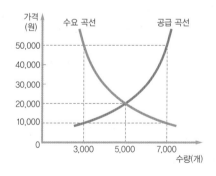

보기
ㄱ. 가격이 만 원일 때 수요량이 공급량보다 많다.
ㄴ. 가격이 3만 원일 때 초과 수요가 발생한다.
ㄷ. 균형 가격은 2만 원, 균형 거래량은 5천 개이다.
ㄹ. 시장 가격은 수요 곡선과 공급 곡선이 만나는 점에서의 가격 수준보다 높다.

① ㄱ, ㄴ   ② ㄱ, ㄷ   ③ ㄴ, ㄷ
④ ㄴ, ㄹ   ⑤ ㄷ, ㄹ

09 다음 글을 보고 배추 가격의 변화로 인한 영향을 그래프로 옳게 표현한 것은?

밭을 소유하여 배추와 무를 절반씩 재배하고 있는 농부가 있다. 농부는 배추 가격이 상승하여 무의 재배 면적을 줄이고 배추 생산을 늘렸다.

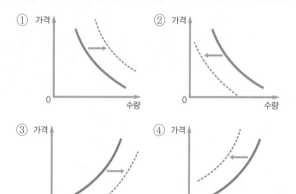

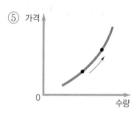

10 다음은 연필의 수요 곡선이다. A에서 B로의 이동을 가져오는 요인으로 옳은 것은?

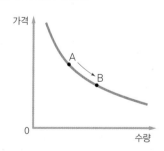

① 연필의 가격 하락
② 볼펜의 가격 상승
③ 연필에 대한 선호 증가
④ 연필 사용자의 수 증가
⑤ 앞으로 연필 가격이 내릴 것이라는 예측

11 수요 법칙을 보여주는 사례로 옳은 것을 〈보기〉에서 고른 것은?

보기
> ㄱ. 컴퓨터 생산 기술이 발달하여 컴퓨터 값이 내렸다.
> ㄴ. 오징어의 값이 올라서 오징어 수요량이 감소하였다.
> ㄷ. 휘발유 가격 하락으로 주유소를 찾는 사람이 많아졌다.
> ㄹ. 임금 상승으로 휴대 전화의 생산 비용이 상승하여 휴대 전화 값이 올랐다.

① ㄱ, ㄴ   ② ㄱ, ㄷ   ③ ㄴ, ㄷ
④ ㄴ, ㄹ   ⑤ ㄷ, ㄹ

03 시장 가격의 변동

중요
12 수요를 변화시키는 요인에 해당하지 <u>않는</u> 것은?

① 소비자의 소득 감소
② 보완재의 가격 하락
③ 대체재의 가격 상승
④ 상품 생산 비용의 인상
⑤ 상품에 대한 선호도 증가

13 그래프에 나타난 변화의 요인으로 옳은 것을 〈보기〉에서 고른 것은?

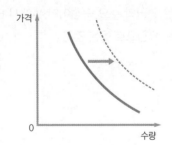

보기
> ㄱ. 생산 비용 증가
> ㄴ. 생산 기술의 발달
> ㄷ. 대체재의 가격 상승
> ㄹ. 보완재의 가격 하락

① ㄱ, ㄴ   ② ㄱ, ㄷ   ③ ㄴ, ㄷ
④ ㄴ, ㄹ   ⑤ ㄷ, ㄹ

단답형
14 밑줄 친 '이것'에 해당하는 개념을 쓰시오.

> <u>이것</u>은 일반적으로 같이 사용했을 때 만족이 커지는 재화이다. 커피와 설탕, 빵과 우유의 관계를 예로 들 수 있다.

(   )

15 (가), (나)로 인해 휴대 전화 시장에서 나타날 수요, 공급의 변화 모습을 〈보기〉에서 고른 것은?

> (가) 미아 방지를 위해 어린이들에게 휴대 전화를 사주는 부모님들이 늘어나고 있다.
> (나) 해외 원자재 가격 상승으로 휴대 전화의 생산비가 증가하였다.

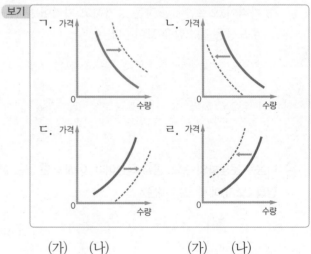

	(가)	(나)		(가)	(나)
①	ㄱ	ㄴ	②	ㄴ	ㄷ
③	ㄱ	ㄷ	④	ㄴ	ㄹ
⑤	ㄱ	ㄹ			

16 어떤 상품의 가격 상승을 가져오는 요인을 〈보기〉에서 고른 것은?

보기
> ㄱ. 생산 기술의 발달
> ㄴ. 소비자의 기호 증가
> ㄷ. 대체재의 가격 상승
> ㄹ. 보완재의 가격 상승

① ㄱ, ㄴ   ② ㄱ, ㄷ   ③ ㄴ, ㄷ
④ ㄴ, ㄹ   ⑤ ㄷ, ㄹ

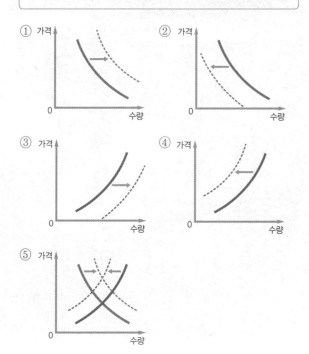

17 다음의 세 상황이 공통으로 가져올 수요·공급의 변동 모습으로 옳은 것은?

- 국제 유가 상승으로 생산 비용이 상승하고 있다.
- 인건비가 지속해서 상승하고 있다.
- 미래에 상품 가격이 상승할 것이 예상되고 있다.

① 가격 / 수량
② 가격 / 수량
③ 가격 / 수량
④ 가격 / 수량
⑤ 가격 / 수량

18 다음과 같은 상황에서 나타날 자동차 시장에서의 균형 가격과 균형 거래량의 변동을 바르게 예측한 것은?

여가 생활의 증대로 자동차를 사려는 사람이 크게 증가하고 있다. 여가 생활을 도와주는 대표적인 상품이 자동차이기 때문이다.

① 균형 가격은 상승하고 균형 거래량은 증가한다.
② 균형 가격은 상승하고 균형 거래량은 변동하지 않는다.
③ 균형 가격은 하락하고 균형 거래량은 감소한다.
④ 균형 가격은 하락하고 균형 거래량은 변동하지 않는다.
⑤ 균형 가격과 균형 거래량 모두 변동이 없다.

19 다음은 시장 가격의 결정 과정을 설명하는 글이다. ㉠에 들어갈 말을 쓰고, 그 의미를 설명하시오.

시장 가격은 시장에서 수요 곡선과 공급 곡선이 만나는 점에서 결정된다. 왜냐하면, 시장 가격보다 낮은 가격에서는 ㉠ 가 발생하여 가격이 상승하기 때문이다.

20 그래프를 보고 가격과 수요량, 가격과 공급량 사이의 관계를 설명하시오.

21 다음 상황에서 국내 숙박 시설 요금의 변동을 예측하고, 그 근거를 설명하시오.

항공 교통의 발달로 해외 여행객의 수가 빠르게 증가하고 있다. 대표적인 휴가 기간인 여름철에도 이러한 현상은 두드러진다. 이제는 휴가철에 고속도로 정체를 찾아보기가 어려울 정도로 국외 휴가를 즐기는 사람들이 많아졌다고 한다. 그런데, 최근 몇 년 사이에 고령 은퇴자들 사이에서 펜션 사업 붐이 일어나 숙박 시설이 우후죽순 들어섰다.

5

국민 경제와 국제 거래

우리는 뉴스나 신문에서 국내 총생산, 물가, 실업, 무역 등에 관한 소식을 듣고 우리나라 경제가 어떤 상황인지 알게 됩니다.
이 단원에서는 국내 총생산을 바탕으로 경제 성장이 우리 생활에 미치는 영향을 탐구해 봅시다. 또한, 물가 안정과 고용 안정을 달성하기 위한 방안에 관하여 알아보고, 국제 경제의 특징을 환율과 국제 거래를 중심으로 배워 봅시다.

? 여학생의 물음에 남학생이 어떻게 대답했을지 생각하여 써 보자.

이 많은 상품을 모두 우리나라에서 만들었구나. 그런데 이 물건들이 어디로 가는 걸까?

이 단원에서는

01	국내 총생산과 경제 성장	국민 경제 지표로서 국내 총생산의 의미를 이해하고, 경제 성장이 우리 생활에 미치는 영향을 알아본다.
02	물가 상승과 실업	물가 상승과 실업이 국민 생활에 미치는 영향을 이해하고, 물가 안정과 고용 안정을 달성하기 위한 방안을 알아본다.
03	국제 거래와 환율	국제 거래의 필요성을 이해하고, 이러한 교역 과정에서 환율이 결정되는 원리를 이해한다.

| 사진 해설 |

사진은 우리나라 제1의 무역항인 부산항의 모습이다. 수출하는 상품들이 배에 선적되기 전에 줄지어 늘어서 있는 모습을 보면서 우리나라 경제의 발전상과 활발한 국제 거래 모습을 생각해 보도록 한다.

| 대답 예시 |

• 아마, 우리나라에서 생산된 물건을 필요로 하는 다른 나라들에 수출하는 것이겠지.
• 글쎄, 우리나라는 수출이 활발한 나라니까 이 물건들은 미국이나, 일본, 중국 그 밖에 여러 나라에 수출될 것 같아.

국민 경제와 국제 거래

이 단원의 구성

중단원	소주제 및 탐구 활동	핵심 미리 보기
01 국내 총생산과 경제 성장	**1 국내 총생산의 의미** 탐구 우리나라 국내 총생산에 포함되는 것은? **2 국내 총생산의 한계점** 탐구 국내 총생산이 갖는 한계점은 무엇일까? **3 경제 성장과 삶의 질** 탐구 국내 총생산의 변화는 우리 삶에 어떤 영향을 줄까?	국내 총생산, 1인당 국내 총생산, 국내 총생산의 한계, 경제 성장
02 물가 상승과 실업	**1 물가 상승의 의미와 원인** 탐구 물가가 상승하는 원인은 무엇일까? **2 물가 상승의 영향과 대책** 탐구 물가가 상승하면 무슨 일이 일어날까? **3 실업의 의미와 원인** 탐구 실업은 왜 발생할까? **4 실업의 영향과 대책** 탐구 우리나라 실업률의 변화로 본 실업의 영향은? 탐구 물가 상승과 실업에 대한 대책은?	물가, 물가 상승, 인플레이션, 실업, 실업의 원인
03 국제 거래와 환율	**1 국제 거래의 필요성과 확대** 탐구 오늘날 국제 거래의 규모와 내용은? **2 환율의 의미와 결정** 탐구 환율은 무엇일까? 탐구 경매를 통해 환율 결정 과정 체험하기	국제 거래, 환율의 의미, 환율의 결정 원리

국내 총생산과 경제 성장

개념⁺ 국내 총생산
한 국가의 국경 내에서 생산된 것들의 총합으로 전반적인 경제 규모나 생산 능력을 보여준다. 단, 누구에 의해 생산되었는지는 중요하지 않다. 다시 말해, 자국민이 외국에서 생산한 것은 그 나라 국내 총생산에 포함되지 않지만, 외국인이 국내에서 생산 활동을 하면 그것은 그 나라 국내 총생산에 포함된다.

→ 국내 총생산의 의미

1. 국내 총생산의 의미와 의의

(1) 국내 총생산의 의미 ┌ 뜻 GDP는 Gross(총), Domestic(국내의), Product(생산)의 앞 글자를 조합한 것이다.

① 국내 총생산(GDP): 한 국가의 국경 안에서 일정 기간 동안 새롭게 생산된 재화와 서비스들의 최종 시장 가치의 총합

② 국내 총생산에 포함되는 것

일정 기간 동안	보통 1년 동안 생산된 것만 포함함
한 국가의 국경 안에서	생산자의 국적과 관계없이 그 나라 국경 안에서 생산된 것만 포함함
새롭게 생산된	새롭게 생산된 것만 포함하며, 그 전에 생산된 중고품은 제외함
재화와 서비스들의 최종	생산 과정에서 사용된 중간재는 제외함
시장 가치	시장에서 거래되지 않는 것은 포함하지 않음

└ 국내 총생산은 시장에서 거래되지 않은 재화나 서비스들은 포함하지 않는다. 다시 말해, 어떤 물건을 자기가 직접 생산해서 사용한 경우 시장에서 거래되지 않았기 때문에 국내 총생산에는 포함되지 않는다.

(2) 국내 총생산의 의의

① 국내 총생산은 한 나라의 경제 규모와 생산 능력을 보여주는 경제 지표임

② 국내 총생산은 국민 전체의 소득 수준을 나타내지만, 나라마다 인구 규모가 다르므로 개개인의 소득 수준을 나타내지는 못함 예 중국은 우리나라보다 국내 총생산은 높으나 인구가 많아 1인당 국내 총생산은 우리나라보다 작음

(3) 국내 총생산의 계산

① 최종 생산물의 가치의 합

② 각 생산 단계의 부가 가치의 합

개념⁺ 국내 총생산과 1인당 국내 총생산
국내 총생산은 한 나라의 경제 규모를 보여주기 때문에 사람들의 평균적인 삶의 수준을 파악하기 위해서는 국내 총생산을 인구수로 나눈 1인당 국내 총생산을 알아야 한다. 또한, 일반적으로 단기간에 한 국가나 사회의 인구수가 급격하게 달라지지 않기 때문에 국내 총생산이 커지면 사람들의 평균적인 생활 수준이 향상될 것임을 예상할 수 있다.

밀값 10만 원 → 밀가루값 19만 원 → 빵값 24만 원

국내 총생산은 최종 생산물인 빵의 가치 24만 원이고, 다른 방법으로 계산하면 각 생산 단계마다 더해진 가치인 10만 원, 9만 원, 5만 원의 합인 24만 원이다.

2. 1인당 국내 총생산

(1) 의미: 1인당 국내 총생산은 국내 총생산을 그 나라의 인구수로 나눈 것임

(2) 의의: 1인당 국내 총생산을 통해 한 나라 국민의 평균적인 소득 수준을 파악할 수 있음

소득 수준은 생활 수준을 알 수 있는 중요한 지표로, 소득 수준이 높으면 대체로 생활 수준도 높다. 1인당 국내 총생산이 많은 나라의 국민은 대체로 생활 수준이 높다.

교과서 PLUS α 1인당 국내 총생산의 국가별 순위

순위	국가명	1인당 국내 총생산(달러)
1	룩셈부르크	10만 7,708
2	스위스	8만 0,837
4	노르웨이	7만 3,615
6	아일랜드	6만 8,604
8	미국	5만 9,495

(2017년)

자료 해설

2017년 세계에서 국내 총생산이 가장 많은 나라는 미국, 2위는 중국이다. 그런데 미국의 1인당 국내 총생산 순위는 2017년 기준으로 8위였고, 중국의 이름은 상위 국가 목록에서 찾아볼 수 없다. 왜냐하면, 1인당 국내 총생산은 국내 총생산을 인구수로 나누어 계산하기 때문이다. 일반적으로 국내 총생산은 어떤 나라의 전체적인 경제 규모(생산 능력)를 보여주고, 1인당 국내 총생산은 그 나라 국민들의 평균적인 삶의 수준을 보여준다.

→ 국내 총생산의 한계점

1. **한 나라의 경제 활동 규모를 정확히 반영하지 못함**: 국내 총생산은 시장에서 거래되는 재화와 서비스의 가치만 계산하므로 시장에서 거래되지 않는 경제 활동은 반영하지 않음 **예** 봉사 활동, 가사 노동, 농부가 자신과 가족이 먹으려고 재배한 농작물 등은 제외함

2. **삶의 질이나 복지 수준을 파악하기 곤란함** ┈ **뜻** 삶의 질이란 일상생활에서 개인이 정신적, 신체적, 경제적, 사회적 상태로부터 느끼는 행복의 정도를 말한다.

(1) 삶의 질을 높이는 여가 활동은 국내 총생산에 포함되지 않음

(2) 대형 사고나 자연재해의 발생으로 인한 피해는 국내 총생산에 반영되지 않고 오히려 이를 복구하는 데 드는 비용이 국내 총생산을 증가시킴

(3) 여가를 늘려 삶의 질이 향상되어도 늘어난 여가만큼 생산 활동이 감소하면 국내 총생산은 감소하게 됨 ┈ 교통사고가 나서 사람들이 다치면 그로 인해 삶이 저하되는 것은 국내 총생산에 포함되지 않지만, 병원에서 치료를 받아야 하므로 국내 총생산이 증가한다. 이처럼 국내 총생산은 증가했으나 삶의 질은 오히려 떨어질 수 있다.

정리 국내 총생산의 의의와 한계

국내 총생산(GDP)
↓
한 나라의 생산 능력의 크기를 보여주는 유용한 지표임
↓
일반적으로 국내 총생산이 커지면 1인당 국내 총생산도 커지고, 사람들의 평균적인 생활 수준이 향상됨
↓
국내 총생산은 경제 활동의 규모를 정확히 반영하지 못하고, 삶의 질이나 복지 수준을 파악하기 곤란함

→ 경제 성장과 삶의 질

┈ 국내 총생산이 커지는 것을 의미한다.

1. **국내 총생산의 증가와 경제 성장**

(1) 경제 성장의 의미: 경제 성장은 한 나라의 생산 능력과 경제 규모가 커진 것을 의미함

(2) 경제 성장률(국내 총생산의 변화율)이 양(+)의 값이면 경제가 성장한 것임

2. **경제 성장의 영향** ┈ **뜻** 경제 성장률은 이전 연도나 이전의 같은 시기와 비교하여 경제 규모가 얼마나 변했는지를 보여주는 지표이다. 국내 총생산의 변화율이 증가하면 경제 성장률은 높아진다.

(1) 평균 소득의 증가로 물질적으로 풍요로운 생활을 누릴 수 있음

(2) 질 높은 교육과 더 나은 의료 서비스를 받을 수 있음

(3) 다양한 문화 시설이 보급되고 여가 활동을 다양하게 누릴 수 있음

항목		비교 연도	1990년	2014년
GDP	국내 총생산(달러)	13억(1953년)	2,073억	14,350억
	제조업체 수(개)	8,600(1955년)	278,923(1993년)	397,171
	기대 수명(세)	62.33(1971년)	72	82.4
	의사 1인당 인구수(명)	3,347(1953년)	1,007	451

(통계청, 2016년)

↑ 우리나라 국내 총생산 및 삶의 모습을 보여주는 지표

정리 경제 성장과 삶의 질의 관계

경제 성장
↓
국민 소득 증가
↓
• 교육, 의료 기회 확대
• 문화·여가 생활 가능성 증대
↓
삶의 질 향상

교과서 PLUS α 경제 성장률

(단위: 전년 동기 대비, %)

구분	2016년	2017년	2018년
전체 국가	2.9	3.3	3.6
미국	1.5	2.3	3.0
유로 지역	1.7	1.6	1.7
일본	0.8	1.0	0.8
중국	6.7	6.4	6.1
한국	2.7	2.6	3.0

자료: OECD, Global Economic Outbook, 2016

〈주요 국가의 경제 성장률〉

자료 해설

경제 성장률은 한 나라의 국내 총생산이 얼마나 변화하였는가를 보여준다. 국내 총생산이 늘어난다는 것은 생산 활동이 그만큼 활발하다는 것을 의미한다. 생산이 활성화되면 고용이 증가하고 사람들의 소득이 증가하는 등의 긍정적 효과를 기대할 수 있다.

활동 풀이

생각 열기 풀이 국내 총생산과 1인당 국내 총생산을 보고 알 수 있는 것은?

2015년 세계 각국의 국내 총생산

2015년 세계 각국의 1인당 국내 총생산

(세계은행, 2016년)

64,000달러 이상
32,000~64,000
16,000~32,000
8,000~16,000
4,000~8,000
2,000~4,000
1,000~2,000
500~1,000
500 이하

0 2,000km

(세계은행, 2016년)

자료 해설
국내 총생산을 그 나라 국기의 크기로 나타낸 세계 지도와 국내 총생산을 인구수로 나눈 1인당 국내 총생산의 크기를 보여주는 세계 지도이다.

1 국내 총생산을 나타낸 지도에서 국내 총생산 순위가 높은 여섯 나라를 골라 보고, 이 나라들의 경제 활동의 특징을 써 보자.
예시 답안 │ 미국, 중국, 일본, 독일, 영국, 프랑스. 이 나라들은 세계 경제에 미치는 영향력이 크고 경제 대국이다.

2 1인당 국내 총생산이 큰 지역과 작은 지역을 구분하고, 그 지역 사람들의 생활 수준을 비교해 보자.
예시 답안 │ 큰 지역은 북아메리카, 서유럽, 동북아시아, 오세아니아 등이고, 이 지역 사람들은 대체로 생활 수준이 높다. 작은 지역은 아프리카와 남아메리카, 동유럽 등이고, 이 지역 사람들의 생활 수준은 대체로 낮다.

스스로 탐구하기 풀이 우리나라 국내 총생산에 포함되는 것은?

이것이 핵심
- **활동 목표**: 국내 총생산에 포함되는 것과 포함되지 않는 것을 구분하여 국내 총생산의 의미를 정확하게 이해한다.
- **핵심 개념**: 국내 총생산

친절한 활동 안내
이 활동은 국내 총생산의 정의와 범위를 고려하여 주어진 사례가 국내 총생산에 포함되는지 아닌지를 판단하는 활동이다.
또한 자신이 분류한 이유를 발표하는 과정에서 국내 총생산의 개념을 더욱 명확히 이해할 수 있다.

❶ 미국 메이저 리그에 진출한 한국 국적의 야구 선수가 받은 연봉

❷ 한국 회사가 베트남 공장에서 만들어 낸 휴대 전화

❸ 우리나라에 있는 미국 회사에서 만든 음료수

❹ 주부가 가족의 저녁 식사를 위해 만든 요리

❺ 우리나라에서 식당을 하는 인도인이 만든 카레 요리

1 ❶~❺를 우리나라 국내 총생산에 포함되는 것과 포함되지 않는 것으로 구분해 보자.
예시 답안 │ 포함되는 것: ❸, ❺ / 포함되지 않는 것: ❶, ❷, ❹

2 우리나라 국내 총생산에 포함되지 않는 것은 왜 그런지 그 까닭을 쓰고 발표해 보자.
예시 답안 │ 국내 총생산은 한 국가의 국경 안에서 생산된 것만을 포함하는데, ❶은 미국 메이저 리그에서 야구 경기를 한 대가로 받은 돈이므로 선수의 국적과 관계없이 미국의 국내 총생산에 포함된다. ❷는 베트남에서 생산이 이루어졌으므로 우리나라 국내 총생산에 포함되지 않는다. 한편 국내 총생산은 시장에서 거래되는 생산 활동만 포함하는데 ❹에서 주부가 만든 요리는 시장에서 거래된 상품이 아니므로 국내 총생산에 포함되지 않는다.

스스로 탐구하기 풀이 　국내 총생산이 갖는 한계점은 무엇일까? 　　　　　　　교과서 90쪽

자료 ❶	자료 ❷	자료 ❸
저는 이발사입니다. 휴일에 봉사 활동으로 어르신들께 무료로 이발을 해 드렸어요.	교통사고가 나면 자동차는 수리를 받아야 하고, 다친 사람들은 병원에서 치료를 받아야 해요.	하루 일과를 마치고 저녁 식사 후 가족들과 산책을 하면 하루의 피로도 풀리고 행복합니다.

이것이 핵심 ❗
- **활동 목표**: 사례에 제시된 내용을 분석하면서 국내 총생산의 한계점에 대해 파악한다.
- **핵심 개념**: 국내 총생산, 국내 총생산의 한계

친절한 활동 안내 ★

자료를 통해 긍정적인 생산의 결과가 국내 총생산에 포함되지 않거나, 반대로 부정적인 결과 때문에 국내 총생산이 증가하는 때도 있다는 점을 이해하는 활동이다. 이 활동을 통해 국내 총생산의 한계점에 대해 정확히 파악할 수 있다.

1 　**자료 ❶∼❸**이 국내 총생산의 계산에 포함되는지, 우리 사회에 긍정적인 영향을 가져오는 것인지 표시해 보자.

예시 답안 |

구분	자료 ①	자료 ②	자료 ③
포함 여부	포함되지 않음.	포함됨.	포함되지 않음.
긍정적 영향인가, 부정적 영향인가?	긍정적 영향	부정적 영향	긍정적 영향

2 　**자료 ❶∼❸**을 종합하여 국내 총생산의 한계에 관하여 쓰고 토의해 보자.

예시 답안 | 이발사의 이발 서비스는 분명히 생산 활동임에도 불구하고 봉사 활동으로 행해졌기 때문에 국내 총생산에 반영되지 않는다. 교통사고 처리 과정에서 발생하는 생산 활동은 국내 총생산에 포함된다. 반면, 삶의 질을 높이는 여가 활동의 가치는 국내 총생산에 포함되지 않는다. 따라서, 국내 총생산이 증가했다고 해서 사람들의 삶의 질이나 복지 수준이 좋아졌다고 볼 수는 없다.

스스로 탐구하기 풀이 　국내 총생산의 변화는 우리 삶에 어떤 영향을 줄까? 　　　　　교과서 91쪽

다음은 우리나라 국내 총생산 및 삶의 모습을 보여 주는 지표들이다.

항목	비교 연도	1990년	2014년
GDP 국내 총생산(달러)	13억(1953년)	2,073억	14,350억
제조업체 수(개)	8,600(1955년)	278,923(1993년)	397,171
기대 수명(세)	62.33(1971년)	72	82.4
의사 1인당 인구수(명)	3,347(1953년)	1,007	451

(통계청, 2016년)

이것이 핵심 ❗
- **활동 목표**: 국내 총생산의 변화에 따라 우리의 삶이 어떻게 달라지는지를 통계 자료를 분석하여 인식한다.
- **핵심 개념**: 국내 총생산, 경제 성장

친절한 활동 안내 ★

이 활동은 제시된 지표의 변화를 보면서 국내 총생산의 변화가 우리 삶에 미치는 영향을 추론해 보는 활동이다.

1 　우리 국민의 삶의 모습이 변화한 원인을 국내 총생산의 변화와 관련하여 써 보자.

예시 답안 | 국내 총생산은 한 나라의 생산 능력을 측정하여 보여 준다. 따라서 국내 총생산이 커지는 것은 여러 측면에서 우리 삶이 나아질 수 있는 기반이 된다. 예를 들면 국내 총생산이 커지면 기대 수명이 증가하고, 의료 서비스가 향상되며, 국민의 영양 상태가 나아진다.

2 　국내 총생산의 증가가 우리 삶에 어떤 변화를 가져왔는지 조부모님의 생활 모습과 비교하여 발표해 보자.

예시 답안 | 보통 한 세대를 30년 정도로 보기 때문에, 조부모님과는 60년 정도 차이가 난다고 보면 된다. 60여 년 전 우리나라는 산업화가 막 시작되는 단계였기 때문에 국내 총생산은 지금과 비교할 수 없을 정도로 낮았다. 따라서, 교육이나 의료 수준도 매우 낮아 문맹률은 높았고, 지금은 간단하게 치료할 수 있는 치아 질환이나 맹장염 등으로 사망하는 경우도 많았다.

개념 쏙쏙

1 일정 기간 동안 한 나라의 국경 안에서 새롭게 생산되어 시장에서 거래된 재화와 서비스의 총합을 (　　　　)이라 한다.

2 다음 내용에 알맞은 말을 골라 ◯표를 하시오.
(1) 한 나라의 경제 규모를 파악하려면 (국내 총생산, 1인당 국내 총생산)을 알아야 한다.
(2) 국내 총생산은 (자국민의 해외 생산, 외국인의 국내 생산)을 포함한다.

3 다음의 경제 활동이 국내 총생산에 포함되는 것은 '포' 포함되지 않는 것은 '불'로 표시하시오.
(1) 미용사의 미용 봉사 활동　　　　　　(　　　)
(2) 가정주부의 청소와 요리　　　　　　(　　　)
(3) 가족들과의 산책이 주는 만족감　　　(　　　)
(4) 자동차 사고로 인한 차량 수리 비용　(　　　)

01 국내 총생산에 대한 설명으로 옳은 것은?
① 한 나라 국민이 1년 동안 생산한 재화와 서비스의 합계이다.
② 각국 국민의 평균적인 생활 수준을 비교하는 데 유용하다.
③ 국내 총생산이 높은 나라일수록 1인당 국내 총생산도 높다.
④ 국가 간의 경제 활동 규모를 비교하는 경제 지표로 활용된다.
⑤ 국내 총생산이 증가하면 국민 개개인의 소득이 모두 증가하게 된다.

단답형
02 다음 글에서 설명하는 경제 개념을 쓰시오.

• 한 나라의 경제 규모와 생산 능력을 보여주는 경제 지표이다.
• 삶의 질이나 복지 수준을 제대로 보여주지 못한다는 한계점이 있다.

(　　　　　　　　　　)

03 국내 총생산(GDP)의 계산에 대한 옳은 설명을 〈보기〉에서 고른 것은?

보기
ㄱ. 시장에서 거래된 것만을 대상으로 한다.
ㄴ. 중간 생산물의 시장 가치를 전부 합한 것이다.
ㄷ. 그 해에 새롭게 생산된 것의 가치만 포함한다.
ㄹ. 한 나라 안에서 그 나라 국민이 생산한 것만을 계산한다.

① ㄱ, ㄴ　　② ㄱ, ㄷ　　③ ㄴ, ㄷ
④ ㄴ, ㄹ　　⑤ ㄷ, ㄹ

중요
04 우리나라의 국내 총생산을 계산할 때 포함하는 것은?
① 한국 기업이 세운 중국 공장에서 생산한 휴대 전화
② 우리나라에서 가정주부가 가족들을 위해 준비한 식사
③ 한국인 야구 선수가 미국 메이저 리그 구단에서 받은 연봉
④ 우리나라에서 영어를 가르치는 영국인 교사가 받은 임금
⑤ 미국 음료 회사가 자국에서 생산하여 우리나라에 수출한 음료수

05 다음 글의 빈칸에 들어갈 내용으로 옳은 것은?

국내 총생산의 계산에는 빵값 24만 원만 포함된다. 밀값과 밀가루값은 _____ 아니기 때문에 국내 총생산의 계산에 포함되지 않는다.

① 최종 생산물이
② 시장에서 거래된 것이
③ 1년 동안 생산된 것이
④ 그해에 새롭게 생산된 것이
⑤ 그 나라 국민이 생산한 것이

06 그래프에 대한 분석으로 옳지 <u>않은</u> 것은?

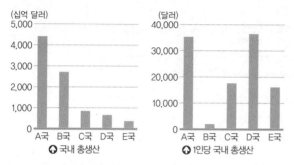

① A국의 경제 규모가 가장 크다.
② B국은 C국에 비해 경제 규모는 크지만 국민의 평균 소득은 낮다.
③ C국의 인구가 D국의 인구보다 많다.
④ D국은 E국보다 더 나은 교육 및 의료 서비스 등을 누릴 수 있다.
⑤ E국은 국민의 평균적인 생활 수준이 가장 낮은 나라이다.

07 다음 대화의 밑줄 친 부분에 해당하는 것을 〈보기〉에서 고른 것은?

보기
ㄱ. 주부의 가사 노동을 국내 총생산에 포함한다.
ㄴ. 국내 총생산은 여가의 가치를 반영하지 않는다.
ㄷ. 복지 수준을 떨어뜨리는 행위도 국내 총생산을 증가시킬 수 있다.
ㄹ. 재화의 가치와 달리 서비스의 가치는 국내 총생산에 포함되지 않는다.

① ㄱ, ㄴ   ② ㄱ, ㄷ   ③ ㄴ, ㄷ
④ ㄴ, ㄹ   ⑤ ㄷ, ㄹ

08 다음 사례가 나타내는 국내 총생산의 한계로 가장 적절한 것은?

> 저는 이발사입니다. 휴일마다 봉사 활동으로 어르신들께 무료로 이발을 해드렸어요. 그런데 제가 주중에 돈을 받고 이발하는 것은 국내 총생산에 포함되는데, 무료로 이발하는 것은 국내 총생산을 계산할 때 포함되지 않는다네요.

① 국민의 생활 수준을 파악하기 어렵다.
② 소득 분배의 수준을 알려주지 못한다.
③ 국민 간 빈부 격차의 정도를 알기 어렵다.
④ 시장에서 거래되지 않는 것은 포함하지 않는다.
⑤ 그 나라의 복지 수준을 제대로 보여주지 못한다.

09 국내 총생산의 증가로 인한 경제 상황의 변화를 <u>잘못</u> 말한 학생은?

① 갑: 국민 소득이 늘어날 것이다.
② 을: 국민의 일자리가 증가할 것이다.
③ 병: 교육 및 편의 시설 등을 갖출 수 있는 능력이 향상될 것이다.
④ 정: 경제 성장에서 발생하는 소득 불균형 문제가 완화될 것이다.
⑤ 무: 의료 부문에 대한 투자가 증대되어 국민의 평균 수명이 연장될 것이다.

서술형

10 갑국의 국내 총생산을 계산하고, 계산 방법을 쓰시오.

> 임업자가 나무를 심고 가꾸어 150만 원을 받고 목재업자에게 판매하였다. 목재업자는 나무를 가공하여 목재를 생산하여 가구업자에게 280만 원을 받고 팔았다. 가구업자는 그 목재를 사용하여 가구를 만들어 400만 원에 소비자에게 판매하였다.

• 가격과 물가

개념 물가 지수

물가 지수란 물가의 움직임을 한눈에 알아볼 수 있도록 숫자로 나타낸 지표로, 기준 시점의 물가를 100으로 했을 때 비교 시점의 물가 수준을 나타낸다. 예를 들어 기준 연도가 2017년, 물가 지수가 110이라면 2017년에 비해 물가가 10% 올랐음을 의미한다.

• 물가 상승 원인의 수요·공급 측면

물가 상승은 크게 수요 측면과 공급 측면에서 그 원인을 구분할 수 있다. 먼저, 수요 측면에서 보면 여러 상품에 대한 경제 주체들의 수요가 많아져서 물가가 상승하는 것이다. 예를 들어 가계의 소비가 증가하거나 기업의 투자가 증가하면 물가가 오른다. 이런 경우는 경제가 활성화되면서 동반되는 물가 상승이다. 공급 측면에서 보면 원자재 가격 상승이나 임금 상승 등으로 인해 공급이 줄어들어 물가가 상승하는 것이다. 이런 경우에는 일반적으로 경기는 침체하는데 물가가 상승한다.

➡ 물가 상승의 의미와 원인

1. 물가 상승의 의미 ┌ 개별 상품의 가격보다는 모든 상품의 전반적인 가격 수준이나 움직임을 알기 위해 만들어 낸 것이 물가이다.

(1) 물가의 의미: 여러 상품의 가격을 종합한 평균적인 가격 수준

(2) 물가의 상승 ┌ 한 나라의 경제 규모가 성장하면 일반적으로 물가도 상승한다.

　① 물가는 오르기도 하고 내리기도 하면서 경제생활에 영향을 미침

　② 인플레이션: 물가가 지속하여 상승하는 현상으로, 경제에 심각한 문제를 초래함
　　└ 인플레이션이 발생하여 물가가 상승하면 화폐의 가치는 하락하게 된다.

2. 인플레이션의 원인

(1) 총수요 > 총공급: 재화나 서비스에 대한 전체적인 수요가 전체적인 공급보다 많을 때 물가가 상승함

(2) 생산 비용 상승: 임금이나 원자재 같은 생산 비용이 오르면 기업이 공급을 줄이게 되어 상품 가격이 올라감

➡ 물가 상승의 영향과 대책

1. 물가 상승의 영향 ┌ 물가가 상승하면 같은 돈으로 살 수 있는 물건이 적어지게 된다. 따라서, 같은 임금을 받는 경우 그 사람의 실질적인 소득은 적어지는 것이다.

(1) 소비자들의 구매력 저하: 물가가 상승하면 같은 돈으로 살 수 있는 상품이 줄어들어 소비자들의 부담이 증가함

(2) 생산자들의 생산 비용 상승: 기업은 생산 요소의 가격이 오르면 생산 비용이 상승하여 어려움을 겪게 됨

(3) 부와 소득의 불공평한 재분배 ┌ 왜 화폐의 가치가 하락하면 자산을 화폐(현금)로 보유하고 있는 사람들은 자산의 가치가 낮아지게 되어 불리해진다. 또한, 채권자들 역시 자금을 빌려줄 때에 비해 돌려받을 때의 가치가 낮아져서 불리해진다.

인플레이션의 발생	유리한 사람들	불리한 사람들
실물 자산의 가치는 올라가고 화폐의 가치는 떨어짐	실물 자산 보유자	현금 보유자
돈을 갚을 때의 가치가 돈을 빌렸을 때의 가치보다 낮아짐	채무자	채권자

뜻 채무자는 돈을 빌린 사람이고 채권자는 돈을 빌려준 사람이다.

2. 물가 상승에 대한 대책

(1) 가계: 과소비 억제

(2) 기업: 생산비 절감을 위한 노력

(3) 정부: 생필품 가격 안정, 생산 비용 인상 억제를 위한 다각적 정책 수립

교과서 PLUS α

초인플레이션

이렇게 이해하세요

독일은 제2차 세계 대전에 패배하면서 막대한 전쟁 배상금을 지불해야 하였다. 독일 정부는 배상금을 갚기 위해 화폐를 대규모로 발행했고, 이는 화폐 가치의 폭락으로 이어졌다. 결과적으로 보통 수준의 인플레이션을 넘는 초인플레이션 상황에 부닥치게 된 것이다.

당시 독일에서는 하루가 다르게 폭등하는 물가로 인해 심지어 장작을 사는 비용보다 차라리 돈을 태워서 불을 때는 것이 더 나을 정도였다고 한다.

실업의 의미와 원인

1. 실업

(1) 실업의 의미: 일할 의사와 능력이 있음에도 일자리가 없는 상태

(2) 실업자: 실업 상태에 있는 사람으로, 학업 중인 학생이나 가사에 전념하여 일할 의사가 없는 전업주부, 일할 능력이 없는 노약자 등은 실업자에 해당하지 않음

왜 일자리가 없다고 무조건 실업 상태로 분류하는 것이 아니라 일할 의사와 능력을 갖추고 있으나 일자리가 없는 사람이 실업자이다.

2. 실업의 원인

(1) 경기 침체

뜻 경기란 매매나 거래에 나타나는 호황·불황 따위의 경제 활동 상태를 말한다.

① 전반적인 경기 침체 → 가계의 소비와 기업의 생산 감소 → 일자리가 감소함 → 실업 발생(경기적 실업)

뜻 대공황은 1929년에 시작되어 1939년까지 세계적으로 지속된 경제의 하강 국면이다. 이 시기 미국에서는 도산하는 기업이 늘어나 실업률이 치솟았다.

② 사례: 1930년대의 세계 대공황으로 인한 대규모 실업, 우리나라의 외환 위기 당시 발생한 대규모 실업 등

(2) 산업 구조 변동

뜻 산업 구조란 한 나라의 전체 산업에서 각 산업이 차지하는 비중과 각 산업의 상호 관계를 말한다.

① 특정 산업이 쇠퇴하여 그 분야의 일자리가 감소함(구조적 실업)

② 사례: 석탄 산업이 쇠퇴하여 석탄 노동자의 일자리 감소, 공장 자동화로 인하여 단순 노동 종사자의 일자리 감소 등

(3) 계절의 변동

① 계절에 따라 고용 기회가 감소하여 일자리가 사라짐(계절적 실업)

② 사례: 여름철 스키 강사나 겨울철 농업 종사자, 수상 안전 요원의 일자리 감소 등

(4) 자발적 선택: 더 나은 일자리를 찾아 직장을 옮기는 과정에서 일시적으로 실업 상태에 놓이는 경우(마찰적 실업)

실업의 영향과 대책

1. 실업의 영향

(1) 개인적 측면: 소득 감소로 소비 생활에 어려움 발생, 심리적 불안

(2) 사회적 측면: 인력 낭비, 구매력 감소로 인한 경기 침체

2. 실업의 대책

(1) 근로자: 직업 관련 기능 습득, 능력 계발

(2) 기업: 새로운 일자리 창출을 위한 노력

(3) 정부: 경기 활성화를 위한 정책 수립, 다양한 구직 관련 정보 제공

고용 안정 센터, 취업 박람회를 통해 직업을 구하는 시간과 비용을 절감해 준다.

개념➕ **경제 활동 인구 분류**
- 노동 가능 인구: 15세 이상 인구
- 경제 활동 인구: 15세 이상 인구 중 비경제 활동 인구를 제외한 인구
- 비경제 활동 인구: 15세 이상 인구 중 일할 의사가 없거나 일할 능력이 없는 사람들 예 학생, 주부, 노약자, 구직 포기자 등

• **호경기와 불경기**
경제 활동의 전반적인 상황을 경기라고 한다. 생산이 활발하여 고용이 늘고, 소비가 활성화되는 상황을 호경기라고 한다. 반대로, 생산이 위축되어 고용이 줄어들고 소비가 감소하는 상황이 불경기이다. 일반적으로 실업은 불경기에 많이 나타난다.

정리 **실업의 유형**

유형	원인
경기적 실업	경기 침체
구조적 실업	산업 구조 변동
계절적 실업	계절의 변화
마찰적 실업	자발적 선택

교과서 PLUS α 실업률

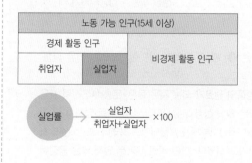

이렇게 이해하세요

흔히 실업자를 직장이 없어 일하고 있지 않은 사람으로 생각하기 쉽다. 그러나 경제학에서는 수입을 얻으려 일을 하고는 싶지만, 직장이 없는 사람을 실업자로 정의한다. 전체 인구 중 15세 이상의 인구를 '노동 가능 인구'라고 하는데 이는 일할 의사가 있는 '경제 활동 인구'와 전업주부, 학생, 노인과 같이 일할 의사가 없는 '비경제 활동 인구'로 구성된다. 그리고 경제 활동 인구는 다시 직장을 가지고 있는 '취업자'와 직장이 없는 '실업자'로 나눌 수 있다. 실업률은 경제 활동 인구에 대한 실업자의 비율로, 한 국가의 경제 상황을 파악할 수 있는 주요 지표이다. 실업률이 높으면 그 나라의 경제 상황이 좋지 않다고 볼 수 있다.

활동 풀이

자료 해설
우리가 일상생활에서 한 번쯤은 경험해 보았을 만한 상황을 가상으로 재구성한 만화이다. 물가 상승의 문제점에 대해 생각해 보고, 실제로 물가가 얼마나 변동했는지 알아본다.

1 위의 대화에서 아빠의 말에 이어질 적절한 내용을 써 보자.
예시 답안 | 사람들의 소비 생활에 문제가 생긴다. / 사람들이 같은 돈으로 살 수 있는 상품이 적어지겠지.

2 자신이 자주 구매하는 상품을 세 가지 골라 5년 전의 가격을 조사하여 쓰고, 현재의 가격과 비교해 보자.
활동 tip | 버스 요금, 볼펜, 공책, 참고서, 라면, 떡볶이 등 자신이 자주 구매하는 상품의 5년 전 가격을 인터넷 등을 활용하여 알아보자.

이것이 핵심
- 활동 목표: 물가 상승의 원인을 주어진 사례에 적용하고, 실제로 석유 파동 시기에 나타난 물가 상승의 영향을 제시할 수 있다.
- 핵심 개념: 물가, 물가 상승, 수요, 공급

친절한 활동 안내
이 활동은 물가 상승의 두 가지 측면을 구분하고, 일상에서 쉽게 접할 수 있는 물가 상승 상황에서 그 원인을 추론해 보는 활동이다. 물가가 상승하는 원인은 수요 측면과 공급 측면으로 구분된다.
또한, 인터넷이나 관련 서적을 참고하여 1970년대 석유 파동 당시의 사람들의 경제생활 모습을 살펴보면서 물가 상승의 영향에 대해 생각해본다.

1 위의 사례에서 물가가 상승한 원인을 써 보자.
예시 답안 |

❶	성수기 휴가철에는 휴가지에서 공급하는 여러 상품에 대한 수요가 급증하기 때문이다.
❷	원자재 가격의 상승과 근로자 임금의 상승은 생산 비용을 상승시키기 때문이다.

2 1970년대 '석유 파동' 때 물가가 상승한 원인은 ❶, ❷ 중 무엇과 비슷한지 쓰고, '석유 파동' 당시 사람들의 경제생활 모습을 조사해 보자.
예시 답안 | 석유는 대표적인 원자재로서 여러 상품의 원료가 되는 것은 물론, 운송비나 전력 사용료에도 영향을 미친다. 따라서 석유 파동의 상황은 ❷의 상황과 유사하다. 석유 파동 당시 비싼 기름값 때문에 학교에 임시 휴교령이 내리기도 했고, 차량 2부제가 시행되기도 하였다. 또한, 전력 사용을 줄이기 위해 상점들의 야간 영업을 제한하기도 하였다. 한편 비싼 유가로 인해 많은 공장이 상품의 생산량을 줄여 물가가 상승하였으며, 이 과정에서 고용 감소로 인한 실업률 상승 등의 문제가 나타나기도 하였다.

1 물가가 상승하면 상대적으로 유리해지는 사람들은 누구인지 쓰고, 그 까닭을 발표해 보자.

예시 답안 | 물가가 상승하면 화폐 가치가 하락하여, 갚아야 할 돈의 액수는 그대로이나 그 가치는 낮아져 돈을 빌린 사람은 유리하다. 부동산을 소유한 사람은 물가 상승으로 부동산의 가치도 올라가고 부동산 임대료를 올려 받을 수 있어 유리하다.

2 물가가 상승하면 상대적으로 불리해지는 사람들은 누구인지 쓰고, 그 까닭을 발표해 보자.

예시 답안 | 돈을 빌려준 사람과 연금 소득자는 불리하다. 왜냐하면 화폐 가치가 하락하는데 받을 돈의 액수는 변하지 않기 때문이다.

이것이 핵심

• 활동 목표: 물가가 상승하면 유리해지는 사람과 불리해지는 사람들을 구분하는 과정에서 물가 상승이 미치는 영향을 이해한다.
• 핵심 개념: 인플레이션, 소득 재분배

친절한 활동 안내

물가가 상승하게 되면 부와 소득이 불공평하게 재분배되는데 주어진 상황을 보고 이를 추론하는 활동이다. 부와 소득이 불공평하게 재분배된다는 말은 다른 조건과 상황이 달라지지 않음에도 불구하고 물가 상승이 누군가에게는 유리하게, 또 다른 누군가에게는 불리하게 작용함을 의미한다.

자료 ❶ 미국의 경제 대공황으로 인한 실업자들의 행렬

제1차 세계 대전 후의 미국은 겉으로는 경제적 번영을 누리고 있는 것처럼 보였다. 하지만 물건들이 팔리지 않아 재고가 넘치고 전체적인 경제 활동이 마비되면서 기업들이 줄지어 망하였다. 이에 따라 실업자도 늘어나 1933년에는 그 수가 전체 근로자의 약 30 %에 해당하는 1,500만 명이 넘었다고 한다.

▲ 대공황 때 실업자들이 무료 급식소에서 줄을 서 차례를 기다리고 있다.

자료 ❷ 일자리의 미래, 직업이 사라지고 있다.

세계 경제 포럼(WEF)은 「일자리의 미래」 보고서에서 "인공 지능·로봇 기술·생명 과학 등이 주도하는 4차 산업 혁명으로 인해 상당수 기존 직업이 사라지고 기존에 없던 새 일자리가 만들어질 것"이라고 내다봤다. 슈바프 회장은 "각국은 대량 실업 등 최악의 시나리오를 피하려면 로봇이 대체할 수 있는 단순 기술을 가르치기보다 창의성과 고도의 문제 해결 능력을 기르는 교육·훈련에 집중해야 한다."라고 강조하였다. 「매일경제신문」, 2016. 1. 19.

1 자료 ❶, ❷에 나타난 실업이 발생하는 원인을 써 보자.

예시 답안 |

구분	자료 ①	자료 ②
원인	경기 침체 혹은 불경기	산업 구조의 변화

2 자료 ❶, ❷에 나타난 원인 이외의 다른 원인 때문에 실업이 발생한 사례를 써 보자.

예시 답안 | 겨울철에는 건설 현장이 줄어들어 일시적으로 건설 노동자들이 실업 상태에 놓이게 된다. 또한, 일자리를 옮기는 과정에서 자발적으로 실업이 발생하기도 한다.

이것이 핵심

• 활동 목표: 실업으로 인해 나타나는 문제점을 조사해 보면서 실업의 원인을 이해한다.
• 핵심 개념: 실업

친절한 활동 안내

제시된 사례에 나타난 실업의 발생 원인을 써 보면서 다양한 실업의 발생 원인을 파악한다. 또한, 경기 변동이나 산업 구조의 변화가 실업에 어떤 영향을 미치는지 이해하는 것이 중요하다.

이것이 핵심

- 활동 목표: 실업으로 인해 나타나는 문제점을 조사해 봄으로써 실업의 영향을 이해한다.
- 핵심 개념: 실업

친절한 활동 안내 ★

이 활동은 실제 우리나라의 실업률 통계 자료를 보고 실업률이 높았던 시기를 말해 보고, 자료를 수집하여 당시 사람들이 겪었을 어려움을 생각해 보는 활동이다. 나아가, 실업 문제를 해결하는 것의 필요성을 생각해 본다.

다음은 1995~2015년 실업률을 나타낸 그래프이다. 이를 보고 물음에 답하시오.

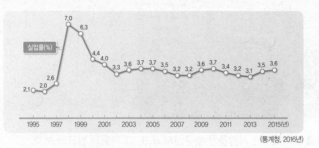

(통계청, 2016년)

1 우리나라의 실업률이 유난히 높았던 시기를 찾아 써 보자.

예시 답안 | 1998년~1999년

2 1에서 찾은 시기에 실업률이 높았던 원인을 조사해 보자.

예시 답안 | 1998년은 우리나라가 외환 위기로 인해 국제 통화 기금(IMF)에 구제 금융을 요청했고, 이에 따라 인적 구조 조정이 이루어졌다. 한편, 외환 위기로 인해 기업들은 생산 규모를 축소하였고, 기업들의 부도로 인해 많은 일자리가 사라졌다.

3 당시의 경제 상황은 어떠했는지 조사해 보자.

예시 답안 | 우리나라의 실업률은 급증했고 이전과 비교하여 국민의 생활이 어려워졌다.

교과서 PLUS^α **대공황과 실업**

미국에서 1929년은 누구나 여유로운 생활을 하던 최고의 경제 호황기였다. 경제 호황기로 인하여 기업들은 높은 영업 이익을 거두었고 주식 시장도 엄청난 호황을 누렸다. 이러한 경기 호황의 정점에서 1929년 사상 최대의 경제 공황이 발생하였다. 대공황의 여파는 1939년까지 이어졌다. 제1차 세계 대전 후의 미국은 표면적으로 경제적 번영을 누리고 있는 것처럼 보였지만, 과잉 생산된 물건들의 재고가 넘쳐나고 전체적인 경제 활동이 마비되면서

🔻 대공황 당시 무료 급식소에서 줄을 서 있는 실업자들의 행렬

기업들의 도산이 속출했다. 도산하는 기업들이 늘어남에 따라 실업자도 기하급수적으로 늘어나 1933년에는 그 수가 전 근로자의 약 30%에 해당하는 1,500만 명 이상에 달하였다고 한다.

이렇게 이해하세요

대공황 당시의 실업은 경기 침체가 원인이 되어 발생한 경기적 실업이다. 자본주의 경제에서 호황과 불황이 반복되는 경기 순환 현상은 정상적이다. 하지만 불황이 너무 넓게, 오래 지속되면 많은 문제를 낳는다. 1930년대에 전 세계를 강타한 대공황은 심각한 실업 문제를 가져왔다. 1930년대 내내 선진 공업국들의 제조업 실업률은 15% 이상이었고 그 가운데서도 특히 미국은 1930년대 제조업 평균 실업률이 26%가 넘었다. 대공황과 같은 경기 침체는 실업 문제를 가져온다.

1 다음에 제시된 우리 경제의 위기에 경제 주체들이 어떻게 대응하였는지 모둠별로 보고서를 작성해 보자.

<**1980년대 초 우리 경제**>
1980년대 이후 우리나라 경제는 빠르게 성장하였다. 1970년대의 석유 파동을 벗어나면서 경제는 회복세를 보였고 한발 더 나아가 고도의 경제 성장을 이루어 낸 것이다. 그러나 평균 국민 소득이 증가하였지만 그 이상의 가파른 물가 상승이 함께 나타나 경제 전반에 큰 부담이 되었다.

<**1990년대 말 우리 경제**>
이른바 '아이엠에프(IMF) 외환 위기'는 우리나라 경제에 큰 상처를 남겼다. 국제 통화 기금으로부터 자금 지원을 받는 상황이 오면서 경기 침체의 그늘 속에 대규모의 구조 조정이 진행되었다. 이로 인한 대규모 실업 사태는 개인적·사회적으로 큰 문제를 가져왔다.

<보고서 양식>

제목: 물가 안정과 고용 안정을 위한 노력		
구분	<1980년대 초>	<1990년대 말>
가계(근로자)의 노력	과소비 자제	회사 살리기에 동참
기업의 노력	가격 상승 자제	연구 개발 노력
정부의 노력	물가 안정 정책 실시	일자리 제공

교과서 PLUS α　　**석유 파동**

석유 파동이란 두 차례에 걸친 석유 공급 부족과 석유 가격 폭등으로 세계 경제가 큰 혼란과 어려움을 겪은 일을 말한다. 1973~1974년 중동 전쟁(아랍·이스라엘 분쟁) 당

↑ 1차 석유 파동을 가져오게 된 계기인 아랍 산유국의 감산 조치 기사

시 아랍 산유국들의 석유 무기화 정책과 1978~1980년의 이란 혁명으로 인한 석유 생산의 대폭 감축으로 석유의 공급이 부족해지자 국제 석유 가격이 급상승하고, 그 결과 전 세계가 경제적 위기와 혼란을 겪게 되었다. 석유 공급 부족 및 가격 폭등으로 인한 생산 비용의 상승으로 인플레이션이 가속화되었고, 세계 각국의 경제 성장률은 둔화되었다.

이렇게 이해하세요

인플레이션이 발생하는 원인은 수요 측면과 공급 측면에서 생각해 볼 수 있는데, 수요 측면에서는 재화나 서비스의 대한 전체적인 수요가 공급보다 많을 때 발생한다. 공급 측면에서는 임금이나 원자재 가격 등의 생산 비용이 올라갈 때 주로 발생한다.

자료의 1970년대 석유 파동은 인플레이션을 유발하였는데, 이 인플레이션은 석유의 공급 부족과 석유 가격 폭등으로 인한 생산 비용의 상승이 그 원인이다. 즉, 공급 측면의 원인으로 인해 인플레이션이 발생한 것이다.

1 물가는 여러 상품의 가격을 종합하여 평균적으로 측정한 것으로, 물가가 지속하여 상승하는 현상을 (   )이라고 한다.

2 다음 내용에 알맞은 말을 골라 ◯표를 하시오.

(1) 일반적으로 경기가 활성화되면 고용이 증가하고 소비가 활발해져 (물가 상승률, 실업률)이 높아진다.

(2) 인플레이션이 발생하면 화폐 가치가 하락하여 (실물 자산 보유자, 현금 보유자)가 유리해진다.

3 실업과 관련하여 바르게 짝지으시오.

(1) 불경기로 인한 실업 •　　　　• ㉠ 마찰적 실업

(2) 특정 산업의 쇠퇴로 인한 실업 •　　　　• ㉡ 경기적 실업

(3) 이직 과정에서 발생하는 실업 •　　　　• ㉢ 구조적 실업

01 물가에 관한 설명으로 옳지 <u>않은</u> 것은?

① 물가는 여러 상품의 평균적인 가격 수준이다.

② 한두 상품의 가격이 내려도 물가는 오를 수 있다.

③ 물가가 지속하여 상승하는 현상을 인플레이션이라고 한다.

④ 일반적으로 물가는 경기가 활성화될 때 상승하는 경향을 보인다.

⑤ 여러 상품에 대한 수요가 일정할 때 공급이 증가하면 물가가 상승한다.

02 다음 글의 밑줄 친 '이것'은 무엇인지 쓰시오.

<u>이것</u>은 개별 상품의 가격을 평균적으로 종합한 것이다. 이것이 지속해서 상승하는 현상을 인플레이션이라고 한다.

(   )

[03-04] 다음 글을 읽고 물음에 답하시오.

인플레이션이 발생하는 원인에는 크게 두 가지가 있다. 하나는 ㉠ 공급이 감소하여 인플레이션이 발생하는 경우이고, 다른 하나는 ㉡ 수요가 증가하여 인플레이션이 발생하는 경우이다.

03 밑줄 친 ㉠에 대한 설명으로 옳지 <u>않은</u> 것은?

① 1970년대 석유 파동 때에 나타났다.

② 생산 비용 상승의 영향으로 나타난다.

③ 경기가 침체할 때 나타나는 물가 상승이다.

④ 국제 원자재 가격의 상승이 대표적인 원인이다.

⑤ 소득 증가에 따른 자연스러운 물가 상승으로 볼 수 있다.

04 밑줄 친 ㉡의 원인에 해당하는 것을 〈보기〉에서 고른 것은?

보기
ㄱ. 기업의 투자 증가
ㄴ. 가계의 소비 증가
ㄷ. 국제 원유 가격의 상승
ㄹ. 생산 요소 가격의 상승

① ㄱ, ㄴ　　　② ㄱ, ㄷ　　　③ ㄴ, ㄷ
④ ㄴ, ㄹ　　　⑤ ㄷ, ㄹ

05 인플레이션의 대책으로 적절하지 <u>않은</u> 것은?

① 물건값을 올린다.

② 저축을 유도한다.

③ 과소비를 억제한다.

④ 생산성을 향상시킨다.

⑤ 생활 필수품의 가격을 안정시킨다.

중요

06 그림이 나타내는 경제 문제의 영향으로 옳지 <u>않은</u> 것은?

> 밥 먹는 동안 물가가 오르니 계산은 지금 할게요.

> 계산은 천천히 하세요.

① 돈을 빌린 사람은 돈을 빌려 준 사람보다 불리해진다.
② 재화와 서비스를 구입하기 위한 소비자들의 부담이 증가한다.
③ 외국 상품에 비해 자국 상품의 가격이 상대적으로 비싸진다.
④ 정해진 금액을 받으며 생활하는 연금 수급자의 생활이 어려워진다.
⑤ 실물 자산을 가진 사람들이 현금 보유자들보다 상대적으로 유리해진다.

07 (가), (나)는 우리 경제의 발전 과정에서 나타났던 문제들이다. 이에 대한 옳은 설명을 〈보기〉에서 고른 것은?

> (가) 우리 경제는 빠르게 성장하여 국민 소득이 증가하였으나 그 이상의 가파른 물가 상승이 나타나, 경제 전반에 부담이 되었다.
> (나) '아이엠에프(IMF) 외환 위기'로 인한 대규모 실업 사태는 개인적·사회적으로 큰 문제를 가져왔다.

보기
> ㄱ. (가)와 같은 상황에서는 돈의 가치가 실질적으로 줄어들 것이다.
> ㄴ. (가)의 해결을 위해 정부는 일자리 확대 정책을 펼치는 것이 적절하다.
> ㄷ. (나)의 대규모 실업은 경기 침체로 나타나는 경기적 실업에 해당한다.
> ㄹ. (나)의 문제를 해결하기 위해 기업은 투자를 줄이고 생산을 축소해야 한다.

① ㄱ, ㄴ ② ㄱ, ㄷ ③ ㄴ, ㄷ
④ ㄴ, ㄹ ⑤ ㄷ, ㄹ

08 실업의 영향과 대책에 대한 옳은 설명을 〈보기〉에서 고른 것은?

보기
> ㄱ. 가계는 경제 활성화를 위한 정책을 펴야 한다.
> ㄴ. 근로자는 실직에 대비하여 꾸준히 직업 능력을 개발하여야 한다.
> ㄷ. 개인적 측면에서 소득의 감소를 가져와 안정적인 경제생활이 어렵다.
> ㄹ. 사회적 측면에서 국민 경제의 생산 능력이 향상되어 경제가 활성화된다.

① ㄱ, ㄴ ② ㄱ, ㄷ ③ ㄴ, ㄷ
④ ㄴ, ㄹ ⑤ ㄷ, ㄹ

09 (가), (나)와 같은 실업의 원인으로 옳은 것은?

(가)

> 공장이 자동화되어 나 같은 기술을 가진 사람은 일자리가 없네.

(나)

> 경기가 좋지 않아 회사에서 인력을 줄였는데, 나도 그때 그만두었어.

	(가)	(나)
①	경기 침체	직장의 이동
②	경기 침체	산업 구조 변화
③	계절적 요인	경기 침체
④	산업 구조 변화	경기 침체
⑤	산업 구조 변화	직장의 이동

서술형

10 다음 상황에서 나타나는 문제와 이에 대응하기 위한 갑국 정부의 방안을 쓰시오.

> 몇 년째 계속되는 경기 침체로 인해 갑국 국민은 극심한 고통을 겪고 있다. 기업들은 부진한 생산과 판매로 기업 경영 악화에 허덕이고 있고, 가계 역시 소득 감소로 소비 지출을 줄이고 있다.

03 국제 거래와 환율

→ 국제 거래의 필요성과 확대

1. 국제 거래가 필요한 이유

(1) 국제 거래의 의미: 국가 간에 이루어지는 상업적 거래로, 국제 교역이라고도 함

> 뜻 주로 나라와 나라 사이에서 물건을 사고팔고 하여 서로 바꾸는 것을 교역이라고 한다.

(2) 국제 거래를 통해 얻는 이익

① 기업의 경쟁력 향상: 외국 기업과의 경쟁 과정에서 신기술 개발 등 기술 혁신을 통해 생산성을 높일 수 있음

② 소비자들의 편익 증대: 국가 간 상품의 거래로 상품 선택의 범위가 확대되어 소비자들의 선택권이 확대되고, 싸고 질 좋은 상품의 소비가 가능함

③ 국내 기업들의 판매 시장 확대: 기업이 상품과 서비스를 판매하는 지역이 국내뿐 아니라 세계 여러 나라로 확대됨

> 교역을 통하여 각국은 자기 나라에는 없거나 부족한 상품과 서비스 등을 사용할 수 있다.

2. 국제 거래의 확대

(1) 국제 거래 확대의 원인

> 뜻 특정 지역이나 시설로 접근할 수 있는 가능성을 말한다.

① 세계화: 교통, 통신의 발달로 세계 각국 간에 접근성이 향상됨

② 개방화: 개방화가 진전되면서 각국의 문화, 상품 등이 활발하게 교류됨

(2) 국제 거래의 양상

① 국제 거래의 대상국이 과거보다 다양해지는 추세임

② 과거보다 국제 거래의 양이 증가함

(3) 국제 거래의 대상: 초기에는 주로 상품의 이동이 주를 이루었으나, 오늘날에는 자본이나 노동 등 생산 요소의 이동도 활발해짐

> 우리나라 근로자가 해외에서 근무하거나 외국 근로자가 우리나라에서 일하는 것처럼 노동력이 해외로 이동하는 사례가 늘어났다.

→ 환율의 의미와 결정

1. 환율의 의미

(1) 환율의 의미: 두 나라 화폐 사이의 교환 비율

(2) 환율이 필요한 이유: 세계 각국은 각기 다른 화폐를 사용함 → 국제 거래를 하려면 화폐를 교환해야 함 → 환율에 따라 화폐를 교환할 수 있음

(3) 환율이 표시하는 것: 환율은 1달러에 1,100원 등과 같이 표시되는데, 이는 1달러와 1,100원을 교환할 수 있다는 것을 의미함

> 환율은 외국 화폐 1단위당 자국 화폐가 얼마에 교환되는가를 나타낸 것이므로, 다른 말로 하면 환율은 외화의 가격이라고 할 수 있다.

· 국제 거래의 특징

· 나라마다 서로 다른 화폐를 사용하므로 국제 거래 시 화폐의 교환이 필요하다.

· 재화와 서비스의 수출과 수입 과정에서 관세나 무역 장벽 등 제한이 존재한다.

· 나라마다 법과 제도가 다르므로 재화나 서비스의 이동이 자유롭지 않고 제한될 수 있다.

정리 국제 거래 증대의 원인과 양상

교통과 통신의 발달, 세계화

↓

국제 거래 확대

↓

· 소비자들의 선택권 증대
· 국내 기업들의 판매 시장 확대
· 기업 간 경쟁으로 신기술 개발

· 세계 각국의 화폐

우리나라의 화폐는 원, 미국의 화폐는 달러, 일본의 화폐는 엔, 중국의 화폐는 위안, 유럽 연합의 화폐는 유로이다.

교과서 PLUS⍺ ｜ 절대 우위와 비교 우위

국제 무역의 발생 원리는 절대 우위와 비교 우위로 설명할 수 있다. 국제 무역에서 한 나라가 교역 상대국보다 낮은 생산비로 재화를 생산할 수 있는 능력을 절대 우위라고 한다. 각국은 절대 우위를 가진 재화와 서비스를 생산하여 교환함으로써 이익을 얻을 수 있다.

그런데 무역이 반드시 절대 우위에 의해서만 발생하는 것은 아니다. 비교 우위란 상대국보다 적은 기회비용으로 재화를 생산할 수 있는 능력으로, 절대 열위에 있는 국가도 기회비용을 고려해 보면 비교 우위 상품을 가질 수 있다.

자료 해설

각 나라는 생산에 유리한 조건을 갖춘 품목을 수출하여 이익을 추구한다. 이때 각국은 비교 우위에 있는 상품을 생산하여 수출할 경우 서로 이익을 얻을 수 있다. 예를 들어 우리나라가 중국에 대해 휴대전화와 텔레비전 모두에 절대 우위가 있더라도, 휴대전화에 비교 우위가 있다면 우리나라는 휴대전화, 중국은 텔레비전에 특화하여 교역하면 두 나라 모두 이익을 얻을 수 있다.

(4) 환율의 상승과 하락: 환율은 오르기도 하고 내리기도 함
　① 환율 상승: 1달러에 1,100원에서 1,200원이 되는 것처럼 외국 화폐의 가치가 올라가는 것임
　② 환율 하락: 1달러에 1,200원에서 1,100원이 되는 것처럼 외국 화폐의 가치가 내려가는 것임

2. 환율의 결정

외화의 수요량이란 외화가 외국으로 나갈 때 생기고, 외화의 공급이란 외화가 국내에 들어올 때 생긴다.

(1) 환율의 결정 원리: 환율은 외환 시장에서 외화에 대한 <u>수요와 공급</u>에 따라 결정됨

환율은, 상품의 가격이 시장에서 수요와 공급에 따라 결정되는 것과 같은 원리에 의해 결정된다. 따라서 외환의 수요량과 공급량이 일치하는 지점에서 균형 환율이 결정되고, 외화에 대한 수요와 공급이 변화하면 환율이 변화한다.

(2) 환율의 결정에 영향을 주는 수요 측면

외화 수요 증가 → 환율 상승	외화 수요 감소 → 환율 하락
• 수입 증가 • 해외 여행 증가 • 해외 투자 증가 • <u>외채 상환</u>	• 수입 감소 • 해외 여행 감소 • 해외 투자 감소

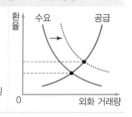 

(뜻) 외채란 외국에서 빌려 온 빚으로, 외화로 갚아야 한다.

(3) 환율 결정에 영향을 주는 공급 측면

외화 공급 증가 → 환율 하락	외화 공급 감소 → 환율 상승
• 수출 증가 • 외국인의 국내 여행 증가 • 외국인의 국내 투자 증가 • 외채 도입	• 수출 감소 • 외국인의 국내 여행 감소 • 외국인의 국내 투자 감소

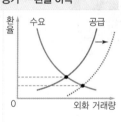 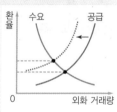

교과서 PLUS α　　환율 변동의 영향

환율	영향
상승	• 수출은 유리, 수입은 불리 • 해외여행 불리 • 외채 상환 불리
하락	• 수출은 불리, 수입은 유리 • 해외여행 유리 • 외채 상환 유리

이렇게 이해하세요

환율이 상승하면 외국 소비자는 같은 금액으로 우리나라 상품을 더 많이 구매할 수 있게 되어 수출이 증가한다. 또한, 외국 상품의 국내 가격은 비싸져 수입은 감소한다. 해외여행이나 유학은 줄어들고, 외국인의 국내 여행은 늘어나게 된다. 외화로 빚을 진 경우에는 갚아야 할 빚이 늘어난다. 반대로 환율이 하락하면 수출이 감소하고, 수입이 증가한다. 해외여행이나 유학은 유리해지고, 외화로 빚을 진 경우에는 갚아야 할 빚이 줄어든다.

활동 풀이

생각 열기 풀이 일상생활에서 찾아볼 수 있는 국제 거래에는 무엇이 있을까?

🔎 **자료 해설**
학생들의 하루 일과표를 통해 우리의 일상생활에 외국과의 국제 거래가 얼마나 연관되어 있는지를 파악한다.

1 자신의 일상생활 속에서 그림과 비슷한 사례를 써 보자.

예시 답안ㅣ 아침 식사 때 먹은 바나나는 필리핀산, 학교에 메고 간 가방은 인도네시아산, 휴일에 본 영화는 미국산, 친구들과 축구할 때 사용한 축구공은 베트남산 등

2 우리나라의 상품과 노동력이 해외로 이동한 사례를 써 보자.

예시 답안ㅣ 우리나라 기업이 생산한 자동차와 스마트 폰이 해외에 대량으로 수출되고 있다. 또한, 우리나라의 건설, 반도체 관련 기술자들이 해외에 진출해 있고, 해외의 외국 기업에서 일하는 우리나라 사람들도 매우 많다. 우리나라 운동 선수들이 외국 프로 리그에서 활약하고 있는 경우도 많다.

스스로 탐구하기 풀이 오늘날 국제 거래의 규모와 내용은?

❗ 이것이 핵심

- **활동 목표:** 최근 들어 국제 거래의 규모는 확대되고 있으며, 거래의 대상도 다양해지고 있음을 이해한다.
- **핵심 개념:** 국제 거래

⭐ 친절한 활동 안내

이 활동을 통해 국제 거래의 품목에 상품뿐 아니라 문화, 자본, 노동력 등도 포함된다는 것을 확인한다. 또한, 국제 거래의 대상이 다양해져 국제 거래에서 문화 콘텐츠나 생산 요소 등의 비중이 높아지고 있음을 이해한다.

자료 ① 무엇을 수출하고 수입할까?

필리핀, 미얀마, 인도네시아 등 외국인 선원의 비율이 높아지면서 국내 해운 회사들이 달라지고 있다. 이슬람 신자 선원을 위해 돼지고기를 사용하지 않는 식단을 짜는 것은 기본이고, 정해진 시간에 기도를 드려야 하는 이슬람 신자들을 위해 배 안에 기도실을 따로 마련하기도 한다. ㅡ『동아일보』, 2012. 4. 26.

문화 예술 산업의 수출이 늘고 있는 가운데, 방송 프로그램의 제작 기술과 설명서를 판매하는 수출이 활발하다. '슈퍼맨이 돌아왔다'와 '꽃보다 할배'는 미국과 유럽, 중국, 베트남 등에 수출되었다. 이러한 방송 수출은 2013년 기준 3백만 달러를 넘었다. ㅡ『YTN 뉴스』, 2016. 9. 1.

▲ 미국판 '꽃보다 할배'

자료 ② 세계 무역액과 우리나라 무역액의 변화

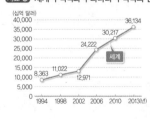
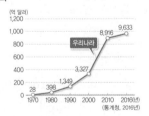

1 자료 ① 에서 국가 간에 거래되는 것들을 써 보자.

예시 답안ㅣ 외국인 선원의 노동(노동력), 방송 프로그램과 같은 문화 예술 콘텐츠

2 자료 ①, ② 를 종합하여 국제 거래의 규모와 내용이 어떻게 달라지고 있는지 써 보자.

예시 답안ㅣ 세계 무역액과 우리나라 무역액이 많이 증가하고 있는 것으로 보아 국제 거래의 규모가 커지고 있다는 것을 알 수 있다. 그리고 거래 대상도 재화의 수출과 수입에 그치는 것이 아니라 서비스 및 노동, 자본 등으로 확대되고 있다.

스스로 탐구하기 풀이   환율은 무엇일까?

교과서 100쪽

1 두 상황의 공통점과 차이점을 써 보자.

예시 답안|

공통점	두 상황 모두 교환이 이루어지고 있다.
차이점	첫째 상황에서는 재화의 교환이, 둘째 상황에서는 화폐의 교환이 일어나고 있다.

2 1달러를 사려면 우리나라 돈을 얼마나 주어야 하는지 써 보자.

예시 답안| 100달러를 사려면 106,500원을 지불해야 하므로, 1달러는 1,065원이다.

3 위 활동을 바탕으로 다음 문장의 빈칸을 채워 환율의 의미를 나타내 보자.

예시 답안|

> 환율은 상품의 (가격)처럼 외화의 (가격)이다.

이것이 핵심 !

- **활동 목표:** 상품 거래 상황과 외화를 거래하는 상황의 공통점과 차이점을 이해한다.
- **핵심 개념:** 환율의 의미

친절한 활동 안내 ★

이 활동은 두 나라 간 화폐의 교환 비율인 환율이 상품 시장에서 재화나 서비스의 가격처럼 외화에 대한 가격임을 알게 하는 활동이다.

스스로 탐구하기 풀이   경매를 통해 환율 과정 체험하기

교과서 101쪽

다른 나라에서 물건을 사는 경매에 참여해 보자. 이를 통해 외국 화폐의 필요성을 인식하고, 외화의 수요와 공급에 의해 환율이 결정된다는 점을 이해하자.

준비물	• 화폐: 검은 바둑알 100개, 하얀 바둑알 200개
	• 경매 물품: 연필 2상자, 과일 사탕 1봉지, 우유 사탕 1봉지

절차 다음 순서에 따라 경매를 진행하자.

❶ **경매 진행팀 구성** 교실은 중앙선을 중심으로 대략 같은 크기로 나누어 각각 갑국과 을국으로 정하고, 경매를 진행할 도우미 학생 1명을 정한다.

❷ **바둑알 나누어 주기** 교사는 갑국의 학생에게는 검은 바둑알 100개를, 을국의 학생에게는 하얀 바둑알 200개를 무작위로 나누어 준다. 이때 갑국에서 물건을 사려면 검은 바둑알이 필요하고, 을국에서 물건을 사려면 하얀 바둑알이 필요하다는 사실을 학생들에게 공지한다.

❸ **경매 물품 결정** 갑국에서는 연필 1상자와 과일 사탕 1봉지를 경매에 부치고, 을국에서는 연필 1상자와 우유 사탕 1봉지를 경매에 부친다.

❹ **바둑알 교환** 경매 시작 전 검은 바둑알과 하얀 바둑알을 바꿀 수 있다고 알려 주고 학생들에게 바둑알을 교환하게 한다. 교환할 때는 거래량을 교사에게 보고하게 한다. 바둑알의 교환은 5분에서 10분 동안 한다.

❺ **경매 활동** 학생들은 갑국과 을국을 오가면서 경매에 참여할 수 있다. 경매가 끝나면 갑국과 을국의 연필과 사탕 가격을 칠판에 적고, 연필 가격을 비교하여 환율을 계산해 본다.

1 경매 활동에서 다른 나라 화폐가 왜 필요했는가?

예시 답안| 다른 나라의 상품을 구매하기 위해서는 그 나라의 화폐가 필요하므로

2 두 나라의 화폐는 어떤 비율로 교환되었는가?   예시 답안| 생략

3 국제 거래에서 환율이 어떻게 결정되는가?

예시 답안| 외환 시장에서 해당 외국 화폐의 수요와 공급에 의해 결정된다.

이것이 핵심 !

- **활동 목표:** 경매 활동을 통해 환율이 어떻게 결정되는지를 가상적으로 체험하면서, 문제 해결 능력을 기른다.

친절한 활동 안내 ★

이 활동의 핵심은 경매 활동이므로, 경매에 필요한 준비물과 절차, 그리고 도우미의 역할에 대해 충분히 이해하고 활동을 진행해야 한다. 또한, 경매 활동 이후 마무리 질문에 답하면서 자신이 체험한 외환의 필요와 결정 원리를 정리해 본다.

개념 쏙쏙

1 국가 간에 상품, 노동, 자본, 기술 등이 국경을 넘어 상업적으로 거래되는 것을 (   )라고 한다.

2 다음 내용이 옳으면 ○표, 틀리면 X표를 하시오.

(1) 근로자들이 일자리를 찾아 다른 나라로 이동 하는 것은 국제 거래이다.   (   )

(2) 오늘날에는 국가 간에 서비스보다 재화의 거 래 비중이 커지고 있다.   (   )

(3) 두 나라 간 서로 다른 화폐의 교환 비율을 환 율이라고 한다.   (   )

(4) 환율은 여러 가지 경제 상황을 고려하여 적정 수준으로 정부에서 결정한다.   (   )

3 다음 상황에서 달러에 대한 원화의 환율이 오르면 '상승', 내리면 '하락'이라고 쓰시오.

(1) 수입과 해외여행의 증가로 달러에 대한 수요 가 증가하고 있다.   (   )

(2) 수출이 늘어나고 있고, 외국 기업의 국내 투 자가 활발하다.   (   )

01 다음 두 자료를 보고 서술한 내용으로 적절한 것은?

> • 필리핀, 미얀마, 인도네시아 등 외국인 선원의 비 율이 높아지면서 국내 해운 회사들이 달라지고 있 다. 이슬람 신자 선원을 위해 돼지고기를 사용하 지 않는 식단을 짜고, 기도실도 마련하고 있다.
> • 문화 예술 산업의 수출이 늘고 있는 가운데, 방송 프로그램의 제작 기술과 설명서를 판매하는 수출 이 활발하다.

① 재화의 국가 간 이동은 자유롭지 못하다.
② 국가 간 상품의 거래량이 많이 늘어났다.
③ 거래 대상 품목의 종류가 제한되어 있다.
④ 서비스 및 노동력의 국가 간 이동이 활발하다.
⑤ 각국이 경쟁력이 약한 국내 산업을 보호하려 한다.

02 다음 글이 설명하는 용어를 쓰시오.

> 우리나라 기업이 다른 나라에 물품을 판매하거나 외 국으로부터 물품을 구매하여 국내로 들여오는 것과 같이 국가 간에 상품이나 생산 요소 등이 거래되는 것이다.

(   )

중요
03 국제 거래와 관련된 내용으로 옳지 <u>않은</u> 것은?

① 국제 거래는 국가 간에 상품과 생산 요소 등이 거 래되는 것이다.
② 소비자는 상품 선택의 폭이 넓어져 풍요로운 소 비생활을 할 수 있다.
③ 기업은 외국 기업과 경쟁하는 과정에서 기술 혁 신을 하여 생산성을 높일 수 있다.
④ 세계화, 개방화의 추세로 국제 거래의 규모가 점 점 커지고, 대상국도 늘어나고 있다.
⑤ 오늘날에는 국제 거래에서 재화의 국가 간 이동 은 줄고, 서비스의 이동이 활발하다.

04 그림과 같이 국제 거래 규모가 증가하게 된 배경을 〈보기〉 에서 고른 것은?

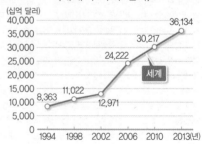

〈세계 무역액 변화〉

(십억 달러)

보기
ㄱ. 교통·통신 수단의 발달
ㄴ. 세계화·개방화의 추세
ㄷ. 나라마다 다른 자연환경
ㄹ. 유가 상승으로 인한 상품 가격 인상

① ㄱ, ㄴ   ② ㄱ, ㄷ   ③ ㄴ, ㄷ
④ ㄴ, ㄹ   ⑤ ㄷ, ㄹ

05 환율에 대한 설명으로 옳지 <u>않은</u> 것은?

① 환율은 외화의 가격을 나타낸다.
② 자국 화폐와 외국 화폐의 교환 비율이다.
③ 외화에 대한 수요가 증가하면 환율이 오른다.
④ 환율은 외화에 대한 수요와 공급에 의해 결정된다.
⑤ 1달러가 1,000원에서 900원이 되면 환율은 상승한 것이다.

 06 밑줄 친 '외화의 수요'가 변동하는 경우를 〈보기〉에서 고른 것은?

> 상품 시장에서의 가격이 상품에 대한 수요와 공급에 따라 변동하는 것처럼, 외환 시장에서 환율은 <u>외화의 수요</u>와 공급의 변화에 따라 달라진다.

보기
> ㄱ. 외국에서 돈을 빌려올 때
> ㄴ. 외국으로부터 상품을 수입할 때
> ㄷ. 외국인이 국내에 자본을 투자할 때
> ㄹ. 우리나라 사람들이 해외로 여행을 갈 때

① ㄱ, ㄴ   ② ㄱ, ㄷ   ③ ㄴ, ㄷ
④ ㄴ, ㄹ   ⑤ ㄷ, ㄹ

07 표는 갑국의 환율 변동을 나타낸다. 이를 바탕으로 빈칸 ㉠, ㉡에 알맞은 말을 고른 것은? (1달러를 기준으로 함)

시기	2017. 3. 2.	2017. 4. 2.	2017. 5. 2.	2017. 6. 2.
환율	1,100원	1,110원	1,120원	1,130원

> 갑국에서는 2017년 환율이 ㉠ 하고 있는데, 이는 갑국의 화폐 가치가 ㉡ 했음을 의미한다.

	㉠	㉡		㉠	㉡
①	상승	상승	②	하락	상승
③	상승	하락	④	하락	하락
⑤	상승	불변			

[08-09] 그래프는 어느 나라의 환율 변동을 나타낸다.

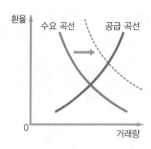

08 위의 그래프가 나타내는 것은?

① 외화의 수요가 증가하여 환율이 상승하였다.
② 외화의 수요가 감소하여 환율이 하락하였다.
③ 외화의 공급이 증가하여 환율이 하락하였다.
④ 외화의 공급이 감소하여 환율이 상승하였다.
⑤ 환율이 올라서 외화에 대한 수요가 변동하였다.

09 위와 같은 환율 변동이 나타나는 이유에 해당하는 것을 〈보기〉에서 고른 것은?

보기
> ㄱ. 수출 증가
> ㄴ. 수입 증가
> ㄷ. 내국인의 해외 여행 증가
> ㄹ. 해외 유학생에 대한 송금 감소

① ㄱ, ㄴ   ② ㄱ, ㄷ   ③ ㄴ, ㄷ
④ ㄴ, ㄹ   ⑤ ㄷ, ㄹ

서술형

10 다음 상황들이 환율에 미치는 영향을 설명하시오.

> • 수출은 크게 감소하고 있지만, 내국인들의 해외여행 수요는 계속 증가하고 있다.
> • 외국인들의 국내 투자는 감소하고 있지만, 국내 기업들의 해외 투자는 증가하고 있다.

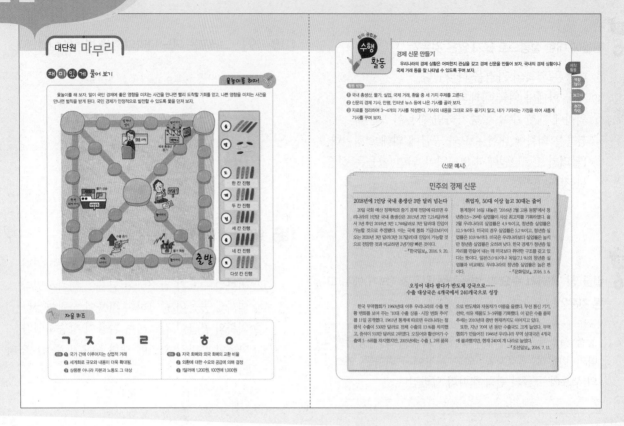

재미있게 풀어 보기 **풀이**

교과서 102쪽

|윷놀이를 하자|

예시 답안 | 생략

|자음 퀴즈|

예시 답안 | 국제 거래, 환율

창의 · 융합형 수행 활동 풀이

교과서 103쪽

이것이 핵심 신문 기사나 뉴스를 찾아 기사의 내용을 옮겨 작성해 보는 활동이다. 기사를 작성하면서 국내 총생산, 물가, 실업, 국제 거래, 환율에 대해 이해하고 있는지 확인해 본다.

예시 답안 |

설 선물로 인기가 좋은 한우는 도축 마릿수 증가로 가격이 하락했고, 배와 사과는 재배 면적 증가와 작황 호조로 출하량이 큰 폭으로 증가하면서 가격이 전년 대비 8%가량 내렸다.

과일과 채소류의 가격은 전반적인 경기 침체와 소비 부진 등이 맞물리면서 내림세가 지속하고 있다. 주요 품목별로 보면 사과는 전년 대비 재배 면적이 15%가량 늘어났고, 작황 호조에 따른 출하량 증가로 가격은 지난해보다 5%가량 낮아졌다. 배는 지난해 가을 생산된 배 가운데 대과(大果)의 비중이 늘어나면서 우수한 품질의 배 공급량이 늘어 가격이 전년 대비 9%가량 싸졌다.

배추도 풍년인데 김장 가구 수 감소까지 겹치면서 가격이 평년 대비 30% 이상 폭락한 포기당 3천 원에 형성됐다.

물가 정보 관계자는 "사상 최악의 AI가 창궐했던 지난해와 달리 올해는 달걀과 육류 가격이 안정세를 보이는데 과일과 채소류의 작황도 좋아 전반적으로 설 물가가 안정적인 상황"이라고 말했다.

○○ 신문 (2018. 1. 19)

외환 딜러

이번 단원에서는 국제 거래와 환율에 대해 배웠습니다. 환율은 외화에 대한 수요와 공급에 따라 시시각각 변하는데요. 이러한 외화의 가격 변동을 예측하여 투자하는 사람들이 있습니다. 바로 외환 딜러입니다.

외환 딜러는 외환 시장의 추이를 분석하고, 외환의 현물·선물을 매매하는 업무를 수행하는 이를 말합니다. 쉽게 얘기하면 외환 시장에서 외환의 가격이 올라갈 것 같으면 사거나 가지고 있고, 내려갈 것 같으면 자신이 가지고 있는 외환을 팔아 차익을 얻는 것이죠. 1초 안에 적게는 백만 달러에서 많게는 수천만 달러를 거래하는 직업이 외환 딜러입니다.

외환 딜러는 어디에서 일을 하나요?

외환 딜러는 시중 은행뿐만 아니라 증권사, 투자은행 등 다양한 금융사에 소속돼 있기도 하고 개인으로 거래를 하는 딜러들도 있어요. 그러나 주식과 달리 외환은 호가 단위가 100만 달러이기 때문에 우리나라에서는 대부분 은행에 속해 일을 한답니다. 증권사에 소속된 이들도 있지만 외환 시장에서의 거래 비중은 크지 않아요. 원·달러를 취급하는 서울 외환 시장에서 거래하는 외환 딜러는 20명 내외로 알려져 있습니다.

매우 흥미롭네요! 외환 딜러가 되기 위해서는 어떤 준비를 해야 하나요?

외환 딜러는 변호사·회계사 같은 자격증이 필요한 직업이 아니에요. 공인 재무 분석사(CFA) 등의 자격증을 보유한 외환 딜러도 있지만, 외환 딜러가 되려면 일단은 금융사, 특히 은행에 입사하는 경우가 많죠. 은행에 따라 조금씩 차이가 있긴 하지만 OO 은행을 예로 들자면 1년에 한 번 외환 딜러 연수 프로그램의 수강자를 모집합니다. 대상은 전 본·지점에 있는 2~3년차 행원입니다. 연수 프로그램에 합격했다고 해도 끝이 아닙니다. 수개월 동안 주말을 반납하며 교육을 받고, 평가를 거쳐 선발되는 인원은 3~4명에 불과하지요. 치열한 공채를 뚫고 입행에 성공했다 하더라도 외환 딜러가 되기 위해서는 약 50대 1의 경쟁률을 이겨내야 합니다.

외환 시장에서 외화를 거래하는 외환 딜러들 ➡

대단원 총정리 문제

01 국내 총생산과 경제 성장

01 그래프는 어느 나라의 국내 총생산 변화를 나타낸다. 이를 통해 알 수 있는 생활의 변화로 적절하지 <u>않은</u> 것은?

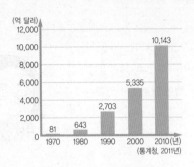

① 교육 수준이 높아졌을 것이다.
② 빈부 격차가 완화되었을 것이다.
③ 영 · 유아 사망률이 낮아졌을 것이다.
④ 국민의 평균 수명이 늘어났을 것이다.
⑤ 문화 활동 및 여가 활동이 활발해졌을 것이다.

02 다음 대화의 밑줄 친 '국내 총생산'에 대한 옳은 설명을 〈보기〉에서 고른 것은?

> 갑: 한 나라의 경제 상태는 어떻게 알 수 있을까?
> 을: 경제 지표들을 통해 알 수 있는데, 대표적인 경제 지표 중 하나가 <u>국내 총생산</u>이야.

보기
> ㄱ. 중고품의 가치를 포함하여 계산한다.
> ㄴ. 외국인이 국내에서 생산한 부가 가치는 포함된다.
> ㄷ. 국내 총생산이 클수록 그 나라 국민의 평균 소득 수준도 높다.
> ㄹ. 일정 기간 한 나라 안에서 생산된 최종 생산물의 시장 가치를 합한 것이다.

① ㄱ, ㄴ　　② ㄱ, ㄹ　　③ ㄴ, ㄷ
④ ㄴ, ㄹ　　⑤ ㄷ, ㄹ

단답형
03 밑줄 친 '이것'에 해당하는 개념을 쓰시오.

> <u>이것</u>은 국내 총생산의 규모가 커지는 것을 의미한다. <u>이것</u>으로 인해 국민의 평균 소득이 높아지고 물질적으로 풍족해진다.

(　　　　　　　　　)

04 우리나라 국내 총생산에 포함되는 것을 〈보기〉에서 고른 것은?

보기
> ㄱ. 농부가 시장에 내다 팔려고 재배한 사과
> ㄴ. 주부가 가족의 저녁식사를 위하여 만든 요리
> ㄷ. 외국인 근로자가 우리나라에서 생산한 자동차
> ㄹ. 우리나라 기업이 중국에서 생산한 휴대 전화

① ㄱ, ㄴ　　② ㄱ, ㄷ　　③ ㄴ, ㄷ
④ ㄴ, ㄹ　　⑤ ㄷ, ㄹ

05 그림의 대화에서 밑줄 친 주장을 뒷받침할 수 있는 근거로 적절한 것을 〈보기〉에서 고른 것은?

국내 총생산에는 한 나라의 경제 활동 규모를 파악하는 데 매우 유용한 경제 지표야.

하지만 국내 총생산은 국민들의 실생활을 정확히 나타내 주지는 못해.

보기
> ㄱ. 국내 총생산에는 재화의 가치만 포함된다.
> ㄴ. 국내 총생산은 소득 분배 상태에 관한 정보를 제공하지 못한다.
> ㄷ. 삶의 질을 떨어뜨리는 행위가 국내 총생산을 증가시키기도 한다.
> ㄹ. 국내 총생산은 국내에서 생산된 것과 국외에서 생산된 것을 구별하지 못한다.

① ㄱ, ㄴ　　② ㄱ, ㄷ　　③ ㄴ, ㄷ
④ ㄴ, ㄹ　　⑤ ㄷ, ㄹ

02 물가 상승과 실업

단답형

06 밑줄 친 '이 현상'이 무엇인지 쓰시오.

> 이 현상은 지속해서 물가가 상승하는 것을 의미한다. 이러한 상황에서는 금융 자산 보유자는 불리해지고 실물 자산 보유자는 유리해져서 소득이 불공정하게 재분배될 수 있다.

( )

중요

07 그림에 나타난 상황이 지속해서 발생할 때 가장 유리할 것으로 예측되는 사람은?

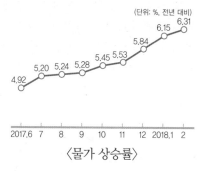

(단위: %, 전년 대비)

〈물가 상승률〉

① 고층 건물을 매입한 자산가
② 월급으로만 생활하는 회사원
③ 노트북을 미국으로 수출하는 사업자
④ 친구에게 거액의 투자 자금을 빌려준 채권자
⑤ 퇴직금을 은행에 맡기고 매달 이자를 받는 노인

08 물가 상승이 발생하는 원인과 가장 거리가 먼 것은?

① 정부 지출 증가
② 기업의 투자 증가
③ 근로자의 임금 인상
④ 가계의 소비 지출 감소
⑤ 구매 원자재의 가격 상승

09 다음 사례에서 인플레이션이 발생한 공통의 원인으로 가장 적절한 것은?

> • 제1차 세계 대전에서 패한 독일은 막대한 전쟁 배상금을 마련하기 위해서 화폐를 마구 발행하였다. 그 결과 물가가 3년 만에 100억 배나 상승하였다.
> • 짐바브웨에서는 부정부패와 경제 실책으로 인해 경제 기반이 붕괴하면서 자금 확보를 위해 대량의 지폐를 찍어 냈다. 그 결과, 231,000,000%라는 물가 상승률을 기록하였다.

① 생산비의 인상
② 통화량의 급증
③ 가계의 소비 증가
④ 기업의 투자 증가
⑤ 정부의 재정 지출 확대

10 물가 안정을 위한 경제 주체의 노력으로 적절하지 <u>않은</u> 것은?

① 가계는 과소비와 사재기를 자제한다.
② 정부는 정부 지출을 최대한 확대한다.
③ 기업은 기술 혁신을 통해 생산비를 절감한다.
④ 근로자는 과도한 임금 인상 요구를 자제한다.
⑤ 중앙은행은 이자율을 인상하여 저축을 유도한다.

중요

11 물가가 지속해서 상승할 때 나타나는 현상으로 적절한 것을 〈보기〉에서 고른 것은?

> **보기**
> ㄱ. 국내 기업의 수출 경쟁력이 저하될 것이다.
> ㄴ. 가계의 저축과 기업의 투자가 증대될 것이다.
> ㄷ. 실물 자산의 가치가 커짐으로써 투기가 증대될 것이다.
> ㄹ. 사람들의 소득이 크게 증가하여 생활 수준이 나아질 것이다.

① ㄱ, ㄴ ② ㄱ, ㄷ ③ ㄴ, ㄷ
④ ㄴ, ㄹ ⑤ ㄷ, ㄹ

단답형

12 다음과 같은 영향을 가져오는 경제 현상을 쓰시오.

> • 개인적으로는 소득을 얻지 못하여 안정적인 경제 생활이 어려워진다.
> • 사회적으로는 인력 자원을 낭비하고, 경제 전반의 활기를 떨어뜨리게 된다.

(   )

13 실업의 종류인 (가)~(다)에 대한 설명으로 옳지 <u>않은</u> 것은?

(가)	(나)	(다)
겨울철이 지나자 스키 강사들의 일자리가 사라졌다.	석탄 산업이 쇠퇴하면서 광부들의 일자리가 사라졌다.	경기가 나빠지자 기업의 투자가 축소되어 고용이 감소하였다.

① (가)의 해결에는 인력 재교육이 도움이 된다.
② (나)는 산업 구조의 변동에 따라 발생하는 구조적 실업이다.
③ (다)의 문제를 해결하기 위해 정부의 지출 확대가 도움이 된다.
④ (가)~(다)는 개인적, 사회적 측면에서의 문제를 발생시킨다.
⑤ (가), (다)와 달리 (나)는 일자리에 대한 정보를 제공하면 쉽게 해결할 수 있다.

14 다음과 같은 유형의 실업 문제를 해결하기 위한 대책으로 가장 적절한 것은?

> 최근 세계 경기 불황의 여파로 경영 상태가 나빠지자 대다수 회사에서 생산 설비와 인력 감축에 나서고 있다. 이러한 상황은 당분간 지속할 전망이다.

① 직업 훈련 확대
② 취업 박람회 개최
③ 농공 단지의 조성
④ 경기 회복 정책 시행
⑤ 고용 지원 센터 운영

03 국제 거래와 환율

15 국제 거래와 관련된 설명 중 옳은 것은?

① 거래 대상이나 규모가 점차 축소되고 있다.
② 한 국가 안에서 이루어지는 상업적 거래이다.
③ 국제 거래로 인해 소비자들의 선택권이 제한된다.
④ 외국 기업과의 경쟁으로 국내 기업은 생산성이 떨어지게 된다.
⑤ 국제 거래에는 재화뿐만 아니라 서비스, 자본, 노동력의 거래도 포함된다.

16 국제 거래로 볼 수 <u>없는</u> 것은?

① 우리나라 사람이 국내 기업에 취직한 경우
② 독일 기업이 일본에 자동차를 수출한 경우
③ 미국 은행이 베트남 기업의 주식을 구매한 경우
④ 우리나라 방송사가 드라마를 중국에 판매한 경우
⑤ 영국 기업이 브라질에서 통신 기술을 수입한 경우

17 그래프와 같은 환율 변동의 원인을 〈보기〉에서 고른 것은?

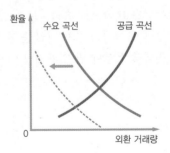

보기

> ㄱ. 상품 수출의 증가
> ㄴ. 해외 차관 도입의 감소
> ㄷ. 자국민의 해외여행 감소
> ㄹ. 자국민의 해외 투자 감소

① ㄱ, ㄴ   ② ㄱ, ㄷ   ③ ㄴ, ㄷ
④ ㄴ, ㄹ   ⑤ ㄷ, ㄹ

18 국내 거래와 달리 국제 거래가 가지는 특징으로 볼 수 없는 것은?

① 전 세계를 대상으로 한다.
② 거래의 규모가 매우 크다.
③ 거래 대상이 상품에 한정된다.
④ 거래 물품이 국경을 넘어 이동한다.
⑤ 화폐 간의 교환 비율을 고려해야 한다.

19 다음과 같은 환율의 변동을 가져온 요인과 환율의 변화 방향을 바르게 나타낸 것은?

> • 우리나라 기업이 생산한 제품의 수출이 증가하고 있다.
> • 외국인 투자자가 우리나라 기업에 대한 투자를 늘렸다.

	요인	방향		요인	방향
①	수요 증가	상승	②	공급 증가	하락
③	수요 증가	하락	④	공급 감소	상승
⑤	수요 감소	상승			

중요
20 다음 환율 변동을 가져오는 원인에 해당하지 않는 것은?

> 100엔 : 1,000원 → 100엔 : 1,200원

① 한국에 온 일본인 관광객 증가
② 엔화로 돈을 빌린 사람의 빚 상환
③ 일본으로 여행을 계획 중인 관광객 증가
④ 일본으로부터 수입하는 자동차의 수 증가
⑤ 일본에 유학 중인 자녀에게 학비를 송금하는 학부모의 증가

21 다음 글의 밑줄 친 부분을 근거를 들어 반박하시오.

> 한 나라 사람들의 생활 수준을 파악하기 위해서는 국내 총생산이 아닌 1인당 국내 총생산을 따져봐야 한다. 1인당 국내 총생산은 한 국가의 국내 총생산을 인구수로 나눈 값이다. <u>어떤 국가의 1인당 국내 총생산이 다른 국가의 1인당 국내 총생산보다 높다면 그 국가의 생활 수준이 더 나은 것이다.</u>

22 다음 글의 밑줄 친 부분의 사례를 한 가지 쓰시오.

> 급속한 물가 상승은 국민 경제에 여러 가지 부작용을 가져오는데, 물가가 상승하면 화폐의 가치가 하락하면서 <u>부와 소득을 불공평하게 재분배한다.</u>

23 다음 상황이 지속할 경우 환율이 어떻게 변동할지 설명하시오.

> 지난 달 우리나라는 사상 최대 규모의 수출을 기록하였다. 이에 반해, 국제 원자재 가격의 하락으로 원자재 수입은 대폭 감소하였다.

국제 사회와 국제 정치

현대 사회를 살아가는 시민들은 세계화, 개방화로 인해서 국제 사회의 영향을 점점
더 많이 받고 있습니다. 국제 사회에서는 자기 나라의 이익을 먼저 추구하기 때문에
서로 경쟁하고 갈등하지만, 국제 문제의 해결을 위해서 상호 협력하기도 합니다.
우리나라가 직면한 국가 간 갈등은 무엇이며, 이러한 문제를 해결하기 위해
어떻게 대응하고 있는지 알아봅시다.

▶ **이 단원에서는**

01	국제 사회의 특성과 행위 주체	국제 사회의 특성을 이해하고, 국제 관계에 영향을 미치는 여러 행위 주체의 활동에 관하여 알아본다.
02	국제 사회의 모습과 공존을 위한 노력	국제 사회에 나타나는 경쟁과 갈등, 협력을 이해하 고 국제 사회의 공존을 위한 노력을 탐구한다.
03	우리나라의 국가 간 갈등과 해결	우리나라가 직면하고 있는 국가 간 갈등 문제를 인 식하고, 이를 해결하기 위한 활동을 알아본다.

남학생의 물음에 여학생이 어떻게 대답했을지 생각하여 써 보자.

| 사진 해설 |

사진은 대표적인 국제기구인 국제 연합의 본부 모습이다. 국제 사회는
국가, 국제기구, 다국적 기업, 개인 등 다양한 행위 주체로 구성되어 있
다. 이들은 경쟁하고 갈등하기도 하지만 국제 사회의 여러 문제를 해결
하고 국제 평화를 유지하기 위해 서로 협력하기도 한다.

| 대답 예시 |

• 국제 연합은 국제 평화 유지와 국제 문제 해결을 위하여 많은 역할을
하고 있어. 그러나 국제 연합이 국제 사회의 중앙 정부는 아니고 강제
력을 가진 것도 아니라서, 국제 사회의 모든 문제를 해결하기는 어려워.

국제 사회와 국제 정치

이 단원의 구성

중단원	소주제 및 탐구 활동	핵심 미리 보기
01 국제 사회의 특성과 행위 주체	**1 국제 사회의 특성** 탐구 국제 사회는 어떤 특성이 있을까? **2 국제 사회의 다양한 행위 주체** 탐구 국제 사회에서 활동하는 행위 주체는? 탐구 국제 사회의 행위 주체는 어떤 활동을 할까?	국제 사회, 힘의 원리, 국제 행위 주체, 국제기구
02 국제 사회의 모습과 공존을 위한 노력	**1 국제 사회의 경쟁과 갈등, 협력** 탐구 국제 사회에는 어떤 모습이 나타날까? 탐구 국제 사회의 다양한 경쟁 및 갈등 모습은? **2 국제 사회의 공존을 위한 노력** 탐구 국제 사회의 공존을 위한 활동은?	국제 사회의 경쟁과 갈등, 협력, 국제 사회의 공존, 외교
03 우리나라의 국가 간 갈등과 해결	**1 독도를 둘러싼 갈등** 탐구 독도는 우리 영토입니다! **2 우리나라와 일본의 갈등** 탐구 우리나라와 일본은 어떤 문제로 갈등하고 있을까? **3 우리나라와 중국의 갈등** 탐구 우리나라와 중국은 어떤 문제로 갈등하고 있을까? **4 우리나라의 국가 간 갈등 해결** 탐구 국가 간 갈등을 해결하기 위해 우리가 할 수 있는 일은?	독도 문제, 동북공정 문제, 갈등 해결 노력

국제 사회의 특성과 행위 주체~국제 사회의 모습과 공존을 위한 노력

교과서 106쪽~113쪽

- **영국의 유럽 연합(EU) 탈퇴**
영국은 2016년 유럽 연합의 지나친 규제와 과도한 분담금이 경제에 나쁜 영향을 미치고 있다며 유럽 연합 탈퇴를 결정하였다. 이는 자국의 이익을 우선으로 추구하는 국제 사회의 특성을 보여준다.

- **국제 연합 안전 보장 이사회 상임 이사국의 거부권 인정**
국제 연합 안전 보장 이사회에서는 원칙적으로 3/5(15개 이사국 중 9개국) 이상의 찬성으로 결정하지만, 중대한 문제를 결정할 때에는 상임 이사국 5개(미국, 영국, 프랑스, 러시아, 중국)를 반드시 포함한 3/5 이상이 찬성해야 한다. 즉, 국제 연합 안전 보장 이사회의 표결은 상임 이사국들의 거부권을 인정한 다수결제로, 국제 사회에는 힘의 원리가 반영된다는 것을 보여준다.

개념⁺ 국제 연합(UN)

▲ 국제 연합 깃발과 회원국들

국제 연합은 1945년에 국제적인 분쟁 해결, 국제 평화 유지, 국가 간 우호와 협력 증진을 목적으로 창설되었다. 군비 축소, 경제적·사회적·문화적 교류와 협력, 국제법 개발 등을 위한 활동을 통해 국제 평화와 안전을 도모한다.

→ 국제 사회의 특성

1. 국제 사회의 의미: 주권을 가진 여러 나라가 교류하며 공존하는 사회
> 뜻 국가의 의사를 최종적으로 결정하는 권력으로, 대내적으로는 최고의 절대적 힘, 대외적으로는 독립성을 가진다.

2. 국제 사회의 특성
(1) 국제적 갈등을 해결할 중앙 정부가 존재하지 않음
(2) 각 국가가 자국의 이익을 우선함
(3) 힘의 논리가 지배
> 원칙적으로 각 국가의 주권은 동등하다고 인정하지만, 실제로는 군사력과 경제력이 막강한 강대국이 자국에 유리하게 국제 사회를 이끌어 가는 경우가 많다.

　　ⓔ 국제 연합(UN)의 안전 보장 이사회 상임 이사국의 거부권 인정
(4) 갈등과 협력의 공존
> 안전 보장 이사회는 미국, 영국, 프랑스, 러시아, 중국의 상임 이사국과 10개국의 비상임 이사국으로 구성된다.

　　① 각 국가가 자국의 이익을 우선으로 추구하는 과정에서 갈등하고 대립함
　　② 빈곤, 인권, 지구 온난화 등 전 지구적인 문제에 공동으로 대응하기 위해서 협력
> 왜 빈곤, 인권, 지구 온난화 등과 같은 문제는 여러 나라가 연관되어 있고, 한 국가의 노력만으로 해결할 수 없으므로 국제 사회의 협력이 필요하다.

→ 국제 사회의 다양한 행위 주체

1. 국제 행위 주체의 다양화
(1) 과거: 국가와 같이 전통적인 행위 주체가 중심이 됨
(2) 현대: 국가뿐 아니라 국제기구, 다국적 기업, 민간단체 등의 영향력이 커짐

2. 국제 행위 주체의 종류

주체	특징 및 사례
국가	• 가장 기본적인 국제 행위 주체 • 주권을 가진 행위 주체로서 국제 사회에서 독립적으로 활동
국제기구	• 정부, 민간단체, 개인 등을 회원으로 함 • 국가의 범위를 넘어 국제적 영향력 행사 • 정부 간 국제기구: 정부를 회원으로 하는 기구 　ⓔ 국제 연합(UN), 경제 협력 개발 기구(OECD), 세계 무역 기구(WTO) 등 • 국제 비정부 기구: 개인과 민간단체를 회원으로 하는 국제기구 　ⓔ 그린피스, 국경 없는 의사회, 국제 적십자사 연맹 등
다국적 기업	• 세계 여러 나라에서 생산과 판매를 하며 국제적으로 경제 활동을 하는 기업 • 세계화가 진전되면서 그 규모와 영향력이 확대되고 있음
개인	국제 연합 사무총장, 강대국의 전·현직 국가 원수 등 국제적으로 영향력 있는 사람

교과서 PLUSα 국제 비정부 기구(NGO)

↑ 국제 민간 의료 구호 단체인 '국경 없는 의사회'

자료 해설

국제 비정부 기구(NGO)는 국제 연합(UN)에 여론을 반영하기 위해 설립된 각국의 민간단체이다. 국제 비정부 기구는 세계 정치에 큰 영향을 미친다. 국제 연합(UN)에서는 특정 정부의 정통성에 도전하거나 그 나라의 인권 문제를 거론하는 집단은 국제 비정부 기구로 인정하지 않는다. 사람들은 국제 비정부 기구라는 단어를 생소하게 여기기도 하지만 국제 사면 위원회, 그린피스, 국경 없는 의사회, 국제 적십자사 연맹 등은 매우 잘 알려진 대표적 국제 비정부 기구이다.

→ 국제 사회의 경쟁과 갈등, 협력

1. 국제 사회의 경쟁과 갈등

(1) **국가 간 경쟁과 갈등 지속:** 각 국가는 자국의 이익을 가장 중시하는데, 국가 간 이해 관계가 다르게 때문에 경쟁과 갈등이 발생하고 있음

(2) **주요 원인**
   ① 민족과 종교의 차이
   ② 가치관과 역사적 경험의 차이
   ③ 제한된 자원과 영토를 둘러싼 대립
   ④ 세계 무역 시장에서의 우위 확보

2. 국제 사회의 협력

🗯 선진화된 북반구 지역의 국가와 상대적으로 경제 발전이 느린 남반구 지역의 개발 도상국 간에 발생하는 경제적 격차에 따른 갈등을 말한다.

(1) **지구촌 공동의 문제 발생:** 빈곤과 남북문제, 환경 문제, 인권 문제 등

(2) **국제 문제 해결을 위한 협력:** 지구촌이 공동으로 당면하고 있는 문제에 대처하기 위해 국제 사회는 협력하고 있음

→ 국제 사회의 공존을 위한 노력

1. 국제 사회의 문제 해결: 국제 평화를 정착하고 공존하기 위해서는 외교를 통한 문제 해결이 중요함

2. 외교 ── 실리를 추구하면서도 효과적인 외교 정책이 필요하다.

(1) **의미:** 한 국가가 국제 사회에서 평화적인 방법으로 자국의 이익을 달성하려는 활동

(2) **전통적 외교와 오늘날의 외교**

🗯 정치, 경제, 문화 등 사회의 여러 분야에서 국가 간 교류가 확대되고, 그 영향이 개인과 사회 집단에 미쳐 하나의 세계 안에서 생활하는 것을 말한다.

전통적 외교	오늘날의 외교
• 정부의 외교관을 통한 공식적 외교 활동 • 외교의 대상은 주로 정치와 군사 문제에 집중됨	• 공식적 외교뿐만 아니라 세계화, 개방화의 진전으로 민간 외교의 역할과 중요성이 커짐 • 외교의 대상과 주제가 경제·사회·문화·스포츠 등 다양한 분야로 확대됨

(3) **외교 활동의 중요성:** 외교 활동을 통해 자국의 국제적 위상 향상, 정치적·경제적 이익의 실현, 국가 간 관계 개선과 국제 평화 유지에 기여할 수 있음

• 국제 사회의 다양한 갈등

종교, 종족 차이로 인한 분쟁	팔레스타인과 이스라엘 분쟁, 신장 위구르 자치구의 분쟁, 카슈미르 분쟁, 코소보 사태 등
영토 분쟁	댜오위다오 섬(일본명 센카쿠 열도)을 둘러싼 중국과 일본의 영토 분쟁 등
자원 분쟁	나일강의 물 자원을 둘러싼 갈등, 카스피해에 매장된 자원을 둘러싼 갈등

정리 **외교의 유형**

구분	종류
공식적 외교	외교관에 의한 외교, 국가 원수의 정상 외교 등
민간 외교	스포츠 외교, 문화 외교 등

개념➕ **민간 외교**

정부와 정부 사이의 공식 외교가 아닌 민간 차원에서 이루어지는 외교를 말한다. 그 영역은 학문·예술·스포츠를 비롯하여 경제·정치에까지 미친다. 국교가 없는 국가 사이에서도 민간끼리 외교를 벌이는 경우가 있다. 미국과 중국, 일본과 중국 관계 개선의 계기가 된 일본 나고야에서의 세계 탁구 선수권 대회(1971)가 민간 외교의 대표적인 예이다

교과서 PLUS α   국제기구의 유형

기준	유형	종류
회원 자격	정부 간 국제기구	국제 연합, 유럽 연합 등
	국제 비정부 기구	국제 사면 위원회, 국경 없는 의사회 등
지리적 범위	세계적 국제기구	국제 연합, 세계 무역 기구 등
	지역적 국제기구	유럽 연합, 동남아시아 국가 연합 등
기능적 범위	포괄적 국제기구	국제 연합 등
	제한적 국제기구	세계 무역 기구 등

자료 해설

국제기구는 회원 자격에 따라 정부를 회원으로 하는 정부 간 국제기구, 개인 또는 민간단체를 회원으로 하는 국제 비정부 기구로 분류하며, 지리적 범위에 따라 전 세계 국가를 참여 대상으로 하는 세계적 국제기구와 특정 지역의 국가만을 참여 대상으로 하는 지역적 국제기구로 분류한다. 또한, 다양한 영역에 관하여 포괄적인 관심을 두는 포괄적 국제기구와 제한적·전문적 영역에만 관심을 두는 제한적 국제기구는 기능적 범위를 기준으로 분류한 것이다.

활동 풀이

생각 열기 풀이 국내 범죄는 국가가 처벌하는데, 국제적 테러는 누가 처벌할까?

📖 자료 해설
국내 범죄는 강제력을 가진 중앙 정부가 존재하기 때문에 명확히 처벌할 수 있지만, 국제 사회는 중앙 정부가 존재하지 않기 때문에 국제 테러를 제재하기가 쉽지 않다.

1 국내에서 일어난 폭행과 달리 국제 사회에서 발생한 테러를 처벌하기 어려운 까닭을 써 보자.

예시 답안 | 국제적 테러는 테러를 자행한 주체를 발견하기 어렵고, 국경을 초월하여 발생하므로 한 국가가 국제 테러에 대응하기 어렵다.

2 국제 사회가 테러의 발생을 막고 테러 행위를 처벌하려면 어떻게 해야 할지 자유롭게 발표해 보자.

예시 답안 | 국제 테러를 방지하고 처벌하는 역할을 담당하는 국제기구를 만들고, 테러가 일어나면 군사력으로 처벌할 수 있게 한다.

스스로 탐구하기 풀이 국제 사회는 어떤 특성이 있을까?

이것이 핵심❗
- **활동 목표:** 자료 분석을 통해 국제 사회의 주요 특징을 명확하게 이해할 수 있다.
- **핵심 개념:** 힘의 논리, 상호 협력, 자국의 이익 추구

친절한 활동 안내⭐
이 활동의 핵심은 다양한 사례를 통해 국제 사회의 특징을 파악하는 것이다. 국제 사회가 자국의 이익을 우선으로 추구하지만, 필요에 따라서 상호 협력한다는 것에 유의해야 한다.

자료 ❶
유엔 안전 보장 이사회의 중요한 결의안은 상임 이사국이 모두 찬성해야 의결된다. 상임 이사국 중 한 나라라도 거부권을 행사하면 무산된다. 2014년 민간인을 공격한 시리아에 대한 제재는 중국과 러시아의 반대로 무산되었다.

자료 ❷

2016년 9월 뉴욕 유엔 본부에서 유엔 정상 회담이 개최되었다. 회원국 정상들은 최근 심각해진 난민 수용과 지원을 위한 부담과 책임을 각국이 공평하게 분담한다는 내용의 '뉴욕 선언'을 채택하였다.

자료 ❸
한국과 대만은 우방 국가로 오랫동안 외교 관계를 유지하였다. 그런데 중국의 국제적 영향력이 강해지자 한국은 중국과 1992년 8월 24일 국교를 수립하고, 대만과는 외교 관계를 단절하였다.

서울 주재 대만 대사관 철수에 따른 대만 국기 하강을 지켜 보는 화교들 ▶

1 자료 ❶ ~ ❸ 에 나타난 국제 사회의 특성을 써 보자.

예시 답안 |

자료 ①	자료 ②	자료 ③
힘의 논리가 지배함	국제 협력이 증가함	자국의 이익을 우선으로 추구함

2 자료 ❶ ~ ❸ 의 빈칸에 국제 사회의 특성이 강조되도록 제목을 붙여 보자.

예시 답안 |

자료 ①	자료 ②	자료 ③
러시아와 중국의 거부권 행사로 시리아 제재 불발	난민 대책 마련 위해 국제 사회 협력	국익 위해 대만과 외교 단절

한국·중국·일본이 경제 협력을 강화하기 위해 머리를 맞대었다. 2015년 11월 한·중·일 정상은 세 나라의 전자 상거래 시장을 하나로 묶고, 자유 무역을 확대하기 위해 노력하기로 합의하였다.

국제 통화 기금(IMF)은 2016년 스리랑카에 차관을 제공하였다. 이는 스리랑카 정부가 경제 정책을 조정하고 취약점을 보완하며, 보유 외환을 늘리고 안정을 유지하는 데 도움이 될 것으로 기대된다.

국제 적십자사 연맹은 2016년 에콰도르의 수도 키토에서 강진이 발생하자 현지에 전문 구호 요원을 파견하였다. 이들은 큰 피해를 입은 부상자와 이재민을 긴급 지원하였다.

A사, G사 등 다국적 기업은 해외에서 돈을 벌어 본사로 자본을 이전하여 세금을 줄이고 있다. 이 같은 방법으로 이들 다국적 기업은 여러 국가에 내야 할 조세를 회피하고 있다고 비난을 받는다.

1 위 사례에서 영향력을 행사하는 국제 사회의 행위 주체를 찾아 써 보자.

예시 답안 | •첫 번째 자료: 우리나라, 일본, 중국

•두 번째 자료: 국제 통화 기금, 스리랑카

•세 번째 자료: 국제 적십자사 연맹

•네 번째 자료: 다국적 기업

2 국제 사회에 영향을 미치는 행위 주체의 사례를 더 조사해 보자.

예시 답안 | 국제 연합 사무총장, 국가 원수, 저명한 학자, 운동선수 등

이것이 핵심
•**활동 목표:** 자료에 제시된 사례를 분석하면서 국제 사회에 영향력을 미치는 행위 주체를 찾아보고, 국제 사회에서 활동하는 행위 주체들에 관하여 파악할 수 있다.
•**핵심 개념:** 국가, 국제기구, 다국적 기업

친절한 활동 안내
이 활동의 핵심은 자료에 제시된 사례를 분석하면서 국제 사회에 영향력을 미치는 행위 주체를 찾아보는 것이다.
국제 사회에 영향력을 미치는 행위 주체로는 국가, 국제기구, 다국적 기업, 영향력이 있는 개인 등이 있음에 유의하여 답을 찾는다.

자신이 관심 있는 국제 행위 주체를 한 가지 골라, 다음 양식에 따라 보고서를 작성해 보자.

국제 행위 주체 탐구 보고서	
국제 행위 주체 이름	국경 없는 의사회
주요 활동	분쟁 중이거나 내전 중인 시리아와 남수단, 예멘의 주민들을 위한 의료 지원 및 각종 지원 활동을 하고 있다.
활동에 대한 나의 평가나 조언	•활동에 대한 나의 평가: 세계 각지의 어려운 사람을 돕는 것을 보고 감동하였고, 의사라는 안정적인 직업을 버리고 봉사 활동을 하는 점을 높이 평가한다. •성공적인 활동을 위한 나의 조언: 더 많은 사람에게 활동상을 알리고, 필요한 비용을 기부받으면 좋을 것 같다.

이것이 핵심
•**활동 목표:** 국제 행위 주체에 관한 보고서 작성을 통해 국제 행위 주체의 활동을 충분히 이해할 수 있다.
•**핵심 개념:** 국제 행위 주체의 유형과 특징

친절한 활동 안내
평소 자신의 관심 분야와 미래 진로를 고려하여 탐구 보고서를 작성할 국제 행위 주체를 선택한다.
인터넷과 신문기사를 검색하여 선택한 국제 행위 주체를 조사한 후 활동에 대한 자신의 평가를 작성한다.

🔎 **자료 해설**
제시된 사진처럼 압록강 철교가 끊어진 이유를 중국과의 관계를 고려해서 생각해본다. 이를 통해 6·25 전쟁 당시부터 오늘날까지 우리나라와 중국 간에 나타난 경쟁, 갈등, 협력의 모습을 찾아보면서 국제 사회의 다양한 모습을 이해한다.

1 우리나라와 중국 간에 나타난 경쟁, 갈등, 협력의 모습을 위의 대화에서 찾아보자.

예시 답안 | • 경쟁: 국제 무역 시장에서 우위를 확보하기 경쟁
• 갈등: 6·25 전쟁 당시 중국과 적대국으로 대립
• 협력: 북한 핵실험을 저지하기 위해 협력

2 중국은 우리나라의 적과 친구 중 어느 쪽에 가까운지 쓰고, 그렇게 생각하는 까닭을 이야기해 보자.

예시 답안 | 지리상으로 중국과 우리나라는 가깝고, 양국 간 수출입도 활발하게 이루어지고 있으므로 중국은 우리나라의 친구에 가깝다고 생각한다.

이것이 핵심 ❗
• **활동 목표**: 자료 분석을 통해 국제 사회에 나타나는 경쟁과 갈등, 협력의 여러 가지 모습을 이해할 수 있다.
• **핵심 개념**: 국제 사회, 경쟁, 갈등, 협력

친절한 활동 안내 ⭐
이 활동의 핵심은 다양한 사례를 통해 국제 사회의 모습을 파악하는 것이다. 제시된 사례에 나타난 국제 사회의 경쟁, 갈등, 협력을 이해한다.

자료 ❶ 포기할 수 없는 카슈미르
카슈미르는 주민의 70 %가 이슬람교도이다. 종족·종교 구성상 파키스탄에 속해야 했지만, 영국에서 독립할 때 인도에 편입되었다. 이 때문에 카슈미르를 둘러싸고 인도와 파키스탄 간에 전쟁이 여러 차례 일어났다.

자료 ❷ 한국과 중국의 한판 대결
세계 시장에서 우위를 확보하기 위한 한국과 중국의 경쟁이 갈수록 심해지고 있다. 한국의 주력 업종을 중국이 바짝 따라붙고 있어서 새 주력 업종 개발이 시급한 상황이다.

자료 ❸ 남극 상공의 오존층 회복세!
남극 상공의 오존층이 회복세로 돌아섰다. 1987년 「몬트리올 의정서」 체결 이후 각국이 오존층을 파괴하는 화학 물질 배출을 규제하기 시작한 지 18년 만의 성과이다.
－「조선일보」, 2016. 7. 2.

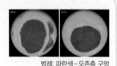
범례: 파란색－오존층 구멍

1 자료 ❶ ~ ❸ 을 국제 사회의 경쟁, 갈등, 협력의 모습으로 분류하고, 이와 같은 모습이 나타나는 원인을 써 보자.

구분	국제 사회의 모습	원인
자료 ①	갈등	종교의 차이로 인한 영토 분쟁
자료 ②	경쟁	세계 시장에서 우위 확보 추구
자료 ③	협력	지구 환경 보호

2 자료 ❸ 을 읽고 오존층 회복이 가능했던 원인과 이러한 활동의 의의를 써 보자.

예시 답안 | 오존층 파괴라는 국제 문제에 대처하기 위해 각국이 협력했기 때문에 오존층 회복이 가능했다. 이러한 활동은 개별 국가의 노력만으로는 해결하기 어려운 국제 문제를 국제 협력을 통해서 해결할 수 있다는 것을 보여주었다는 데서 의의를 찾을 수 있다.

모둠별로 국제 사회의 다양한 경쟁 및 갈등 모습의 사례를 발표해 보자.

소주제

- 민족과 국가의 차이로 인한 경쟁 및 갈등 사례
- 종교와 문화의 차이로 인한 경쟁 및 갈등 사례
- 국제 하천을 둘러싼 경쟁 및 갈등 사례
- 영유권을 둘러싼 경쟁 및 갈등 사례
- 다국적 기업과 개별 국가 사이의 경쟁 및 갈등 사례
- 국제 환경 단체와 다국적 기업, 개별 국가 사이의 경쟁 및 갈등 사례

모둠 활동 단계 및 방법

❶ 4~6명으로 모둠을 구성한다.
❷ 모둠원은 각각 관심이 있는 소주제를 정하고, 그 소주제에 관한 전문가가 된다.
❸ 해당 소주제별로 각 모둠에서 온 전문가들끼리 만나 전문가 모둠을 구성한 후, 그 소주제에 관하여 집중 탐구한다.
❹ 소주제별 탐구를 마치면 원래 자기 모둠으로 돌아가 전문가 모둠에서 학습한 소주제 내용을 모둠원에게 가르쳐 준다.
❺ 자기 모둠 전문가들의 발표를 모두 들은 후 개인별로 보고서를 쓴다.
❻ 모둠원 간에 토의하면서 활동 내용을 정리한 후 모둠별로 발표한다.

예시 답안 |

보고서

전문가로 내가 탐구한 소주제	영유권을 둘러싼 경쟁과 갈등 사례
내가 담당한 소주제에 관하여 전문가 활동을 하면서 새롭게 알게 된 사항	북극해를 둘러싸고 미국과 캐나다, 덴마크와 캐나다 사이에 영유권 분쟁이 발생함.
우리 모둠의 다른 전문가 발표를 듣고 새롭게 알게 된 사항	국제 하천을 둘러싼 국가 간 갈등을 겪는 나라가 생각보다 많음.
다른 모둠 발표를 듣고 국제 사회의 경쟁과 갈등에 관해 알게 된 주요 사항	지구 환경 보호를 위해 활동하는 국제기구인 그린피스가 여러 국가, 다국적 기업과 갈등을 겪고 있음.

자료 ❶ 미국과 쿠바, 국교 정상화

2014년 미국의 대통령이 쿠바와의 국교 정상화 방침을 발표하였다. 양국은 외교 협상을 통해 적대 관계를 청산하고 국교를 정상화하였다.

자료 ❷ 국제 연합의 평화 유지 활동

제2차 세계 대전 이후 국제 평화와 안전 유지를 위해서 국제 연합이 창설되었다. 국제 연합은 국제 분쟁과 테러에 대응하기 위해 평화 유지군을 파견하고 있다.

1 **자료❶** 에서 미국과 쿠바가 국교를 정상화하는 데 활용한 방법을 찾아보고, 국교 정상화의 의의에 관하여 토론해 보자.

예시 답안 | 미국과 쿠바는 국교 정상화를 위해 외교 정책을 활용했다. 두 국가는 오랫동안 적대 관계를 유지했기에 외교 정책을 통해 국교 정상화를 이루지 못했다면 전쟁의 불안감 속에서 대립과 갈등을 지속했을 것이다.

2 **자료❷** 와 관련해 최근 국제 연합이 평화 유지군을 파견한 사례를 조사해 보자.

예시 답안 | 남수단(2011년), 말리(2013년), 중앙아프리카 공화국(2014년)에 국제 평화 유지군 파견

실력 확인 문제

개념 쏙쏙

1 다음 내용이 옳으면 ○표, 틀리면 X표 하시오.

(1) 국제 사회에는 국가 간에 갈등이나 분쟁이 일어 날 때 이를 해결해 줄 수 있는 중앙 정부가 존 재한다. ( )

(2) 국제 사회에는 힘의 논리가 작용한다. ( )

(3) 외교란 한 국가가 국제 사회에서 평화적인 방법 으로 자국의 이익을 달성하려는 활동이다. ( )

2 다음 내용의 빈칸에 알맞은 용어를 쓰시오.

(1) ( )는 주권을 가진 여러 나라가 교 류하며 공존하는 사회다.

(2) ( )는 일정한 영토와 국민을 바탕 으로 주권을 행사하는 행위 주체이다.

---

01 국제 사회의 특성으로 옳지 <u>않은</u> 것은?

① 국제 사회에는 힘의 논리가 작용한다.

② 원칙적으로 각 국가의 주권은 동등하다.

③ 국제 사회는 상황에 따라 경쟁, 갈등, 협력한다.

④ 국제 사회는 국가 간에 갈등이나 분쟁을 해결할 중앙 정부가 존재하지 않는다.

⑤ 국제 사회를 구성하는 각 나라는 자국의 이익보 다 타국의 이익을 우선적으로 추구한다.

단답형

02 다음 글의 밑줄 친 '이것'이 무엇인지 쓰시오.

<u>이것</u>은 정부나 민간단체, 개인 등을 회원으로 하는 국제 사회의 행위 주체로서, 국가의 범위를 넘어 국 제적으로 영향력을 행사하고 있다.

( )

중요

03 다음 사례에 나타난 국제 사회에 대한 설명으로 옳은 것은?

유엔 안전 보장 이사회의 중요한 결의안은 상임 이 사국이 모두 찬성해야 의결된다. 상임 이사국 중 한 나라라도 거부권을 행사하면 무산된다. 2014년 민간 인을 공격한 시리아에 대한 제재는 중국과 러시아의 반대로 무산되었다.

① 국제 사회에는 힘의 논리가 지배한다.

② 국제 사회에서 각 국가의 주권은 동등하다.

③ 유엔 안전 보장 이사회의 상임 이사국 숫자를 늘 려야 한다.

④ 국제 사회에서 다른 국가의 정치에 간섭하는 것 은 금지되어 있다.

⑤ 국제 평화 유지를 위해서 유엔 안전 보장 이사회 의 권한을 강화해야 한다.

---

04 다음 사례에서 영향력을 행사하는 국제 사회의 행위 주 체로 적절한 것은?

한국·중국·일본이 경제 협력을 강화하기 위해 머 리를 맞대었다. 2015년 11 월 한·중·일 정상은 세 나라의 전자 상거래 시장 을 하나로 묶고, 자유 무 역을 확대하기 위해 노력하기로 합의하였다.

① 국가   ② 시민 단체

③ 국제 연합   ④ 국제기구

⑤ 다국적 기업

05 국제 사회의 행위 주체에 대한 설명으로 옳지 <u>않은</u> 것은?

① 국가는 국제 사회에서 독립적으로 활동한다.
② 다국적 기업이 국제 사회에 미치는 영향력은 축소되고 있다.
③ 국제기구는 정부 간 국제기구와 국제 비정부 기구로 구분할 수 있다.
④ 국제적으로 영향력이 있는 개인도 국제 사회의 행위 주체가 될 수 있다.
⑤ 오늘날에는 국가뿐만 아니라 국제기구, 다국적 기업 등 다양한 행위 주체들이 활동하고 있다.

06 다음은 국제 사회 갈등의 한 사례이다. 이 사례에 나타난 국제 사회 갈등의 원인으로 가장 적절한 것은?

카슈미르는 주민의 70%가 이슬람교도이다. 종족·종교 구성상 파키스탄에 속해야 했지만, 영국에서 독립할 때 인도에 편입되었다. 이 때문에 카슈미르를 둘러싸고 인도와 파키스탄 간에 전쟁이 여러 차례 일어났다.

① 종교의 차이
② 천연자원 확보
③ 지구 환경 보호
④ 정치적 이념의 차이
⑤ 세계 시장에서의 우위 확보

단답형
07 다음 글에서 설명하는 개념을 쓰시오.

정부 관계자가 아닌 일반 시민이 예술, 문화, 체육 등의 분야에서 하는 외교이며, 오늘날에는 시민들에 의해 활발하게 전개되고 있다.

(   )

08 국제 사회의 경쟁과 갈등, 협력에 대한 옳은 설명을 〈보기〉에서 고른 것은?

보기

ㄱ. 갈등은 때때로 전쟁으로 이어지기도 한다.
ㄴ. 국제 사회에서 국가 간 상호 협력은 불가능하다.
ㄷ. 종교와 민족의 차이는 갈등의 원인이 될 수 있다.
ㄹ. 각 국가가 국제 평화를 가장 중시하기 때문에 경쟁과 갈등이 발생한다.

① ㄱ, ㄴ   ② ㄱ, ㄷ   ③ ㄴ, ㄷ
④ ㄴ, ㄹ   ⑤ ㄷ, ㄹ

09 다음 내용을 통해 알 수 있는 최근 외교의 변화 모습으로 옳지 <u>않은</u> 것은?

• 부산 국제 영화제 개최
• 한·중 친선 음식 축제 개최

① 민간 외교의 중요성이 커지고 있다.
② 외교의 범위가 다양한 분야로 확대되었다.
③ 다른 나라에 의존적인 외교로 변화하고 있다.
④ 세계화의 진전으로 외교의 형태가 변화되었다.
⑤ 외교의 주체가 기업가, 문화·체육계 인사 등으로 다변화되고 있다.

서술형

10 다음 글을 읽고 한국이 대만과 외교 관계를 단절한 이유를 국제 사회의 특성과 관련지어 서술하시오.

한국과 대만은 우방 국가로 오랫동안 외교 관계를 유지하였다. 그런데 중국의 국제적 영향력이 강해지자 한국은 중국과 1992년 8월 24일 국교를 수립하고, 대만과는 외교 관계를 단절하였다.

03 우리나라의 국가 간 갈등과 해결

- **독도가 우리나라 영토임을 인정하는 일본의 사료 및 고지도**
  - **삼국접양지도(1785년):** 일본이 제작한 지도인 삼국접양지도에는 울릉도와 독도가 우리나라와 같은 색으로 칠해져 있다. 이 지도는 국제적인 영토 분쟁의 공식 자료로 활용되기도 하였다.
  - **태정관 결정문(1877년):** 일본의 최고 국가 기관인 태정관에서 '울릉도와 독도가 일본과는 관계없음을 명심할 것'이라는 최종 결정의 지령문을 발표하였다.

→ **독도를 둘러싼 갈등**

> 뜻 한 국가가 영역에 대해 행사하는 절대적 권리를 말하며, 영역은 한 국가의 주권이 미치는 공간 범위로 영토(육지), 영해(해역), 영공(영토와 영해의 상공)으로 구성된다.

1. 독도를 둘러싼 일본과의 갈등: 독도는 명백한 우리나라 영토이나, 일본이 우리나라의 영토인 독도에 대한 영유권을 주장하면서 갈등이 시작됨

2. 독도가 대한민국의 고유한 영토라는 근거

(1) 역사적으로나 국제법상 우리나라의 영토

> 신라 지증왕 13년(512년)에 이사부 장군이 우산국(울릉도)을 신라에 복속시킨 사실이 기록되어 있다.

  ① 『삼국사기』(1145년)에 독도가 기록되어 있음
  ② 일본의 옛 문헌인 『은주시청합기』(1677년)는 독도를 일본 땅으로 보지 않음
  ③ 한국의 옛 문헌인 『세종실록지리지』(1454년), 『신증동국여지승람』(1530년)에 독도를 한국의 강원도에 속하는 섬이라고 기록

  > 일본의 서북쪽 경계는 오키섬을 한계로 한다고 적혀 있다.

  ④ 일본이 러·일 전쟁 중에 불법적으로 독도를 편입하였기 때문에, 제2차 세계 대전 이후 독도는 우리나라로 반환됨
  ⑤ 대한 제국은 칙령 제41조를 공포(1900년)하여 독도가 우리 영토임을 명확히 함
  ⑥ 제2차 세계 대전 후 연합국 총사령부는 독도를 일본의 통치적·행정적 범위에서 제외하였고, 샌프란시스코 강화 조약(1951년)에서 재확인

(2) 과거부터 현재까지 우리나라가 독도를 점유하고 주권을 행사하고 있음

> 1946년 연합국 최고 사령관 각서 제677호, 1033호를 통해 울릉도, 독도, 제주도는 일본 영토에서 제외하였다.

- **일본의 「시마네현 고시 40조」**
  일본은 러·일 전쟁 이후에 체결된 을사조약으로 우리나라의 외교권을 박탈하고, 1905년 독도를 '다케시마'라는 이름으로 일본 영토에 편입하는 「시마네현 고시 40조」를 발표하였으나 시마네현 아이카무라 관청에 게시하여 소수 지역민만 알 수 있게 하였다. 대한 제국 정부는 이와 같은 일본의 조치를 부정하고 재조사할 것을 요구했지만 외교권이 없었기 때문에 이 외교 문서를 일본 정부에 전달할 수 없었다.

→ **우리나라와 일본의 갈등**

1. 일본과의 관계: 우호적인 관계를 맺고 있으나, 과거사 문제로 불편한 관계에 놓여 있기도 함

> 왜 일본의 야스쿠니 신사에는 일본의 A급 전쟁 범죄자가 안치되어 있으므로, 야스쿠니 신사를 참배한다는 것은 침략 전쟁을 미화하고 식민지 지배를 반성하지 않는 것이다.

2. 일본과의 갈등 양상

(1) 일본의 잘못된 역사 인식으로 인한 역사 교과서 왜곡 문제
(2) 침략 전쟁을 미화하고 식민지 지배를 반성하지 않는 야스쿠니 신사 참배 문제
(3) 일본군 '위안부' 문제 — 제2차 세계 대전 당시 일본 정부와 일본군은 한국인 여성을 성 노예로 강제 동원하였으나, 현재 일본 정부는 이를 인정하지 않고 있다.
(4) 세계 지도의 동해 표기 문제

교과서 PLUS α

일본의 야스쿠니 신사 참배 문제

↑ 야스쿠니 신사에 참배하는 일본 총리와 각료

자료 해설

야스쿠니 신사는 일본이 개항(1854년)한 이후 내전과 침략 전쟁에서 사망한 약 246만 명의 군인과 군무원 등을 국가를 위해 목숨을 바친 신으로 떠받들며 제사를 지내는 일본 최대 규모의 신사이다. 이곳에서 제사를 지내는 대상에는 1928년 이후 일본의 대외 침략 전쟁을 주도한 혐의로 사형당하거나 수감 중에 사망한 A급 전범 14명이 포함되어 있다. 또한, 일본군 병사와 군무원으로 동원되었다가 사망한 한국인 약 2만 1천여 명도 포함되어 있다.

이러한 야스쿠니 신사에 일본 총리나 각료가 참배함으로써 우리나라와 중국 등 주변 나라와 갈등을 일으키고 있다.

➜ 우리나라와 중국의 갈등

1. 중국과의 관계: 우리나라는 중국의 역사 왜곡과 불법 조업 문제 등으로 갈등을 겪고 있음

2. 중국과의 갈등 양상

(1) **동북공정**과 관련된 역사 왜곡 문제
　① 동북공정의 의미: 중국의 국경 안에서 전개된 모든 역사를 중국의 역사로 편입하려는 연구
　② 역사 왜곡의 내용: <u>고조선, 고구려, 발해의 역사까지 중국 고대 지방 정권의 일부였던 것으로 역사를 왜곡함</u>
　　└ 중국은 만리장성의 유적이 새로 발견되어 그 길이가 더 늘었다며, 옛 고구려와 발해 지역까지 만리장성 안에 포함된다고 주장한다.
　③ 중국에서 동북공정의 역사 인식이 담긴 책이 계속 출간되고 있어 그에 대한 대응이 요구됨
　　└ 인민 교육 출판사가 간행한 중국 중학교 교과서 『중국 역사』 25쪽에서 발해를 당나라의 소수 민족 정권으로 묘사하였다.

(2) **중국 어선의 불법 조업 문제**
　① 중국 어선들이 우리나라 영해에서 불법으로 조업하고 있음
　② 우리 정부의 단속에 대해 중국 어선이 무력으로 저항하여 양국 간 갈등이 발생하고 있음

➜ 우리나라의 국가 간 갈등 해결

1. 우리나라와 일본·중국의 관계

(1) 과거부터 경제적·정치적·문화적으로 긴밀한 관계를 유지해 옴
(2) 오늘날 중국과 일본은 우리의 주요 무역 상대국임
(3) 세계화에 따라 국가 간 협력의 중요성이 더욱 증대하고 있음

2. 우리나라의 국가 간 갈등 해결 노력

(1) 상호 존중의 자세로 합리적 대화를 통해 문제 해결
(2) 문제 해결을 위해 시민 단체나 개인 등의 적극적인 참여 태도 필요

> **왜** 국가 간 협상을 통해 각 국가가 문제를 해결하려고 해도 국민이 해결 방안을 받아들이지 않거나 갈등 문제에 관심을 두지 않는다면 실질적으로 문제가 해결될 수 없기 때문이다.

• 중국이 동북공정을 추진하는 목적
　• 고조선과 발해의 역사까지 중국사로 편입
　• 한반도의 정세 변화에 대비한 역사적 명분을 마련

정리 우리나라와 일본, 중국과의 갈등

우리나라와 일본의 갈등	우리나라와 중국의 갈등
• 독도 영유권 문제 • 역사 교과서 왜곡 문제 • 일본군 '위안부' 문제 • 세계 지도의 동해 표기 문제 • 야스쿠니 신사 참배 문제	• 동북공정과 관련된 역사 왜곡 문제 • 불법 조업 문제

교과서 PLUS 　중국 동북공정의 실태와 역사적 사실

동북공정에 나타난 중국의 주장	동북공정에 대한 우리나라의 주장
• 고구려는 중국 왕조와 조공·책봉 관계를 맺었던 신하 나라이며 중국의 지방 정권이다. • 수·당과 고구려의 전쟁은 중국 지방 정권의 반란을 진압한 전쟁이다. • 고구려와 고려는 무관하며, 고구려 멸망 후 상당수의 고구려 유민이 중국에 흡수되었으므로 고구려 역사는 중국 역사의 일부이다.	• 조공·책봉은 당시 동아시아의 일반적인 외교 형식이자 무역 활동에 불과했기 때문에 이를 이유로 고구려가 중국의 신하 나라나 지방 정권이라 할 수 없다. • 수·당과 고구려의 전쟁은 세력권 확장을 위한 충돌에서 비롯된 국가 간 전쟁이다. • 고려는 국호부터가 고구려를 계승하고 있으며, 중국으로 편입된 고구려 유민도 고구려를 계승한다는 분명한 의식을 가지고 있었다.

이렇게 이해하세요

중국은 강대국으로 국력을 확장하고 국제 사회에서 패권을 차지하기 위해서 동북공정을 통해 역사를 왜곡하고 있다. 그러나 고구려, 발해, 고려와 관련한 역사적 기록이 중국의 동북공정이 역사 왜곡임을 분명히 밝혀주고 있다.

활동 풀이

교과서 114쪽

생각 열기 풀이 우리나라는 주변국과 어떤 갈등에 직면해 있을까?

일본 시위대가 "한국의 불법 점거를 용납할 수 없다."라는 문구가 적힌 독도 사진을 들어 보이고 있다.

일본이 독도를 다케시마라고 하는 것에 대해 우리나라 국민들이 항의하는 집회를 하고 있다.

중국 지린성 지린시 용담산성에 있는 고구려 부조인데, 고구려를 중국의 지방 정권이었다고 왜곡하고 있는 내용이 보인다.

중국의 동북공정 저지를 위한 국민 대회에서 우리나라 국민들이 중국의 동북공정은 거짓이라는 구호를 외치고 있다.

자료 해설

일본과 중국은 우리나라에 인접해 있는 국가로 상호 긴밀한 관계를 유지하고 있지만, 여러 가지 갈등을 겪고 있다. 제시된 자료를 통해서 우리나라가 일본과 중국과 겪고 있는 갈등과 그 원인을 알 수 있다.

1 위의 자료를 토대로 아래 표를 작성해 보자.

예시 답안 |

	갈등 대상국	주요 쟁점
1, **2**	일본	독도 영유권 분쟁
3, **4**	중국	중국의 역사 왜곡

2 우리나라가 주변 국가와 직면하고 있는 또 다른 갈등에 관하여 써 보자.

예시 답안 | 일본군 '위안부' 문제를 둘러싼 일본과의 갈등, 중국 어선의 불법 조업 문제를 둘러싼 중국과의 갈등

스스로 탐구하기 풀이 독도는 우리 영토입니다!

교과서 115쪽

이것이 핵심 ❗

• **활동 목표**: 독도가 우리 영토라는 사실을 확실하게 인식하고, 역사적인 기록과 자료를 조사하여 독도가 우리 영토임을 설명할 수 있다.

• **핵심 개념**: 독도

친절한 활동 안내 ⭐

이 활동의 핵심은 역사적 자료를 근거로 하여 독도가 우리나라 영토임을 주장할 수 있는 능력을 기르는 것이다. 동북아 역사 재단 누리집(www.nahf.or.kr)을 방문하여 '역사 바로 알기' → '독도'에서 관련 자료를 찾아 외국인을 대상으로 한 설명 자료를 완성한다.

독도가 우리 영토임을 근거로 들어 외국인에게 설명하는 자료를 만들어 보자.

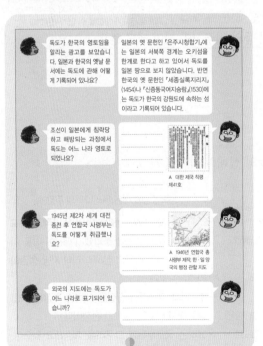

예시 답안 |

• 첫 번째 빈칸: 일본이 러·일 전쟁 중에 불법적으로 독도를 편입했기 때문에 제2차 세계 대전에서 일본이 패전한 후 독도는 우리나라로 반환되었습니다. 1904년 「한·일 의정서」가 체결되기 전인 1900년 대한 제국은 칙령 제41조를 공포하여 독도가 우리 영토임을 명확히 했습니다.

• 두 번째 빈칸: 전후 일본을 통치했던 연합국 총사령부는 각서 제677호, 1033호를 통해 독도를 일본의 통치적·행정적 범위에서 제외하였고, 샌프란시스코 강화 조약(1951년)은 이러한 사실을 재확인하였습니다.

• 세 번째 빈칸: 많은 지도가 일본의 영토로 표기되어 있습니다. 일본이 다른 나라에 독도를 다케시마, 동해를 일본해라고 왜곡해 알리고 있기 때문입니다. 그러나 「동국대지도」 등 과거 우리나라의 지도에 독도가 표기되어 있고 심지어 「태정관지령」 같은 과거 일본 정부의 공문서조차도 독도가 우리나라의 영토라는 것을 인정하고 있습니다.

우리나라와 일본은 어떤 문제로 갈등하고 있을까? 교과서 116쪽

자료 ❶ 야스쿠니 신사 참배 문제

일본 총리가 야스쿠니 신사를 참배하고 있다. 야스쿠니에는 A급 전범이 안치되어 있어, 이는 침략 전쟁을 미화하고 식민지 지배를 반성하지 않는 일본의 모습을 보여 준다.

자료 ❷ 일본의 역사 교과서 왜곡 문제

2015년에 검정 통과된 일본 '지유샤' 출판사의 중학교 역사 교과서에 "신라가 일본에 조공을 바쳤다."라는 취지의 기술 등 고대 한일 관계를 왜곡한 내용이 발견되었다.

자료 ❸ 일본군 '위안부' 문제

일본의 침략 전쟁 당시 일본 정부와 일본군에 의해 강제 동원되었던 일본군 '위안부' 문제에 대해 우리 국민은 일본의 진심이 담긴 사죄를 바라고 있다.

자료 ❹ 세계 지도에 동해 표기 문제

동해는 우리나라에서 2천 년 이상 사용해 오고 있는 명칭인데, 일본은 세계 지도에 동해를 일본해로만 표시할 것을 주장하고 있다.

1 자료 ❶, ❷ 를 토대로 일본이 역사를 바라보는 태도를 비판해 보자.

예시 답안 | 일본은 과거 우리나라와 중국 등 주변 국가를 침략하고, 태평양 전쟁을 일으켰다. 그런데 이러한 과거를 반성하지 않고, 과거의 역사를 왜곡하려 하고 있다.

2 자료 ❶~❹ 중 하나를 골라 우리나라의 대응 방안을 조사해 보자.

예시 답안 | 자료 ❹ : 우리 정부는 1991년 유엔에 가입한 이후, 1992년에 열린 '유엔 지명 표준화 회의'에서 동해 표기 문제를 국제 사회에 공식적으로 제기하였고, 이후 동해 지명을 되찾기 위해 노력하고 있다.

우리나라와 중국은 어떤 문제로 갈등하고 있을까? 교과서 117쪽

자료 ❶ 중국의 동북공정

중국의 동북공정이란 중국의 국경 안에서 전개된 모든 역사를 중국의 역사로 편입하려는 연구를 말한다. 이 과정에서 중국은 고조선, 고구려, 발해의 역사까지 중국 고대 지방 정권의 일부였던 것으로 역사를 왜곡하고 있다.

▲ 중국은 만리장성의 유적이 새로 발견되어 그 길이가 더 늘어났다며, 옛 고구려와 발해 지역까지 만리장성 안에 포함된다고 보고 있다.

▲ 인민 교육 출판사가 간행한 중국 중학교 교과서 "중국 역사」 25쪽에서 발해를 당나라의 소수 민족 정권으로 묘사하고 있다.

자료 ❷ 중국 어선의 불법 조업, 어떻게 해야 할까?

지난 21일 해양 수산부에 따르면 5월 꽃게 어획량은 1,166톤으로 작년(2,619톤)보다 56 % 급감한 것으로 집계됐다. 꽃게 어획량이 줄어든 가장 큰 이유는 중국 어선들의 싹쓸이 불법 조업이다.
▲ 중국 어선을 단속하는 우리 해경
해경이 영해를 침범해 불법 조업을 일삼는 중국 어선을 단속하고는 있지만, 중국 어선의 무력 저항에 대처하기가 쉽지 않은 실정이다. – 「조선일보」, 2016. 7. 21

1 자료 ❶ 과 같이 중국이 동북공정을 통해 역사를 왜곡하는 목적을 토의해 보자.

예시 답안 | 고조선과 발해의 역사까지 중국사로 편입시키려 하는 것이다. 더 나아가 한반도의 정세 변화에 대비한 역사적 명분 마련을 위한 중국의 국가 전략이다.

2 자료 ❷ 에 나타난 문제를 해결하는 방안에는 무엇이 있을지 발표해 보자.

예시 답안 | 중국 어선의 불법 조업 문제를 무력으로 대응하면 더욱 심각한 갈등으로 번질 우려가 있으므로, 중국 정부와 대화와 협상을 통해 해결해야 한다.

이것이 핵심

• **활동 목표:** 우리나라와 일본이 갈등하고 있는 문제에 대해 이해할 수 있다.
• **핵심 개념:** 일본군 위안부 문제, 역사 교과서 왜곡, 동해 표기 문제

친절한 활동 안내

이 활동의 핵심은 제시된 사례에 나타난 우리나라와 일본과의 다양한 갈등과 그 원인을 파악하는 것이다. 야스쿠니 신사 참배 문제, 일본군 위안부 문제, 역사 교과서 왜곡 문제, 동해 표기 문제는 우리나라와 일본의 입장 차이가 아니라 일본의 부당한 역사 왜곡이며 침략 전쟁에 대해서 반성하지 않기 때문에 발생한 것임을 이해한다.

이것이 핵심

• **활동 목표:** 우리나라와 중국의 갈등 문제를 이해할 수 있다.
• **핵심 개념:** 동북공정, 중국 어선의 불법 조업 문제

친절한 활동 안내

이 활동의 핵심은 제시된 사례에 나타난 중국의 역사 왜곡과 불법 조업으로 인한 갈등을 파악하는 것이다.

1 다음 내용이 옳으면 ○표, 틀리면 X 표 하시오.

(1) 독도는 역사적으로나 국제법상 우리나라의
영토이다. ( )
(2) 일본의 옛 문헌인 『은주시청합기』는 독도를
일본 땅으로 보고 있다. ( )
(3) 독도가 우리나라 영토임은 우리나라 역사책
에만 기록되어 있다. ( )

2 다음 내용의 빈칸에 알맞은 용어를 쓰시오.

(1) 중국의 ( )이란 중국의 국경 안에서
전개된 모든 역사를 중국의 역사로 편입하려
는 연구를 말한다.
(2) 우리나라와 일본 두 나라 사이에 있는 바다
인 ( )를 세계 지도에 표기하는 문제
로 갈등을 겪고 있다.

중요
01 독도를 둘러싼 갈등에 대한 설명으로 옳지 <u>않은</u> 것은?

① 독도는 명백한 우리나라 영토이다.
② 독도는 국제법상 우리나라의 영토이다.
③ 우리나라는 독도에 대한 주권을 행사하고 있다.
④ 우리나라는 일본과 독도를 둘러싼 갈등을 겪고
있다.
⑤ 제2차 세계 대전 종전 후 연합국 사령부는 독도를
일본 영토로 인정하였다.

중요
02 우리나라가 독도에 대해 주권을 행사하고 있음을 보여
주는 사실을 〈보기〉에서 고른 것은?

보기
ㄱ. 우리나라 국민이 독도에 살고 있다.
ㄴ. 일반인의 독도 방문을 금지하고 있다.
ㄷ. 우리나라 경찰이 독도를 경비하고 있다.
ㄹ. 천연기념물인 사철나무가 서식하고 있다.

① ㄱ, ㄴ   ② ㄱ, ㄷ   ③ ㄴ, ㄷ
④ ㄴ, ㄹ   ⑤ ㄷ, ㄹ

03 우리나라와 중국이 갈등하는 문제로 옳은 것은?

① 불법 조업 문제
② 독도 영유권 주장 문제
③ 역사 교과서 왜곡 문제
④ 위안부 피해 보상 문제
⑤ 세계 지도의 동해 표기 문제

04 다음 사진과 관련 있는 우리나라와 일본의 갈등으로 적
합한 것은?

① 동북공정 문제
② 독도 영유권 문제
③ 전쟁 포로 송환 문제
④ 일본군 '위안부' 문제
⑤ 야스쿠니 신사 참배 문제

05 독도가 우리나라 영토라는 근거를 〈보기〉에서 고른 것은?

보기
ㄱ. 일본의 교과서에 독도를 대한민국 영토로 표기
하였다.
ㄴ. 일본은 1905년 시마네현 고시를 통해 독도가 우
리나라의 영토임을 확인하였다.
ㄷ. 『은주시청합기』에 일본의 서북쪽 경계는 오키섬
을 한계로 한다고 되어 있다.
ㄹ. 『세종실록지리지』에 독도가 한국의 강원도에 속
하는 섬이라고 기록되어 있다.

① ㄱ, ㄴ   ② ㄱ, ㄷ   ③ ㄴ, ㄷ
④ ㄴ, ㄹ   ⑤ ㄷ, ㄹ

06 갑이 일본 지유샤 출판사가 발행한 중학교 역사 교과서를 비판한 이유로 가장 적절한 것은?

> 갑은 "일본 지유샤 출판사가 발행한 중학교 역사 교과서에는 임진왜란이 일본의 침략 전쟁임에도 불구하고 '출병'이라는 단어로 미화시켰다", "교과서에는 일본의 '식민지 지배'라는 단어 자체를 사용하지 않았고 오히려 표를 나열하며 일본의 영향으로 한국이 모든 면에서 발전했다고 쓰여 있다"라고 비판하였다.

① 한민족의 역사인 임진왜란을 다루었다.
② 우리나라와 관계된 역사적 사실을 제외하였다.
③ 침략 전쟁을 부인하며 역사적 사실을 왜곡하였다.
④ 국가가 아닌 민간 출판사가 역사 교과서를 발행하였다.
⑤ 역사 교과서 발행 과정에 한국의 동의를 구하지 않았다.

07 다음은 사회 수업 시간에 교사가 사용한 수업 자료이다. 이 수업의 주제로 가장 적절한 것은?

> 중국은 만리장성의 유적이 새로 발견되어 그 길이가 더 늘어났다며, 옛 고구려와 발해 지역까지 만리장성 안에 포함된다고 보고 있다.

① 중국의 고대 역사
② 중국과 고구려의 관계
③ 중국의 역사 왜곡 문제
④ 만리장성의 역사적 가치
⑤ 만리장성과 발해의 발전

단답형
08 다음 글의 빈칸에 들어갈 알맞은 말을 쓰시오.

> 일본군 [   ]는 일본 군대가 중국, 인도네시아, 싱가포르와 파푸아뉴기니와 같은 점령지로 강제 동원한 여성들이다. 이들은 대부분 한국, 대만, 중국, 인도네시아, 동티모르와 필리핀 여성들이었다. 이들의 숫자는 대략 4만~20만 명 정도로 추정된다.

(   )

09 우리나라와 일본, 중국 간 갈등을 해결하기 위한 적절한 방법을 〈보기〉에서 고른 것은?

> **보기**
> ㄱ. 평화적이고 합리적인 대화를 통해 문제를 해결한다.
> ㄴ. 시민 단체나 개인도 관심을 가지고 적극적으로 참여한다.
> ㄷ. 일본은 우리나라를 식민지로 지배한 적대 국가임을 강조한다.
> ㄹ. 국가 간에 발생한 문제이기 때문에 공식 외교만이 유일한 해결 방법임을 인식한다.

① ㄱ, ㄴ   ② ㄱ, ㄷ   ③ ㄴ, ㄷ
④ ㄴ, ㄹ   ⑤ ㄷ, ㄹ

서술형

10 밑줄 친 내용을 설명하시오.

> 우리나라는 중국과 <u>동북공정과 관련된 역사 왜곡 문제, 불법 조업 문제 등으로 갈등을 겪고 있다.</u>

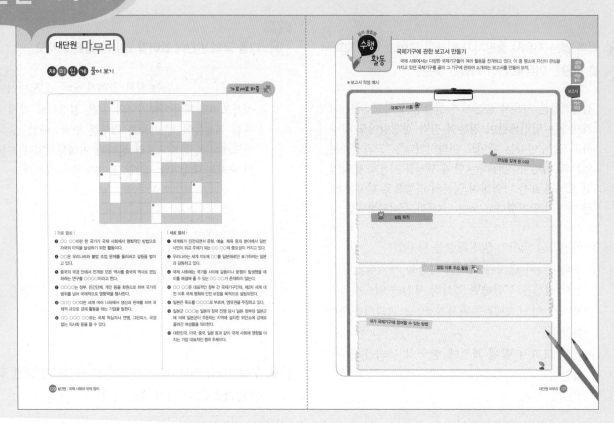

재미있게 풀어 보기 풀이

교과서 120쪽

|가로세로 퍼즐|

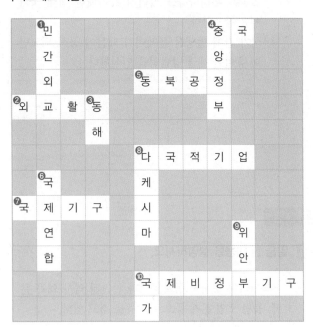

	❶민					❹중	국
	간					앙	
	외			❺동	북	공	정
❷외	교	활	❸동	북		부	
			해				
				❽다	국	적	기	업
	❻국			케			
❼국	제	기	구	시			
	연			마		❾위	
	합					안	
			❿국	제	비	정	부	기	구
			가				

창의·융합형 수행 활동 풀이

교과서 121쪽

이것이 핵심 다양한 국제기구 중 평소에 자신이 관심 있던 국제기구를 골라 그 기구를 소개하는 보고서를 만들어 본다.

예시 답안

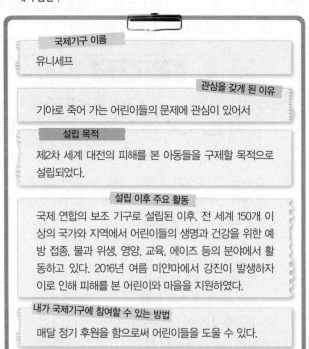

국제기구 이름
유니세프

관심을 갖게 된 이유
기아로 죽어 가는 어린이들의 문제에 관심이 있어서

설립 목적
제2차 세계 대전의 피해를 본 아동들을 구제할 목적으로 설립되었다.

설립 이후 주요 활동
국제 연합의 보조 기구로 설립된 이후, 전 세계 150개 이상의 국가와 지역에서 어린이들의 생명과 건강을 위한 예방 접종, 물과 위생, 영양, 교육, 에이즈 등의 분야에서 활동하고 있다. 2016년 여름 미얀마에서 강진이 발생하자 이로 인해 피해를 본 어린이와 마을을 지원하였다.

내가 국제기구에 참여할 수 있는 방법
매달 정기 후원을 함으로써 어린이들을 도울 수 있다.

특별 코너 직업 소개 — 외교관

이번 단원에서는 우리나라의 국가 간 갈등과 해결 방법에 대해 배웠습니다. 국제 사회에서 우리나라의 국익을 지키고 다른 나라와의 갈등을 해결하는 방법으로 가장 중요한 것이 외교 활동입니다. 이와 같은 공식 외교 활동을 담당하는 국가 공무원인 외교관에 대해서 알아봅시다.

외교관은 본국을 대표하여 외국에 파견되어 외국과의 교섭을 통해 정치·경제·상업적 이익 증진을 추구하며, 해외여행을 하는 자국민과 재외동포를 보호합니다. 외교관은 부임한 나라의 정치적 사건과 상황을 본국에 보고하며, 경제 통상 정보와 생활 정보 등을 수집·분석하여 본국의 정부나 기업에 알려줍니다. 또한, 본국을 대신해 본국의 이익과 정책을 옹호하는 협상을 하고, 본국의 전통 및 문화를 알리는 문화 홍보 활동을 합니다. 주재국과 갈등이 발생했을 때 자국을 대신해 주재국에 항의하기도 합니다.

외교관은 국익을 위해 아주 중요한 일을 하는군요. 외교관에게 요구되는 능력은 무엇이며, 근무 형태는 어떤가요?

외교관은 뛰어난 외국어 구사 능력이 필요하며 분석적 사고와 판단력, 의사 결정 능력이 있어야 합니다. 국가를 대표하는 직업인 만큼 확고한 국가관과 책임 의식이 있어야 하며, 원만한 인간관계를 유지하는 능력과 협상 능력이 필요합니다. 외교관들은 공직 생활을 하는 동안 3~4차례 외국 공관에서 근무합니다. 전 세계 173개 공관이 이들의 근무지인데, 어느 나라에서 근무하느냐에 따라 생활 여건과 업무 여건이 크게 달라집니다.

외국어뿐만 아니라 다양한 분야에 뛰어난 능력이 요구되는군요. 외교관이 되려면 구체적으로 어떤 과정을 거쳐야 하나요? 따로 시험을 보나요?

과거에는 외교관이 되려면 외무고시에 합격해야 했지만, 2014년부터는 국립외교원을 통해 외교관이 배출되고 있습니다. 국립외교원 외교관 후보자 선발 전형은 일반 외교, 지역 외교, 외교 전문으로 구분되고, 입학시험은 총 3차에 걸쳐 치러집니다. 2016년~2017년에는 외교관 후보자로 일반 외교 32명, 지역 외교 5명, 외교 전문 3명이 선발되었습니다. 1년 3학기 교육과정을 마치면 외교관으로 임명되고 2년 해외연수 기회가 주어집니다. 더 자세한 사항은 국립외교원(http://www.knda.go.kr) 홈페이지에서 확인하세요.

01 국제 사회의 특성과 행위 주체

01 국제 사회에 대한 설명으로 옳지 <u>않은</u> 것은?

① 주권 국가를 기본 단위로 구성된다.
② 원칙적으로 각국의 주권은 동등하다.
③ 국제 연합과 같은 중앙 정부가 존재하여 국가 간 분쟁 해결이 쉽다.
④ 전 지구적인 문제에 대응하기 위해 상호 의존하고 협력하기도 한다.
⑤ 각 국가가 자국의 이익을 우선으로 추구하여 갈등이 발생하기도 한다.

02 다음 사례를 통해 추론할 수 있는 국제 사회의 특성을 〈보기〉에서 고른 것은?

> 2017년 10월 아랍에미리트(UAE)와 말레이시아가 잇따라 북한과의 외교 단절을 선언했다. 북한의 핵·미사일 도발을 규탄하며 북한과의 외교 관계를 단절하거나 축소하는 국제 사회의 움직임에 동참한 것이다. 아랍에미리트 외무부는 성명에서 "이번 결정은 북한의 핵무기와 미사일 프로그램의 확산을 막고자 하는 세계적 의지를 강화하기 위한 국제 사회 구성원의 의무"라고 설명했다.

보기
> ㄱ. 자국의 이익을 우선한다.
> ㄴ. 국제 사회에는 갈등과 협력이 공존한다.
> ㄷ. 외교 단절은 전쟁의 직접적 원인이 된다.
> ㄹ. 국가가 국제 사회의 유일한 행위 주체이다.

① ㄱ, ㄴ ② ㄱ, ㄷ ③ ㄴ, ㄷ
④ ㄴ, ㄹ ⑤ ㄷ, ㄹ

빈출
03 국제 사회의 행위 주체에 대한 설명으로 옳지 <u>않은</u> 것은?

① 국가는 가장 기본적인 행위 주체이다.
② 국가도 국제기구의 구성원이 될 수 있다.
③ 개인은 국제 사회의 행위 주체가 될 수 없다.
④ 국제기구는 정부 간 국제기구와 국제 비정부 기구로 구분할 수 있다.
⑤ 세계화가 진전되면서 다국적 기업이 국제 사회에 미치는 영향력이 확대되고 있다.

04 다음은 사회 수업 시간에 어느 학생이 필기한 내용이다. (가)에 들어갈 국제 사회의 행위 주체로 옳은 것은?

> I. _____ (가) _____
> A. 특징
>   ① 민간단체, 개인 등을 회원으로 하는 행위 주체
>   ② 국가의 범위를 넘어 국제적으로 영향력을 행사함
> B. 종류: 그린피스, 국경 없는 의사회 등

① 국제 연합(UN) ② 세계 무역 기구(WTO)
③ 국제 사법 재판소 ④ 국제 비정부 기구
⑤ 경제 협력 개발 기구(OECD)

05 다음 국제 사회 행위 주체들의 공통점으로 옳은 것은?

> • 다국적 기업
> • 국경 없는 의사회
> • 국제 통화 기금(IMF)

① 국제 비정부 기구에 해당한다.
② 주권 국가를 기본 단위로 구성된다.
③ 국제 사회의 가장 기본적인 행위 주체이다.
④ 최근 그 역할과 활동 범위가 확대되고 있다.
⑤ 강제력을 가진 중앙 정부에 의해서 운영된다.

06 밑줄 친 '국제 적십자사 연맹'에 대한 옳은 설명을 〈보기〉에서 고른 것은?

 국제 적십자사 연맹은 2016년 에콰도르의 수도 키토에서 강진이 발생하자 현지에 전문 구호 요원을 파견하였다. 이들은 큰 피해를 입은 부상자와 이재민을 긴급 지원하였다.

보기

ㄱ. 국제기구에 해당한다.
ㄴ. 국제 사회의 가장 기본적인 행위 주체이다.
ㄷ. 국가의 범위를 넘어 국제적으로 영향력을 행사한다.
ㄹ. 소수 강대국의 국가 원수에 의해서 운영 방향이 결정된다.

① ㄱ, ㄴ   ② ㄱ, ㄷ   ③ ㄴ, ㄷ
④ ㄴ, ㄹ   ⑤ ㄷ, ㄹ

07 외교 활동에 대한 설명으로 옳지 않은 것은?

① 전통적으로 정부의 외교관을 통해 이루어졌다.
② 최근에는 외교의 영역이 다양한 분야로 확대되었다.
③ 국가 간 관계를 개선하고 국제 평화 유지에 기여할 수 있다.
④ 오늘날에는 공식적 외교뿐만 아니라 민간 외교의 역할과 중요성이 커졌다.
⑤ 한 국가가 국제 사회에서 무력을 사용하여 자국의 이익을 달성하려는 활동을 의미한다.

02 국제 사회의 모습과 공존을 위한 노력

단답형
08 (가), (나)에 나타난 국제 사회의 모습을 쓰시오.

(가) 국제 사회는 세계 평화를 위협하는 핵무기의 확산을 막기 위해 1969년 핵확산금지조약을 체결하였고, 현재 회원국이 180개국 이상이다.
(나) 북한은 1993년 핵확산금지조약(NPT)을 탈퇴한 후 핵미사일 실험을 계속하여 국제 사회의 긴장을 고조시키고 있다. 북한과 미국은 비핵화를 둘러싸고 갈등하고 있다.

(가): (   ), (나): (   )

중요
09 다음은 사회 수업 시간의 한 장면이다. (가)에 들어갈 옳은 내용을 〈보기〉에서 고른 것은?

교사: 중국은 우리의 중요한 주변 국가로 우리 역사에 큰 영향을 미쳐왔습니다. 중국은 우리나라에 어떤 나라인지 발표해 볼까요?
갑: 중공군이 우리의 적군으로 한국 전쟁에 개입해 우리 국군과 국민에게 큰 피해를 주었습니다.
을: 지금은 우리나라와 수교해 교류하고 있고, 북한의 핵실험을 저지하기 위해서는 중국의 도움이 필요합니다.
병: 우리나라가 국제 무역 시장에서 지금까지 우위를 확보한 분야를 중국이 무섭게 추격하고 있습니다.
교사: _____ (가) _____

보기

ㄱ. 갑의 발표 내용은 갈등, 을의 발표 내용은 경쟁에 해당하는 사례입니다.
ㄴ. 병의 발표 내용은 국제 무역 시장을 둘러싼 국가 간 경쟁 사례라고 볼 수 있습니다.
ㄷ. 갑~병의 발표 내용은 국제 사회에 갈등, 경쟁, 협력이 공존한다는 것을 보여줍니다.
ㄹ. 갑~병의 발표 내용으로 미루어 볼 때 중국은 자국의 이익보다 북한의 이익을 우선하고 있습니다.

① ㄱ, ㄴ   ② ㄱ, ㄷ   ③ ㄴ, ㄷ
④ ㄴ, ㄹ   ⑤ ㄷ, ㄹ

중요
10 오늘날 국제 사회에서 나타나는 경쟁과 갈등에 대한 설명으로 옳지 **않은** 것은?

① 국제 사회의 지나친 경쟁은 갈등으로 번지기도 한다.
② 세계화로 인해 국가 간 협력보다는 경쟁과 갈등이 심화되고 있다.
③ 각 국가가 자국의 이익을 우선시하기 때문에 경쟁과 갈등이 발생한다.
④ 자원, 영토, 종교와 민족 등을 둘러싼 이해관계에 따라 갈등을 겪고 있다.
⑤ 국제 경쟁이 치열해지면서 무역 마찰이나 국제적 소송이 발생하기도 한다.

11 다음 인터넷 기사에서 밑줄 친 부분의 구체적 활동으로 적절하지 **않은** 것은?

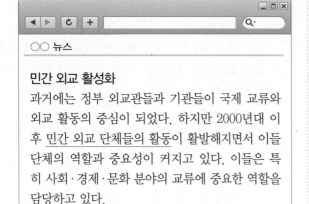

○○ 뉴스

민간 외교 활성화
과거에는 정부 외교관들과 기관들이 국제 교류와 외교 활동의 중심이 되었다. 하지만 2000년대 이후 민간 외교 단체들의 활동이 활발해지면서 이들 단체의 역할과 중요성이 커지고 있다. 이들은 특히 사회·경제·문화 분야의 교류에 중요한 역할을 담당하고 있다.

① 저개발 국가에서 의료 봉사 활동을 한다.
② 한국을 홍보하는 외국어 방송을 확대한다.
③ 세계 스포츠 대회에서 우리나라를 알린다.
④ 동북아 패권 장악을 위해 군사력을 강화한다.
⑤ 영화, 드라마, 케이팝 등을 통해 우리 문화를 알린다.

12 밑줄 친 ㉠~㉤에 대한 설명으로 옳지 **않은** 것은?

> ㉠미국의 트럼프 대통령은 2017년 12월 6일 ㉡국제 사회의 반대에도 불구하고 예루살렘을 ㉢이스라엘의 수도로 공식 인정하고, 텔아비브에 있는 미국대사관을 예루살렘으로 이전하라고 지시했다. ㉣예루살렘 전체가 유대인의 수도라고 주장하는 이스라엘과 동예루살렘이 본래 자신의 영토였고 향후 수도로 삼겠다는 ㉤팔레스타인 사이에서 이스라엘의 손을 들어준 것이다. 트럼프 대통령은 이와 같은 조치가 미국의 국익에 보다 도움이 된다고 주장하였다.

① ㉠은 국제 사회에 영향력을 행사하는 개인에 해당한다.
② ㉡에는 국제적 갈등을 해결하는 중앙 정부가 존재하지 않는다.
③ ㉢은 가장 중요하고 기본적인 국제 사회의 행위 주체의 예이다.
④ ㉣은 민족의 차이로 인한 갈등의 대상이 되고 있다.
⑤ ㉤은 ㉣에 대한 영유권을 둘러싸고 ㉢과 갈등하고 있다.

03 우리나라의 국가 간 갈등과 해결

빈출
13 (가), (나)에 해당하는 국가를 바르게 나열한 것은?

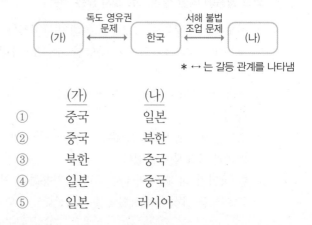

* ↔ 는 갈등 관계를 나타냄

	(가)	(나)
①	중국	일본
②	중국	북한
③	북한	중국
④	일본	중국
⑤	일본	러시아

14 우리나라와 일본의 갈등 사례에 해당하는 것을 〈보기〉에서 고른 것은?

보기
> ㄱ. 불법 조업 문제
> ㄴ. 독도 영유권 문제
> ㄷ. 세계 지도에 동해 표기 문제
> ㄹ. 발해사나 고구려사 왜곡 문제

① ㄱ, ㄴ   ② ㄱ, ㄷ   ③ ㄴ, ㄷ
④ ㄴ, ㄹ   ⑤ ㄷ, ㄹ

15 중국의 동북공정과 관련된 역사 왜곡 사례를 〈보기〉에서 고른 것은?

보기
> ㄱ. 몽골의 영토가 중국의 영토라고 주장한다.
> ㄴ. 고구려와 발해를 중국 고대 지방 정권의 일부라고 주장한다.
> ㄷ. 옛 고구려와 발해 지역까지 만리장성에 포함된다고 보고 있다.
> ㄹ. 티베트는 중국의 일부이기 때문에 티베트의 역사를 인정할 수 없다고 주장한다.

① ㄱ, ㄴ   ② ㄱ, ㄷ   ③ ㄴ, ㄷ
④ ㄴ, ㄹ   ⑤ ㄷ, ㄹ

중요

16 우리나라가 일본, 중국과 겪고 있는 국제 갈등을 해결하는 방법으로 적절하지 <u>않은</u> 것은?

① 우리나라의 국익에 도움이 되는 해결책을 찾는다.
② 평화적이고 합리적인 대화를 통해 문제를 해결한다.
③ 주권 평등의 원칙을 존중하는 가운데 해결책을 찾는다.
④ 역사적 사실을 인정하며 상호 존중하는 자세를 가진다.
⑤ 상호 합의가 되지 않을 때는 국제 연합 안전 보장 이사회에 심판을 의뢰한다.

17 (가), (나)는 각각 외교 활동의 사례를 나타낸 것이다. (가), (나)의 차이점을 서술하시오.

(가) ▲ 한미 정상 회담   (나) ▲ 아프리카 태권도 봉사 활동

18 다음의 두 사례에서 알 수 있는 국제 사회의 특성을 서술하시오.

> • 2014년 유엔 안전 보장 이사회는 민간인을 공격한 시리아에 대한 제재를 추진했으나, 러시아와 중국의 거부권 행사로 무산됐다.
> • 2017년 12월 18일 국제 연합 안전 보장 이사회의 15개 이사국 중 14개국이 '예루살렘을 이스라엘 수도로 인정할 수 없다'라는 안건에 대해 찬성했지만, 미국의 거부권 행사로 결국 부결되었다.

7

인구 변화와 인구 문제

인구 분포는 지역 특성에 따라 다릅니다.
한편, 사람들은 지금 사는 지역보다 더 좋은 환경으로 이동하기 때문에
지역이나 시대에 따라 인구 문제가 다양하게 나타납니다.
인구 분포의 지역적 차이와 인구 이동의 특성을 알아보고,
지역에 따라 다른 인구 문제를 해결하는 방법을 찾아봅시다.

이 단원에서는

01	인구 분포	세계와 우리나라의 인구 분포 특징을 살펴보고 이에 영향을 미치는 요인을 살펴본다.
02	인구 이동	인구 이동의 다양한 요인을 알아보고, 인구 유입 지역과 인구 유출 지역의 특징을 이해한다.
03	인구 문제	여러 국가의 인구 문제를 확인하여 대책을 분석하고 우리나라에 나타나는 인구 문제의 원인과 해결책을 알아본다.

ⓘ 여학생의 물음에 남학생이 어떻게 대답했을지 생각하여 써 보자.

왜 사람들이 기차
지붕에까지
올라타 있을까?

방글라데시

| 사진 해설 |

사진은 방글라데시 어느 기차역의 모습이다. 방글라데시는 인구 밀도가 높은 국가이며 인구 증가율 또한 높다. 좁은 국토 면적에 인구가 집중되어 주택 부족 및 교통 문제 등 여러 가지 문제가 발생하고 있다.

| 대답 예시 |

· 사람은 많은데 탈 자리가 없어서 그런 거 아닐까?
· 너무 많은 사람 때문에 걸어서 가기는 힘들어서 그런 거 같아.

인구 변화와 인구 문제

이 단원의 구성

중단원	소주제 및 탐구 활동	핵심 미리 보기
01 인구 분포	**1 세계 인구 분포의 특징과 요인** 　탐구 인구 밀집 지역과 인구 희박 지역은 어디일까? **2 우리나라 인구 분포의 특징과 요인** 　탐구 우리나라 인구 분포의 특징과 변화는 어떨까?	인구 분포, 인구 밀도, 이촌 향도, 자연환경, 인문 환경
02 인구 이동	**1 다양한 인구 이동** 　탐구 인구 이동은 어떤 유형이 있을까? **2 인구 유입 지역과 인구 유출 지역** 　탐구 인구 유입 지역과 인구 유출 지역은 어디일까? **3 인구 이동에 따른 갈등** 　탐구 인구 이동에 따른 갈등은 무엇이 있을까?	인구 이동, 인구 이동의 요 인, 인구 유입 지역, 인구 유 출 지역
03 인구 문제	**1 선진국의 인구 문제** 　탐구 영국의 인구 피라미드로 보는 인구 문제 **2 개발 도상국의 인구 문제** 　탐구 개발 도상국의 인구 문제는 무엇일까? **3 인구 문제의 대책** 　탐구 여러 국가의 인구 문제 대책은 어떤 것이 있을까? **4 우리나라의 인구 문제와 대책** 　탐구 우리나라의 저출산과 고령화 사회의 모습은? 　탐구 저출산 · 고령화 문제를 해결하려는 노력은 무엇일까?	인구 문제, 저출산, 고령화, 인구 피라미드, 성비, 출산율, 고령 사회

인구 분포 ~ 인구 이동

교과서 124쪽~131쪽

• 대륙별 인구 분포

북아메리카 4.9 / 오세아니아 0.5 / 남아메리카 8.6 / 유럽 10.1 / 아프리카 15.9 / 인구수 (73억 2,000만 명) (2015) / 아시아 60.0%

(통계청, 2016년)

▲ 대륙별 인구 분포
중국과 인도를 비롯한 아시아 지역과 아프리카 지역이 세계 인구에서 차지하는 비중이 매우 크다.

• 국가별 인구 밀도

주요 국가의 인구 밀도(2010) (단위: 명/km²)
1,032 484 406 400 372 350 335 334

방글라데시 대한민국 레바논 네덜란드 인도 벨기에 이스라엘 일본 필리핀

(유엔 인구 기금, 2011년)

인구 밀도는 한 나라 또는 지역의 총인구를 총면적으로 나눈 값으로 1km² 안에 살고 있는 인구수를 말한다.

→ 세계 인구 분포의 특징과 요인

1. 세계 인구 분포의 특징

(1) 세계 인구는 북반구에 90% 이상, 아시아에 인구의 절반 이상이 거주 ┌─ 특히 벼농사가 발달한 동부 및 남부 아시아에 많이 분포

(2) 지구상에 골고루 분포하지 않고 특정 지역에 집중되어 분포함.

2. 인구 분포에 영향을 주는 요인
기후가 온화한 북위 20°~40°의 중위도 지역은 인구 밀도가 높다.

(1) 자연환경: 지형, 기후, 식생, 토양 등 ┌─ 최근에는 과학 기술의 발달로 거주에 불리한 자연환경을 극복하는 경우가 많다.

(2) 인문 환경: 교통, 산업, 문화, 역사, 자원 등

3. 인구 분포의 변화: 산업화 이전에는 자연환경이 큰 영향을 주었으나, 산업화 이후에는 인문 환경의 영향력이 커짐.

(1) 인구 조밀 지역: 온화한 기후, 넓은 평야, 비옥한 토양 등의 자연환경, 경제가 발달하고 교통 및 문화 시설이 풍부한 지역 → 서부 유럽, 미국 북동부, 아시아의 벼농사 지역 ─ 아프리카의 사하라 사막, 중앙아시아의 고비 사막 등

(2) 인구 희박 지역: 열대, 건조, 한대 기후 지역, 높고 험한 산지 등의 자연환경, 산업 시설과 일자리가 부족하고 교통이 불편한 곳 ─ 극지방과 그 주변의 그린란드, 시베리아, 알래스카

→ 우리나라 인구 분포의 특징과 요인

1. 우리나라의 인구 분포 뜻 국가의 수도를 중심으로 이루어진 대도시권

(1) 인구 집중 지역: 수도권, 남동 임해 공업 지역, 지방 대도시와 인근 위성 도시에 인구 집중 뜻 포항, 창원, 울산, 광양 등 남동부 해안의 공업 도시

(2) 인구 희박 지역: 태백산맥과 소백산맥 일대의 산지 지역, 전라남도 농업 지역, 농어촌 지역

2. 인구 분포에 영향을 미치는 요인 왜 산업화 이전에는 주로 농경 사회였기 때문에 벼농사에 유리한 지형과 기후를 갖춘 지역에 인구가 밀집되었다.

(1) 산업화 이전의 인구 분포: 주로 자연적 요인이 큰 영향을 미침

① 기후가 온화하고 평야가 발달한 남서부 지역에 인구 집중

② 겨울에 기온이 낮고 산지가 많은 북동부 지역은 인구가 희박

(2) 1960년대 산업화 이후: 산업, 교통, 일자리 등 인문·사회적 요인이 큰 영향을 미침

① 도시 지역에 인구가 집중되고 산지 지역과 농어촌 지역은 인구 희박

왜 도시는 각종 산업과 서비스업이 발달하고 소득 수준이 높으며 교육 환경, 각종 편의 시설과 문화 시설이 풍부하여 편리하게 살 수 있기 때문이다.

교과서 PLUS α

세계의 인구 분포

↑ 세계의 인구 밀도

자료 해설

세계의 인구 분포는 자연적, 인문적 요인에 따라 지역적으로 불균등하게 나타난다. 인구 분포에 영향을 주는 요인에는 기후, 지형, 식생, 토양 등의 자연적 요인과 산업 발달, 교통, 문화 시설 등의 인문적 요인이 있으며 이러한 자연적 요인과 인문적 요인이 좋은 지역에 인구가 밀집하여 분포한다.

→ **다양한 인구 이동**

1. 인구 이동

(1) 의미: 거주를 목적으로 한 장소에서 다른 장소로 이동하는 현상

(2) 인구 이동의 유형

① 이동 범위에 따라

국제 이동	자신이 거주하는 국가에서 다른 국가로의 이동
국내 이동	자신이 거주하는 국가나 지역 내에서의 이동

② 이동 기간에 따라

일시적 이동	통학이나 통근, 여행 등 짧은 시간에 이루어지는 이동
영구적 이동	해외로의 이민처럼 정착을 목적으로 이루어지는 이동

③ 이주자의 의지에 따라

자발적 이동	이주하는 사람의 의지에 따라 스스로 다른 지역으로 이동
강제적 이동	전쟁, 자연재해, 정치 및 종교적 원인 등에 의해 강제로 다른 지역으로 이동

예 시리아 내전 및 팔레스타인 내전

(3) 인구 이동의 요인

① 흡인 요인: 인구를 끌어들이는 요인 → 좋은 일자리, 높은 임금, 쾌적한 환경

② 배출 요인: 인구를 밀어내는 요인 → 낮은 임금, 전쟁, 기아, 빈곤

2. 인구의 유입·유출 지역과 갈등

(1) 인구의 유입·유출 지역

① 인구 유입 지역: 흡인 요인에 의해 인구가 들어오는 지역으로 경제 여건이 좋은 선진국이나 도시 지역 예 북아메리카, 서부 유럽 등

② 인구 유출 지역: 배출 요인에 의해 인구가 빠져 나가는 지역으로 경제 여건이 좋지 않은 개발 도상국이나 농촌 지역 예 남아메리카, 아프리카, 동남아시아 등

(2) 인구 유입과 유출로 인한 갈등 ┌─ 예 프랑스의 공공장소에서 히잡 착용 금지로 갈등 발생

① 인구 유입 지역: 원주민과 이주민 간의 문화 차이로 갈등 발생

② 인구 유출 지역: 난민 문제 발생, 국제사회 원조 필요, 노동력 부족 현상 발생

뜻 전쟁이나 재난으로 곤경에 빠진 사람. 이재민(罹災民)으로 전 세계 난민의 반 이상이 시리아, 아프가니스탄, 소말리아 3개국에서 발생

교과서 PLUS α

유럽으로의 난민 유입

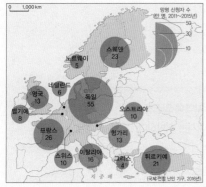
⬆ 유럽으로의 난민 유입

자료 해설
서부 유럽은 노동력이 부족하여 일찍부터 이민을 많이 받아들였다. 이에 따라 북부 아프리카와 터키로부터 많은 인구가 유입되었다. 이주민들은 대부분 이슬람교도로서, 크리스트교를 믿는 기존 주민들과 갈등을 빚고 있다. 최근에는 아프리카나 서남아시아에서도 난민이 대규모로 유입되고 있다.

활동 풀이

생각 열기 풀이   사람들이 많이 사는 곳과 적게 사는 곳은?

📖 자료 해설

제시된 자료는 인구가 밀집되어 있는 지역과 인구가 희박한 지역을 나타내고 있다.

대도시는 산업과 교통 시설, 일자리 등이 풍부하여 인구가 밀집되어 있는 반면 인간 거주에 불리한 환경이나 1차 산업이 주로 이루어지는 지역은 인구가 희박하게 분포한다.

1 위 네 개의 지역 가운데 자신이 살고 싶은 곳을 선택해 보자.

예시 답안 | 교통과 편의 시설이 좋은 지역, 자연환경이 쾌적한 지역

2 친구들은 어떤 곳에 살고 싶은지 의견을 물어보고, 가장 많이 선택 받은 지역을 조사해 보자.

예시 답안 | 각종 문화 시설이 편리하고 기후가 좋은 지역, 자연과 함께할 수 있는 지역

스스로 탐구하기 풀이   인구 밀집 지역과 인구 희박 지역은 어디일까?

이것이 핵심 ❗

• **활동 목표**: 세계의 인구 밀집 지역과 희박 지역을 확인하고, 이에 영향을 주는 요인을 파악한다.

• **핵심 개념**: 세계의 인구 분포, 인구 분포에 영향을 주는 지리적 요인

친절한 활동 안내 ⭐

이 활동의 핵심은 세계 지도를 통해서 인구가 많이 분포하는 지역과 적게 분포하는 지역을 확인하고 그 지역에 인구 분포에 영향을 주는 요인을 파악하는 것이다. 세계의 인구가 고르게 분포하지 않는 이유는 지역마다 다양한 기후와 산업 발달 정도, 교육, 문화 시설 등에 차이가 있기 때문이다.

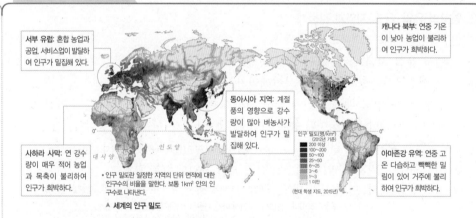

서부 유럽: 혼합 농업과 공업, 서비스업이 발달하여 인구가 밀집해 있다.

캐나다 북부: 연중 기온이 낮아 농업이 불리하여 인구가 희박하다.

동아시아 지역: 계절풍의 영향으로 강수량이 많아 벼농사가 발달하여 인구가 밀집해 있다.

사하라 사막: 연 강수량이 매우 적어 농업과 목축이 불리하여 인구가 희박하다.

아마존강 유역: 연중 고온다습하고 빽빽한 밀림이 있어 거주에 불리하여 인구가 희박하다.

• 인구 밀도란 일정한 지역의 단위 면적에 대한 인구수의 비율을 말한다. 보통 1km² 안의 인구수로 나타낸다.

(현대 학생 지도, 2015년)

▲ **세계의 인구 밀도**

1 낱말 카드를 이용하여 세계 인구 분포의 특징을 완성해 보자.

| 사하라 사막 | 아마존강 유역 |
| 서부 유럽 | 동남아시아 지역 |
| 캐나다 북부 |

예시 답안 |

세계 인구는 주로 서부 유럽, 동남아시아 지역에 밀집해 있고
사하라 사막, 캐나다 북부, 아마존강 유역에서는 희박하다.

2 자료를 보고 인구 분포에 영향을 주는 요인을 정리해 보자.

예시 답안 | 자연환경: 강수량, 기온, 바람, 위도, 해발 고도

인문 환경: 산업 발달 정도, 교육, 문화 시설, 교통

우리나라 인구 분포의 특징과 변화는 어떨까? 교과서 126~127쪽

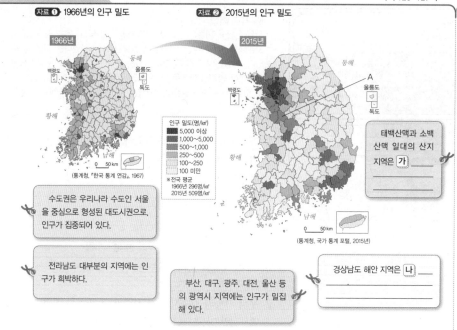

자료 ❶ 1966년의 인구 밀도

자료 ❷ 2015년의 인구 밀도

인구 밀도(명/㎢)
- 5,000 이상
- 1,000~5,000
- 500~1,000
- 250~500
- 100~250
- 100 미만

※전국 평균
1966년 296명/㎢
2015년 509명/㎢

(통계청, 『한국 통계 연감』, 1967)

(통계청, 국가 통계 포털, 2015년)

수도권은 우리나라 수도인 서울을 중심으로 형성된 대도시권으로, 인구가 집중되어 있다.

전라남도 대부분의 지역에는 인구가 희박하다.

부산, 대구, 광주, 대전, 울산 등의 광역시 지역에는 인구가 밀집해 있다.

태백산맥과 소백산맥 일대의 산지 지역은 가 _____

경상남도 해안 지역은 나 _____

이것이 핵심
- **활동 목표**: 1966년과 2015년의 인구 밀도 지도를 보고 우리나라의 인구 분포는 어떠한 변화가 있었는지 파악한다.
- **핵심 개념**: 우리나라 인구 분포의 변화, 이촌 향도

친절한 활동 안내 ★

이 활동의 핵심은 1966년과 2015년의 인구 밀도를 보고 인구 밀도가 지역적으로 어떻게 변화하였는지를 알아보는 것이다. 산업화 이전, 농업 사회에서는 농업이 가능한 지역에 인구가 주로 분포하였으나 산업화 이후 현재에는 산업이 발달한 대도시에 인구가 집중되어 있고 상대적으로 자연 환경이 잘 발달한 지역이나 농어촌 지역에는 인구의 분포가 적다.

1 가 , 나 의 밑줄 친 부분을 조사하여 채워 보자.

예시 답안 | 가: 높고 험준한 산지가 많아 거주에 불리하다.

나: 대규모의 공업 단지가 있으며 산업 발달로 인구가 밀집된 지역이다.

2 아래 자료를 보고 수도권의 인구가 급속히 증가한 이유를 생각해 보자.

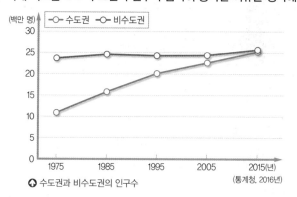

(백만 명)
30
25
20
15
10
5
0

1975　1985　1995　2005　2015(년)

─○─ 수도권　─○─ 비수도권

⬆ 수도권과 비수도권의 인구수

(통계청, 2016년)

예시 답안 | 산업화와 도시화로 인해 수도권이 급속하게 발달하면서 지방에 살고 있던 사람들이 도시로 모이는 이촌 향도 현상이 심화되었고 수도권의 인구가 급증하였다.

3 다음 표에 알맞은 말을 선택해 보자.

예시 답안 |

구분	1966년	2015년
인구가 집중된 지역	⬭남서부 지역 / 북동부 지역	⬭대도시 · 광역시 / 중소 도시
인구 밀도에 영향을 준 요인	⬭자연환경 / 인문 환경	자연환경 / ⬭인문 환경

4 내가 살고 있는 지역을 지도에 표시해 보고 인구 밀도에 어떤 변화가 있는지, 그 원인이 무엇인지 생각하여 적어 보자.

예시 답안 | 충청남도 천안(지도의 A)은 농업 중심 지역으로 인구 밀도가 낮았으나, 반도체 공업 단지가 들어오는 등 산업이 발달하고 KTX와 같은 고속 전철이 생기면서 인구가 급증하고 인구 밀도가 높아졌다.

자료 해설

자료는 인구 이동의 특징에 자연스럽게 접근하기 위한 활동으로서 사람들은 각자마다 거주하는 데 중요한 요인이 있다는 것을 알 수 있다. 직장인의 경우 직장이 가까운 곳을 선호하고 노인들은 요양 시설이나 병원이 가까운 곳, 학생들은 학교나 여가 활동을 쉽게 할 수 있는 곳 등을 선호한다. 이처럼 인구가 이동하는 데에는 다양한 요인이 있다.

1 가족들이 이사를 할 때 중요하게 생각하는 요인은 무엇인지 정리하여 써 보자.

예시 답안 |

부모님	직장 및 출퇴근 거리
할아버지, 할머니	실버타운 등 노인 요양 시설
딸	통학이 편리한 지역
아들	스포츠 시설 등의 여가 활동

2 우리 가족의 거주지 이동 지역과 그 까닭을 적어 보자.

예시 답안 | 서울 – 대전 – 서울, 부모님의 직장 이동

충청북도 – 서울, 교육 환경

이것이 핵심

• 활동 목표: 다양한 인구 이동의 사례를 통해 인구 이동의 원인과 인구 이동의 유형을 구분해 본다.
• 핵심 개념: 인구 이동, 인구 이동의 요인

친절한 활동 안내

이 활동의 핵심은 다양한 인구 이동의 사례를 토대로 인구 이동의 요인과 유형을 파악하는 것이다.
인구 이동은 이동 범위에 따라 국제 이동과 국내 이동, 이동 기간에 따라 일시적 이동과 영구적 이동, 이주자의 의지에 따라 자발적 이동과 강제적 이동, 목적에 따라 경제적, 정치적, 종교적 이동으로 구분됨을 확인한다.

1 ❶ ~ ❻의 인구 이동 원인을 다음 표에 구분하여 써 보자.

좋은 조건을 찾아 이동	①, ⑤, ⑥
나쁜 조건을 피하여 이동	②, ③, ④

2 ❶ ~ ❻의 사례를 분석하여 다음 표에 해당하는 부분에 ∨ 표시해 보자.

	이동 지역		이동 동기		이동 원인	
	국제	국내	자발	강제	정치 · 경제	종교 · 관광 · 교육
❶	∨		∨			∨
❷	∨		∨		∨	
❸	∨			∨	∨	
❹	∨		∨			∨
❺	∨		∨		∨	
❻		∨	∨			∨

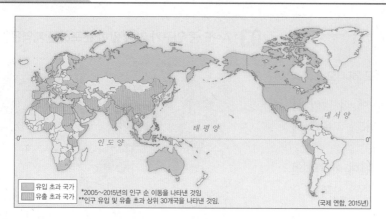

이것이 핵심

- **활동 목표**: 지도를 통하여 인구의 유입 지역과 유출 지역을 파악하고 원인을 분석할 수 있다.
- **핵심 개념**: 인구의 유입 지역, 유출 지역

친절한 활동 안내

이 활동의 핵심은 지도를 분석하여 인구 유입 지역과 유출 지역의 특징을 살펴보는 것이다.
인구가 유입되는 지역은 일자리가 많고 생활 기반 시설이 잘 갖추어진 선진국이며, 전쟁, 정치적 탄압, 박해 등으로 난민이 발생된 지역은 인구가 유출되고 있는 지역이다.

1 인구가 유입되는 지역과 인구가 유출되는 지역을 찾아 써 보자.

예시 답안 |

인구 유입 지역	인구 유출 지역
서부 유럽, 북아메리카, 서남아시아, 오스트레일리아	중앙아메리카, 서남아시아를 제외한 아시아 대부분 지역, 중남부 아프리카

2 인구가 유입되는 지역과 유출되는 지역의 특징을 써 보자.

예시 답안 |
- 인구 유입 지역: 산업이 발달한 선진국이 대부분을 차지한다.
- 인구 유출 지역: 개발 도상국이나 내전이 발생하는 지역이다.

자료 ❶ 부르카 착용 금지법에 따른 갈등

프랑스 정부는 부르카와 니캅 착용이 여성의 인권을 침해한다며 부르카 착용 금지법을 시행한다고 밝혔다. 부르카 착용 금지법은 관청, 우체국, 법원, 병원, 학교, 백화점, 일반 상점, 대중교통 등에서 부르카나 니캅 등 얼굴을 가리는 옷을 입은 사람을 단속한다는 내용을 담고 있다.

자료 ❷ 난민 발생에 따른 갈등

국제 연합 난민 기구의 발표에 따르면 2011년 전 세계 난민 수가 1,000만 명을 넘는다. 최대 난민 집단은 아프가니스탄, 팔레스타인, 이라크 출신이다. 난민은 전쟁과 기아 등에 대한 두려움에서 벗어나려고 다른 나라로 탈출하고 있다.

이것이 핵심

- **활동 목표**: 문화권이 다른 지역 간의 인구 이동으로 발생하는 지역 갈등을 알아보고 해결 방안을 찾아본다.
- **핵심 개념**: 인구 유입 지역과 유출 지역의 문제점

친절한 활동 안내

이 활동의 핵심은 인구 이동에 따른 갈등이 무엇이며 그 해결 방안에는 어떠한 것이 있는가를 파악하는 것이다.
문화가 다른 지역으로 인구가 유입되면 기존의 문화와 충돌하여 갈등이 발생하고 사회 문제가 되기도 하며 인구가 유출되는 지역에서는 노동력 부족 현상 등이 발생하기도 한다.

1 **자료 ❶, ❷** 를 통해 인구 이동으로 발생할 수 있는 갈등을 정리하여 써 보자.

예시 답안 | 문화권이 다른 지역 간의 인구 이동이 있으면 기존 주민과 이주민 간의 갈등이 발생하여 사회적 문제로 확대될 수 있다. 이주민이 경제적으로 불평등한 대우를 받게 되고 문화적 차이로 편견과 차별의 대상이 되어 사회적 문제가 될 수 있다. 인구의 유출로 인한 문제점은 내전으로 인해 난민이 발생한 국가의 경우 사회·정치적 혼란이 가중되며, 일자리를 찾아 인구가 유출될 경우에는 국내의 노동력 부족과 같은 현상이 발생할 수 있다.

2 인구 이동에 따른 갈등을 해결하려면 어떠한 노력이 필요한지 모둠별로 토의하여 써 보자.

예시 답안 | 인구 유입 지역에서는 문화권이 다른 사람들의 소수 문화를 존중해 주며, 난민에 대한 권리와 보호를 위한 조치가 필요하다. 인구 유출 지역에서는 국내 산업을 육성하여 자국 내 노동력이 해외로 유출되는 것을 막는 노력 등이 필요하다.

개념 쏙쏙

1 다음 내용에 알맞은 말을 골라 ◯표 하시오.

(1) 세계의 인구는 (북반구, 남반구)에 더 많이 분포하고 있으며 위도별로는 (중위도, 고위도)에 가장 많은 인구가 분포하고 있다.

(2) 우리나라의 산업화 이전인 1960년대 이전의 인구 분포는 (자연환경적 요인, 인문·사회적 요인)에 많은 영향을 받았다.

(3) 일반적으로 경제적 목적의 인구 이동은 (선진국, 개발 도상국)에서 (선진국, 개발 도상국)으로 향한다.

2 (   ) 요인은 풍부한 일자리, 쾌적한 환경 등 사람들을 끌어들이는 요인을 말한다.

01 다음 글의 밑줄 친 부분에 해당하는 것은?

> 인구 분포에 영향을 미치는 요인에는 크게 <u>자연적 요인</u>과 인문적 요인이 있다.

① 산업   ② 정치   ③ 문화
④ 기후   ⑤ 경제

02 세계의 인구 분포에 관한 설명으로 옳은 것을 〈보기〉에서 고른 것은?

보기
> ㄱ. 해발 고도가 높은 곳은 인구가 많이 분포한다.
> ㄴ. 최근 인구 분포에는 인문·사회적 영향이 크다.
> ㄷ. 북반구보다 남반구에 더 많은 인구가 분포한다.
> ㄹ. 북위 20°~40° 사이의 냉·온대 기후 지역에 많이 분포한다.

① ㄱ, ㄴ   ② ㄱ, ㄷ   ③ ㄴ, ㄷ
④ ㄴ, ㄹ   ⑤ ㄷ, ㄹ

03 A~E 중 인구가 가장 많이 분포하는 지역은?

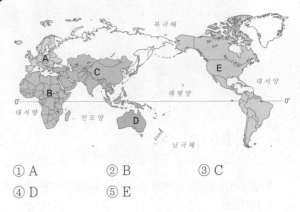

① A   ② B   ③ C
④ D   ⑤ E

04 세계 인구 분포 특징에 대한 설명으로 옳지 <u>않은</u> 것은?

① 아시아 계절풍 지역은 인구 밀집 지역이다.
② 인구 분포는 각 대륙에 균등하게 분포한다.
③ 남반구에 비해 북반구에 더 많은 인구가 분포한다.
④ 내륙 지역에 비해 해안 지역에 더 많은 인구가 분포한다.
⑤ 고위도에 비해 중위도 지역에 더 많은 인구가 분포한다.

05 다음은 대륙별 인구 분포를 나타낸 것이다. A, B에 들어갈 대륙을 바르게 연결한 것은?

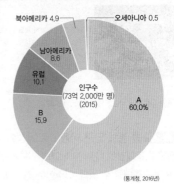

(통계청, 2016년)

	A	B
①	아시아	아프리카
②	유럽	아시아
③	오세아니아	남아메리카
④	유럽	북아메리카
⑤	아프리카	아시아

단답형

06 ㉠, ㉡에 알맞은 용어를 쓰시오.

> 인구가 한 장소에서 다른 장소로 옮겨가는 것을 인구 이동이라고 한다. 인구 이동의 요인에는 인구를 다른 지역으로 밀어내는 (㉠) 요인과 인구를 끌어들이는 (㉡) 요인이 있다.

㉠: (   ), ㉡: (   )

07 다음 글에 나타난 인구 이동의 유형으로 가장 적절한 것은?

> 아메리카에 정착한 유럽인들은 대규모 농장과 광산에 부족한 노동력을 보충하기 위해 아프리카 흑인들을 이주시켰다.

① 강제적 이동   ② 일시적 이동
③ 정치적 이동   ④ 자발적 이동
⑤ 영구적 이동

08 인구 이동에 대한 설명으로 옳지 않은 것은?

① 서부 유럽은 대표적인 인구 유출 지역이다.
② 북아메리카는 인구 유입이 활발한 지역이다.
③ 최근 경제적 이동이 가장 큰 비중을 차지한다.
④ 개발 도상국에서는 이촌 향도 현상이 나타난다.
⑤ 최근에 개발 도상국에서 선진국으로 인구 이동이 활발하다.

09 인구의 유입 지역과 유출 지역을 〈보기〉에서 고른 것은?

보기
> ㄱ. 동남아시아   ㄴ. 북부 아프리카
> ㄷ. 북아메리카   ㄹ. 서부 유럽

	인구 유입 지역	인구 유출 지역
①	ㄱ, ㄴ	ㄷ, ㄹ
②	ㄱ, ㄷ	ㄴ, ㄹ
③	ㄴ, ㄷ	ㄱ, ㄹ
④	ㄴ, ㄹ	ㄱ, ㄷ
⑤	ㄷ, ㄹ	ㄱ, ㄴ

10 다음은 인구 이동의 최근 경향을 나타낸 것이다. 이와 같은 인구 이동에 가장 큰 영향을 준 요인은?

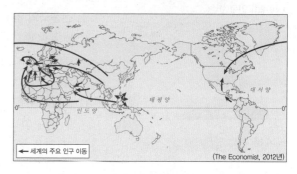

← 세계의 주요 인구 이동   (The Economist, 2012년)

① 종교의 자유를 찾기 위한 이동이다.
② 여가를 즐기기 위한 관광객의 이동이다.
③ 자연재해로 인한 환경 난민의 이동이다.
④ 소득 향상을 위한 경제적 목적의 이동이다.
⑤ 이념 갈등으로 인한 정치적 목적의 이동이다.

11 인구 이동에 따른 갈등과 지역 변화에 대한 내용으로 옳지 않은 것은?

① 인구 유출 지역은 노동력 부족 현상이 발생하기도 한다.
② 미국은 문화적 차이에 따른 거주 지역 분리 현상이 두드러지게 나타난다.
③ 미국에서는 남아메리카에서 이주해온 히스패닉의 이동이 점차 감소하고 있다.
④ 크리스트교 전통이 강한 유럽의 국가는 이슬람권에서 이주해 온 노동자들과 종교 간 마찰이 일어나기도 한다.
⑤ 문화권이 다른 지역 간 인구 이동이 있으면 기존 주민과 이주민과의 갈등이 발생하여 사회적 문제로 확대되기도 한다.

서술형

12 우리나라 인구 분포의 특징을 산업화 이전과 이후로 나누어 서술하시오.

인구 문제

• 세계의 인구 변화

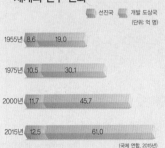

■ 선진국　■ 개발 도상국
(단위: 억 명)

1955년	8.6	19.0
1975년	10.5	30.1
2000년	11.7	45.7
2015년	12.5	61.0

(국제 연합, 2015년)

▲ 선진국과 개발 도상국의 인구 변화
인구 증가의 속도는 경제 발전 정도에 따라 지역별로 차이가 있는데 선진국은 인구가 천천히 증가하고 개발 도상국은 인구가 빠르게 증가한다.

정리 인구 문제

개발도상국	• 인구 급증으로 인한 식량 부족 • 이촌 향도로 인한 도시 문제 발생 • 성비 불균형
선진국	• 저출산으로 인한 인구 정체 및 감소 • 외국인 근로자 증가로 인한 문화적 갈등 • 인구 고령화로 인한 복지 비용 증가

개념＋ 고령화 사회
한 나라에서 65세 이상 노인 인구가 전체 인구의 7%를 넘으면 고령화 사회, 14%가 넘으면 고령 사회, 20%가 넘으면 초고령 사회라고 한다.

➔ 지역에 따른 인구 문제

1. 선진국의 인구 문제 저출산·고령화 문제 발생

(1) **낮은 출생률과 낮은 사망률이 원인**
　　　뜻 여성들의 사회 참여가 증가하고 여성의 지위가 높아지면서 전통적으로 결혼하여 아이를 키우는 일의 비중이 약해짐.
　① 여성의 지위 향상과 사회 활동 증가로 출생률 저하
　② 의학의 발달과 생활 수준의 향상 등으로 인구의 고령화
(2) **노동력 부족, 노인 소외, 노인 복지 비용 증가**
　　　왜 의학의 발달로 평균 수명이 증가하고 위생 시설 등이 향상되어 사망률이 감소하게 되고 인구의 고령화 현상이 나타난다.
　① 인구의 노령화로 노인 인구 부양을 위한 세금과 복지 비용 부담 증가
　② 젊은 노동력의 부족으로 경제 성장에 타격
　③ 부족한 노동력을 위해 외국인 근로자의 유입으로 문화적, 사회적 갈등 발생

2. 개발 도상국의 인구 문제 ─ 아시아, 아프리카, 남아메리카 지역에서 뚜렷하다.

(1) **인구 급증**: 빠른 인구 증가 속도, 농업 중심의 사회로 인한 높은 출생률, 급속한 사망률의 감소로 인구 급증 → **식량과 자원 부족**, 일자리 부족 등으로 실업 문제 발생
(2) **인구 집중**: **이촌 향도 현상으로 대도시의** 인구 집중 → **주택 부족, 교통 혼잡, 환경 오염 등 발생**
　　　─ 식량과 자원의 생산량이 인구의 증가 속도를 따라 가지 못해서 기아와 빈곤이 발생하게 된다.
(3) **성비 불균형**: 일부 개발 도상국에서 남자아이의 출생률이 여자아이의 출생률보다 **높게 나타남 → 남아 선호 사상** ─ 중국과 인도 등에서 나타난다.
　　　─ 뜻 인구의 성별 구조를 나타내는 지표로 여자 100명에 대한 남자의 수로 나타낸다.

➔ 인구 문제의 대책

1. 개발 도상국의 인구 대책
　　　뜻 부부의 경제적 여건이나 생활능력에 따라 자녀의 수나 출산의 간격을 조절하는 일
(1) **가족계획 추진**: 인구 증가율을 억제
(2) **인구의 부양력 증대**: 농업의 기계화를 통한 식량 증산, 산업화 정책 필요
　　　뜻 한 나라나 지역의 인구가 사용 가능한 자원에 의해 생활할 수 있는 능력

2. 선진국의 인구 대책
(1) **출산 장려 정책 실시**: 출산 장려금 및 육아 혜택 지원, 보육 시설 마련
(2) **노인 복지 정책 확대**: 연금 제도 개선, 실버산업 육성, 노인 복지 정책 확대
　　　뜻 국민의 생활 보장을 위해 매달 국가에서 일정한 금액을 지급하는 제도　　　뜻 노인을 상대로 노인을 위한 상품을 제조·판매하거나 의료·복지 시설을 세우는 따위의 산업

교과서 PLUSα 선진국과 개발 도상국의 인구 피라미드

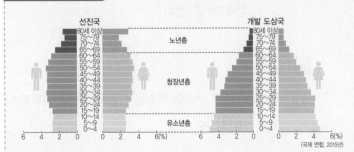

(국제 연합, 2015년)

자료 해설
인구 피라미드는 인구의 성별·연령별 구성을 나타낸 도표로 어떤 지역의 인구 구조와 인구 문제를 한눈에 파악할 수 있다. 일반적으로 선진국의 경우 출생률과 사망률이 낮아 종형의 인구 구조를 나타나며 개발 도상국은 출생률과 사망률이 높아 피라미드 형태의 인구 구조가 나타난다. 선진국은 개발 도상국보다 0~14세 이상 인구 비율은 매우 낮지만, 65세 이상의 인구 비율은 매우 높은 것을 알 수 있다. 이러한 지역에서는 노동력이 부족해지고 노인 부양 부담이 커지는 문제가 발생한다.

→ 우리나라의 인구 문제와 대책

1. 우리나라 인구 문제

(1) 우리나라 인구의 변화: 해방 이후 인구 급증으로 1980년대까지 출산 억제 정책 시행

(2) 1990년대 이후 출산율 감소로 저출산·고령화 사회 진입

6.25 전쟁이 끝난 후 사회가 안정되어 출생률은 높아지고 의학의 발달로 사망률이 낮아지면서 인구가 급증하여 가족계획 사업을 추진하였다.

출생아 수 및 합계 출산율 추이(1970년~2017년)
(단위: 명)
■ 출생아 수
○─ 합계 출산율

(통계청, 2017년)

2. 우리나라 인구 문제의 원인

(1) 저출산 문제의 원인 ── 결혼을 하지 않는 비혼족이나 결혼 후에도 아이를 가지지 않는 딩크족(double income no kids) 발생

① 결혼 및 자녀에 대한 가치관의 변화

② 여성의 사회 진출 증가

③ 결혼 연령의 변화 ── 2016년 기준 초혼 연령이 남 32.8세, 여 30.1세로 10년 전에 비해 2~3세 늦춰짐.

④ 고용 소득의 불안정으로 인한 양육비 및 교육비의 증가 ── OECD 국가 중 사교육비 1위

(2) 고령화 문제의 원인: 의학 기술의 발달로 인한 평균 수명의 연장

── 노년층의 질병, 빈곤, 소외와 같은 노인 문제가 발생하기도 한다.

3. 인구 문제의 대책

🔲 일정한 지역 주민들의 수명을 평균한 것이다. 1년 동안에 사망한 사람의 나이를 합쳐 사망한 사람의 수로 나누어 계산한다.

(1) 저출산 문제에 대한 대책

① 직장 내 보육 시설 설치

② 출산 지원금과 양육비 지급

③ 영유아 보육 시설 확대

④ 남성의 육아 참여 확대 ── 2015 인구 주택 총조사에 의하면 1인 가구는 520만 가구로 전체 가구의 27.2%를 차지하며 이는 미혼 및 비혼 인구의 증가가 주요 원인이다.

⑤ 결혼 및 가족에 관한 인식 변화 필요

(2) 고령화 문제에 대한 대책

① 노인 직업 훈련 기회 제공 및 일자리 제공

② 정년 연장과 안정적 생활을 위한 연금의 확대

③ 노인 복지 시설 확충 ── 🔲 일정 나이가 되면 임금을 삭감하는 대신 정년을 보장하는 제도

④ 실버산업의 육성 및 임금 피크제 도입

개념⁺ 출산율

합계 출산율이라고도 하며 한 여성이 평생 출산하는 평균 자녀의 수를 말한다.

정리 우리나라 인구 문제와 대책

저출산	• 원인: 여성의 사회 진출 증가, 높은 육아 비용 • 문제: 인구 감소 → 경제 성장 둔화 • 대책: 출산과 양육에 대한 지원 강화
고령화	• 원인: 평균 수명의 연장, 저출산으로 노인 인구수 증가 • 문제: 사회 복지 비용 증가, 노동력 부족 • 대책: 연금 및 복지 제도 정비, 노인 일자리 창출

• 우리나라의 고령화

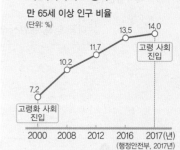

만 65세 이상 인구 비율
(단위: %)

(행정안전부, 2017년)

우리나라는 이미 2000년에 고령화 사회로 진입하였고 현재는 고령 사회로 접어든 상태이다.

교과서 PLUS α

통계로 보는 우리나라의 저출산·고령화 현상

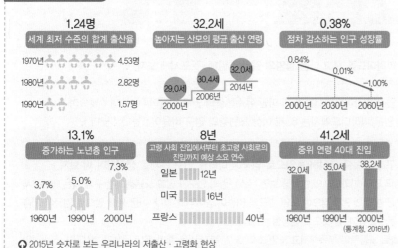

⬆ 2015년 숫자로 보는 우리나라의 저출산·고령화 현상

자료 해설

2015년 인구 통계를 보면 우리나라는 세계 최저의 합계 출산율(1.24명)을 보이고 있으며 산모들의 평균 출산 연령도 2000년에 비해 3살이 느려지게 되었다. 노년층의 인구는 점차 증가하여 인구의 20%가 65세 이상의 노인 인구를 차지하는 초고령 사회의 진입이 8년 남은 상황으로 이는 일본 12년, 미국 16년, 프랑스 40년에 비해 매우 빠른 증가 속도이다.

활동 풀이

생각 열기 풀이 인구 문제는 나라마다 어떤 차이가 있을까?

자료 해설
제시된 상황은 선진국과 개발 도상국에서 겪고 있는 인구 문제를 나타낸 것이다. 선진국의 경우 출산율이 낮고 의학 기술과 복지의 향상 등으로 인구의 고령화가 진행되어 노동력 부족 등의 문제가 발생할 수 있다. 개발 도상국의 경우 인구가 급증하는 데 비해 산업이나 식량의 생산량이 미치지 못하여 식량 부족, 일자리 부족, 실업 문제 등이 발생할 수 있다.

1 가, 나 상황에서 나타날 수 있는 문제는 어떤 것이 있는지 말해 보자.

예시 답안 |

가	나
노인들이 많아진다. 아이들은 적어진다.	아이들이 많아 인구가 증가한다. 식량이 부족할 것이다.

2 가, 나에 해당하는 나라를 적어 보자.

예시 답안 |

가	나
미국, 영국, 스위스, 일본, 노르웨이 등 선진국	니제르, 인도 등 개발 도상국

스스로 탐구하기 풀이 영국의 인구 피라미드로 보는 인구 문제

이것이 핵심 ❗
- **활동 목표:** 인구 피라미드를 보고 선진국의 인구 변화와 이에 따르는 문제점을 생각해 본다.
- **핵심 개념:** 선진국의 인구 변화와 인구 문제, 인구 피라미드

친절한 활동 안내 ⭐
이 활동의 핵심은 인구 피라미드를 분석하여 선진국이 겪고 있는 인구 문제를 유추하는 것이다.
영국의 인구 피라미드를 보면 1880년대에는 유소년층이 많고 노인 인구가 적은 피라마드형이나 시간이 지나면서 유소년층이 감소하고 노인 인구가 많아지는 형태로 바뀌었음을 알 수 있다.

(국제 연합 인구 통계, 2015년)

1 영국의 인구 피라미드를 보고 다음 설명의 알맞은 말에 ○ 표시해 보자.

1881년의 인구 피라미드에서는 15세 미만 유소년층의 인구 비율이 (높으며 / 낮으며),
2015년의 인구 피라미드에서는 65세 이상 노년층의 인구 비율이 (높다 / 낮다).

2 영국의 인구 구조 변화를 분석하여 앞으로 영국에 나타날 인구 문제를 생각하여 써 보자.

예시 답안 | 영국 인구 피라미드의 변화를 보면 유소년층의 인구가 많고 노년층의 인구가 적은 형태에서 최근에는 유소년층의 인구가 적으며 노인 인구의 비중이 높아지고 있다. 이를 통해 앞으로 영국이 저출산·고령화의 문제를 겪게 될 것으로 예상할 수 있다.
저출산·고령화로 노동력이 부족해지고 노인 소외, 노인 복지 비용 증가 등의 문제가 발생하며 전반적인 국가의 평균 연령이 높아져 국가의 대외 경쟁력도 낮아지게 될 것이다.

자료 ❶ 인도의 인구 문제

인도는 사망률이 감소하고 사회적으로 남아 선호 사상, 종교적 전통, 높은 문맹률과 출생률로 인구가 빠르게 증가하고 있다. 인도의 인구는 2025년을 전후하여 중국 인구를 추월할 것으로 전망된다. 인도의 일부 대도시에는 인구가 급증하여 차량 문제, 학교·병원·주택 부족 등의 문제가 나타나고 있다.

자료 ❷ 중국의 인구 문제

최근까지 중국은 남아 선호 사상과 '한 가정 한 자녀 갖기' 정책으로 심각한 성비 불균형이 생겨 1990년대 이후부터 태어난 남성들이 결혼 적령기인 현재에 결혼할 여자를 구하기가 '하늘의 별 따기'라고 한다.

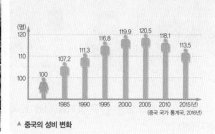

▲ 중국의 성비 변화

1 인도와 중국에 현재와 같은 현상이 이어진다면 어떤 문제점이 나타날지 말해 보자.

　예시 답안 | 인도는 남아 선호 사상과 종교적 전통 등으로 인해 인구가 급증하게 될 것이며, 중국의 경우 남아 선호 사상과 한 자녀 가지기 운동 등으로 인해 남자아이와 여자아이의 성비 불균형이 사회적 문제가 될 것으로 예상된다.

2 인도와 중국에서는 어떤 인구 정책을 펼쳐야 하는지 생각해 보자.

　예시 답안 | 인도의 경우 인구 급증을 막기 위해 가족계획을 실시하고 식량 등을 증산하여 인구 부양력을 높여야 하며, 중국의 경우 태아의 성 감별을 금지하고 국민의 의식을 변화시킬 수 있는 홍보 교육 활동이 지속적으로 이루어져야 한다.

이것이 핵심 !

・ **활동 목표:** 개발 도상국이 겪고 있는 인구 문제를 알아보고 이에 대한 대책을 살펴본다.
・ **핵심 개념:** 개발 도상국의 인구 문제, 성비 불균형 문제

친절한 활동 안내 ★

이 활동의 핵심은 개발 도상국의 인구 문제를 인도와 중국의 사례를 통해 알아보고 이에 대한 대책을 생각해 보는 것이다.

개발 도상국은 급격한 인구 증가에 비해 경제 수준이 낮아 식량 부족, 일자리 부족 등의 문제가 나타나며, 일부 국가에서는 남아 선호 사상이나 종교적 전통 등으로 인해 성비의 불균형이 나타나기도 한다.

교과서 PLUS α 　　세계의 인구 성장

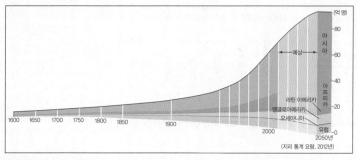

⊙ 대륙별 인구 증가 추이

자료 해설

그래프는 과거 세계 인구 규모의 변천사와 앞으로 인구 변화의 예측을 대륙별로 예상한 것이다. 1800년대 중반부터 세계 인구는 서서히 증가하기 시작하여 1800년대 후반에 이르러 산업화와 도시화가 급격하게 진행되어 인구가 급증하였다. 2011년에는 세계 인구가 70억을 돌파하였다. 그래프에서 현재 유럽이나 앵글로아메리카 등의 선진국의 인구는 정체된 상태이지만 개발 도상국의 인구는 급격히 증가하고 있는 것을 알 수 있다.

이렇게 이해하세요

이는 20세기 중반부터 개발 도상국이 산업화와 도시화에 따른 경제 개발을 시작하고 의학의 보급으로 사망률이 급격히 감소하였기 때문에 나타난 현상이다. 미래의 인구는 그래프에서 알 수 있듯이 아시아와 아프리카 대륙이 계속 성장하거나 급증하는 형태를 보일 것으로 예상되며 개발 도상국의 인구 성장세가 뚜렷할 것으로 예측된다.

1 각 나라가 펼치고 있는 인구 정책을 다음 표에 정리해 보자.

예시 답안 |

스웨덴	저출산 문제를 위해 육아 휴직을 의무화하였다.
미국	고령화 사회를 대비하여 정년 연장 및 임금 피크제를 도입하였다.
니제르	인구 급증을 막기 위해 가족계획을 실시하고 산업을 육성하여 인구 부양력을 높이고자 노력하였다.
중국	한 자녀 정책을 폐지하여 저출산에 대비하고 있다.
인도	여성의 지위 향상과 문맹률을 낮추어 인구 급증에 대비하고 있다.

2 모둠별로 나누어 저출산, 고령화 현상의 해결 방안을 토의하여 발표해 보자.

예시 답안 | 저출산의 대책으로는 출산과 관련된 정부의 각종 지원금 확대와 양육비 지급, 다자녀 가구에 혜택을 주는 방법 등이 있다. 고령화의 대책으로는 재취업 기회 보장, 실버산업 육성, 노인 복지 확대, 노령 연금 지급 등이 있다.

1 자료 ❶ ~ ❸ 을 바탕으로 우리나라의 예상 인구 변화와 그 영향을 생각하여 써 보자.

예시 답안 |

예상 인구 변화	우리나라 기혼 여성들은 자녀 양육비와 교육비 부담, 소득·고용 불안정, 자녀에 대한 가치관의 변화 등으로 출산을 기피하고 있으며 고령화의 진행 속도는 다른 선진 국가에 비해 빠른 것을 알 수 있다. 이처럼 출산율이 점차 낮아지고 고령화가 지속된다면 인구가 지속적으로 감소할 것이다.
영향	인구가 지속적으로 감소하게 되면 산업 발달의 원동력이 감소되어 경제 발달에 저해 요소가 될 것이다. 또한 경제 성장률이 낮아지면서 소비 활동이 위축되고 노인 복지 비용이 증가하여 사회적 문제가 발생할 것이다.

이것이 핵심

- **활동 목표**: 저출산·고령화 현상을 해결하기 위한 다양한 노력을 파악한다.
- **핵심 개념**: 저출산·고령화, 유연 근무제, 브릿지 플랜 2020

친절한 활동 안내

이 활동의 핵심은 저출산, 고령화 문제를 해결하기 위한 다양한 방법들을 알아보는 것이다.
저출산, 고령화를 해결하기 위해서는 정부와 회사 등의 제도적 지원이 뒷받침되어야 하고 여성의 육아와 보육에 적극적인 지원이 필요하다.

1 각 대표가 주장하는 저출산·고령화 문제의 대책을 정리해 보자.

예시 답안 |

여성 대표	육아 및 보육에 정부의 적극적인 지원이 필요하며 교육비에 대한 지원이 필요하다.
노인 대표	질병, 빈곤, 소외 등에 대한 노인 문제와 정년 연장 및 재취업 등의 지원이 필요하다.
정부 관계자	저출산·고령화 문제 해소를 위한 브릿지 2020 플랜을 계획하고 있다.
회사 대표	유연 근무제와 직장 내 보육 시설 확충, 정시 퇴근 등을 권장하고 있다.

2 저출산·고령화 사회에 대비하는 표어를 만들어 보자.

예시 답안 | • 낳을수록 희망, 기를수록 행복
- 아이를 낳은 일이 곧 선진국으로 가는 지름길입니다.
- 더 낳은 아이, 더 나은 미래

교과서 PLUSα   브릿지 플랜 2020

자료 해설

2015년 12월 10일 저출산·고령화 사회 위원회는 2016년부터 2020년까지 시행될 제3차 저출산·고령화 사회 기본 계획인 '브릿지 플랜 2020'을 발표했다. 아이와 함께 행복한 사회, 생산적이고 활기찬 고령 사회를 위한 '브릿지 플랜 2020'은 기존의 기혼 가구의 보육 부담을 줄여주고 비용을 지원해 주는 정책 위주에서 일자리, 주거 등 만혼 및 비혼 대책을 강화하고 문화 개선에 초점을 맞추었다. 고령화 사회에 대비해서도 기존의 기초 연금, 장기 요양 등 노후 기반 마련과 노인 복지 위주의 정책과 달리 국민연금, 주택 연금 등 노후 대비를 강화하였고 생산 인구의 확충과 실버 산업의 육성 등 새로운 정책을 제시하였다. 이를 바탕으로 합계 출산율은 1.21명에서 1.5명으로 높이고 노인 상대 빈곤율은 49.6%에서 39%로 낮추는 효과를 기대하고 있다.

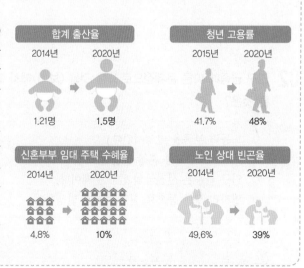

개념 쏙쏙

1 다음 내용에 알맞은 말을 골라 ◯표 하시오.

(1) 개발 도상국에서는 (높은, 낮은) 출생률과 (높은, 낮은) 사망률로 인해 인구가 급증하고 있다.

(2) 선진국에서는 여성의 사회 진출이 활발하고, 자녀에 대한 가치관의 변화 등으로 (저출산, 고출산) 문제가 심각하다.

2 (   )는 여자 100명당 남자의 수를 의미한다.

3 선진국과 개발 도상국의 인구 문제에 대한 대책을 〈보기〉에서 골라 쓰시오.

보기

ㄱ. 출산 억제 정책
ㄴ. 실버산업 육성
ㄷ. 출산 장려금 지급
ㄹ. 식량 증산을 통한 인구 부양력 증대

(1) 선진국: (   )   (2) 개발 도상국: (   )

01 다음 중 세계의 인구 변화에 대한 설명으로 옳은 것은?

① 개발 도상국은 인구가 급증하고 있다.
② 선진국은 최근에 인구가 급증하고 있다.
③ 현재 세계의 인구는 점차 감소하고 있다.
④ 개발 도상국에서는 인구의 고령화가 심각하다.
⑤ 선진국은 노인 부양 부담 비율이 감소하고 있다.

02 인구 급증에 따른 문제점으로 옳은 것을 〈보기〉에서 고른 것은?

보기

ㄱ. 노동력 부족을 발생시킨다.
ㄴ. 주택 부족, 교통 혼잡 등을 일으킨다.
ㄷ. 인구 급증은 선진국의 인구 문제이다.
ㄹ. 일자리 부족 등으로 실업 문제가 발생한다.

① ㄱ, ㄴ   ② ㄱ, ㄷ   ③ ㄴ, ㄷ
④ ㄴ, ㄹ   ⑤ ㄷ, ㄹ

03 개발 도상국에서 나타나는 인구 문제에 대한 대책으로 옳은 것을 〈보기〉에서 고른 것은?

보기

ㄱ. 노인 일자리 창출
ㄴ. 출산 장려금 지급
ㄷ. 가족계획 사업 추진
ㄹ. 식량 증산을 통한 인구 부양력 증대

① ㄱ, ㄴ   ② ㄱ, ㄷ   ③ ㄴ, ㄷ
④ ㄴ, ㄹ   ⑤ ㄷ, ㄹ

04 오늘날 선진국의 인구 문제 발생 원인으로 옳지 <u>않은</u> 것은?

① 양육비 및 교육비 부담 증가
② 의학의 발달과 보건 기술의 발달
③ 이촌 향도에 의한 도시 인구 증가
④ 여성의 사회 진출 증가 및 지위 향상
⑤ 결혼 제도 및 자녀에 대한 가치관의 변화

중요
05 (가)와 (나)의 인구 구조가 나타나는 지역에 대한 설명으로 옳은 것은?

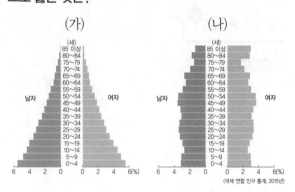

(국제 연합 인구 통계, 2015년)

① (가)-선진국에서 주로 나타나는 인구 구조이다.
② (가)-노년층의 인구가 매우 많은 것이 특징이다.
③ (나)-유소년층의 인구가 급증하고 있다.
④ (나)-인구의 고령화 현상이 발생하고 있다.
⑤ (나)-인구 급증을 막기 위해 출산 억제 정책을 시행한다.

단답형

06 밑줄 친 '이것'에 해당하는 개념을 쓰시오.

> 이것은 전체 인구에서 65세 이상의 노인 인구 비율
> 이 증가하는 현상으로 이러한 현상을 극복하기 위해
> 실버산업을 확대하고 노인 일자리 개발 등 노인을
> 위한 다양한 복지 정책이 필요하다.

(   )

[07-08] 다음 그래프를 보고 물음에 답하시오.

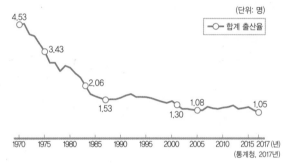

▲ 우리나라의 합계 출산율 변화

07 위와 같은 현상이 나타나게 된 원인으로 옳지 **않은** 것은?

① 이민의 증가
② 결혼 연령의 상승
③ 자녀 양육 부담 증가
④ 여성의 사회 진출 증가
⑤ 자녀에 대한 가치관의 변화

08 위와 같은 변화가 지속될 경우 나타날 것으로 예상되는 사회 문제로 적절하지 **않은** 것은?

① 노동력 감소
② 실버산업 위축
③ 경제 성장 둔화
④ 사회 복지 비용 증가
⑤ 경제 활동 인구 감소

09 자료를 보고 우리나라나 일본에 필요한 대책을 〈보기〉에서 고른 것은?

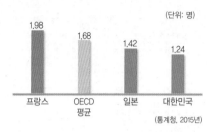

▲ 경제 협력 개발 기구(OECD) 회원국의 합계 출산율

보기

> ㄱ. 보육 시설 확충
> ㄴ. 산아 제한 정책 실시
> ㄷ. 출산 및 육아 수당 지급
> ㄹ. 식량 증산을 통한 인구 부양력 증대

① ㄱ, ㄴ   ② ㄱ, ㄷ   ③ ㄴ, ㄷ
④ ㄴ, ㄹ   ⑤ ㄷ, ㄹ

10 다음은 현재 우리나라에서 볼 수 있는 인구 표어이다. 이를 통해 알 수 있는 우리나라의 인구 문제는?

> • 자녀에게 물려 줄 최고의 유산은 형제입니다.
> • 아빠, 혼자는 싫어요. 엄마, 저도 동생을 갖고 싶어요.

① 낮은 출산율   ② 고령 인구의 증가
③ 이촌 향도 현상   ④ 성비 불균형 심화
⑤ 다문화 가족의 증가

서술형

11 그림은 2015년과 2060년의 노인 부양 부담을 나타낸 것이다. 이와 관련된 문제의 해결 대책을 서술하시오.

(통계청 장래 인구 추계, 2011년)

대단원 마무리

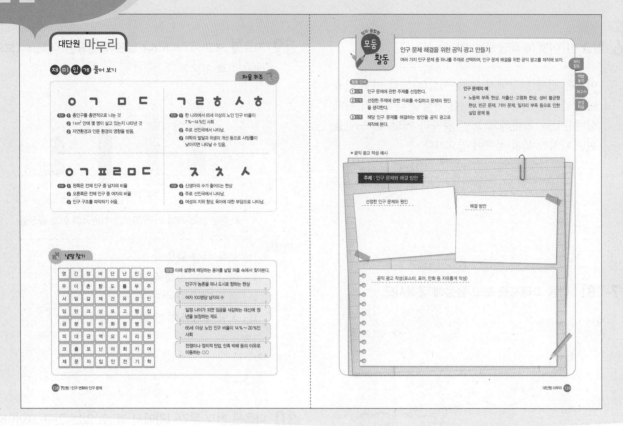

재미있게 풀어 보기 풀이
교과서 138쪽

|자음 퀴즈|

예시 답안 |
인구 밀도, 고령화 사회, 인구 피라미드, 저출산

|낱말찾기|

예시 답안 |
이촌 향도, 성비, 임금 피크제, 고령 사회, 난민

창의·융합형 모둠 활동 풀이
교과서 139쪽

이것이 핵심 우리나라의 인구 문제 해결을 위한 공익 광고를 만들어 봄으로써 인구 문제 해결에 대한 실천 의지를 높인다.

예시 답안 |

1. 선정한 인구 문제와 원인
- 선정한 인구 문제: 저출산, 고령화
- 원인: 여성의 지위 향상 및 사회 활동의 증가로 자녀에 대한 가치관의 변화, 육아에 대한 경제적 부담 증가 등으로 인해 출생률이 낮아진다. 또한 의학 기술의 발달과 생활 수준의 향상으로 고령화 현상이 나타난다.

2. 해결 방안: 직장 내 보육 시설 완비, 출산 장려금 지원, 양육비 지급, 노인 복지 제도 확립, 정년 연장, 실버산업 확충, 임금 피크제 도입 등으로 해결할 수 있다.

3. 공익 광고 작성
(생략)

고령화 시대의 유망 직종들

이번 단원에서는 인구에 대해서 배웠습니다. 세계의 인구는 우리나라와 일본을 비롯하여 빠르게 고령화 사회로 진입하고 있습니다. 이러한 고령화 사회에 유망한 직업에는 어떠한 것들이 있을까요? 이번 기회에 고령화 사회에 유망한 직업을 한번 살펴봅시다.

고령화 시대의 유망 직종은 어떤 것이 있을까요? 우선 직업 상담사가 있어요. 퇴직 후 직업을 바꾸거나 창업을 희망하는 사람에게 제2의 직업을 추천하고, 상담과 컨설팅을 해줍니다. 책임감, 친절함이 요구되며 상담에 능하고, 인생 경험이 풍부한 것이 도움이 됩니다.

↑ 노인 취업 상담

퇴직 후 새로운 직업을 찾는 사람이 늘다 보니 그렇겠군요. 또 어떤 유망 직종이 있을까요?

고령화 사회에서는 고객들의 재무 상태를 파악하여, 각종 금융 상품, 주식, 부동산 등의 투자 대상을 추천하고, 고객 특성에 맞는 자산 관리 방법을 개발하는 직업이 유망할 것으로 기대돼요.

↑ 어르신 생활 금융 교육

매우 흥미롭네요! 그렇다면 현재 노인들을 위한 직접적인 도움이 되는 직업에는 어떠한 것들이 있나요?

노인 인구에 따른 문제들이 많이 생기면서 노인 문제라는 새로운 사회 문제가 생기게 되었고 노인들의 최소한의 인간 기본권, 욕구 충족, 문화, 생활 유지를 위해 이를 해결하고 보살펴 나가야 되는 직업들이 생기게 되었습니다. 대표적으로 노인 요양사, 노인 복지사, 그리고 노인 심리 상담사 등이 있어요.

↑ 노인 요양사

대단원 총정리 문제

01 인구 분포

[01-02] 다음은 세계의 인구 분포를 나타낸 지도이다. 물음에 답하시오.

01 위 지도에 대한 설명으로 옳은 것은?

① 대륙별로 인구는 균등하게 분포한다.
② 유럽 지역은 인구가 희박한 지역이다.
③ 건조 지역에는 인구가 조밀하게 분포한다.
④ 남부 및 동부 아시아에 인구 밀도가 높다.
⑤ 오스트레일리아 내륙 지역은 인구가 조밀하다.

02 위 지도에 ○ 표시된 지역들의 공통점으로 옳은 것은?

① 산업이 발달로 인구가 밀집된 지역
② 정치적 문제로 인구가 희박한 지역
③ 경제적 발달로 인구가 밀집된 지역
④ 불리한 자연 조건으로 인구가 희박한 지역
⑤ 인간에게 적합한 기후로 인구가 밀집된 지역

중요
03 우리나라의 인구 분포의 특징으로 옳은 것은?

① 일제 말기부터 이촌 향도 현상이 심화되었다.
② 오늘날 인구는 수도권과 대도시에 주로 분포한다.
③ 과거에는 태백산지 일대에 많은 인구가 집중되었다.
④ 우리나라의 인구는 주로 북동부 지역에 인구의 대부분이 분포한다.
⑤ 1960년 이후 본격적으로 농어촌 지역과 산지 지역의 인구가 꾸준히 증가하였다.

04 인구가 밀집한 지역에 해당하는 곳을 〈보기〉에서 고른 것은?

보기
ㄱ. 한대 기후 지역
ㄴ. 사막 기후 지역
ㄷ. 비옥한 평야 지대
ㄹ. 경제가 발달한 도시

① ㄱ, ㄴ   ② ㄱ, ㄷ   ③ ㄴ, ㄷ
④ ㄴ, ㄹ   ⑤ ㄷ, ㄹ

05 지도를 보고 우리나라의 시기별 인구 분포를 옳게 설명한 것은?

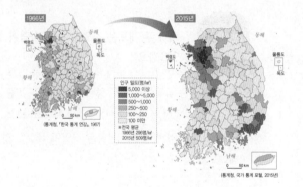

① 1966년 강원도 일대는 인구 밀집 지역에 속하였다.
② 1966년에는 정치 상황에 의해 남서부 지역에 인구가 많았다.
③ 1966년 인구 분포는 주로 인문 · 사회적 요인의 영향을 받았다.
④ 2015년에는 산업화, 도시화가 인구 분포에 많은 영향을 미쳤다.
⑤ 2015년과 같은 인구 분포는 자연적 요인의 영향을 잘 나타내는 것이다.

단답형
06 다음 빈칸에 들어갈 적절한 말을 쓰시오.

1960년대 이후 산업화와 도시화가 이루어짐에 따라 [   ] 현상이 나타나 대도시, 공업 도시, 위성 도시가 발달하여 도시 지역에 인구가 집중하였다.

(   )

07 지도에 나타난 인구 분포에 영향을 준 요인을 〈보기〉에서 고른 것은?

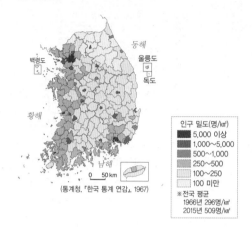

보기

ㄱ. 지형   ㄴ. 공업   ㄷ. 기후   ㄹ. 종교

① ㄱ, ㄴ   ② ㄱ, ㄷ   ③ ㄴ, ㄷ
④ ㄴ, ㄹ   ⑤ ㄷ, ㄹ

02 인구 이동

단답형

08 빈칸 ㉠, ㉡에 알맞은 말을 각각 쓰시오.

인구를 이동하게 만드는 요인은 크게 두 가지로 나뉜다. 사람들을 어떤 지역으로 끌어들이는 긍정적 요인을 ㉠ 이라고 하고, 사람들을 다른 지역으로 밀어내는 부정적 요인을 ㉡ 이라고 한다. ㉠ 에 속하는 것으로는 생활의 안전, 취업 기회, 높은 임금, 미래 전망 등이 있고, ㉡ 에 속하는 것으로는 자연재해, 전쟁, 일자리 부족, 낮은 임금 등이 있다.

㉠: (   ), ㉡: (   )

09 인구 이동에 대한 설명으로 옳지 않은 것은?

① 북아메리카는 대표적인 인구 유입 지역이다.
② 개발 도상국에서는 이촌 향도 현상이 뚜렷하다.
③ 개발 도상국에서 선진국으로의 국제적 이동이 많다.
④ 오늘날 인구 이동의 가장 큰 비중을 차지하는 것은 경제적 요인에 의한 것이다.
⑤ 흡인 요인이 강한 지역은 인구가 줄고, 배출 요인이 강한 지역은 인구가 늘어난다.

10 다음 설명에 해당하는 인구 이동을 지도에서 고른 것은?

17세기 청교도들이 메이플라워호를 타고 종교의 자유를 찾아 신대륙으로 이동하였다. 이는 종교적이고 자발적인 이동이었다.

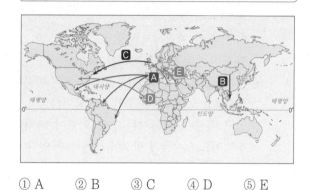

① A   ② B   ③ C   ④ D   ⑤ E

11 다음 글에 나타난 인구 이동의 성격을 바르게 분석한 것은?

핀란드에 사는 할아버지, 할머니는 최근 은퇴하신 후 휴가 때 즐겨 찾던 지중해 연안으로 이사하셨다.

	이동 범위	이동 주체
①	국내 이동	자발적 이동
②	국제 이동	자발적 이동
③	국내 이동	강제적 이동
④	국제 이동	강제적 이동
⑤	국제 이동	정치적 이동

중요

12 지도와 같은 인구 이동이 일어나는 가장 큰 요인은?

① 일자리를 찾아서
② 은퇴 후 요양하기 위해서
③ 여름 휴가를 보내기 위해서
④ 쾌적한 주거 환경을 위해서
⑤ 농촌 지역에서 전원생활을 하기 위해서

13 인구의 이동에 따른 갈등에 대한 설명으로 옳지 <u>않은</u> 것은?

① 인구 유출 지역에서는 노동력 유출로 실업률이 높아지고 있다.
② 아시아, 아프리카, 남아메리카 등 일부 국가에서는 인구 유출이 일어나고 있다.
③ 인구 유입 지역에서는 이주민과 원주민 간의 문화적 차이로 갈등이 발생할 수 있다.
④ 세계적으로 인구 유입이 많은 지역은 북아메리카와 유럽, 오세아니아 등의 선진국이다.
⑤ 인구 유출 지역에서는 고급 인력이 빠져나가서 장기적으로는 국가 발전이 침체할 수 있다.

03 인구 문제

중요
14 다음 인구 피라미드와 같은 인구 구조가 나타나는 지역의 인구 문제로 옳지 <u>않은</u> 것은?

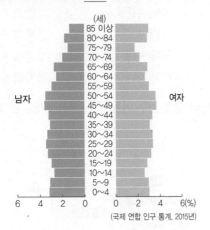
(국제 연합 인구 통계, 2015년)

① 노인 부양 및 복지 비용이 증가한다.
② 경제 활동 인구 감소로 노동력이 부족해진다.
③ 노인 인구의 비율이 높아져 고령화 현상이 나타난다.
④ 인구 과잉으로 식량 및 자원의 부족 문제가 발생한다.
⑤ 외국인 노동자의 이주로 기존 문화와 갈등이 발생한다.

15 다음은 국가별 65세 이상 인구 비율이다. 그래프를 보고 옳게 설명한 것을 〈보기〉에서 고른 것은?

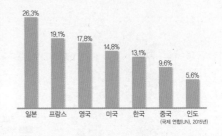
(국제 연합(UN), 2015년)

보기
ㄱ. 일본과 프랑스는 초고령화 사회이다.
ㄴ. 중국과 우리나라는 고령화 사회이다.
ㄷ. 선진국일수록 노인 인구 비율이 높다.
ㄹ. 인도는 노인 인구에 대한 부양 부담이 가장 크다.

① ㄱ, ㄴ   ② ㄱ, ㄷ   ③ ㄴ, ㄷ
④ ㄴ, ㄹ   ⑤ ㄷ, ㄹ

16 다음 그래프와 같은 추세로 세계 인구가 성장할 때 앞으로 발생하게 될 문제와 거리가 <u>먼</u> 것은?

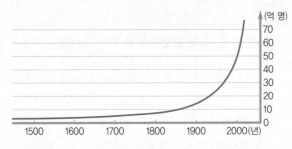

① 빈곤   ② 식량 부족   ③ 자원 부족
④ 용수 부족   ⑤ 노동력 부족

빈출
17 그림은 노인 부양 부담의 변화를 나타낸 것이다. 이로 인한 문제에 대한 해결책으로 가장 적절한 것은?

① 산아 제한 정책 실시
② 출산 장려 정책 실시
③ 양성 평등적 가치관 확립
④ 해외 취업 및 이민 장려 정책
⑤ 농경지 확대와 식량 증산 추진

18 다음 기사 제목에 나타난 우리나라의 인구 문제의 원인으로 볼 수 없는 것은?

> 작년 출생아 35만 8천 명 역대 최소 … 합계 출산율 1.05명 OECD 꼴찌
>
> — 뉴××, 2018. 2. 28.

① 남아 선호 사상
② 보육 시설의 부족
③ 여성의 육아 부담
④ 여성의 사회 진출 증가
⑤ 결혼과 출산에 대한 가치관 변화

19 다음 인구 피라미드를 보고 우리나라가 겪게 될 인구 문제를 바르게 유추한 것으로 보기 어려운 것은?

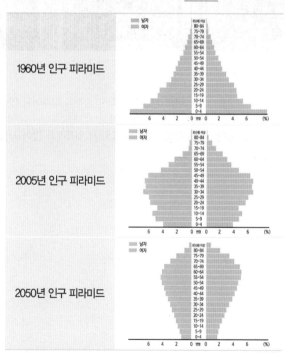

① 총인구가 지속적으로 감소할 것이다.
② 외국인 근로자의 비율이 높아질 것이다.
③ 초등학교 수와 학생 수가 줄어들 것이다.
④ 노인을 위한 사회적 부담이 증가할 것이다.
⑤ 경제 활동 인구 감소로 경제 성장이 둔화될 것이다.

20 다음 인구 분포 지도를 보고 우리나라의 인구 집중 지역과 희박 지역을 쓰시오

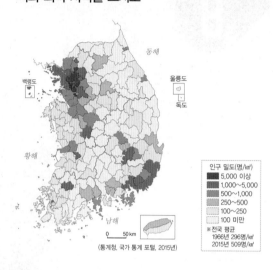

21 다음은 주요 인구 이동을 나타낸 지도이다. A 인구 이동의 특징을 서술하시오.

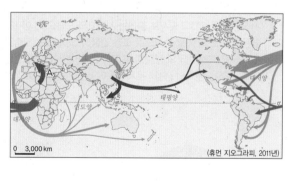

22 우리나라의 저출산 문제를 해결하기 위한 대책을 2가지 이상 쓰시오.

8

사람이 만든 삶터, 도시

세계에는 각각의 매력을 가진 다양한 도시가 있고, 각 도시의 내부를 살펴보면 중심부와 주변 지역이 서로 다른 경관을 보입니다. 한편, 도시는 도시화 과정을 겪고 그 과정에서 도시 문제가 발생하기도 합니다. 도시를 이해하고 도시 문제를 해결하여 살기 좋은 도시를 만들어 봅시다.

이 단원에서는

01 세계의 매력적인 도시 — 세계적으로 매력적인 도시의 위치와 특징을 알아본다.

02 도시 내부의 다양한 경관 — 도시 중심부와 주변 지역에서 나타나는 경관의 차이를 관찰한다.

03 선진국과 개발 도상국의 도시화 — 선진국과 개발 도상국의 도시화 과정 및 도시 문제를 알아본다.

04 살기 좋은 도시 — 도시 문제를 해결하여 살기 좋은 도시를 함께 만들어 본다.

| 사진 해설 |

사진은 미국 제3의 도시로 불리는 시카고의 모습으로, 이 도시에서 가장 높은 '윌리스타워'를 중심으로 고층 건물이 모여 있는 모습을 살펴볼 수 있다. 시카고는 미국의 경제 중심 도시 중 하나이며, 고층 건물이 많다. 시카고는 경제, 문화의 중심지로서 뉴욕에 버금가는 도시로 성장하고 있다.

| 대답 예시 |

• 도시에는 생활 편의 시설과 쾌적한 환경이 갖추어져 있어서 다양한 여가 활동을 할 수 있기 때문이야.
• 도시에는 각종 산업이 발달해 있어서 일자리가 많아 사람들이 많이 살아.

8

사람이 만든 삶터, 도시

이 단원의 구성

중단원	소주제 및 탐구 활동	핵심 미리 보기
01 세계의 매력적인 도시	**1 도시** 탐구 도시는 어떤 곳일까? **2 세계적인 도시의 위치와 특징** 탐구 랜드마크로 보는 세계의 매력적인 도시는 어디일까?	도시, 촌락, 매력적인 도시의 랜드마크, 매력적인 도시의 위치, 매력적인 도시의 특징
02 도시 내부의 다양한 경관	**1 도시 내부의 중심부와 주변 지역** 탐구 중심부와 주변 지역의 도시 경관은 어떻게 다를까? **2 도시 내부의 접근성과 지가 차이** 탐구 도시 경관이 달라지는 이유는 무엇일까?	도심, 부도심, 주변 지역, 개발 제한 구역, 접근성, 지가, 인구 공동화
03 선진국과 개발 도상국의 도시화	**1 도시화** 탐구 도시화는 어떤 과정으로 이루어질까? **2 선진국과 개발 도상국의 도시화와 도시 문제** 탐구 영국과 중국의 도시화에는 어떤 차이가 있을까? 탐구 선진국과 개발 도상국의 도시 문제는 무엇이 다를까?	도시화, 도시화율, 도시화 단계, 이촌 향도, 역도시화, 도시 문제
04 살기 좋은 도시	**1 도시 문제를 해결한 도시들** 탐구 도시 문제를 해결하고 살기 좋은 도시로 바뀔수 있을까? **2 살기 좋은 도시가 되기 위한 조건** 탐구 살기 좋은 도시가 갖추어야 할 조건은? 탐구 내가 사는 지역을 좀 더 살기 좋은 삶터로!	도시 문제(주택 부족, 교통 체증, 환경 오염), 살기 좋은 도시

세계의 매력적인 도시~도시 내부의 다양한 경관

교과서 142쪽~149쪽

사이드바

• 도시의 인구
도시 인구 기준은 나라에 따라 다르다. 덴마크, 아이슬란드는 250~300명, 프랑스, 독일 등은 2,000명, 미국은 2,500명, 우리나라는 20,000명 이상이 거주하면 도시라고 본다.

개념＋ 인구 밀도
어떤 지역의 단위 면적당 인구수로, 보통 1km²당 인구수로 나타낸다.

개념＋ 집약적 토지 이용
좁은 면적에 많은 자본과 노동력 등을 투입하여 면적 대비 높은 수익을 창출하는 토지 이용 방법이다.

개념＋ 조방적 토지 이용
넓은 면적에 노동과 자본 등을 적게 투입하여 상대적으로 면적 대비 낮은 수익을 창출하는 토지 이용 방법이다.

• 타지마할

인도의 아그라는 대표적인 이슬람 건축물이며 세계에서 가장 아름다운 건축물 중 하나로 꼽히는 타지마할로 유명한 도시이다.

→ 도시

1. 도시와 촌락의 의미와 특징

└─ 도시와 촌락은 인간의 대표적인 거주 공간이다. 주민의 생활에 따라 농촌·어촌·산촌 등이 있다.

구분	도시	촌락
의미	많은 인구가 모여 살며 일정 지역의 정치, 경제, 문화의 중심이 되는 곳	시골에 이루어진 마을로 주로 농업·수산업·임업 등의 일을 하며 살아가는 곳
특징	• 인구가 많고 인구 밀도가 높음, 2·3차 산업 종사자의 비율이 높음 • 다양한 기능이 고루 발달, 집약적인 토지 이용으로 높은 건물이 발달	• 인구가 적으며 인구 밀도가 낮음, 1차 산업 종사자의 비율이 높으며 직업 구성이 단순함 • 도시에 비해 조방적 토지 이용이 이루어지고 공동체 의식이 강함

왜 한정된 공간에 많은 사람이 거주하기 때문에 효율적으로 활용하기 위해 집약적 토지 이용이 이루어진다.

왜 촌락은 도시에 비해 협동 작업이 많고 우물, 방파제, 선착장 등 공동 소유의 생산 시설이 많기 때문에 공동체 의식이 강하게 나타난다.

2. 도시와 촌락의 상호 작용

도시의 기능	촌락의 기능
• 다양한 기능이 모여 있어 주민의 직업이 다양함 • 고차원의 상업·교육·문화 등의 다양한 기능을 촌락에게 제공	• 식량 생산, 전통문화의 보존 기능 • 도시인들에게 여가 공간 제공

→ 세계적인 도시의 위치와 특징

1. 매력적인 도시의 유형

① 독특한 지형을 바탕으로 한 도시   ② 문화 예술적인 자원이 풍부한 도시
③ 오랜 역사를 보여주는 유산이 많은 도시 ④ 아름다운 자연 경관을 지닌 도시
⑤ 종교적 색채를 품은 도시

2. 랜드마크로 본 세계의 매력적인 도시

뜻 국가나 도시, 특정 지역을 대표하는 시설이나 건축물을 말한다.

주요 랜드마크	도시 위치	주요 랜드마크	도시 위치
자유의 여신상	미국 뉴욕	자금성	중국 베이징
에펠탑	프랑스 파리	타지마할	인도 아그라
오페라하우스	오스트레일리아 시드니	피라미드와 스핑크스	이집트 카이로

교과서 PLUS

도시와 촌락의 상호 작용

↑ 농산물 생산

↑ 농촌 체험 활동

↑ 백화점

자료 해설
1차 산업이 발달한 촌락은 도시 지역에 1차 산업의 생산물을 공급하고, 도시에 여가 생활과 휴식의 공간을 제공한다. 반면 도시는 촌락에 종합 병원이나 백화점과 같은 고급 서비스업 및 편의 시설을 제공한다.

이렇게 이해하세요
도시와 농촌 간의 교통이 편리해짐에 따라 도시와 촌락의 상호 작용이 점점 활발해지고 있다. 도시와 촌락은 밀접한 상호 보완의 관계를 갖는다.

➜ 도시 내부의 중심부와 주변 지역

1. 도시 내부의 지역 분화

(1) 도시 경관
  ① 의미: 눈으로 파악할 수 있는 도시의 겉모습
  ② 일반적으로 도시 중심부에서 주변으로 갈수록 건물의 높이가 낮아짐

(2) 지역 분화
  ① 도시의 규모가 커짐에 따라 특정 지역에 같은 종류의 기능은 모이고 다른 기능들이 서로 분리되는 현상
    └ 도시의 기능에는 상업·업무 기능, 공업 기능, 주거 기능 등이 있다.
  ② 지역 분화는 소도시보다 대도시에서 잘 나타남
    └ 도시의 규모가 작으면 상점, 관공서, 주택, 공장 등이 혼재하여 나타난다.

2. 도시 내부 지역의 특색

(1) 도심
  ① 중추 관리 기능, 전문 서비스업, 고급 상점 등이 집중
  ② 주거 기능 약화로 상주인구가 감소하면서 인구 공동화 현상이 나타남

(2) 부도심 ⊗ 한 지역에 주소를 두고 늘 거주하는 인구이다.   ⊗ 구멍이 생긴다는 의미, 어떤 지역이 텅 비게 된다는 뜻이다.
  ① 도심의 기능을 일부 분담하여 도심의 과밀화를 해소
  ② 중간 지대와 주변 지역 사이의 교통이 발달한 지점에 위치

(3) 주변 지역(외곽 지역)
  ① 지가가 낮고 도심에 비해 쾌적한 환경이 조성됨 ┐ ⊗ 도시의 무질서한 팽창을 막고 녹지 공간을
  ② 대규모 주택 단지와 학교, 공장이 들어섬   ┘ 보전하기 위해 주택이나 각종 시설이 새로 들어올 수 없게 제한한 지역이다.
  ③ 주변 지역 외곽에는 대체로 개발 제한 구역이 설정됨

➜ 도시 내부의 접근성과 지가 차이

1. 도시 내부 지역 분화의 원인

접근성	특정 지역에 도달하기 쉬운 정도, 도심 지역 또는 교통이 편리한 지역일수록 접근성이 좋음
지대	토지 이용을 통해 얻을 수 있는 수익 또는 타인의 토지를 이용하고 지불해야 하는 비용
지가	땅의 가격, 땅의 임대료 등을 포괄한 땅의 가치, 지가는 접근성에 의해 결정

접근성이 높으면 지가도 높게 나타난다.

2. 지역 분화의 과정

(1) 중추 관리 기능 및 고급 서비스 기능은 접근성을 추구하면서 도시의 중심으로 집중하려는 경향을 보임
(2) 주택, 학교, 공장 등은 지가가 저렴한 도시 외곽 지역으로 이동하려는 경향을 보임

• 중추 관리 기능
관공서, 은행이나 대기업의 본사와 같이 도시의 운영과 성장을 위한 중요한 업무를 조정하고 관리하는 기능이다.

개념 ➕ 인구 공동화 현상
도심에서 주간의 유동 인구는 많지만 야간의 상주인구가 감소하면서 주간과 야간의 단위 면적당 인구 밀도 차이가 발생하는 현상이다.

• 서울의 도시 구조

- 도심: 중구, 종로구 일대
- 부도심: 영등포, 강남, 용산 등
- 외곽 지역: 양천구, 노원구 등

• 도시 내부 구조 모식도
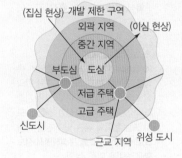

교과서 PLUS α 인구 공동화 현상

↟ 서울 도심의 주민 센터 통합 간판

자료 해설
상주인구가 많으면 주민 센터가 여러 개 필요하다. 하지만 상주인구가 적으면 여러 동을 합쳐서 하나의 주민 센터에서 업무를 통합하여 처리한다. 또한 상주인구가 적어 학생 수가 줄어들면 많은 학교가 이전하거나 통폐합된다.

이렇게 이해하세요
도심은 중추 관리 기능과 고급 서비스 기능이 집중되지만, 주거 기능은 미약하다. 이 때문에 주간 인구 밀도는 높은 반면 상주인구 밀도는 낮아서 인구 공동화 현상이 나타난다.

활동 풀이

생각 열기 풀이 내가 생각하는 매력적인 도시는 어디일까?

자료 해설
매력적인 도시의 조건은 좋은 의료 및 교육 시설, 문화적 다양성, 안전한 치안, 쾌적한 환경 등 여러 가지가 있을 수 있다. 주어진 조건 이외에도 본인이 생각하는 매력적인 도시는 무엇인지 의견을 제시해 보자.

1 그림을 보고 자신이 생각하는 매력적인 도시를 세 가지 골라 써 보자.

예시 답안 | 생략

2 매력적인 도시는 어떤 조건을 갖춘 곳인지 자유롭게 써 보자.

예시 답안 | 일자리가 많은 곳, 여가 시설이 다양한 곳 등

스스로 탐구하기 풀이 도시는 어떤 곳일까?

이것이 핵심
· 활동 목표: 도시 및 촌락의 경관 사진을 보고, 그러한 경관이 나타나는 이유를 추론해 보는 활동이다.
· 핵심 개념: 도시의 특징, 도시와 농촌의 상호 작용

친절한 활동 안내
이 활동의 핵심은 도시와 촌락의 특징을 구분해 보고, 도시와 촌락 간의 상호 작용이 어떻게 이루어지는지를 파악하는 것이다. 자신이 경험한 도시 또는 촌락의 경관 및 특징을 바탕으로 주어진 자료를 분석하면서 정보 활용 능력을 기를 수 있다.

1 가 , 나 두 지역의 경관을 바탕으로 도시와 촌락을 구분해 보고, 각각의 특징을 낱말 카드에서 찾아 표를 정리해 보자.

| 높은 인구 밀도 | 낮은 인구 밀도 | 2·3차 산업 위주 |
| 농업·임업 위주 | 많은 고층 건물 | 낮은 건물 |

예시 답안 |

구분	가 (촌락 / 도시)	나 (촌락 / 도시)
인구 밀도	낮은 인구 밀도	높은 인구 밀도
건물 높이	낮은 건물	많은 고층 건물
주민 직업 구성	농업·임업 위주	2·3차 산업 위주
토지 이용	높은 농경지 비율	많은 도로와 건물

2 낱말 카드를 보고 도시와 촌락이 상호 작용하는 모습을 빈칸에 정리해 보자.

| 공산품 | 농산물 | 의료 서비스 | 자연 체험 활동 |

예시 답안 | ① 공산품(도시 → 농촌) ② 농산물(농촌 → 도시) ③ 의료 서비스(도시 → 농촌)
④ 자연 체험 활동(농촌 → 도시)

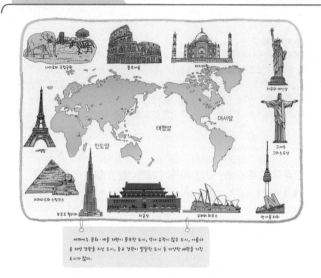

세계에는 문화·예술·자연이 풍부한 도시, 역사 유적이 많은 도시, 아름다운 자연 경관을 지닌 도시, 종교 경관이 발달한 도시 등 다양한 매력을 가진 도시가 많다.

이것이 핵심
• **활동 목표**: 세계적으로 매력적인 도시를 선정한 후 지도에서 그 위치를 확인하고, 이 도시들의 특징을 비교하는 활동이다.
• **핵심 개념**: 세계적으로 매력적인 도시의 위치와 특징

친절한 활동 안내
이 활동의 핵심은 다양한 자료를 활용하여 랜드마크가 있는 도시를 조사하는 활동이다.
세계적으로 매력적인 도시를 선정한 후 선정 이유와 지도에 그 위치를 확인하고, 이 도시들의 특징을 비교해 본다.

1 제시된 랜드마크 중 마음에 드는 것을 두 개 선택한 후 그것이 있는 도시의 위치를 조사하여 지도와 연결해 보자.

예시 답안 | 자유의 여신상 – 뉴욕, 피라미드 – 카이로, 나이로비 국립 공원 – 나이로비, 타지마할 – 아그라, 부르즈 할리파 – 두바이, 에펠탑 – 파리, 오페라 하우스 – 시드니, 콜로세움 – 로마, 구세주 그리스도상 – 리우데자네이루, 엔 서울타워 – 서울, 자금성 – 베이징

2 1번에서 선택한 도시를 조사해 보고, 아래 카드에 정리해 보자.

예시 답안 |

도시 이름	뉴욕
선택 이유	브로드웨이에서 뮤지컬을 보고 싶다.
도시의 특징	• '위키드', '라이언 킹', '오페라의 유령', '맘마미아' 등의 유명 뮤지컬로 하루에 2만 명이 넘는 관객이 모여듦. • 미국의 상업 금융 무역의 중심지, 경제적 수도라고 불림. • 금융 중심지인 월가(Wall Street)가 있음.

도시 이름	두바이
선택 이유	최고층 168층까지 1분 만에 도착하는 초고속 엘리베이터를 타 보고 싶다.
도시의 특징	• 세계의 초고층 빌딩 중 하나인 부르즈 할리파가 있음. • 진주 조개잡이와 어업을 하던 조용한 도시가 1960년대 석유가 발견되면서 많은 부를 축적함. • 바다를 메운 인공 섬인 야자수 모양의 '팜 아일랜드' 등 다양한 관광 자원으로 최고의 휴양지로 거듭남.

3 우리나라에서 세계의 매력적인 도시로 꼽힐 만한 도시를 조사해 친구들에게 소개해 보자.

예시 답안 |

도시 이름	경주
도시 위치	경상북도 경주시 / 동경 128°58′~ 129°31′, 북위 35°39′~ 36°04′
매력적인 이유	신라 1,000년의 도읍지로 수많은 유물과 유적을 간직하고 있어 도시 전체가 박물관과 다름없음. 불국사·석굴암·양동마을 등 유네스코가 정한 세계 문화유산이 있음.
대표적인 랜드마크	첨성대, 불국사, 석굴암, 양동마을 등

📖 **자료 해설**

주어진 사진에서 한쪽 도로는 차량 행렬이 길게 이어져 막히고 있는데 비해 반대쪽 도로는 차량이 거의 없을 정도로 한산한 모습을 보이고 있다. 도심은 대체로 도시 중심부에 위치하고 접근성이 좋아 상업 및 업무 기능이 집중한다. 이에 따라 출근 시간대에는 도심 쪽 방향의 교통량이 많은데 비해 퇴근 시간대에는 외곽 쪽 방향의 교통 체증이 심한 편이다.

1 오른쪽 도로에서만 교통 체증이 나타나는 까닭은 무엇일까?

예시 답안 | 출근 방향이 비슷하므로, 회사가 한쪽에 모여 있으므로 등

2 가 와 나 중 주거지가 주로 분포하는 방향, 회사가 주로 분포하는 방향은 각각 어디일까?

예시 답안 | 가 회사   나 주거지

3 빈칸을 채워 보자.

> 도시 내에서 주거지와 업무 지역이 (   ) 되어 있음을 알 수 있다.

예시 답안 | 분화, 분리, 구분 등

이것이 핵심 ❗

- **활동 목표**: 도시 중심부에서 주변 지역으로 나가면서 관찰되는 경관을 파악해 보는 활동이다.
- **핵심 개념**: 도심, 부도심, 외곽 지역, 개발 제한 구역

친절한 활동 안내 ⭐

이 활동의 핵심은 주어진 자료를 분석하면서 도시 내부 경관을 스스로 탐구하는 능력을 기르는 것이다. 도시의 지역 분화는 상가는 상가끼리 모여 상업 지구를 형성하고, 공장은 공장끼리 모여 공업 지대를, 주택은 주택끼리 모여 주택 지구 등을 형성하여 동질화된 지역 체계를 이루는 과정을 말한다. 이러한 지역 분화의 원인은 접근성에 따른 지가의 차이 때문이라는 것을 알아 둬야 한다.

1 가 ~ 다 에 해당하는 지역을 바르게 연결해 보자.

예시 답안 |

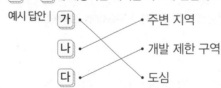

가 •   • 주변 지역
나 •   • 개발 제한 구역
다 •   • 도심

2 가 ~ 다 사진을 보고 알 수 있는 각 지역의 경관 특징을 빈칸에 써 보자.

예시 답안 |
가: 고층 빌딩이 많다.
나: 아파트, 주택이 많다.
다: 녹지 공간이 많다.

스스로 탐구하기 풀이   도시 경관이 달라지는 이유는 무엇일까?

교과서 148쪽

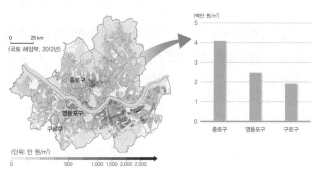

▲ 서울의 지가 분포

1 낱말 카드를 이용하여 도심에서의 거리에 따른 지가 분포의 특징을 써 보자.

| 중심부 | 주변부 | 높아진다 | 낮아진다 | 지가 | 접근성 |

예시 답안 | 접근성의 차이로 중심부에서 주변부로 갈수록 지가가 낮아진다.

2 도시의 각 기능이 입지하기에 적합한 곳을 도시 내부 구조와 연결해 보자.

예시 답안 |

이것이 핵심 ❗

• **활동 목표**: 도시 중심부에서 주변 지역으로 나가면서 관찰되는 지가의 변화를 분석함으로써 경관 변화의 원인을 탐구해 보는 활동이다.
• **핵심 개념**: 지가, 지역 분화

친절한 활동 안내 ⭐

이 활동의 핵심은 도심에서의 거리에 따른 지가 변화, 지가 변화에 따른 각 기능의 입지를 파악하는 것이다.
도심에는 높은 지가를 감당할 수 있는 고급 상업 기능이 모여들고, 주거 지역과 학교 등은 외곽 지역으로 밀려나게 된다. 이러한 도시 내부의 기능 분화 때문에 인구 공동화 현상이 발생한다.

교과서 PLUSα   도시 기능의 입지

🔽 도시 내 지역 분화 요인

높은 지가를 선택할 수 있는 기능은 정보나 관리의 업무, 금융 등 좁은 부지라도 접근성이 좋아야 하는 기능들이다. 상품 판매에서는 가볍고 작으면서도 상품 가치가 높은 업종을 취급하는 전문점, 고급품 상점이 지가가 높은 중심부를 차지하게 된다. 그것들은 도심에 집중하는 정보나 교통 · 통신의 발달로 최고의 이익을 얻을 수 있을 뿐만 아니라 한 평의 상점이라도 책상과 전화만으로도 존립할 수 있어 광고나 선전의 효과를 누릴 수 있기 때문이다. 도심에 은행과 회사가 집중하는 것은 업무상 교통의 편익이 크기 때문이기도 하다. 또한, 동종 또는 이종의 사업자가 모여서 경쟁하면서 상호 교류 · 협동 · 교통 · 도시 시설 등을 공용으로 사용하는 등 다른 편익을 누리게 되기 때문에 비용을 더 지불하더라도 입지하고자 한다. 반면, 높은 지가를 감당하기 어렵고 쾌적한 환경이나 넓은 땅을 필요로 하는 주택, 학교, 공장 등은 접근성이 낮더라도 땅값이 싼 도시 외곽 지역에 입지하게 된다.

실력 확인 문제

개념 쏙쏙

1 다음 내용에 알맞은 말을 골라 ◯표 하시오.

(1) (도시, 촌락)은(는) 많은 인구가 모여 살며 일정 지역의 정치, 경제, 문화의 중심이 되는 곳이고, (도시, 촌락)은(는) 주로 농업·수산업·임업 등의 일을 하며 살아가는 곳이다.

(2) 한 지역에 주소를 두고 늘 거주하는 인구를 (주간, 상주) 인구라고 한다.

2 도심은 주간의 유동 인구는 많지만 야간의 상주인구가 감소하면서 인구 (　　　　) 현상이 나타난다.

3 다음의 랜드마크가 있는 도시를 적어 보시오.

(1) 에펠탑: (　　　　　)
(2) 피라미드와 스핑크스: (　　　　　)

01 도시의 특징으로 옳은 것은?

① 인구 밀도가 낮다.
② 건물의 높이가 낮다.
③ 토지를 조방적으로 이용한다.
④ 주로 농업에 종사하는 사람들이 많다.
⑤ 촌락에 다양한 기능을 제공하며 상호 작용을 한다.

02 (가), (나) 지역에 대한 옳은 설명을 〈보기〉에서 고른 것은?

(가) 　(나)

보기
ㄱ. (가)는 (나)보다 직업이 다양하다.
ㄴ. (나)는 (가)보다 녹지 비율이 높다.
ㄷ. (가)는 (나)에게 식량을 생산하여 제공한다.
ㄹ. (나)는 (가)에게 고차원의 상업·교육 등의 기능을 제공한다.

① ㄱ, ㄴ　② ㄱ, ㄷ　③ ㄴ, ㄷ
④ ㄴ, ㄹ　⑤ ㄷ, ㄹ

03 〈보기〉에서 도시 위치와 주요 랜드마크가 바르게 짝지어진 것을 고른 것은?

보기
ㄱ. 자금성 – 인도 뭄바이
ㄴ. 콜로세움 – 프랑스 파리
ㄷ. 자유의 여신상 – 미국 뉴욕
ㄹ. 오페라하우스 – 오스트레일리아 시드니

① ㄱ, ㄴ　② ㄱ, ㄷ　③ ㄴ, ㄷ
④ ㄴ, ㄹ　⑤ ㄷ, ㄹ

04 도시의 (가)~(다) 기능이 입지하기에 가장 적절한 곳을 고른 것은?

(가) 　(나) 　(다)

	(가)	(나)	(다)
①	도심	부도심	주변 지역
②	도심	주변 지역	부도심
③	부도심	도심	주변 지역
④	부도심	주변 지역	도심
⑤	주변 지역	도심	부도심

중요
05 지도의 (가) 지역보다 (나) 지역에서 높게 나타나는 지표로 알맞은 것은?

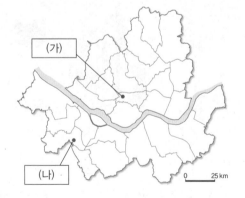

① 지가　② 접근성
③ 상주인구　④ 중추 관리 기능
⑤ 상업용 건물 평균 임대료

단답형

06 밑줄 친 '이것'에 해당하는 개념을 쓰시오.

> 이것은 도시의 무질서한 팽창을 막고 녹지 공간을 보전하기 위해 주택이나 각종 시설이 새로 들어올 수 없게 제한한 지역이다.

(   )

[07-08] 다음 자료를 보고 물음에 답하시오.

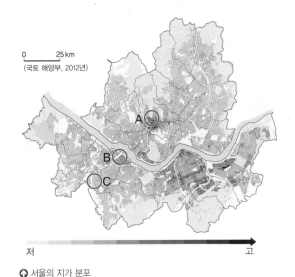

0   25 km
(국토 해양부, 2012년)

저   고

⬆ 서울의 지가 분포

07 위 지도의 A~C 지역과 관련된 명칭으로 옳은 것은?

	A	B	C
①	도심	부도심	주변 지역
②	도심	주변 지역	부도심
③	부도심	도심	주변 지역
④	부도심	주변 지역	도심
⑤	주변 지역	도심	부도심

08 위 지도의 A~C 지역에 대한 추론으로 적절한 것은?

① A는 B보다 접근성이 낮을 것이다.
② A는 C보다 상주 인구가 많을 것이다.
③ B는 C보다 지가가 높을 것이다.
④ C는 A보다 대기업 본사 수가 많을 것이다.
⑤ C는 B보다 상점의 평균 임대료가 높을 것이다.

09 다음은 신문 기사의 일부이다. 이와 같은 현상이 나타나는 지역의 특성에 대한 옳은 설명을 〈보기〉에서 고른 것은?

> **초등 교육의 효시 '○○초'**
>
> 우리나라에서 초등 교육이 가장 먼저 시작된 곳인 서울특별시 ○○구의 한 초등학교는 1960년대 전교생이 약 5천 명에 3부제로 운영되기도 했지만, 이제는 아주 먼 옛날 일이 됐습니다. 현재 이 학교의 학급은 9개 반, 학급당 학생 수는 14명 안팎입니다. 대한민국 초등 교육의 산실인 이 곳이 학생 수 감소로 서울에서 가장 작은 학교가 돼 버린 것입니다.
>
> ○○ 지역채널, 2017. 5. 18.

보기

> ㄱ. 지가가 높아 건물의 고층화가 뚜렷하다.
> ㄴ. 교통이 편리하여 공업 단지가 조성된다.
> ㄷ. 다른 지역에 비해 주거 기능이 뚜렷하다.
> ㄹ. 접근성이 양호하여 주간 유동 인구가 많다.

① ㄱ, ㄴ   ② ㄱ, ㄹ   ③ ㄴ, ㄷ
④ ㄴ, ㄹ   ⑤ ㄷ, ㄹ

서술형

10 도시 내부의 지역 분화 원인과 과정을 다음에 제시된 용어를 활용하여 서술하시오.

> 접근성, 지대(지가)

교과서 150쪽~157쪽

도시화

1. 도시화

(1) 도시화의 의미
① 도시의 수가 증가하고, 국가 전체 인구 중 도시에 사는 인구수가 증가하는 과정
② 1차 산업보다 2·3차 산업의 비중이 더 높아지고, 도시적 생활 양식이 확대되는 현상

(2) 도시화율
① 의미: 전체 인구 중에서 도시에 사는 인구가 차지하는 비율
② 도시화 정도를 알 수 있는 척도임

└ 도시화율의 정도에 따라 초기 단계, 가속화 단계, 종착 단계로 구분한다.

2. 도시화 과정

뜻 산업화로 인해 1차 산업에 종사하던 인구가 2·3차 산업에 종사할 기회를 찾고자 촌락을 떠나 도시로 이동하는 현상

구분	특징
초기 단계	도시화율이 낮은 농업 중심의 전통 사회로 전국에 걸쳐 인구가 고르게 분포 ┐도시화율이 낮고 도시화 속도가 느리다.
가속화 단계	산업화에 따른 이촌 향도 현상으로 도시 인구 급증, 인구 및 경제 활동이 도시 지역에 집중됨 / 도시화율이 빠르게 상승함
종착 단계	전체 인구의 70% 이상이 도시에 거주하며 도시 인구 성장률이 둔화됨, 역도시화 현상이 발생하기도 함

뜻 대도시의 과밀화로 쾌적한 환경에 대한 수요가 늘어남에 따라 도시 지역의 인구가 농촌으로 이동하여 도시화율이 낮아지는 현상

선진국과 개발 도상국의 도시화와 도시 문제

1. 선진국과 개발 도상국의 도시화 과정

(1) 선진국의 도시화 과정
① 대부분 산업 혁명 이후 공업 발달과 함께 도시화가 점진적으로 진행됨
② 현재는 도시화가 정체됨, 일부 선진국에서는 역도시화 현상이 나타나기도 함

(2) 개발 도상국의 도시화 과정
① 제2차 세계 대전 이후 산업화와 함께 급속한 도시화가 진행됨
② 주택 부족, 기반 시설 부족, 환경 오염 등의 도시 문제 발생

• 도시화 곡선
도시화 곡선은 도시화가 낮은 단계에서부터 높은 단계에 이르기까지 S자 형태를 나타낸다.

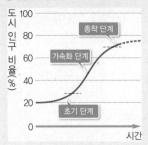

• 선진국과 개발 도상국의 도시화 곡선

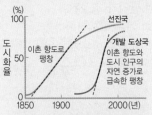

▲ 선진국과 개발 도상국의 도시화 비교
선진국은 개발 도상국에 비해 도시화가 오랜 시간에 걸쳐 진행되어 도시화 곡선이 완만하게 나타난다. 이에 비해 개발 도상국은 도시화의 초기 단계에서 종착 단계에 이르는 기간이 매우 짧은 급격한 도시화가 이루어졌다. 이와 같은 개발 도상국의 급격한 도시화는 이촌 향도와 같은 인구의 사회적 이동과 함께 높은 출생률로 인한 인구의 자연적 증가가 있었기 때문이다.

교과서 PLUS α

우리나라의 도시화율

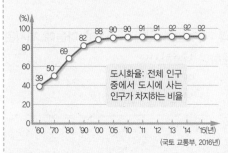

⬆ 우리나라의 도시화율 변화

자료 해설

우리나라는 1960년 이전 도시화 초기 단계에는 농업 중심의 사회였다. 그러나 1960년대부터 이촌 향도 현상으로 도시화가 빠르게 진행되면서 가속화 단계에 진입하였다. 1990년대 이후 종착 단계에 진입하여 현재는 도시 성장률이 둔화되고 있으며, 전체 인구의 90% 이상이 도시에 거주하고 있다.

이렇게 이해하세요

도시화는 처음에는 서서히 진행된다. 그러나 도시화를 촉진하는 여러 요인이 작용하면 도시화가 급속도로 빨라지다가 어느 정도 지나면 도시화의 진행이 둔화되고 도시화 수준이 종착 단계에 이른다.

2. 선진국과 개발 도상국의 도시 문제

(1) 선진국의 도시 문제

    ① 오래된 건물과 노후화된 도시 시설로 인한 문제

    ② 오랜 역사를 가진 대도시 지역에서는 인구 감소, 인구 고령화 문제 발생

(2) 개발 도상국의 도시 문제 ┌─ 국가 경제 발전과 기술 수준이 낮은 상태에서 단순히
                               └─ 인구가 도시로 집중되는 문제가 발생한다.

    ① 인구의 급격한 도시 집중으로 인한 문제 발생

    ② 주택 부족 문제, 교통난 문제, 상·하수도 문제, 쓰레기 처리 문제, 공해 문제, 범죄 문제, 빈민 문제 등이 발생

→ 도시 문제를 해결한 도시들

1. 도시 문제 ┌─ 인구 집중에 대비한 교통 시설의 정비 및 확충이 뒤따르
                           └─ 지 못하면 발생한다.

(1) 교통 문제: 교통 체증, 주차 시설 부족 등

(2) 주택 문제: 주택 부족, 낡은 불량 주택 등 ┐ 주택 부족 문제는 인구 집중이 많은 상태에서 주택 공급
                                    └ 량이 이를 따르지 못하게 되어 발생하게 된다.

(3) 환경 오염 문제: 대기 오염, 수질 오염, 쓰레기 처리 문제 등

2. 도시 문제를 해결한 도시들

(1) 브라질의 쿠리치바: 공회전 줄이기 운동과 대중교통 개선으로 교통 문제 해결

(2) 독일의 슈투트가르트: 옥상 녹화 사업과 바람길을 고려한 건축물 배치로 대기 오염 감소

(3) 우리나라의 울산: 환경 정비 캠페인과 생태 공원 조성으로 수질 오염 개선

→ 살기 좋은 도시가 되기 위한 조건

1. 살기 좋은 도시

(1) 국가나 인종, 개인 취향에 따라 기준이 다름

(2) 일정 부분 공통점이 있음 ┌─ 과거에는 주로 도시 생활의 편리함과 경제 성장을 추구하였는데, 소
                            │ 득 수준이 높아지면서 최근에는 삶의 질에 관한 관심이 높아지고 있

2. 살기 좋은 도시의 조건 ─┘ 다. 이에 따라 삶의 질의 관점에서 세계에서 가장 살기 좋은 도시를
                                      매년 조사하여 순위를 정하고 있다.

(1) 아름다운 자연환경   (2) 안전한 생활   (3) 다양한 편의 시설   (4) 편리한 교통

• 도시 문제

인구가 특정한 몇몇 도시에 편중되거나 일시에 많은 인구를 수용할 준비가 갖추어져 있지 못한다면 여러 도시 문제가 발생하게 된다.

• 살기 좋은 도시(이코노미스트 인텔리전스 유닛, 2016년)

영국 정치 경제 분석 기관인 이코노미스트 인텔리전스 유닛에서는 '안전성', '의료 복지', '문화 및 환경', '교육', '사회 기반 시설'의 5개 영역을 살기 좋은 도시의 평가 기준으로 삼아 다음과 같이 도시 순위를 발표하였다.

순위	도시명	국가
1	멜버른	오스트레일리아
2	빈	오스트리아
3	밴쿠버	캐나다
4	토론토	캐나다
5	애들레이드	오스트레일리아
6	캘거리	캐나다
7	퍼스	오스트레일리아
8	오클랜드	뉴질랜드
9	헬싱키	핀란드
10	함부르크	독일

교과서 PLUS α

브라질의 도시, 쿠리치바

↑ 원통형 버스 정류장

↑ 굴절형 버스

자료 해설

쿠리치바는 우수한 도로 교통 체계로 유명하다. 3대의 버스를 이어 붙인 형태의 굴절형 버스를 만들고, 5개의 옆문을 통해 270명의 승객을 한 번에 수송할 수 있도록 하였으며 승객들의 승하차 시간을 줄이면서 불필요한 엔진의 공회전을 방지하여 대기 오염을 줄이는 성과를 거두었다.

이렇게 이해하세요

쿠리치바는 1971년부터 도시 중심가의 교통 혼잡을 줄이고 역사적인 건물들을 보존하는 등의 도시 계획을 추진하면서 '희망의 도시', '꿈의 도시', '브라질에서 가장 살기 좋은 도시', '세계에서 아름답고 쾌적하며 인간답게 살 수 있는 도시' 등의 극찬을 듣는 도시로 변모하였다.

활동 풀이

생각 열기 풀이 지하철? 지옥철?

브라질 상파울루의 출근 시각 지하철역의 모습이다.

💬 **자료 해설**

사진은 브라질 상파울루 시내에 있는 지하철역에서 시민들이 지하철을 기다리고 있는 모습이다. 상파울루의 교통 체증은 세계적으로 유명하다. 자동차로 14 km를 가는 데 세 시간씩 걸리기도 한다. 지하철 역시 붐비긴 마찬가지이다. 상파울루 인구가 2000만 명인데, 지하철은 5개 노선에 길이가 72 km 밖에 안 된다.

이처럼 인구의 무계획적인 도시 집중에 대하여 적절한 대책을 마련하지 못하면 각종 도시 문제가 발생하게 된다.

1 왜 이런 상황이 발생하는지 그 이유를 생각하여 써 보자.

예시 답안 | 인구가 많기 때문, 대중교통 수단이 적기 때문 등

2 이 도시에서 발생할 것으로 짐작되는 문제를 써 보자.

예시 답안 | 교통 혼잡 문제 등

스스로 탐구하기 풀이 도시화는 어떤 과정으로 이루어질까?

이것이 핵심 ❗

- **활동 목표**: 도시화 과정의 특징을 파악하는 활동이다.
- **핵심 개념**: 초기 단계, 가속화 단계, 종착 단계

친절한 활동 안내 ★

이 활동의 핵심은 도시화 곡선 그래프와 그림 자료를 통해 도시화 각 단계의 특징을 파악하는 것이다.

도시화는 초기 단계 → 가속화 단계 → 종착 단계로 진행된다.

이는 도시화 지표인 도시화율(총인구 중 도시 인구의 비율)의 시간적 변화 패턴을 중심으로 구분한 것이다. 이런 과정을 나타낸 S자형 곡선을 도시화 곡선이라고 한다.

자료 도시화 3단계를 보여 주는 도시화 곡선

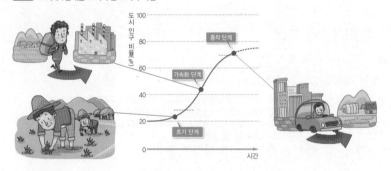

1 **자료** 를 참고하여 각 도시화 단계의 특징을 낱말 카드에서 찾아 표를 완성해 보자.

높은 1차 산업의 비중	높은 도시화율	이촌 향도
농업 중심 사회	산업화	도시 인구 급증
역도시화	낮은 도시화율	도시 인구 증가율 둔화

예시 답안 |

초기 단계	가속화 단계	종착 단계
• 높은 1차 산업의 비중 • 낮은 도시화율 • 농업 중심 사회	• 이촌 향도 • 도시 인구 급증 • 산업화	• 역도시화 • 높은 도시화율 • 도시 인구 증가율 둔화

2 이촌 향도, 역도시화 현상이 발생하는 배경을 각 도시화 단계를 고려하여 설명해 보자.

예시 답안 |

이촌 향도 발생 배경	산업화와 함께 일자리를 찾아서 농촌을 떠나 도시로 이동하므로
역도시화 발생 배경	도시에 인구가 집중하면서 각종 문제가 발생하므로

스스로 탐구하기 풀이   영국과 중국의 도시화에는 어떤 차이가 있을까?

교과서 152쪽

자료 ❶ 영국 맨체스터와 중국 선전의 도시화

산업 혁명 이후의 격변 도시, 영국 맨체스터

영국은 산업 혁명과 함께 증기 기관을 이용한 방직 기술이 발전하였다. 이는 맨체스터가 산업 도시로 급성장하는 원동력이 되었다. 맨체스터는 1750년에 1만 5천 명의 소도시에서 1861년 50만 명, 1911년 230만 명의 인구를 가진 대도시가 되었다.

20세기 후반 이후의 격변 도시, 중국 선전

중국의 선전은 1979년 인구가 2만 5천 명인 지역이었다. 이후 중국 최초의 경제특구로 지정되어 국가의 강력한 지원을 받게 되었다. 대규모 사회 간접 자본 확충, 해외 직접 투자 유치 등으로 외국 기업의 활동이 증가하였고 2011년 인구 1,000만 명의 도시로 급성장하였다.

자료 ❷ 영국과 중국의 도시화 곡선

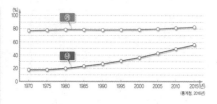

(통계청, 2016년)

이것이 핵심 ❗

• **활동 목표:** 영국과 중국의 도시화 과정을 비교하여 차이점을 설명한다.
• **핵심 개념:** 선진국의 도시화, 개발 도상국의 도시화

친절한 활동 안내 ★

이 활동은 영국과 중국의 도시화를 비교하여 선진국과 개발 도상국의 도시화 과정의 차이점을 이해하는 활동이다. 각 나라의 사례와 도시화 곡선 자료를 바탕으로 영국과 중국의 도시화 패턴을 구분지어 보도록 한다.

1 자료 ❶ 을 보고 자료 ❷ 의 그래프에서 영국과 중국을 구분해 보자.

예시 답안 | ㉮: 영국   ㉯: 중국

2 두 국가의 경제 발전 수준과 도시화의 특징을 비교하여 아래 표에 정리해 보자.

예시 답안 |

구분	㉮	㉯
경제 발전 수준	선진국	개발 도상국
1970년대의 도시화율	약 78%	약 18%
도시화 속도	느리다	빠르다
현재의 도시화 단계	종착 단계	가속화 단계

함께 탐구하기 풀이   선진국과 개발 도상국의 도시 문제는 무엇이 다를까?

교과서 153쪽

다음은 두 도시가 겪고 있는 도시 문제를 보여 주는 신문 기사이다.

도시 문제를 겪고 있는 ㉮ 도시

도시 ㉮는 오래된 건물과 노후화된 도시 시설로 인한 문제를 겪고 있다. 다리 붕괴 사고, 노후 하수관 문제에 따른 도로 함몰 사건 등이 지속적으로 발생하여 이를 보수하는 노력이 이루어지고 있다. 또한, 한때 도시의 성장 동력이었던 공업 기능이 쇠퇴하면서 빈 창고와 운영을 멈춘 공장이 많아지고 그에 따른 각종 문제가 발생하고 있어 이를 해결하기 위한 논의가 진행 중이다.

도시 문제를 겪고 있는 ㉯ 도시

㉯ 도시는 주택 부족 문제가 심각하여 불법 주택이나 무허가 주택에 거주하는 사람들이 많아서 각종 문제가 발생하고 있다. 또, 쓰레기를 제때 처리하지 못하고 상하수도 처리 능력이 부족한 점이 문제가 되고 있다. 그리고 정부의 투자가 도시로 집중되면서 농촌의 인구가 더욱 도시로 몰리게 되어 도농 간 성장 불균형이 발생하고 있으므로 이에 대한 대책 마련이 시급하다.

이것이 핵심 ❗

• **활동 목표:** 선진국과 개발 도상국의 도시 문제를 비교하여 파악해 보는 활동이다.
• **핵심 개념:** 선진국의 도시 문제, 개발 도상국의 도시 문제

친절한 활동 안내 ★

이 활동의 핵심은 선진국과 개발 도상국의 도시 문제를 비교하여 파악하는 것이다.
선진국은 인구의 집중으로 인한 문제가 나타나고 있다. 오랜 역사를 가진 대도시 지역에서 인구 감소, 인구 고령화, 건물의 노후화, 슬럼화 등 도시 기능이 약해지는 여러 가지 문제가 발생하고 있다. 반면에 개발 도상국의 경우 인구의 급격한 도시 집중 및 총인구 중 도시 인구의 상대적 증대가 그 원인이 되는 도시 문제가 주로 발생한다. 주택 부족 문제, 교통난 문제, 상·하수도 문제, 쓰레기 처리 문제, 공해 문제, 범죄 문제, 빈민 문제 등이 발생한다.

1 각 도시가 겪고 있는 도시 문제를 정리해 보자.

예시 답안 |

㉮ 도시	㉯ 도시
오래된 교량 붕괴 사고, 노후된 하수관으로 인한 도로 함몰 사건, 빈 창고와 빈 공장 문제	주택 부족 문제, 쓰레기 처리 문제, 상·하수도 처리 능력 부족 문제, 도농 간 성장 불균형 문제

2 두 도시를 선진국과 개발 도상국에 속하는 도시로 구분해 보고, 위와 같은 도시 문제가 발생한 까닭을 조사해 보자.

예시 답안 |

	구분	까닭
㉮ 도시	선진국	도시화의 오랜 역사와 교외화 현상의 영향 때문
㉯ 도시	개발 도상국	급속한 도시화를 뒷받침할 기반 시설 미비와 이촌 향도에 의한 도시 증가도 영향을 미쳤기 때문

다음은 도시에서 발생하는 문제와 관련된 신문 기사의 제목이다.

○○ 일보

대낮 '묻지마' 폭행 발생

△△ 신문

쓰레기 악취로 고생하는……

△△ 신문

○○시의 시간당 평균 소득,
◇◇시의 1/2 수준

△△ 신문

학군 좋아서 이사,
아파트 월세 거래 사상 최고

○○ 일보

3 km 가는 데 40분,
교통 지옥 된 △△

○○ 일보

주택가 주차 전쟁,
이대로는 안 된다.

○○ 일보

일하고 싶지만 일자리가 없어
노는 청년이 수두룩한……

△△ 신문

야간 조명으로 잠을 설치는……

🔍 **자료 해설**
오늘날 도시는 인간이 최신의 기술을 구사하여 주거지를 정비하고 공장과 같은 생산 시설을 조성한 곳이다. 도시는 도로, 철도 등의 교통 시설이 갖추어져 있고, 도심에서는 초고층 빌딩을 볼 수 있다. 그러나 인구가 특정한 몇몇 도시에 편중되거나 일시에 많은 인구를 수용할 준비가 갖추어져 있지 못한다면 여러 도시 문제가 발생하게 된다. 주요 도시 문제로는 교통 문제, 주택 문제, 환경 오염 문제, 도시 범죄 문제, 도심 인구 공동화 문제 등이 있다.

1 위 자료를 참고하여 내가 사는 도시에서 발생하는 문제를 세 가지 이상 적어 보자.
　예시 답안 | 가로등 부족으로 인한 야간 통행 불편 문제, 쓰레기 악취 문제, 주차 공간 부족 문제 등

2 위의 기사 제목 하나를 고른 후, 살기 좋은 도시를 나타내는 신문 기사 제목으로 바꾸어 보자.
　예시 답안 | 쓰레기 악취로 고생하는……. → 쓰레기가 자원이 되는 도시……. 등

스스로 탐구하기 **풀이**　도시 문제를 해결하고 살기 좋은 도시로 바뀔 수 있을까? 교과서 155쪽

이것이 핵심 ❗
- **활동 목표**: 도시 문제를 해결하고 살기 좋은 도시로 변화된 사례를 조사하는 활동이다.
- **핵심 개념**: 도시 문제, 도시 문제의 해결 방안

친절한 활동 안내 ⭐
이 활동의 핵심은 각종 도시 문제를 파악하고 어떤 방법으로 살기 좋은 도시로 만들었는지를 파악하는 것이다. 과거에는 도시 생활의 편리함과 경제 성장을 주로 추구하였는데, 소득 수준이 높아지면서 삶의 질에 관한 관심이 높아지고 있다. 이에 따라 삶의 질의 관점에서 세계에서 가장 살기 좋은 도시를 평가하고 있다.

제2차 세계 대전 후 급격하게 인구가 늘어난 브라질의 쿠리치바

다양한 도시 문제 중에 교통 체증이 심각했는데……

버스 승강장에서 미리 요금을 지불해 불필요한 공회전을 줄이고 대중교통 개선으로 교통 문제를 해결했어.

자동차 산업이 발달한 독일의 슈투트가르트

대기 오염 물질이 빠져나가지 못하는 지형 때문에 대기 오염이 심각해졌는데……

옥상 정원을 만들고 바람이 잘 통하도록 건물을 지어서 대기 오염이 감소했어.

다양한 공업이 발달한 대한민국의 울산

공업 폐수로 인한 수질 오염이 심각했는데……

환경 정비 캠페인을 시행하고 생태 공원을 조성하여 수질 오염을 개선했어.

1 각 도시들이 안고 있던 도시 문제와 이를 해결한 방법을 정리해 보자.
　예시 답안 |

도시	도시 문제	해결 방안
쿠리치바	교통 체증	대중교통을 중시하는 교통 체계 개선, 굴절 버스를 이용한 많은 인원 수용, 버스 승강장에서 미리 요금 납부하기
슈투트가르트	대기 오염	바람길 주변 나무 심기, 바람길 주변 건물 높이 제한, 옥상 정원 만들기
울산	수질 오염	기업이 구간별 쓰레기 줍기, 시민들이 캠페인 동참, 정책적으로 시민 휴식 공간 마련

다음은 매년 살기 좋은 도시 중 상위권으로 꼽히는 도시들이다.

빈(오스트리아)

모차르트, 베토벤 등 세계적인 음악가의 도시로, ①유럽에서 규모가 가장 큰 국립 오페라하우스가 있다. 유네스코 세계 문화유산으로 지정된 곳으로 유명하다. 도시의 절반 이상이 ②정원, 공원, 숲 등 녹지대로 이루어져 있고, 국제 회의를 많이 개최하는 도시이기도 하다. 자전거 신호등이 따로 설치되어 보행자 도로, 자전거 도로, 자동차 도로가 명확하게 구분되어 있으며 ③자전거 대여 및 주차 장소가 잘 갖추어져 있어 도심 내부를 이동할 때 자동차보다 자전거가 더 빠르다.

멜버른(오스트레일리아)

도로 위 레일을 달리는 전차인 ㉠트램이 도시 곳곳을 연결하고, 도심 구간은 무료로 운행된다. 도시 내에 푸른 잔디와 형형색색의 꽃으로 가꾸어진 공원이 가득하며 ㉡높은 녹지율을 자랑한다. ㉢화랑, 박물관, 공연장 등을 많이 보유하고 있고, 매년 자동차 경주, 테니스, 경마 등 각종 스포츠 행사가 열려 생동감이 넘치는 도시이다. 또한, 다양한 민족이 살고 있어 전 세계의 많은 음식을 접할 수 있다. 치안이 좋아 ㉣범죄율도 비교적 낮은 편이다.

1 두 도시의 밑줄 친 내용은 어떤 항목에 해당하는지 정리해 보자.

예시 답안 |

항목	빈	멜버른
정치·사회적 안정성 및 낮은 범죄율		㉣
풍부한 문화 시설	①	㉢
쾌적한 자연환경	②	㉡
도로 시설 및 대중교통 편의성	③	㉠

2 두 도시의 사례를 참고하여, 살기 좋은 도시가 갖추어야 할 조건 두 가지를 써 보자.

예시 답안 | 자연환경이 쾌적한 도시, 적정 규모의 인구가 거주하는 도시, 범죄율이 낮고 안전을 보장받을 수 있는 도시, 다양한 편의 시설을 이용할 수 있는 도시, 주차 문제나 교통 체증이 없는 도시 등

이것이 핵심
- 활동 목표: 살기 좋은 도시가 갖추어야 할 조건이 무엇인지 생각해 보는 활동이다.
- 핵심 개념: 살기 좋은 도시의 조건

친절한 활동 안내
이 활동의 핵심은 살기 좋은 도시의 조건이 무엇인지를 파악하는 것이다. 살기 좋은 도시의 조건은 많은 일자리, 쾌적한 환경, 편리한 교통과 복지 시설의 완비 등을 들 수가 있다. 인구만 많다고 살기 좋은 것은 아니며 실질적인 삶의 질을 보장해 줄 수 있는 도시가 중요하다.

내가 사는 지역을 좀 더 살기 좋은 삶터로 만들려면 지역이 가진 문제점을 파악하고 그 문제점을 해결하기 위한 노력을 함께해야 합니다. 그리고 그중 한 가지 방법은 공공 기관(시청, 구청, 주민 센터)에 개선안을 건의하는 것입니다. 건의하기에 앞서 우리의 뜻을 모아 정리해 볼까요?

1 우리 지역에 나타나는 문제를 친구들과 논의하여 써 보자.

예시 답안 |　• 쓰레기 처리가 빨리 이루어지지 않아요.
- 가로등이 부족해서 밤에 어두워요.
- 주차장이 부족해서 다툼이 종종 일어나요.

2 1에서 적은 문제 가운데 가장 먼저 개선하고 싶은 것을 고르고, 이 문제를 해결할 방법을 토의하여 써 보자.

예시 답안 | 쓰레기 처리 문제
- 쓰레기 수거 차량이 좀 더 자주 오면 좋겠다.
- 쓰레기를 정해진 날짜와 시간에만 버렸으면 좋겠다.
- CCTV를 설치해서 쓰레기를 허락 없이 버리는 사람을 처벌하면 좋겠다.

이것이 핵심
- 활동 목표: 내가 사는 지역의 문제를 파악하고, 이에 대한 해결 방안을 모색해 보는 활동이다.
- 핵심 개념: 내가 사는 지역의 문제와 해결 방안

친절한 활동 안내
이 활동의 핵심은 내가 사는 지역의 문제점과 이에 대한 해결 방안을 모색하는 것이다.
우리가 사는 지역의 문제로는 교통 문제, 주택 문제, 환경 오염 문제, 도시 범죄 문제, 도심 인구 공동화 문제 등이 있을 수 있으며, 이에 대한 해결 방안을 각자 창의적으로 생각해 보도록 한다.

개념 쏙쏙

1 다음 내용에 알맞은 말을 골라 ◯표 하시오.

(1) 산업화에 따른 이촌 향도 현상으로 도시 인구 가 급증하는 단계는 (가속화, 종착) 단계이다.
(2) (선진국, 개발 도상국)은 도시화가 오랜 시간 에 걸쳐 진행되어 도시화 곡선이 완만하게 나 타난다.

2 도시의 과밀화로 쾌적한 환경에 대한 수요가 늘어남 에 따라 도시 지역의 인구가 농촌으로 이동하여 도시 화율이 낮아지는 현상을 (   )(이)라고 한다.

3 다음 도시 문제는 선진국과 개발 도상국 중 어디에 해당하는지 쓰시오.

(1) 인구 고령화, 노후화된 도시 시설: (   )
(2) 인구의 급격한 도시 집중으로 인한 문제:
(   )

중요
02 도시화 곡선의 ㉠~㉢ 단계에 대한 옳은 설명을 〈보기〉 에서 고른 것은?

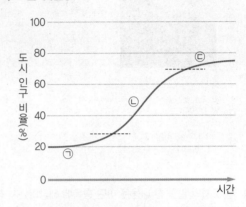

보기

ㄱ. ㉠: 인구가 특정 지역으로 집중한다.
ㄴ. ㉡: 농촌으로부터 도시로 인구가 급속히 유입된다.
ㄷ. ㉢: 역도시화 현상에 의해 인구가 전국적으로 고 르게 분포한다.
ㄹ. ㉠에서 ㉢으로 갈수록 대체로 경제 발전 수준이 높아진다.

① ㄱ, ㄴ   ② ㄱ, ㄷ   ③ ㄴ, ㄷ
④ ㄴ, ㄹ   ⑤ ㄷ, ㄹ

01 다음은 노트 필기 내용의 일부이다. 작성 내용 중 옳지 않은 것은?

〈도시화 과정〉	
단계	특징
초기 단계	• 산업화 이전의 농업 중심 전통 사회 • ㉠ 촌락 인구가 도시 인구보다 적음
가속화 단계	• 이촌 향도 현상 활발 → ㉡ 도시화율이 빠르게 상승 • 이촌 향도의 주된 이유: ㉢ 촌락보다 일 자리가 많기 때문 • 인구 및 경제 활동이 도시에 집중
종착 단계	• ㉣ 도시화율의 성장세가 둔화 • ㉤ 역도시화 현상이 나타나기도 함

① ㉠   ② ㉡   ③ ㉢
④ ㉣   ⑤ ㉤

03 다음 자료는 우리나라의 도시화율 변화를 나타낸 것이 다. 이에 대한 설명으로 옳은 것은?

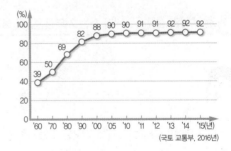

(국토 교통부, 2016년)

① 우리나라는 현재 가속화 단계에 있다.
② 종착 단계에서는 1차 산업 종사자 비중이 가장 높다.
③ 1970년 이후부터 도시 인구가 촌락 인구보다 많 았다.
④ 1990년 이후부터 도시 인구 증가율이 가장 활발 하였다.
⑤ 도시에서 촌락으로의 이동은 1970년대가 가장 활 발하였다.

단답형

04 밑줄 친 '이것'에 해당하는 개념을 쓰시오.

> 이것은 도시 지역에 거주하고 있는 인구의 비율을 나타내는 지표로서 전국 인구에 대한 도시 거주 인구의 비율로 나타낸다.

(   )

중요

05 그래프는 ㉮, ㉯ 국가의 도시화 과정을 나타낸 것이다. 이에 대한 옳은 설명을 〈보기〉에서 고른 것은?

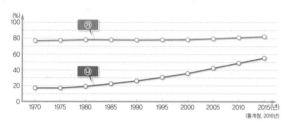

보기

> ㄱ. ㉮는 ㉯보다 경제 발전 수준이 높다.
> ㄴ. ㉮는 ㉯보다 이촌 향도 현상이 활발하다.
> ㄷ. ㉯는 ㉮보다 3차 산업 종사자 비율이 낮다.
> ㄹ. ㉯는 ㉮보다 도시화의 종착 단계에 진입하는 시기가 이르다.

① ㄱ, ㄴ   ② ㄱ, ㄷ   ③ ㄴ, ㄷ
④ ㄴ, ㄹ   ⑤ ㄷ, ㄹ

06 다음 자료의 (가)에 들어갈 내용으로 옳지 않은 것은?

① 대기 오염이 감소했어.
② 녹지 공간이 늘어났어.
③ 도시 미관이 좋아졌어.
④ 공기 순환이 원활해졌어.
⑤ 여름철 평균 기온이 높아졌어.

07 다음과 같은 문제들의 근본적인 원인으로 옳은 것은?

> • 도시 내 주택 부족 현상
> • 도시 내 교통 혼잡의 증가
> • 도시 내 환경 오염의 심화

① 물가 상승   ② 출산율의 감소
③ 역도시화의 증가   ④ 도시 재개발의 확대
⑤ 도시로의 급속한 인구 집중

08 다음 도시 문제에 관한 대책으로 적절하지 않은 것은?

① 과밀화 문제 – 인구와 기능을 지방으로 분산한다.
② 대기 오염 문제 – 에너지 소비량이 적은 산업을 육성한다.
③ 교통 혼잡 문제 – 버스와 지하철 등 대중 교통망을 확충한다.
④ 불량 주택 문제 – 개발 제한 구역을 전면 해제하여 집을 짓는다.
⑤ 수질 오염 문제 – 하수 정화 장치를 설치하고 관련 시설을 정비한다.

서술형

09 그래프는 선진국과 개발 도상국의 도시화 곡선을 나타낸 것이다. A, B가 어느 국가에 해당하는지 적고, 두 국가의 도시화 과정을 서술하시오.

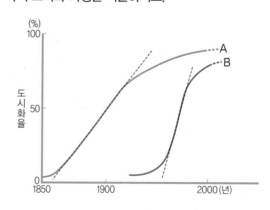

대단원 마무리

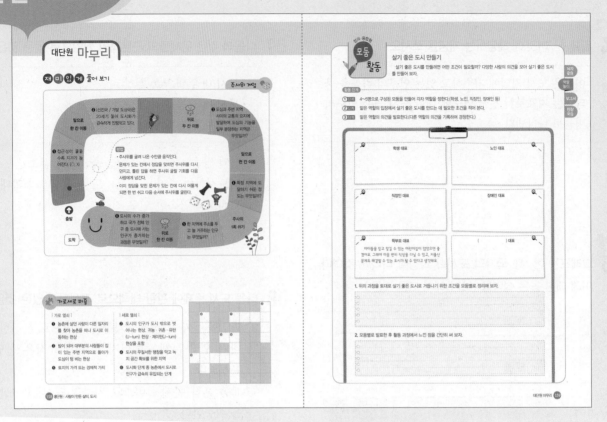

재미있게 풀어 보기 풀이

교과서 158쪽

|주사위 게임|

❶ ○   ❷ 개발 도상국

❸ 부도심   ❹ 접근성

❺ 상주인구   ❻ 도시화

|가로세로 퍼즐|

가로 열쇠	세로 열쇠
❶ 이촌 향도	❷ 역도시화
❸ 인구 공동화	❹ 개발 제한 구역
❺ 지가	❻ 가속화 단계

창의·융합형 모둠 활동 풀이

교과서 159쪽

 이것이 핵심 살기 좋은 도시의 조건에 대해 다양한 관점에서 창의적인 발상을 할 수 있다.

예시 답안 |

학생 대표
• 귀갓길이 안전하도록 가로등과 cctv를 더 설치해 주세요.
• 학교 화장실을 개선해 주세요.

노인 대표
• 병원이 근처에 많았으면 좋겠어요.
• 노인들이 모여서 쉴 수 있는 공원을 만들어 주세요.

직장인 대표
• 출퇴근이 좀 더 수월하도록 대중교통 체계를 개편해 주세요.
• 좋은 일자리를 많이 만들어 주세요.

장애인 대표
• 휠체어가 다니기 어렵지 않게 보도를 정비해 주세요.
• 장애인 이동 차량을 손쉽게 이용하도록 정책을 마련해 주세요.

(상인) 대표
• 장사가 더 잘되도록 지역 행사를 늘려 주세요.

(운전 기사) 대표
• 교통 체증이 완화되는 신호 체계 개선 및 시민 의식 교육이 필요합니다.

도시 계획가

이번 단원에서는 도시에 대해 배웠습니다. 사람들의 주거와 활동의 효율성을 극대화하기 위해 도시의 모습을 계획, 설계, 배치하는 이들을 도시 계획가라 부릅니다. 사람들의 안락하고 편리한 환경을 만들어 주는 선구자인 도시 계획가에 대해 알아봅시다.

인공위성의 카메라로 촬영한 도시의 모습을 보면 빽빽이 들어선 공장, 학교, 주택, 도로들이 레고 블록처럼 반듯하게 정렬되어 있는 모습을 볼 수 있습니다. 주거지는 어디에, 상업 지구는 어디에, 도로는 어떻게 구성하는지 등 도시의 테마에 맞게 디자인한다는 것은 상당히 매력적인 일인데요. 이러한 일은 바로 도시 계획가에 의해 이루어지는 경우가 많습니다.

도시 계획가라는 직업은 다소 생소한데요. 주로 어떤 일을 하나요?

뉴스나 신문에서 '복합 도시 개발', '행복 도시 건설' 등의 말을 본 적 있나요? 도시 계획가는 기존의 도시를 재개발하거나 신도시를 만들기 위하여 도시와 단지를 계획하고 설계하는 일을 해요. 쉽게 말해서 도시의 각 공간을 어떻게 운영하면 좋을지 계획을 세우는 거예요. 교통, 주택, 인구 등 다양한 분야의 계획이 있는데, 이를 통해 도시 문제를 예방하죠. 또 장기적으로 도시의 변화를 예측해서 도시를 어떻게 보존하고 개발할지 등을 계획할 수 있어요.

매우 흥미롭네요! 도시 계획가가 되기 위해서는 어떤 준비가 필요한가요?

도시 계획가는 전공뿐 아니라 사회학, 심리학, 경제학, 통계학, 건축학, 조경 등 여러 분야의 학식이 두루 필요한 직업이에요. 여러 분야를 통합한 직업이기 때문에 관심 분야가 편협하다면 일을 하기에 힘들 수 있습니다. 또한 도시 지리를 한눈에 파악하는 공간 지각력도 필수랍니다. 그리고 여러 사물을 같은 종류끼리 분류하는 범주화 능력도 필요해요. 한 구역에서 나타나는 문제들의 공통점을 찾고 분류해야 효과적인 문제 해결법을 제시할 수 있거든요. 마지막으로 사람을 좋아해야 합니다. 사람들이 사는 곳을 계획하기 때문이죠.

01 세계의 매력적인 도시

01 그래프의 (가)와 (나)에 들어갈 내용으로 알맞은 것은?

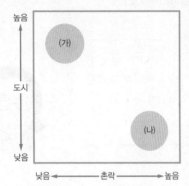

	(가)	(나)
①	인구 밀도	건물 높이
②	인구 밀도	직업의 다양성
③	건물 높이	농업 종사자 비율
④	직업의 다양성	인구 밀도
⑤	농업 종사자 비율	인구 밀도

02 다음 자료는 도시와 촌락이 상호 작용하는 모습을 나타낸 것이다. 옳게 설명한 내용에만 ○ 표시한 학생을 고른 것은?

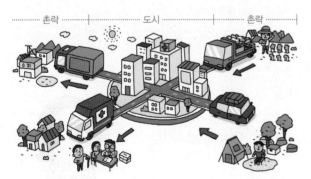

내용 \ 학생	갑	을	병	정	무
도시는 촌락에 공산품을 제공한다.	○	○		○	○
도시인들은 촌락에서 생산된 농산물을 소비한다.	○		○	○	○
촌락은 도시인들에게 휴식과 여가를 제공한다.		○	○	○	
촌락은 도시인들에게 고차원의 서비스를 제공한다.		○		○	○

① 갑　② 을　③ 병　④ 정　⑤ 무

03 밑줄 친 '이 도시'는 어디인지 쓰시오.

> 이 도시의 대표적인 상징으로 '더 월드', '팜 아일랜드'와 같은 인공섬, 초고층 호텔, 세계에서 가장 큰 쇼핑몰, 그리고 세계에서 가장 높은 빌딩인 부르즈 할리파가 있다.

(　　　　　　　　　　)

빈출

04 다음 글은 학생의 수행평가 과제물이다. 학생이 선정한 (가)~(다) 도시를 지도의 A~F에서 고른 것은?

> ### 세계의 주요 도시 여행
> 3학년 ○반 ○번 ○○○
>
> • (가): '예술의 도시'로 불릴 만큼 문화적 영향을 세계에 전파하고 있으며 매년 수백만 명이 방문하는 에펠탑이 있다.
> • (나): 이곳은 옛 건물을 많이 보유한 도시이다. 그중에서도 세계 7대 불가사의로 불리는 피라미드가 대표적이다.
> • (다): 이곳은 대표적인 이슬람 건축물이며 세계에서 가장 아름다운 건축물로 꼽히는 타지마할로 유명한 도시이다.

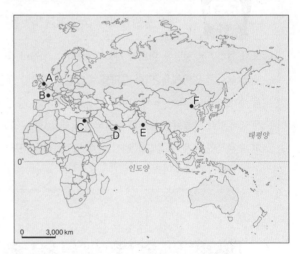

	(가)	(나)	(다)
①	A	C	E
②	A	D	F
③	B	C	E
④	B	C	F
⑤	B	D	E

02 도시 내부의 다양한 경관

05 다음은 사회 수업의 한 장면이다. 교사의 질문에 옳게 대답한 학생을 고른 것은?

도심의 인구 공동화 현상이 심화될 때, 도심에서 감소 또는 낮아지는 것을 말해 볼까요?

지가입니다. (갑)

주택 수입니다. (을)

주간 인구입니다. (병)

초등학교 수입니다. (정)

① 갑, 을   ② 갑, 병   ③ 을, 병
④ 을, 정   ⑤ 병, 정

중요

06 사진은 우리나라 어느 대도시의 경관을 촬영한 것이다. (가), (나) 지역에 대한 옳은 설명을 〈보기〉에서 고른 것은?

(가)   (나)

보기

ㄱ. 중심 업무 기능은 주로 (가)에 들어선다.
ㄴ. 인구 공동화 현상은 (나)에서 나타난다.
ㄷ. 주간 유동 인구는 (가)가 (나)보다 많다.
ㄹ. 평균 지가는 (나)가 (가)보다 높다.

① ㄱ, ㄴ   ② ㄱ, ㄷ   ③ ㄴ, ㄷ
④ ㄴ, ㄹ   ⑤ ㄷ, ㄹ

단답형

07 다음 글의 빈칸에 들어갈 말을 쓰시오.

도시의 지역 분화는 상가는 상가끼리 모여 상업 지구를 형성하고, 공장은 공장끼리 모여 공업 지대를 형성하며, 주택은 주택끼리 모여 주택 지구 등을 형성하게 되는 과정을 말한다. 지역 분화의 원인은 [   ]에 따른 지대·지가의 차이 때문이다.

(   )

08 그림에서 ㉮의 간격이 더욱 커질 때 나타날 수 있는 현상으로 옳은 것은?

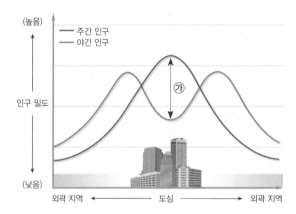

① 도심의 접근성은 떨어질 것이다.
② 외곽 지역의 상주인구는 줄어들 것이다.
③ 도심의 중추 관리 기능이 이전될 것이다.
④ 도심의 초등학교는 학생 수가 늘어날 것이다.
⑤ 도심으로의 출퇴근 시 교통 혼잡이 심화될 것이다.

중요

09 다음 글의 ㉠~㉤ 중 옳지 <u>않은</u> 것은?

㉠ 도시 경관은 눈으로 파악할 수 있는 도시의 겉모습이다. 일반적으로 ㉡ 도시 중심부는 건물의 높이가 높고, 주변으로 나갈수록 높이가 낮아진다. ㉢ 도시는 규모가 커짐에 따라 특정 지역에 같은 종류의 기능은 모이고 다른 기능들이 서로 분리되는 현상이 발생하는데, ㉣ 이를 지역 분화라고 한다. ㉤ 도심에서 외곽으로 갈수록 주거 지역, 공업 지역, 상업 지역 등으로 분화된다.

① ㉠   ② ㉡   ③ ㉢   ④ ㉣   ⑤ ㉤

10 다음은 여러 동을 통합한 어느 지역의 주민 센터를 촬영한 것이다. 이 지역의 특징으로 옳은 것은?

① 주거 기능이 발달한 지역이다.
② 도시 외곽에 위치한 지역이다.
③ 주민 센터가 많이 필요한 지역이다.
④ 개발 제한 구역(그린벨트)에 위치한 지역이다.
⑤ 상주인구는 적으나 주간 유동 인구는 많은 지역이다.

중요
11 그래프의 (가), (나)에 들어갈 내용으로 옳은 것은?

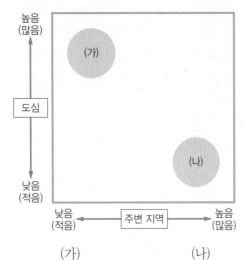

	(가)	(나)
①	초등학교의 수	아파트 수
②	대기업 본사의 수	상업지 평균 지가
③	상업지 평균 지가	특급 호텔의 수
④	대형 마트의 수	상주인구
⑤	업무용 고층 건물의 밀집도	거주자의 평균 통근 거리

03 선진국과 개발 도상국의 도시화 ~

04 살기 좋은 도시

빈출
12 도시화 곡선의 ㉠~㉢ 단계에 대한 옳은 설명을 〈보기〉에서 있는 대로 고른 것은?

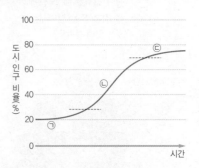

보기
ㄱ. ㉠: 인구가 전국적으로 고르게 분포하는 편이다.
ㄴ. ㉡: 역도시화 현상에 의해 도시 인구 성장률이 둔화된다.
ㄷ. ㉢: 이촌 향도에 의해 도시 인구 비율이 급증한다.
ㄹ. ㉠에서 ㉢으로 갈수록 3차 산업 종사자의 비중은 증가한다.

① ㄱ, ㄴ　　② ㄱ, ㄹ　　③ ㄷ, ㄹ
④ ㄱ, ㄴ, ㄷ　　⑤ ㄴ, ㄷ, ㄹ

13 다음은 (가)~(다) 국가의 도시화율을 나타낸 것이다. 이에 대한 설명으로 옳은 것은?

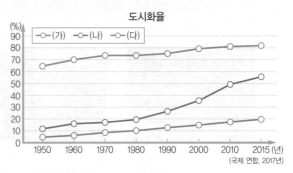

① (가)는 가속화 단계에 머물러 있다.
② (나)는 주로 역도시화 현상이 나타나고 있다.
③ (다)는 촌락보다 도시에 거주하는 사람이 많다.
④ (가)는 (나)보다 공업화가 일찍 시작되었다.
⑤ (가)~(다) 중 경제 발전 수준이 가장 높은 국가는 (나)이다.

14 다음 글의 ㉠, ㉡에 들어갈 말을 각각 쓰시오.

산업화로 인해 1차 산업에 종사하던 인구가 2·3차 산업에 종사할 기회를 찾고자 촌락을 떠나 도시로 이동하는 현상을 ㉠ 라 하고, 대도시의 과밀화로 쾌적한 환경에 대한 수요가 늘어남에 따라 도시 지역의 인구가 비도시 지역으로 이동하여 도시화율이 낮아지는 현상을 ㉡ 라 한다.

㉠: (   ), ㉡: (   )

15 (가)~(다)에서 공통적으로 해결한 도시 문제로 옳은 것은?

(가) 버스 승강장에서 미리 요금을 지불해 불필요한 공회전을 줄이고 대중교통을 개선하였다.
(나) 옥상 정원을 만들고 바람이 잘 통하도록 건물을 지었다.
(다) 환경 정비 캠페인을 시행하고 생태 공원을 조성하였다.

① 실업 문제   ② 환경 오염 문제
③ 주택 부족 문제   ④ 교통 체증 문제
⑤ 빈부 격차 문제

중요
16 (가)~(마)의 도시 문제를 해결하기 위한 대책으로 가장 적절한 것은?

(가) 과밀화 문제   (나) 주택 부족 문제
(다) 교통 체증 문제   (라) 대기 오염 문제
(마) 쓰레기 처리 문제

① (가) – 이촌 향도를 장려한다.
② (나) – 도심에 대단위 아파트를 짓는다.
③ (다) – 버스, 지하철 등 대중 교통망을 확충한다.
④ (라) – 에너지 소비가 많은 업체를 육성한다.
⑤ (마) – 일회용품을 많이 사용한다.

17 제시된 사진에 나타난 도시와 촌락 사이에 이루어지는 상호 작용을 서술하시오.

▲ 농촌 체험 활동

▲ 백화점

18 그래프는 우리나라 대도시 도심의 상주인구 변화를 나타낸 것이다. 이러한 변화가 지속될 때, 나타나게 될 현상을 두 가지 이상 서술하시오.

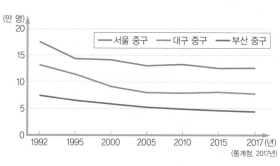
(통계청, 2017년)

9

글로벌 경제 활동과 지역 변화

세계화로 국가 간 교역이 활발해지고 사람과 자본, 상품의 이동이
자유로워지면서 많은 변화가 일어나고 있습니다. 또한, 정보 사회가
도래하면서 서비스업의 비중이 높아지고 있으며, 교통·통신이
발달함에 따라 서비스업의 세계화가 진행되고 있습니다.
농업의 세계화, 다국적 기업과 서비스업의 분포 특성을 살펴보고
경제 활동의 세계화가 지역에 미치는 영향과 변화를 파악해 봅시다.

이 단원에서는

01	농업의 세계화와 지역의 변화	농업 생산의 기업화와 세계화가 농작물 생산지와 소비지에 어떤 변화를 주었는지 알아본다.
02	다국적 기업과 생산 지역의 변화	세계화에 따른 다국적 기업의 공간적 분업 체계가 생산지에 어떤 변화를 주었는지 알아본다.
03	서비스업의 변화와 주민 생활	세계화에 따른 서비스업의 변화와 주민 생활의 변화를 알아본다.

⑦ 여학생의 물음에 남학생이 어떻게 대답했을지 생각하여 써 보자.

| 사진 해설 |

사진은 프랑스 오베르뉴주의 농업 지대이다. 세계화로 농산물의 국제 교
역량이 증가하면서 세계 주요 농업 지역에서 농산물의 생산, 유통, 판매
가 이전보다 전문적이고 대규모로 이루어지고 있다. 기업적·상업적 농
업의 경쟁력은 큰 경작 규모이다.

| 대답 예시 |

• 농산물 교역이 활발해서 대규모로 재배해야 하기 때문이야.
• 큰 규모의 기업이 농산물을 많이 생산하기 때문이야.

글로벌 경제 활동과 지역 변화

이 단원의 구성

중단원	소주제 및 탐구 활동	핵심 미리 보기
01 농업의 세계화와 지역의 변화	**1 세계화와 농업 생산의 기업화** 탐구 열대 과일이 국민 과일이 되기까지 **2 농업 생산의 기업화가 생산 지역에 미친 영향** 탐구 농업의 기업화로 생산 지역에서는 어떤 변화가 일어나고 있을까? **3 농업 생산의 기업화가 소비 지역에 미친 영향** 탐구 우리 식탁의 음식은 어디에서 왔을까? 탐구 세계화에 대한 반격, 글로벌 푸드 'NO', 로컬 푸드 'YES'	자유 무역, 기호 작물, 상업적 농업, 식량 자급률, 로컬 푸드
02 다국적 기업과 생산 지역의 변화	**1 다국적 기업의 공간적 분업** 탐구 축구 티셔츠는 어떻게 만들까? **2 공간적 분업이 생산 지역에 미치는 영향** 탐구 다국적 기업의 생산 공장은 어디로 이동하고 있을까? 탐구 다국적 기업의 공장 유치가 지역에 미치는 영향은?	입지, 다국적 기업, 공간적 분업, 산업 공동화
03 서비스업의 변화와 주민 생활	**1 교통·통신의 발달에 따른 서비스업의 세계화** 탐구 미국에 전화를 걸었는데 인도에서 받는 이유는? **2 서비스업의 세계화에 따른 주민 생활의 변화** 탐구 상품을 구매하는 방식이 어떻게 달라지고 있을까? 탐구 다국적 유통 업체가 들어오면 어떤 변화가 나타날까?	서비스업, 탈공업화, 전자 상거래, 유통의 세계화

농업의 세계화와 지역의 변화

• 농업의 세계화
교통·통신의 발달로 지역 간 교류가 증가하고, 경제 성장으로 생활 수준이 향상되면서 다양한 농산물에 대한 수요가 증가하여 전 세계를 대상으로 농산물의 생산이 이루어지는 농업의 세계화가 진행되고 있다.

→ **세계화와 농업 생산의 기업화**

1. 농업의 세계화

뜻 경제, 사회, 문화 등의 각 부문에서 국경이라는 장벽이 없어지고 사람, 물자 및 기술 등이 자유롭게 교류되는 현상을 말한다.

(1) 배경: 자유 무역이 확대되면서 공산품뿐만 아니라 농산물의 교역량 급증

(2) 특징: 전 세계를 대상으로 농산물의 생산이 이루어짐 → 농업의 세계화 진행

2. 농업 생산의 기업화

(1) 배경: 세계화로 농산물의 국제 교역량 증가, 다국적 기업의 활동 확대 → 대규모 기업농 및 곡물 메이저 출현 ┌ 기업이 많은 자본을 투자하여 공장을 운영하는 것처럼 농장을 운영한다.

(2) 특징: 농산물의 생산, 유통, 판매가 전문적이고 대규모로 이루어짐.

(3) 영향: 세계를 대상으로 생산하는 농업 기업들의 농산물이 유통 → 농업의 생산과 소비 특성이 크게 변화

개념 ➕ 자유 무역
국제 무역에서 상품 교역에 대한 정부의 간섭을 최소화하고 자유롭게 거래하는 제도이다.

• 바나나 생산의 기업화

바나나 업체 세계 시장 점유율

기타(25), D사(26%), N사(5), F사(7), D사(15), C사(22)

(월스트리트저널, 2012년)

바나나 업체 한국 시장 점유율

기타(13), C사(10), D사(30%), S사(20), D사(27)

(각 회사, 2012년)

월스트리트저널(WSJ)에 따르면 2011년 기준으로 세계 바나나 시장은 D사(26%)와 C사(22%), D사(15%), F사(7%), N사(5%) 등 5개 회사가 약 75%를 점유하고 있다. 이처럼 바나나의 생산부터 공급까지 소수 기업에 집중되어 시장 지배력이 높아진다면, 이들 기업이 이윤을 극대화하는 과정에서 바나나 가격의 안정성을 해칠 수 있으며 소비자나 재배 농가에 부담을 줄 가능성이 있다.

교과서 PLUS α

세계의 농업을 장악하고 있는 곡물 메이저

자료 해설

곡물 메이저란 전 세계를 대상으로 곡물 시장에서 매우 큰 영향력을 행사하고 있는 다국적 농업 기업을 말한다. 소위 5대 곡물 메이저라고 불리우는 이들 기업은 세계 곡물 시장의 약 80%를 장악하고 있다. 100년 이상의 역사를 자랑하는 이들 기업은 세계 각 지역에서 곡물의 생산·저장·유통·수송 등을 전방위로 담당하며 세계 곡물 시장을 주무른다. 우리 식탁에 오르는 밀과 옥수수의 99%는 해외 곡물 메이저의 '작품'이다.

세계 5대 곡물 메이저

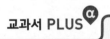

기타(20), K사(40%), A사(5), B사(7), C사(12), A사(16)

(한국농촌경제연구원, 2010년)

이렇게 이해하세요

거대한 규모의 세계적인 곡물 회사들은 대량 생산을 위해서 많은 자본과 농자재, 비료를 투입하며 이윤을 극대화하기 위해 노력한다. 그 결과 인류의 먹거리는 풍요로워졌고, 많은 사람들을 기아로부터 구해내는 긍정적인 효과도 있었지만 그 과정에서 환경이 파괴되고 식량이 무기화 되는 등 부작용도 발생하였다.

→ 농업 생산의 기업화가 생산 지역에 미치는 영향

1. 농업 생산 구조의 변화

(1) 과거의 전통적 농업: 쌀, 밀과 같은 주식 작물을 자급적 농업 형태로 재배

(2) 상업적 농업의 발달: 산업화와 도시화 → 채소, 과일, 원예 작물 등 상품 작물의 비중 증가 ┬ 뜻 농산물을 시장에 판매하기 위한 목적으로 하는 농업으로 주로 과일, 채소 등이 이에 해당한다.   뜻 시장에 내다 팔기 위해 재배하는 농작물

2. 플랜테이션 농업의 발달

(1) 배경: 차, 커피, 카카오와 같은 기호 작물의 수요 증가

(2) 기호 작물을 생산하기 위해 세계 농업 기업이 저개발국에 진출 → 플랜테이션 농업 확대

→ 농업 생산의 기업화가 소비 지역에 미친 영향

1. 긍정적 영향

(1) 외국산 농산물을 손쉽게 접할 수 있음

(2) 국내산 농산물의 공급이 부족할 때, 부족한 부분 충당 가능

2. 부정적 영향 ┬ 뜻 수입이 아닌 순수하게 한 국가 내에서만 생산된 농산물로 그 국가의 국민 전체의 소비를 얼마나 채워줄 수 있는지를 나타낸 것이다.

(1) 값싼 외국산 농산물의 수입 → 국내 농가가 피해를 볼 수 있음

(2) 국내 식량 자급률이 떨어짐

• 우리나라의 식량 자급률

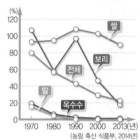

식량 자급률이란 한 나라의 식량 소비량 중 국내에서 생산 및 공급하는 식량의 비율을 말한다. 우리나라에서 쌀은 다른 작물에 비해 자급률이 높은 편이지만, 옥수수와 밀의 대부분은 수입에 의존하고 있다.

교과서 PLUS α

플랜테이션 방식을 통한 작물의 재배

↑ 기호 작물의 생산지

플랜테이션은 열대 및 아열대 기후 지역에서 선진국의 자본과 기술, 원주민의 값싼 노동력을 바탕으로 차, 커피, 카카오 등과 같은 기호 작물이나 천연고무, 목화 등과 같은 공업 원료가 되는 작물을 재배하는 경작 방식을 말한다. 커피는 브라질, 베트남, 콜롬비아 등에서 주로 재배된다. 카카오는 코트디부아르, 가나 등에서, 차는 인도와 스리랑카 등에서 주로 재배되며 대부분 선진국으로 수출된다. 최근에는 자연재해나 국제 가격 변동에 따른 피해를 줄이기 위해 재배 작물의 다양화를 추진하고 있다.

활동 풀이

생각 열기 풀이 세계화가 제사상도 바꾼다?

자료 해설

교통·통신의 발달로 지역 간 교류가 증가하고, 경제 성장으로 생활 수준이 향상되면서 다양한 농산물에 대한 수요가 증가하였다. 이로 인해 전 세계를 대상으로 농작물의 생산이 이루어지는 등 농업의 세계화가 진행되고 있다. 또한 농업 시장이 개방되고 국가 간 자유로운 무역이 이루어지면서 다양한 농산물이 세계 각지로 유통되고 있다.

1 말풍선의 빈칸에 들어갈 수 있는 것을 생각하여 써 보고, 이 과일들을 어디에서 생산하고 있는지 말해 보자.

예시 답안 | 망고, 바나나, 파인애플 등 열대 지방에서 생산되는 과일이다.

2 전통 제사상의 음식이 변화하는 원인이 무엇인지 생각해 보자.

예시 답안 | 농수산물 시장이 개방되고 세계화가 진행됨에 따라 수입 먹을거리가 일상이 되어 전통 제사상의 음식도 변화하게 되었다.

스스로 탐구하기 풀이 열대 과일이 국민 과일이 되기까지

이것이 핵심

- **활동 목표**: 세계화와 이에 따른 농업 생산의 기업화를 확인한다.
- **핵심 개념**: 농업의 세계화, 농업 생산의 기업화

친절한 활동 안내

- 인터넷을 활용하여 세계의 바나나 시장을 점유하고 있는 기업을 찾아보고, 바나나 이외에도 수입되고 있는 과일들의 종류를 적어 본다.
- 외국산 과일의 수입이 늘어나는 이유를 발표한다.

1 밑줄 친 내용처럼 바나나의 생산과 공급이 특정 기업에 집중되면 어떤 문제점이 나타나는지 써 보자.

예시 답안 | 바나나의 생산부터 공급까지 소수 기업에 집중되어 시장 지배력이 높아진다면, 이들 기업이 이윤을 극대화하는 과정에서 바나나 가격의 안정성을 해칠 수 있으며 소비자나 재배 농가에 부담을 줄 가능성이 있다.

2 바나나 외에 우리나라가 수입하는 과일의 종류를 써 보고, 외국산 과일의 수입이 늘어나는 까닭은 무엇인지 조사하여 써 보자.

예시 답안 | 한국 농촌 경제 연구원이 2011~2014년 주요 과일 수입량을 조사한 바에 따르면, 체리는 4,982톤에서 1만 3,359톤으로 3배 가까이 늘었고, 망고(1,892톤 → 1만 599톤), 자몽(9,337톤 → 1만 9,491톤), 석류(6,739톤 → 1만 767톤), 포도(4만 5,189톤 → 5만 9,260톤)도 급증했다. 이는 농업 시장의 개방과 교통의 발달로 인해 농산물의 생산지에서 소비지로의 국제 이동이 활발하게 이루어지고 있기 때문이다. 또한, 농업의 세계화에 따라 과거보다 수입 농산물을 자주 접하면서 저항감이 줄어들었고, 농업의 기업화에 의해 대량 생산이 이루어지고 농산물 가격이 저렴해짐에 따라 상대적으로 가격이 저렴한 외국산을 구매할 수 있게 되었다.

스스로 탐구하기 풀이 농업의 기업화로 생산 지역에서는 어떤 변화가 일어나고 있을까?

교과서 164~165쪽

1 네덜란드, 미국 농민의 자료를 보고 농업 생산의 기업화로 농업 생산 방식이 어떻게 변화하고 있는지 써 보자.

예시 답안 | 미국이나 네덜란드 같은 농업 선진국들은 농사 기술에 정보 · 통신 기술(ICT)을 접목해 농작물 재배의 생산 효율을 최대한 향상시키고 있다.

2 인도네시아, 브라질 농민의 자료를 보고 농업 생산의 기업화로 나타난 문제점이 무엇인지 써 보자.

예시 답안 | 인도네시아의 팜유 생산은 열대 우림 파괴 문제와 함께 원주민의 주거 지역 축소, 오랑우탄 멸종 위기의 초래, 기후 변화의 주범이 되고 있다. 커피, 카카오 등의 기호 작물은 주로 개발 도상국에서 재배되어 선진국으로 수출된다. 선진국의 대형 유통 업체는 계약 재배를 통하여 농민들로부터 낮은 가격에 기호 작물을 구매한다. 이렇게 구매된 기호 작물은 가공 및 유통 과정을 거치면서 높은 가격으로 판매되어 농민들에게 돌아가는 이득은 거의 없다.

> **이것이 핵심**
> • 활동 목표: 자료를 활용하여 농업의 기업화로 생산 지역에 나타난 변화를 확인한다.
> • 핵심 개념: 농업 생산의 기업화가 생산 지역에 미친 영향

> **친절한 활동 안내**
> • 농업 생산 기술이 높은 지역과 플랜테이션 농업 지역의 변화에 대해 인터넷으로 조사한 후 발표한다.
> • 경작지 조성을 위한 열대 우림 파괴와 단일 작물 재배의 문제점이 무엇인지 생각해 본다.

스스로 탐구하기 풀이 우리 식탁의 음식은 어디에서 왔을까?

교과서 166쪽

1 우리 집 밥상에 다른 나라에서 수입된 식재료는 어떤 것이 있는지 써 보자.

예시 답안 | 두부, 골뱅이, 임연수어, 쇠고기 등

2 농업 생산의 기업화와 농산물 시장 개방 확대로 세계 여러 지역에서 생산된 농산물이 유통되면서 나타날 수 있는 긍정적 · 부정적인 측면을 예시처럼 써 보자.

예시 답안 | 긍정적인 면: 국산 농산물의 공급이 부족할 때 부족한 부분을 충당할 수 있게 되었다.

부정적인 면: 주민 생활이 외국산 곡물의 국제 가격 변동에 영향을 받을 수 있으며, 장거리 이동에 따른 부패를 막기 위해 화학 보존제가 첨가되어 안전성 문제가 제기되기도 한다.

> **이것이 핵심**
> • 활동 목표: 농업의 기업화로 소비 지역에 나타난 변화를 확인한다.
> • 핵심 개념: 농업 생산의 기업화가 소비 지역에 미친 영향, 식량 자급률

> **친절한 활동 안내**
> • 농업 생산의 세계화로 곡물, 육류, 생선뿐만 아니라 채소, 과일에 이르기까지 농 · 축산물의 자유로운 교역이 이루어지고 있다.
> • 식재료가 세계화된 원인과 세계화된 식재료가 유통되면서 나타나는 영향을 발표한다.

함께 탐구하기 풀이 세계화에 대한 반격, 글로벌 푸드 'NO', 로컬 푸드 'YES'

교과서 167쪽

세계는 지금 먹거리 안전성에 대한 불신이 커지고 있고, 특정 농업 기업들의 시장 지배력이 커지고 있다. 개방에 따라 물밀 듯이 쏟아지는 '글로벌 푸드'에 맞서 지역 농산물을 해당 지역에서 우선 소비하자는 '로컬 푸드(Local food)' 운동이 대안으로 떠오르고 있다.

자료 ❶ 100마일 다이어트 운동

100마일 다이어트 운동은 100마일(약 160 km) 범위 내에서 생산되는 음식만 먹자는 것이다. 캐나다의 한 부부가 시작한 이 운동은 거대 농업 회사들이 기계적으로 대량 생산한 농산물 대신 인근 지역 공동체 주민이 생산한 것을 먹자는 운동이다.

자료 ❷ 지산지소(地産地消) 운동

일본 농협은 지난 2000년부터 지산지소(지역 농산물을 지역에서 소비하자) 운동을 농협 전체 운동으로 내걸고, 농산물 직거래장 운영을 본격 추진했다. 일본의 농산물 직거래장은 소비자의 요구에 맞춰 신선함과 안전성을 중요시하며 당일 판매 원칙을 지키고 있다.

1 '100마일 다이어트 운동'과 '지산지소(地産地消) 운동'의 공통점이 무엇인지 써 보자.

예시 답안 | 생산자와 소비자 사이의 이동 거리를 단축해 식품의 신선도를 극대화하고 직거래를 통해 농민과 소비자 모두 만족하게 한다는 의미를 담고 있다.

2 모둠을 정한 후 로컬 푸드 운동이 전개되었을 때 소비자, 생산자, 지구 · 환경적 측면에서 이로운 점이 무엇인지 토의해 보자.

예시 답안 | 소비자: 안전한 친환경 농산물을 저렴한 가격으로 구매할 수 있다.

생산자: 유통 수수료가 줄어 가격을 안정적으로 보장할 수 있다.

지구 · 환경적 측면: 식품의 이동 거리가 줄어 지구 온난화의 주범인 이산화 탄소의 발생을 줄일 수 있다.

> **이것이 핵심**
> • 활동 목표: 농업 생산의 기업화와 세계화에 따른 문제점을 확인한다.
> • 핵심 개념: 농업의 세계화, 농업 생산의 기업화

> **친절한 활동 안내**
> • 로컬 푸드 운동은 운송 과정에서 많은 화석 연료를 소비하는 문제와 농산물을 재배하는 농민보다 유통 업자와 판매자에게 수익이 더 많이 분배되는 문제를 해결하고자 하는 운동이다.
> • 인터넷을 활용하여 로컬 푸드와 글로벌 푸드의 개념을 조사한다.

개념 쏙쏙

1 다음 내용에 알맞은 말을 골라 ◯표 하시오.

(1) 최근 농업의 세계화로 바나나, 파인애플 등 (열대, 온대) 지방의 과일들이 수입되고 있다.

(2) (보호, 자유) 무역은 상품 교역에 대한 정부의 간섭을 최소화하고 자유롭게 거래하는 제도이다.

2 과거 전통적 농업은 가족 노동력을 중심으로 쌀, 밀과 같은 작물을 (   ) 농업의 형태로 재배하였다. 하지만 산업화와 도시화로 채소, 과일, 원예 작물 등 여러 농산물을 생산하여 판매하는 (   ) 농업이 발달하고 있다.

3 다음의 농업 특징을 전통 농업과 현대 농업으로 분류하시오.

(1) 가족 중심의 자급자족: (   )
(2) 식량 작물 위주: (   )
(3) 대규모 기업적 농업: (   )
(4) 상업적 농업 발달: (   )

01 다음은 윤이가 정리한 노트 필기 내용이다. (가)에 들어갈 용어로 가장 적절한 것은?

〈 농업 생산의 [(가)] 〉

• 배경: 세계화로 농산물의 국제 교역량 증가, 다국적 기업의 활동 확대
• 특징: 농산물의 생산, 유통, 판매가 전문적이고 대규모로 이루어짐
• 영향: 세계를 대상으로 생산하는 농업 기업들의 농산물이 유통

① 기업화   ② 지역화   ③ 다각화
④ 분업화   ⑤ 기계화

02 최근 농업의 변화를 바르게 설명한 것은?

① 점차 자급적 농업으로 바뀌고 있다.
② 가족 중심의 소규모 농업을 많이 하고 있다.
③ 상품 작물보다 식량 작물 비중이 증가하고 있다.
④ 농업의 기업화로 각국의 식량 자급률이 높아지고 있다.
⑤ 농업의 세계화로 농산물의 국제적 이동이 활발해지고 있다.

03 상업적 농업의 특징을 〈보기〉에서 고른 것은?

보기

ㄱ. 직접 생산하여 소비하는 체제이다.
ㄴ. 가족 노동력을 중심으로 쌀을 재배한다.
ㄷ. 대도시 근교에서 채소, 과일 등을 주로 재배한다.
ㄹ. 산업화와 도시화로 도시 인구의 증가에 따라 성장하였다.

① ㄱ, ㄴ   ② ㄱ, ㄷ   ③ ㄴ, ㄷ
④ ㄴ, ㄹ   ⑤ ㄷ, ㄹ

단답형
04 다음 글의 빈칸에 들어갈 적절한 용어를 쓰시오.

다국적 곡물 기업으로서 시장에 막대한 영향력을 발휘하는 기업을 [   ]라고 한다. 이들에 의해 전 세계 곡물의 생산량부터 시장 가격까지 통제되고 있다.

(   )

05 밑줄 친 '이 나라'의 농업 특징으로 옳은 것은?

> 지도에 표시된 이 나라는 최근에 농사 기술에 정보·통신 기술을 접목한 '스마트 팜'이라는 최첨단 농법을 시행하고 있다.

① 국민 대부분이 농업에 종사한다.
② 플랜테이션 방식을 통해 재배한다.
③ 국토가 좁아 농산물 수입액이 많다.
④ 꽃을 재배하는 원예 농업이 발달하였다.
⑤ 기업적으로 대규모의 식량 작물을 재배한다.

[06-07] 지도를 보고 물음에 답하시오.

06 위 지도의 A~C 작물의 공통적인 특징으로 옳은 것은?

① 자급적인 방식으로 재배한다.
② 주로 가족 노동력 중심으로 재배한다.
③ 전 세계 지역에서 재배가 이루어진다.
④ 쌀, 밀과 같은 식량 작물이 주를 이룬다.
⑤ 선진국 자본과 원주민의 노동력이 결합되어 재배된다.

07 위 지도의 A~C 작물로 옳은 것은?

	A	B	C
①	차	커피	카카오
②	차	카카오	커피
③	커피	차	카카오
④	커피	카카오	차
⑤	카카오	차	커피

08 다음은 민아가 작성한 사회 노트의 내용 중 일부이다. ㉠~㉣ 중 옳은 것만을 있는 대로 고른 것은?

> 〈농업의 세계화가 미치는 영향〉
> 1. 긍정적 영향
>   • 외국산 농산물을 손쉽게 접할 수 있음 …… ㉠
>   • 국내산 농산물의 부족한 부분 충당 가능 … ㉡
> 2. 부정적 영향
>   • 곡물 메이저에 의한 가격 결정 …… ㉢
>   • 외국 농산물 의존으로 인한 식량 자급률 상승 …… ㉣

① ㉠, ㉡   ② ㉠, ㉢   ③ ㉢, ㉣
④ ㉠, ㉡, ㉢   ⑤ ㉡, ㉢, ㉣

서술형

09 다음과 같은 상황이 가져올 문제점에 대하여 서술하시오.

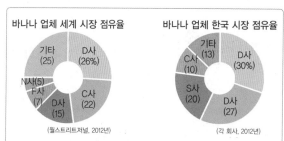

월스트리트저널(WSJ)에 따르면 2011년 기준으로 세계 바나나 시장은 D사(26%)와 C사(22%), D사(15%), F사(7%), N사(5%)등 5개 회사가 약 75 %를 점유하고 있다. 이처럼 바나나의 생산부터 공급까지 소수 기업에 집중되어 시장 지배력이 높아지고 있다.

02 다국적 기업과 생산 지역의 변화

교과서 168쪽~171쪽

• **다국적 기업**
다국적 기업은 세계 기업이라고도 하며 세계 각지에 자회사, 합병 회사, 공장, 판매 대리점 등의 조직을 갖추고 경영, 생산, 판매, 사후 관리 등 기업의 전 과정을 국제적 규모로 수행하는 기업을 의미한다. 경제적 교류가 전 세계로 확대된 현재 대부분의 대기업은 다국적 기업이거나 점차 다국적 기업 형태로 변화하고 있다.

→ 다국적 기업의 공간적 분업

1. 다국적 기업의 의미와 특징

(1) 의미: 세계 각지에 자회사, 지사, 공장 등을 운영하며 전 세계를 대상으로 상품을 판매하는 기업
└ 뜻 다른 기업의 지배를 받는 기업으로, 자회사를 지배하는 큰 기업을 모회사라고 부른다.

(2) 특징: 규모가 크고 전 세계를 대상으로 상품 판매 → 경제의 세계화로 다국적 기업의 수와 규모가 더욱 성장

2. 우리의 일상생활과 다국적 기업: 일상생활에서 여러 다국적 기업의 상품 및 서비스를 이용함으로써 세계 여러 나라와 관계를 맺음

3. 다국적 기업의 형성 과정

• **다국적 기업의 형성 과정**

단계	특징
1단계	기업의 단일 공장이 입지한 지역과 밀접한 관계를 맺으며 성장하기 시작
2단계	분공장 또는 지방에 영업 지점을 세워 기업의 조직 체계를 확대
3단계	국외에 영업 대리점이나 영업 지점을 세워 국외 시장에 침투
4단계	국외에 분공장을 세워 다국적 기업 조직이 형성

교과서 PLUS α

세계 100대 기업 본사의 분포

↑ 2015년 세계 100대 기업 본사의 분포

자료 해설

「포춘(경제 관련 전문지)」은 기업들의 매출액을 기준으로 세계 100대 기업을 선정하였다. 이를 국가별로 살펴보면 미국이 32개로 1위를 차지했으며, 중국이 17개로 2위, 독일과 프랑스가 8개로 공동 3위, 일본이 7개로 세계 5위를 차지했다. 대륙별로 살펴보면 유럽과 북아메리카, 동부 아시아가 대부분을 차지했다.

이렇게 이해하세요

세계 100대 기업 본사의 분포를 보면 미국, 독일, 프랑스, 일본 등의 선진국과 중국 등의 경제 성장률이 높은 개발 도상국에 많이 분포함을 알 수 있다.

4. 다국적 기업의 공간적 분업

(1) 기업의 성장: 규모의 성장, 기능의 세분화 → 조직의 분화

(2) 조직의 분화: 본사(의사 결정 기능), 연구소(제품 개발 및 연구 기능), 생산 공장(생산 기능), 영업 지점 및 대리점(판매 기능)

(3) 기업의 조직들은 각각의 기능에 적합한 지역에 입지 → 기업의 공간적 분업 발생

(4) 기능별 입지 특성

🔵 인간이 경제 활동을 하려고 선택하는 장소

조직	특성	입지 지역
본사	• 주로 본국에 위치 • 자본과 정보 확보에 유리한 지역에 입지함	주로 대도시
연구소	• 주로 본국이나 선진국 등에 위치 • 연구 인력 확보에 유리한 지역에 입지함	대학 및 연구소 밀집 지역
생산 공장	• 저임금 노동력이 풍부한 지역에 입지함 • 현지 시장 개척, 무역 장벽 극복을 위해 선진국에 입지하기도 함	주로 지방이나 개발 도상국

• 다국적 기업의 생산 공장 입지

| ★ 본사 |
| ▲ 연구소 |
| ■ 판매 지사 |
| ● 생산 공장 |

0 3,000 km

(S 전자, 2016년)

⬆ ○○ 전자의 기능별 입지 분포

다국적 기업은 생산비를 절약하고자 저임금의 노동력 확보가 유리한 중국 및 동남아시아 지역에 생산 공장을 설립하는 경우가 많다.

한편, 유럽이나 북미 지역에 현지 시장 개척이나 무역 장벽을 피하려고 생산 공장을 설립하기도 한다.

➜ 공간적 분업이 생산 지역에 미치는 영향

다국적 기업의 본국에 미치는 영향	긍정적 영향	해외에서 얻은 이익은 본국에 또 다른 투자를 유발
	부정적 영향	생산 공장의 국외 이전으로 실업률 증가 → 산업 공동화 현상 발생 가능
다국적 기업의 진출 지역에 미치는 영향	긍정적 영향	고용 창출 효과 증대, 지역 경제 활성화, 기술 및 경영 기법의 습득(고급 기술 이전은 어려움)
	부정적 영향	해외 경제 의존도 심화, 산업 경쟁력 약화. 다국적 기업 진출 시 현지 소규모 기업이 경쟁에서 밀려나게 됨

교과서 PLUS α

○○ 전자의 생산 기지 이동

0 1,000 km

중국

텐진

대한민국
광주

후이저우

타이윈우옌
타이

선전

박닌

베트남

(한국경제, 2014년)

자료 해설

국내에 본사를 두고 있는 ○○전자는 세계 곳곳에 사업장을 두고 있는 다국적 기업이다. 최근 ○○ 전자는 자사 휴대 전화기, 세탁기, 텔레비전 등의 생산 거점을 베트남으로 옮기고 있다. ○○전자가 자사의 주력 상품인 휴대 전화와 일부 전자 제품의 생산 거점을 베트남으로 집중시키는 가장 큰 이유는 낮은 인건비 때문이다. 이처럼 국가 간의 교역이 활발해지고 생산 및 판매 시장이 넓어지면서, 다국적 기업은 생산비를 절감하고 원료 및 현지 시장을 확보하기 위해 지구촌 곳곳에서 활동하고 있다.

개념⊕ **공간적 분업**

기업의 규모가 커지면서 본사, 연구소, 생산 공장 등의 기업 기능이 지리적으로 분리되어 입지하는 현상이다.

• **조직의 분화**

기업의 규모가 작고 공장이 하나일 때는 기능별로 분리될 필요가 없다. 하지만 다국적 기업과 같이 규모가 커지면 각각의 기능은 여러 지역으로 분리된다.

개념⊕ **산업 공동화 현상**

국내 기업이 비용을 절감하여 생산성을 높이기 위해 생산비가 저렴한 국외에 투자를 강화하고 공장을 옮길 경우 국내에서 해당 산업이 쇠퇴하는 현상이다.

활동 풀이

생각 열기 풀이   휴대 전화 안에는 또 하나의 작은 지구촌이 있다

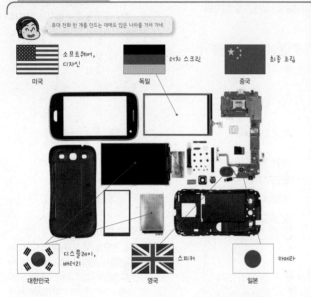

휴대 전화 한 개를 만드는 데에도 많은 나라를 거쳐 가네.

미국 — 소프트웨어, 디자인
독일 — 터치 스크린
중국 — 최종 조립
대한민국 — 디스플레이, 배터리
영국 — 스피커
일본 — 카메라

📖 자료 해설

휴대폰을 구성하는 터치 스크린은 독일에서, 디스플레이와 배터리는 대한민국에서, 스피커는 영국에서, 카메라는 일본에서 생산되고 있다. 이렇게 세계 여러 국가에서 생산된 여러 개의 부품을 중국에서 조립하여 한 개의 휴대폰이 완성된다. 자료는 다국적 기업의 국제 분업을 나타낸 것이다. 다국적 기업은 공간적 특성에 따라 각 기능을 분리 배치하여 이윤을 극대화하려고 한다. 다국적 기업의 기획 관리·연구·생산 기능이 세계적인 규모에서 공간적으로 분리되는 현상을 국제 분업이라 한다.

1 위의 사례와 같이 여러 나라의 부품과 기술이 모여 생산하고 있는 제품은 무엇이 있는지 써 보자.

예시 답안 | 우리가 사용하는 컴퓨터는 우리나라 기업의 제품이지만 중국을 비롯한 외국에서 만들어진 것이 있고, 그 안에 들어가는 부품도 세계 각지에서 만들어진 경우가 많다.

스스로 탐구하기 풀이   축구 티셔츠는 어떻게 만들까?

이것이 핵심 ❗

- **활동 목표:** 사례를 보며 다국적 기업의 공간적 분업 과정을 조사하고 확인한다.
- **핵심 개념:** 공간적 분업의 의미와 과정

친절한 활동 안내 ★

- 사회과 부도를 활용하여 티셔츠 생산과 관련된 국가의 위치를 표시한 후 주문 → 생산 → 판매까지의 경로를 화살표로 그려 본다.
- 본사, 연구소, 생산 공장이 있는 국가의 특징을 알아본다.

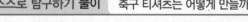

① 영국 축구팀이 경기에서 우승하자 이를 기념하는 티셔츠를 만들기로 함.
② 스포츠 용품 회사로 유명한 미국의 △△ 사에 티셔츠 제작을 맡김.
③ 미국의 △△ 사는 디자인을 전문으로 하는 캐나다의 연구소에 옷의 디자인을 맡김.
④ △△ 사는 디자인한 옷감을 만들어 베트남으로 보낸 후 이 옷감을 염색함.
⑤ 중국에서 재단, 바느질, 상표 부착을 하여 옷을 완성함.
⑥ 완성된 제품은 대한민국 및 여러 나라에서 팔림.

1 티셔츠 생산과 관련된 나라의 위치를 지도에 표시해 보고 주문 → 생산 → 판매까지의 경로를 화살표로 그려 보자.

예시 답안 |

2 다국적 기업의 본사, 연구소, 생산 공장은 어떤 지역을 선호하는지 아래 표에 정리해 보자.

예시 답안 |

구분	선호하는 지역
본사	주로 선진국에 입지하여 경영 전략을 세우고 기업 전체를 관리한다.
연구소	전문 인력이 많고 우수한 교육 시설이 잘 구축된 지역에 입지한다.
생산 공장	임금이 저렴하고 시장이 넓으며, 현지 정부가 적극적으로 지원하는 개발 도상국에 입지하는 경우가 많다. 한편, 현지 시장 개척이나 무역 장벽을 피하기 위해 선진국에 생산 공장을 설립하는 경우도 있다.

자료 ❶ ○○ 사의 신발, 의류 기업의 공장 이전 과정

❸ 1970년대 후반 대한민국, 타이완으로 생산 공장을 이전하였다.

❷ 1960년대에는 운동화 생산 공장이 일본에 입지하였다.

❶ 1962년 미국 오리건주에서 창업하였고, 1978년 상표를 개발하였다.

❹ 1980년대에는 중국에 생산 공장을 건설하였다.

❺ 1990년대에는 동남아시아 등지로 생산 공장을 이전하였다.

▲ 사업 본부 ● 해외 지사
● 연구소 ■ 생산 국가

(미국 NA 누리집, 2012년)

자료 ❷ 흔들리는 '세계의 공장', 다국적 기업들 중국을 떠난다.

'세계의 공장'으로 불리며 세계 최대 제조업 기지로 군림했던 중국의 위상이 비틀거리고 있다. 미국 ○ 사는 중국 둥관과 베이징에 있는 공장을 폐쇄하고 생산 설비를 베트남으로 옮기기로 했다. 공장 두 곳의 폐쇄로 총 9,000명의 인력이 구조 조정될 것이라고 전했다. 이 밖에도 많은 기업들이 동남아시아와 인도 등에 새로운 공장을 세우고 있다고 전했다.

— 『이데일리』, 2015. 2. 26.

1 자료 ❶ 에서 다국적 기업의 생산 공장이 시기별로 일본 → 대한민국·타이완 → 중국 → 동남아시아로 이동하는 까닭이 무엇인지 써 보자.

예시 답안 | 생산 공장이 시기별로 이동하는 이유는 생산비 중 인건비 절감을 위해서이다. 다국적 기업은 생산 비용을 줄이기 위해 자국 내의 산업 시설을 다른 국가로 이전한다. 특히 노동 집약적인 공업은 저임금의 노동력 확보가 유리한 지역으로 이전하게 된다.

2 자료 ❷ 에서 다국적 기업의 생산 공장이 이전함에 따라 중국에 어떤 영향을 미칠지 써 보자.

예시 답안 | 다국적 기업의 생산 공장이 다른 지역으로 이전함에 따라 실업자가 증가하고 소득이 줄어들어 지역 경제가 침체될 수 있다.

이것이 핵심

- **활동 목표:** 공간적 분업이 생산 지역에 미치는 영향을 확인한다.
- **핵심 개념:** 다국적 기업이 입지한 지역의 변화, 산업 공동화

친절한 활동 안내

- 인터넷을 활용하여 일본, 한국, 타이완, 중국, 동남아시아 주요 국가의 인건비를 조사해 본다.
- 다국적 기업의 생산 공장이 중국에서 동남아시아로 이전함에 따라 어떤 영향을 줄지 발표한다.

1 사례를 보고 다국적 기업의 공장 입지 변화에 따라 나타날 수 있는 긍정적·부정적 영향을 토의하여 아래 표에 정리해 보자.

예시 답안 |

긍정적 영향	부정적 영향
고용 증가 및 실업률 감소, 지역 경제 활성화, 기술 및 경영 기법의 습득 등	환경 오염 발생 가능성 증대, 해외 경제 의존도 심화, 산업 경쟁력 약화 등

이것이 핵심

- **활동 목표:** 다국적 기업의 공장 유치가 지역에 미치는 영향을 확인한다.
- **핵심 개념:** 다국적 기업의 생산 공장이 입지함으로써 나타나는 긍정적·부정적 영향

친절한 활동 안내

- 인터넷을 활용하여 다국적 기업의 생산 공장의 이동을 조사하면서 정보 활용 능력을 기른다.
- 실제 사례를 통하여 다국적 기업의 공장 입지가 지역에 미치는 긍정적 영향과 부정적 영향을 조사해 본다.

1 다음 내용에 알맞은 말을 골라 ◯표 하시오.

(1) 다국적 기업의 생산 공장은 저렴한 노동력의 확보가 필요한 경우 (선진국, 개발 도상국)에 입지한다.

(2) 다국적 기업의 (본사, 연구소)는 기업의 기획 및 관리 기능 등을 담당하며, 주로 본국의 핵심 지역인 대도시에 입지한다.

2 ( )이란 기업의 규모가 커지면서 본사, 연구소, 생산 공장 등의 입지가 공간적으로 분리되는 현상이다.

3 기업의 주요 생산 시설과 조직의 국외 이전 심화로 자국의 관련 산업이 위축되는 것을 ( ) 현상이라 한다.

01 다음 글에서 설명하는 개념으로 옳은 것은?

> 세계 각지에 자회사, 합병 회사, 공장, 판매 대리점 등의 조직을 갖추고 경영, 생산, 판매, 사후 관리 등 기업의 전 과정을 국제적 규모로 수행하는 기업을 의미한다.

① 대기업   ② 중소 기업
③ 로컬 기업   ④ 합병 기업
⑤ 다국적 기업

02 다국적 기업의 공간적 분업에 대한 설명으로 옳은 것은?

① 본사는 주로 지방 소도시에 입지한다.
② 연구소는 인건비가 가장 중요한 입지 요인이다.
③ 기업 활동의 범위가 대체로 국내에 한정되어 있다.
④ 전문 기술 인력 확보는 생산 공장 이동의 주요 원인이 된다.
⑤ 무역 장벽을 극복하기 위해 선진국에 생산 공장이 입지하기도 한다.

03 다음과 같이 제품을 생산하는 기업에 관한 설명으로 옳지 않은 것은?

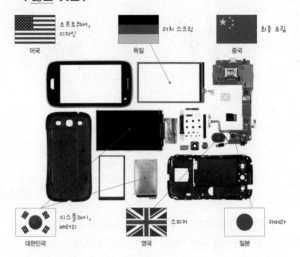

미국 소프트웨어, 디자인
독일 터치 스크린
중국 최종 조립
대한민국 디스플레이, 배터리
영국 스피커
일본 카메라

① 공간적 분업이 나타나고 있다.
② 전 세계의 다양한 부품을 활용한다.
③ 본사와 생산 공장이 분리되어 있다.
④ 생산 공장은 주로 개발 도상국에 위치한다.
⑤ 판매는 본사가 위치한 국가에서만 이루어진다.

04 그림은 다국적 기업의 형성 과정을 나타낸 것이다. 순서대로 바르게 나열한 것은?

(가)
국내에서 하나의 공장을 세운다.

(나)
국내에서 지점과 생산 공장을 늘린다.
회사가 커졌으니 지방에 공장을 하나 더 세워야겠어

(다)
시장이 더욱 넓어지면 외국에 공장을 세운다.

이곳은 임금이 저렴해서 생산비를 줄일 수 있어.

(라)
사업 규모가 커지면 외국에 판매 지사를 세운다.

외국에 지사를 만들어 해외에 판매를 해야겠어

① (가) - (나) - (다) - (라)
② (가) - (나) - (라) - (다)
③ (나) - (가) - (라) - (다)
④ (나) - (라) - (가) - (다)
⑤ (다) - (나) - (라) - (가)

05 밑줄 친 (가)~(라)에 대한 옳은 설명만을 〈보기〉에서 있는 대로 고른 것은?

> 기업의 기능은 (가) 기업 전체의 운영을 맡는 기능, (나) 기술 개발을 담당하는 기능, (다) 제품을 직접 만드는 기능으로 구분할 수 있다. 그리고 기업 성장 초기에는 이 모든 기능이 한 장소에 입지하지만, (라) 규모가 커짐에 따라 여러 곳으로 분산된다.

보기
> ㄱ. (가)는 주로 기업의 본사에서 수행된다.
> ㄴ. (나)는 미숙련 노동력이 풍부한 지역에 입지하는 것이 유리하다.
> ㄷ. (다)는 저임금 노동력과 시장 개척을 찾아 해외에 입지하기도 한다.
> ㄹ. (라)는 공간적 분업을 말한다.

① ㄱ, ㄴ   ② ㄱ, ㄹ   ③ ㄴ, ㄷ
④ ㄱ, ㄷ, ㄹ   ⑤ ㄴ, ㄷ, ㄹ

06 지도는 어느 기업의 글로벌 네트워크를 나타낸 것이다. 이 기업과 관련된 옳은 설명만을 〈보기〉에서 있는 대로 고른 것은?

▲ ○○전자의 기능별 입지 분포

보기
> ㄱ. 국경을 초월한 다국적 기업이다.
> ㄴ. 교통과 통신의 발달로 기업 입지 범위가 확대된다.
> ㄷ. 생산 공장은 대체로 저임금 노동력을 고용하기 유리한 곳에 있다.
> ㄹ. 기업의 관리 기능은 생산·판매 기능에 비해 공간적으로 분산되어 있다.

① ㄱ, ㄴ   ② ㄱ, ㄷ   ③ ㄷ, ㄹ
④ ㄱ, ㄴ, ㄷ   ⑤ ㄴ, ㄷ, ㄹ

07 다음은 윤이가 필기한 노트 내용 중 일부이다. ㉠~㉤ 중 옳지 않은 것은?

> 〈다국적 기업이 지역에 미치는 영향〉
> 1. 본국
>   (1) 장점: 본국에 또 다른 투자 유발   …… ㉠
>   (2) 단점: 산업 공동화 발생 우려   …… ㉡
> 2. 투자 유치국
>   (1) 장점: − 고급 기술 이전   …… ㉢
>   − 지역 경제 활성화   …… ㉣
>   (2) 단점: 해외 경제 의존도 심화   …… ㉤

① ㉠   ② ㉡   ③ ㉢
④ ㉣   ⑤ ㉤

서술형

08 다음 자료를 보고 우리나라 기업의 미국 진출에 따른 경제적 효과를 우리나라와 미국 입장에서 각각 서술하시오.

> **우리나라 △△ 자동차 기업의 국외 진출**
>
>
>
> 미국의 조지아주와 앨라배마주는 우리나라의 자동차 기업과 협력사들이 들어서면서 각각 1만 여 명이 새로운 일자리를 갖게 되었고, 이 지역에 공장이 들어선 이후 지역 경제가 크게 살아났다. 조지아 주는 전통 산업인 방직 산업이 침체되면서 그동안 지역 경제가 크게 어려웠지만, 자동차 관련 공장이 들어선 이후 제조업 성장률이 크게 증가하였다.

서비스업의 변화와 주민 생활

교과서 172쪽~175쪽

· 교통의 발달

1500~1840년

마차 · 범선
(평균 속도 16km/h)

1850~1930년

증기선
(평균 속도 25km/h)

1950년대

프로펠러 비행기
(평균 속도 480~640km/h)

현재

제트 비행기
(평균 속도 800~1,120km/h)

그림은 교통의 발달에 따른 세계의 상대적 크기 변화를 나타낸 것이다. 교통 발달에 따른 시 · 공간 거리의 단축은 국가 간의 인적 · 물적 교류를 활성화시켰고, 국가 간 상호 의존도를 증가시키면서 세계화를 촉진시켰다.

개념➕ 탈공업화 사회

생산 활동의 중심이 제조업 중심에서 서비스업 중심으로 변화하는 사회로, 지식과 정보가 부가가치 창출의 핵심을 이루기 때문에 정보화 사회 또는 후기 산업 사회라고도 한다.

→ 교통 · 통신의 발달에 따른 서비스업의 세계화

1. 산업 활동의 분류 원료로부터 시작하여 최종 소비자에게 이르기까지 재화와 서비스의 흐름 단계에 따라 분류한다.

구분	의미	예
1차 산업	자연에서 필요한 물품을 얻거나 생산하는 산업	농업, 임업, 어업, 목축업 등
2차 산업	1차 산업에서 얻은 생산물이나 자원을 가공하거나 재화를 만드는 산업	광업, 제조업 등
3차 산업	재화의 유통을 포함한 서비스와 관련된 산업	도 · 소매, 음식, 숙박, 정보 · 통신, 운송, 금융, 교육 등

2. 탈공업화 사회

(1) 의미: 생산과 고용에서 제조업의 비중이 감소하고 서비스업의 비중이 증가하는 사회

(2) 배경: 소득 수준의 향상과 여가 시간의 확대로 인한 다양한 서비스에 대한 수요 증가, 생산의 자동화에 따른 제조업의 노동력 수요 감소, 교통과 정보 · 통신의 발달

3. 서비스업의 세계화

뜻 영어로는 서비스(service)라고 하며, 물질적 재화 이외의 생산이나 소비에 필요한 노동을 의미한다.

(1) 서비스 산업: 다른 산업이나 일반 소비자들에게 재화와 용역을 제공하는 활동

(2) 교통과 정보 · 통신의 발달로 인한 서비스업의 변화

① 경제 활동의 시간적 · 공간적 제약 감소 → 서비스업 발달 촉진

② 물자의 흐름 원활 → 상권 확대 및 물류나 운수업, 관광 산업 등의 다양한 서비스업 발달

③ 세계 각국의 교류 확대 → 서비스업의 세계화 가속화

④ 정보 · 통신의 발달 → 재택 근무의 확대, 다국적 기업들이 세계 각지에 전화 상담실 운영, 전자 상거래 발달에 따른 유통 구조의 변화

뜻 고객 서비스와 관련된 고객의 전화를 응대하면서 업무를 보는 장소를 말한다.

교과서 PLUSα

경제 발전과 사회 구조의 변화

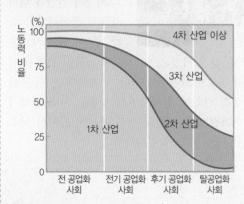

↑ 경제 발전과 산업 구조의 변화

자료 해설

산업 구조는 대체로 경제가 발전하면서 1차 산업 중심에서 2차 산업 중심으로 변화하며, 이는 토지와 노동력을 생산 요소로 하는 농업 중심 사회에서 자본과 노동력을 생산 요소로 하는 공업 중심 사회로의 변화를 의미한다. 이후 지식과 정보를 주요 생산 요소로 하는 서비스업의 성장으로 2차 산업의 비중이 감소하고 3 · 4차 산업의 비중이 증가하면서 탈공업화 사회로 전환된다.

이렇게 이해하세요

탈공업화는 2차 산업 비중이 감소하고 3 · 4차 산업 비중이 증가하는 현상으로 정보 · 통신 발달과 첨단 기술 산업의 확산 등으로 빠르게 진행된다.

→ 서비스업의 세계화에 따른 주민 생활의 변화

1. 상품 구매의 변화

(1) 배경: 교통과 정보·통신의 발달로 시간과 공간의 제약이 줄어들었음

(2) **변화**: 과거에는 매장에 직접 가서 물건을 구매하였으나 최근에는 **텔레비전, 인터넷 등을 이용한 전자 상거래가 증가함** ㉦ 텔레비전 홈 쇼핑이나 인터넷상에 개설된 상점을 통해 실시간으로 상품을 거래하는 것을 의미한다.

2. 전자 상거래

(1) 특성

소비자 입장	상품 구입에 들어가는 시간이 절약됨, 시간 제약이 없어 **언제든지 물품 구입이 가능함**, 상품 구매를 위하여 **이동할 필요가 없음**
판매자 입장	상품을 진열하는 **넓은 매장이 필요하지 않음**, 판매 사원이 필요 없어 **적은 자본으로 운영이 가능함**

(2) 입지: 교통이 편리한 **대도시 외곽 지역에 물류 및 유통 센터를 갖춘 무점포 상점이** 늘어남

(3) 영향: **택배 산업의 발달을 촉진**

3. 유통의 세계화
㉦ 생산과 소비를 연결하는 유통이 국가를 초월하여 전 세계적으로 확대되는 것을 의미한다.

(1) 배경: 교통과 정보·통신의 발달, 전자 상거래 급증, 다국적 유통 업체들의 활동 증대, 유통 시장 개방

(2) 변화: **외국 자본에 의한 새로운 유통 질서 형성, 편의점, 창고형 대형 마트 등이 발달**

(3) 영향
- 긍정적 영향: 상품 구매의 시간적·공간적 제약 극복, 물류 산업의 발달과 해외 인터넷 쇼핑몰 등장
- 부정적 영향: 중·소형 규모의 유통업체 쇠퇴

↑ 우리나라에 입점한 외국계 대형 마트

↑ 우리나라에 입점한 외국계 편의점

• **전자 상거래의 발달 배경**

```
정보 통신        교통의 발달
기술의 발달
   ↓               ↓
인터넷의 광범     물품의 빠른
위한 보급           배송
   ↓               ↓
      전자 상거래 발달
```

개념⁺ 택배
우편물이나 짐, 상품 따위를 요구하는 장소까지 직접 배달해 주는 일을 말한다.

• **다국적 유통 업체**
대형 마트, 편의점 등이 있으며, 전통 시장이나 동네 상점 등 기존 소매업을 빠르게 대체하고 있다.

개념⁺ 물류 산업
공장에서 생산된 완제품이 최종 소비자에게 공급될 때 수송, 하역, 포장, 보관 등의 각 단계별로 서비스를 제공하는 산업이다.

교과서 PLUS α

전자 상거래와 택배 산업의 변화

■ PC ■ 이동 통신   (단위: 백억 원)

	2011	2012	2013	2014	2015(년)
이동 통신	6	182	591	1,314	2,246
PC	3,157	3,396	3,377	3,196	2,979

(한국 유통 학회, 2016년)
↑ 전자 상거래 시장의 규모 변화

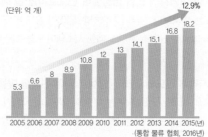

(단위: 억 개)

2005	2006	2007	2008	2009	2010	2011	2012	2013	2014	2015(년)
5.3	6.6	8	8.9	10.8	12	13	14.1	15.1	16.8	18.2

12.9%

(통합 물류 협회, 2016년)
↑ 택배 물량의 변화

자료 해설
정보·통신 기술의 발달로 등장하게 된 전자 상거래는 상품의 주문 및 대금 지불은 통신을 통해, 상품의 배송은 택배 업체를 통해 이루어진다. 그러므로 전자 상거래가 성장하면 택배 산업도 함께 성장하게 된다.

활동 풀이

생각 열기 풀이   교통의 발달로 하나 되는 지구촌

1948년과 2012년 런던 올림픽에 참가한 대한민국 선수단의 이동 경로를 살펴 볼까?

🔖 자료 해설

자료를 보면 1948년 런던 올림픽에 참가하기 위한 대한민국 선수단은 기차, 배, 비행기와 같은 교통수단을 이용해 약 20일에 걸려 런던으로 이동하였다. 반면, 2012년의 경우에는 비행기를 이용해 약 12시간 만에 런던으로 이동하였다. 이와 같은 시간 거리의 단축은 교통 수단의 발달과 관련 있다.

1 1948년과 비교하여 2012년에 나타난 가장 큰 변화가 무엇인지 이야기해 보자.

> **예시 답안 |** 교통 수단의 발달을 통해 오늘날 지역 간에 물자와 사람들의 이동이 신속하고 저렴하게 이루어지고 있다.

2 다음 그림은 교통 발달에 따른 50년 후의 세상을 예측한 것이다. 본인이 생각하는 50년 후의 또 다른 모습을 생각하여 써 보자.

> **예시 답안 |** 인공 지능의 활성화, 우주 여행, 자율 주행 자동차, 인간형 로봇, 착용하는 스마트 기기 등

이것이 핵심 ❗
- **활동 목표:** 정보·교통·통신의 발달에 따른 서비스업의 세계화를 파악한다.
- **핵심 개념:** 세계화에 따른 서비스업의 변화

친절한 활동 안내 ⭐
- 원격 통신의 발달로 통신망을 통한 업무 수행이 가능해지면서 공간적 제약이 완화되고 있다.
- 전화 상담실이 인도로 이전된 배경과 그 이유를 조사하고, 인터넷을 통하여 세계화에 따른 서비스업의 변화 사례를 찾아 발표한다.

스스로 탐구하기 풀이   미국에 전화를 걸었는데 인도에서 받는 이유는?

1 미국에 있어야 할 여행사의 전화 상담실이 인도로 이전된 배경은 무엇인지 써 보자.

> **예시 답안 |** 인도는 미국보다 임금이 저렴하며, 영어가 공용어이므로 영어에 능통한 인력이 풍부하고, 정보·통신 산업의 발달로 원거리 서비스 대행 시스템이 가능하게 되면서 서비스 산업의 입지가 자유로워졌기 때문이다.

2 밑줄 친 ㉠의 시각에 인도의 전화 상담실 직원이 전화를 받을 수 있는 까닭은 무엇인지 써 보자.

> **예시 답안 |** 인도와 미국은 서로 지구 반대편에 위치하여 시차가 12시간 정도 차이가 난다. 즉 미국에서 퇴근할 시간에 인도는 출근할 시간이기 때문에 전화 상담실 운영이 24시간 가능하게 된다.

3 위에 제시된 내용과 같이 세계화에 따른 서비스업의 변화 사례를 조사하여 써 보자.

> **예시 답안 |** 서비스업의 세계화에 따라 금융의 세계화, 유통의 세계화, 관광의 세계화 등이 나타나고 있다.

상품을 구매하는 방식이 어떻게 달라지고 있을까? 교과서 174쪽

자료 ① 서로 다른 상거래 방식

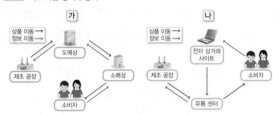

자료 ② 해외 직접 구매 추이

온라인 구매에는 국경이 없기 때문에 해외 거래도 크게 늘었다. 거래 방법이 간소화되고 경험자의 신뢰가 형성되면서 해외 직접 구매가 급성장하고 있다.

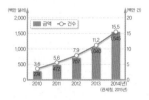

이것이 핵심 ❗
- **활동 목표:** 전자 상거래가 활성화된 배경을 알 수 있다.
- **핵심 개념:** 전자 상거래의 활성화, 해외 직접 구매

친절한 활동 안내 ⭐
- (가)는 소비자가 소매상을 직접 방문하여 물건을 보고 구매하는 방식에 해당하고, (나)는 소비자가 직접 매장을 방문하지 않고 전자 상거래 사이트를 통해 물건을 구매하는 방식에 해당한다.
- 전자 상거래는 정보·통신망을 통해 상품을 판매하기 때문에 매장을 운영할 필요가 없으며, 유통 센터에서 소비자로의 연결이 중요하다.

1 **자료 ①** 에서 **가** 와 **나** 의 상거래 방식이 어떻게 다른지 다음 표를 완성해 보자.

예시 답안 |

구분	가	나
유통 단계	기업 → 도매상 → 소매상 → 소비자	기업 → 소비자
거래 대상 지역	특정 지역 내	전 세계
거래 시간	소매점 영업 시간	24시간
판매 방법	전시에 의한 판매	정보에 의한 판매

2 **나** 의 상거래 방식이 보편화될 때 발달하게 되는 산업이 무엇인지 써 보자.

예시 답안 | 배송 체계의 중요성이 커져 택배 산업 등 유통 산업이 발달한다.

3 **자료 ②** 를 보고 해외 직접 구매가 늘어나면서 나타나는 긍정적·부정적 효과가 무엇인지 각각 써 보자.

예시 답안 | 긍정적 효과: 오프라인보다 가격이 저렴함

부정적 효과: 국내 온라인 쇼핑 업체들의 수익성 악화 우려

함께 탐구하기 풀이 **다국적 유통 업체가 들어오면 어떤 변화가 나타날까?** 교과서 175쪽

1 우리 주변에 있는 다국적 유통 업체는 무엇이 있는지 써 보자.
예시 답안 | 실생활에서 접할 수 있는 다양한 다국적 기업을 제시한다.

2 다국적 유통 업체 입점에 따른 찬반 입장을 정리해 보고, 입점 갈등에 따른 바람직한 해결 방안이 무엇인지 토의해 보자.

이것이 핵심 ❗
- **활동 목표:** 다국적 유통 업체의 입점이 지역에 미치는 영향을 확인한다. 다국적 유통 업체 입점 갈등에 대한 바람직한 해결 방안을 제시할 수 있다.
- **핵심 개념:** 유통의 세계화에 따른 지역과 주민 생활의 변화

친절한 활동 안내 ⭐
- 우리 주변에 다국적 유통 업체들을 조사한다.
- 다국적 유통 업체의 입점에 따라 나타날 수 있는 긍정적·부정적 영향을 조사하여 발표한다.

예시 답안 |

찬성	반대
가격이 저렴한 물건을 선택하고 구매할 권리가 있다.	도매가보다 낮은 가격으로 대량 판매하는 대형 상점이 들어올 때 중소 상인과 중소 유통 업체들이 피해를 볼 수 있다.

개념 쏙쏙

1 다음 내용에 알맞은 말을 골라 ◯표 하시오.

(1) 경제 발전 수준이 향상할수록 2·3차 산업의 비율이 높아지다가 선진국 수준이 되면 3·4차, 즉 (공업, 서비스업)이 중심인 사회가 된다.

(2) 탈공업화 사회는 생산 활동의 중심이 제조업 중심에서 서비스업 중심으로 변화하는 사회로, 지식과 정보가 부가가치 창출의 핵심을 이루기 때문에 (산업화, 정보화) 사회라고도 한다.

2 ( )은 일반 소비자들이나 관련 산업에 상품을 공급하거나 서비스를 제공하는 경제 활동이다.

3 ( )은 텔레비전 홈 쇼핑이나 인터넷상에 개설된 상점을 통해 실시간으로 상품을 거래하는 것을 의미한다.

01 서비스업에 해당하는 것만을 〈보기〉에서 있는 대로 고른 것은?

보기

① ㄱ, ㄴ ② ㄱ, ㄷ ③ ㄷ, ㄹ
④ ㄱ, ㄴ, ㄷ ⑤ ㄴ, ㄷ, ㄹ

02 그래프는 경제 발전 단계에 따른 산업 구조의 변화를 나타낸 것이다. A~D에 해당하는 산업으로 옳은 것은?

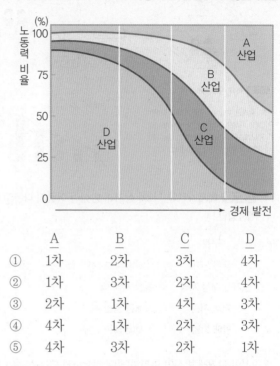

	A	B	C	D
①	1차	2차	3차	4차
②	1차	3차	2차	4차
③	2차	1차	4차	3차
④	4차	1차	2차	3차
⑤	4차	3차	2차	1차

03 다음 자료에 나타난 변화의 배경으로 가장 적절한 것은?

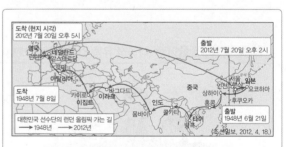

1948년에 열린 런던 하계 올림픽 때는 서울에서 런던까지 이르는 데 20박 21일이 걸린 반면, 2012년 런던 하계 올림픽 때는 12~13시간의 비행으로 런던에 닿을 수 있었다.

① 시간 거리가 길어졌다.
② 국가 및 대륙 간 교통이 발달했다.
③ 국가 간 스포츠 교류가 확대되었다.
④ 우리나라의 국제적 위상이 높아졌다.
⑤ 국제적인 협업 및 분업이 이루어졌다.

단답형

04 다음 글의 빈칸에 들어갈 적절한 용어를 쓰시오.

> 오늘날 세계는 컴퓨터와 위성 통신을 바탕으로 한 정보·통신 기술이 발달하고, 공업의 기계화와 자동화로 공업의 노동력이 서비스업으로 이동하고 있다. 이에 생산과 고용에서 공업의 비중이 감소하고 서비스업의 비중이 증가하는 □□□□□ 현상이 나타나고 있다.

( )

05 전자 상거래가 발달함에 따라 나타나는 현상에 해당하는 것을 〈보기〉에서 고른 것은?

보기

> ㄱ. 택배 산업은 과거에 비해 쇠퇴하고 있다.
> ㄴ. 판매자는 상품을 진열할 넓은 매장을 설치해야 한다.
> ㄷ. 상점은 판매 사원이 필요 없어 적은 자본으로 운영이 가능하다.
> ㄹ. 소비자는 제품 구입 시 시간적·공간적 제약을 극복할 수 있다.

① ㄱ, ㄴ　　　② ㄱ, ㄷ　　　③ ㄴ, ㄷ
④ ㄴ, ㄹ　　　⑤ ㄷ, ㄹ

06 표는 서로 다른 상거래 방식을 비교한 것이다. (가)에 대한 (나)의 상대적 특징을 그림의 A~E에서 고른 것은?

구분	(가)	(나)
유통 구조	기업 → 도매상 → 소매상 → 소비자	기업 → 소비자

① A　　② B　　③ C　　④ D　　⑤ E

07 그림과 같이 인도에 전화 상담실이 발달하게 된 원인을 〈보기〉에서 고른 것은?

보기

> ㄱ. 영어가 공용어이기 때문에
> ㄴ. 각종 지하자원이 풍부하기 때문에
> ㄷ. 미국과의 시차가 12시간이기 때문에
> ㄹ. 교육 수준이 낮은 노동력이 풍부하기 때문에

① ㄱ, ㄴ　　　② ㄱ, ㄷ　　　③ ㄴ, ㄷ
④ ㄴ, ㄹ　　　⑤ ㄷ, ㄹ

서술형

08 그래프는 택배 물량의 변화를 나타낸 것이다. 이러한 변화의 원인을 상거래 방식과 관련하여 서술하시오.

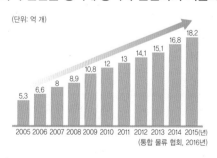

대단원 마무리

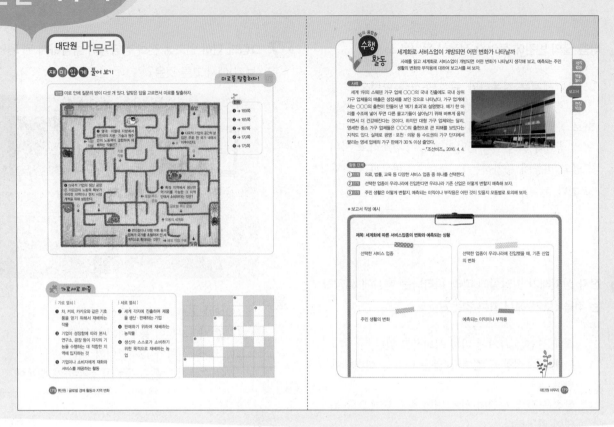

재미있게 풀어 보기 풀이
교과서 178쪽

|미로를 탈출하자!|

❶ ×

❷ 기호 작물

❸ 로컬 푸드 운동

❹ ○

❺ 유통의 세계화

|가로세로 퍼즐|

가로 열쇠	세로 열쇠
❶ 기호 작물	❷ 다국적 기업
❸ 공간적 분업	❹ 상품 작물
❺ 서비스업	❻ 자급적 농업

창의·융합형 수행 활동 풀이
교과서 179쪽

이것이 핵심
• 세계화로 서비스 업종이 개방되었을 때 나타나는 우리나라 기존 산업의 변화를 설명할 수 있다.
• 예측되는 주민 생활과 이익이나 부작용이 있다면 어떤 것이 있을지 설명할 수 있다.

|예시 답안|

1. 선택한 서비스 업종: 의료(병원)

2. 선택한 업종이 우리나라에 진입했을 때, 기존 산업의 변화: 국내 병원과 외국계 병원 사이에 경쟁이 발생한다.

3. 주민 생활의 변화: 국민의 병원 선택 폭이 넓어질 수 있다.

4. 예측되는 이익이나 부작용
   • 우리나라보다 높은 수준의 의료 서비스를 제공받을 수 있다.
   • 경쟁 관계에 있는 국내 병원의 서비스 질이 높아질 수 있다.
   • 외국계 병원이 국내 시장을 잠식하여 국내 병원이 피해를 볼 수 있다.
   • 외국계 병원은 국민 건강 보험에 적용되지 않기 때문에 의료비가 매우 비싸다.

공정 무역 전문가

이번 단원에서 글로벌 경제 활동과 지역 변화에 대해 배웠습니다. 공정 무역이란 가난한 나라의 생산자에게 정당한 원료 값을 지불해 제품을 구매하는 것을 말합니다. 세계 무역에서 소외된 저개발 국가 농민들이 생산한 물건을 구매해 주고, 지속적으로 물건을 생산할 수 있게 도와주는 일을 하는 사람이 있는데요. '착한 소비'의 선봉장인 공정 무역 전문가에 대해 알아봅시다.

커피, 카카오 등의 기호 작물은 주로 개발 도상국에서 재배되어 선진국으로 수출되는데 선진국의 대형 유통 업체는 계약 재배를 통하여 농민들로부터 낮은 가격에 수입한 후 가공 및 유통 과정을 거쳐 높은 가격으로 판매합니다. 이러한 문제를 해결하기 위해 직거래를 통해 농민들에게 정당한 대가를 지급하려는 공정 무역 운동이 등장하였습니다.

공정 무역 전문가는 주로 어떤 일을 하고 대학 관련 학과는 무엇이 있을까요?

공정 무역 전문가는 저개발 국가의 생산자와 그들이 생산한 제품을 구입하는 소비자 사이에서의 교역을 돕는 일 전반을 맡습니다. 그리고 공정 무역이 사회에 널리 알려지도록 홍보하는 일도 하고 있습니다. 공정 무역 관련 업무는 실제 생산지에 가서 생산자를 만나고 교역을 시작하는 일부터 식품의 수입과 제조, 판매, 유통까지 매우 다양합니다. 대학 관련 학과는 국제무역학과, 국제통상학과, 무역학과 등이 있으며, 같은 분야의 관련 학과로는 글로벌통상학과, 물류학과, 유통물류학과 등이 있습니다.

매우 흥미롭네요! 공정 무역 전문가가 되기 위해서는 어떤 준비가 필요한가요?

공정 무역 전문가는 단순히 봉사하는 직업이 아닙니다. 다른 나라와 교류와 무역을 하는 일이 기본이기 때문에 여러 문명의 다양성을 이해하는 식견이 필요하지요. 업무 기획 능력, 또 그 사업을 진행하기 위한 리더와 매니저로서의 역량을 갖추어야 합니다. 또한 기본 업무를 진행하기 위해 영어, 불어, 스페인어 등 외국어 능력, 논리적 사고방식, 판단력, 해결을 위한 창의력 등이 필요합니다.

⬆ 공정 무역 캠페인

⬆ 공정 무역 인증 마크

01 농업의 세계화와 지역의 변화

01 다음 그림의 공통적인 주제로 가장 적절한 것은?

언제 어디서나 열대 과일을 쉽게 살 수 있어요.

우리집 밥상은 만국기예요.

① 친환경 농업이 일상생활에 미친 영향은 무엇일까?
② 농업의 세계화는 우리 생활에 어떤 영향을 주었는가?
③ 대규모 농업 기업으로 인한 부작용 사례는 무엇이 있을까?
④ 영농의 기계화는 농업 규모의 확대에 어떤 영향을 주었는가?
⑤ 농산물의 유통 단계를 줄이기 위한 방안은 어떤 것이 있을까?

02 다음 글의 (가) 시기와 비교한 (나) 시기의 특징을 그림의 A~E에서 고른 것은?

> (가) 시기의 전통적 농업은 가족 노동력을 중심으로 자급적 농업의 형태로 농산물을 재배하였다. 하지만 (나) 시기에 곡물을 비롯하여 채소, 과일, 원예 작물 등 여러 농산물을 생산하여 판매하는 상업적 농업이 발달하고 있다.

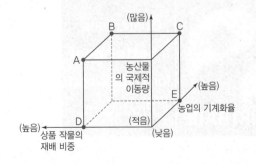

① A   ② B   ③ C   ④ D   ⑤ E

단답형

03 다음 글의 빈칸에 들어갈 적절한 용어를 쓰시오.

> 세계는 지금 먹을거리 안전성에 대한 불신이 커지고 있고, 특정 농업 기업들의 시장 지배력이 커지고 있다. 개방에 따라 물밀 듯이 쏟아지는 '글로벌 푸드'에 맞서 지역 농산물을 해당 지역에서 우선 소비하자는 [   ] 운동이 대안으로 떠오르고 있다.

(   )

[04-05] 그래프는 우리나라의 식량 자급률을 나타낸 것이다. 물음에 답하시오.

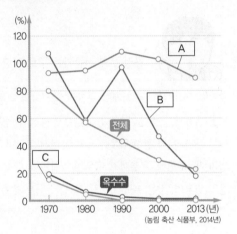
(농림 축산 식품부, 2014년)

04 그래프 A~C 작물로 옳은 것은?

	A	B	C
①	밀	쌀	보리
②	밀	보리	쌀
③	쌀	밀	보리
④	쌀	보리	밀
⑤	보리	쌀	밀

05 위 그래프에 대한 설명으로 옳은 것은? (빈출)

① 쌀은 전체 식량 자급률보다 낮다.
② 지금 상태가 지속된다면 식량 안보에 문제가 될 수 있다.
③ 쌀의 자급률이 높은 것은 쌀 소비량이 증가했기 때문이다.
④ 우리나라는 곡물 메이저의 영향을 받지 않을 것으로 보인다.
⑤ 농업의 세계화가 진행된다면 자급률은 서서히 높아질 것이다.

06 다음은 어떤 농업의 형태를 도식화한 것이다. 이에 대한 설명으로 옳지 <u>않은</u> 것은?

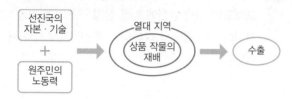

① 플랜테이션 경영 방식을 나타낸 것이다.
② 과거에 노예 무역의 주요 배경이 되기도 하였다.
③ 유럽인이 해외 식민지를 개척하는 과정에서 생겨났다.
④ 원주민들의 소득 수준이 향상되고 자급적인 경제 구조가 형성되었다.
⑤ 해당 지역의 식량 작물 재배 면적을 축소시켜 식량 부족 문제를 심화시키기도 하였다.

중요
07 상업적 농·목업에 해당하는 사례만을 〈보기〉에서 있는 대로 고른 것은?

보기
ㄱ. 넓은 평원에서 대규모로 이루어지는 미국의 밀농사
ㄴ. 풀을 찾아 가축과 함께 이동하면서 생활하는 몽골의 유목
ㄷ. 대규모 유리 온실에서 재배되는 네덜란드의 화훼 농업
ㄹ. 나무를 제거하고 불을 지른 후 농사를 짓는 아프리카의 이동식 화전 농업

① ㄱ, ㄷ   ② ㄱ, ㄹ   ③ ㄴ, ㄹ
④ ㄱ, ㄴ, ㄷ   ⑤ ㄴ, ㄷ, ㄹ

02 다국적 기업과 생산 지역의 변화

08 다국적 기업의 생산 공장 이전이 본국과 투자 유치국에 미치는 영향을 〈보기〉에서 고른 것은?

보기
ㄱ. 실업률이 증가할 수 있다.
ㄴ. 산업 공동화가 나타날 수 있다.
ㄷ. 지역 경제가 활성화될 수 있다.
ㄹ. 현지 소규모 기업이 경쟁에서 밀려날 수 있다.

	본국	투자 유치국
①	ㄱ, ㄴ	ㄷ, ㄹ
②	ㄱ, ㄷ	ㄴ, ㄹ
③	ㄴ, ㄷ	ㄱ, ㄹ
④	ㄴ, ㄹ	ㄱ, ㄷ
⑤	ㄷ, ㄹ	ㄱ, ㄴ

09 표는 어느 의류 업체의 기능별 입지를 나타낸 것이다. 이에 대한 설명으로 옳지 <u>않은</u> 것은?

주요 시설		위치
본사		서울
기술 연구소		서울, 수원
디자인실		서울
생산 공장	국내	김천, 칠곡
	국외	중국, 베트남, 말레이시아

① 관리 기능은 여러 지역에 분산되어 입지한다.
② 디자인을 담당하는 기능은 대도시에 입지한다.
③ 국외 생산 공장은 저렴한 임금 수준을 고려하여 입지한다.
④ 기술 개발 기능은 우수 인력을 쉽게 구할 수 있는 곳에 입지한다.
⑤ 넓은 부지를 필요로 하는 기능은 본사보다 지가가 저렴한 지역에 입지한다.

10 그림은 어느 기업의 시기에 따른 조직 변화를 나타낸 것이다. (가)~(다) 시기에 대한 설명으로 옳은 것은?

(가)　　　(나)　　　(다)

① (가) 시기에 공간적 분업이 나타났다.
② (나) 시기에 본사는 지가가 저렴한 국내의 주변 지역으로 이전한다.
③ 제품의 해외 생산 비중은 (나) 시기보다 (다) 시기에 높다.
④ 고용자 중 외국인의 비율은 (다) 시기보다 (가) 시기에 높다.
⑤ 기업의 해외 투자액은 (가) → (나) → (다) 시기로 갈수록 감소한다.

11 그림은 ○○사의 자동차에 사용된 부품의 생산국을 나타낸 것이다. 이에 대한 옳은 추론만을 〈보기〉에서 있는 대로 고른 것은?

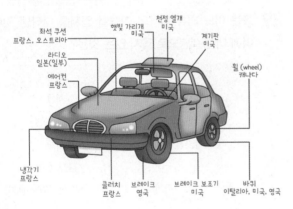

보기
ㄱ. 국제적 협업 관계가 강화될 것이다.
ㄴ. 공간적 분업이 더욱 활성화될 것이다.
ㄷ. 다국적 기업의 활동이 위축될 것이다.
ㄹ. 관세 및 비관세 장벽 등의 보호 무역 정책이 강화될 것이다.

① ㄱ, ㄴ　　② ㄱ, ㄹ　　③ ㄴ, ㄷ
④ ㄱ, ㄴ, ㄷ　　⑤ ㄴ, ㄷ, ㄹ

03 서비스업의 변화와 주민 생활

12 〔중요〕 그래프는 경제 발전에 따른 산업 구조의 변화를 나타낸 것이다. 3단계에서 나타나는 특징을 〈보기〉에서 고른 것은?

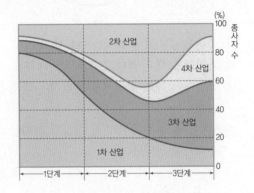

보기
ㄱ. 2차 산업이 차지하는 비중이 높아진다.
ㄴ. 탈공업화가 진행되어 서비스업이 발달한다.
ㄷ. 생산 요소 중 토지·노동의 비중이 가장 높아진다.
ㄹ. 지식과 정보가 가치 창출의 가장 중요한 요소로 등장한다.

① ㄱ, ㄴ　　② ㄱ, ㄷ　　③ ㄴ, ㄷ
④ ㄴ, ㄹ　　⑤ ㄷ, ㄹ

13 다음 신문 기사의 (가)에 들어갈 기사 제목으로 가장 적절한 것은?

○○ 신문

(가)

○○마트는 2008년 인도네시아의 도매형 매장 19개를 인수하며 국내 최초로 인도네시아 시장에 진출했다. 이후 2010년 소매형 매장으로는 처음인 1호 매장을 오픈했다. 1호 매장을 개장으로 ○○마트는 2006년 베트남에 현지 법인을 설립하면서 해외에 진출한 지 4년만에 100개 점포를 열었고, 국내보다도 많은 해외 점포를 운영하게 됐다.　　　　　　2017. 11. 8.

① 유통의 세계화를 찾아서!
② 전자 상거래가 확대되고 있다.
③ 외국의 선진 기술이 도입되다!
④ 대형 마트가 소상공인에게 미친 영향은?
⑤ 다국적 기업 입지가 지역 경제에 미친 영향은?

14 다음은 수업 장면의 일부이다. (가)에 들어갈 내용으로 가장 적절한 것은?

오늘의 학습 주제는 (가)입니다.

① 세계화의 부정적인 영향
② 국제 사회의 상호 의존성 약화
③ 물질문명의 발달에 따른 환경 오염의 확산
④ 선진국과 개발 도상국의 정보 격차 해소 방안
⑤ 교통과 통신의 발달이 일상생활에 미치는 영향

15 그림은 상품을 구매하는 방식을 나타낸 것이다. (가), (나)에 대한 설명으로 옳은 것은?

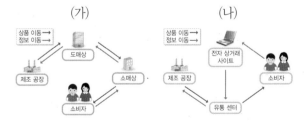

① (가)의 성장으로 택배 산업이 발달하고 있다.
② (나)는 구입 시 제품의 품질을 직접 확인할 수 있다.
③ (가)는 (나)보다 상품의 판매 범위가 넓다.
④ (가)는 (나)보다 유통 단계가 대체로 복잡하다.
⑤ (나)는 (가)보다 상품을 구매할 때 공간적 제약이 크다.

16 지도를 보고 본사와 연구소, 현지 조립 공장이 위치한 지역은 각각 어떤 특징이 있는지 서술하시오.

(○○자동차, 2013년)

17 최근 인터넷과 TV 홈 쇼핑을 통해 물건을 사고파는 전자 상거래가 발달하고 있다. 이러한 전자 상거래의 발달이 미치는 영향을 소비자 입장, 생산자 입장, 관련 산업 발달로 구분하여 서술하시오.

10

환경 문제와 지속 가능한 환경

오늘날 인류는 전 지구적 차원의 환경 문제로 어려움을 겪고 있습니다.
이러한 환경 문제는 사회적 쟁점이나 환경 쟁점이 되어 전 세계에
영향을 주기도 합니다. 환경 문제의 해결에 관심을 갖고
지속 가능한 환경의 관점에서 해결책을 찾아봅시다.

⟨?⟩ 여학생의 물음에 남학생이 어떻게 대답했을지 생각하여 써 보자.

| 이 단원에서는 |

01	전 지구적 기후 변화와 해결 노력	기후 변화의 원인과 이를 해결하기 위한 노력을 알아본다.
02	환경 문제 유발 산업의 국가 간 이전	환경 문제를 유발하는 산업이 다른 국가로 이전할 때 지역 환경에 미치는 영향을 알아본다.
03	생활 속의 환경 쟁점	생활 속의 다양한 환경 쟁점에 대한 자신의 의견을 제시해 본다.

| 사진 해설 |

사진은 2014년 독일 베를린에서 열린 녹색 기후 기금(GCF) 공여 회의 모습이다. 녹색 기후 기금은 개발 도상국의 온실가스 감축과 기후 변화 대응을 돕고자 창설된 국제기구이다. 전 세계적으로 발생하는 기후 변화에 대응하려면 이처럼 국제적 협력이 필요하다.

| 대답 예시 |

• 기후 변화는 전 세계적으로 발생하는 문제이기 때문에 협력하여 문제를 해결해야 해.
• 기후 변화는 한두 나라의 노력으로는 대응할 수 없기 때문이야.

10

환경 문제와
지속 가능한 환경

이 단원의 구성

중단원	소주제 및 탐구 활동	핵심 미리 보기
01 전 지구적 기후 변화와 해결 노력	**1 기후 변화의 원인** 탐구 지구 온난화는 왜 발생할까? **2 기후 변화에 따른 지역 변화** 탐구 지구 온난화로 무슨 일이 일어나고 있을까? **3 기후 변화를 해결하려는 노력** 탐구 국제적, 지역적 차원의 노력은? 탐구 온실가스 감축, 누구에게 유리할까?	지구 온난화, 온실가스, 탄소 배출권 거래제, 파리 협정
02 환경 문제 유발 산업의 국가 간 이전	**1 환경 문제를 유발하는 산업의 이전** 탐구 왜 위험한 교역일까? 탐구 30여 년 전 보팔에서 무슨 일이 일어났을까? **2 전자 쓰레기 이전 문제** 탐구 쓰레기를 기부하다?	환경 문제 유발 산업, 석면, 전자 쓰레기
03 생활 속의 환경 쟁점	**1 생활 속의 환경 문제와 환경 쟁점** 탐구 생활 속 환경 문제는 어떤 것이 있을까? **2 환경 쟁점을 둘러싼 다양한 의견** 탐구 유전자 재조합 농산물에 관한 다양한 생각을 알아보자. 탐구 원자력 발전소에 관한 다양한 관점은 어떤 것이 있을까?	환경 문제, 환경 쟁점, 유전자 재조합 농산물

01 전 지구적 기후 변화와 해결 노력

교과서 182쪽~187쪽

• 온실가스
온실 효과를 일으키는 기체로 수증기, 메탄가스, 이산화 탄소 등이 대표적이다. 그 중 이산화 탄소는 전체 온실가스의 절반 이상을 차지하는, 지구 온난화의 주범으로 알려져 있다.

• 온실 효과
온실가스가 온실의 유리와 같이 지구 복사 에너지가 방출되는 것을 방해하여 지구 표면의 온도가 높게 유지되는 현상이다. 자연적인 온실 효과는 지구의 평균 기온을 유지하는 기능을 한다.

개념 **지구 온난화 지수**
가스별로 지구 온난화에 기여하는 정도를 지구 온난화 지수로 나타내는데, 이산화 탄소를 1이라고 보았을 때, 메테인은 23, 아산화 질소는 296, 프레온 가스는 1,300~23,900이다.

→ 기후 변화

1. 기후 변화의 의미와 원인
(1) 의미: 일정한 지역에서 장기간에 걸쳐서 나타나는 기후의 평균적인 상태가 변화하는 것
(2) 기후 변화의 요인
　① 자연적 요인: 화산 활동에 따른 화산재 분출, 태양 활동의 변화, 태양과 지구의 상대적 위치 변화 등
　② 인위적 요인: 인간 활동으로 인해 가속화된 지구 온난화 현상

2. 지구 온난화
(1) 지구 온난화의 의미
　① 인간 활동으로 대기 중 온실가스의 농도가 높아져 지구의 평균 기온이 올라가는 현상
　② 자연적인 온실 효과는 지구 온난화의 원인이 되지 않음
(2) 지구 온난화의 원인: 화석 연료 사용에 따른 온실가스 배출, 무분별한 토지 및 삼림 개발 ┌ 오늘날의 기후 변화가 문제가 되는 것은 너무 빠른 속도로 변화하기 때문이다.
(3) 지구 온난화의 위협: 빈번한 집중 호우와 홍수, 초대형 태풍, 사막화 등 이상 기후 유발 → 이로 인해 발생한 자연재해의 인류 위협

→ 기후 변화에 따른 지역 변화

1. 지구 온난화에 따른 지역 변화의 해외 사례
(1) 몰디브, 베네치아, 투발루 등 해수면 상승으로 저지대 및 일부 섬나라의 침수 위기
(2) 남극, 북극해 등 극지방의 빙하 면적 감소
(3) 에스파냐, 인도, 핀란드 등 지나친 고온 현상
(4) 멕시코, 중국 등 집중 호우 및 폭우

2. 지구 온난화에 따른 지역 변화의 국내 사례 ┌ 우리나라는 세계에서 급격한 기후 변화를 겪고 있는 나라 중 하나로, 학자들은 한반도의 기후대가 온대에서 아열대로 변화하고 있다고 경고하고 있다.
(1) 인삼 재배 가능지의 축소
(2) 개화 시기 변동에 따른 지역 축제 일정 변화

교과서 PLUS α

지구 온난화 재앙 시간표

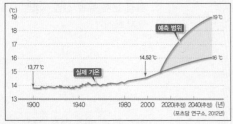

⬆ 지구 온난화 재앙 시간표

자료 해설

포츠담 연구소의 지구 온난화 재앙 시간표는 지구 온난화에 따른 기온 상승이 앞으로 우리 생활에 미칠 단계별 영향을 예고하는 시간표이다. 산업 혁명 시기를 기준으로 1℃씩 상승할 때마다 각각 예상되는 피해를 단계별로 예고하며, 이에 대한 시급한 대책 마련을 촉구하고 있다.

이렇게 이해하세요

지구 온도가 1℃ 오르면 지구 생태계가 위협을 받게 되고, 2℃ 상승하면 연어와 송어가 살 수 없게 되며, 3℃ 오르게 되면 지구에 사는 생명체들은 심각한 생존 위협에 직면하게 될 것이다.

→ 기후 변화를 해결하려는 노력

1. 국제 사회의 노력

(1) 탄소 배출권 거래제 ┄ 선진국이 개발 도상국에 가서 온실가스 감축 사업을 하면 유엔에서 이를 심사·평가해 일정량의 탄소 배출권(CER)을 부여한다.

　① 온실가스 감축을 유도하기 위해 온실가스 배출 권리를 사고팔 수 있도록 한 제도

　② 국가별로 부여되지만, 주로 기업 사이에서 거래가 이루어짐

(2) 파리 협정

　① 2015년 11월 30일에 프랑스 파리에서 열린 제21차 유엔 기후 변화 협정

　② 2020년 만료 예정이었던 교토 의정서를 대체하는 새로운 협정

　③ 선진국과 개발 도상국 모두 지구 평균 온도 상승 폭을 2℃ 이내로 제한하기 위해 온실가스 감축에 동참

2. 지역·국가적 차원의 노력: 우리나라 각 지방 자치 단체의 대중교통 이용 활성화 추진

(1) 경기도 고양시의 공공 자전거 '피프틴' ┄ 뜻 공공 자전거 대여 서비스로, '피프틴'이라는 이름은 자전거의 평균 시속이 15km이기 때문이라고 한다.

(2) 서울특별시의 '대중교통 이용의 날' 지정·운영 ┄ 서울특별시는 매월 넷째주 수요일을 대중교통 이용의 날로 지정하여 생활 속의 녹색 교통 실천을 권장하고 있다.

3. 온실가스 감축에 대한 선진국과 개발 도상국의 입장

(1) 선진국의 입장

　① 현재 개발 도상국이 오염 물질을 많이 배출하므로 온실가스 감축에 참여해야 함

　② 개발 도상국은 환경을 위한 법규나 규제가 미흡함

(2) 개발 도상국의 입장 ┄ 왜 개발 도상국은 경제 발전에만 몰입되어 있기 때문이다.

　① 과거 선진국들이 온실가스를 많이 배출했기 때문에 개발 도상국에서 책임을 지는 것은 온당치 않음

　② 오염 물질을 배출하는 개발 도상국의 공장은 대부분 선진국의 소유, 해당 공장에서 생산된 제품 역시 선진국에서 소비

개념 **탄소 배출권(CER)**

온실가스 배출량을 줄인 것을 국제 연합의 담당 기구에서 확인해 준 것을 말한다. 2014년 탄소 배출권 1톤의 가격은 392유로였다.

· **교토 의정서**

온실가스 규제에 초점을 맞추어 국가별 목표 수치를 정해 놓았다. 이에 따르면 온실가스 배출량의 55%를 차지하는 선진 38개국들은 2012년까지 1990년을 기준으로 평균 5.2% 이상 줄여야 한다. 하지만 세계 이산화 탄소 배출량의 28%를 차지하는 미국과 더불어 일본, 캐나다 등이 자국 산업 보호를 이유로 탈퇴하여 실효성이 없어졌다.

정리 **기후 변화 문제 해결 노력**

탄소 배출권 거래제	온실가스 감축을 위해 온실가스 배출 권리를 사고팔 수 있는 제도
파리 협정 (2015)	지구 온도 상승 폭을 제한하기 위해 선진국과 개발 도상국 모두 온실가스 배출량을 줄이기로 한 첫 합의

교과서 PLUS α

파리 협정

↑ 파리 협정

자료 해설

2015년 11월 30일에 프랑스 파리에서 열린 제21차 유엔 기후 변화 협약 당사국 총회가 2주간에 걸친 협상 끝에 2020년 이후의 새 기후 변화 체제 수립을 위한 최종 합의문인 파리 협정을 최종 채택하였다. 파리 협정의 주요 내용은 지구 평균 온도 상승 폭을 제한하는 것이다.

새로운 기후 변화 체제는 2020년 만료 예정인 교토 의정서를 대체하고, 2020년 이후의 기후 변화 대응을 담은 국제 협약이다.

이렇게 이해하세요

전 세계 195개국이 파리에 모여 지구 온난화의 주원인인 온실가스 배출량을 줄이기 위한 협약에 동의하였다. 기후 변화와 관련해 사실상 전 세계의 거의 모든 국가가 참여한 첫 번째 협약이란 점에서 그 의의가 컸다. 하지만 파리 협정은 당사국이 정한 감축 목표 자체에 구속력이 없으므로 당사국의 자발적 참여가 중요하다.

활동 풀이

생각 열기 풀이 한정판 여행지를 찾아서……

🔖 자료 해설
제시된 자료를 보면서 단원 핵심 개념인 전 지구적인 환경 문제의 특징을 알아보는 활동이다. 전 지구적인 환경 문제로 사라질 위기에 처한 관광지로는 베네치아, 몰디브, 그레이트배리어리프, 투발루, 파타고니아 등이 있다. 이들을 한정판 여행지로 만든 전 지구적 환경 문제를 생각해 보자.

1 위 다섯 곳이 한정판 여행지가 된 공통적인 원인을 써 보자.

예시 답안 | 지구 온난화로 기온이 상승하면서 환경이 변화하고 있기 때문이다.

스스로 탐구하기 풀이 지구 온난화는 왜 발생할까?

이것이
- **활동 목표**: 교과서의 자료를 활용하여 지구 온난화의 원인과 과정을 파악해 보는 활동이다.
- **핵심 개념**: 온실 효과, 지구 온난화, 온실가스, 이산화 탄소

친절한 활동 안내
이 활동의 핵심은 자료를 통해 지구 온난화를 일으키는 인간 활동을 파악하고, 지구 온난화의 과정을 설명하는 것이다. 추가로 자연적인 온실 효과는 지구의 평균 기온을 유지하는 데 필요한 기능임을 알자.

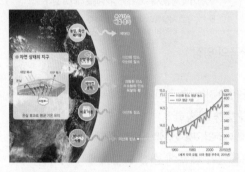

1 위 자료를 보고 자연 상태의 온실 효과 원리를 써 보자.

예시 답안 | 대기 중의 수증기나 이산화 탄소 등이 지표로부터 우주로 나가는 지구 복사를 대부분 흡수하여 지구의 기온이 올라간다. 온실 효과는 지구의 기온을 일정하게 유지하여 생명이 살아가는 데 필수적인 역할을 한다.

2 지구 온난화의 과정을 나타낸 다음 그림의 빈칸을 채워 보자.

예시 답안 | 농업·축산 폐기물, 산업 공정, 에어컨 냉매, 비료 사용, 에너지 사용

함께 탐구하기 풀이 지구 온난화로 무슨 일이 일어나고 있을까?

이것이 핵심 ❗
- **활동 목표**: 자료를 활용하여 지구 온난화에 따른 지역 변화를 알아보는 활동이다.
- **핵심 개념**: 지구 온난화, 가뭄, 해수면 상승, 빙하 감소, 개화 시기 변동

친절한 활동 안내 ★
이 활동의 핵심은 지구 온난화가 전 지구적인 문제임을 세계 여러 사례를 통해 생각하고, 국내에서도 지구 온난화로 인한 문제가 발생하고 있음을 알아보는 것이다. 다양한 사례를 활용하여 지구 온난화에 의한 다양한 지역 변화를 파악해 보자.

1 지구 온난화로 나타나는 지역 변화와 문제점을 정리하여 다음 표에 써 보자.

	변화	문제점
세계의 기상과 기후	평균 기온이 상승하고 자연재해가 발생한다.	생태계가 파괴되고, 인간 생활에 위험을 준다.
우리나라 인삼 재배지	인삼을 재배할 수 있는 면적이 줄어든다.	국내에서 생산되는 인삼이 줄고, 가격이 상승한다.
봄꽃 개화 시기	벚꽃 개화 시기가 앞당겨진다.	벚꽃 축제 행사 일정에 차질이 생긴다.

2 신문의 사례 외에 지구 온난화로 나타나고 있는 지역 변화를 조사하여 써 보자.

예시 답안 | 사과, 한라봉, 녹차 등 농작물의 재배 가능 지역 북상, 우리나라 주변 바다에서 잡히는 어종의 변화 등

3 신문을 참조하여 미래의 기후는 어떻게 변화할지 토의하여 발표해 보자.

예시 답안 | 온실가스 배출이 지금과 같다면 지구 온난화가 더욱 심화할 것이다. 온실가스 배출량을 줄여 지구가 더워지는 것을 막아야 한다.

스스로 탐구하기 풀이   국제적, 지역적 차원의 노력은?   교과서 186쪽

자료 ❶ 탄소 배출권 거래제

우리는 온실가스 배출 허용량보다 실제 배출량이 적으니 배출권을 판매할 수 있어

우리는 온실가스 배출 허용량보다 실제 배출량이 더 많아서 배출권을 사 와야만 해

탄소 배출권 거래제는 온실가스 감축을 유도하기 위해 온실가스 배출 권리를 사고팔 수 있도록 한 제도이다.

온실가스 배출 할당량은 국가별로 부여되지만 탄소 배출권 거래는 대부분 기업 사이에서 이루어진다. 각 기업은 자사의 감축 여력에 따라 온실가스 감축 또는 배출권 매입 등을 자율적으로 결정하여 허용량을 준수해야 한다.

우리나라는 탄소 배출권 거래제의 의무 이행국은 아니지만 자율적으로 설정한 감축 목표를 달성하고자 2015년부터 전국 단위의 배출권 거래제를 도입하여 운영하고 있다.

자료 ❷ 지방 정부의 자전거 이용 활성화 대책

경기도 고양시에서는 2010년부터 시민들이 공공 자전거를 저렴하게 빌릴 수 있는 '피프틴'을 운영하고 있다. '피프틴'은 자전거로 이동하는 평균 속도인 15 km/h를 이용하여 지은 이름이다.

프랑스 파리에도 곳곳에 공공 자전거가 비치되어 있다. 파리 시민과 관광객들은 저렴하게 자전거를 빌려 탈 수 있다.

1 **자료 ❶** 을 보고 탄소 배출권 거래제가 필요한 까닭을 생각하여 써 보자.

예시 답안 | 지구 온난화를 줄이기 위해서는 이산화 탄소를 포함한 온실가스의 배출을 억제하는 것이 매우 중요하기 때문이다. 탄소 배출권 거래 제도를 통해 이산화 탄소의 배출량을 조절할 수 있다.

2 **자료 ❷** 의 공공 자전거 대여가 지구 온난화를 해결하는 데 어떤 도움을 줄 수 있는지 써 보자.

예시 답안 | 자전거를 이용하면 건강에도 좋지만 화석 연료 소비를 줄일 수 있어서 지구 온난화 해결에 도움을 줄 수 있다.

함께 탐구하기 풀이   온실가스 감축, 누구에게 유리할까?   교과서 187쪽

개발 도상국의 온실가스 배출이 크게 늘고 있어서 지구 온난화가 더욱 심화되고 있다고 생각합니다. 그러니 개발 도상국은 온실가스 감축에 적극 참여 바랍니다.

그동안 선진국들이 경제 발전을 하는 과정에서 온실가스를 많이 배출했습니다. 지금은 우리가 과거의 선진국처럼 경제 발전을 하고 있어서 의무적으로 감축하는 데 어려움이 있습니다.

1 자료를 보고 선진국 대표와 개발 도상국 대표의 주장을 각각 비판해 보자.

예시 답안 |

선진국 대표 주장에 대한 반론	오염 물질을 배출하는 개발 도상국 공장의 대부분이 선진국 소유인 사례가 많고, 제품 또한 선진국에서 주로 소비된다.
개발 도상국 대표 주장에 대한 반론	개발 도상국은 경제 발전에만 몰입되어 환경을 위한 법규나 규제가 미흡하다. 또한, 경제 발전에 따른 이익도 본국에 돌아간다.

개념 쏙쏙

1 다음 내용에 알맞은 말을 골라 ◯표 하시오.

(1) (지구 온난화 / 열섬 현상)는 온실 효과가 과도하게 나타나 지구의 평균 기온이 올라가는 현상이고, 온실 효과를 일으키는 기체를 (온실 가스 / 지구 복사)라고 한다.

(2) (자연 상태/인공 상태)의 온실 효과는 지구의 평균 기온을 유지해 주는 역할을 한다.

2 온실가스 감축을 유도하기 위해 온실가스 배출 권리를 사고팔 수 있도록 한 제도는 (   )이다.

3 기후 변화에 따른 지역 변화의 사례 현상을 한 가지만 쓰시오.

(1) 국내: (   )
(2) 국외: (   )

01 지구 온난화에 관한 내용으로 옳은 것은?

① 인간 활동과는 관련이 없다.
② 지구의 평균 기온이 낮아지는 현상이다.
③ 온실가스 농도의 증가 때문에 발생한다.
④ 해수면이 낮아져 전 세계적 문제가 되고 있다.
⑤ 일부 나라들에서만 환경 문제가 발생하고 있다.

단답형
02 다음은 어느 관광지에 대한 설명이다. 빈칸에 들어갈 알맞은 말을 쓰시오.

> 파타고니아는 안데스산맥, 대지 등이 어우러져 멋진 곳이죠. 하지만 지금은 [   ]로 인해 빙하가 녹아내려 호수로 변해 버린 곳도 있답니다.

(   )

03 그림의 빈칸에 들어갈 인간 활동으로 적절한 것만을 〈보기〉에서 고른 것은?

보기

ㄱ. 비료 사용   ㄴ. 원자력 발전
ㄷ. 해수면 상승   ㄹ. 농업·축산 폐기물

① ㄱ, ㄴ   ② ㄱ, ㄹ   ③ ㄴ, ㄷ
④ ㄴ, ㄹ   ⑤ ㄷ, ㄹ

04 그림에 나타난 현상이 일어난 원인과 관련된 내용으로 적절하지 **않은** 것은?

① 해수면이 상승하였다.
② 빙하 면적이 증가하였다.
③ 에너지 소비가 증가하였다.
④ 지구의 평균 기온이 상승하였다.
⑤ 대기 중 온실가스의 농도가 증가하였다.

중요
05 온실가스에 대한 설명으로 옳지 **않은** 것은?

① 지구 온난화에 큰 영향을 준다.
② 온실가스 감축을 위한 제도가 있다.
③ 이산화 탄소가 가장 많은 비율을 차지하고 있다.
④ 개발 도상국의 온실가스 배출량이 증가하는 추세이다.
⑤ 온실가스 감축에 관한 선진국과 개발 도상국의 입장이 같다.

단답형

06 밑줄 친 '이것'에 해당하는 개념을 쓰시오.

> 이것은 탄산 가스 배출량의 규제에 초점을 맞추어 국가별 목표 수치를 정한 협약이다. 하지만 2011년 세계 이산화 탄소 배출량의 28%를 차지하는 미국이 산업의 보호를 위해 탈퇴하여 실효성이 없는 상태이다.

( )

[07-08] 다음 자료를 보고 물음에 답하시오.

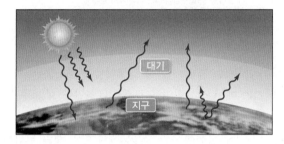

07 위 그림의 제목으로 가장 적절한 것은?

① 빙하기의 도래
② 자연적인 온실 효과
③ 우리나라의 기후 변화
④ 온실가스의 발생 원인
⑤ 탄소 배출권의 부작용

08 위 그림과 관련된 설명으로 옳지 않은 것은?

① 위 현상의 강화는 지구 온난화를 초래할 수 있다.
② 대기는 지표에서 발생한 에너지를 모두 흡수한다.
③ 태양에서 들어오는 에너지는 지구의 기온을 올려 준다.
④ 위 현상에 영향을 주는 기체로는 이산화 탄소가 대표적이다.
⑤ 태양에서 지구로 오는 에너지 중에서 일부만 지표로 들어온다.

09 파리 협정에 관한 옳은 설명만을 〈보기〉에서 있는 대로 고른 것은?

보기
> ㄱ. 개발 도상국만이 참가하였다.
> ㄴ. 협정에 국제법적 구속력이 없다.
> ㄷ. 교토 의정서를 대체하는 협정이다.
> ㄹ. 2020년 이후의 기후 변화 대응을 담았다.

① ㄱ, ㄷ　　　② ㄱ, ㄹ　　　③ ㄴ, ㄷ
④ ㄱ, ㄴ, ㄹ　　　⑤ ㄴ, ㄷ, ㄹ

10 다음은 탄소 배출권에 대한 설명이다. 이와 관련된 옳은 진술을 〈보기〉에서 고른 것은?

> 탄소배출권 거래제는 온실가스 감축을 유도하기 위해 온실가스 배출 권리를 사고팔 수 있도록 한 제도이다. 온실가스 배출 할당량은 국가별로 부여되지만 탄소 배출권 거래는 대부분 기업 사이에서 이루어진다.

보기
> ㄱ. 우리나라에겐 해당되지 않는다.
> ㄴ. 주로 국가 사이에서 거래가 이루어진다.
> ㄷ. 온실가스 감축을 유도하기 위해 만들어졌다.
> ㄹ. 온실가스 감축을 위한 국제적 차원의 노력이다.

① ㄱ, ㄴ　　　② ㄱ, ㄷ　　　③ ㄴ, ㄷ
④ ㄴ, ㄹ　　　⑤ ㄷ, ㄹ

서술형

11 다음은 온실가스 감축에 관한 선진국의 의견이다.

> 개발 도상국의 온실가스 배출이 크게 늘고 있어서 지구 온난화가 더욱 심화되고 있다고 봅니다. 그러니 개발 도상국은 온실가스 감축에 적극 참여 바랍니다.

주어진 단어를 모두 활용하여 위의 선진국 의견에 대한 개발 도상국의 반론을 서술하시오.

> • 온실가스　　　• 경제 발전　　　• 의무적 감축

환경 문제 유발 산업의 국가 간 이전~생활 속의 환경 쟁점

교과서 188쪽~195쪽

개념 환경 문제 이전의 국내 사례
– 송파 차고지 이전

서울시는 송파구 장지동에 있는 송파 차고지를 현 위치에서 성남시 쪽으로 약 60m 이전하는 작업을 진행 중이다. 송파 차고지 이전 문제가 성남시까지 영향을 주었다. 택지 개발 과정에서 기존 차고지를 성남시와 경계 쪽으로 옮기려 하자 인접한 성남시 주민들이 반발하였다.

• 석면
사문석 또는 각섬석이 섬유질로 변한 규산염 광물이다. 산성이나 염기성에 강하고 열과 전기가 잘 통하지 않아서 방열재, 방화재, 절연용 재료 따위로 많이 쓰인다. 1970년대 이후 석면이 인간에게 나쁜 영향을 끼친다는 것이 알려졌다. 호흡을 통하여 가루를 마시면 폐암이나 진폐증, 늑막이나 흉막에 악성 종양을 유발할 수 있는 물질로 밝혀져, 세계 보건 기구(WHO) 산하의 국제 암 연구소(IARC)에서 1급 발암 물질로 지정하였다.

→ 환경 문제를 유발하는 산업의 이전

1. 환경 문제 유발 산업의 국가 간 이전

(1) 공해 수출의 의미: 한 나라의 기업이나 제품이 다른 나라로 가서 그 나라에 대기 오염이나 수질 오염 등 공해를 일으키는 행위

(2) 환경 문제 유발 산업 이전의 특징

① 선진국들은 1970년대 이후 자국 내에서 환경에 해로운 산업의 규제 강화

② 공해 문제보다 빈곤 문제를 먼저 해결하여야 하는 개발 도상국으로서는 공해 산업을 수용할 수밖에 없는 경우가 많음

→ 전자 쓰레기 이전 문제

1. 전자 쓰레기 이전 문제

(1) 전자 쓰레기(e-waste) **뜻** 더 이상 가치가 없게 된 낡고 수명이 다한 여러 가지 형태의 전기 · 전자 제품과 장비를 뜻한다.

① 납, 카드뮴, 비소, 수은, 셀렌, 크롬 등 치명적인 중독을 일으키거나 유독 화합물을 발산하는 쓰레기

② 약 60%는 가전제품을 통해, 약 7%는 휴대 전화나 컴퓨터를 통해 생산

③ 대략 5천만 톤의 전자 쓰레기가 매년 생산되며 오직 15~20%만이 재활용됨

(2) 전자 쓰레기의 국가 간 이동

① 주로 선진국의 전자 폐기물이 기증이나 전자 부품으로 위장하여 개발 도상국으로 이동 ─ 전자 쓰레기의 최대 수출국은 미국과 영국으로 특히, 미국에서 재활용을 위해 모이는 전자 쓰레기의 50~80%가 아시아, 아프리카 등으로 수출되고 있다.

② 수입국의 값싼 노동력과 느슨한 환경법을 악용하는 사례

2. 전자 쓰레기 해결 방안

(1) 전자 제품 제조 업체

① 전자 제품을 생산할 때 위험한 물질은 쓰지 않도록 해야 함

② 세금으로 전자 제품 재활용 비용을 지급하게 해서는 안 됨

③ 제품의 순환 주기에 책임을 져야 함 ─ 철, 알루미늄 제품 케이스 같이 무거운 구조용 재료 재활용과 전자 부품에 들어 있는 귀금속과 희소 금속 재활용으로 나눌 수 있다.

④ 제품이 다 쓰이고 나면 재사용 및 재활용을 하거나 안전하게 폐기해야 함

(2) 소비자: 깨끗한 물건을 만드는 회사 지지, 새로운 기기를 사기 전에 정말 필요한 것인지 생각, 제품을 다 사용하면 안전하게 폐기하거나 재활용

교과서 PLUS

선진국의 공해 수출

⤊ 랩으로 대기업의 잘못을 고발하는 인도 소녀

자료 해설
1984년 인도 보팔시에서 미국계 다국적 기업인 유니언 카바이드사의 살충제 공장에서 독성 가스가 유출되어 하룻밤에 수천 명이 사망하였다. 최종적으로 약 3만 명이 사망하였고, 50만여 명이 가스 중독 증세를 보였지만 유니언 카바이드사는 피해 보상을 회피하였다. 인도의 한 래퍼인 소피아는 젊은 세대에게 보팔 사건을 알려주기 위해 이 랩을 만들었다고 한다.

이렇게 이해하세요
결국, 1989년에야 합의에 이르렀지만, 대부분 피해자는 보상을 받지 못하였다. 공해 수출은 환경 오염의 문제뿐만 아니라 저개발 국가에서 선진국 다국적 기업 행위에 대한 심각한 문제를 제기하였다.

→ 생활 속의 환경 문제와 환경 쟁점

1. 생활 속의 환경 문제 └─ 환경 문제의 원인: 인구 증가와 자원 고갈, 인구 집중과 도시화, 환경 파괴적인
　　　　　　　　　　　　　　　　기술의 개발, 경제 성장 등

(1) 오염 문제: 대기 오염, 수질 오염, 토양 오염 등

(2) 소음 문제

 ① 소음에 의하여 상당한 범위에 걸쳐 인체 혹은 동물에 심리적 장애를 주는 공해
  → '보이지 않는 살인마' ┌─ 다른 환경 문제와 달리 소음은 눈에 보이지 않기 때문에 소홀히 하는
            경향이 있으므로 감시와 단속이 더욱 필요하다.

 ② 소음에 오랫동안 노출되면 불안·초조·신경 장애·정서 불안 등 초래

 ③ 소음 공해 대책: 산업·건설·교통 현장에서 소음 수준 유지, 방음벽 설치 등

(3) 진동 문제

 ① 주로 공장의 기계, 교통 기관, 건설 장비로부터 발생

 ② 진동의 영향권 안에 있는 사람과 동물에게 심리적 불쾌감을 일으켜 수면 방해
  및 업무 능률 떨어뜨림, 스트레스·정서 장애·생리 기능 장애 등 초래, 심한 경
  우 건물을 훼손하기도 함

2. 생활 속의 환경 쟁점: 유전자 조작 농산물, 원자력 발전, 간척 사업 등 서로 찬반이
엇갈리는 환경 문제

→ 환경 쟁점을 둘러싼 다양한 의견

1. 유전자 재조합 농산물

(1) 찬성 의견: 부족한 식량 문제를 해결하는 데 도움이 됨

(2) 반대 의견: 아직 안전성에 대한 검증이 부족하여 여러 문제가 제기되고 있음

2. 원자력 발전소 건설

(1) 찬성 의견 ┌─ 🔍 원자핵이 붕괴할 때 생기는 열에너지를 동력으로 하여 전기를 얻는 발전소이다.

 ① 지구 온난화 방지를 위한 친환경 에너지이며 다른 에너지원과 비교했을 때 우
  수한 경제성 보유

 ② 방사선에 대한 사회의 우려가 실제보다 큼, 방사선의 긍정 효과 인정 필요

(2) 반대 의견 ┌─ 🔍 핵무기 실험과 원자력 발전소 운영의 결과 배출되는 찌꺼기로서,
        방사능 물질로 이루어져 있으므로 건강에 치명적인 해를 끼친다.

 ① 원자력 연료의 수입 문제, 사용 후 핵폐기물 처리 문제

 ② 방사능에 대한 각 분야에서 벌어지는 사고 우려, 안전 의식과 시스템 필요

개념 메틸아이소사이안염

호흡기 장애, 중추 신경 장애, 면역 체계 이상, 실명 등 인체에 치명적인 피해를 일으키는 화학 물질이다.

· 바젤 협약

1989년 유엔 환경 계획(UNEP) 후원으로 스위스 바젤에서 채택된 유해 폐기물의 교역을 규제하는 국제 환경 협약이다. 유해 폐기물에 관한 국제적 이동의 통제와 규제를 목적으로 한다. 이 협약은 아프리카 등 개발 도상국이 선진국의 '폐기물 처리장'이 된다는 위기의식에서 출발하였다.

정리 생활 속의 환경 문제와 환경 쟁점

생활 속의 환경 문제	대기 오염, 수질 오염, 토양 오염, 소음 문제, 진동 문제 등
생활 속의 환경 쟁점	유전자 재조합 농산물, 원자력 발전, 간척 사업 등 서로 찬반이 엇갈리는 환경 문제들

교과서 PLUS   새만금 사업

⬆ 새만금 방조제(전라북도 군산시)

자료 해설

새만금 사업은 전라북도 군산과 부안을 연결하는 세계 최장 방조제 축조 사업이자 간척 사업이다. 1991년 11월 28일에 시작해서 2020년 완공 예정인 이 사업은 33.9km의 방조제를 축조하여 40,100ha(여의도 면적의 약 140배)의 땅을 개발하도록 예정되어 있다.

이렇게 이해하세요

이러한 간척 사업으로 인하여 1910년대 이후 우리나라의 서해안과 남해안의 해안선은 여러 곳에서 직선화되었기 때문에 급속히 단순화되고 짧아지고 있다. 간척지 조성은 농경지·택지·공장 부지 등 용지 공급 면에서 경제적 효용 가치가 크다고 할 수 있지만 자연 생태계 파괴와 어민의 생존권 등의 문제가 뒤따른다.

활동 풀이

생각 열기 풀이 오염을 수출하다?

자료 해설

그림은 네덜란드의 화훼 산업 이전에 관해 설명하고 있다. 네덜란드 정부가 토양 오염, 환경 기준 강화 등의 이유로 화훼 농장에 제재를 가하자, 농장들이 아프리카 케냐로 이전하였다. 그런데 최근 나이바샤 호수의 수위가 줄어들고 고기잡이 어획량이 감소하는 사태가 벌어졌다. 이와 같은 화훼 산업의 이전 문제를 살펴보면서 화훼 산업 등 환경 오염을 유발하는 산업의 국가 간 이전에 관해 관심을 가져 보자.

1 네덜란드의 화훼 농장이 케냐로 이전한 까닭은 무엇일까?

예시 답안 | 토양 오염, 환경 기준 강화, 기후 변화, 탄소 배출 절감 등

2 나이바샤 호수의 어획량이 감소한 까닭은 무엇일까?

예시 답안 | 나이바샤 호수가 각종 화학 물질과 농약에 오염되었기 때문이다.

스스로 탐구하기 풀이 왜 위험한 교역일까?

이것이

- **활동 목표:** 환경 문제를 유발하는 산업인 석면 공장이 이전하여 발생한 문제를 알아본다.
- **핵심 개념:** 석면, 세계 보건 기구, 환경 문제 유발 산업의 이동

친절한

이 활동의 핵심은 자료를 활용하여 석면 공장의 이동 경로를 알아보는 것이다.
세계 보건 기구(WHO)가 규정한 1급 발암 물질인 석면 공장의 시대별 이동 경로를 지도에서 파악하면 변화의 양상이 보인다. 그리고 인도네시아로 옮긴 석면 공장이 시비농시에 입힌 피해 사례를 통해 환경 문제를 유발하는 산업의 국가 간 이전이 발생시키는 문제를 알 수 있다.

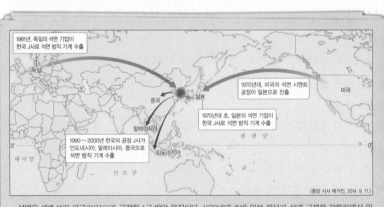

석면은 세계 보건 기구(WHO)가 규정한 1급 발암 물질이다. 1970년대 초반 일본 정부가 석면 규제를 강화하면서 일본의 석면 기업은 공장을 부산으로 이전하였다. 당시 우리나라는 석면과 같은 위험한 화학 물질을 규제해야 한다는 개념조차 없었다. 그로부터 약 20년 후, 우리나라에서 직업병 유발 물질 관리 허가 제도가 생겨나고, 1992년 우리나라에 있던 석면 공장이 인도네시아의 시비농시로 이전하였다.
일본 정부는 2007년부터 우리나라 정부는 2009년부터 석면 사용을 전면 금지하고 석면 공장을 주변 국가로 이전하였다. 인도네시아, 말레이시아, 중국 등으로 이전한 석면 공장들은 아무런 안전 조치 없이 가동 중이다.

1 석면 공장의 이동 경로를 나라별로 정리해 보자.

예시 답안 |

1970 ~ 1980년대	1990 ~ 2000년대
미국 → 일본, 일본 → 한국, 독일 → 한국	한국 → 인도네시아, 말레이시아, 중국

2 제시된 자료 외에 석면에 의한 피해 사례를 조사하여 써 보자.

예시 답안 | 시비농시 주민들의 폐 기능 조사에서 조사 대상의 56%가 비정상으로 나타났다. 인도네시아의 일반인 평균보다 10배 이상 높은 수치이다. 또한, 1960년대 일본의 건축 노동자들은 석면에 노출되어 폐암 등 석면 관련 질병에 노출되었다.

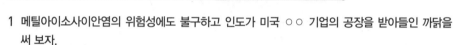

1984년 12월 2일 밤, 미국 석유 화학 기업인 ○○가 인도 보팔에 세운 살충제 공장에서 *메틸아이소사이안염 가스 40톤이 누출되었다. 이 사고로 현장에서 2,259명이 사망하고, 사고 후유증으로 지금까지 2만여 명이 더 사망했다.

당시 인도 보팔에 살았던 나와브 칸은 30년 전 가스 누출 참사를 회상하며 "공장 주변은 온통 혼돈에 휩싸였다. 두꺼운 연기로 뒤덮였고, 많은 사람이 구토하거나 쓰러졌다."라고 말하였다.

– 『경향신문』, 2014. 11. 2.

이것이 핵심

• **활동 목표**: 환경 문제 유발 산업의 국가 간 이전으로 발생한 문제를 알아보는 것이다.
• **핵심 개념**: 보팔, 환경 문제를 유발하는 산업의 이전

친절한 활동 안내

이 활동의 핵심은 환경 문제 유발 산업의 국가 간 이전과 그로 인한 문제를 파악하는 것이다.
인도 보팔에서 발생한 유독 가스 누출 사고의 기사를 보면서 사고의 원인을 생각해 보고, 문제가 발생할 수 있다는 것을 알고 있음에도 불구하고 왜 선진국의 기업과 인도는 이런 선택을 하였는지 각자의 처지에서 생각해 보자.

1 메틸아이소사이안염의 위험성에도 불구하고 인도가 미국 ○○ 기업의 공장을 받아들인 까닭을 써 보자.

예시 답안 │ 인도는 경제적으로 미국보다 낙후된 나라이다. 따라서 유해성이 있다고 하더라도 미국의 공장들을 이전해 오면 일자리도 생기고 세입도 늘 것이기 때문이다.

2 미국의 ○○ 기업이 인도 보팔로 공장을 이전한 까닭을 생각하여 써 보자.

예시 답안 │ 미국에서는 유해 물질이나 유해 물질을 생산하는 공장들을 규제하고 있다. 따라서 이런 공장들은 규제가 허술하고 가난한 나라들로 이전하고 있다.

1992년, 유해 폐기물의 교역을 규제하는 *바젤 협약이 발효되었다. 이 협약 때문에 각 국가는 유해 폐기물인 전자 쓰레기를 다른 나라에 버릴 수 없게 되었다. 하지만 재활용이나 기부는 허용하고 있어서 전자 쓰레기는 기부라는 이름을 달고 버려지고 있다. 2013년 가나는 21만 5천 톤의 중고 전자 제품을 유럽 등에서 수입했다. 하지만 국제 환경 단체 그린피스는 가나를 포함한 아프리카로 수출되는 중고 가전제품의 75%는 재사용이 불가능하다고 보고했다.

가나의 아그보그블로시에는 폐전자 제품이 산처럼 쌓여 있다. 주민들은 전자 쓰레기를 소각하여 생긴 구리를 팔아 돈을 버는데, 소각 과정에서 나온 독성 물질은 암, 신경계 손상, 생식 기능 이상 등의 질병을 일으킨다. 환경 단체가 이 지역 토양의 중금속 오염을 조사해보니 허용치보다 45배나 높았다. 아그보그블로시의 주민들은 전자 쓰레기 때문에 고통받고 있다.

– 「KBS 뉴스」, 2015. 6. 10.

이것이 핵심

• **활동 목표**: 환경 문제를 유발하는 산업인 전자 쓰레기의 이전으로 발생한 문제를 알아보는 것이다.
• **핵심 개념**: 전자 쓰레기, 중금속, 토양 오염

친절한 활동 안내

이 활동의 핵심은 전자 쓰레기의 이전으로 발생한 문제를 파악하는 것이다.
환경 문제를 유발하는 전자 쓰레기의 이동 경로를 알아보면 거의 선진국에서 가나와 같은 아프리카의 개발 도상국으로 이동한다. 선진국은 해로운 전자 쓰레기를 국가 밖으로 빼내고, 개발 도상국은 전자 쓰레기를 재활용하거나 전자 쓰레기에서 구리를 채취함으로써 경제적 이익을 보고 있다. 하지만 전자 쓰레기의 발생지가 선진국이고, 이전에 따라 개발 도상국에서 발생한 문제를 살펴보면 현 상황의 문제점을 파악할 수 있다.

1 전자 쓰레기가 아그보그블로시에 미친 영향을 정리하여 써 보자.

예시 답안 │ 유독성 폐기물의 매립으로 토양의 중금속 오염 정도가 허용치보다 45배 높다. 쓰레기 소각 과정에서 나온 독성 물질이 암, 신경계 손상, 생식 기능 이상 등의 질병을 일으킨다.

2 가나와 같은 가난한 나라에서 전자 쓰레기를 수입하는 까닭은 무엇인지 토의해 보자.

예시 답안 │ 전자 쓰레기를 재활용하거나 쓰레기에서 나오는 구리로 돈을 벌기 위해서이다.

다음은 일상생활에서 환경 문제를 가져올 수 있는 상황이다. 빈칸을 채워 보자.

❶ 교통 체증
에너지 과소비
대기 오염 심화

❷

❸ 물 낭비

❹

❺ 하천 오염과 해양 오염

자료 해설

요즘은 급속도의 기술 발전으로 인하여 우리의 삶이 매우 편해졌다. 특히, 이전에는 불편함이라고 느끼기조차 힘들었던 일상의 여러 부분이 매우 편리해졌다. 자동차의 등장으로 먼 거리를 빠르게 이동할 수 있게 되었지만 가까운 거리도 쉽게 자동차를 타게 된다. 개인의 편의를 위해 들고 다니기 귀찮은 장바구니보다는 저렴하고 구매가 편한 비닐 봉투를 사용하고, 집 안팎에서 물을 아껴 쓰지 않는다. 음식을 쉽게 남기고 세제 등을 낭비하는 등의 생활이 이어지고 있다. 이런 생활은 우리를 조금 편리하게 해줄지 모르지만, 수많은 환경 문제를 일으킨다.

예시 답안 |

2. 자원 낭비. 비닐은 토양에서 잘 썩지 않아 토양 오염이 심화될 수 있다.
4. 음식물 낭비, 음식물 쓰레기 증가. 식자재 가격이 상승할 수 있다.

이것이

• **활동 목표**: 도시 철도 주변과 갯벌 지역에 사는 사람들의 의견을 조사하는 활동이다.
• **핵심 개념**: 생활 속 환경 문제, 환경 쟁점

친절한

이 활동의 핵심은 생활 속에서 접할 수 있는 환경 문제를 파악하는 것이다.
지상 선로 등으로 인하여 선로 주변에 거주하는 사람들은 소음과 진동으로 고통받고 있다. 또한, 갯벌 간척을 진행할수록 생태계가 파괴되면서 어업 종사자들의 일터가 사라지고 있다. 특히, 수많은 생명의 터전 역할을 하는 갯벌이기에 그 타격이 꽤 크다.

사례 ❶ 소음과 진동 문제

지상 선로 근처에 사는 주민들은 소음과 진동에 시달리고 있어요.

선로가 지상에 있어도 방음벽을 세우고 진동 흡수 장치를 하면 괜찮아요.

사례 ❷ 갯벌 간척 문제

간척 사업을 하면 생태계가 파괴되어 어업 활동이 어려워져요.

간척 사업을 하면 농사를 지을 수 있는 땅이 넓어져서 좋아요.

1 사례 ❶, ❷ 를 보고 각각의 환경 쟁점에 관한 의견을 정리하여 써 보자.

예시 답안 |

구분	의견
소음과 진동	지상 선로 근처에 사는 주민들은 소음과 진동에 시달리고 있다.
	선로가 지상에 있어도 방음벽을 세우고 진동 흡수 장치를 하면 괜찮다.
갯벌 간척	간척 사업을 하면 생태계가 파괴되어 어업 활동이 힘들어진다.
	간척 사업을 하면 농사를 지을 수 있는 땅이 넓어진다.

2 사례 ❶, ❷ 와 같이 우리 주변에서 겪을 수 있는 환경 쟁점은 어떤 것이 있는지 생각하여 써 보자.
예시 답안 | 유전자 재조합 농산물(GMO), 원자력 에너지 개발, 하천 개발 등이 그 예이다.

유전자 재조합 농산물에 관한 다양한 생각을 알아보자.   교과서 194쪽

자료 ❶ 유전자 재조합 농산물(GMO: Genetically Modified Organism)

유전자 재조합 농산물은 유전자 일부를 변형하여 새로운 성질의 유전자를 지니도록 개발한 농산물로 콩, 옥수수, 감자 등이 있다. 유전자 재조합 농산물에 관하여 식량 부족 해결에 필요하다는 주장과 아직 안전성 여부가 밝혀지지 않아 위험하다는 주장이 있다.

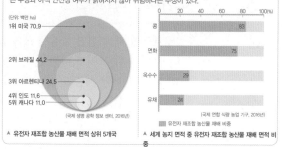

(단위: 백만 ha)
1위 미국 70.9
2위 브라질 44.2
3위 아르헨티나 24.5
4위 인도 11.6
5위 캐나다 11.0

(국제 생명 공학 정보 센터, 2016년)

▲ 유전자 재조합 농산물 재배 면적 상위 5개국

콩 83
면화 75
옥수수 29
유채 24

(국제 연합 식량 농업 기구, 2016년)
■ 유전자 재조합 농산물 재배 비중

▲ 세계 농지 면적 중 유전자 재조합 농산물 재배 면적 비중

자료 ❷ 유전자 재조합 농산물을 둘러싼 갈등

유전자 재조합 농산물은 병충해에 강하고 적은 비용으로 많은 양을 수확할 수 있습니다. 따라서 세계의 식량 문제를 해결할 수 있습니다.

유전자 재조합 농산물을 동물에게 먹인 여러 실험에서 부작용이 나타났습니다. 또한, 유전자 재조합 기술을 가진 기업에 많은 돈을 내야 합니다.

1 **자료 ❶** 을 보고 아래 표에 내용을 써 보자.

예시 답안 |

유전자 재조합 농산물의 필요성	식량 부족을 해결하여 사회적 갈등을 줄인다.
유전자 재조합 농산물의 주요 생산국	미국, 브라질, 아르헨티나, 인도, 캐나다
주요 유전자 재조합 농산물	콩, 면화, 옥수수, 카놀라(유채)

2 **자료 ❶, ❷** 를 토대로 유전자 재조합 농산물에 관하여 찬성과 반대 측면에서 자신의 생각을 정리해 보자.

예시 답안 |

찬성	유전자 재조합 농산물은 적은 노동력과 비용으로 많은 양을 수확할 수 있다.
반대	유전자 재조합 농산물 표기가 제대로 되어있지 않고, 안전성을 확신할 수 없다.

원자력 발전소에 관한 다양한 관점은 어떤 것이 있을까?   교과서 195쪽

〈삼척시의 원자력 발전소 건설을 둘러싼 갈등〉

우리에게 필요해!

원자력 발전소를 유치하면 지역 경제를 되살릴 수 있습니다. 발전소를 유치하면 일자리가 증가하고 석탄 산업의 쇠퇴로 인구 수가 계속 감소하던 현상을 막을 수 있습니다.

절대 안 돼!

원자력 발전소에서 나오는 핵폐기물은 인체에 심각한 영향을 줄 뿐만 아니라 주변 환경을 방사능에 오염시킵니다. 굳이 원자력 발전이 아니어도 친환경 방법으로 전기를 생산할 수 있습니다.

1 자료를 보고 원자력 발전소 건설에 찬성하는 측과 반대하는 측의 주장을 써 보자.

예시 답안 |

찬성	원자력 발전은 지역 경제 활성화에 도움이 되고, 전력 생산 효율성이 높아 필요하다.
반대	방사능 오염, 폐기물 처리, 사고 발생 시의 막대한 피해 등 문제가 크다.

이것이 핵심!
• **활동 목표**: 유전자 재조합 농산물의 장단점을 알아보는 활동이다.
• **핵심 개념**: 유전자 재조합 농산물, 유전자 변형, 완전 표시제

친절한 활동 안내 ★
이 활동의 핵심은 유전자 재조합 농산물에 대한 의견을 편견 없이 파악하는 것이다.
유전자 재조합 농산물은 식량 부족 문제를 해결하면서 동시에 그에 따른 사회적 갈등을 줄여줄 수 있다. 하지만 아직 안전성을 확신할 수 없으며 표기가 제대로 되어 있지 않아 위험한 부분도 존재한다.

이것이 핵심!
• **활동 목표**: 원자력 발전소 건설에 대한 찬반 의견을 알아보는 활동이다.
• **핵심 개념**: 원자력 발전

친절한 활동 안내 ★
이 활동의 핵심은 원자력 발전소 건설에 대한 다양한 의견을 편견 없이 이해하는 것이다.
원자력 발전은 에너지의 생산 과정에서의 효율성이 높아서 다른 전력 생산 수단보다 경제적이다. 하지만 건설 비용이 많이 들고 폐기물 처리 비용까지 생각하면 그다지 경제적이진 않다.

개념 쏙쏙

1 다음 내용에 알맞은 말을 골라 ◯표 하시오.

(1) 한 나라의 기업이나 제품이 다른 나라로 이동하여 그 나라에 대기 오염 등을 일으키는 행위는 (공해 수출/환경 진출)이다.

(2) 전자 쓰레기의 이동 경로를 보면, 주로 (선진국/개발 도상국)에서 (선진국/개발 도상국)으로 이동한다.

2 1989년 유엔 환경 계획(UNEP) 후원으로 채택된 (　　　　)은 폐기물의 국가 이동 시 사전 통보하도록 하는 협약으로, 아프리카 등 77개국이 주도적으로 이끌었다.

3 다음 의견들이 충돌하는 환경 쟁점이 무엇인지 쓰시오.

(1) 농사를 지을 수 있는 땅이 늘어남. 생태계가 파괴되고 어민의 생존권 위협: (　　　　　　)

(2) 다른 발전원에 비해 경제적임. 폐기물 처리 문제와 사고 위험성: (　　　　　　)

01 공해 수출에 관한 내용으로 옳지 <u>않은</u> 것은?

① 국제 협약을 통해 제재하고 있다.
② 봄꽃의 개화 시기 변화에 큰 영향을 미친다.
③ 인도 보팔의 살충제 공장 건설이 대표적인 예이다.
④ 일반적으로 선진국에서 개발 도상국으로 이동한다.
⑤ 공해를 수입하는 나라보다 수출하는 나라의 환경 규제가 강하다.

단답형
02 다음 글의 빈칸에 들어갈 알맞은 말을 쓰시오.

> 공해 문제보다 [　　　] 문제를 먼저 해결해야 하는 개발 도상국으로서는 공해 산업을 수용할 수밖에 없는 경우가 많다.

(　　　　　　　　　　)

03 전자 쓰레기 문제에 대한 해결 방안으로 옳은 것을 〈보기〉에서 고른 것은?

보기
> ㄱ. 제조할 때 위험한 물질을 쓰지 않아야 한다.
> ㄴ. 제품이 다 쓰이고 나면 안전하게 폐기해야 한다.
> ㄷ. 폐기해야 할 제품도 개발 도상국으로 보내 재사용해야 한다.
> ㄹ. 회사의 안정된 경영을 위해 전자 제품 소비를 더욱 촉진해야 한다.

① ㄱ, ㄴ　　　② ㄱ, ㄷ　　　③ ㄴ, ㄷ
④ ㄴ, ㄹ　　　⑤ ㄷ, ㄹ

04 환경 문제 해결을 위한 다양한 노력 중 국가적 차원의 노력으로 옳은 것은?

① 대중교통과 자전거 이용, 쓰레기 분류 배출, 환경 마크 지정
② 국제 규정과 협약 준수, 국제 환경 협약 체결, 신문지 재활용
③ 저탄소 녹색 성장, 쓰레기 종량제 실시, 환경 마크 지정
④ 국제 환경 협약 체결, 재생 제품 사용, 장바구니 활용
⑤ 쓰레기 분류 배출, 국제 규정과 협약 준수, 친환경 제품 사용

단답형
05 밑줄 친 '이것'에 해당하는 개념을 쓰시오.

> <u>이것</u>은 섬유 유리, 납, 주석, 구리, 철, 알루미늄이 대다수를 차지한다. 컴퓨터와 주변 전자기기에서 발생하며, 이것을 아프리카와 아시아의 개발 도상국으로 옮겨가 버리는 것이 문제가 되고 있다.

(　　　　　　　　　　)

06 지도는 석면 공장의 이동 경로를 나타낸 것이다. 이에 대한 옳은 설명만을 〈보기〉에서 있는 대로 고른 것은?

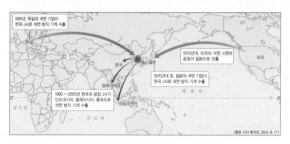

〈보기〉
ㄱ. 일본은 우리나라로 석면 방직 기계를 수출하였다.
ㄴ. 우리나라는 석면 방직 기계를 수출한 최초의 국가이다.
ㄷ. 일본의 석면 시멘트 공장은 현재 미국으로 진출해 있다.
ㄹ. 석면 방직 기계의 주요 수출국은 수입국보다 주로 경제 발전 수준이 높다.

① ㄱ, ㄴ   ② ㄱ, ㄹ   ③ ㄴ, ㄷ
④ ㄱ, ㄴ, ㄹ   ⑤ ㄴ, ㄷ, ㄹ

07 다음 자료와 관련된 내용으로 옳지 <u>않은</u> 것은?

1984년 12월 2일 밤, 미국 석유 화학 기업인 ○○가 인도 보팔에 세운 살충제 공장에서 메틸아이소사이안염 가스 40톤이 누출되었다. 이 사고로 현장에서 2,259명이 사망하고, 사고 후유증으로 지금까지 2만여 명이 더 사망했다.
당시 인도 보팔에 살았던 나와브 칸은 30년 전 가스 누출 참사를 회상하며 "공장 주변은 온통 혼돈에 휩싸였다. 두꺼운 연기로 뒤덮였고, 많은 사람이 구토하거나 쓰러졌다."라고 말하였다.

① 미국 기업이 인도에 공장을 지었다.
② 미국보다 인도가 공장을 짓기에 수월했다.
③ 지금도 많은 사람이 참사로 고통받고 있다.
④ 인도 정부는 해당 공장의 위험성을 전혀 알지 못했다.
⑤ 참사가 발생한 후, 제대로 된 보상이 이루어지지 않았다.

08 다음과 같은 특징을 가진 공해에 대한 설명으로 가장 적절한 것은?

• 영향 범위가 매우 넓음
• '보이지 않는 살인마'라고 여겨짐
• 일상생활에서 가장 많이 느끼는 공해

① 대기 오염 현상을 동반한다.
② 식량 부족 문제를 초래한다.
③ 심한 경우 건물을 훼손하기도 한다.
④ 폐기물 처리 문제가 가장 심각하다.
⑤ 인체 혹은 동물에게 심리적 장애를 준다.

09 A~C에 들어갈 말이 바르게 짝지어진 것은?

| A |을 찬성하는 측은 지구 온난화 방지를 위한 친환경 에너지로서의 역할과 | B |을 강조한다. 하지만 반대하는 측은 돌발 사고 가능성과 | C | 처리에 관한 고민을 제기한다.

	A	B	C
①	원자력 발전	경제성	폐기물
②	원자력 발전	사회 수용성	폐기물
③	원자력 발전	경제성	건설 장비
④	간척 사업	사회 수용성	건설 장비
⑤	간척 사업	경제성	건설 장비

서술형

10 사진은 전라북도 군산시의 새만금 방조제이다. 이렇게 연안 갯벌에 방조제를 건설한 후 해안을 메워 육지화하는 사업을 무엇이라 하는지 쓰고, 해당 사업의 찬성과 반대 의견을 하나씩 서술하시오.

대단원 마무리

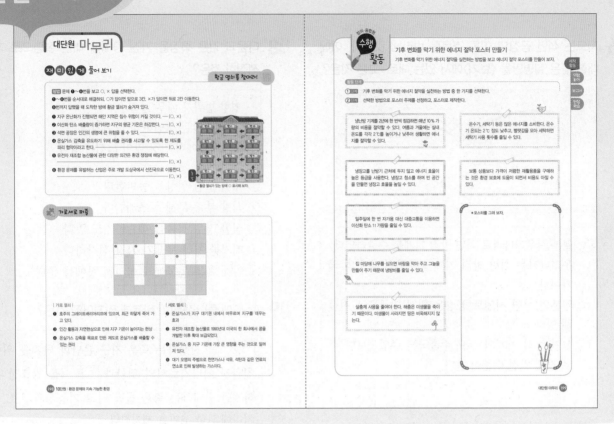

재미있게 풀어 보기 풀이

교과서 198쪽

|황금 열쇠를 찾아라!|

❶ ○	❷ ×
❸ ○	❹ ×
❺ ○	❻ ×

|가로세로 퍼즐|

가로 열쇠	세로 열쇠
❶ 산호초	❷ 온실 효과
❸ 지구 온난화	❸ 지엠오(GMO)
❹ 탄소 배출권	❺ 이산화 탄소
	❻ 배기가스

창의 · 융합형 수행 활동 풀이

교과서 199쪽

 이것이 기후 변화의 원인을 파악하고 기후 변화를 막기 위한 노력을 실천할 수 있다.

예시 답안|

뜨거워진 지구, 북극곰을 살려주세요.

지구 온난화로 인해 북극곰의 터전이 점점 사라지고 있어요. 우리가 북극곰의 삶의 터전을 마련해 주기 위해서 어떤 일을 해야 할까요?

1. 사용하지 않는 전자 제품의 플러그 뽑기
2. 개인 컵을 가지고 다니며 사용하기
3. 대중교통 이용하기
4. 재활용 상품 적극적으로 활용하기 등

에너지 절약, 누구나 할 수 있어요. 함께 해볼까요?

에너지를 절약하면 지구가 뜨거워지는 것을 막을 수 있어요. 생활 속의 에너지 절약 방법에는 어떤 것이 있을까요?

1. 사용하지 않는 전자 제품의 플러그 뽑기
2. 개인 컵을 가지고 다니며 사용하기
3. 대중교통 이용하기
4. 재활용 상품 적극적으로 활용하기 등

직업 소개

재활용 코디네이터

이번 단원에서는 환경 문제에 대해 배웠습니다. 전 지구적인 환경 문제를 눈앞에 둔 사람들은 국제적, 국가적, 개인적 차원의 수많은 노력을 하고 있습니다. 그중에서 개인적 차원으로 할 수 있는 가장 쉬운 일인 재활용을 디자인하는 사람, 재활용 코디네이터에 대해 알아봅시다.

환경과 관련하여 우리의 일상생활 속에서 빼놓을 수 없는 한 가지가 바로 재활용이죠. 그런데 이 재활용이 가정에서뿐만 아니라 기업체나 공장에서도 매우 중요한 부분이라는 거 아시나요? 많은 물건이 생산되는 만큼 많은 쓰레기가 배출되기 때문이지요. 이와 같은 가정과 기업 등에서 발생하는 쓰레기의 재활용을 프로그램화하고 조직화하여 관리하는 사람이 바로 재활용 코디네이터예요.

재활용 코디네이터라는 직업은 다소 생소한데요. 주로 어떤 일을 하나요?

재활용을 위한 프로그램을 만들고 관리하며, 이와 관련된 기술을 개발하는 것이 주요 업무예요. 추가로 프로그램을 감독하다 발생하는 위반 사항을 조사하고, 다양한 사람들에게 재활용과 관련된 교육을 하지요. 그리고 재활용에 들어가는 운영 예산을 관리하는 업무를 수행한답니다. 마지막으로는 기업체의 생산 방식에서 폐기물을 최소화하고 알맞은 재활용 계획과 목표를 수립하며, 폐기물 회사 등과의 협상을 담당하고 있어요.

정말 신기하네요! 재활용 코디네이터가 되기 위해서는 어떤 준비가 필요한가요?

재활용 코디네이터가 되기 위해서는 기본적으로 환경에 관한 관심이 필요합니다. 우리 생활에 가장 밀접하게 닿아 있는 환경 문제인 재활용에 대한 관심과 연구, 체계적이고 효과적인 프로그램을 위한 환경 관련 지식들도 필수이지요. 자원 절약과 자원의 순환 구조에 대해 깊게 알고 있는 것이 중요해요. 그리고 효율적인 관리를 위하여 상황 판단 능력까지도 요구된답니다. 환경 관련 분야 직종의 중요성이 대두되고 있는 지금, 재활용의 중요성에 대한 인식은 강화되었지만 코디네이터로 활동하는 사람은 많지 않다고 해요. 근본적인 환경 문제를 디자인하는 재활용 코디네이터가 되어 보는 것은 어떨까요?

⬆ 재활용 활성화 방안 토론

⬆ 쓰레기 재활용 시설

⬆ 각종 재활용 마크

01 전 지구적 기후 변화와 해결 노력

01 지구 온난화의 결과 발생하는 직접적인 문제로 옳지 않은 것은?

① 기상 이변이 자주 발생한다.
② 국내 인삼 재배 가능지가 감소한다.
③ 열대성 전염병의 발병률이 증가한다.
④ 해수면이 상승하여 저지대의 침수 피해가 증가한다.
⑤ 지구에 도달하는 자외선의 양이 과도하게 증가한다.

02 (가)와 (나)에 해당하는 내용으로 바르게 연결한 것은?

(가) 지구의 평균 기온이 상승하는 것
(나) 온실가스의 절반 이상을 차지하는 기체

	(가)	(나)
①	오존층 파괴	프레온 가스
②	오존층 파괴	이산화 탄소
③	지구 온난화	프레온 가스
④	지구 온난화	이산화 탄소
⑤	지구 온난화	천연가스

03 그래프를 보고 지구 평균 기온의 변화가 나타나게 된 원인을 고른 것은?

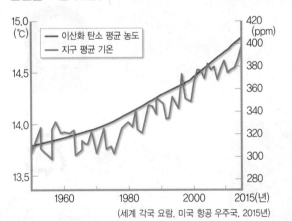

(세계 각국 요람, 미국 항공 우주국, 2015년)

① 인간 활동의 감소
② 원자력 발전소 증가
③ 화석 연료 사용 감소
④ 온실가스 배출량 증가
⑤ 신·재생 에너지 사용 증가

단답형

04 밑줄 친 '이것'은 무엇인지 쓰시오.

이것은 온실가스 방출량을 줄인 것을 국제 연합 (UN)의 담당 기구에서 확인해 준 것을 말한다. 정해 진 기간 안에 이산화 탄소 배출량을 줄이지 못한 각 국 기업은 돈을 주고 권리를 사야 한다.

(   )

05 지구 온난화를 막기 위해 이산화 탄소 배출을 억제하는 방법으로 옳은 설명을 〈보기〉에서 고른 것은?

보기

ㄱ. 신·재생 에너지를 개발한다.
ㄴ. 석유와 석탄의 사용을 권장한다.
ㄷ. 이산화 탄소 포집 및 저장 기술을 개발한다.
ㄹ. 산업의 보호를 위해 관련 국제 협약에서 탈퇴한다.

① ㄱ, ㄴ   ② ㄱ, ㄷ   ③ ㄴ, ㄷ
④ ㄴ, ㄹ   ⑤ ㄷ, ㄹ

빈출

06 다음은 지구 온난화를 주제로 학생들의 대화하는 모습 이다. 이들 중 옳은 말을 한 학생을 모두 고른 것은?

석진: 지구의 평균 기온이 올라가는 걸 지구 온난화 라고 하는군!
우민: 이산화 탄소는 지구 온난화에 큰 영향을 주는 온실가스야!
승우: 맞아! 온실 효과가 아예 없었더라면 지구의 평 균 기온이 일정했을 텐데……
은채: 게다가 이산화 탄소는 메테인이나 프레온 가 스보다 지구 온난화 지수가 훨씬 크잖아!

① 석진, 우민   ② 우민, 승우
③ 승우, 은채   ④ 석진, 승우, 은채
⑤ 석진, 우민, 은채

02 환경 문제 유발 산업의 국가 간 이전

07 다음의 신문 기사에 대한 학생들의 대화 중 옳지 <u>않은</u> 것은?

> 석면은 세계 보건 기구(WHO)가 규정한 1급 발암 물질이다. 1970년대 초반 일본 정부가 석면 규제를 강화하면서 일본의 석면 기업은 공장을 부산으로 이전하였다. 당시 우리나라는 석면과 같은 위험한 화학 물질을 규제해야 한다는 개념조차 없었다. 1980년대 초에는 독일의 석면 기업이 우리나라로 석면 방직 기계를 수출하였다. 그로부터 약 10년 후, 우리나라에서 직업병 유발 물질 관리 허가 제도가 생겨나고, 1992년 우리나라에 있던 석면 공장이 인도네시아의 시비농시로 이전하였다.
> 일본 정부는 2007년부터, 우리나라 정부는 2009년부터 석면 사용을 전면 금지하고 석면 공장을 주변 국가로 이전하였다. 인도네시아, 말레이시아, 중국 등으로 이전한 석면 공장들은 아무런 안전 조치 없이 가동 중이다.

① 갑: 시대에 따른 석면 공장의 이동을 보여 주고 있어.
② 을: 선진국에서 개발 도상국으로 석면 공장이 이동했구나.
③ 병: 1970년대는 일본이 우리나라로 석면 기계를 수출했구나.
④ 정: 1980년대에는 우리나라가 독일로 석면 기계를 수출했네.
⑤ 무: 2000년대에는 인도네시아, 말레이시아 등으로 석면 공장이 이동했어.

08 다음 글의 밑줄 친 '협약'을 고른 것은?

> 1989년 3월 22일 유엔 환경 계획(UNEP) 후원하에 채택된 이 <u>협약</u>은 아프리카 등 77그룹이 주도적인 역할을 하고 있으며, 유해 폐기물의 국가 간 이동을 줄이고자 한다.

① 바젤 협약　　　　② 파리 협정
③ 교토 의정서　　　④ 람사르 협약
⑤ 몬트리올 의정서

단답형
09 다음 글에서 설명하고 있는 개념을 쓰시오.

> 공해 문제 때문에 자기 나라에 입지하기 곤란한 기업이나 제품을 다른 나라로 이동시켜 해당 나라의 대기 오염이나 수질 오염 등의 환경 문제를 유발하는 행위이다.

(　　　　　　　　　　)

10 공해 수출에 대한 옳은 설명을 〈보기〉에서 고른 것은?

> 보기
> ㄱ. 공해를 수입하는 나라는 얻을 수 있는 이익이 전혀 없다.
> ㄴ. 한 나라의 기업이나 제품이 다른 나라로 가서 공해를 일으키는 행위이다.
> ㄷ. 선진국보다는 개발 도상국에서 먼저 환경을 유발하는 산업에 대한 규제가 심해졌다.
> ㄹ. 인도의 보팔에서 일어난 가스 누출 사고는 공해 수출로 인한 사고의 한 사례이다.

① ㄱ, ㄴ　　　② ㄱ, ㄷ　　　③ ㄴ, ㄷ
④ ㄴ, ㄹ　　　⑤ ㄷ, ㄹ

11 그림은 전자 쓰레기를 기부하는 장면이다. 이와 관련한 내용으로 옳지 <u>않은</u> 것은?

① 전자 쓰레기는 토양을 오염시키지는 않는다.
② 유해 폐기물의 교역을 규제하는 협약이 있다.
③ 주로 선진국에서 개발 도상국으로 기부한다.
④ 전자 쓰레기를 받은 나라의 주민들은 이를 통해 돈을 번다.
⑤ 규제를 피하고자 기부 형식으로 전자 쓰레기를 교역하고 있다.

12 다음은 전자 쓰레기에 관한 내용이다. 이와 관련된 내용으로 옳지 <u>않은</u> 것은?

> 전자 쓰레기는 기부라는 이름을 달고 버려지고 있다. 2013년 가나는 21만 5천 톤의 중고 전자 제품을 유럽 등에서 수입했다. 하지만 국제 환경 단체 그린피스는 가나를 포함한 아프리카로 수출되는 중고 가전제품의 75%는 재사용이 불가능하다고 보고하였다.

① 전자 쓰레기는 인체나 자연에 해를 끼치고 있다.
② 전자 쓰레기에는 섬유 유리, PVC, 플라스틱, 납, 주석 등이 있다.
③ 전 세계적으로 대략 5천만 톤의 전자 쓰레기가 매년 발생하고 있다.
④ 급속한 기술 발전으로 전자 쓰레기의 발생량이 빠르게 감소하고 있다.
⑤ 전자 쓰레기의 약 60%는 가전제품에서, 7%는 휴대 전화나 컴퓨터에서 나온다.

중요
13 다음은 네덜란드의 화훼 산업에 관한 만화이다. 이에 대한 설명으로 옳은 것은?

① 세계 화훼 시장의 중심지는 케냐이다.
② 나이바샤 호수의 생태계가 파괴되고 있다.
③ 케냐의 환경 기준이 강화되어 화훼 기업이 이전하였다.
④ 화훼 기업이 케냐를 선택한 것은 화훼에 좋은 지형 때문이다.
⑤ 화훼 기업은 호수의 생태계가 파괴될 것이라고 예측하지 못했을 것이다.

빈출
14 다음은 환경 문제를 해결하기 위해 일상생활에서 노력하는 학생들의 이야기이다. 바르지 <u>못한</u> 경우는?

① 현진: 가까운 곳은 걸어가야지!
② 영미: 비닐 봉투보다는 장바구니를 사용하자!
③ 영훈: 양치할 땐 수돗물을 잠그고 하자!
④ 민희: 음식물 쓰레기는 최대한 줄이자!
⑤ 상호: 세제는 많이 써서 옷을 깨끗이 하자!

단답형
15 다음과 같은 행동으로 나타나는 환경 문제를 쓰시오.

(   )

16 다음 사진은 우리나라의 어느 공사장이다. 이곳에서 발생할 수 있는 진동 공해와 관련된 내용으로 옳지 <u>않은</u> 것은?

① 물리적인 현상을 동반한다.
② 심한 경우 건물을 훼손하기도 한다.
③ 많은 사람에게 호흡기 질환을 유발한다.
④ 수면을 방해하고 업무 능률을 떨어뜨린다.
⑤ 장기간 지속될 경우 정서 장애, 생리 기능 장애 등을 초래한다.

17 빈칸 A, B에 해당하는 용어를 바르게 연결한 것은?

> 유전자 재조합 농산물(GMO)는 병충해에 강하고 적은 비용을 많은 양을 수확할 수 있어서 ____A____ 를 해결할 수 있지만, GMO 표기가 제대로 되어 있지 않고, ____B____ 을 확신할 수 없다.

	A	B
①	식량 문제	경제성
②	식량 문제	발전성
③	식량 문제	안전성
④	난민 문제	안전성
⑤	난민 문제	경제성

18 다음은 원자력 발전에 관한 다양한 주장이다. 옳은 주장을 한 사람을 모두 고른 것은?

> • 갑: 원자력 발전소를 유치하여 건설하면 지역 경제를 활성화할 수 있습니다.
> • 을: 원자력 발전소를 건설하면 일자리가 늘어납니다.
> • 병: 방사능 오염 문제도 전혀 없습니다.
> • 정: 전력 생산 효율성이 높습니다.

① 갑, 병   ② 갑, 정
③ 을, 병   ④ 갑, 을, 정
⑤ 을, 병 정

단답형

19 다음과 같은 의견 충돌이 발생하는 환경 쟁점은 무엇인지 쓰시오.

> • 찬성: 농경지, 택지, 공장 부지 등 용지 공급을 하여 경제적 효용 가치가 크다.
> • 반대: 갯벌 등 자연 생태계 파괴와 어민의 생존권 위협이 문제가 된다.

(   )

서술형

20 지구 온난화를 일으키는 대표적인 기체 <u>두 가지</u>와 지구 온난화로 인한 영향을 <u>두 가지</u> 서술하시오.

_____

_____

21 만약에 환경 문제 유발 산업의 이전과 전자 쓰레기 이전 등에 대한 규제가 없다면 발생할 수 있는 현상을 현재 선진국과 개발 도상국의 상황에 맞게 서술하시오.

> 〈현 상황〉
> • 선진국: 자국에서 환경 문제 유발 산업에 대한 규제를 강화하고 있으며 경제적으로 안정적이다.
> • 개발 도상국: 환경 문제 유발 산업에 대한 규제가 약하고 경제적 문제로 고민하고 있다.

_____

_____

22 자료는 유전자 재조합 농산물(GMO) 재배 기술 개발을 둘러싼 논쟁 일부이다. (가)에 적합한 내용을 간략히 서술하시오.

_____

_____

세계 속의 우리나라

독도는 우리나라 국토의 최동단으로서 소중한 가치가 있습니다.
이처럼 독특한 지역성이 있는 우리나라 여러 지역은
지역화 전략을 세워 세계적인 지역으로 성장하고 있습니다.
대륙과 해양을 연결하는 곳에 자리한 우리나라,
통일 한국의 미래 모습을 함께 그려 봅시다.

이 단원에서는

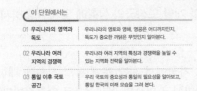

01	우리나라의 영역과 독도	우리나라의 영토와 영해, 영공은 어디까지인지, 독도가 중요한 까닭은 무엇인지 알아본다.
02	우리나라 여러 지역의 경쟁력	우리나라 여러 지역의 특징과 경쟁력을 높일 수 있는 지역화 전략을 알아본다.
03	통일 이후 국토 공간	우리 국토의 중요성과 통일의 필요성을 알아보고, 통일 한국의 미래 모습을 그려 본다.

⑦ 남학생의 물음에 여학생이 어떻게 대답했을지 생각하여 써 보자.

| 사진 해설 |

사진은 휴전선에 인접한 경기도 파주의 통일 대교 모습이다. 통일 대교를 건너 북쪽으로 가기 위해서는 출입증이 있어야 한다. 파주시에는 남북 출입 관리 사무소, 도라산역, 임진강 철교 등 남북 분단을 상징하는 명소가 많다.

| 대답 예시 |

• 통일되면 차를 타고 갈 수 있지!
• 남북 관계가 좋아져서 서로 왕래가 가능해지면 갈 수 있지!

11

세계 속의 우리나라

이 단원의 구성

중단원	소주제 및 탐구 활동	핵심 미리 보기
01 우리나라의 영역과 독도	**1 우리나라의 영역** 탐구 우리나라 영토의 4극은 어디일까? 탐구 우리나라의 영해는 어떻게 정할까? **2 소중한 우리 영토 독도** 탐구 독도와 주변 영해는 어떤 가치가 있을까? **3 독도를 지켜온 우리의 노력** 탐구 과거, 현재, 미래에도 우리와 함께하는 독도!	영역, 영토, 영해, 영공, 우리나라 4극, 우리나라 영해, 직선 기선, 통상 기선, 독도, 독도의 가치, 독도 지킴이
02 우리나라 여러 지역의 경쟁력	**1 경쟁력이 있는 우리나라 여러 지역** 탐구 우리나라 이곳저곳을 세계에 알리자! **2 지역의 특색을 살리고 경쟁력을 높이는 지역화 전략** 탐구 우리나라 여러 지역의 지역화 전략은 어떤 것이 있을까? 탐구 내가 사는 지역의 지역화 전략을 만들자!	세계 자연 유산, 세계 문화유산, 축제, 지역화 전략, 지역 브랜드, 장소 마케팅
03 통일 이후 국토 공간	**1 우리나라 위치의 지리적 장점** 탐구 우리나라의 지리적 위치는 어떤 장점이 있을까? **2 통일의 필요성과 통일의 미래 모습** 탐구 우리의 소원은 통일! 통일의 미래 모습은?	한반도, 동아시아의 중심, 통일의 기대 효과

우리나라의 영역과 독도

교과서 202쪽~207쪽

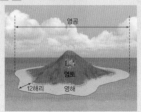

↑ 영역의 구성

• 배타적 경제 수역

자국의 기선으로부터 200해리까지의 바다에서 영해를 제외한 수역으로, 천연자원의 탐사와 개발 및 보존, 해양 환경의 보존과 과학적 조사 활동 등의 배타적 권리를 인정한다. 다른 국가의 배타적 경제 수역 내에서 조업하려면 반드시 그 국가의 허가를 받아야 한다. 우리나라의 황해는 중국과 가깝고 동해는 일본과 가까워 배타적 경제 수역이 겹쳐 이를 위해 공동 수역을 정하여 공동으로 이용하고 있다.

[정리] 우리나라의 영역

영토	한반도와 주변 섬들
영해	통상 기선, 직선 기선 12해리
영공	영토와 영해의 수직적 상공

→ 우리나라의 영역

1. 영역의 의미와 구성 ┌ 뜻 국가의 최고 권력이며, 그 국가의 영향력이라고 할 수 있다.

(1) 의미: 한 국가의 주권이 미치는 지리적 범위

(2) 구성: 영토, 영해, 영공으로 이루어짐

① 영토: 땅으로 이루어진 영역, 한 국가의 국토

② 영해: 영토 주변의 바다(해안선에서부터 12해리(약 22km)까지)

③ 영공: 영토와 영해를 포함한 지역의 수직 상공, 일반적으로 대기권까지의 하늘을 영공으로 봄

2. 우리나라의 영역

(1) 영토

① 구성: 한반도와 그 주변에 위치한 섬들

② 우리나라의 4극

극동	경상북도 울릉군 울릉읍 독도리	극서	평안북도 용천군 마안도(비단섬)
극남	제주특별자치도 서귀포시 마라도	극북	함경북도 온성군 풍서리(유원진)

(2) 영해

① 구성: 영해를 정하는 기준에서부터 12해리까지

② 영해의 설정 기준

• 동해안 대부분, 제주도, 울릉도, 독도: 통상 기선을 적용하여 해안선의 최저 조위선으로부터 12해리까지 우리 영해임 ┌ 뜻 썰물로 해수면이 가장 낮아졌을 때 해안선

• 서해안, 남해안, 동해안의 일부: 직선 기선을 적용하여 가장 바깥쪽에 위치한 섬을 직선으로 연결한 선을 기준으로 12해리까지 우리 영해임

• 대한 해협은 직선 기선으로부터 3해리까지 우리 영해임

(3) 영공: 우리나라 영토와 영해의 수직 상공 ┌ 왜 동해안은 해안선이 단조롭고, 서해안과 남해안은 섬이 많고 해안선이 복잡하므로 영해를 정하는 기선이 다르다. 대한 해협이 3해리를 적용하는 이유는 일본과 가까워 일본 영해와 접하기 때문이다.

교과서 PLUS α

우리나라의 배타적 경제 수역과 한·중·일 어업 수역

↑ 우리나라의 배타적 경제 수역과 한·중·일 어업 수역

[자료 해설]

우리나라의 영해와 배타적 경제 수역의 범위, 한·중 잠정 조치 수역, 한·일 중간 수역 등을 나타낸 지도이다.

이렇게 이해하세요

배타적 경제 수역은 200해리까지 적용되기 때문에 이웃한 국가들과 중복되는 수역이 발생한다. 이러한 문제를 해결하기 위해 이웃 국가들과 어업 협정을 맺어 공동으로 관리·이용하는 중간 수역이 있다.

12해리까지 적용되는 영해는 국가의 주권이 영향을 미치는 불가침의 바다인 것에 비해 배타적 경제 수역은 바다의 이용이라는 측면에서 경제적인 우선권을 갖는 구역으로 이해한다.

→ 소중한 우리 영토 독도

1. 위치

가장 먼저 해가 뜨는 곳

(1) 우리나라의 가장 동쪽에 위치: 동경 132°, 북위 37° ┐ 일본에서 독도와 가장 가까운 섬인 오키섬과의 거리는 157.5km이다.

(2) 행정 구역: 경상북도 울릉군, 울릉도와 87.4km의 거리에 위치함

2. 독도의 가치

(1) 영역적 가치 ┐ 사례: 과거에 일본은 우리나라를 식민지로 삼기 위하여 러일 전쟁을 일으켰는데, 전쟁 직후 독도를 강제 점령하여 러일 전쟁을 승리로 이끌 수 있었다.

　① 우리나라의 극동: 우리나라 영해의 동쪽 끝을 확정지음

　② 배타적 경제 수역 설정과 관련하여 중요한 기점임

(2) 군사 안보적 가치: 러시아 극동 지역과 일본 사이 동해에 위치, 주변 국가들의 선박 및 항공기 이동 상황 파악에 좋은 군사 요충지의 가능성이 높음

(3) 해상 교통의 요지: 해상 주도권을 차지할 수 있는 전진 기지 역할, 북극 항로 이용과 함께 중요성이 증가

(4) 자원의 보고

　① 한류와 난류가 교류하는 조경 수역이 형성되어 다양한 수산 자원 서식

　② 미래 대체 에너지인 메테인하이드레이트가 독도 주변 심해에 다량 매장

(5) 지질학적 가치 ┐ 독도는 약 460~250만 년 전에 해저 2,000m에서 화산 활동으로 형성된 거대한 해저 화산체의 일부이다.

　① 가장 오래된 해저 화산 지형: 수면 아래에 거대한 화산체를 간직하고 있음

　② 화산 지형으로서의 지질학적 가치가 뛰어나 해저 화산 지형 연구에 도움이 됨

(6) 환경 생태적 가치

　① 다른 곳에서는 볼 수 없는 해양 생태계 간직 → 다양한 동식물 분포

　② 철새들의 중간 서식지

→ 독도를 지켜온 우리의 노력

1. 오랜 우리 영토

(1) 역사 속의 독도: 문헌, 고지도 등을 통해 예로부터 우리 영토였음이 증명됨

(2) 일제 강점기에 일본이 자국의 영토로 편입했으나 우리 영토임

2. 독도 지킴이 노력 ┐ 조선 시대 어로 울릉도 근해에서 고기잡이하던 일본 어부들을 쫓아가 일본 정부로부터 울릉도와 독도가 조선 땅임을 인정하는 문서를 받아왔고, 조선 정부에 사과하도록 만들었다.

(1) 조선 시대 어부 안용복의 활약, 8·15 광복 이후 독도 의용 수비대의 노력

(2) 정부 기관, 민간단체, 개인이 모두 함께 노력

• 독도의 구성과 주소

독도는 서도와 동도, 89개의 바위섬으로 이루어져 있다. 서도에는 주민 숙소, 동도에는 경비대와 등대가 있다.

독도 주민 숙소 주소	경상북도 울릉군 울릉읍 독도 안용복길 3
독도 등대 주소	경상북도 울릉군 울릉읍 독도 이사부길 63

• 독도 명칭의 변화

삼국 시대: 우산도(울릉도는 우산국)

조선 시대: 가지도(가지어라고 불렸던 강치라는 바다사자가 많이 서식)

대한 제국: 석도(돌섬 또는 독섬)

• 독도를 지키는 다양한 기관들

- 외교부 독도
- 독도 연구소
- 국립 해양 조사원
- 사이버 외교 사절단 반크

정리 소중한 우리 땅 독도

위치	우리나라의 극동
가치	영역적, 군사적 가치 지질학적, 환경적 가치 자원적, 해상 교통의 가치
노력	조선 시대: 안용복 현재: 정부와 민간단체, 개인

교과서 PLUS α 국제 사회가 인정한 우리 땅 독도

카이로 선언(1943년 11월 22일)

(일본은) 폭력 및 탐욕으로 빼앗은 일체의 지역으로부터 물러나야 한다. 한국민이 노예 상태임을 유의하여 대한민국을 자유롭고 독립된 국가로 할 결의를 다진다.

포츠담 선언(1945년 7월 26일)

카이로 선언의 조항은 이행되어야 하며, 또한 일본의 주권은 혼슈, 홋카이도, 규슈 및 시코쿠, 그리고 연합국이 결정하는 작은 섬들에 국한될 것이다.

자료 해설

두 선언은 모두 일본이 일으킨 제2차 세계 대전 중에 연합국 대표들에 의해 발표된 것으로, 전쟁 이후 세계 질서를 바로잡기 위한 내용이다.

이렇게 이해하세요

1945년 8월 15일 일본의 패망과 우리나라의 독립으로 우리의 주권과 영토를 되찾았으며, 독도 또한 우리 영토의 일부로 인정받았다.

활동 풀이

생각 열기 풀이 노래 가사에 담긴 독도의 소중한 가치

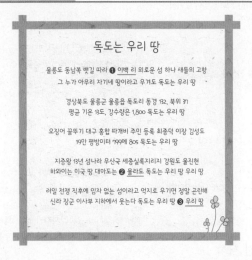

독도는 우리 땅

울릉도 동남쪽 뱃길 따라 ❶ 이백 리 외로운 섬 하나 새들의 고향
그 누가 아무리 자기네 땅이라고 우겨도 독도는 우리 땅

경상북도 울릉군 울릉읍 독도리 동경 132, 북위 37
평균 기온 13도, 강수량은 1,800 독도는 우리 땅

오징어 꼴뚜기 대구 홍합 따개비 주민 등록 최종덕 이장 김성도
19만 평방미터 ?99에 805 독도는 우리 땅

지증왕 13년 섬나라 우산국 세종실록지리지 강원도 울진현
하와이는 미국 땅 대마도는 ❷ 올라도 독도는 우리 땅 우리 땅

러일 전쟁 직후에 임자 없는 섬이라고 억지로 우기면 정말 곤란해
신라 장군 이사부 지하에서 웃는다 독도는 우리 땅 ❸ 우리 땅

🔍 자료 해설
독도의 소중함과 우리 영토로서의 자부심, 독도를 지키고자 하는 마음 등이 담긴 대중가요의 노래 가사이다. 노래 가사에는 독도의 위치와 자연환경, 독도의 역사, 현재 독도를 지키고 있는 사람들 등 다양한 사실들이 담겨 있어 독도를 공부하는 데 큰 도움이 된다.

1 밑줄 친 ❶~❸은 최근 노래 가사가 바뀌었다. 어떻게 바뀌었는지 조사하여 써 보자.
예시 답안 | ❶ 87K ❷ 조선 땅 ❸ 한국 땅

2 독도의 위치를 나타내는 노래 가사를 모두 찾아 써 보자.
예시 답안 | 울릉도 동남쪽 뱃길 따라 200리, 경상북도 울릉군 울릉읍 독도리 동경 백삼십이 북위 삼십칠

3 독도가 우리 땅임을 증명하는 데 도움이 되는 노래 가사를 찾아 써 보자.
예시 답안 | 지증왕 십삼년 섬나라 우산국, 세종실록지리지 강원도 울진현, 신라 장군 이사부 지하에서 웃는다.

스스로 탐구하기 풀이 우리나라 영토의 4극은 어디일까?

이것이 핵심 ❗
- **활동 목표**: 우리나라 4극의 위치와 지명, 경위도를 파악하고, 우리나라의 영역을 지도로 확인한다.
- **핵심 개념**: 우리나라의 4극, 독도

친절한 활동 안내 ⭐
이 활동의 핵심은 우리나라의 경위도와 동서남북 4극을 지도로 확인하고, 우리나라 영토의 전체적 모습 및 지리적 범위를 명확하게 이해하는 것이다. 특히, 앞으로 배울 독도의 위치가 우리나라의 영역이라는 측면에서 어떤 가치가 있는지 알아보자.

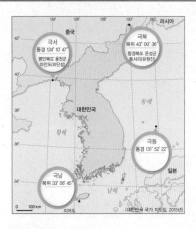

1 극동과 극남의 빈칸에 들어갈 지명을 써 보자.
예시 답안 | 극동: 경상북도 울릉군 울릉읍 독도리
극남: 제주특별자치도 서귀포시 마라도

2 우리나라의 위치를 경위도로 표현해 보자.
예시 답안 | 위도: 북위 33°~43°, 경도: 동경 124°~132°

3 위의 지도를 바탕으로 독도의 위치는 어떤 특징이 있는지 써 보자.
예시 답안 | 우리나라의 가장 동쪽 끝에 위치한다.

함께 탐구하기 풀이 우리나라의 영해는 어떻게 정할까?

이것이 핵심 ❗
- **활동 목표**: 삼면이 바다로 둘러싸여 있고, 섬이 많은 우리나라의 영해는 어떻게 정해지는지 알 수 있다.
- **핵심 개념**: 직선 기선, 통상 기선

친절한 활동 안내 ⭐
이 활동의 핵심은 직선 기선과 통상 기선의 개념을 이해하고, 두 기선의 차이점을 해안선의 모양 차이와 관련지어 이해하는 것이다. 특히, 직선 기선을 어떻게 설정하는지 이해하도록 한다.
또한, 대한 해협의 경우 왜 3해리까지만 영해로 정하였는지 이웃 국가와 관련지어 알아보자.

1 지도의 기점을 직선으로 이어 보자. 그리고 직선 기선을 이용하여 영해를 정하는 방법을 써 보자.
예시 답안 | 같은 위도상에 있는 섬 중 가장 바깥쪽에 위치한 섬들을 찾아 직선으로 잇고 그 선에서부터 12해리를 영해로 정한다.

2 지도를 보고 다음 지역 중 직선 기선과 통상 기선을 적용한 영해를 정한 곳을 구분해 보자.
예시 답안 | 직선 기선 적용: 남해안, 서해안, 동해안 일부
통상 기선 적용: 울릉도, 독도, 제주도, 동해안의 대부분

3 대한 해협이 있는 곳은 직선 기선에서 3해리까지를 영해로 정하고 있다. 그 까닭을 조사하여 써 보자. 예시 답안 | 일본 영토인 쓰시마섬과 인접하여 12해리를 서로 적용할 경우 영해가 중복될 수 있으며, 두 나라의 영해만 있으면 제3국의 선박이 통과할 수 없기 때문이다.

자료 ❶ 조경 수역

독도 주변 바다는 북쪽에서 내려오는 차가운 해류와 남쪽에서 올라오는 따뜻한 해류가 만나 조경 수역을 이룬다.

자료 ❷ 메테인하이드레이트

메테인하이드레이트는 천연가스와 물이 결합하여 만들어진 지하자원으로 독도 주변의 수심 300 m 이상의 깊은 바다에 많이 매장되어 있다.

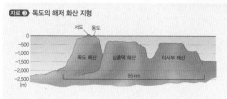

자료 ❸ 독도의 해저 화산 지형

독도는 우리나라에서 가장 오래된 화산섬으로 울릉도나 제주도보다 먼저 형성되었다.
독도는 약 460 ~ 250만 년 전에 해저 2,000 m 이하에서 화산 활동으로 형성되었으며, 수면 아래에 거대한 화산섬의 모습을 갖추고 있다.

1 자료 ❶ ~ ❸ 을 보고 알 수 있는 독도 주변 영해의 가치를 아래 표에 정리해 보자.

예시 답안 | 조경 수역: 다양한 어족이 서식하여 수산 자원이 풍부하다.

메테인하이드레이트: 석탄이나 석유를 대신할 수 있는 대체 에너지 자원이 풍부하다.

2 아래 자료를 보고 독도가 가진 영역적 가치는 무엇인지 토의하여 써 보자.

주변 국가의 선박 및 항공기 이동 상황을 파악하는 역할

해상 주도권을 갖기 위한 전진 기지 역할

북극 항로가 열리면서 독도의 중요성이 증가

예시 답안 | 지정학적으로 중요한 곳에 있으며, 해상 교통의 요지 역할을 할 수 있다.

조선의 민간인 어부 안용복은 독도를 지켰습니다.

▲ 안용복   ▲ 독도 의용 수비대   ▲ 독도를 지키는 다양한 기관 및 단체

독도연구소 Dokdo Research Institute

경북지방경찰청 독도경비대

사이버외교사절단 반크 Voluntary Agency Network of Korea

1 안용복과 독도 의용 수비대가 어떻게 독도를 지켰는지 조사하여 써 보자.

예시 답안 | 안용복: 조선 시대 어부로, 독도 근해에서 어업을 하던 일본인을 꾸짖고 일본에 찾아가 독도가 조선 땅임을 확인받고 돌아왔다.

독도 의용 수비대: 6·25 전쟁 이후 일본인들이 독도에 세운 영토 푯말을 제거하고, 동도의 바위에 '한국령'이라는 글을 새겨 넣었다. 이후에도 독도에 다가오는 일본 순시선을 총격전 끝에 격퇴하는 등 일본으로부터 독도를 지키는 노력을 계속하였다.

2 독도를 지키는 다양한 기관 및 단체 중 하나를 골라 어떤 노력을 하고 있는지 조사하여 써 보자.

예시 답안 |

기관 및 단체	노력
반크	독도와 동해가 우리 영토, 우리 바다임을 세계에 알리는 활동
독도 연구소	독도에 관한 조사, 연구, 정책 개발 및 건의, 시민 단체와의 교류, 협력, 홍보 등의 활동

이것이 핵심

- **활동 목표**: 독도의 가치를 여러 가지 측면으로 구분하여 말할 수 있다.
- **핵심 개념**: 조경 수역, 메테인하이드레이트, 화산 지형

친절한 활동 안내

이 활동의 핵심은 독도의 가치를 여러 가지 근거를 바탕으로 파악하는 것이다. 교과서에 제시된 자료들이 독도의 어떤 가치를 설명하고자 제시되었는지 알아보자.

이것이 핵심

- **활동 목표**: 독도를 지키기 위해 어떤 노력을 하고 있는지 알고 독도를 지키려는 마음을 기를 수 있다.
- **핵심 개념**: 독도 지킴이, 안용복

친절한 활동 안내

이 활동의 핵심은 현재까지 독도를 지키기 위해 어떤 노력을 해왔는지 알아보고, 앞으로 어떤 노력이 요구되는지 생각해 보는 것이다. 특히, 인터넷을 이용하여 다양한 독도 지킴이 활동 사례를 수집해 보자.

1 다음 내용이 옳으면 ○표, 틀리면 ×표 하시오.

(1) 우리나라의 영토는 남한과 주변 섬들로 이루어져 있다. ( )

(2) 우리나라 영토의 가장 동쪽은 독도이다. ( )

(3) 남해안과 서해안은 통상 기선으로 영해를 정하고 있다. ( )

2 다음 내용에 알맞은 말을 골라 ◯표 하시오.

(1) 대한 해협은 (직선, 통상) 기선으로 (3, 12)해리까지를 영해로 정하고 있다.

(2) 독도는 행정 구역상 (강원도, 경상북도)에 속한다.

3 다음 빈칸에 알맞은 말을 쓰시오.

(1) 썰물로 해수면이 가장 낮아졌을 때의 해안선을 ( )이라고 한다.

(2) 조선 시대 민간 어부였던 ( )은 독도가 조선 땅이라는 확답을 일본으로부터 받아냈다.

01 영역에 대한 설명으로 옳지 <u>않은</u> 것은?

① 영공은 영토의 수직적 상공이다.

② 영역은 영토, 영해, 영공으로 이루어진다.

③ 영토는 영역 중 땅으로 이루어진 부분이다.

④ 영해는 보통 해안선에서 12해리까지로 정한다.

⑤ 영역은 국가의 주권이 미치는 지리적 범위이다.

02 우리나라 영토의 4극과 관련이 <u>없는</u> 것은?

① 함경북도 온성군 풍서리(북위 43°)

② 평안북도 용천군 마안도(동경 124°)

③ 경상북도 울릉군 울릉읍 독도(동경 132°)

④ 제주특별자치도 서귀포시 마라도(북위 33°)

⑤ 경기도 파주시 진서면 판문점(북위 38도°)

[03-04] 지도를 보고 물음에 답하시오.

03 직선 기선을 적용하여 영해를 정하는 곳은?

① 독도   ② 울릉도

③ 제주도   ④ 동해안 일부

⑤ 동해안 대부분

04 우리나라 영해 설정에 대한 설명으로 옳지 <u>않은</u> 것은?

① 모든 지역의 영해는 12해리를 적용하고 있다.

② 섬이 많고 해안선의 형태가 복잡한 곳은 직선 기선을 적용한다.

③ 해안선이 단조로운 해안 지역과 섬 지역은 통상 기선을 적용한다.

④ 직선 기선은 가장 바깥쪽에 위치한 섬들을 직선으로 이은 것이다.

⑤ 동해안은 통상 기선과 직선 기선을 사용하는 지역이 구분된다.

05 중요 다음 내용과 관련된 독도의 가치는?

독도는 우리나라에서 해가 가장 먼저 뜨는 곳이다.

① 해상 교통의 요지

② 풍부한 천연자원

③ 환경과 생태의 보고

④ 우리나라 영토의 극동

⑤ 군사적으로 중요한 위치

06 ^{단답형} 제시된 글의 빈칸에 알맞은 용어를 네 글자로 쓰시오.

> 독도 주변 바다는 북쪽에서 내려오는 차가운 해류와 남쪽에서 올라오는 따뜻한 해류가 만나 ☐☐☐☐을 이루기 때문에 수산 자원이 풍부하다.

(   )

07 그림과 관련이 있는 독도의 가치는?

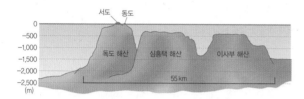

① 해상 교통의 요지
② 풍부한 천연자원
③ 수산 자원의 보고
④ 환경과 생태의 보고
⑤ 거대한 해저 화산 지형

08 사진과 관련이 있는 독도의 특징을 가장 바르게 설명한 것은?

① 지질학적 가치가 매우 뛰어나다.
② 동해의 중심지 역할을 할 수 있다.
③ 군사적, 안보적으로 매우 중요하다.
④ 우리나라의 가장 동쪽에 위치한다.
⑤ 미래의 대체 에너지 자원이 풍부하다.

09 독도를 지키기 위한 개인의 노력 사례로 가장 대표적인 것은?

① 독도 연구소
② 독도 경비대
③ 독도 의용 수비대
④ 사이버 외교 사절단 반크
⑤ 조선 시대 민간 어부 안용복

10 '독도는 우리 땅' 노래 가사 중 독도의 위치와 관련이 있는 것은?

① 지증왕 십삼 년 섬나라 우산국
② 외로운 섬 하나 새들의 고향
③ 평균 기온 12도 강수량은 1800
④ 울릉도 동남쪽 뱃길 따라 87K
⑤ 신라 장군 이사부 지하에서 웃는다

11 다음 자료를 보고 독도의 가치를 두 가지 이상 서술하시오.

· 축제의 소재별 분류

자연환경	김제 지평선 축제, 진도 신비의 바닷길 축제 등
특산물	금산 인삼 축제, 횡성 한우 축제 등
역사 · 문화	남원 춘향제, 영동 난계 국악 축제, 강화 고인돌 축제 등

정리 **지역의 경쟁력과 지역화 전략**

지역의 경쟁력	자연환경	산지, 해안, 제주 화산 지형
	역사 · 문화	세계 문화유산, 경주 역사 지구
지역화 전략	지역 브랜드	지역 축제
	장소 마케팅	

→ **경쟁력이 있는 우리나라 여러 지역**

1. 아름다운 자연환경

(1) 서로 다른 모습의 해안 지역: 해상 국립 공원 발달 ———— 충남 보령의 대천 해수욕장에서 매년 머드 축제가 열린다.

① 서해안: 넓은 갯벌과 풍부한 수산 자원, 갯벌 체험

② 남해안: 따뜻한 수온, 다도해의 아름다운 절경

③ 동해안: 푸른 바다, 고운 모래사장을 이용한 해수욕장 발달 ——— 다도해 해상 국립 공원, 한려 해상 국립 공원 등이 있다.

(2) 사계절 고운 빛을 간직한 산지 지형

① 많은 사람이 찾는 국립 공원: 설악산, 지리산, 한라산 등

② 용암의 분출로 형성된 화산 지형: 세계 자연 유산 제주도, 울릉도 등

2. 오랜 역사를 바탕으로 한 문화

(1) 지역마다 옛 왕조의 오랜 역사와 전통 간직

(2) 세계 문화유산: 경주 역사 지구와 양동마을 ——— 불국사, 석굴암, 왕릉 등이 있다.

→ **지역의 특색을 살리고 경쟁력을 높이는 지역화 전략**

1. 지역화 전략

(1) 의미: 지역의 잠재력과 특색을 차별화하여 지역을 발전시키려는 계획

(2) 방법 ——— 지역을 대표하는 상징물이다. 서울 '엔 서울 타워', 뉴욕 '자유의 여신상' 등이 있다.

① 지역 브랜드: 지역의 자연환경, 역사 · 문화적 특징, 산업, 인물 등과 관련된 그 지역만의 독특한 이미지를 상품화하여 지역 발전 도모

② 장소 마케팅: 랜드마크처럼 지역의 특정 장소 상품화 → 경제적 가치 높임

③ 지역 축제: 지역의 다양한 소재를 바탕으로 특정 시기에 개최
　예 강화도 고인돌 축제, 남원 춘향제, 횡성 한우 축제 등

2. 내가 사는 지역의 지역화 전략 세우기

(1) 지역의 지리적 특징 파악: 자연환경, 역사 · 문화적 특징 등

교과서 PLUSα **세계의 다양한 축제**

◑ 브라질의 리우 카니발

↥ 에스파냐 토마토 축제

◑ 삿포로 눈 축제

자료 해설

세계 여러 지역과 국가에서는 지역의 특성을 바탕으로 한 다양한 축제가 열리고 있다. 브라질의 리우 카니발, 에스파냐 토마토 축제, 삿포로 눈 축제는 세계 많은 이들이 알고 있는 축제들이다.

이렇게 이해하세요

축제를 통해 경제적 이익, 지역 개발뿐만 아니라 지역 주민들의 단결과 화합의 장을 마련할 수도 있다. 또한, 축제에는 그 지역의 자연환경이나 역사 · 문화적 특징이 고스란히 담겨 있다. 브라질의 리우 카니발에서는 아프리카에서 노예로 잡혀 온 역사를, 삿포로 눈 축제에서는 기후의 특징을, 에스파냐 토마토 축제에서는 특산물을 알 수 있다.

(2) 다른 지역과 차별화하여 성장 가능성이 있는 요소 찾아내기

(3) 지역 브랜드, 장소 마케팅, 지역 축제 등의 방법으로 전략 세우기

포스터 만들기, 홍보 문구 만들기, 축제 기간과 장소 정하기 등을 한다.

→ 우리나라 위치의 지리적 장점

1. 대륙과 해양을 이어 주는 한반도 뜻 유럽과 아시아 대륙을 합한 세계에서 가장 큰 대륙

(1) 유라시아 대륙 동안에 위치: 북쪽으로 대륙과의 교류에 유리

(2) 태평양과 인접한 반도국: 남동쪽으로 바다를 통한 교류에 유리

2. 동아시아의 중심, 우리나라

(1) 세계의 중심지로 성장하는 동아시아

　① 풍부한 천연자원, 노동력을 바탕으로 빠르게 성장하는 중국

　② 첨단 기술을 바탕으로 경제 대국을 이룬 일본

(2) 중국과 일본의 가운데 위치한 우리나라: 동아시아의 중심 국가로 발전 가능성이 높음

→ 통일의 필요성과 통일의 미래 모습

1. 분단의 문제점

(1) 대륙과 해양을 연결하는 지리적 장점을 살리지 못함

(2) 국토 공간을 효율적으로 이용하지 못함

남북의 교통망이 연결되고 인적 교류가 활발해지면, 우리나라 전체 국토를 효율적으로 이용할 수 있게 된다. 금강산 관광, 개성 공단 이용 등이 대표적인 예이다.

(3) 민족 간의 대립과 갈등 증가와 이에 따른 국방비 지출 증가

(4) 동아시아에서 우리나라의 위상 약화, 중심 국가로서의 역할 수행 어려움

2. 통일의 필요성

(1) 한반도의 지리적 장점 회복

(2) 동아시아와 세계 속에 우리나라의 위상 강화

(3) 한반도 평화는 물론 세계 평화에 이바지

(4) 남북 간에 군사적 대립 해소, 이산가족 문제 해결

(5) 국토 공간의 효율적 이용 및 개발 잠재력 신장

북한의 천연자원, 값싼 노동력이 남한의 기술, 자본과 결합하여 발전할 가능성이 매우 크다.

· 임진왜란, 일제 강점기와 우리나라의 지리적 장점

바다로 둘러싸인 일본은 대륙으로의 진출에 한계가 있어 우리나라를 대륙 진출의 발판으로 삼으려고 침략을 시도했었다. 조선 중기에는 정명 가도 (명을 치러 가는데 길을 빌려 달라)를 내세우며 침략했었고, 조선 말기에는 우리나라를 식민지화하고 제2차 세계 대전을 일으켰다.

개념⁺ 분단 비용, 통일 비용

분단 비용이란 분단을 유지하는 데 들어가는 비용이다. 군사비 증가, 남북 이산가족의 아픔, 국토 공간의 비효율적 이용, 긴장과 갈등 등이 이에 해당한다.

통일 비용이란 남북이 통일을 이루는 데 들어가는 경제적 비용을 말한다. 특히, 남과 북의 경제적 차이를 극복하고 함께 성장하는 데 많은 경제적 비용이 예상된다.

정리 통일 이후 국토 공간

우리나라의 지리적 장점	• 대륙과 해양 진출에 유리 • 세계의 중심지로 성장하는 동아시아의 중심 국가
통일의 기대 효과	• 한반도의 개발 잠재력 신장 • 세계 평화에 기여 • 민족 동질감 회복 • 세계의 중심지로 성장

교과서 PLUS α

남북 간 교류와 협력

↑ 개성 공단

↑ 금강산 관광

자료 해설

개성 공단은 북한의 풍부한 자원과 값싼 노동력이 남한의 우수한 기술 및 자본과 결합한 남북 간 교류와 협력의 대표적인 사례이다. 그러나 2016년 가동이 중단된 채 현재에 이르고 있다.

금강산 관광은 1998년 정부가 햇볕 정책의 일환으로 북한에 제안해 시행하였다. 그러나 2008년 금강산 관광에 나선 한국의 여성 관광객 한 명이 북한군 병사의 총에 맞아 숨지면서 전면 중단되었다.

이렇게 이해하세요

개성 공단과 금강산 관광은 지금 중단되었지만 남북 간에 화해 분위기가 조성되고 다시 교류가 이어지면 재개될 수 있는 대표적인 사례들이다. 통일은 이러한 남북 교류와 협력으로부터 시작된다.

활동 풀이

자료 해설
우리나라는 지역마다 지역의 특성을 살린 다양한 축제들이 열리고 있다. 이러한 지역 축제는 지역 발전은 물론, 지역 주민들의 화합에도 큰 도움이 된다.

지역마다 다양한 축제가 열리고 있네!

재미있겠다. 축제 덕분에 이 지역들이 널리 알려지겠어!

1 자신이 알고 있는 지역 축제를 골라 친구들에게 설명해 보자.

예시 답안 | 보령 머드 축제: 긴 해안선, 넓은 모래사장과 갯벌을 바탕으로 이루어지는 세계적인 축제이다. 축제 장소에서 다양한 머드 체험을 하였다.

2 지역 축제가 지역의 발전에 어떤 도움을 주는지 말해 보자.

예시 답안 | 지역의 경제 발전, 주민 화합, 지역 홍보 등에 이바지한다.

이것이 핵심 ❗
- **활동 목표**: 경쟁력이 있는 우리나라 여러 지역을 알고 홍보할 수 있다.
- **핵심 개념**: 서해안, 동해안, 남해안, 세계 자연 유산, 세계 문화유산

친절한 활동 안내 ⭐
이 활동의 핵심은 산과 바다, 오랜 역사와 문화 유적이 풍부한 우리나라 여러 지역의 특징을 알고 전 세계에 어떻게 홍보할지 생각해 보는 것이다.
서해안과 남해안, 동해안은 각각 어떤 장점이 있는지, 세계 자연 유산과 세계 문화유산에 해당하는 지역들은 어떤 특징이 있는지 공부해 보자.

▲ 보령 갯벌 체험

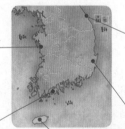

▲ 낙산 해수욕장

▲ 다도해 해상 국립 공원

▲ 세계 자연 유산 제주 화산섬과 용암동굴

▲ 세계 문화유산 경주 역사 유적 지구

1 위 사진을 보고 서해안, 동해안, 남해안의 특징을 홍보하는 문구를 작성해 보자.

예시 답안 | 서해안: 넓은 갯벌에서 즐기는 다양한 체험, 서해안으로 놀러 오세요.
동해안: 푸른 바다, 고운 모래사장, 해돋이의 명소 동해로 오세요.

2 제주도와 경주가 세계 유산으로 선정된 까닭을 아래 빈칸에 써 보자.

예시 답안 |

세계 자연 유산 제주 화산섬과 용암동굴	세계 문화유산 경주 역사 유적 지구
주상 절리, 용암동굴, 기생 화산 등의 독특한 화산 지형이 많다.	많은 유물과 유적, 석굴암과 불국사, 경주 양동마을 등이 있다.

우리나라 여러 지역의 지역화 전략은 어떤 것이 있을까? 교과서 211쪽

가 | 충청남도 보령시
나 | 강원도 평창군
다 | 인천광역시 강화군
라 | 전라북도 남원시
마 | 강원도 횡성군

1 **가**, **나** 지역의 자연환경 특징과 각 지역에서 개최하는 행사를 써 보자.

예시 답안 |

	자연환경 특징	개최하는 행사
가	갯벌이 넓게 발달하여 진흙이 풍부하다.	머드 축제
나	해발 고도가 높고 겨울에 눈이 많이 내린다.	동계 올림픽

2 **다** ～ **마** 지역의 지역화 전략의 하나로 개최하는 지역 축제를 조사하여 써 보자.

예시 답안 |

다	고인돌 축제
라	춘향제
마	한우 축제

이것이 핵심

- **활동 목표:** 우리나라 여러 지역의 지역화 전략을 축제, 지역 브랜드, 홍보 캐릭터를 이용하여 말할 수 있다.
- **핵심 개념:** 지역화 전략, 축제, 캐릭터, 지역 브랜드

친절한 활동 안내

이 활동의 핵심은 지역 축제로 유명한 여러 지역의 홍보 캐릭터를 이용하여 그 지역에서 개최되고 있는 축제를 알아보고, 나아가 그 지역의 지리적 특성과 발전 가능성을 살펴보는 것이다.

내가 사는 지역의 지역화 전략을 만들자! 교과서 211쪽

1단계

내가 사는 지역의 지리적 특징을 정리해 보자.

예시 답안 | 자신이 살고 있는 지역을 시·군·구 단위로 설정하고, 이 지역의 지리적 특징을 시·군·구청 홈페이지 등을 활용하여 정리한다. 지리적 특징은 자연환경과 역사·문화적 환경으로 구분하여 정리한다.

2단계

다른 지역과 차별된 특징을 세 가지 이상 조사하여 써 보자.

예시 답안 | 정리한 지리적 특징 중 다른 지역과 차별화되었으며, 우리 지역을 홍보할 만한 가치가 있다고 판단되는 것들을 3가지 찾아본다.

3단계

특징 가운데 한 가지를 선택하여 지역 브랜드와 홍보 문구를 만들어 보자.

예시 답안 | 이미 만들어진 다른 지역들의 지역 브랜드와 장소 마케팅, 지역 축제 때 사용하는 홍보 문구와 캐릭터를 조사하여, 지역을 홍보하는 포스터나 문구, 캐릭터를 제작한다.

이것이 핵심

- **활동 목표:** 내가 사는 지역의 지역화 전략을 세울 수 있다.
- **핵심 개념:** 지역화 전략, 지역 브랜드, 홍보 문구

친절한 활동 안내

이 활동의 핵심은 내가 살고 있는 지역의 지리적 특성을 알아보고, 그러한 특성 중에서 다른 지역들과 차별화되어 지역 발전에 도움될 만한 것을 알아보고, 이것을 중심으로 지역화 전략을 수립해 보는 것이다.
우리나라 여러 지역에서 진행되고 있는 축제 등을 참고하여 지역 브랜드와 장소, 홍보 문구 등을 작성해 보자.

자료 해설
지도는 북부 지방의 관광 지구를 지역별로 소개하는 자료이다. 사진 자료는 대표적인 먹거리와 관광 명소를 보여 준다.

1 지도에 제시된 장소 중 여행하고 싶은 곳을 선택하고 그 까닭을 써 보자.

예시 답안 | 평양 지구, 옛 고구려의 수도였으며 현재 북한의 중심 도시이기 때문에

2 관광 외에 통일하여 나타날 수 있는 효과를 세 가지 이상 써 보자.

예시 답안 | 남북 간의 협력으로 경제가 더 성장한다.
남북 간에 경쟁이나 대결 상태가 사라진다.
세계적인 스포츠 대회에서 우수한 성적을 올릴 수 있다.

이것이 핵심
- **활동 목표:** 지도를 보고 우리나라 위치의 지리적 장점을 설명할 수 있다.
- **핵심 개념:** 지리적 위치, 지리적 장점, 교류의 중심지

친절한 활동 안내

이 활동의 핵심은 다른 나라들과 육로나 해로를 이용하여 교류하는 데 유리한 우리나라의 위치적 장점을 생각해 보는 것이다.
육로를 이용하여 멀리 유럽까지 왕래할 수 있고 바다를 이용하여서도 전 세계 여러 지역과 교류가 가능한 우리나라의 지리적 장점을 생각해 본다. 그리고 통일이 이러한 장점과 어떤 관련이 있는지 이야기해 보자.

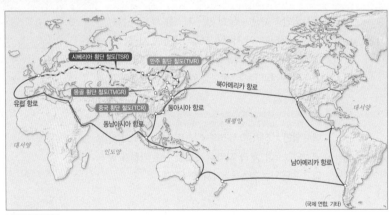

▲ 대륙 철도와 항로

1 지도 자료를 이용하여 세계 교역에 있어서 물류 중심지가 될 수 있는 우리나라의 위치적 장점에 관해 토의해 보자.

예시 답안 | 대륙과 해양, 유라시아 대륙과 태평양 연안 국가를 연결하는 주요 해운과 철도의 교차점에 위치하여 세계 여러 지역과 교류할 수 있다.

2 우리나라의 지리적 장점을 최대한 살리는 데 해결해야 할 과제는 무엇인지 토의해 보자.

예시 답안 | 통일이 되어 남북 간에 자유로운 왕래가 이루어지고 끊어진 교통망이 다시 복원되어야 한다.

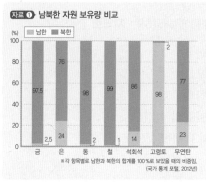

자료 ❶ 남북한 자원 보유량 비교

자료 ❷ 끊어진 남북 연결 철도

자료 ❸ 이산가족 상봉

자료 ❹ 남북의 군사적 대치(판문점)

이것이 핵심
- **활동 목표**: 자료를 분석하여 통일의 필요성과 통일 이후 달라질 모습을 말할 수 있다.
- **핵심 개념**: 통일의 기대 효과, 통일의 미래 모습

친절한 활동 안내
이 활동의 핵심은 통일의 필요성과 통일 후의 미래 모습을 파악해 보는 것이다.
자료를 활용하여 통일하면 어떤 모습일지, 어떤 변화가 나타날지 자유롭게 생각하며 정리해 본다. 통일 후의 미래 모습을 의논하고 상상하면서 창의적 사고력과 의사소통 능력을 기른다.

1 자료 ❶ 을 보고 알 수 있는 통일의 기대 효과를 아래 빈칸에 써 보자.

예시 답안 | 풍부한 자원

2 자료 ❷ 를 보고 아래 빈칸에 알맞은 답을 써보자.

예시 답안 |

노력해야 할 일	끊어진 철도나 도로를 다시 복원한다
통일의 기대 효과	남북 간에 자유로운 왕래가 이루어지고, 교류와 협력이 활발해진다. 북쪽으로 멀리 유럽까지 육로를 이용한 교류가 이루어진다. 이를 통해 경제가 더 성장할 수 있다.

3 자료 ❸, ❹ 를 보고 통일하면 달라지는 모습을 써 보자.

예시 답안 |

통일하면 이산가족의 슬픔이 사라지고 남북 간에 군사적 대립이 사라지며 한반도에 평화가 정착된다.

4 외국인들을 위한 북부 지방 여행 상품을 만들어 이름을 짓고 여행 경로를 지도에 그려 보자.

예시 답안 |

🎈 여행 상품 이름 🎈

한반도의 북쪽 지방에서 만나는 자연과 역사

개념 쏙쏙

1 다음 내용에 알맞은 말을 골라 ◯표 하시오.

(1) 갯벌이 넓고 해안선이 복잡한 곳은 (서해안, 동해안)이다.

(2) 경주는 세계 (자연 유산, 문화유산)으로 등재되어 보호되고 있다.

2 지역과 축제, 행사를 바르게 연결하시오.

(1) 보령 •   • ㉠ 춘향제

(2) 남원 •   • ㉡ 동계 올림픽

(3) 평창 •   • ㉢ 머드 축제

3 〈보기〉에서 통일의 기대 효과를 모두 고르시오.

보기

| ㄱ. 국방비 지출 증가 | ㄴ. 우리나라 위상 약화 |
| ㄷ. 지리적 장점 회복 | ㄹ. 한반도 평화 정착 |

중요
01 동해안을 홍보한 문구는?

① 머드 축제를 아시나요?

② 다도해의 아름다운 절경!

③ 가족과 함께 갯벌 체험을!

④ 진도 신비의 바닷길 축제 보러 오세요.

⑤ 푸른 바다, 고운 모래사장에서 해돋이를!

02 사진의 지역과 관련이 없는 것은?

① 한라산   ② 화산섬

③ 용암동굴   ④ 양동마을

⑤ 세계 자연 유산

03 장소 마케팅에 해당하는 지역화 전략은?

① 횡성 한우

② 안성 포도

③ 성주 참외

④ 뉴욕 자유의 여신상

⑤ 평창의 HAPPY 700

04 지역의 역사·문화적 특징을 이용한 축제는?

① 남원 춘향제

② 풍기 인삼 축제

③ 양양 송이 축제

④ 화천 산천어 축제

⑤ 춘천 국제 마임 축제

05 자연 환경을 이용한 축제를 〈보기〉에서 고른 것은?

보기

| ㄱ. 강화 고인돌 축제 | ㄴ. 남원 춘향제 |
| ㄷ. 화천 산천어 축제 | ㄹ. 보령 머드 축제 |

① ㄱ, ㄴ   ② ㄱ, ㄷ   ③ ㄴ, ㄷ

④ ㄴ, ㄹ   ⑤ ㄷ, ㄹ

중요
06 그림과 관련이 있는 지역은?

① 강원도

② 전라북도

③ 충청남도

④ 인천광역시

⑤ 서울특별시

단답형

07 밑줄 친 '이것'에 해당하는 지역화 전략을 쓰시오.

> 이것은 지역의 자연환경, 역사·문화적 특징, 산업, 인물 등과 관련된 그 지역만의 독특한 이미지를 상품화하는 지역화 전략이다.

(   )

08 (가)~(다) 지역을 바르게 나타낸 것은?

(가)	(나)	(다)

	(가)	(나)	(다)
①	서해안	동해안	남해안
②	남해안	서해안	동해안
③	동해안	남해안	서해안
④	남해안	동해안	서해안
⑤	서해안	남해안	동해안

09 다음과 같은 우리나라의 지리적 장점을 회복하기 위해 우선적으로 해결해야 할 과제는?

> 우리나라는 유라시아 대륙 동안에 있으며, 태평양과 인접한 곳에 위치한 반도국이다. 북쪽으로는 드넓은 대륙과 교류할 수 있고, 남쪽으로는 바다를 통해 세계 여러 나라와 교류하기에 유리하다.

① 신제품 생산과 수출 증대
② 주변 국가들과의 관계 개선
③ 기술 개발을 통한 경제 성장
④ 정치적 안정을 통한 활발한 외교
⑤ 남북 관계 개선 및 교류 협력 증대

10 분단으로 인해 증가하고 있는 것은?

① 한반도의 개발 잠재력
② 남북 간의 교류와 협력
③ 우리나라의 지리적 장점
④ 남한과 북한의 군사비 지출
⑤ 세계 속에서 우리나라의 위상

11 사진을 통해 알 수 있는 분단의 아픔은?

① 국방비 지출 증가
② 국제 사회에서 고립
③ 한반도 위기감 고조
④ 남북 이산가족 문제
⑤ 남과 북의 갈등과 대립

서술형

12 (가)를 보고 통일을 위해 필요한 과제를, (나)를 보고 통일의 기대 효과를 각각 서술하시오.

(가)	(나)

대단원 마무리

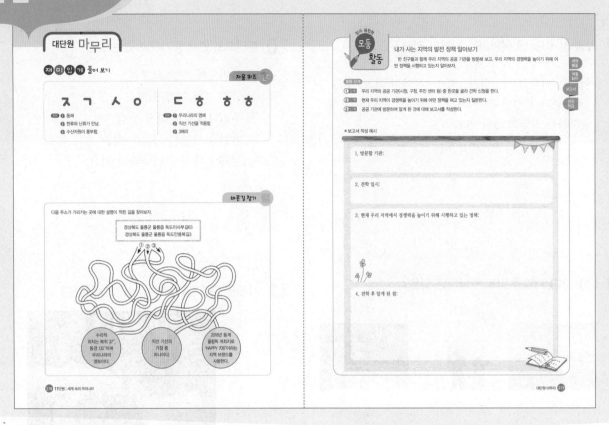

재미있게 풀어 보기 풀이
교과서 218쪽

|자음 퀴즈|
예시 답안 |

조경 수역, 대한 해협

|바른길 찾기|
예시 답안 |

제시된 자료는 독도 동도의 독도 등대와 서도의 주민 숙소 주소이다. 독도에 대한 설명 말풍선인 "수리적 위치는 북위 37°, 동경 132°이며 우리나라의 영토이다."로 가는 길은 ②이다.

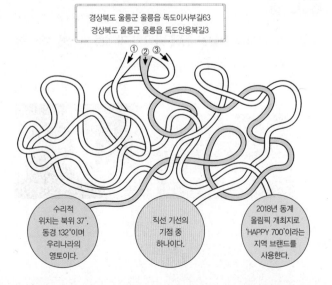

창의·융합형 수행 활동 풀이
교과서 219쪽

이것이 핵심 지역의 공공 기관에서 시행하고 있는 지역 발전 정책을 통해 우리 지역의 발전을 위해 무엇이 필요한지 알아본다.

예시 답안 |

● 보고서 작성 예시

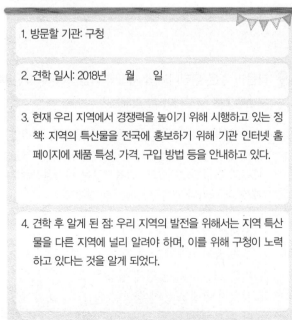

1. 방문할 기관: 구청

2. 견학 일시: 2018년   월   일

3. 현재 우리 지역에서 경쟁력을 높이기 위해 시행하고 있는 정책: 지역의 특산물을 전국에 홍보하기 위해 기관 인터넷 홈페이지에 제품 특성, 가격, 구입 방법 등을 안내하고 있다.

4. 견학 후 알게 된 점: 우리 지역의 발전을 위해서는 지역 특산물을 다른 지역에 널리 알려야 하며, 이를 위해 구청이 노력하고 있다는 것을 알게 되었다.

독도 경비대

이번 단원에서는 우리나라의 영역 중 우리나라 국토의 동쪽 끝에 위치한 독도에 관하여 배웠습니다. 독도를 자기 영토라고 우기는 이웃 나라로부터 소중한 우리 국토를 지키기 위해 많은 노력을 하고 있습니다. 그중에서도 독도를 지키고 있는 독도 경비대에 관해 알아봅시다.

안녕하세요. 독도를 밤낮으로 지키고 있는 독도 경비대에 관해 알고 있나요? 소중한 우리 영토인 독도를 함부로 넘보지 못하도록 철저하게 지키는 독도 경비대는 무슨 일을 하고 있는지 살펴보겠습니다.

우와! 독도 경비대는 고생 많겠네요. 그럼 독도 경비대는 어디에서 지내나요? 근무는 어떤 방식으로 서나요?

네. 독도에서 지냅니다. 동도에는 독도 경비대를 위한 시설이 마련되어 있고요. 주소도 있답니다.
"경상북도 울릉군 울릉읍 독도이사부길 55 독도 경비대"
이 주소로 편지 보내면 독도 경비대원이 받아볼 수 있습니다.
근무는 독도를 24시간 지키기 위해 여러 경비대원들이 돌아가면서 교대 근무를 하고 있습니다.

멋지고 든든합니다. 독도 경비대의 임무를 좀 더 자세하게 알고 싶어요.

독도 경비대는 1개 소대 규모의 병력이 독도 경비 임무를 수행하고 있으며, 일본 순시선 등 외부 세력의 침범에 대비하여 첨단 과학 장비를 이용하여 24시간 해안 경계를 하고 있습니다.
유사시 인근 해경, 해군, 공군과 통신이 가능한 통신 시설 등을 갖추고 영해를 침범하는 외부 세력을 관계 기관에 통보하여 저지토록 하고 있으며, 불법으로 독도에 접안할 시 체포 또는 나포하여 독도를 끝까지 지키는 데 힘을 다한답니다.

01 우리나라의 영역과 독도

빈출

01 그림에 대한 설명으로 옳은 것은?

① 영공의 수직적 범위는 무한하다.
② 영공은 영토의 수직적 상공이다.
③ 영역은 영토와 영해로 이루어진다.
④ 해안선에서 12해리까지가 영해이다
⑤ 영토는 육지와 주변 바다까지 포함한다.

02 우리나라의 4극에 대한 설명으로 옳지 <u>않은</u> 것은?

① 가장 북쪽의 위도는 대략 북위 43°이다.
② 가장 남쪽의 위도는 대략 북위 33°이다.
③ 가장 서쪽의 경도는 대략 서경 124°이다.
④ 가장 동쪽의 경도는 대략 동경 132°이다.
⑤ 가장 동쪽은 독도, 가장 남쪽은 마라도이다.

중요

03 다음 글의 ㉠~㉤에 들어갈 말을 옳게 연결한 것은?

> ㉠ 은 섬이 없는 바닷가에서 해안선을 기준으로 영해를 정하는 것이다. 이에 비해 ㉡ 은 해안선이 복잡하고 섬이 많은 곳에서 가장 ㉢ 의 섬들을 ㉣ 으로 연결한 선을 기준으로 영해를 정한 것이다. 우리나라는 해안선을 기준으로 12해리까지 영해로 정하는데, 유일하게 ㉤ 은 3해리까지이다.

① ㉠ – 직선 기선
② ㉡ – 통상 기선
③ ㉢ – 가까운 쪽
④ ㉣ – 곡선
⑤ ㉤ – 대한 해협

단답형

04 지도를 보고 통상 기선으로 영해를 정하고 있는 3개의 섬 이름을 쓰시오.

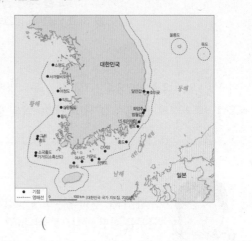

(   )

빈출

05 독도에 대한 설명으로 옳지 <u>않은</u> 것은?

① 행정 구역은 강원도 울릉군에 속한다.
② 위도는 북위 37°, 경도는 동경 132°이다.
③ 우리나라에서 해가 가장 먼저 뜨는 곳이다.
④ 동해안에서 멀리 떨어져 있어 육지와의 교통은 불편하다.
⑤ 울릉도와 독도 간의 거리가 독도와 오키섬과의 거리보다 가깝다.

06 다음 글의 빈칸에 들어갈 독도의 중요성으로 가장 알맞은 것은?

> 독도는 동해의 중심지 역할을 하고 있어 우리나라를 비롯하여 주변 국가에 [   ] 측면에서 중요한 역할을 한다.

① 수산 자원
② 지하자원
③ 지질학적
④ 환경 생태
⑤ 군사 · 안보

07 지도를 통해 알 수 있는 독도의 특징을 바르게 설명한 것은?

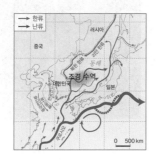

① 수산 자원이 풍부한 어장이 있다.
② 미래의 대체 에너지 자원이 있다.
③ 해저에 거대한 화산 지형이 있다.
④ 군사적으로 중요한 레이더 기지가 있다.
⑤ 북극 항로와 관련하여 중요성이 커지고 있다.

08 자료에 대한 설명으로 옳지 <u>않은</u> 것은?

① 메테인하이드레이트이다.
② 불타는 얼음이라고도 불린다.
③ 미래 대체 에너지 자원으로 주목받고 있다.
④ 해저 화산 지형 연구에 소중한 가치가 있다.
⑤ 독도 주변 수심 300m 이상의 깊은 바다에 매장되어 있다.

단답형
09 다음 글에 해당하는 인물의 이름을 쓰시오.

• 조선 시대 민간 어부이다.
• 울릉도와 독도 부근에서 조업하던 일본인들을 쫓고 일본으로 건너가 독도가 조선 땅임을 확인받고 왔다.

(   )

10 '독도는 우리 땅' 노랫말을 이용하여 독도가 우리 땅임을 주장하는 글을 쓰려고 한다. 이용할 수 있는 노랫말로 적절하지 <u>않은</u> 것은?

① 울릉도 동남쪽 뱃길 따라 87K
② 지증왕 십삼년 섬나라 우산국
③ 주민 등록 최종덕 이장 김성도
④ 경상북도 울릉군 울릉읍 독도리
⑤ 오징어 꼴뚜기 대구 홍합 따개비

02 우리나라 여러 지역의 경쟁력

11 다음은 경쟁력이 있는 우리나라 여러 지역을 홍보한 문구들이다. 홍보 내용으로 옳지 <u>않은</u> 것은?

① 백제의 혼이 살아 숨 쉬는 횡성으로 오세요.
② 4계절 고운 빛깔을 간직한 설악산으로 오세요.
③ 푸른 바다와 고운 모래사장, 동해안 해수욕장에 오세요.
④ 배를 타고 섬과 섬 사이를 유람합니다. 다도해로 오세요.
⑤ 피부 미용에도 좋은 서해의 갯벌에서 갯벌 체험을 즐기세요.

12 (가), (나) 사진과 관련이 있는 두 곳을 바르게 나타낸 것은?

(가)   (나)

	(가)	(나)
①	제주도	경주
②	울릉도	공주
③	경주	제주도
④	울릉도	경주
⑤	남원	강화도

13 제주특별자치도가 세계 자연 유산으로 지정된 사실과 관련이 먼 것은?

① 해녀
② 한라산
③ 기생 화산
④ 용암동굴
⑤ 성산 일출봉

14 지역 브랜드를 이용한 지역화 전략이라고 볼 수 없는 것은?

① 서울의 엔 서울 타워
② 강원도 횡성군의 한우
③ 전라북도 남원시의 춘향제
④ 인천광역시 강화도의 고인돌 축제
⑤ 전라남도 진도 신비의 바닷길 축제

 중요
15 다음은 강원도 평창군의 홍보용 마크이다. 이를 통해 알 수 있는 평창군의 특징을 바르게 나타낸 것은?

① 지역 특산물
② 따뜻한 기후
③ 풍부한 문화 유적
④ 푸른 바다와 해수욕장
⑤ 서늘한 여름, 겨울철 눈

단답형
16 사진과 관련이 있는 지역 이름과 축제 이름을 쓰시오.

(   )

03 통일 이후 국토 공간

17 다음 글을 통해 알 수 있는 우리나라의 지리적 특성은?

> • 우리나라는 유라시아 대륙의 동안에 있으며, 태평양과 인접한 곳에 자리한 반도국이다.
> • 우리나라는 동아시아에서 중국과 일본 사이에 위치한다.

① 육지와 해양을 연결하는 데 불리한 위치이다.
② 중국과 일본 사이에 있어 성장하는 데 불리하다.
③ 대륙의 가장자리에 있어 위치적 중요성이 떨어진다.
④ 삼면이 바다로 둘러싸여 있어 육로를 통한 진출에는 불리하다.
⑤ 세계 여러 지역과 육로와 바다를 통한 교류에 유리한 위치이다.

 빈출
18 우리나라가 동아시아는 물론, 세계 속에서 중심적인 국가로 성장하기 위해 가장 우선으로 노력해야 할 과제는?

① 자원과 기술 개발
② 외교와 안보에 대한 노력
③ 수출 증대를 통한 경제 성장
④ 우리나라의 문화를 전 세계에 홍보
⑤ 통일을 통한 한반도의 위치적 특성 회복

19 다음 글의 빈칸에 들어갈 알맞은 말을 쓰시오.

> 분단 이후 남북 간에 끊어진 도로나 철도가 이어지고 러시아의 [ ] 횡단 철도를 이용하면 멀리 유럽까지 육로를 이용한 교류가 가능해진다. 이를 통해 우리나라는 세계 물류의 중심지로 성장할 수 있다.

( )

20 다음 글의 빈칸에 들어갈 알맞은 내용으로 옳지 <u>않은</u> 것은?

> 우리나라는 분단으로 인해 [ ]

① 남북 간에 교류와 협력이 증가하고 있다.
② 한반도의 지리적 장점을 살리지 못하고 있다.
③ 국토 공간을 효율적으로 이용하지 못하고 있다.
④ 동아시아에서 우리나라의 위상이 약화하고 있다.
⑤ 남북 간에 대립과 갈등으로 국방비 지출이 증가하고 있다.

중요
21 다음 자료를 보고 통일의 기대 효과를 서술한 것으로 옳지 <u>않은</u> 것은?

〈남북한 자원 보유량 비교〉

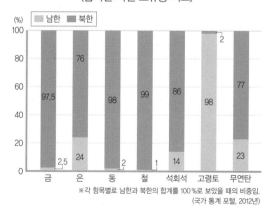

※각 항목별로 남한과 북한의 합계를 100 %로 보았을 때의 비중임.
(국가 통계 포털, 2012년)

① 한반도의 개발 잠재력이 높아진다.
② 우리나라의 대외 수입 의존도가 높아진다.
③ 남한의 부족한 자원 문제가 일부 해결된다.
④ 남북의 교류와 협력으로 경제 성장이 촉진된다.
⑤ 남한의 기술과 북한의 자원이 결합하여 통일 한국의 위상이 높아진다.

22 다음 '독도는 우리 땅' 노래 가사와 그림 자료를 통해 알 수 있는 독도의 가치를 서술하시오.

> 러일 전쟁 직후에 임자 없는 섬이라고 억지로 우기면 정말 곤란해

23 자료 (가), (나)의 지역화 전략에 이용된 지역의 특성은 각각 무엇인지 서술하시오.

(가)　　　　　(나)

24 사진 자료를 보고 '통일이 되면'을 주제로 어떤 효과가 예상되는지 서술하시오.

12

더불어 사는 세계

우리가 사는 지구촌에는 기아, 영토·영해 분쟁, 생물 다양성 보존 문제 등
다양한 지리적 문제가 발생하고 있습니다. 또한, 지역 간 경제 발전 및
주민들의 생활 수준 차이에 따른 갈등이 나타나고 있습니다.
다양한 지구촌 문제의 발생 원인과 현황을 알아보고,
이를 해결하려는 국제 사회의 노력과 한계를 비판적으로 검토해 봅시다.

이 단원에서는

01	지구상의 다양한 지리적 문제	지구상의 다양한 지리적 문제의 현황과 발생 원인을 알아본다.
02	발전 수준의 지역 차	지역 간 발전 수준의 차이와 저개발 지역의 발전을 위한 노력을 알아본다.
03	지역 간 불평등 완화를 위한 노력	지역 간 불평등을 줄이려는 국제 사회의 노력을 알 아본다.

| 사진 해설 |

사진은 다양한 인종, 국가의 어린이들이 자국의 국기를 흔들며 행복해하
는 모습이다. 지구촌 주민들은 하나의 운명 공동체이기 때문에 평화로운
미래를 위해 협력하며 공동의 발전 방안을 모색하고 있다.

| 대답 예시 |

• 지역 간 발전 격차를 줄여야 해.
• 환경 파괴가 더 이상 심해지지 않도록 해야 해.
• 자원을 아껴 사용해야 해.
• 다른 지역의 지리적 문제에 관심을 가져야 해.

12

더불어 사는 세계

이 단원의 구성

중단원	소주제 및 탐구 활동	핵심 미리 보기
01 지구상의 다양한 지리적 문제	1 영토 및 영해를 둘러싼 분쟁 　탐구 영토와 영해를 둘러싼 분쟁은 왜 일어날까? 2 기아 문제의 현황과 발생 원인 　탐구 기아 문제는 어디에서 일어나고 있을까? 　탐구 기아 문제의 원인은 무엇일까? 3 생물 다양성의 감소 　탐구 열대림을 보존할 것인가, 개발할 것인가?	영토·영해 분쟁, 기아, 생물 다양성 보존 문제, 열대림 파괴
02 발전 수준의 지역 차	1 지역 간 발전 수준의 차이 　탐구 지구촌은 고르게 발전하고 있을까? 2 저개발 지역의 발전을 위한 노력 　탐구 부탄은 발전을 위해 어떤 노력을 하고 있을까?	선진국과 저개발국의 발전 수준 차이, 발전 지표, 발전을 위한 노력, 인간 개발 지수(HDI)
03 지역 간 불평등 완화를 위한 노력	1 함께 잘살기 위한 국제 사회의 노력 　탐구 불평등 완화를 위해 어떤 노력을 하고 있을까? 2 국제 사회 노력의 성과와 한계 　탐구 저개발 지역 지원 노력의 성과와 문제점은 무엇일까? 　탐구 공정 무역은 무엇일까?	공적 개발 원조, 비정부 기구, 공정 무역, 저개발 지역에 대한 지원, 적정 기술

01 지구상의 다양한 지리적 문제

교과서 222쪽~227쪽

개념⁺ 영토 경계 설정

영토의 경계는 국경이라 하며, 당사국 간에 합의에 기초하여 설정된다. 특별한 합의가 없으면 해양, 하천, 호수, 산맥 등의 자연적 지형에 의해 설정된다. 하천의 경우에는 하천 항로의 중앙선이나 양쪽 강가로부터의 중앙선, 하천에 설치된 다리의 중앙선 등이 국경선이 된다. 호수와 내해의 경우에는 조약에 의해 국경선을 확정하는 것이 일반적이다. 영토 내의 하천이나 호수, 운하 등은 영토의 일부로 간주하지만, 국제 조약에 의하여 국제적 이용에 개방되기도 한다.

➜ 영토 및 영해를 둘러싼 분쟁

1. 영토를 둘러싼 갈등

(1) 영토 분쟁의 발생 원인

① 모호한 국경선의 설정과 역사적 배경

② 민족 및 종교 간 갈등: 서로 다른 민족이나 종교 집단이 국경을 접하고 있거나 같은 국가 내에 존재할 경우 갈등이 발생할 수 있음

③ 자원 개발 및 자원 이동을 둘러싼 갈등

(2) 영토를 둘러싼 주요 갈등 지역

① 팔레스타인: 팔레스타인(아랍족, 이슬람교) 지역을 이스라엘(유대인, 유대교)이 무력으로 점령한 이후 발생한 분쟁

② 포클랜드: 영국과 아르헨티나의 영토 분쟁으로 현재 영국이 지배하고 있음

③ 카슈미르: 인도(힌두교)와 파키스탄(이슬람교) 간의 카슈미르를 둘러싼 분쟁

왜 인도가 영국으로부터 분리·독립하는 과정에서 이슬람교 신자수가 많은 카슈미르 지방이 파키스탄이 아닌 인도에 속하게 되면서 갈등이 시작되었다.

2. 영해를 둘러싼 갈등

(1) 영해 분쟁의 발생 원인: 배타적 경제 수역의 확보를 위한 국가 간의 영유권 분쟁

뜻 해안선으로부터 200해리의 수역으로, 지하자원 및 수산 자원의 개발과 이용이 가능한 바다 범위이다.

(2) 영해를 둘러싼 주요 갈등 지역

① 북극해 연안: 북극해의 자원 개발을 둘러싼 러시아, 미국, 캐나다, 노르웨이, 덴마크 등의 영유권 분쟁

② 센카쿠 열도: 일본과 중국의 영역 갈등

③ 난사 군도: 천연자원 및 수산 자원 개발을 둘러싼 중국, 필리핀, 타이완, 베트남, 말레이시아, 브루나이 등의 분쟁

➜ 기아 문제의 현황과 발생 원인

1. 기아 문제의 의미와 발생 현황

(1) 기아 문제: 식량 부족으로 인해 주민들이 생존에 필요한 최소한의 영양분을 섭취하지 못하는 상태가 지속하는 현상

정리 영토 및 영해를 둘러싼 갈등

구분	사례
영토 갈등	팔레스타인(팔레스타인, 이스라엘)
	포클랜드(영국, 아르헨티나)
	카슈미르(인도, 파키스탄)
영해 갈등	북극해(러시아, 미국, 캐나다, 노르웨이, 덴마크)
	센카쿠 열도(일본, 중국)
	난사 군도(중국, 필리핀, 타이완, 베트남, 말레이시아, 브루나이)

교과서 PLUS^α 아프리카 갈등의 원인

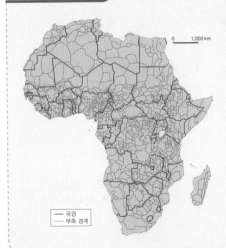

0 ───── 1,000 km

— 국경
--- 부족 경계

자료 해설

아프리카는 제2차 세계 대전 이후 유럽 열강들의 이해관계에 따라 인위적으로 국경선이 확정되었다. 이 과정에서 국경선과 부족 경계가 일치하지 않아 현재까지도 곳곳에서 내전이 발생하고 있다.

이렇게 이해하세요

아프리카의 분쟁과 갈등의 원인은 매우 다양하다. 한 국가 내에서 발생하는 부족들 간의 갈등에 선진국들의 이해관계, 자원 개발, 종교 등의 갈등이 결합하면서 현재 유혈 사태를 동반한 분쟁이 지속되고 있다.

(2) 기아 문제의 발생 현황

① 지역 격차가 매우 큼 ┌ 영양 결핍 비율이 높은 국가들은 대부분 아프리카와 아시아 일부 지역에 집중되어
                      └ 있으며, 선진국이 분포하는 북아메리카와 유럽은 영양 결핍 비율이 매우 낮다.

② 8억 명 정도의 인구가 기아 문제로 고통받고 있으며, 전체 어린이 중 1/4 정도
가 영양 결핍 상태임

③ 유럽 및 북아메리카보다 아프리카와 아시아에서 영양 결핍 인구 비율이 높음
                                                └ 저개발국이 많음

2. 기아 문제의 발생 원인

(1) 생산량 감소로 인한 공급의 부족

① 이상 기후: 지구 온난화로 인한 홍수, 가뭄 등과 같은 이상 기후 현상의 발생으
로 일부 지역에서 수확량 감소

② 전쟁 등으로 인한 식량 생산량의 감소

(2) 식량 작물의 용도 변화 ┌ 옥수수는 현재 바이오 에너지의 연료로 가장 많이 소비되는 식량 자원이다.

① 바이오 에너지 연료로 소비되는 양의 증가로 식량 자원의 가격 상승

② 기타 사료 작물 등으로 이용되는 작물의 가격 상승

(3) 분배의 불균형 ┌ 세계 곡물 시장의 약 80%를 세계 4대 곡물 대기업들이 장악하고 있다.

① 다국적 곡물 기업들의 독과점: 유통량 조절 등으로 식량 가격의 불안정 심화

② 선진국과 저개발국의 식량 분배의 불균형 심화

• 식량 문제의 원인

구분	세부 사항
공급 측면	이상 기후나 전쟁 등으로 인한 생산량 감소
수요 측면	• 인구의 증가 • 바이오 에너지, 사료용 수요의 증가
분배 측면	• 다국적 곡물 기업들의 독점과 횡포 • 국제 곡물 가격 상승으로 인한 분배의 불균형 심화

➜ 생물 다양성의 감소

1. 생물 다양성의 감소 현황

(1) 매년 2만 5천여 종 이상의 동식물이 멸종되고 있음

(2) 멸종 위기에 처한 어족 자원: 상어, 가오리, 고래, 참치, 바다거북 등

(3) 토착종의 멸종: 외래종의 유입으로 인한 토착 생물의 개체 수 감소

2. 생물 다양성 감소 원인과 영향

(1) 생물 다양성의 감소 원인: 산업화와 인구 증가로 인한 동식물의 서식지 파괴, 환경
오염 및 무분별한 남획, 국제 이동의 증가에 따른 외래종의 유입

(2) 생물 다양성 감소의 영향 ┌ 💬 스스로 안정과 균형을 유지하고자 하는 자연의 복원 능력을 의미한다.

① 생태계의 안정성과 자정 능력 파괴

② 장기적으로 인류의 삶의 질 저하와 생존 위기 유발

개념 ➕ 생물 다양성의 의미

2050년
현 추세 유지 시 추가적으로 약 10% 감소
2010년
생물 종 11% 감소
1970년

생물 다양성은 생명체의 다양성과 생명체가 살아가는 서식처의 다양성을 총칭한다. 유전자 다양성은 지구상에 생존하는 개체 생물의 세포 속에 들어 있는 유전자를 모두 총칭하며, 종 다양성은 다양한 생물 종의 존재를 의미한다. 생태계 다양성은 생물 종의 군집 양상과 상호 작용과 관련되며, 일반적으로 생물들의 서식지 특성을 의미하기도 한다.

교과서 PLUS α

국제 곡물 가격 추이

(단위: 톤 당 달러)

쌀: 349, 379, 427, 484, 511, 520
밀: 252, 252, 278, 295, 314
옥수수: 176, 161, 215, 231, 250, 271
137

2010년 1월, 8월, 10월, 12월, 2011년 1월, 2월
(시카고 상품 거래소, 한국 농촌 경제 연구원, 2012년)

자료 해설

세계 3대 식량 작물인 쌀, 밀, 옥수수의 시장 가격은 2010년 이후 급속하게 상승하고 있다. 이러한 현상은 가뭄이나 홍수 등의 이상 기후의 영향뿐만 아니라 전쟁에 따른 경제적 불안의 장기화 등에 기인한다.

이렇게 이해하세요

국제 식량 가격이 상승하면 식량 자급률이 낮은 국가들의 경제적 부담이 증가하고, 장기적으로 이 국가들의 식량난을 악화시키기 때문에 식량 분배의 지역적 불균형이 심화된다.

활동 풀이

생각 열기 풀이　무관심이 불러온 비극은 무엇일까?

🔎 자료 해설

숲속 연못의 큰 물고기들과 작은 물고기의 이야기를 통해 지구촌 문제에 대한 우리 모두의 관심이 중요함을 보여 주고 있다. 작은 물고기는 서로 자기의 수초라고 다투는 큰 물고기들의 싸움을 말리지 않고 자신과 상관이 없는 문제라고 방관하였다. 그 결과, 싸우다 죽은 큰 물고기의 시체로 인해 연못의 물이 썩어들어가면서 작은 물고기도 결국 죽게 된다. 지구촌 문제도 마찬가지이다. 다른 지역에서 발생하는 문제이기 때문에 우리와 직접 관련이 없다고 무관심하게 된다면 결국 우리도 작은 물고기처럼 불행해질 것이다.

1 위의 이야기에서 큰 물고기들과 작은 물고기가 각각 무슨 잘못을 하였는지 써 보자.

예시 답안 |　**큰 물고기들** | 서로 자신이 속한 영역의 수초라고 주장하며 싸웠다.　**작은 물고기** | 싸움을 말리지 않고 무심히 지켜보았다.

2 위의 이야기를 참고하여 자신이 사는 지역이나 다른 지역에서 발생하는 지리적 문제에 관심을 가져야 하는 까닭을 생각하여 써 보자.

예시 답안 | '지구'라는 같은 공간에 사는 지구촌 주민들의 삶이 긴밀하게 연결되어 있고 다른 지역의 문제가 우리에게도 영향을 미치기 때문이다.

함께 탐구하기 풀이　영토와 영해를 둘러싼 분쟁은 왜 일어날까?

이것이 핵심 ❗

• **활동 목표:** 세계의 주요 영토·영해 분쟁 지역의 분쟁 현황과 발생 원인을 조사해 보는 활동이다.

• **핵심 개념:** 영토·영해 분쟁 사례, 영토·영해 분쟁 발생 원인

친절한 활동 안내 ⭐

이 활동의 핵심은 영토·영해 분쟁 지역들을 확인해 보고, 이 지역들에서 분쟁이 발생하는 원인을 조사해 보는 것이다.

영토·영해 분쟁의 주요 발생 원인은 국경을 둘러싼 영역 갈등이지만 민족이나 종교 갈등, 자원 개발을 둘러싼 주변 국가의 이해관계 대립이 결합하여 갈등이 심화되거나 유혈 사태로 확대되는 경우가 많다.

자료❶ 세계의 영토·영해 분쟁 지역

자료❷ 센카쿠 열도(댜오위다오)를 둘러싼 분쟁

• 분쟁 당사국: 중국, 일본

• 분쟁 원인: 지리적 위치의 장점과 자원 개발을 둘러싼 영유권 분쟁

센카쿠 열도(댜오위다오)는 중국, 일본 사이의 바다에 위치하며 5개의 무인도와 3개의 암초로 이루어져 있다. 이 지역은 서남아시아와 동북아시아를 잇는 해상 교통로이자 전략적 요충지이며, 석유 매장 가능성이 커 자원 개발을 둘러싼 갈등이 심화될 전망이다.

1 자료❶ 을 참고하여 다음 표에 내용을 써 보자.

예시 답안 |

영토·영해 분쟁 종류	사례 지역
국경을 둘러싼 분쟁	포클랜드 제도, 쿠릴 열도 등
민족·종교 분쟁	팔레스타인, 북아일랜드 분쟁 등
자원 분쟁	북극해, 카스피해 등

2 모둠별로 자료❶ 의 영토·영해 분쟁 지역 가운데 한 곳을 고르고, 자료❷ 와 같이 분쟁 당사국, 분쟁 원인을 간략히 조사하여 발표해 보자.

예시 답안 | 카스피해 분쟁　**분쟁 당사국** | 러시아, 카자흐스탄, 이란, 투르크메니스탄, 아제르바이잔

분쟁 원인 | 석유, 천연가스 개발을 둘러싼 주변 국가들의 영유권 분쟁

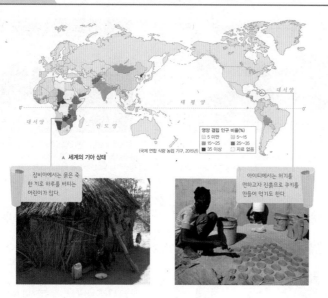

▲ 세계의 기아 상태

영양 결핍 인구 비율(%)
- □ 5 미만
- □ 5~15
- □ 15~25
- □ 25~35
- ■ 35 이상
- □ 자료 없음

(국제 연합 식량 농업 기구, 2015년)

잠비아에서는 묽은 죽 한 끼로 하루를 버티는 어린이가 있다.

아이티에서는 허기를 면하고자 진흙으로 쿠키를 만들어 먹기도 한다.

1 자료를 보고 다음 글의 빈칸에 알맞은 말을 써 보자.

예시 답안 | 아프리카, 유럽

> 영양 결핍 인구 비율이 가장 높은 대륙은 _____이며, 아시아도 상대적으로 영양 결핍 인구 비율이 높다. _____과 북아메리카, 오세아니아는 영양 결핍 인구 비율이 낮다.

2 잠비아와 아이티 가운데 하나를 골라 기아 문제를 알리는 글을 써 보자.

예시 답안 | 아이티의 영양 결핍 인구 비율은 무려 35% 이상으로 세계에서 기아 상태가 가장 심각한 국가 중 하나입니다. 아이티에서는 허기를 면하고자 진흙으로 쿠키를 만들어 먹기도 합니다.

교과서 PLUS α　세계의 지역별 기아 현황

'세계 기아 지수(Global Hunger Index)'는 기아의 정도를 종합적으로 측정하기 위해 개발된 지수이다. 국제 식량 정책 연구소(IFPRI)는 기아의 감소와 진행 정도, 심각성 등을 평가하기 위해 매년 지수를 산출하여 발표한다. 2015년 기준으로 세계 평균보다 기아 지수가 높은 지역은 사하라 이남 아프리카와 남부 아시아이다.

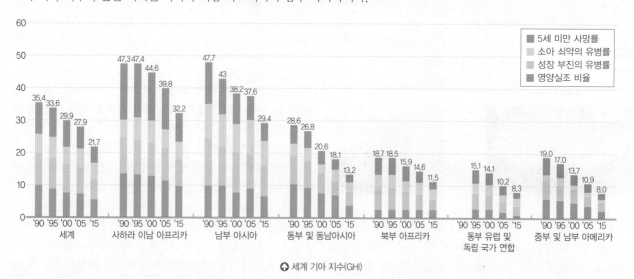

범례:
- ■ 5세 미만 사망률
- □ 소아 쇠약의 유병률
- □ 성장 부진의 유병률
- ■ 영양실조 비율

세계: '90 35.4, '95 33.6, '00 29.9, '05 27.9, '15 21.7
사하라 이남 아프리카: '90 47.3, '95 47.4, '00 44.6, '05 39.8, '15 32.2
남부 아시아: '90 47.7, '95 43, '00 38.2, '05 37.6, '15 29.4
동부 및 동남아시아: '90 28.6, '95 26.8, '00 20.6, '05 18.1, '15 13.2
북부 아프리카: '90 18.7, '95 18.5, '00 15.9, '05 14.6, '15 11.5
동부 유럽 및 독립 국가 연합: '95 15.1, '00 14.1, '05 10.2, '15 8.3
중부 및 남부 아메리카: '90 19.0, '95 17.0, '00 13.7, '05 10.9, '15 8.0

◑ 세계 기아 지수(GHI)

이상 기후로 식량 생산량이 줄어들었어요

최근 홍수, 가뭄, 폭염 등과 같은 이상 기후 현상이 세계 곳곳에서 발생하고 있다. 이와 같은 이상 기후 현상이 지속되면 식량 생산량이 줄어들어 저개발국의 식량 사정이 더욱 악화될 수 있다.

전쟁이 지속되면서 농사를 지을 수가 없어요

오랫동안 전쟁이 지속되는 지역은 농사를 지을 수 없고 생산한 농산물도 군사용으로 이용하는 사례가 많아 기아 문제가 발생하게 된다. 전쟁을 피해서 다른 지역으로 이동한 난민들도 국제 사회의 도움이 없으면 기아에 따른 고통을 계속 겪을 수밖에 없다.

식량 작물이 다른 용도로 소비되고 있어요

옥수수, 콩 등의 식량 작물이 가축 사료, 바이오 에너지 원료로 사용되면서 이들 작물의 가격이 빠르게 상승하고 있다. 실제로 미국에서 생산하는 옥수수는 식량 자원으로 이용하는 비중보다 가축 사료용 및 바이오 에너지 생산에 이용하는 비중이 높다.

생산한 곡물을 골고루 분배하지 못해요

〈세계적인 곡물 유통 회사의 운영 현황〉

연매출 1,349억 달러 (약 148조 원)	거래 국가 130개국
순수익 18억 7,000만 달러 (약 2조 594억 원)	사업장 수 67개국 1,200곳
직원 수 14만 3,000명	곡물 창고 수 8,000개
	접안 시설 확보한 항구 수 600곳

자료: Cargill(2014년 기준)

세계 곡물 유통 시장의 약 80 %는 4대 곡물 대기업이 장악하고 있다. 곡물 대기업들은 이윤을 극대화하려고 유통량을 조절하는데, 이 과정에서 곡물 가격이 상승하면서 저개발국의 곡물 수입이 더욱 어려워지는 문제가 발생한다.

1 기아 문제 원인이 나타난 배경을 자료에서 찾아 다음 표에 써 보자.

예시 답안|

원인	배경
식량 생산량의 감소	이상 기후 현상, 전쟁의 지속
식량 작물의 용도 변화	식량 작물이 가축 사료나 바이오 에너지 원료로 사용
분배의 불균형	세계 곡물 시장의 약 80 %를 4대 대기업이 장악

2 자료에 나타난 원인 외에 기아 문제가 발생하는 까닭은 무엇인지 모둠별로 조사한 후 발표해 보자.

예시 답안| 대지진의 발생으로 식량 작물 생산량이 감소하면서 기아 상태가 심각해진 경우(네팔, 아이티 등), 부패한 관료들에 의해 식량의 독점이 발생한 경우(아프리카 일부 국가) 등이 있다.

교과서 PLUS 기아 문제의 원인

소고기 1kg  = 옥수수 7kg

세계 육류 시장에서 거래되는 쇠고기, 돼지고기, 닭고기의 대부분은 대규모 '기업형 농장'에서 사료를 먹여 키운 것이다. 예전처럼 자연 초지대에서 풀을 뜯어 먹고 자라지 않는다는 것이다. 이들에게 공급되는 인공 사료의 주원료는 옥수수인데, 바로 요즘 값이 제일 많이 뛰는 작물이다. 소들이 먹어치우는 사료의 양은 엄청나다. 일반적으로 1 kg의 소고기를 얻기 위해서는 약 7 kg의 식량 작물을 먹여야 한다. 따라서 육류에 대한 수요가 증가할수록 옥수수를 비롯한 각종 사료 작물들의 수요도 기하급수적으로 증가하게 된다. 이들 사료 작물들은 인간에게도 중요한 식량 자원이기 때문에 사료 작물로 이용되는 비율이 높아질수록 인간에게 제공되는 식량 작물의 비중은 감소하게 된다. 또한, 수요 증가로 인한 가격의 상승은 저개발 지역의 식량 수급 사정을 더욱 악화시킬 수 있다.

자료 ❶ 생물 다양성이 풍부한 지역

(유엔 환경 계획, 2015년)　　열대 우림 분포

생물 종 개체 수
60,000
25,000
10,000
(단위: 개)

자료 ❷ 열대림 개발을 둘러싼 논쟁

열대림은 많은 생물의 서식처이자 맑은 공기를 제공해 주는 지구의 허파야. 열대림 파괴에 따른 환경 피해가 너무 크므로 당장 개발을 중단해야 해.

그렇지만 개발 도상국들은 경제 발전을 이루려면 열대림을 개발할 수밖에 없어. 열대림은 수출용 목재로 가치가 높아. 또, 열대림을 벌목한 후 새롭게 조성된 토지는 여러 가지 용도로 사용할 수 있지.

열대림은 한 국가만의 자산이라고 볼 수 없어. 따라서 열대림 보존을 위한 국제 사회의 협력과 지원이 필요해.

1 **자료 ❶** 을 참고하여 다음 글의 빈칸에 알맞은 말을 낱말 카드에서 골라 써 보자.

| 적도 | 중위도 | 극지방 |
| 열대림 | 냉대림 | 사막 |

> 생물 다양성이 가장 풍부한 지역은 _____ 주변의 _____ 분포 지역이다. 따라서 _____을 개발하면 생물 다양성이 줄어 인간의 생존을 위협할 수 있다.

예시 답안 | 적도, 열대림, 열대림

2 **자료 ❷** 를 참고하여 열대림 개발에 관한 다양한 주장을 정리하여 써 보자.
예시 답안 |

열대림은 개발할 수밖에 없습니다.	왜냐하면, 열대림은 중요한 임산 자원이기 때문입니다. 열대림을 개발하여 벌어들인 외화로 경제를 발전시킬 수 있습니다.
열대림 개발은 당장 중지해야 합니다.	왜냐하면, 열대림은 한 국가의 자산이 아니라 인류의 자산이기 때문입니다. 열대림은 이산화 탄소를 흡수하여 지구 온난화의 가속화를 막는 중요한 역할을 합니다. 열대림이 파괴될 경우 생태계의 안전성이 파괴되고, 그 결과 인간의 생존이 위협받을 수도 있습니다.
열대림 개발 문제는 전 지구적인 문제입니다.	따라서 열대림 보존을 위해서는 열대림이 분포하는 저개발국들이 열대림을 개발하지 않고 보전할 수 있도록 국제 사회에서 경제적·제도적 지원을 해줘야 합니다. 또한, 지구촌 시민들도 열대림 개발 문제에 관심을 가지고 열대림의 파괴를 막기 위해 우리가 할 수 있는 작은 노력(종이나 가구의 재활용 등)을 실천해야 합니다.

이것이 핵심 ❗

• **활동 목표:** 생물 다양성이 풍부한 지역의 지리적 위치 특징을 알아보고, 열대림 개발이 생물 다양성과 지구촌 환경에 어떤 영향을 미칠지 생각해 보는 활동이다.

• **핵심 개념:** 생물 다양성, 생물 다양성 축소, 열대림

친절한 활동 안내 ⭐

이 활동의 핵심은 생물 다양성과 열대림의 분포와의 관계를 확인해 보고, 열대림의 파괴가 미치는 영향을 알아보는 것이다.

지구상에서 생물 다양성이 가장 풍부한 지역은 바로 열대림이 분포하는 적도 주변의 저위도 지역이다. 따라서 열대림이 파괴되면 생물 다양성이 축소되고, 생태계의 안정성이 위협받게 된다.

개념 쏙쏙

1 다음 내용에 알맞은 말을 골라 ◯표 하시오.

(1) 센카쿠 열도는 중국과 (일본, 러시아) 간에 자원 개발을 둘러싼 영유권 분쟁이 발생하고 있는 지역이다.

(2) 식량 작물이 가축 사료, 바이오 에너지 원료로 사용되면서 이들 가격은 지속해서 (상승, 하락)하고 있다.

2 국경 분쟁 등 (　　　　)를 둘러싼 분쟁에 자원 개발이나 문화적 갈등이 섞여 전쟁으로 확대되기도 한다.

3 다음 내용이 옳으면 ◯표, 틀리면 X 표 하시오.

(1) 지구상에서 생물 다양성이 가장 풍부한 지역은 한대 기후 지역이다. (　　)

(2) 생물 다양성의 감소는 장기적으로 인류 삶의 질을 떨어뜨린다. (　　)

01 영역 분쟁의 발생 원인으로 적절하지 않은 것은?

① 불분명한 국경선의 획정
② 다국적 기업들의 독점과 횡포
③ 종교 및 민족 간의 문화 갈등
④ 오랫동안 지속된 역사적 갈등
⑤ 자원 개발을 둘러싼 이해관계의 대립

02 다음 지역들의 공통된 분쟁 발생 원인으로 가장 적절한 것은?

• 북극해
• 카스피해
• 오리노코강

① 종교 갈등　　　　② 빈부 격차
③ 자원 개발　　　　④ 정치적 부패
⑤ 인종 · 민족 갈등

03 다음 글에서 설명하고 있는 지역으로 옳은 것은?

해양 경제 및 군사적으로 매우 중요한 지역이며, 자원 개발을 둘러싼 일본과 러시아 간의 갈등이 발생하고 있다. 현재 러시아가 실효 지배하고 있는 곳이기도 하다.

① 포클랜드　　　　② 쿠릴 열도
③ 난사 군도　　　　④ 북극해 연안
⑤ 센카쿠 열도

중요

04 다음과 같은 현상이 지속될 경우 나타날 수 있는 지리적 문제로 가장 적절한 것은?

• 지역 분쟁의 장기화
• 홍수, 가뭄, 폭염 등의 이상 기후 발생 빈도 증가
• 식량 작물의 가축 사료, 바이오 에너지로의 이용 비중 증가

① 기아 문제 악화　　　② 생물 다양성 감소
③ 불공정 무역의 증가　④ 영토 · 영해 갈등 심화
⑤ 지구 온난화의 가속화

05 그림과 같은 현상의 주요 발생 원인을 〈보기〉에서 고른 것은?

2050년
현 추세 유지 시 추가적으로 약 10% 감소
2010년
생물 종 11% 감소
1970년

보기

ㄱ. 급속한 인구 증가
ㄴ. 친환경 농법의 개발
ㄷ. 경제 발전과 자원 개발
ㄹ. 신 · 재생 에너지의 개발

① ㄱ, ㄴ　　② ㄱ, ㄷ　　③ ㄴ, ㄷ
④ ㄴ, ㄹ　　⑤ ㄷ, ㄹ

단답형

06 다음 글의 빈칸에 들어갈 개념을 쓰시오.

> 환경 오염 등으로 매년 2만 5천여 종의 이상의 동·식물이 지구상에서 사라져 가고 있다. 이와 같은 ☐☐☐의 감소는 생태계의 안정성과 자정 능력을 해쳐 인류의 삶의 질을 떨어뜨린다.

(   )

07 다음 지도의 제목으로 가장 적절한 것은?

(국제 연합 식량 농업 기구, 2015년)

① 옥수수 수출량
② 1인당 국내 총생산
③ 영양 결핍 인구 비율
④ 1인당 에너지 소비량
⑤ 국제 난민 유입 인구수

08 전 지구적인 지리 문제로 볼 수 없는 것은?

① 지구 온난화 문제
② 생물 다양성의 감소
③ 식량난으로 인한 기아 문제
④ 도시와 촌락 간의 지역 격차
⑤ 분쟁으로 인한 국제 난민의 발생

[09-10] 생물 다양성이 풍부한 지역을 나타낸 지도를 보고, 질문에 답하시오.

(유엔 환경 계획, 2015년) ■ 열대 우림 분포

09 다음 내용의 빈칸에 공통으로 들어갈 말로 가장 적절한 것은?

> 현재 지구상에서 생물 다양성이 가장 풍부한 지역은 적도 주변의 ☐☐☐ 분포 지역이다. 따라서 ☐☐☐을 개발할 경우 생물 다양성이 감소하고, 그에 따른 심각한 문제가 발생할 수 있다.

① 고원
② 온대림
③ 열대림
④ 냉대림
⑤ 석유 자원

서술형

10 다음 주장을 뒷받침하기 위한 근거에 관하여 서술하시오.

> 열대림은 한 국가만의 자산이 아닙니다. 따라서 열대림의 개발을 당장 중지해야 합니다.

- **부존자원**
한 나라가 가지고 있는 모든 생산 요소를 의미한다. 일반적으로 산업 발달의 원동력이 되는 천연자원, 노동력, 자본을 모두 포괄하는 용어이다.

- **인간 개발 지수(HDI)**
한 나라의 개발 수준을 평가하기 위해 국제 연합 개발 계획(UNDP)이 고안한 지표이다. 저개발국과 선진국의 발전 수준의 차이를 단순히 경제적인 부분에서뿐만 아니라 삶의 질, 복지 수준의 차이까지도 비교하기 위해 국민 소득뿐만 아니라 고용, 교육, 건강, 환경 등을 종합적으로 고려하여 산출한다.

정리 지역 간 발전 수준의 차이

항목	유럽 및 북아메리카	아프리카 및 남부 아시아
국민 소득	많음	적음
인구 증가율	낮음	높음
교육 수준	높음	낮음
문맹률	낮음	높음
유아 사망률	낮음	높음

→ 발전 수준의 지역 차 발생 배경

1. 지역 간 발전 수준의 차이 발생 원인
(1) 부존자원의 정도
(2) 산업화 시기 ┌ 유럽, 북아메리카 등이 대표적이다.
　① 산업 혁명을 통해 일찍 산업화를 이룬 지역은 경제 발전 수준이 높음
　② 산업 혁명이 늦은 지역은 상대적으로 경제 발전 수준이 낮음
(3) 정치적 안정
　① 정치적으로 민주화되어 있고 안정된 지역은 대체로 경제가 빠르게 성장함
　② 정치적으로 부패한 지역이나 독점적 관료 체제, 신분제가 고착화된 지역들은 경제 발전 수준이 낮은 경우가 많음

2. 지역 간 발전 수준의 차이
왜 경제 발전에 따른 이익이 특정 계층에게만 집중되어 빈부 격차가 심화되면서 전체적인 경제 발전을 저해하기 때문이다.

(1) 유럽 및 북아메리카 ┌ 미국, 캐나다, 영국, 독일 등이 대표적이다.
　① 경제 발전 수준이 높은 선진국들이 다수 분포함
　② 인구 증가율이 낮고 교육 수준이 높음
　③ 교육 수준, 삶의 질을 나타내는 인간 개발 지수가 높음
(2) 아프리카 및 남부 아시아 ┌ 소말리아, 나이지리아 등이 대표적이다.
　① 정치적 불안이 지속되는 지역이 많음
　② 인구 증가율이 높고 문맹률이 매우 높음
　③ 기아, 빈곤 등으로 인해 유아 사망률이 매우 높음

→ 저개발 지역의 발전을 위한 노력

1. 빠른 경제 성장을 이루고 있는 저개발 지역
(1) 아프리카, 라틴 아메리카, 아시아의 평균 경제 성장률: 유럽, 북아메리카보다 높음 (2009~2013년 기준)
(2) 경제 발전을 위한 저개발 국가들의 노력
　① 적극적인 외국 자본의 유치를 통한 사회 기반 시설의 확충

교과서 PLUS α 지역 간 경제 협력 체제

↑ 세계의 주요 경제 협력 기구

자료 해설
왼쪽의 지도는 주요 지역 간의 경제 협력 체제를 나타낸 것이다. 이들 중에서 동남아시아 국가 연합, 남아프리카 관세 동맹, 동남 아프리카 공동 시장, 남아메리카 공동 시장 등은 모두 더욱 강력해진 선진국들의 경제적 압박에 대응하기 위한 저개발 국가 간의 협력 체제이다.

이렇게 이해하세요
경제 협력 기구 회원국들은 상호 교역량의 증가, 자원의 효율적 이용과 개발, 비회원국에 대한 공동의 무역 정책 시행 등을 통해 경제적 이익을 극대화하고자 노력하고 있다.

② 저개발국 간의 경제 협력 체제 결성 ┌─ 왜 선진국에 공동으로 대응하기 위함이다.

③ 부탄: 질적 성장 지표인 '국민 총 행복 지수(GNH)' 도입

→ **함께 잘살기 위한 국제 사회의 노력**

1. 불평등 완화를 위한 지구촌의 움직임

(1) 각국 정부의 노력

　　① 공적 개발 원조: 저개발 국가들에 대한 자본 및 기술 지원

　　② 비경제적 분야에서의 협력 프로그램 진행: 스포츠, 문화·예술 분야에서 공동
　　　 협력 프로그램 개발

(2) 비정부 기구(NGO)를 중심으로 한 노력

　　① 비정부 기구(NGO): 권력이나 이윤을 추구하지 않고 조직된 자발적인 시민
　　　 단체 └─ 정치적인 이해관계의 영향을 덜 받고 시민들의 자발적인 참여를 유도할 수 있는 장점이 있다.

　　② 비정부 기구(NGO)의 노력: 저개발 지역의 어려운 현실을 적극 홍보, 개인이
　　　 참여할 수 있는 다양한 지원 프로그램 개발

→ **국제 사회 노력의 성과와 한계**

1. 저개발 지역 지원 노력의 성과

(1) 최소한의 삶의 조건 보장

(2) 경제 발전을 위한 자립적인 기반 마련 지원

2. 저개발 지역 지원 노력의 한계

(1) 단기적인 성과 위주의 지원: 지원 종료 후 경제난이 악화될 우려가 큼

(2) 국가 간의 이해관계로 인해 안정적인 지원 체계 마련이 어려움

(3) 지원 대상 지역의 문화적·경제적 특성을 고려하지 않은 지원: 성과가 잘 드러나지 않고,
　　 주민들 간의 갈등을 유발하기도 함

3. 바람직하고 지속 가능한 국제 사회의 노력

(1) 적정 기술 개발 지원

(2) 공정 무역의 활성화 ┌─ 생산자의 이익을 보장하기 위한 대안적인 무역 형태이다.

• 공적 개발 원조
선진국의 정부 또는 공공 기관이 저개발국의 경제 사회 발전과 복지 증진을 주목적으로 자금이나 기술을 지원하는 제도이다.

• 적정 기술
그 기술이 사용되는 사회 공동체의 정치적·문화적·자연적 조건을 고려해 해당 지역에서 지속적인 생산과 소비를 할 수 있도록 만들어진 기술로, 인간의 삶의 질을 궁극적으로 향상시킬 수 있는 기술을 말한다. 물이 부족한 지역을 위한 '라이프 스트로(Life Straw)', '수동식 물 공급 펌프'와 같은 농업 관련 기술 등이 있다.

▲ 라이프 스트로

교과서 PLUS α ╮ **공정 무역**

↥ 공정 무역 마크

공정 무역은 선진국과 저개발국 간의 불공정한 무역으로 발생하는 문제를 해결해 나가기 위한 세계적인 시민운동이며, 사업이다. 공정 무역은 상품의 생산과 유통, 소비 과정에 참여하는 모든 관련자에게 이익이 공평하게 배분되도록 한다. 따라서 공정 무역이 활성화될 경우 저개발국의 생산자들은 노동에 대한 정당한 대가를 보장받게 되고, 현재보다 많은 이익을 얻을 수 있다. 공정 무역이 활성화될 경우 소비자들은 저개발국의 생산자들이 환경에 부담을 덜 주고 생산한 믿을 수 있는 제품에 대해 합당한 대가를 지급함으로써 그들의 삶과 지역 사회의 지속 가능한 발전에 이바지할 수 있다.

이렇게 이해하세요

공정 무역 상품에는 '공정 무역 인증 마크'가 붙어있다. 이 마크는 사람이 한쪽 팔을 치켜들고 환호하는 모습이다. 이는 공정 무역 생산자들의 희망을 의미하며, 전 세계 소비자들의 공정 무역에 대한 지지와 저개발국 생산자들의 삶의 의지를 의미한다.

활동 풀이

생각 열기 풀이   지구가 100명이 사는 마을이라면?

지금부터 지구가 100명이 사는 마을이라고 가정해 봅시다. 이 상상의 마을에서 한 명의 사람은, 실제 세계에서 약 7천 2백만 명을 대신합니다.

100명 중 44명은 굶주림으로 고통받고 있으며, 이 중 14명은 너무 배가 고파 곧 죽을지도 모릅니다.

6명이 학교를 다녀야 할 나이에 일을 하고 있습니다. 이 중 3명은 군인이거나 광산 또는 공장의 근로자입니다.

100명 중 7명은 전기를 사용하지만, 29명은 난방이나 전기를 사용할 수 없습니다.

잘사는 10명의 사람들이 전 세계 재산의 85%를 가지고 있습니다. 이들은 1년에 평균 9,760만 원 이상을 법니다.

가장 가난한 10명의 사람들은 하루에 2,200원도 안 되는 돈을 법니다.

— 데이비드 스미스, 『지구가 100명의 마을이라면』

🔍 자료 해설

이 자료는 지구의 인구가 100명이라고 가정하고 지구촌의 실제 통계 수치를 이해하기 쉽게 비교해 놓은 것이다. 이 자료에 따르면 현재 지구촌 전체 인구의 약 40% 이상이 굶주림으로 고통받고 있고, 상위 10%의 인구가 지구촌 전체 재산의 약 85%를 소유하고 있을 정도로 지역 간 빈부의 격차가 심하다. 우리가 행복하게 살고 있는 이 순간에도 지구촌의 어느 곳의 많은 사람이 배고픔과 가난으로 고통받고 있다는 사실을 쉽게 확인해 볼 수 있다.

1 위의 자료를 보고 알 수 있는 지구촌 문제는 무엇인지 써 보자.

　예시 답안 | 지역 간 발전 수준의 차이가 매우 큼을 확인할 수 있다.

2 위의 자료를 보고, 이러한 문제 해결을 위해 우리가 할 수 있는 노력에는 어떤 것들이 있을지 생각해 보자.

　예시 답안 | 공적 개발 원조를 통한 경제적 지원, 민간 및 개인적 차원의 협력 등

함께 탐구하기 풀이   지구촌은 고르게 발전하고 있을까?

이것이 핵심 !

• **활동 목표:** 다양한 지표를 이용하여 지역 간 발전 수준의 차이를 확인해 보는 활동이다.

• **핵심 개념:** 지역 간 발전 수준 지표, 인간 개발 지수

친절한 활동 안내 ★

이 활동의 핵심은 여러 가지 지표를 활용하여 지역 간 발전 수준의 차이를 비교해 보는 것이다. 최저 생계비인 하루 1.25달러보다 적은 돈으로 사는 사람들의 비율은 아프리카와 아시아 일부, 중앙아메리카 일부 국가들이 매우 높지만, 유럽과 앵글로아메리카는 낮다. 또한, 교육 수준이나 기대 수명 등을 종합적으로 고려한 인간 개발 지수는 선진국인 노르웨이, 캐나다 등이 높고, 아프리카의 많은 국가는 매우 낮다. 이를 통해 선진국과 저개발국의 발전 수준의 차이를 확인해 볼 수 있다.

자료 ❶ 하루 1.25달러(약 1,466원)보다 적은 돈으로 사는 사람들의 비율

(세계 발전 지표, 2015년)

자료 ❷ 국가별 *인간 개발 지수(HDI)

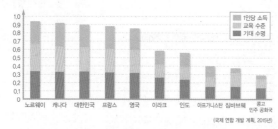

(국제 연합 개발 계획, 2015년)

1 자료를 참고하여 모둠별로 다음 주제에 관하여 토의한 후 표에 내용을 써 보자.

　예시 답안 |

우리 모둠이 생각한 발전 지역과 저개발 지역은 어디입니까?	발전 지역: 유럽, 앵글로아메리카, 오세아니아 저개발 지역: 아프리카, 아시아 일부
그렇게 생각하는 까닭은 무엇입니까?	유럽, 앵글로아메리카, 오세아니아는 최저 생계비 이하로 사는 사람들의 비율이 매우 낮으며, 인간 개발 지수가 매우 높게 나타나지만, 아프리카와 아시아의 여러 국가는 최저 생계비 이하로 사는 사람들의 비율이 높고 인간 개발 지수도 낮다.

2 모둠별로 지역별 발전 수준을 비교할 수 있는 다른 지표를 찾아 써 보자.

　예시 답안 | 1인당 국내 총생산(GDP), 3차 산업 종사자 비율, 문맹률, 취학률, 도시화율 등

부탄은 가난한 나라 중 하나이지만 국민의 97%가 행복하다고 답하는 나라이다. 부탄은 세계에서 최초로 양적 성장 지표인 국민 총생산(GNP) 대신 국민 총 행복 지수(GNH)를 도입하여 국민의 삶의 질을 측정하고 있다. 실험적인 노력의 결과 부탄의 경제 또한 수년째 평균 8%대의 높은 성장률을 이어 가고 있다.

농가의 소득과 생산성을 높이고자 2020년까지 모든 농지를 유기 농업 경작지로 전환하는 계획을 추진하고 있다.

마을 공동체 사람들이 협력하여 흙벽돌을 만든 후 이를 한 장 한 장 쌓아올리며 서로의 집을 지어 준다. 공동체의 활력은 행복 지수의 중요한 요소이다.

자연환경 훼손을 막고자 관광객을 제한한다. 비싼 관광 비용을 받음으로써 자연적으로 관광객 수를 조절하고, 관광객이 지불한 비용은 경제 발전에 다시 투자한다.

부탄에는 무료로 시행되는 정책이 많다. 학생 교육비, 병원비 등이 모두 무료이다.

1 국민 총 행복 지수가 국민 총생산과 다른 점은 무엇인지 써 보자.

예시 답안 | '국민 총생산'은 국민들이 일정 기간에 생산한 최종 생산물을 시장 가격으로 평가한 가치로, 양적 성장 정도를 측정할 수 있는 지표이다. '국민 총 행복 지수'는 경제 발전이 국민의 삶의 질과 행복감을 높일 수 있는 방향으로 추진되어야 한다는 취지에서 경제적 발전만을 평가하는 기존의 지표들을 대체하기 위해 고안된 것이다.

2 자료를 참고하여 부탄이 최근 높은 경제 발전을 이룬 배경을 써 보자.

예시 답안 | 국민의 삶의 질과 행복도를 높임으로써 생산 의욕을 높이고, 자연환경을 잘 보전하여 이를 관광 자원으로 활용하면서 관광 수입을 늘리고 있다.

교과서 PLUS α

부탄의 국민 총 행복 지수(GNH)

↑ 부탄의 수도 팀부

국민 총 행복 지수는 경제 발전은 불교적 전통문화에 기초하여 국민의 삶의 질과 행복감을 높일 수 있는 방향으로 추진되어야 한다는 취지에서 경제적 발전만을 평가하는 기존의 국민 총생산, 국내 총생산을 대체하기 위해 부탄에서 고안되었다. 부탄 정부는 국민 총 행복 지수를 계량적으로 측정하는 방법을 개발하였다. 국민 총 행복 지수의 4대 축은 다음과 같다.

• 평등하고 지속적인 사회 경제 발전
• 전통 가치의 보존 및 발전
• 자연환경의 보존
• 올바른 통치 구조

부탄 정부는 국민 총 행복 지수를 산출하기 위해 국민 경제에서 생산되는 산출물이 사회적으로 필요한지, 바람직한지를 따져 점수를 배정한다. 부탄은 이 수치를 높이기 위해 입국하는 해외 관광객 수를 1년에 7,500명으로 제한하고 있다. 관광 때문에 환경이 파괴되고 신성한 땅이 더럽혀지고 있다고 느낀 국민의 불만을 줄이기 위해서이다. 이러한 정책으로 부탄은 자연환경의 개발과 파괴를 최소화할 수 있었고, 이렇게 보존된 천혜의 자연환경은 새로운 관광 자원으로 주목받고 있다.

● 배고픈 개구리 마을의 이야기

● 배고픈 두꺼비 마을의 이야기

🔍 자료 해설

배고픈 개구리 마을과 두꺼비 마을에 관한 서로 다른 지원 방법을 그린 삽화이다. 개구리 마을의 경우 빵을 지원받음으로써 현재의 배고픔을 해결할 수 있었지만, 빵의 지원이 중단된 이후 어떻게 배고픔을 해결할지 막막해한다. 두꺼비 마을의 경우 빵을 만들기 위해 밀을 재배하고 빵을 만드는 방법에 관해 배운다. 처음에는 현재의 배고픔을 해결할 수 없어 힘들어했지만 결국에는 스스로 빵을 만들 수 있게 된 모습이다. 이 삽화의 내용을 통해 저개발국에 대한 바람직한 지원 방안을 생각해 볼 수 있다.

1 개구리 마을과 두꺼비 마을을 도와준 방법은 어떻게 다른지 써 보자.

예시 답안 |

개구리 마을	빵을 만드는 데 필요한 재료의 생산과 빵 제조 기술을 가르쳐 주지 않고 빵만 제공함
두꺼비 마을	빵을 만드는 기술과 재료를 생산하는 방법을 가르쳐 줌

2 그림의 두 가지 방법 가운데 자신이 생각하는 좋은 방법을 고르고, 그렇게 생각한 까닭을 발표해 보자.

예시 답안 | 두꺼비 마을의 방법이 좋다. 왜냐하면, 빈곤한 지역이 스스로 빈곤에서 벗어날 수 있는 능력을 갖추게 해 줌으로써 장기적으로 빈곤을 완전히 해결할 수 있기 때문이다.

스스로 탐구하기 풀이 불평등 완화를 위해 어떤 노력을 하고 있을까?

이것이 핵심 ❗

• **활동 목표:** 다양한 자료를 활용하여 저개발 지역의 발전을 지원하기 위한 국제 사회의 노력 사례를 조사해 보는 활동이다.
• **핵심 개념:** 공적 개발 원조, 국제기구, NGO

친절한 활동 안내 ⭐

이 활동의 핵심은 국제 사회의 불평등 완화와 저개발 지역을 지원하기 위한 국제기구의 노력 사례를 조사해 보는 것이다.
유엔을 중심으로 한 국제기구와 시민들의 자발적인 참여를 중심으로 하는 NGO의 활동 사례를 통해 저개발 지역들에 대한 다양한 지원 사례를 알아보고, 우리가 참여할 방안을 생각해 본다.

자료 ❶ 함께 잘살고자 노력하는 다양한 국제기구

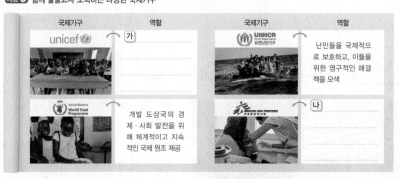

자료 ❷ 우리도 함께 잘사는 지구촌을 만들 수 있어요!

'꿈찌 만들기'는 국제 비정부 기구인 굿네이버스에서 주도하는 운동이다. 저개발 국가에서 제작한 실로 팔찌를 만들고 홍보물을 직접 만들어서 아동 노동 반대 운동을 펼친다. 팔찌는 실을 만든 지역 주민의 소득 증대에도 도움을 주고 있다.

1 **자료 ❶** 의 **가** , **나** 에 알맞은 내용을 조사하여 빈칸에 써 보자.

예시 답안 |

가 어려운 처지에 놓인 어린이를 위해 영양, 보건, 교육 등 다양한 분야에서 지원 사업을 시행한다.

나 의료 지원의 부족, 무력 분쟁 등으로 인해 생존의 위협에 처한 사람들을 위한 지원 활동을 펼친다.

2 **자료 ❷** 와 같이 우리 주변에서 국제 불평등 완화를 위해 활동하는 비정부 기구의 사례를 조사하여 써 보자. 예시 답안 | 국경없는 의사회의 의료 서비스 지원, 국제 적십자사의 구호 활동 등

자료 ❶ 베트남의 홀로서기를 위한 지원

1980년대 초까지 아시아에서 가장 가난한 나라 중 하나였던 베트남은

선진국들의 무상 원조(이자 없는 지원)를 발판으로 빠른 경제 성장을 이루었지만……

이젠 어느 정도 경제 발전을 이루었으니, 유상 원조(이자가 있는)로 바꾸겠습니다.

이자가 생각보다 비싸군. 이자 부담이 상당하겠는걸?

자료 ❷ 저개발국을 위한 *적정 기술 지원

폐자전거와 페드럼통을 사용한 벼 탈곡기 제작 기술을 전수받아 쌀 수확량이 크게 증가한 케냐

병아리 사육 기술을 전수받아 닭 생산량을 크게 늘린 캄보디아

가볍고 운반하기 좋은 Q드럼 물통을 사용하면서 물을 긷는 시간이 줄어들어 학교를 다닐 수 있게 된 아프리카 아이들

Q드럼 물통

1 **자료 ❶, ❷** 의 지원 방식의 성과와 한계점을 적어 보자.

예시 답안 |

구분	성과	한계점
자료 ①	빠른 경제 발전 지원	높은 이자 부담에 따른 경제적 어려움
자료 ②	실생활에서의 어려움을 해결함	효과가 나타나기까지 시간이 오래 걸림

자료 ❶ 공정 무역 카카오를 재배하는 페루의 농부 루이스 씨 이야기

우리는 협동조합을 만들어 공정 무역 카카오를 생산하고 있어요. 우리가 생산한 카카오는 중간 유통 상인 없이 판매 기업에 직접 수출되기 때문에 이전보다 높은 가격에 판매돼요. 우리는 수익 가운데 일부를 좀 더 질 좋고 건강에 좋은 카카오를 생산하기 위한 기술 개발과 마을의 여러 가지 기반 시설 확충에 쓰고 있어요.

자료 ❷ 공정 무역 커피의 수익 배분 구조

공정 무역은 유통 단계를 줄이고 직거래를 활성화하여 유통비를 절약하고 생산자의 수익을 높일 수 있다.

자료 ❸ 미국 ○○기업의 공정 무역 커피 판매 비중

1 공정 무역이 활성화되면 나타날 수 있는 변화에 관하여 토의한 후, 아래 표에 내용을 써 보자.

예시 답안 |

생산자인 농민은 이런 점이 좋아져요.	노동에 대한 정당한 대가를 받는다. 소득 수준의 향상으로 삶의 질이 향상될 수 있다.
소비자인 우리는 이런 점이 좋아져요.	친환경적으로 생산된 제품을 상대적으로 저렴한 가격에 살 수 있다.
지역 간 불평등 해소에 이렇게 이바지할 수 있어요.	저개발 지역 농민들의 소득 증가에 따라 불평등 해소에 이바지할 수 있다.

2 **자료 ❸** 을 보고 공정 무역 제품의 판매 비중을 높일 수 있는 다양한 방법을 모둠별로 토의하여 **발표해 보자.**   예시 답안 | 공정 무역의 의미를 홍보, 공정 무역 상품 개발, 공정 무역 제품을 생산하는 농민들에 대한 다양한 기술 지원 등

이것이 핵심 ❗

- **활동 목표:** 저개발 지역 발전을 위한 국제 사회 노력의 성과와 한계점을 파악해 보는 활동이다.
- **핵심 개념:** 지원 성과 및 한계, 적정 기술

친절한 활동 안내 ★

이 활동의 핵심은 저개발 지원을 위한 다양한 방안들을 조사해 보고, 이 방안들의 장단점을 비교해 보는 것이다.
무상 원조를 통해 발전한 저개발국의 경우 유상 원조로 지원 방법이 바뀌게 되면 막대한 이자 부담을 감당해야 한다. 적정 기술은 해당 지역의 조건을 바탕으로 지속해서 생산, 소비할 수 있는 기술의 개발을 지원하는 것이다.

이것이 핵심 ❗

- **활동 목표:** 공정 무역의 의미와 기존 무역과의 차이점, 장점과 한계를 알아보는 활동이다.
- **핵심 개념:** 공정 무역의 의미, 공정 무역의 한계

친절한 활동 안내 ★

이 활동의 핵심은 공정 무역의 의미를 이해하고, 공정 무역의 장점과 한계에 관하여 생각해 보는 것이다.
공정 무역은 생산자의 이익을 좀 더 공정하게 보장해 주고, 소비자에게는 품질 좋은 제품을 더욱 저렴하게 살 수 있게 해주지만 현재까지 제도적인 문제와 홍보 부족 등으로 인해 판매 비중이 매우 낮다.

1 다음 내용에 알맞은 말을 골라 ◯표 하시오.

(1) (국제 연합, 비정부 기구)는 권력이나 이윤을 추구하지 않고 조직된 자발적인 시민 단체이다.

(2) 부탄은 국민들의 삶의 질을 측정하고자 세계 최초로 (국민 총생산, 국민 총 행복 지수)를 도입하였다.

2 생산자의 노동에 대한 정당한 대가를 지불하면서 소비자에게는 더 좋은 제품을 공급하기 위한 윤리적인 무역 운동을 (   )(이)라고 부른다.

3 다음은 발전 수준을 측정하기 위한 지표들이다. 경제적 지표와 문화·사회적 지표로 분류하시오.

(1) 교육 수준, 1인당 의사 수: (   )

(2) 1인당 국내 총생산, 총 무역액: (   )

01 지역 간 발전 수준의 차이에 영향을 미치는 주요 원인을 〈보기〉에서 고른 것은?

> 보기
> ㄱ. 산업화 시기   ㄴ. 유아 사망률
> ㄷ. 부존자원 정도   ㄹ. 평균 기대 수명

① ㄱ, ㄴ   ② ㄱ, ㄷ   ③ ㄴ, ㄷ
④ ㄴ, ㄹ   ⑤ ㄷ, ㄹ

02 선진국이 저개발국에 비해 높게 나타나는 지표로 옳은 것은?

① 문맹률
② 도시화율
③ 합계 출산율
④ 인구 증가율
⑤ 제1차 산업 종사자 비율

03 그래프는 국가별 인간 개발 지수를 나타낸 것이다. 이에 대한 설명으로 옳은 것은?

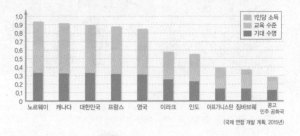

(국제 연합 개발 계획, 2015년)

① 1인당 소득과 기대 수명은 서로 반비례한다.
② 교육 수준의 국가별 차이는 1인당 소득의 국가별 차이보다 크다.
③ 인간 개발 지수에 가장 큰 비중을 차지하는 영역은 1인당 소득이다.
④ 아프리카에 있는 국가들은 유럽에 있는 국가들보다 인간 개발 지수가 높다.
⑤ 아프리카에 있는 국가들은 유럽의 국가들보다 발전 수준이 낮다.

04 지도는 하루 1.25달러보다 적은 돈으로 사는 사람들의 비율을 나타낸 것이다. 이에 대한 설명으로 옳지 않은 것은?

(세계 발전 지표, 2015년)

① 경제 발전 수준의 지역 차가 크다.
② 중국은 일본보다 빈곤 지수가 높게 나타날 것이다.
③ 아프리카는 경제적 어려움을 겪는 인구 비중이 높다.
④ 북아메리카는 남아메리카보다 경제 발전 수준이 높다.
⑤ 저위도 지역은 고위도 지역보다 경제 발전 수준이 높다.

중요
05 지도는 연평균 경제 성장률(2009~2013년)을 나타낸 것이다. 이에 대한 옳은 설명을 〈보기〉에서 고른 것은?

보기

ㄱ. 아시아는 유럽보다 연평균 경제 성장률이 높다.
ㄴ. 연평균 경제 성장률과 경제 발전 정도는 비례한다.
ㄷ. 저개발국들의 연평균 경제 성장률은 선진국보다 높다.
ㄹ. 연평균 경제 성장률이 가장 높은 국가는 아메리카 대륙에 위치한다.

① ㄱ, ㄴ   ② ㄱ, ㄷ   ③ ㄴ, ㄷ
④ ㄴ, ㄹ   ⑤ ㄷ, ㄹ

단답형
06 밑줄 친 '이것'에 해당하는 개념을 쓰시오.

이것은 선진국의 정부 또는 공공 기관이 저개발국의 경제 사회 발전과 복지 증진을 위해 자금이나 기술을 지원하는 제도이다.

(   )

07 다음 빈칸에 들어갈 말로 적절한 것은?

[   ]은 지역의 문화적·경제적·환경적 조건을 고려하여 해당 지역에서 지속해서 생산, 소비할 수 있도록 만들어진 기술이다.

① 공정 기술   ② 적정 기술   ③ 원격 기술
④ 사회 기술   ⑤ 공학 기술

08 다음 두 사례에 공통으로 적용된 기술에 대한 설명으로 옳지 않은 것은?

폐자전거와 폐드럼통을 사용한 벼 탈곡기 제작 기술을 전수받아 쌀 수확량이 크게 증가한 케냐

병아리 사육 기술을 전수받아 닭 생산량을 크게 늘린 캄보디아

① 발전 효과가 빠르게 나타난다.
② 국가 간 불평등 완화에 이바지할 수 있다.
③ 저개발국의 지속적인 성장과 발전을 목표로 한다.
④ 기술 이전에 따른 환경의 파괴를 최소화하고자 한다.
⑤ 해당 지역의 자연·사회적 조건을 우선으로 고려한다.

09 세계 경제의 불평등을 해소하려는 방안으로 적절하지 않은 것은?

① 비정부 기구(NGO)의 활동 지원
② 저개발국에 대한 기술 지원 확대
③ 공정 무역 및 공정 여행 비중 확대
④ 저개발국 간의 경제 협력 체제 활성화
⑤ 경제적 원조에서 유상 원조 비중의 강화

서술형
10 그래프는 공정 무역 커피의 수익 배분 구조를 나타낸 것이다. 공정 무역 커피의 판매량이 증가할 경우 나타날 수 있는 긍정적 변화를 생산자와 소비자의 측면에서 각각 서술하시오.

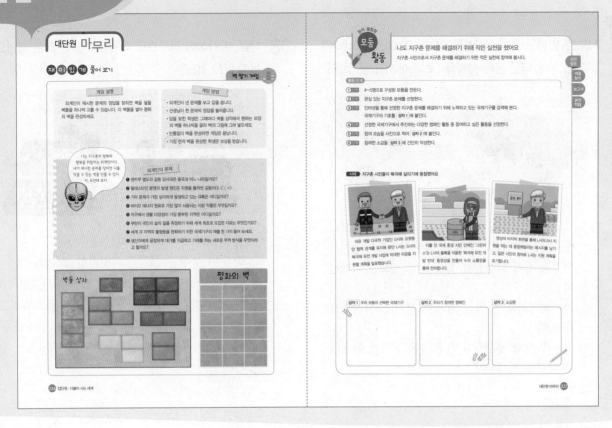

재미있게 풀어 보기 풀이

교과서 236쪽

|벽 쌓기 놀이|

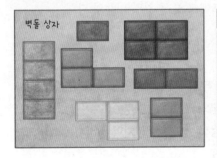 

예시 답안 |

❶ 일본
❷ ×
❸ 아프리카
❹ 옥수수
❺ 열대림 분포 지역
❻ 국민 총 행복 지수(GNH)
❼ 유니세프, 유엔 난민 기구, 세계 식량 계획, 유엔 개발 계획, 세이브 더 칠드런, 굿 네이버스 등
❽ 공정 무역

창의·융합형 모둠 활동 풀이

교과서 237쪽

 이것이 핵심 지구촌 문제 해결을 위해 노력하고 있는 다양한 국제기구들의 종류와 역할을 확인할 수 있다.

예시 답안 |

• 우리가 선정한 지구촌 문제: 북극해 개발로 인한 해양 오염과 지구 온난화 심화
• 우리 모둠이 선택한 국제기구: 그린피스(Green Peace)
• 우리가 참여한 캠페인: 그린피스 누리집에 접속하여 북극해를 살리고 북극곰의 서식지 보호를 위해 북극해 개발을 중단하라는 서명 활동에 참여하였다.
• 소감문

> 너무 먼 곳에 있어 우리와는 큰 상관이 없을 것으로 생각했던 북극해의 개발이 장기적으로 우리의 삶과 지구의 미래에 악영향을 끼칠 수 있다는 사실을 알았습니다. 또, 인간이 지구에서 함께 살아가는 다른 동식물을 보호해야 할 의무가 있다는 사실도 알게 되었습니다. 조금만 관심을 가지면 지구를 살리고 함께 행복할 수 있는 미래를 만들 수 있다는 자신감이 들었습니다.

국제 사법 재판소 재판관

이번 단원에서는 지구상의 다양한 지리적 문제에 대해 배웠습니다. 국가 간에 발생하는 다양한 법적 분쟁들은 국제법에 따라 해결되어야 합니다. 국제 사법 재판소의 재판관은 국제 분쟁을 해결하고 국제 평화를 유지하기 위한 중요한 역할을 담당합니다.

판사는 법을 어긴 사람들에게 죄의 경중을 파악하고 그에 따른 형벌의 집행을 판결하는 역할을 합니다. 그렇다면 국가 간에 지켜야 할 도리와 법을 어긴 경우 그 국가에 대한 판결은 누가 할까요? 바로 국제 사법 재판소의 재판관들입니다.

국제 사법 재판소는 어떤 곳이죠? 그리고 그곳의 재판관들은 주로 어떤 역할을 하나요?

국제 사법 재판소는 국제 연합(UN)의 사법기관으로, 국가 간에 발생하는 법적인 분쟁을 국제법에 따라 해결하기 위해 설립되었습니다. 현재 네덜란드 헤이그에 있어요. 이곳의 재판관들은 서로 다른 국적을 가진 15명으로 이루어집니다. 이들은 국제법에 따라 국가 간에 발생한 다양한 분쟁들을 조사하고, 공정한 판결을 통해 분쟁을 해결합니다.

정말 대단하고 멋지네요! 국제 사법 재판소의 재판관이 되기 위해서는 어떤 준비가 필요한가요?

국제 사법 재판소의 재판관은 국제법에 능통한 '국내' 최고 법원 판사의 자격을 갖추었거나 세계적인 국제법학자 가운데 유엔에서 선출됩니다. 따라서 국제 사법 재판소의 재판관이 되기 위해서는 대법관이나 헌법재판소 재판관이 될 자격을 갖추고 국제법에 능통하거나 또는, 세계적인 국제법학자가 되어야 합니다. 지금부터라도 다양한 사회 문제와 국제 사회의 분쟁, 정치에 관해 관심을 가지고 열심히 공부해야 하며, 대학교에서는 법학을 전공하여 판사나 법학자가 되기 위해 노력해야 합니다.

⬆ 국제 사법 재판소(네덜란드 헤이그)

⬆ 국제 사법 재판소의 재판관들

⬆ 국제 사법 재판소의 상징

01 지구상의 다양한 지리적 문제

01 다음 글에서 설명하고 있는 지역이 위치해 있는 국가로 옳은 것은?

> 프랑스어를 주로 사용하는 프랑스계 주민들과 영어를 사용하며 개신교를 믿는 영국계 주민들 간의 문화적 차이로 인한 갈등이 심화되면서 프랑스계 주민들의 분리·독립 요구가 지속되고 있다.

① 인도　　　② 캐나다　　　③ 스위스
④ 벨기에　　　⑤ 파키스탄

(빈출) 02 지도는 아프리카의 국경·부족 경계를 나타낸 것이다. 이를 통해 추론할 수 있는 내용으로 가장 적절한 것은?

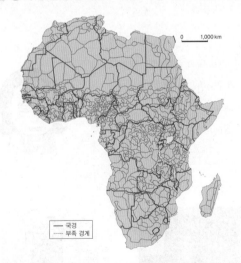

0 ―――― 1,000 km

— 국경
― 부족 경계

① 전통 부족 문화가 모두 사라졌을 것이다.
② 부족마다 독립된 국가를 형성하였을 것이다.
③ 내전이나 갈등이 곳곳에서 지속되고 있을 것이다.
④ 점차 단일 부족으로 이루어진 국가들이 많아질 것이다.
⑤ 부족의 수가 많은 국가일수록 경제 발전 수준이 높을 것이다.

03 '전 지구적인 지리 문제'에 해당하는 것을 〈보기〉에서 고른 것은?

보기
> ㄱ. 지구 온난화 문제
> ㄴ. 생물 다양성의 감소
> ㄷ. 촌락 지역의 인구 감소
> ㄹ. 비종교 인구 비중의 증가

① ㄱ, ㄴ　　　② ㄱ, ㄷ　　　③ ㄴ, ㄷ
④ ㄴ, ㄹ　　　⑤ ㄷ, ㄹ

04 지도의 (가) 지역에 대한 설명으로 옳은 것은?

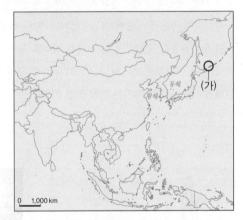

0 ―― 1,000 km

① 일본이 실효 지배하고 있다.
② 일본과 러시아의 영유권 분쟁 지역이다.
③ 미국, 캐나다 등 6개국이 분쟁 당사국이다.
④ 소수 민족의 분리·독립으로 인한 갈등이 발생하고 있다.
⑤ 언어·종교의 차이로 인한 문화 갈등이 매우 심각하게 나타나고 있다.

05 다음 글에서 설명하고 있는 지역으로 옳은 것은?

> 지구 온난화로 인해 개발 가능성이 커지고 있으며, 석유·천연가스 등의 지하자원이 풍부하여 러시아, 미국, 캐나다, 노르웨이, 덴마크 등이 영유권을 주장하고 있다.

① 난사 군도　　　② 쿠릴 열도
③ 센카쿠 열도　　④ 북극해 연안
⑤ 카스피해 연안

06 다음 글에서 설명하고 있는 밑줄 친 '이곳'을 지도의 A~E에서 고른 것은?

> 이곳은 석유와 천연가스의 매장량이 매우 풍부하며 어족 자원 또한 풍부하다. 게다가 원유를 세계 곳곳으로 수송하기 위한 주요 길목에 위치해 있다. 따라서 이곳을 둘러싼 러시아 등 주변 6개국은 제각기 영유권을 주장함으로써 심각한 갈등을 빚고 있다.

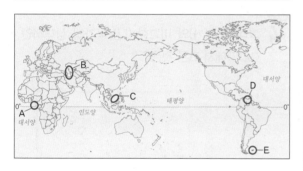

① A　　　　② B　　　　③ C
④ D　　　　⑤ E

07 생물 다양성 감소의 원인으로 옳지 <u>않은</u> 것은?

① 무분별한 남획
② 수질 오염 및 토양 오염
③ 개발로 인한 도시 면적의 확대
④ 열대림의 보존을 통한 분포 면적 확대
⑤ 외래종의 유입으로 인한 토착종의 감소

08 세계 식량 문제의 주요 발생 원인을 〈보기〉에서 고른 것은?

> ㄱ. 곡물 수요의 급감
> ㄴ. 주요 곡물 가격의 상승
> ㄷ. 다국적 곡물 기업의 독점
> ㄹ. 저출산으로 인한 인구 감소

① ㄱ, ㄴ
② ㄱ, ㄷ
③ ㄴ, ㄷ
④ ㄴ, ㄹ
⑤ ㄷ, ㄹ

09 다음 자료를 통해 추론할 수 있는 내용으로 가장 적절한 것은?

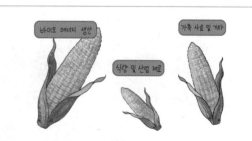

> 옥수수, 콩 등이 가축 사료, 바이오 에너지 원료로 사용되는 비중이 빠르게 증가하고 있다. 세계적인 식량 자원 생산 국가인 미국의 경우 옥수수 생산량의 절반 이상을 바이오 에너지 원료, 가축 사료 등으로 이용하고 있다.

① 식량 작물의 가격이 상승할 것이다.
② 식량 자원의 수요가 감소할 것이다.
③ 옥수수 생산량이 크게 줄어들 것이다.
④ 저개발국의 식량 사정이 개선될 것이다.
⑤ 식량 작물로 이용되는 옥수수의 비중이 증가할 것이다.

대단원 총정리 문제

10 지도의 제목으로 가장 적절한 것은?

① 열대림 개체 수
② 사용 언어 개수
③ 생물 종 개체 수
④ 원유 개발 유전 시설 수
⑤ 환경 보호 협약 체결 수

02 발전 수준의 지역 차

11 지도는 국가별 인간 개발 지수를 나타낸 것이다. 이에 관한 내용으로 옳은 것은?

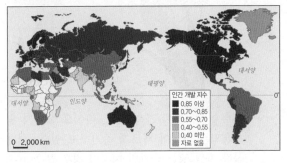

① 아시아는 인간 개발 지수가 가장 낮은 대륙이다.
② 아프리카는 북아메리카보다 인간 개발 지수가 높다.
③ 남아메리카는 북아메리카보다 인간 개발 지수가 높다.
④ 경제 발전 수준이 높은 국가들은 대체로 인간 개발 지수가 높다.
⑤ 인간 개발 지수의 지역별 분포에 가장 큰 영향을 미치는 요인은 인구 규모이다.

단답형

12 밑줄 친 '이것'에 해당하는 개념을 쓰시오.

> 이것은 부탄이 세계 최초로 도입한 발전 지표이다. 대부분 국가에서 양적 성장 지표인 국민 총생산(GNP)을 기준으로 발전 수준을 측정하는 것과 달리, 부탄은 국민의 행복 정도와 삶의 질을 측정하고자 이 지표를 개발하였다.

(   )

13 세계 경제에서 저개발국이 선진국에 비해 경제적 발전 수준이 낮은 이유로 옳지 않은 것은?

① 천연자원과 노동력이 부족하다.
② 정보화에 대한 대응 능력이 낮다.
③ 산업화 시기가 상대적으로 늦었다.
④ 정치적 혼란을 겪고 있는 국가들이 많다.
⑤ 오랫동안 식민 지배를 겪은 국가들이 많다.

14 그래프의 (가)와 비교한 (나) 국가의 상대적인 특징을 〈보기〉에서 고른 것은?

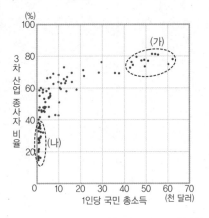

보기
ㄱ. 출산율이 높다.
ㄴ. 도시화율이 높다.
ㄷ. 인구 증가율이 높다.
ㄹ. 1인당 자원 소비량이 많다.

① ㄱ, ㄴ ② ㄱ, ㄷ ③ ㄴ, ㄷ
④ ㄴ, ㄹ ⑤ ㄷ, ㄹ

03 지역 간 불평등 완화를 위한 노력

15 비정부 기구(NGO)에 대한 설명으로 옳은 것은?

① 각국의 정치적 이해관계의 영향을 크게 받는다.
② 주요 활동 목적은 권력 획득과 이윤의 확대이다.
③ 각국 정상들을 중심으로 구성된 국제 협력 조직이다.
④ 자발적인 시민들의 참여로 조직되어 운영되는 경우가 많다.
⑤ 회원국은 강제적으로 매년 일정액 이상을 국제 사회에 기부해야 한다.

단답형

16 다음 빈칸에 들어갈 적절한 말을 쓰시오.

> 국제 사회는 세계 각 지역의 불평등을 완화하고자 다양한 방면으로 노력하고 있다. 국제 연합을 중심으로 각국 정부는 □□□□□를 통한 경제적 지원뿐만 아니라 스포츠, 문화 등 다양한 분야에서 협력하고 있다.

(   )

중요

17 다음 그래프는 일반 커피와 공정 무역 커피의 이익 배분 구조를 나타낸 것이다. 이에 대한 설명으로 옳은 것은?

① 일반 커피는 수익 대부분이 생산자에게 집중된다.
② 일반 커피는 공정 무역 커피보다 중간 유통 과정이 더 복잡하다.
③ 공정 무역 커피는 일반 커피보다 가격이 비싸 수익도 많을 것이다.
④ 공정 무역 커피의 판매량이 증가할 경우 농민들의 수익률은 더욱 낮아질 것이다.
⑤ 공정 무역 커피는 일반 커피보다 중간 유통 업자에게 배분되는 수익이 더 많다.

18 다음 자료와 같은 현상의 발생 원인을 두 가지 이상 서술하시오.

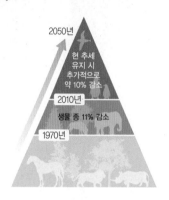

_____

_____

19 다음 사례와 같은 기술 지원의 장점과 단점에 관해 서술하시오.

> • 케냐에 폐자전거와 폐드럼통을 이용한 탈곡기 제작 기술 지원
> • 캄보디아에 병아리 사육 기술 지원

_____

_____

20 저개발국들이 지역 경제 협력 체제를 결성하는 주요 목적을 서술하시오.

_____

_____

창의 쑥쑥 수행 평가

1 인권과 헌법 296

2 헌법과 국가 기관 298

3 경제생활과 선택 300

4 시장 경제와 가격 302

5 국민 경제와 국제 거래 304

6 국제 사회와 국제 정치 306

7 인구 변화와 인구 문제 308

8 사람이 만든 삶터, 도시 310

9 글로벌 경제 활동과 지역 변화 312

10 환경 문제와 지속 가능한 환경 314

11 세계 속의 우리나라 316

12 더불어 사는 세계 318

창의 쑥쑥 수행 평가

1 인권과 헌법

1 사형제 찬반 토론하기

[자료 1] 사형제 찬성

사형 제도는 범죄 예방 효과가 있습니다. 1981년 미국 텍사스주 휴스턴에서는 강력 범죄가 자주 발생하자, 고심 끝에 1982년 사형 집행을 부활시켜 그 어떤 도시보다도 사형 집행을 많이 하였습니다. 그 결과 1981년 701건이었던 살인 사건이 1996년에는 261건으로 63%나 감소하였습니다. 미국은 1972년에 사형 제도를 폐지하였다가 흉악범이 늘어나자, 결국 1976년 사형 제도를 부활하여 현재 38개 주에서 사형 제도를 시행하고 있습니다.

[자료 2] 사형제 반대

1977년 국제 앰네스티의 스톡홀름 선언을 시작으로 사형 제도 폐지 운동을 전개한 가장 큰 이유는 사형 제도가 생명권을 침해하는 제도이기 때문입니다. 사형 제도에 맞서는 일은 생명을 지키는 일과 같습니다. 생명은 오직 하나이고 일회적이기 때문입니다. 그렇기에 생명권은 헌법으로 보호하는 기본권 중에서도 가장 으뜸의 권리이며, 인간의 존엄성과 인권으로 표현되는 헌법 정신에 대표되는 권리입니다.

『소통을 꿈꾸는 토론 학교 사회 윤리(2011)』

① 사형제 찬반 논란에 대한 자신의 주장과 근거를 써 보자.

주장	
근거	

② 사형제를 찬성하는 입장과 반대하는 입장으로 나누어 토론해 보자.

찬성 측의 주요 근거	반대 측의 주요 근거

2 인권 증진을 위해 헌신한 인물 조사하기

→ 과거나 현재, 우리나라나 외국에서 인권 향상을 위해 헌신한 인물을 찾아 조사 보고서를 만들어 보자.

조사 보고서

(   )중학교 (   )학년 (   )반   이름 (   )

내가 소개하고 싶은 인물	
인물을 소개하는 까닭	
인물의 약력 및 생애	
인물이 인권 증진에 이바지한 점	

2 헌법과 국가 기관

1 우리나라의 삼권 분립 현황

memo

→ 우리나라는 국가 기관끼리 서로 견제와 균형을 이루기 위해 삼권 분립을 실현하고 있다. 아래 그림을 참고하여 최근에 삼권 분립이 실현된 사례를 신문 기사에서 찾아 정리해 보자.

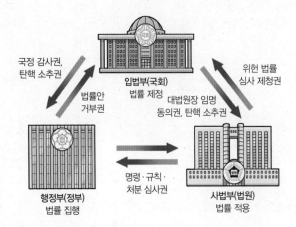

신문 기사 제목	견제 기관		내용
	( )부에서 ( )부 견제		

2 헌법 재판으로 기본권 침해를 구제받은 사례는 어떤 것이 있을까?

1 헌법재판소 사이트를 방문하여 최근에 판결이 난 사례를 조사하고 그 내용을 정리해 보자.
(* 헌법재판소 사이트의 '최근 선고 · 변론 사건 > 최근 주요 결정'을 활용한다.)

사건명	
판결 결과 (종국 결과)	
사건 내용 정리	

2 위 사건 판결에 대한 자신의 생각을 정리해 보자.

3 경제생활과 선택

1 합리적 선택의 경험 나누기

─ memo

다음 사례를 참고하여 자신이 했던 선택 중 한 가지를 선정하여, 합리적 선택이었는지 분석하시오.

고등학교 3학년인 야구 선수 K군은 졸업과 동시에 프로 야구 선수로 활동할지, 일단 대학교에 진학하여 학업과 운동을 병행한 후에 프로 야구 선수가 될지 고민하고 있다.

〈상황 분석 자료〉

〈1안〉 고등학교 졸업과 동시에 프로 야구 무대에 진출	〈2안〉 대학에 진학한 다음 4년 후 프로 야구 무대에 진출
• 고졸 야구 선수 평균 연봉: 8천만 원 • 고졸 야구 선수 평균 활동 기간: 12년 • 선택으로 인한 비용: 없음 • 기타 장점: 대학 학비를 안 내도 됨 등	• 대졸 야구 선수 평균 연봉: 1억 원 • 대졸 야구 선수 평균 활동 기간: 9년 • 선택으로 인한 비용: 대학 등록금 4년 총액 1억 원 • 기타 장점: 대학 졸업 학위 취득 등

K군은 상황 분석 자료를 토대로 다음과 같이 생각하였다.

1. 1안을 선택하면 9억 6천만 원의 연봉을 벌 수 있다. 2안을 선택하면 9억 원을 벌 수 있으나, 대학 등록금 1억 원을 지출해야 해서 결과적으로 8억 원을 벌 수 있다.
2. 2안을 선택하면 학위를 취득할 수 있는데, 그 가치도 무시할 수 없다.
3. 1안이 2안에 비해 1억 6천만 원을 더 벌 수 있기는 하지만, 학위 취득의 가치가 그것보다 크다고 판단했다.
4. 결국, K군은 2안을 선택하는 것이 합리적이라는 결론을 내렸다.

❶ 자신이 처했던 선택의 상황을 한 가지 선정하시오.

❷ K군의 사례와 같이 두 가지 선택에 들어가는 비용이나 편익을 분석한 상황 분석 자료를 만드시오.

〈1안〉	〈2안〉

❸ 자신의 선택을 단계적으로 분석하여 그것이 합리적이었는가의 여부를 판단하고 친구들에게 소개하시오.

2 기업가 정신을 발휘해 보자

　기업가 정신은 꼭 새로운 기술을 개발하여 새로운 상품을 만들어 내는 것만이 전부는 아니다. 기존에 있는 상품을 좀 더 매력적으로 만들어 내거나 새로운 시장을 개척하는 것도 기업가 정신을 발휘한 것으로 평가할 수 있다. 다시 말해, 기업가 정신은 기존의 고정관념에서 탈피하여 창조적으로 생각하는 것이다.

　바쁜 현대인들은 운동할 시간이 별로 없다. 그래서 자신들의 건강 관리를 위해 헬스장에서 운동하는 경우가 많은데, 사실 기존의 헬스장들은 남성 고객들을 중심으로 운영되는 경우가 많아서 여성들이 마음 편히 헬스장에 등록하여 운동하기가 쉽지 않았다. 몸매 관리나 건강을 위해 운동을 하고자 하는 여성들의 수요는 많았음에도 불구하고, 마땅한 장소를 찾기가 어려웠다.

　이점을 간파한 어느 헬스장을 운영하던 기업가가 여성 전용 헬스장을 만들었더니, 한 달 새 매출이 두세 배로 증가했다고 한다. 기업가 정신을 발휘한 것이다.

❶ 주변에서 평소 자신이 관심 있는 사업 분야의 아이템들을 몇 가지 선정해 보자.

❷ 이 중 한 가지를 골라서, 문제점을 찾아보고 개선 방안을 제시해 보자.

❸ 위의 ❶, ❷를 바탕으로 사업 계획서를 완성해 보자.

사업 아이템	
현재 문제점	
구체적 사업 방안	

4 시장 경제와 가격

1 애장품 가격 매기기

memo

자신의 애장품을 한 가지 가져와서, 학급 친구들에게 경매에 부쳐 보자.

레오나르도 다빈치가 그린 예수 초상화 '살바토르 문디(구세주·사진)'가 15일(현지 시각) 미국 뉴욕 크리스티 경매에서 미술품 경매 역대 최고가인 4억 5,030만 달러(약 4900억 원)에 낙찰됐다고 AP 통신 등이 보도했다. 다빈치가 1500년쯤 그린 이 작품은 왼손에 크리스털 보주를 들고, 오른손을 들어 축복을 내리는 예수의 상반신을 담았다. 소장자 러시아 억만장자 드미트리 리볼로블레프는 1억 달러에 그림을 내놨지만, 경매 낙찰가는 4배가 넘었다. 기존 경매 최고가 작품은 파블로 피카소가 그린 '알제의 여인들'로 2015년 크리스티 경매에서 1억 7,940만 달러(약 19,000억 원)에 낙찰됐다.

– 『경향신문』, 2017. 11. 16.

❶ 위의 미술품과 같이 자신의 애장품 한 가지를 선정한다.

❷ 학급 친구들에게 가격을 제시하여 수요표를 만들어보자.

가격							
수요량							

❸ ❷에서 만든 수요표를 토대로 수요 곡선을 그려보자.

❹ 실제 경매하여 물건을 판매하고, 그 결과를 수요·공급 곡선을 활용하여 정리해 보자.

2 수요·공급의 변동으로 인한 가격 변동 사례 보고서 작성하기

memo

수요의 변동으로 인한 가격 변화 사례	공급의 변동으로 인한 가격 변화 사례
대표적인 제수용 과일 사과와 감 가격이 오름세를 보여 설 상차림 물가에 빨간불이 켜졌다. 9일 한국농수산유통공사에 따르면 지난 6일 감귤 10개는 작년보다 36% 오른 2974원에 거래됐다. 거래된 단감 10kg는 2만4,000원으로, 이는 전월 대비 8.7%, 전년 대비 22.4% 오른 수준이다. 소매가도 마찬가지다. 단감 10개는 작년보다 20.7% 오른 8,835원에 거래됐다. 토마토 10개도 작년보다 36% 오른 2,974원에, 딸기 100g도 작년보다 5.3% 오른 1,446원에 거래됐다. 제수용 과일값도 비상이다. 사과 10kg은 지난 6일 3만 9,600원에 거래됐다. 이는 한 달 전보다 5.8%, 일 년 전보다 8.8% 오른 수준이다. 배도 마찬가지다. 같은 날 거래된 배 15kg은 3만 9,800원으로 최근 오름세이다. 작년보다는 9.1% 낮은 가격 수준이지만, 한 달 만에 8.6% 오른 가격이기도 하다. 소매가도 마찬가지다. 배 10개는 작년보다 4.7% 오른 3만 699원에 거래됐다. — ○○뉴스	달걀 살충제 파동이 일어나자 농림축산식품부는 지난 15일 달걀의 신규 출하를 중단시켰다. 이에 최근 들어서는 달걀값이 상승세이다. 파동 직전인 14일 7,595원이었던 한 판 가격이 조사가 재개된 18일에는 약간 내렸으나 21일에는 7,445원으로 다시 올랐고 이는 평년가격에 비해 33.4%, 1년 전보다는 38.2%가 높다. 소비자들의 불안 심리가 여전하지만, 수요가 조금이나마 살아나면서 달걀 가격이 상승하는 것으로 분석되고 있다. 이런 상황에 추석을 앞두고 달걀값이 더 오를 수 있다는 우려가 제기되고 있다. 살충제 충격으로 공급량이 줄어드는 가운데 추석 수요 급증이 가세할 경우 달걀 가격 상승 가능성이 그만큼 커진다는 것이 시장의 전망이다. 이에 앞서 지난해 말 고병원성 조류인플루엔자 영향으로 산란계가 대량으로 살처분되면서 달걀 공급은 이미 많이 감소한 상태이다. — △△ 신문

① 위의 뉴스나 신문 기사의 내용을 간략하게 요약해 보자.

수요의 변동으로 인한 가격 변화 사례	공급의 변동으로 인한 가격 변화 사례

② 위의 두 가지 사례에서 시장 가격과 시장 거래량이 어떻게 변동했는지 정리해 보자.

시장 가격의 변동	시장 거래량의 변동

5 국민 경제와 국제 거래

1 국내 총생산, 1인당 국내 총생산 조사하고 비교하기

memo

❶ 세계 여러 나라 중 다섯 나라를 선정하여 2017년의 국내 총생산, 2017년의 1인당 국내 총생산을 조사한다. 그리고 5개국 내에 순위를 매겨 본다.

국가	국내 총생산		1인당 국내 총생산	
	액수	순위	액수	순위

❷ 두 지표 간 관계를 설명하고, 국내 총생산과 1인당 국내 총생산의 순위가 일치하지 않는 경우가 있다면 그 이유를 분석하자.

----

❸ 사람들의 평균적인 생활 수준을 나타낼 수 있는 요소에는 어떤 것들이 있는지 친구들과 토의해서 적어 보자.

----

2 물가/실업률 관련 보고서 작성하기

memo

→ 다음 자료를 보고 주어진 과제를 수행하시오.

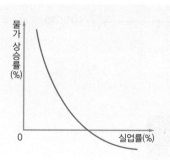

물가 상승률과 실업률의 관계를 보여주는 왼쪽 그래프를 필립스 곡선이라고 한다. 영국의 경제학자 필립스에 의해 발표된 것으로, 일반적으로 물가 상승률과 실업률은 반비례 관계에 있다는 것을 증명한 것이다.

❶ 밑줄 친 내용의 근거를 도출하기 위해 다음 표를 완성하시오. (인터넷을 활용하여 과거 신문 기사나 자료를 찾아본다.)

	물가 상승	높은 실업률
사례(원인)		

❷ ❶의 내용을 바탕으로 물가 상승이나 높은 실업률을 해결하는 데 필요한 정부의 대응책을 제시해 보자.

	물가 상승	높은 실업률
정부의 대책		

❸ ❶, ❷의 내용을 바탕으로 물가 상승과 실업의 문제를 동시에 해결하기 어려운 이유를 서술해 보자.

----

6 국제 사회와 국제 정치

1 국제 연합(UN) 신문 만들기

→ 국제 연합(UN)은 국제 사회에 큰 영향을 미치는 국제 사회의 중요한 행위 주체이다. 모둠별로 국제 연합을 소개하는 신문을 만들어 보자.

1단계   신문에 들어갈 기사 내용 정하기

- 국제 연합의 설립 목적과 설립 배경
- 국제 연합 회원 국가 현황
- 우리나라의 국제 연합 가입 과정
- 국제 연합의 주요 기관
- 국제 연합이 국제 사회의 갈등을 해결한 사례
- 국제 연합 활동의 한계

2단계   모둠별로 역할을 분담하여 기사 작성하기

1. 4~6명으로 한 모둠을 만든다.
2. 1단계의 예를 참고하여 모둠원별로 자신이 작성할 기사 내용을 정한다.
3. 모둠원별로 인터넷과 도서관을 이용하여 담당한 기사 내용을 수집한다.
4. 모둠원이 모두 모여 최종적으로 신문에 수록할 기사 내용을 결정한다. 이때 신문의 특성을 고려해 객관적이고 신뢰할 수 있는 최신 내용으로 기사 내용을 결정한다.
5. 신문 기사의 형식은 글, 사진, 만화, 공익 광고 등 다양한 형태를 활용한다.
6. 자신이 담당한 신문 기사 내용을 모둠에서 결정한 형식에 맞추어 완성하고, 기사 내용 마지막에 기자(본인)의 실명을 밝힌다.

3단계: 신문 완성 및 완성된 신문 발표

1. B4나 A3 크기로 각 기사를 종합하고 편집하여 최종적으로 신문을 완성한다. (4절 도화지에 손글씨를 쓰거나, 컴퓨터 워드프로세서 프로그램을 활용할 수도 있다.)
2. 모둠별로 대표 한 명이 나와 완성된 신문을 발표하고 설명한다.

❶ 자신이 담당한 신문 기사를 작성해 보자.

제목	

_____ 기자

② 모둠원들이 함께 각 칸에 기사를 채워 넣어 신문을 완성해 보자.

○○일보

| 학년   반   모둠 | 년   월   일 |

[기사]

[기사]

[기사]

[공익 광고]

1 대통령 직속 저출산 고령 사회 위원회에 정책 제안하기

memo

→ 한 국가가 인구를 장기적으로 유지하기 위해서는 합계 출산율이 최소한 2.1명 이상이 되어야 한다. 우리나라는 합계 출산율(여성 1명이 평생 동안 낳을 것으로 예상되는 평균 출생아 수)이 매우 낮은 1.2명 이하를 기록하고 있다. 이러한 상황이 계속된다면 앞으로 매 세대마다 인구가 절반으로 줄어들게 될 것이다. 이러한 문제에 대한 해결점을 생각하여 정책을 제안해 봅시다.

〈저출산·고령화 정책 제안서〉

(   )중학교 (   )학년 (   )반   이름 (   )

저출산 고령 사회 위원회에 보내는 정책 제안서	
제안의 필요성	예시 정부의 다양한 정책에도 불구하고 합계 출산율이 높아지지 않고 있으며 고령화 사회에 따른 노인 문제는 더욱 심각해져 가고 있다.
구체적인 방안	① ② ③ ④
기대 효과	

2 인구 포스터와 표어 만들기

memo

우리나라에서는 1970년대부터 인구 증가율을 낮추기 위한 산아 제한 정책을 펼쳤다. 당시 대표적인 구호는 "딸 아들 구별 말고 둘만 낳아 잘 기르자"였다. 1980년대에는 '하나 낳기 운동'이 주를 이루었다. 하지만 2000년 이후 합계 출산율이 낮아지자 가족계획 구호도 출산 장려 내용으로 바뀌게 되었다.

❶ 다음 단계에 따라 저출산 문제를 해결하기 위한 포스터를 만들어 보자.

〈1단계〉 저출산 현상의 원인과 문제점 파악하기: 자신의 결혼 및 자녀 계획을 생각해 보고, 현재 저출산 현상의 원인과 문제점을 살펴본다.

〈2단계〉 포스터의 주제를 선정한다.

〈3단계〉 출산 장려 표어와 포스터에 대한 아이디어를 모아 포스터를 작성한다.

8 사람이 만든 삶터, 도시

1 세계에서 가장 살기 좋은 도시와 가장 살기 힘든 도시

memo

→ 2017년 영국 경제 전문지 이코노미스트의 분석 기관(EIU)에서 세계 140개 도시를 대상으로 '가장 살기 좋은 도시 TOP10', '가장 살기 힘든 도시 TOP5'를 다음과 같이 발표하였다. 살기 좋은 도시들과 살기 힘든 도시들의 특징에 대해 서술해 보자.

자료 출처: 이코노미스트 인텔리전스 유닛(EIU)
그래픽 출처: 중앙일보 김경진 기자

살기 좋은 도시의 특징	살기 힘든 도시의 특징

2 살기 좋은 도시의 조건

memo

오스트레일리아의 유럽이라 불리는 멜버른. 멜버른은 젊은 감성과 차분한 도시의 분위기가 잘 어우러져 남녀노소 누구나 좋아하는 오스트레일리아의 관광지이다. 영국 경제 전문지인 이코노미스트가 안전성, 건강·보건, 문화·환경, 교육, 인프라를 기준으로 분석한 '살기 좋은 도시' 보고서에 따르면 멜버른은 7년 연속 전 세계에서 가장 살기 좋은 도시 1위로 선정되었다.

▲ 멜버른

－ ×× 뉴스, 2017. 9. 13.

➊ 멜버른이 7년 연속 세계에서 가장 살기 좋은 도시로 선정된 이유는 무엇일까?

➋ 자신이 생각하는 살기 좋은 도시의 조건은 무엇인지 써 보자.

----

1 다국적 기업의 공간적 분업

— memo

당신은 친구들과 운동화 회사를 세우려고 한다.

❶ 먼저 본사, 연구소,
생산 공장을 세워야 해.

〈입지 고려 사항〉
본사: 자본과 정보 확보
연구소: 전문 기술 인력 확보
생산 공장: 저렴한 노동력과 지가

입지 고려 사항을 보면
본사는 _____ 에,
연구소는 _____ 에,
생산 공장은 _____ 에
입지하는 것이 좋겠어.

❷ 회사를 설립하였다. 이제는 회사를 운영하면서 올라오는 다음 업무 보고에 대하여 대안을 세워야 한다.

업무 보고	대안
20◇◇년 3월 ◇일 지방에서 제품 반응이 좋아 수요가 늘었으나 현재 생산 공장 규모로는 공급이 부족함.	
20◇◇년 6월 ◇일 외국에서 제품 주문 문의가 폭주하고 있어 본사 판매부에서 문의를 모두 처리하기에는 역부족임.	
20◇◇년 8월 ◇일 국내 인건비와 지가 및 제품을 국외로 운송하는 비용이 올랐음. 외국 수요는 더욱 증가함.	
20◇◇년 11월 ◇일 국외 생산 공장이 많아져 본사에서 모두 관리하기 어려움. 현지에서 신속한 의사 결정이 필요함.	

❸ 회사의 성장 과정을 5단계로 나누어 간략하게 정리하여 써 보자.

단일 기업으로 대도시에 입지 → □ → □ → □ → □

2 다국적 유통 업체 입점에 따른 영향

memo

→ 현재 우리나라에는 외국계 대형 마트, 편의점 등 다국적 유통 업체가 입점하여 운영하고 있다. 특히 이러한 다국적 유통 업체 중 외국계 대형 마트의 입점을 제한해야 한다는 의견이 대두되고 있다. 조별로 뉴스, 신문 등을 통해 내용을 조사한 후, 각 이해 당사자(지역 주민, 지역 중소 상인)의 입장에서 라디오 대본을 작성해 보자.

라디오 프로그램
진행자

외국계 대형 마트의 입점을 찬성하는 지역 주민의 입장을
먼저 들어보도록 하겠습니다.

지역 주민 1

지역 주민 2

라디오 프로그램
진행자

그렇군요. 이번에는 외국계 대형 마트의 입점을 반대하는 지역
상인의 입장을 들어보도록 하겠습니다.

지역
중소 상인 1

지역
중소 상인 2

10 환경 문제와 지속 가능한 환경

1 우리의 생활에 직접적으로 영향을 주는 환경 문제

memo

→ 우리가 교과서를 통해 배우는 여러 환경 문제들은 사실상 우리의 피부에 와닿지 않는 것이 많다. 아래 사진을 참고하여 전 세계적으로 영향을 미치는 다양한 환경 문제들 중에서 우리의 생활에 직접적으로 영향을 주는 문제는 무엇인지, 그리고 그 문제에 대한 해결 방안에는 어떤 것들이 있는지 서술해 보자.

▲ 하천 오염

▲ 대기 오염

▲ 사막화

▲ 홍수

▲ 열대림 파괴

▲ 지구 온난화

❶ 환경 문제	❷ 문제에 대한 해결 방안

2 농약과 환경 쟁점

memo

농촌 진흥청은 도 농업 기술원 및 시·군 농업 기술 센터 등 지역 기관의 잔류 농약 분석 담당자가 활용할 수 있는 '빠르고 간편한 농산물 중 잔류 농약 분석법'을 발간하였다. 농산물의 잔류 농약 분석은 아주 미세한 약제를 신속 정확하게 검출하는 높은 난이도의 작업임에도 불구하고 이해하기 쉽게 배울 수 있는 교재가 적어 기술 습득에 어려움이 많았다. 이 책은 분석 담당자가 잔류 농약 분석법을 쉽게 배우고 따라할 수 있도록 시료 분쇄, 정제, 기기 분석, 농도 계산 방법 등을 수록하였다.

– 한국농업신문, 2018. 4. 3. –

▲ 농작물에 농약을 뿌리는 모습

① 사람들이 잔류 농약을 자세하게 분석하려는 이유는 무엇일까?

----

② 농약을 쓰지 않고 농사를 지을 수 있는 친환경적인 방법을 생각해 보자.

----

11 세계 속의 우리나라

1 북부 지방의 경쟁력

→ 아래 북부 지방 지도를 보고, 지역을 선정하여 지역화 전략을 수립해 보자.

❶ 1단계: 지역 선정	❷ 2단계: 지역화 전략 수립하기
(1) 선정한 지역: ------------------------------ (2) 지역의 지리적 특성(자연환경이나 역사·문화적 특징을 중심으로 쓰시오.) ------------------------------ ------------------------------ ------------------------------ ------------------------------ (3) 이 지역을 선정한 이유(다른 지역과는 차별화된 이 지역만의 장점을 중심으로 쓰시오.) ------------------------------ ------------------------------ ------------------------------ ------------------------------	(1) 지역 브랜드 만들기 ① 지역 브랜드 선정: ------------------------------ ② 이유 ------------------------------ ------------------------------ (2) 지역 브랜드를 이용한 홍보 캐릭터 만들기 • 캐릭터 설명: ------------------ ------------------------------ ------------------------------

2 독도는 이래서 우리 땅입니다.

memo

→ 아래 제시된 자료들을 이용하여 '독도는 우리 땅'을 주제로 설득력 있는 글을 써 보자.

[자료 1] 독도의 위치

[자료 2]

독도는 우리 땅 노래 가사 중 일부
경상북도 울릉군 울릉읍 독도리
주민등록 최종덕 이장 김성도
지증왕 13년 섬나라 우산국
세종실록 지리지 강원도 울진현
러일 전쟁 직후에 임자 없는 땅이라고
억지로 우기면 정말 곤란해

[자료 3] 연합국 최고 사령관 각서(SCAPIN)
제677호와 지도

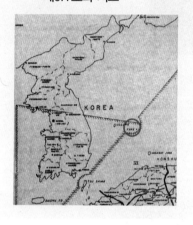

[자료 4] 일본 역사 자료

• 은주시청합기(1667년)

▲ 은주시청합기

• 돗토리번 답변서(1695년)
• 죽도(울릉도) 도해 금지령(1696년)
• 태정관 지령(1877년)

12 더불어 사는 세계

— memo

1 사라지고 있는 지구상의 동물들

→ 다음 글을 읽고, 멸종 위기에 처한 동물들의 사진을 붙이거나 그림을 그린 후, 이들에 대한 간략한 소개 글을 작성해 보자.

멸종 위기의 동물들, 안타깝지 않으세요?

멸종 위기 동물들은 지구촌에서 우리와 함께 살아가는 가족들과 같습니다. 생태계는 균형과 조화를 이루어야 합니다. 동물들의 멸종은 이러한 생태계의 균형과 조화를 파괴하는 것이며, 언젠가 우리 인간들의 미래가 될 수도 있습니다.

이제는 끝없는 욕심을 버리고 멸종 위기의 동물들에 관해 관심을 기울여야 할 때입니다.

▲ 멸종 위기 동물 판다

[사진(그림)]	[사진(그림)]

2 국제 행복 지수로 본 우리나라의 행복도는?

memo

해마다 여러 기관에서 다양한 지표를 기준으로 행복 지수를 측정하여 발표한다. 2015년 조사 결과에 따르면 '긍정적 경험(일상 행복감)' 부문에서 우리나라는 전체 조사 대상국인 143개국 중 118위를 했으며, '더 나은 삶(삶의 질)' 부문에서는 전체 36개국 중 25위를 했다.

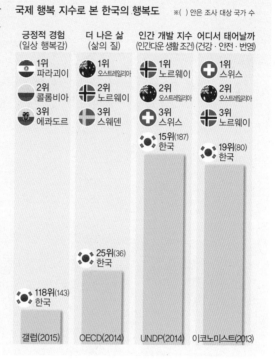

국제 행복 지수로 본 한국의 행복도   ※( )안은 조사 대상 국가 수

긍정적 경험 (일상 행복감)
1위 파라과이
2위 콜롬비아
3위 에콰도르
118위(143) 한국
갤럽(2015)

더 나은 삶 (삶의 질)
1위 오스트레일리아
2위 노르웨이
3위 스웨덴
25위(36) 한국
OECD(2014)

인간 개발 지수 (인간다운 생활 조건)
1위 노르웨이
2위 오스트레일리아
3위 스위스
15위(187) 한국
UNDP(2014)

어디서 태어날까 (건강·안전·번영)
1위 스위스
2위 오스트레일리아
3위 노르웨이
19위(80) 한국
이코노미스트(2013)

❶ 우리나라의 행복도가 다른 국가들에 비해 높지 않은 이유는 무엇일까?

----

❷ 우리나라 국민들의 행복도를 높이기 위한 다양한 방법들에 대해 생각해 보자.

MEMO

정답과 해설

정답과 해설

01 인권의 이해

실력 확인 문제   12~13쪽

개념 쏙쏙 1 ㉠ 자유권, ㉡ 평등권, ㉢ 참정권, ㉣ 사회권, ㉤ 청구권
2 법률

01 ③	02 ③	03 ④	04 ②	05 ④
06 인간의 존엄과 가치 및 행복 추구권		07 ④		08 ②
09 ②		10 해설 참조		

01 국가 안전 보장, 질서 유지, 공공복리 등을 위해 국가가 기본권을 제한할 수 있지만, 기본권을 제한하는 때도 법률에 따라야 하며 자유와 권리의 본질적인 내용은 침해할 수 없다.

02 헌법에 보장된 기본권에 관한 내용이다.
왜 틀렸을까? ①은 사회권, ②는 평등권, ④는 청구권, ⑤는 참정권에 관한 내용이다.

03 (가)에 제시된 헌법 제12조 1항은 외부의 물리적인 힘이나 압력으로부터 구속당하지 않고, 자신의 신체를 스스로 원하는 바에 따라 다스리고 결정하며 원하는 곳으로 이동할 수 있는 신체의 자유를 명시하고 있다. 또한, 제21조 1항은 언론·출판의 자유, 집회·결사의 자유를 보장하므로 (가)는 자유권을 나타낸다. (나)에 제시된 헌법 제34조 1항은 국민이 인간다운 생활을 하는 데 필요한 조건의 형성을 국가에 요구할 수 있는 권리로, 사회권에 해당한다.

04 쾌적한 환경에서 살 수 있도록 요구할 권리는 사회권에 속한다.

05 같은 것은 같게, 다른 것은 다르게 대우하는 정의의 내용은 합리적인 이유 없이 차별받지 않을 권리인 평등권과 관련이 있다.

06 우리나라 헌법 제10조에서 보장하고 있는 인간의 존엄과 가치 및 행복 추구권은 모든 기본법에 공통으로 적용되는 헌법의 최고 가치이다.

07 국민의 모든 기본권은 국가 안전 보장, 질서 유지 또는 공공복리를 위하여 필요한 경우에 한하여 법률로써 제한할 수 있다. 하지만 제한을 하더라도 인간의 존엄성과 같은 본질적인 측면의 권리는 어떠한 경우라도 제한할 수 없다.

08 국가는 개인의 기본권을 보장할 의무가 있다. 그러나 때로는 공익이나 질서 유지를 위해 개인의 기본권을 제한하기도 한다. 주어진 사례는 자유권을 제한한 것으로 사회 질서 유지를 위해 교통규칙을 정하고, 사람들이 그 규칙을 지키도록 하였다.

09 도로의 폭주를 단속하는 것은 개인의 안전뿐 아니라 사회 질서 유지를 위해, 법정 전염병 관리 대상자를 격리하는 것은 공공복리를 위해 국민의 기본권을 제한한 사례이다. 이와 같이 국민의 기본권을 제한할 때는 필요한 경우에 한하여 법률로써 제한할 수 있다.
왜 틀렸을까? ㄴ. 기본권 제한을 통해 보호하는 공익이 개인의 침해되는 권리보다 커야 합리적인 기본권 제한이라고 할 수 있다.
ㄹ. 기본권 제한의 목적뿐만 아니라 그 과정과 방법 역시 필요한 경우에 한하여 법률로써만 제한이 가능하도록 규정하고, 제한 역시 자유와 권리의 본질적인 내용을 침해할 수 없도록 함으로써 국가 권력이 함부로 기본권을 제한할 수 없도록 한다.

10 예시 답안 | (1) 자유권
(2) 모든 국민이 국가 권력으로부터 간섭을 받지 않고 자유롭게 생활할 권리이다.
만점 비법! 국가 권력으로부터 간섭받지 않는다는 내용이 들어가도록 서술해야 한다.

02 인권 침해와 구제 방법 ~ 03 근로자의 권리와 노동권 침해의 구제

실력 확인 문제   20~21쪽

개념 쏙쏙 1 인권 침해   2 헌법재판소
3 (1) × (2) ○ (3) ×

01 ④	02 ③	03 법원	04 ⑤	05 ①
06 ③	07 ④	08 ④	09 ①	10 ⑤
11 해설 참조				

01 인권 침해란 인간으로서 가진 권리 혹은 기본권을 존중받지 못하고 타인이나 국가 등에 의해 침해되는 것이다.
왜 틀렸을까? ㄱ. 납세의 의무는 법으로 규정된 국민의 의무 중 하나로, 취득세를 납부하는 것은 인권이 침해된 사례로 볼 수 없다.
ㄷ. 국가가 국민의 안전과 질서 유지를 위해 정당하게 행하는 작용으로 인권 침해로 볼 수 없다.

02 인권 침해 문제를 해결하기 위해서는 전문가들뿐만 아니라 모든 국민과 국가의 노력이 필요하다.

03 법원은 분쟁이나 범죄가 발생했을 때, 사회 질서 유지와 국민의 권리 보호를 위해 재판을 하는 기관이다. 인권을 침해당한 사람은 법원에 소장을 제출하여 재판으로 침해된 권리를 구제받을 수 있다.

04 제시된 그림은 개인 간의 관계에서 인권이 침해된 경우이다. ⑤ 잘못된 행정 처리로 인해 부당하게 세금이 부과된 것은 국가 권력 작용 과정에서 인권이 침해된 사례이다.

05 (가) 손해 배상과 같은 민사 재판을 담당하는 것은 법원이며, (나) 국가 권력에 의한 국민의 기본권 침해 여부를 판단하는 것은 헌법재판소이다.

06 국가 인권 위원회는 인권 침해를 조사하여 법령이나 제도의 개선을 권고하는 기관이다. 인권 침해 당사자가 국가 인권 위원회에 진정을 내면, 조사를 통해 필요한 사항을 권고하여 인권을 구제해 준다.

07 법률이 헌법에 위반되는지를 심사하는 위헌 법률 심판을 통해 침해된 인권을 구제하는 국가 기관은 헌법재판소이다.

08 누구나 합당한 대우를 받으며 일할 권리를 노동권이라고 하며, 근로 기준법은 인간답게 일할 수 있는 최저 기준을 정해 놓은 법이다.
왜 틀렸을까? ㄱ. 우리나라에서 노동 삼권은 헌법에 의해 보장되고 있다.
ㄷ. 노동권은 보통 근로자가 사용자보다 불리한 위치에 있으므로 필요하다.

09 노동 삼권 중 '단결권'이란 근로자가 근로 조건의 향상을 위해 노동조합 등의 단체를 결성하고 가입하여 활동할 수 있는 권리를 의미한다.

10 노동권을 침해당한 근로자가 3개월 이내에 구제 신청을 해야 하는 곳은 '지방 노동 위원회'이다.

11 **예시 답안 |** 근로자는 누구나 쾌적한 환경에서 합당한 대우를 받으며 일할 권리가 있는데, 보통 근로자가 사용자보다 불리한 위치에 있으므로 노동권의 법적 보장이 필요하다.
만점 비법! 합당한 대우를 받을 권리, 근로자가 사용자보다 불리한 위치, 노동권 법적 보장을 모두 서술하여야 한다.

01 ⑤	02 ③	03 ①	04 자유권	05 ④
06 ①	07 ①	08 ②	09 ③	10 ④
11 재판	12 ⑤	13 ①		
14 단결권, 단체 교섭권, 단체 행동권		15 ⑤		16 ②
17 ③	18 ⑤	19~20 해설 참조		

01 인권은 인간답게 살아가기 위해 마땅히 누려야 할 권리이다. 인권은 인간이 태어나면서부터 부여받으며, 인간으로서의 존엄과 가치를 존중받을 권리이다.
왜 틀렸을까? ㄱ. 인종, 성별 등의 차별 없이 누구나 누릴 수 있는 권리이다.
ㄴ. 인권은 태어나면서부터 하늘에서 부여되는 천부적 권리이다.

02 제시된 교육권, 근로권, 인간다운 생활을 할 권리는 모두 사회권에 속한다.

03 청구권을 통해 국민은 국가나 타인에 의해 기본권을 침해당하였을 때 이를 구제받을 수 있다.

04 제시된 내용은 표현의 자유를 침해당한 사례이다. 표현의 자유는 자유권에 속한다.

05 (가)는 창작물을 자유롭게 만들어 표현하는 데 제한을 받은 사례로 기본권 중 자유권과 관련이 있다. (나)는 청구권에 해당하는 사례이다. 청구권이란 국민이 국가나 타인에 의해 기본권을 침해당했을 때 이를 구제받기 위한 수단으로서의 기본권이다. 청구권에는 재판을 청구할 권리, 공무원의 불법 행위로 손해를 입은 국민이 국가에 손해 배상을 청구할 권리, 국민의 바람이나 어려움을 해결해 달라고 신청할 권리인 청원권 등이 있다.

06 우리나라 헌법 제37조 2항은 기본권 제한과 관련된 헌법 조항이다. 국가 안전 보장, 질서 유지 또는 공공복리를 위해 필요한 때에 한하여 기본권을 제한할 수 있다고 명시하고 있지만, 기본권을 제한할 때에도 자유와 권리의 본질적인 내용을 침해해서는 안 된다는 기본권 제한의 한계를 분명히 밝히고 있다.
왜 틀렸을까? ㄷ, ㄹ. 국가 안전 보장, 질서 유지, 공공복리 등을 위해 국가가 기본권을 제한할 수는 있지만, 기본권을 제한하는 경우에도 법률에 의해야 하며 인간의 존엄성과 같은 본질적인 측면의 권리를 침해해서는 안 된다.

07 제시된 사례는 다른 시민의 건강상 안전이라는 공공복리를 위해 법정 전염병 관리 대상자를 격리한 경우이다. ㄱ. 우리나라에서는 개발 제한 구역을 지정하여 환경 보호, 쾌적한

정답과 해설

환경의 유지 등과 같은 공공복리를 증진하고자 한다. ㄴ. 공공장소에서 흡연을 금지하여 간접흡연의 피해로부터 다수 사람의 건강을 보호하여 공공복리를 달성할 수 있다.

왜 틀렸을까? ㄷ. 군사 기밀 지역을 민간인 출입 통제 지역으로 지정한 것은 국가 안전 보장을 위해 기본권을 제한한 사례이다. ㄹ. 도로의 폭주를 단속하는 것은 개인의 안전뿐만 아니라 사회 질서 유지를 위해 기본권을 제한한 사례이다.

08 인권 침해는 인간으로서 가진 권리 혹은 기본권을 존중받지 못하고 타인이나 국가 등에 의해 침해되는 것을 말한다. 합리적인 이유 없이 특정 학교 출신만 채용하는 경우, 같은 조건에서 같은 일을 하는데 성별에 따라 임금 차이가 나는 경우 모두 인권 침해에 해당한다.

왜 틀렸을까? ㄴ. 개인의 소득과 부담 능력에 따라 세금액을 결정하는 것은 빈부격차를 줄이고 실질적인 평등을 추구하기 위함이다. ㄹ. 국가가 국민의 안전과 질서 유지를 위해 정당하게 행하는 작용이다.

09 헌법재판소는 헌법에 보장된 국민의 기본권이 국가 권력에 의해 침해된 경우 이를 구제하는 역할을 한다.

10 국가 기관에 기본권을 침해당한 국민이 재판 청구로도 권리를 구제받지 못하거나 권리 구제 방법이 없는 경우 헌법재판소에 헌법 소원을 청구할 수 있다.

11 재판은 구체적인 소송 사건을 해결하기 위하여 법원이 공권적 판단을 내리는 과정으로서, 인권이 침해된 경우에 법적으로 구제받는 대표적인 수단이다.

12 제시된 사례의 경민 씨는 햇빛을 받을 권리를 침해받고 있다. 환경권도 인간답게 살 권리이므로 인권 침해에 해당한다. 이 경우에는 법원에 손해 배상 청구 소장을 제출하여 재판을 청구하여 구제받을 수 있다.

13 국가 인권 위원회는 인권 보호와 향상에 관한 전반적인 업무를 수행하는 국가 기관이다. ① 법률을 제정하는 일은 국회에서 한다.

14 노동 삼권은 단결권, 단체 교섭권, 단체 행동권이다.

15 누구나 쾌적한 환경에서 합당한 대우를 받으며 일할 권리를 노동권이라고 한다. 노동권은 근로자가 사용자보다 불리한 위치에 있으므로 필요하며, 우리나라 헌법에서는 단결권, 단체 교섭권, 단체 행동권을 보장한다. 또한, 우리나라는 근로 기준법과 최저 임금제에 따라 근로자가 인간답게 일할 수 있는 최저 기준을 정해 근로자의 기본적 생활을 보장한다. ⑤ 근로자가 노동조합 등의 단체를 결성하고 가입하여 활동할 수 있는 권리는 단결권이다.

16 근로 기준법은 근로자가 인간답게 일할 수 있는 최저 기준을 정함으로써 근로자의 기본적인 생활을 보장하는 법이다.

17 제시문의 밑줄 친 쟁의 행위를 할 수 있는 권리는 단체 행동권이다. 단체 행동권은 단체 협약이 원만하게 체결되지 않을 때 근로자가 일정한 절차를 거쳐 쟁의 행위를 할 수 있는 권리이다.

18 노동권이 침해된 경우 3개월 이내에 지방 노동 위원회에 구제 신청을 하며, 지방 노동 위원회의 판정에 불복 시 중앙 노동 위원회(㉠)에 재심을 신청한다. 중앙 노동 위원회의 판정에도 불복할 경우 행정 법원(㉡)에 행정 소송을 제기할 수 있다.

19 (1) ㉠: 국가 안전 보장, ㉡: 질서 유지, ㉢: 공공복리
(2) **예시 답안** | 국가 권력이 함부로 국민의 기본권을 제한하지 못하도록 하여 헌법을 통한 기본권 보장의 취지를 최대한 살리기 위해서이다.
만점 비법! 국가 권력의 남용 방지, 헌법의 기본권 보장을 모두 서술해야 한다.

20 **예시 답안** | 갑이 노동조합에 가입했다는 이유로 불이익을 받았으므로, 이는 부당 노동 행위에 해당한다. 따라서 갑은 지방 노동 위원회에 구제를 신청할 수 있다. 지방 노동 위원회의 판정에 불복할 때는 중앙 노동 위원회에 재심 신청이 가능하며, 재심 판정에도 불복할 때는 행정 법원에 소를 제기하여 판결을 받을 수 있다.
만점 비법! 부당 노동 행위와 지방 노동 위원회에 구제를 신청하여 노동권 침해를 구제받는 방법을 서술해야 한다.

2 헌법과 국가 기관

01 국회의 위상과 역할

실력 확인 문제

34~35쪽

개념 쏙쏙 **1** (1) 대의 민주제 (2) 입법 **2** 지역구, 비례 대표
3 (1) 국회 의장 (2) 교섭 단체

01 ①	02 ⑤	03 ⑤	04 ①	05 ②
06 상임 위원회		07 ②	08 ②	09 ⑤
10 ③	11 해설 참조			

01 국회는 국민이 선출한 사람들로 구성된 국민의 대표 기관으로 국민의 의사를 반영하여 법률을 만드는 기관이다.

02 국회는 국민의 보통, 평등, 직접, 비밀 선거에 의하여 선출된 국회 의원으로 구성한다.

03 국회는 국민의 대표 기관, 입법 기관, 정부에 대한 감시 및 통제 기관이다.

04 국회는 국민을 대표하는 입법 기관으로서 국민 자치의 원리가 실현되는 곳이다.

> **왜 틀렸을까?** ② 국회의 역할은 법률을 제정 및 개정하는 것이다. ③ 사법부는 분쟁 발생 시 법에 따라 판결을 내려 사회 질서 유지를 통해 정의를 구현한다. ④ 국회는 정부의 국정 운영을 감시하고 통제하는 역할을 한다. ⑤ 국회 의원은 국민이 선출한다.

05 제시된 신문 기사는 예산안을 심의하고 확정하는 권한에 대한 내용이다.

06 국회의 조직 중 상임 위원회란 본회의에 앞서 각 분야의 전문성을 가진 의원들이 모여 관련된 안건이나 법률을 미리 검토하고 논의하기 위해 설치된 위원회이다.

07 국회 입법 과정에서 국회 의장이 상임 위원회에 법률안을 회부하면 해당 법률안을 심사하여 본회의에 상정한다.

08 국회 의원 10인 이상 또는 정부에서 국회 의장에게 법률안을 제출한다. 제출된 법률안은 소관 상임 위원회에서 검토하여 본회의에 상정하고, 본회의에서 재적 의원 과반수 출석, 출석 의원 과반수 찬성으로 의결된다. 법률안은 대통령에 의해 거부될 수 있으며 대통령은 15일 이내에 이의서를 첨부해 국회로 돌려보내야 한다. 의결된 법률안은 대통령이 15일 이내에 공포해야 하며, 공포된 법률은 20일 경과 후 효력이 발생한다.

09 국회의 권한 중 '일반 국정에 관한 권한'은 국정 감사 및 조사권, 국무총리, 감사원장 등의 임명에 대한 동의권이 포함된다.

> **왜 틀렸을까?** ㄱ. 법률의 제정·개정권은 '입법에 관한 권한'이다. ㄴ. 예산안 심의·확정권은 '재정에 관한 권한'이다.

10 국회의 조직은 국회 의장, 부의장, 교섭 단체, 상임 위원회 등으로 구성된다. ③ 헌법재판소는 독립된 국가 기관이다.

11 예시 답안 | 국회는 국민이 선거로 선출한 대표로 구성된 국민의 대표 기관이며, 국민의 의사를 반영하여 법률을 만든다.

> **만점 비법!** 국회가 국민을 대표하는 기관임을 서술해야 한다.

02 대통령과 행정부의 역할

실력 확인 문제

40~41쪽

개념 쏙쏙 **1** (1) 동등한 (2) 국가 원수 **2** 행정
3 (1) 국 (2) 행

01 ⑤	02 ①	03 ④	04 ⑤	05 ②
06 국무 회의		07 ③	08 ②	09 ①
10 ②	11 해설 참조			

01 대통령은 국무 회의 의장으로서 국가 정책에 관한 논의에 참여한다.

02 국군 통수권은 대통령이 행정부 수반으로서 갖는 권한이다.

> **왜 틀렸을까?** ②, ③, ④, ⑤는 국가 원수로서 갖는 권한이다.

03 국가 원수로서 대통령의 역할은 외국과의 조약 체결, 긴급 명령권 및 계엄 선포권 등이 해당된다.

> **왜 틀렸을까?** ㄱ. 국군 통수권과 ㄷ. 공무원 임명 및 해임권은 행정부 수반으로서 대통령의 역할에 해당한다.

04 대법원장, 헌법재판소장 등의 임명에 관한 동의권은 국회의 권한이다.

05 우리나라의 권력 분립 원리에 의하면 입법부는 행정부를 견제하기 위해 탄핵 소추권을 갖고, 행정부는 입법부를 견제하기 위해 법률안 거부권을 지닌다.

06 국무 회의는 행정부 최고의 심의 기관으로서 정부의 권한에 속하는 중요한 정책을 심의하고 대통령, 국무총리, 각 부서 장관인 국무 위원으로 구성된다.

07 행정부는 행정 작용을 담당하는 국가 기관으로, 법을 집행하는 구체적인 행정 업무를 진행하는 곳이다.

정답과 해설

08 국무 회의는 행정부 최고의 심의 기관이며, 감사원은 대통령 직속 기관으로서, 감사원장은 대통령이 임명한다.

  왜 틀렸을까? ㄴ. 대통령은 입법부와 동등한 지위를 지닌다.
  ㄹ. 국무총리는 국회의 동의를 얻어 대통령이 임명한다.

09 행정부는 국무총리, 국무 회의, 행정 각부의 장, 감사원 등으로 구성되어 있다. ① 국회는 입법부에 해당한다.

10 국민의 의사를 반영하여 법률을 만드는 기관은 국회이다.

11 **예시 답안 |** 공무원을 임명 및 해임할 수 있다. 국무 회의 의장으로서 중요한 국가 정책에 관한 논의를 한다. 국군 통수권을 지닌다.

  만점 비법! 행정부 수반으로서 권한 두 가지를 서술해야 한다.

03 법원과 헌법재판소의 역할

실력 확인 문제   46~47쪽

개념 쏙쏙 **1** (1) 사법 (2) 대법원   **2** 사법권의 독립
3 (1) 고등 법원 (2) 헌법재판소

01 ①   **02** ①   **03** ④   **04** ②
05 헌법재판소   **06** ⑤   **07** ③   **08** ⑤
09 ①   **10** ④   **11** 해설 참조

01 법률을 집행하는 국가 기관은 행정부이다.

02 대법원은 사법부의 최고 법원이며, 최종 재판인 3심 판결을 담당한다.

03 법관은 외부의 간섭을 받지 않고 법과 양심에 따라 공정하게 판단해야 한다.

04 (가)에 들어가는 법원은 대법원이며, 대법원은 최고 법원으로서 최종적인 재판을 담당한다.

05 헌법재판소는 헌법과 관련된 분쟁을 심판하는 독립적인 기관으로, 재판과 관련된 법률이 헌법에 위배된다고 판단되거나 헌법상 보장된 국민의 기본권이 법률에 의해 침해되었을 때 도움을 요청할 수 있다.

06 범죄 사실 여부와 형벌을 결정하는 형사 재판은 법원에서 담당한다.

07 심급 제도를 두는 이유는 같은 사건을 급이 다른 법원에서 여러 번 재판할 기회를 주어 재판의 공정성과 정확성을 확보하려는 제도이다.

08 제시된 사례는 위헌 법률 심판과 관련이 있으며, 법률이 위헌으로 결정되면 효력을 상실하게 된다.

09 헌법재판소를 구성하는 헌법 재판관은 대통령이 임명한다.

10 국가 권력이 국민의 기본권을 침해하였는지 여부를 심판하는 재판을 헌법 소원 심판이라고 한다.

11 **예시 답안 |** 사법권의 독립, 사법권이 독립되어 외부의 간섭 없이 법을 적용해야만 공정한 재판이 이루어져 국민의 기본권을 수호할 수 있다.

  만점 비법! 사법권의 독립 보장을 정확히 서술하고 그 목적이 공정한 재판의 보장을 통한 국민의 기본권 수호임을 서술해야 한다.

대단원 총정리 문제   50~53쪽

01 ③ **02** ④ **03** ④ **04** ④ **05** ②
06 ⑤ **07** ③ **08** ④ **09** ④ **10** ⑤
11 ② **12** ① **13** ① **14** 사법 **15** ③
16 ① **17** ① **18** ③ **19** ②
20~21 해설 참조

01 국회는 국가의 대표적인 입법 기관으로서 각종 법을 제정하고 개정하는 곳이다.

02 국회는 입법 기관이자 국정 감시 기관이다.

  왜 틀렸을까? ㄱ. 국가 원수는 대통령의 지위, ㄷ. 사법 기관은 법원을 의미한다.

03 국회의 구성 조직 중 상임 위원회는 본회의에 상정하기 전에 법률안을 심사하기 위해 조직된 상설 위원회이다.

04 (가)는 예산안 심의·확정권, (나)는 국정 감사권이다. 국정 감사를 통해 국회는 국정을 감시하고 통제하는 역할을 한다.

05 국회의 입법 과정에서 국회 의장이 법률안을 상임 위원회에 회부하면 소관 상임 위원회에서 심의를 한다.

06 국가의 세입, 세출 결산 검사, 행정 기관의 사무와 공무원의 직무 감찰 기능은 행정부 구성 조직인 감사원의 역할이다.

07 국회에서 제정한 법률을 집행하고, 국가의 목적이나 공익을 적극적으로 실현해 나가는 작용을 행정이라고 한다.

08 제시된 헌법 조항은 대통령의 국가 원수에 대한 지위를 보여주는 조항이며, 외국과의 조약 체결과 국가 위기 상황 시 긴급 명령권 행사 등이 국가 원수로서 권한에 해당한다.

  왜 틀렸을까? ㄱ, ㄷ. 대통령의 행정부 수반으로서 권한이다.

09 제시된 글은 행정부 수반으로서의 대통령 권한에 해당하며, 국가 비상사태 시 공공질서 유지를 위해 계엄령을 선포하는 것은 국가 원수로서 권한에 해당한다.

10 행정부의 구성 기관 중 국무 회의는 행정부 최고의 심의 기관으로서 정부의 권한에 속하는 중요한 정책을 논의한다.

11 행정부의 구성에서 국무총리는 대통령을 보좌하여 행정 각부를 관리하며 대통령과 함께 국무 회의를 열어 각부 장관들과 정부 정책을 의논한다. 국무총리는 국회의 동의를 얻어 대통령이 임명한다.

12 입법부가 행정부를 견제하는 수단에는 탄핵 소추권, 행정부가 입법부를 견제하는 수단에는 법률안 거부권이 있다.

13 사법을 담당하는 국가 기관은 '법원'이다.
왜 틀렸을까? ② 국회와 ④ 본회의는 입법부, ③ 감사원과 ⑤ 행정 각부는 행정부에 해당한다.

14 사법이란 분쟁 발생 시 법을 적용하고 그 내용을 판단하여 분쟁을 해결하는 국가 작용을 의미한다.

15 법원의 조직이나 운영에서 외부의 간섭이나 영향을 받지 않고, 법관이 외부의 간섭 없이 헌법과 법률에 의하여 양심에 따라 심판하는 것은 '사법권의 독립'과 관련이 있다.

16 대법원은 최고 법원으로서 최종 재판을 담당하고 1심과 2심을 거친 3심 재판을 담당한다.
왜 틀렸을까? ㄷ. 지방 법원, ㄹ. 고등 법원이다.

17 사법부는 입법부를 견제하기 위해 입법부가 제정한 법률의 헌법 위반 여부에 대한 심판을 헌법재판소에 제청할 수 있다.

18 위헌 법률 심판이란 법률이 헌법에 위반되는지를 심판하는 것이며 법률이 위헌으로 결정되면 효력을 상실하게 된다.

19 헌법재판소는 입법부에 의해 만들어진 법률이나 국가 기관의 작용이 헌법에 위배되거나 국민의 기본권을 침해했는지 등을 심판하는 헌법 재판만 담당한다.

20 **예시 답안** | 국가 권력을 입법, 행정, 사법으로 나눔으로써 각 기관끼리 견제와 균형의 원리를 실현하고 이를 통해 국민의 자유와 권리를 보호하기 위해서이다.
만점 비법! 견제와 균형의 원리, 국민의 자유와 권리 보호를 모두 서술하여야 한다.

21 **예시 답안** | 헌법재판소는 헌법 재판을 통해 국민의 기본권을 보장한다.
만점 비법! 국민의 기본권을 보장한다고 서술하여야 한다.

---

3 경제생활과 선택

01 합리적 선택과 경제 체제

실력 확인 문제 60~61쪽

개념 쏙쏙 1 생산, 분배, 소비   2 (1) 희소성   (2) 기회비용
3 (1) 시장 경제 체제   (2) 계획 경제 체제

01 ④	02 자원의 희소성	03 ④	04 ⑤
05 ③	06 누구를 위하여 생산할 것인가		
07 ⑤	08 ④	09 ③	10 해설 참조

01 ④ 생산으로 만들어 내는 것은 유형의 상품인 재화뿐이 아니다. 생산은 인간의 행위인 서비스도 만들어 낸다.

02 인간의 욕구는 무한한 데 비해 이를 충족해 줄 자원의 양이 상대적으로 부족한 현상을 자원의 희소성이라고 한다.

03 제시된 경제 활동은 재화나 서비스를 만들거나 그 가치를 증대시키는 것으로 생산 활동이다. ㄴ과 ㄹ은 서비스를 만드는 것으로 생산 활동에 해당한다.
왜 틀렸을까? ㄱ은 소비 활동, ㄷ은 분배 활동이다.

04 과거와 달리 오늘날 생수를 돈 내고 사 먹게 된 것은 깨끗한 물의 희소성은 커졌기 때문이다. 즉, 환경 오염으로 인해 깨끗한 물이 줄어들어, 인간의 욕구에 비해 깨끗한 물의 양이 부족해졌다. ㄹ. 돈을 내고 사 먹는 재화는 대가를 치러야 얻을 수 있는 재화이다.

05 합리적 선택을 위해서는 비용을 최소화하고 편익을 극대화해야 한다. 따라서 비용이 같다면 편익이 큰 것, 편익이 같다면 비용이 작은 것을 선택해야 한다. ③ 합리적 선택은 비용이 편익보다 작은 선택이다.

06 제시된 상황에서는 우승 상금 1억 원을 어떻게 나눌 것인가의 문제를 의논하고 있다. 이는 상금을 어떻게 나눌 것인지와 관련된 문제이므로 분배의 문제에 해당한다. 즉, 누구를 위하여 생산할 것인가의 문제이다.

07 (가)는 생산물의 종류와 수량을 결정하는 것이다. (나)는 생산 방법을 결정하는 것이다. (다)는 분배의 문제와 관련된다. 이러한 (가)~(다)는 모두 기본적인 경제 문제이다. 모든 사회는 자원의 희소성 때문에 세 가지 기본적인 경제 문제를 겪게 된다.
왜 틀렸을까? ④ 경제 문제를 해결할 때는 효율성을 고려해야 한다. 그런데 분배 문제는 형평성과 효율성을 함께 고려해야 한다.

정답과 해설

08 시장 경제 체제는 경제 문제가 시장 가격을 통해 해결되는 경제 체제이다. 시장 경제 체제에서는 시장 가격을 기준으로 이루어지는 경제 주체들의 자유로운 판단과 선택을 존중한다. ④ 중앙 정부에 의해 생산 품목과 수량이 결정되는 경제 체제는 계획 경제 체제이다.

09 우리나라는 기본적으로 경제 주체들의 자율성을 기반으로 하는 시장 경제이다. 하지만, 헌법 제119조 제2항을 보면 국가가 경제에 관한 규제와 조정을 할 수 있다고 명시되어 있다. 이를 통해 계획 경제의 요소를 도입하고 있음을 알 수 있다. ③ 우리나라는 시장 경제 체제를 기반으로 하는 혼합 경제 체제를 채택하고 있으므로, 시장의 자율성을 존중한다.

10 **예시 답안 |** 영수는 과자를 선택하는 것이 합리적이다. 왜냐하면, 과자를 선택했을 때 편익은 10이고, 기회비용은 9이다. 합리적 선택은 기회비용보다 편익이 크도록 하는 것이다.

> **만점 비법!** 선택의 이유가 편익과 기회비용의 비교를 통해 드러나도록 서술해야 한다.

02 기업의 역할과 사회적 책임 ~ 03 바람직한 금융 생활

실력 확인 문제   68~69쪽

개념 쏙쏙 **1** 기업   **2** (1) 안전성   (2) 안전성, 수익성
3 (1) 주식   (2) 보험

01 ④	02 기업의 사회적 책임	03 ①	04 ①
05 ②	06 ⑤	07 ①	08 ③	09 ①
10 ①	11 해설 참조

01 기업은 생산 활동의 주체로서 생산을 통해 재화나 서비스를 제공한다. 또한, 생산 과정에서 일자리를 만들고 가계에 소득을 제공하여 국가 경제 전반에 기여한다.

02 오늘날 기업의 활동은 국가 경제 전반에 영향을 미치므로 기업에 요구되는 사회적 책임이 커지고 있다. 기업의 사회적 책임이란 기업의 생산 활동이 사회 전체의 이익과 부합하도록 의사 결정을 하는 것이다.

03 시장 경제에서 기업은 새로운 상품을 개발하고, 새로운 시장을 개척하면서 기업의 성장을 꾀하는데, 이러한 기업가의 혁신적 태도를 기업가 정신이라고 한다.

04 기업은 시장 경제에서 생산 활동을 담당하는 경제 주체로, 신제품 개발, 신기술 개발 등을 통해 이윤을 증대하려 한다.
> **왜 틀렸을까?** ① 시장 경제에서 소비의 주체는 기업이 아니라 가계이다.

05 제시된 ○○ 기업은 자연환경을 보존하는 활동을 하고 있다. 이는 환경·윤리 경영, 제품 안전 등 윤리적 책임에 부응하는 활동이다.

06 자산 관리는 평균 수명의 증가, 미래의 예기치 못한 상황에 대한 대비, 안정적 경제생활 등을 위해 필요하다. ⑤ 생산 활동은 제한된 기간 동안 이루어지지만 소비 생활은 평생에 걸쳐 이루어진다. 따라서 자산 관리가 필요한 것이다.

07 A는 수익성은 낮지만 위험성도 낮은 자산 관리 방법으로 예금, 적금 등이 대표적이다. B는 수익성은 높지만, 그만큼 위험성도 높은 것으로 주식 투자가 대표적이다. 따라서 A는 원금 손실의 우려가 적고, B는 높은 수익을 기대할 수 있다.
> **왜 틀렸을까?** ㄹ. 안전성을 높이려면 B보다 A에 투자해야 한다.

08 '계란을 한 바구니에 담지 말라.'라는 말은 자산을 여러 자산 관리 수단에 분산적으로 투자해야 함을 뜻하는 말이다. 분산하여 투자할 경우 어느 한 곳에서 손해를 보더라도 다른 곳에서 그 손해를 보충할 수 있어, 좀 더 안정적으로 자산을 운용할 수 있다.

09 (가)는 예금, (나)는 주식이다.
> **왜 틀렸을까?** 채권은 정부, 기업 등이 자금을 빌리면서 원금과 이자를 언제까지 갚겠다는 것을 표시하여 발행하는 증서이다.

10 신용이 하락하면 앞으로 신용을 이용하지 못하거나 이용하더라도 다른 사람보다 더 높은 이자를 지불해야 한다.

11 **예시 답안 |** 기업은 단순히 이익을 극대화하는 데에만 관심을 가져서는 안 된다. 생산 과정에서 환경 오염을 최소화하고, 자신들의 생산 활동의 과정과 결과가 사회에 해가 되지 않도록 해야 한다.

> **만점 비법!** 기업 활동의 사회적 책임 중 생산 활동 과정에서 환경 오염을 최소화해야 한다는 점이 드러나야 한다.

01 ④	02 ④	03 ②	04 ①	05 ④
06 ①	07 시장 경제(시장 경제 체제)		08 ⑤	
09 ⑤	10 ②	11 ⑤	12 ②	13 ⑤
14 신용	15 ②	16 ③	17 ②	18 ③
19 ③	20~22 해설 참조			

01 생산 활동에는 상품의 제조·운반·저장·판매 활동이 포함된다. ㄴ은 재화를 만들어 내는 생산 활동, ㄹ은 재화를 운반하는 생산 활동이다.

왜 틀렸을까? ㄱ. 분배 활동, ㄷ. 소비 활동에 해당한다.

02 자원의 희소성은 인간의 욕구는 무한한 데 비해 이를 충족해 줄 자원의 양이 상대적으로 부족한 현상이다. 따라서 희소성이 큰 재화나 서비스는 가격이 비싸다. ④ 희귀한 것은 존재량 자체가 극히 적은 것으로, 인간의 욕구에 비해 존재량이 적은 희소성과는 다른 개념이다. 인간의 욕구가 없다면 그 자원이 희귀하더라도 희소하지는 않다.

03 ㉠에 들어갈 경제 개념은 기회비용이다. 합리적 선택은 기회비용보다 편익이 큰 선택이다.

왜 틀렸을까? ① 사람마다 선호하는 것이 다르고 필요한 것도 다르기 때문에 기회비용은 사람마다 다르다.
③ 합리적 선택은 기회비용의 크기뿐 아니라 편익을 함께 고려하며, 기회비용이 편익보다 작아야 한다.
④ 소비 활동을 할 때도 기회비용을 고려해야 합리적으로 선택할 수 있다.
⑤ 기회비용은 대안들의 가치를 모두 더한 것이 아니라 포기하는 대안의 가치 중 가장 큰 것이다.

04 그림의 상황은 무엇을 생산할 것인가를 결정하는 문제와 관련된다. ① 분배 방식을 결정하는 문제는 기본적인 경제 문제 중 '누구를 위하여 생산할 것인가'의 문제이다.

05 중국과 우리나라의 경제 체제는 모두 시장 경제 체제와 계획 경제 체제가 혼합된 혼합 경제 체제이다.

왜 틀렸을까? ① 중국은 계획 경제를 바탕으로 시장 경제의 요소를 도입하였다.
② 우리나라는 시장 경제를 바탕으로 계획 경제의 요소를 도입하였다.
③ 중국과 우리나라는 혼합 경제 체제를 채택하고 있다.
⑤ 중국과 우리나라 모두 생산의 효율성과 분배의 형평성 간 조화를 이루기 위해 노력하고 있다.

06 갑국은 시장 경제 체제, 을국은 계획 경제 체제이다. ㄱ. 갑국이 채택한 시장 경제 체제는 시장의 자율성을 기반으로 경제 문제를 해결한다. ㄴ. 시장 경제 체제에서는 경제 주체들의 자유로운 선택을 중시한다.

왜 틀렸을까? ㄷ. 자유방임주의에 기초하여 만들어진 경제 체제는 시장 경제 체제이다.
ㄹ. 현재 대부분 국가는 계획 경제 체제가 아니라 혼합 경제 체제를 채택하고 있다.

07 시장 가격에 의해 경제 문제가 해결되는 경제 체제는 시장 경제 체제이다.

08 제시된 글에서 설명하는 경제 체제는 시장 경제 체제이다. ⑤ 국가의 시장 지배를 허용하고 생산 수단을 국가가 관리하는 것은 계획 경제 체제의 특징이다.

09 기업은 생산 과정에서 사람들을 고용하여 일자리를 주고, 일한 대가로 임금을 지급하여 가계에 소득을 제공한다. 따라서 기업의 생산 활동이 활발하면 경제가 활성화된다. 또한, 기업은 각종 세금을 내 국가 재정에 이바지한다. ⑤ 국가의 활동에 해당한다.

10 첫 번째 자료는 기업이 들어서자 지역 경제가 활성화되었다는 내용이다. 두 번째 자료는 지역 사회가 기업 유치를 위해 노력한다고 되어 있는데, 그 이유는 기업이 지역 경제를 활성화하기 때문이다. 두 자료를 종합하면 기업의 생산 활동이 지역 경제를 활성화한다는 결론을 내릴 수 있다.

11 ○○ 기업은 저소득층 아이들과 혼자 사는 노인들을 위한 사회 복지 사업을 적극적으로 지원하고 있다.

왜 틀렸을까? ①~④ 모두 기업의 사회적 책임과 관련된 내용이지만, ○○ 기업의 활동 내용으로 볼 수 없다.

12 기업가 정신은 기업가의 혁신적인 자세로, 미래의 불확실성과 위험을 무릅쓰고 도전하기 때문에 성공하면 많은 이윤을 얻을 수 있지만 실패하면 큰 손해를 보게 된다.

13 자산은 개인이나 단체가 소유하고 있는 경제적 가치가 있는 것으로, 현금·예금·주식·채권 등의 금융 자산과 자동차·부동산 등의 실물 자산으로 구분된다. 오늘날에는 평균 수명의 연장으로 은퇴 이후의 생활 기간이 길어짐에 따라 노년기 생활을 대비할 필요성이 커지고 있어, 자산 관리가 더욱 중요해지고 있다.

14 밑줄 친 '이것'은 신용을 가리킨다. 신용은 나중에 대가를 지불할 것을 약속하고 현재 상품을 사용하거나 돈을 빌릴 수 있는 능력이다.

15 (가)는 안전성, (나)는 유동성, (다)는 수익성을 의미한다.

16 40~50대는 소득이 크게 늘지만 자녀 교육, 주택 마련, 노후 준비 등으로 소비도 늘어나는 시기로, 일반적으로 소득과 소비의 수준이 가장 높은 시기이다.

왜 틀렸을까? ① 20대 이하에서는 소득에 비해 소비가 많다.
② 60대 이후는 은퇴로 인하여 소득이 줄어 소득보다 소비가 많다.
④ 일생 동안의 경제생활에서 노후 준비는 40~50대에 주로 이루어진다.
⑤ 소득을 얻을 수 있는 기간은 제한되어 있으며, 60대 이후에는 은퇴 등으로 소득이 크게 줄어든다.

17 제시된 글은 예금·적금에 대한 설명이다.

18 ㉢ 채무를 제때 상환하지 못하면 신용이 떨어진다. 신용이 떨어지면 앞으로 신용을 이용하지 못하거나 이용하더라도 다른 사람보다 더 높은 이자를 내야 하므로, 원활한 경제생활을 위해 꾸준히 신용을 관리해야 한다.

19 ③ 보험은 미래에 발생할 수 있는 질병이나 사고 등의 위험에 대비하기 위해 현재에 미리 돈을 내고, 사고를 당하면 일정 금액을 받는 상품이다.
왜 틀렸을까? ① 채권은 발행 기관에 따라 이자가 다르므로 수익률이 모두 같다고 할 수 없다.
② 안전성이 높은 상품은 원금 손실의 우려가 작다.
④ 높은 수익을 기대할 수 있지만 안전성은 낮은 것은 주식 투자이다.
⑤ 높은 수익을 기대하기는 어렵지만 안전성이 높은 것은 예금과 적금이다.

20 **예시 답안** | 합리적 선택을 하기 위해서는 편익이 기회비용보다 커야 한다. 편익은 어떤 선택으로 인해 얻을 수 있는 이익이고, 기회비용은 어떤 선택으로 포기해야 하는 가치이기 때문이다. 따라서 잠과 취미 활동의 편익과 기회비용을 고려하여 선택해야 한다.
만점 비법! 기회비용과 편익이 모두 서술되어야 한다.

21 **예시 답안** | 기업가 정신은 새로운 아이디어나 새로운 제품, 새로운 시장 개척 등으로 이윤을 극대화하기 위한 기업가의 자세를 말한다.
만점 비법! 새로운 아이디어, 새로운 제품, 새로운 시장 개척의 내용을 서술하면 좋은 점수를 얻을 수 있다.

22 **예시 답안** | 소득이 소비보다 많은 시기는 20~30대에서 40~50대 기간으로 이 시기 동안 자산 관리를 통해 소득이 없어지는 노후 준비를 해야 한다. 특히, 평균 수명의 증가로 은퇴 이후의 시기가 길어져 자산 관리가 더욱 중요해졌다.
만점 비법! 노후 준비, 길어지는 은퇴 이후의 시기를 모두 서술해야 좋은 점수를 얻을 수 있다.

---

 4 **시장 경제와 가격**

01 시장의 의미와 종류

실력 확인 문제 82~83쪽

개념 쏙쏙 **1** 시장 **2** (1) 구체적 시장 (2) 추상적 시장
3 (1) 줄어들었다 (2) 전자 상거래 시장

01 ④	02 특화	03 ③	04 ①	05 ①
06 ⑤	07 ①	08 ⑤	09 ②	10 ④

11 해설 참조

01 ④ 일반적으로 시장 하면 재화, 서비스와 같은 상품과 노동, 토지, 자본 등의 생산 요소가 거래되는 구체적인 장소를 떠올린다. 하지만 시장은 구체적인 장소뿐만 아니라 상품이나 생산 요소에 대한 정보를 교환하고 거래하기 위해 협상하는 과정 전체를 포함하므로, 장소가 구체적으로 드러나지 않는 시장도 존재한다.

02 시장에서 거래가 이루어지면서 분업이 나타나게 되었고, 분업은 특화를 가능하게 하여 생산성의 향상으로 이어질 수 있었다. 특화는 각자 잘하는 일에 전념하여 전문화하는 것을 말한다.

03 재화나 서비스를 사고파는 장소를 시장이라고 한다.

04 그림의 대화에서 민수는 우리가 흔히 시장이라고 할 때 의미하는 재래시장만이 시장이라고 생각했기 때문에 대형 마트에 온 것을 시장에 온 것이 아니라고 한 것이다. 엄마는 대형 마트가 시장이라고 하고 있다. 엄마는 수요자와 공급자가 만나 거래가 이루어지는 곳을 시장이라고 보기 때문에 재래시장뿐 아니라 대형 마트, 백화점, 인터넷 쇼핑몰 등을 모두 시장이라고 본다.

05 ㄱ. 시장에서의 거래는 거래 비용과 시간을 줄임으로써 거래 당사자들 모두에게 이익이 된다. ㄴ. 시장은 분업과 특화를 촉진하였고, 이로 인해 시장 또한 확대되었다.

06 시장이 등장하면서 분업과 특화가 촉진되었고, 이러한 과정에서 상품의 생산이 늘어나고 거래가 더욱 확대되었다.
왜 틀렸을까? ㄱ. 시장이 형성되기 이전에도 상품의 교환은 이루어졌다. 시장이 형성되면서 교환이 활발해진 것이다.
ㄴ. 시장이 형성되면서 공급자와 수요자가 시장에 가면 쉽게 만날 수 있어 거래의 편리성이 높아졌다.

07 구체적 시장은 눈에 보이는 일정한 장소를 차지하는 시장으

로, ㄱ. 백화점, ㄴ. 대형 마트 등이 구체적 시장의 예이다. **왜 틀렸을까?** ㄷ. 노동 시장, ㄹ. 주식 시장은 거래가 이루어지나, 거래 장소가 눈에 보이지 않는 추상적 시장에 해당한다.

08 인터넷 쇼핑몰은 인터넷이라는 전자 통신 매체를 이용하여 거래가 이루어지는 전자 상거래 시장이다. 인터넷 쇼핑몰은 눈에 보이는 장소가 없는 추상적 시장으로 구분된다.

09 (가) 재래시장은 구체적 시장으로 구분되며, (나) 노동 시장은 추상적 시장으로 구분된다.

10 밑줄 친 '특정한 형태와 장소가 없이 거래가 이루어지는 시장'은 추상적 시장이다. ④ 주식 시장이 추상적 시장에 해당한다.
왜 틀렸을까? ① 백화점, ② 의류 상가, ③ 가구 상가, ⑤ 농산물 시장은 모두 구체적 시장이다.

11 **예시 답안** | 제시된 시장은 거래 내용이나 거래 장소가 눈에 보이지는 않지만 인터넷을 이용하여 거래하고 있으므로 추상적 시장이다.
만점 비법! 구체적으로 눈에 보이지는 않지만 거래가 이루어지는 시장이라는 점이 드러나야 한다.

02 수요·공급과 시장 가격의 결정

실력 확인 문제 88~89쪽

개념 쏙쏙 **1** 수요, 공급 　**2** (1) 우하향, 우상향 　(2) 초과 공급
3 (1) 균형 가격(시장 가격) 　(2) 균형 거래량

01 ③ 　　**02** 시장 가격(균형 가격) 　**03** ⑤ 　　**04** ②
05 ② 　　**06** ③ 　　**07** ④ 　　**08** ⑤ 　　**09** ②
10 해설 참조

01 어떤 상품의 가격이 오르면 수요량은 적어지고, 공급량은 많아진다.

02 시장 가격은 수요량과 공급량이 일치하는 지점에서 결정되며, 균형 가격이라고도 한다.

03 (가) 그래프는 수요 곡선이다. 수요 곡선은 가격과 수요량의 역의 관계를 나타낸다. ⑤ ㉠에서 ㉡으로의 이동은 가격의 하락에 따른 수요량 증가를 의미한다.

04 (나)는 우상향하는 곡선의 모양으로 보아 공급 곡선이다. 공급 곡선은 가격과 공급량이 정(正)의 관계에 있다는 공급 법칙을 그림으로 나타낸 것이다.

05 A에서 B로의 이동은 가격의 상승으로 수량이 증가함을 보여준다. 그런데 우상향하는 모양은 공급 곡선이므로, 가격의 상승으로 공급량이 증가한 것을 나타내는 것이다.

06 가격이 상승하면 수요량은 감소하고, 공급량은 증가한다.

07 ㄴ. 가격과 수요량은 역의 관계에 있어 가격이 오르면 수요량은 감소한다. ㄹ. 균형 가격보다 가격이 높으면 초과 공급이 발생하여 공급자 사이에 경쟁이 나타난다.
왜 틀렸을까? ㄱ. 가격과 공급량은 정의 관계이다.
ㄷ. 균형 가격보다 가격이 하락하면 초과 수요가 발생하여 수요자 사이에 경쟁이 나타난다.

08 사과의 균형 가격은 수요량과 공급량이 30개로 같은 400원에서 형성된다. 따라서 균형 거래량은 30개이다. ⑤ 가격이 450원일 때에는 수요량보다 공급량이 많다. 따라서 공급자 간 경쟁이 일어나 가격이 하락하게 된다.

09 ㄱ. 시장 가격은 600원에서 형성되며 ㄷ. 가격이 600원에서 300원으로 내리면 200개였던 수요량은 300개가 되어 100개 더 늘어난다.
왜 틀렸을까? ㄴ. 균형 거래량은 수요량과 공급량이 일치하는 200개이다.
ㄹ. 가격이 1,200원이면 초과 공급이 발생하여 가격이 하락하게 된다.

10 **예시 답안** | 공책의 균형 가격은 2,000원, 균형 거래량은 80개이다. 이는 수요량과 공급량이 일치하여 초과 수요나 초과 공급이 없는 균형 상태에서의 가격과 거래량이다.
만점 비법! 균형 가격과 균형 거래량을 정확히 쓰고, 수요량과 공급량이 일치하는 곳에서 균형 가격과 균형 거래량이 결정된다는 점을 꼭 서술해야 한다.

03 시장 가격의 변동

실력 확인 문제 94~95쪽

개념 쏙쏙 **1** 대체재, 보완재 　**2** (1) 수요 　(2) 공급
3 (1) 상승한다. 　(2) 증가한다.

01 ③ 　　**02** ⑤ 　　**03** ② 　　**04** ②
05 ㉠ 대체재, ㉡ 보완재 　**06** ③ 　　**07** ③ 　　**08** ④
09 ③ 　　**10** 해설 참조

01 자전거를 타면 건강에 도움이 된다는 연구 결과로 인해 자전거에 대한 선호도가 증가하면, 자전거의 수요가 늘어나 수요 곡선이 오른쪽으로 이동하게 된다.

02 공급의 변동은 ⑤ 생산 요소의 가격 변동이나 생산 기술의 발달에 기인한다.

왜 틀렸을까? ① 소득 수준, ② 보완재의 가격, ③ 대체재의 가격, ④ 소비자의 기호는 수요 변동의 원인이 된다.

03 그래프에 따르면 수요 곡선이 오른쪽으로 이동하였는데, 이는 수요가 증가한 것이다. ㄱ. 기호 증가, ㄷ. 보완재 가격 하락은 수요 증가를 가져온다.

왜 틀렸을까? ㄴ. 생산 비용 하락은 공급 감소를 가져와 공급 곡선이 왼쪽으로 이동하게 된다.
ㄹ. 대체재의 가격이 하락하면 그 재화의 수요는 감소하고 수요 곡선은 왼쪽으로 이동하게 된다.

04 (가)는 수요의 감소, (나)는 수요의 증가를 나타낸다. ㄱ. 보완재의 가격이 상승하면 함께 사용되는 재화의 수요는 (가)처럼 감소하게 된다. ㄷ. 사람들의 수나 소득이 증가하면 (나)처럼 수요가 증가한다.

왜 틀렸을까? ㄴ. 생산 요소 가격의 상승은 수요가 아닌 공급을 변동시킨다.
ㄹ. 가격의 변화는 수요 곡선의 이동이 아니라 수요 곡선상의 점의 이동으로 나타난다.

05 녹차와 홍차처럼 용도가 비슷하여 대신하여 사용할 수 있는 관계의 재화는 대체재이고, 자동차와 휘발유처럼 함께 사용하면 만족이 더 큰 관계의 재화는 보완재이다.

06 시장 가격이 하락하는 경우는 수요가 감소하거나 공급이 증가하는 경우이다. ㄴ. 선호도가 감소할 경우 수요가 감소하여 시장 가격이 하락한다. ㄷ. 생산 기술의 향상은 공급 증가를 가져와 시장 가격이 하락한다.

왜 틀렸을까? ㄱ. 소득이 증가하면 수요가 증가하여 시장 가격이 상승한다.
ㄹ. 생산 요소의 가격이 상승할 경우 공급이 감소하여 시장 가격이 상승한다.

07 사람들의 소득이 증가하면 수요가 증가하고, 자동차 부품의 가격이 오르면 공급이 감소한다. 수요가 증가하고 공급이 감소하면 균형 가격은 상승하게 된다.

08 수요 곡선의 오른쪽 이동은 수요의 증가를 의미한다. 수요는 수요자의 수나 소득, 선호도가 증가할 때 늘어난다. 또한, 대체재의 가격이 상승하거나 보완재의 가격이 하락할 때도 수요가 늘어나게 된다. 공급 곡선의 왼쪽 이동은 공급의 감소를 의미한다. 생산비가 증가하거나 공급자 수가 감소하면 공급이 감소하게 된다.

09 ㄴ. 수요가 감소하면 수요 곡선이 왼쪽으로 이동하고 공급이 증가하면 공급 곡선이 오른쪽으로 이동한다. ㄷ. 수요 감소와 공급 증가는 모두 가격 하락을 가져온다.

왜 틀렸을까? ㄱ. (가)는 수요 감소, (나)는 공급 증가의 요인이다.
ㄹ. 수요 감소는 거래량의 감소, 공급 증가는 거래량의 증가를 가져온다.

10 예시 답안 |

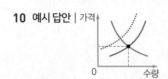

상추의 공급이 감소하여 균형 가격은 오르고, 균형 거래량은 줄어들 것이다.

만점 비법! 공급 감소를 그래프로 정확히 나타내고 상추의 공급 감소, 균형 가격 상승, 균형 거래량 감소의 세 측면을 모두 서술해야 한다.

대단원 총정리 문제   98~101쪽

01 ④	02 ①	03 ⑤	04 ㉠ 수요, ㉡ 공급
05 ③	06 ③	07 ⑤	08 ②	09 ⑤
10 ①	11 ③	12 ④	13 ⑤	14 보완재
15 ⑤	16 ③	17 ④	18 ①	

19~21 해설 참조

01 시장은 수요자와 공급자가 만나 거래가 이루어지는 곳이다. 시장에서는 상품만이 아니라 생산 요소도 거래된다. 또한, 정보 통신 기술의 발달로 전자 상거래 시장이 출현함으로써 시장의 범위가 커지고 있다. ④ 시장은 구체적인 장소만을 의미하지 않는다.

02 시장을 통한 거래는 거래 시간과 비용을 줄일 수 있는 장점을 갖는다.

03 재래시장이나 편의점, 대형 마트, 백화점은 상품의 종류나 판매 방식에서 차이가 있을 뿐 수요자와 공급자가 직접 만나서 거래가 이루어진다는 점에서 일정한 장소가 필요한 구체적 시장이다. ⑤ 주식 시장은 추상적 시장에 해당한다.

04 상품에 대한 구매 욕구를 수요라고 하고, 판매 욕구를 공급이라고 한다.

05 사과에 대한 시장 가격은 수요량과 공급량이 일치하는 1,000원에서 형성된다. 균형 거래량은 110개이다.

왜 틀렸을까? ①, ② 가격이 800원일 때는 초과 수요가, 가격이 1,400원일 때는 초과 공급이 발생한다.
④, ⑤ 사과에 대한 수요량과 공급량의 가격에 따른 변화를 살펴보면, 수요 법칙과 공급 법칙에 따른다는 것을 알 수 있다.

06 가격의 변화에 따라 수요량과 공급량이 달라지며, 균형 가격은 수요량과 공급량이 일치하는 수준에서 결정된다.

왜 틀렸을까? ㄱ. 상품에 대한 구매 욕구는 수요이다.
ㄹ. 수요 곡선은 우하향하는 형태, 공급 곡선은 우상향하는 형태이다.

07 그래프는 수요 곡선이다. 수요 곡선은 가격 변화에 대한 수요량의 변동을 나타낸 것으로 가격과 수요량 사이의 역의 관계를 보여준다. ⑤ 가격이 오르면 수요량은 줄고, 가격이 내리면 수요량은 늘어난다는 사실을 보여준다.

08 균형 가격은 2만 원이고, 균형 거래량은 5천 개다. 가격이 1만 원일 때는 초과 수요, 가격이 3만 원일 때는 초과 공급이 나타난다.

왜 틀렸을까? ㄴ. 가격이 3만 원일 때, 공급량이 수요량보다 많아 초과 공급이 나타난다.
ㄹ. 시장 가격은 수요 곡선과 공급 곡선이 만나는 점에서의 가격이다.

09 제시문에 따르면 농부가 배추 가격이 상승하여 배추 생산을 늘렸다. 이는 배추의 공급량 증가이므로, 그래프로 표현하면 공급 곡선상에서의 이동으로 나타난다. 가격이 올라 공급량이 증가한 ⑤번 그래프와 같이 나타난다.

10 수요 곡선상에서 점의 이동은 가격의 변동에 따른 수요량의 변동을 의미한다. A에서 B로의 이동은 가격의 하락에 따른 수요량의 증가를 보여준다.

왜 틀렸을까? ②는 대체재의 가격 상승에 따른 수요 증가, ③, ④는 수요 증가, ⑤는 수요 감소를 가져오는 요인이다. 수요의 증가나 감소는 곡선 자체의 이동으로 나타난다.

11 수요 법칙이란 가격에 따라 수요량이 변동할 때, 역의 관계로 변동하는 것이다. 즉, 가격이 상승할 때 수요량이 감소하고, 가격이 하락할 때 수요량이 증가하는 것이다.

왜 틀렸을까? ㄱ, ㄹ. 공급의 변화와 그로 인한 가격 변화를 나타내는 사례들이다.

12 수요는 소비자의 수, 소득, 선호도나 관련 재화의 가격 변동, 미래의 가격 변동에 대한 예측 등에 따라 변한다.

왜 틀렸을까? ④ 생산 비용은 공급의 변화에 영향을 미친다.

13 수요 곡선이 우측으로 이동하는 것은 수요의 증가를 의미한다. 수요가 증가하는 경우는 수요자의 소득이나 선호도가 증가할 때, 대체재의 가격이 상승할 때, 보완재의 가격이 하락할 때 등이 있다.

왜 틀렸을까? ㄱ, ㄴ. 공급의 변화 요인이다.

14 커피와 설탕, 빵과 우유처럼 함께 사용할 때 만족이 커지는 재화를 보완재라고 한다.

15 (가) 미아 방지 목적으로 휴대 전화에 대한 선호도가 증가하는 것이므로, 휴대 전화에 대한 수요가 증가한다. 따라서 수요 곡선은 오른쪽으로 이동한다. (나) 해외 원자재 가격 상승으로 인한 생산 비용의 증가는 휴대 전화의 공급 감소 요인이다. 따라서 공급 곡선은 왼쪽으로 이동한다.

16 수요가 증가하거나 공급이 감소하면 균형 가격은 상승한다. ㄴ. 소비자의 기호 증가와 ㄷ. 대체재의 가격 상승은 수요 증가의 요인이다.

왜 틀렸을까? ㄱ. 생산 기술의 발달은 공급 증가, ㄹ. 보완재의 가격 상승은 수요 감소의 요인이다.

17 국제 유가, 인건비는 생산 비용인데, 생산 비용의 상승은 공급을 감소시킨다. 미래에 상품 가격이 상승할 것으로 예상되면, 생산자들은 가격이 오른 후 판매하려는 의도가 생기므로 현재 공급을 줄이게 된다. 따라서 공급 곡선이 왼쪽으로 이동한 ④와 같이 변화하게 된다.

18 자동차를 사려는 사람이 증가하는 것은 수요를 증가시키는 요인이므로 수요 곡선을 우측으로 이동시킨다. 이때 가격은 상승하고 균형 거래량은 증가한다.

19 **예시 답안** | 초과 수요, 초과 수요란 수요량이 공급량에 비해 많은 상태를 의미한다.

만점 비법! 수요량이 공급량보다 많다는 내용이 꼭 들어가야 좋은 점수를 얻을 수 있다.

20 **예시 답안** | 가격이 오르면 수요량이 감소하고 가격이 내리면 수요량이 증가하여 가격과 수요량은 역의 관계이다. 반면 가격이 오르면 공급량이 증가하고 가격이 내리면 공급량이 감소하여 가격과 공급량은 정의 관계이다.

만점 비법! 가격과 수요량은 역의 관계, 가격과 공급량은 정의 관계임이 드러나도록 서술해야 한다.

21 **예시 답안** | 국내 여행객의 감소로 국내 숙박 시설에 대한 수요는 감소하고 펜션 사업 붐으로 국내 숙박 시설 공급은 늘어나므로, 국내 숙박 시설의 요금은 하락할 것이다.

만점 비법! 수요의 감소와 공급의 증가, 요금 하락의 세 가지 내용이 정확하게 서술되어야 한다.

5 국민 경제와 국제 거래

01 국내 총생산과 경제 성장

실력 확인 문제   108~109쪽

개념 쏙쏙 **1** 국내 총생산   **2** (1) 국내 총생산 (2) 외국인의 국내
생산   **3** (1) 불 (2) 불 (3) 불 (4) 포

01 ④	**02** 국내 총생산	**03** ②	**04** ④
05 ①	**06** ⑤	**07** ③	**08** ④	**09** ④

10 해설 참조

01 국내 총생산은 한 나라의 경제 활동 규모를 판단할 수 있는
대표적인 경제 지표이다.

왜 틀렸을까? ① 한 나라 국민이 아니라 한 나라 안에서 생산된 것
이다.
② 각국 국민의 평균적인 생활 수준은 1인당 국내 총생산을 통해
비교할 수 있다.
③ 국내 총생산이 높더라도 그 나라의 인구가 많다면 1인당 국내
총생산은 낮다. 나라마다 인구수가 다르므로, 국내 총생산이 높은
나라일수록 1인당 국내 총생산도 높다고 단정할 수 없다.
⑤ 국내 총생산이 증가해도 자신이 다니는 회사의 경영 상태가
좋지 않으면 월급이 오르지 않을 수 있다. 이처럼 소득이 똑같이
분배되지 않으므로, 국내 총생산이 증가해도 국민 개개인의 소득
이 모두 증가하지는 않는다.

02 1년 동안 한 나라의 국경 안에서 새롭게 생산한 최종 생산물
의 시장 가치를 합한 것이 국내 총생산인데, 국내 총생산은
한 나라의 경제 규모와 생산 능력을 보여준다.

03 국내 총생산은 시장에서 거래된 것만을 계산하여 시장에서
거래되지 않는 것은 포함하지 않는다. 또한, 그해에 새롭게
생산된 것만 포함하며 그 전에 생산된 상품은 계산하지 않
는다.

왜 틀렸을까? ㄴ. 국내 총생산은 최종 생산물의 가치를 합한 것으
로, 생산 과정에서 사용된 중간재는 제외한다.
ㄹ. 생산자의 국적과 관계없이 한 나라의 국경 안에서 생산된 것
만 포함한다. 따라서 그 나라 국민뿐 아니라 외국인이 생산한 것
도 그 나라의 국경 안에서 생산된 것이면 국내 총생산의 계산에
포함한다.

04 ④ 우리나라에서 영어를 가르치는 영국인 교사가 받은 임금
은 우리나라의 국경 안에서 생산된 것이므로 우리나라 국내
총생산에 포함된다.

왜 틀렸을까? ① 중국 공장에서 생산한 휴대 전화는 중국의 국내
총생산에 포함된다.

② 가정주부가 가족을 위해 준비한 식사는 시장에서 거래된 것이
아니므로 우리나라 국내 총생산에 포함되지 않는다.
③ 한국인 야구 선수가 미국에서 받은 연봉은 미국의 국내 총생
산에 포함된다.
⑤ 음료수를 생산한 곳이 미국이므로, 음료수는 미국의 국내 총생
산에 포함된다.

05 사례에서 밀과 밀가루는 빵을 만드는 데 사용되어 최종 생
산물이 아니므로 국내 총생산의 계산에 포함하지 않는다.
빵값에 이미 밀값과 밀가루값이 포함되어 있기 때문이다.

06 경제 규모는 국내 총생산으로 파악할 수 있고, 삶의 수준은
1인당 국내 총생산으로 파악할 수 있다. 그래프에서 국내 총
생산은 A국이 가장 크기 때문에 경제 규모도 가장 큰 것으
로 볼 수 있다. ⑤ 평균적인 생활 수준이 가장 낮은 나라는
1인당 국내 총생산이 가장 작은 B국이다.

07 국내 총생산은 여가의 가치를 반영하지 않는다. 또한, 사고
나 재해를 복구하는 데 드는 비용이 국내 총생산을 증가시
키는 것처럼 복지 수준을 떨어뜨리는 행위도 국내 총생산을
증가시킬 수 있다는 한계가 있다.

왜 틀렸을까? ㄱ. 주부의 가사 노동은 시장에서 거래되는 것이 아
니므로 국내 총생산에 포함하지 않는다.
ㄹ. 국내 총생산에는 재화와 서비스의 가치가 모두 포함된다.

08 제시된 글은 봉사 활동은 시장에서 거래되지 않으므로 국내
총생산의 계산에 포함되지 않는다는 내용이다. 이는 국내
총생산이 그 나라 경제 활동 규모를 정확히 나타내지 못한
다는 한계를 보여준다.

09 경제가 성장한다는 것은 국내 총생산이 증가한다는 것을 의
미한다. 경제가 성장하면 일자리가 증가하여 국민의 소득이
늘어나고 물질적으로 풍요로운 생활을 누릴 수 있다. 또한,
질 높은 교육과 의료 혜택을 제공받게 된다. ④ 국내 총생
산이 증가한다고 해서 소득 불균형의 문제가 완화되지는 않
는다.

10 **예시 답안** | 국내 총생산은 최종 생산물의 가치이므로 가구의
가치, 즉 400만 원이 국내 총생산이다. / 국내 총생산은 각
생산 단계에서 발생한 부가 가치의 합으로 계산할 수 있다.
임업자의 부가 가치 150만 원, 목재업자의 부가 가치 130만
원, 가구업자의 부가 가치 120만 원을 모두 더한 400만 원
이 국내 총생산이다.

만점 비법! 최종 생산물의 가치 혹은 각 생산 단계에서 발생한
부가 가치의 합이라는 표현을 써야 좋은 점수를 얻을 수 있다.

02 물가 상승과 실업

개념 쏙쏙 1 인플레이션   2 (1) 물가 상승률   (2) 실물 자산 보유자
3 (1) ㉡   (2) ㉢   (3) ㉠

01 ⑤	02 물가	03 ⑤	04 ①	05 ①
06 ①	07 ②	08 ③	09 ④	
10 해설 참조				

01 물가는 여러 상품의 평균적인 가격 수준이기 때문에, 한두 상품의 가격이 내리더라도 전반적인 물가는 상승하기도 한다. 일반적으로 물가 상승은 경기가 활성화될 때 나타나는 경우가 많다. ⑤ 여러 상품에 대한 수요가 일정할 때 공급이 증가하면 공급자들 간에 경쟁이 일어나 물가는 하락하게 된다.

02 시장에서 거래되는 개별 상품의 가격을 평균적으로 종합한 것은 물가이다.

03 공급 감소로 인한 물가 상승이 나타나면, 경기는 침체하는데도 불구하고 물가는 오르게 된다. 이러한 현상은 국제 원자재 가격이 상승하여 생산 비용이 상승할 때 나타나는 경우가 대표적인데, 1970년대 석유 파동을 예로 들 수 있다. ⑤ 공급이 감소하여 인플레이션이 일어나는 경우는 임금이나 원자재 가격의 상승으로 생산비가 올라서 물가가 상승하는 것으로, 소득 증가에 따른 물가 상승으로 볼 수 없다.

04 수요가 증가하여 나타나는 인플레이션은 경제 전체의 수요가 경제 전체의 공급보다 많아 물가가 상승하는 경우이다. 기업의 투자나 가계의 소비가 증가하면 경제 전체의 수요가 증가하게 된다.

왜 틀렸을까? ㄷ. 국제 원유 가격 상승과 ㄹ. 생산 요소 가격의 상승은 공급이 감소하여 발생하는 인플레이션의 원인에 해당한다.

05 인플레이션은 건전한 경제 활동을 어렵게 하여 국민 경제의 성장을 저해할 수 있다. 물가 안정을 위해서는 저축을 유도하고 과소비를 억제하며, 생활 필수품의 가격을 안정시켜야 한다. 기업은 기술 혁신을 통해 생산성을 향상해야 한다. ① 인플레이션은 물가가 지속하여 오르는 현상이므로, 물건값을 올리는 것은 인플레이션의 대책이 될 수 없다.

06 그림의 상황은 물가가 급등하고 있으므로, 인플레이션의 문제를 나타낸다. ① 인플레이션이 발생하면 돈의 가치가 떨어져 돈을 빌린 사람은 빚을 갚을 때 부담이 줄어들기 때문에 돈을 빌려준 사람보다 유리해진다.

07 (가)는 경기 활성화로 인한 물가 상승, (나)는 경기 침체에 따른 실업 문제를 나타낸다. 인플레이션 상황에서는 돈의 가치가 실질적으로 줄어든다.

왜 틀렸을까? ㄴ. 정부의 일자리 확대 정책은 실업 문제의 해결을 위한 것이다.
ㄹ. 실업 문제를 해결하기 위해 기업은 투자를 늘리고 생산을 확대하여 일자리를 만들어야 한다.

08 실업은 일할 능력과 의사가 있는데 일자리를 구하지 못하는 상태이다. 실업이 발생하면 개인적 측면에서는 소득이 감소하여 안정적인 경제생활이 어렵고, 사회적으로는 인적 자원의 낭비와 경기 침체의 문제가 나타난다. 따라서 근로자는 실직에 대비하여 꾸준히 직업 능력을 개발하여야 하며, 기업은 일자리 창출을 위한 노력을 해야 한다.

왜 틀렸을까? ㄱ. 경기 회복 정책을 펴는 것은 정부이다.

09 (가)는 산업 구조의 변동으로 인한 구조적 실업이고, (나)는 경기 침체 시 발생하는 경기적 실업이다.

10 예시 답안 | 경기 침체로 인한 실업 문제를 해결하기 위해 정부는 공공사업을 벌이거나 실업 수당을 지급하여 소비를 증가하기 위한 정책을 펼 필요가 있다.

만점 비법! 제시된 상황이 경기 침체의 상황임을 파악하고 이러한 상황에서 나타나는 실업을 해결하기 위한 정부 정책을 제시해야 한다.

03 국제 거래와 환율

개념 쏙쏙 1 국제 거래   2 (1) ○   (2) ×   (3) ○   (4) ×
3 (1) 상승   (2) 하락

01 ④	02 국제 거래	03 ⑤	04 ①
05 ⑤	06 ④	07 ③	08 ①	09 ③
10 해설 참조			

01 제시된 두 상황에서 서비스나 노동, 자본 등 생산 요소의 국가 간 이동이 활발하다는 것을 알 수 있다. 오늘날에는 재화뿐 아니라 서비스 및 노동과 자본 등 생산 요소의 국가 간 이동도 활발하다.

02 국가 간에 이루어지는 상품, 노동, 자본, 기술 등의 상업적 거래를 국제 거래라고 한다.

03 오늘날 국가 간에 서비스의 거래가 활발해졌으며, 재화의 국가 간 거래 역시 활발하다.

정답과 해설

04 국가 간 거래가 증가하는 것은 교통과 통신의 발달, 세계화·개방화의 영향이다. 그 외에도 다국적 기업의 등장, 세계 무역 기구의 자유 무역을 위한 노력 등을 배경으로 볼 수 있다.

왜 틀렸을까? ㄷ. 나라마다 다른 자연환경은 국제 거래가 발생하는 원인이다.

05 1달러가 1,000원에서 900원이 되면 환율이 하락한 것이고, 1,000원에서 1,100원이 되면 환율이 상승한 것이다.

06 외화의 수요는 외화가 필요할 때 발생한다. 따라서 외화가 필요한 경우는 외국으로부터 상품을 수입해 오거나 해외에 자금을 투자할 때, 해외여행을 갈 때 발생한다.

왜 틀렸을까? ㄱ, ㄷ. 외국에서 돈을 빌리거나 외국인이 국내에 자본을 투자하면 외화가 우리나라에 들어온다. 이는 외화의 공급이 증가하는 경우이다.

07 갑국의 환율은 1,100원에서 1,110원, 1,120원, 1,130원으로 변화하고 있는데, 이처럼 외국 화폐의 가치가 상승하는 것은 환율 상승이다. 환율이 상승하면 달러를 사기 위해 내야 하는 우리나라의 돈이 증가하므로 우리나라 화폐의 가치는 하락한다.

08 외화의 가격인 환율은 외화에 대한 수요와 공급에 의해 결정된다. 제시된 그래프는 외화에 대한 수요가 증가하여 환율이 상승했음을 보여주고 있다.

09 수입이 증가하거나 내국인의 해외 여행이 증가하면 외화 수요가 증가하여 환율이 상승한다.

왜 틀렸을까? ㄱ. 수출 증가는 공급 증가의 요인이다.
ㄹ. 해외 유학생에 대한 송금 감소는 수요 감소의 요인이다.

10 **예시 답안** | 수출이 감소하고 외국인들의 국내 투자가 감소한다는 것은 외화의 공급 감소를 의미한다. 또한, 내국인들의 해외여행은 증가하고 국내 기업들의 해외 투자가 증가하는 것은 외화 수요 증가를 의미한다. 이와 같이 외화에 대한 수요는 증가하고 공급은 감소하면 환율은 상승하게 된다.

만점 비법! 환율이 외화에 대한 수요와 공급에 따라 변동함이 드러나야 좋은 점수를 얻을 수 있다.

대단원 총정리 문제 126~129쪽

01 ②	02 ④	03 경제 성장	04 ②
05 ③	06 인플레이션	07 ①	08 ④
09 ②	10 ②	11 ②	12 실업	13 ⑤
14 ④	15 ⑤	16 ①	17 ⑤	18 ③
19 ②	20 ①	21~23 해설 참조	

01 국내 총생산이 늘어나고 있으므로 경제가 성장하고 있다. 따라서 국민의 전반적인 생활 수준도 향상될 것임을 예측할 수 있다. 그러나 빈부 격차에 대한 정보는 국내 총생산의 변화 모습으로는 확인할 수 없다.

02 국내 총생산은 일정 기간 동안 새롭게 창출된 재화나 서비스의 시장 가치의 합이다. 따라서 외국인이 생산한 것이든 국내인이 생산한 것이든 국내에서 생산한 부가 가치는 국내 총생산에 포함된다.

왜 틀렸을까? ㄱ. 국내 총생산에는 한 해 동안 새로 생산한 재화나 서비스만 포함되고 중고품의 가치는 포함되지 않는다.
ㄷ. 국내 총생산이 크다고 하여 1인당 국내 총생산도 큰 것은 아니므로 국내 총생산으로 미루어 한 나라 국민의 평균 소득을 예측할 수는 없다.

03 경제 성장은 국내 총생산의 규모가 커지는 것으로, 경제가 성장하면 국민의 소득이 늘어나고 물질적으로 풍요로운 생활을 누릴 수 있다.

04 국내 총생산은 국경을 기준으로 창출된 부가 가치들을 대상으로 계산된다. 따라서 국내 기업이 외국에서 벌어들인 수익은 국내 총생산에 포함되지 않는다. 또한, 시장에서 거래된 상품만 포함하므로, 주부가 가족의 저녁 식사를 위해 만든 요리는 국내 총생산에 포함되지 않는다.

05 국내 총생산은, 분배 상태에 대한 정보와 복지 수준에 대한 정보를 제공하지 못하고 시장에서 거래되는 것만을 대상으로 하여, 실제 이루어진 생산을 정확하게 측정하지 못한다는 한계를 갖는다.

왜 틀렸을까? ㄱ. 국내 총생산은 재화뿐 아니라 서비스의 가치도 포함한다.
ㄹ. 국내 총생산은 국내에서 생산된 것만 포함한다. 이러한 점이 국민의 실생활을 정확히 나타내 주지 못한다는 국내 총생산의 한계에 대한 근거가 되지는 않는다.

06 물가가 지속하여 상승하는 현상을 인플레이션이라고 한다.

07 그림과 같이 물가가 지속적으로 상승하는 것을 인플레이션이라고 한다. 인플레이션이 발생하면 실물의 가치는 오르고, 화폐의 가치는 떨어지게 된다. 따라서 부동산을 매입한

사람은 유리할 것이다.

왜 틀렸을까? ③ 인플레이션이 발생하면 우리나라 상품의 가격이 비싸지므로 수출이 감소하게 된다. 따라서 수출하는 사업자는 불리해진다.

08 물가 상승은 가계의 소비 지출이나 기업의 투자, 정부 지출이 활발하여 수요가 증가하는 경우에 나타난다. 또한, 공급 측면에서 생산 비용의 상승으로 나타나기도 한다.

09 사례를 보면 화폐를 무분별하게 발행한 결과 화폐의 가치가 폭락했음을 알 수 있다.

10 물가 안정을 위해 가계, 기업, 정부는 각자의 위치에서의 역할이 필요하다. 예를 들어 가계는 소비 지출을 줄이고, 기업과 정부도 지출을 줄이는 방향으로 계획을 수립하고 실천해야 한다.

11 물가가 상승하면 국내 상품의 가격이 비싸져 수출을 할 때 경쟁력이 낮아진다. 또한, 지속적 물가 상승은 실물의 가치가 상승할 것이라는 기대감을 주어 무분별한 투기 성행으로 이어질 가능성이 크다.

왜 틀렸을까? ㄴ. 인플레이션이 발생하면 화폐의 가치가 하락하여 저축하려는 사람이 줄어든다.
ㄹ. 인플레이션이 발생하면 소득이 늘더라도 물가가 많이 올라서 사람들의 생활 수준이 나아진다고 보기 어렵다.

12 제시된 글은 실업의 영향을 설명한 것이다. 실업은 일할 의사와 능력을 갖춘 상태에서 일자리가 없는 상태이다. 실업으로 인해 개인적으로는 자아실현의 기회가 상실되고, 소득의 부재로 건전한 경제생활에 문제가 생길 우려가 있다. 사회적으로는 노동력의 낭비, 또는 구매력 저하로 인한 경기 침체 등이 나타난다.

13 (가)는 계절적 실업, (나)는 구조적 실업, (다)는 경기적 실업이다. 실업은 발생 원인에 따라 그 해결 방법도 다르다. (나) 구조적 실업은 산업 구조의 변화로 관련 부문의 일자리가 사라진 경우이므로, 단순히 일자리 정보를 제공하는 것만으로는 해결하기 어렵다. 직업 훈련 등을 통해서 새로운 일자리를 찾도록 해야 한다.

14 제시문에 따르면 세계 경기 불황의 여파로 우리나라 기업들이 인력을 감축하고 있다. 따라서, 경기적 실업이다. 경기적 실업에 대한 대책으로는 정부의 경기 회복 정책 시행 등이 적절하다.

15 국제 거래는 과거에는 주로 재화를 대상으로 하였지만, 교통과 통신의 발달로 인해 재화뿐만 아니라 서비스, 노동이나 자본 등의 생산 요소에 이르기까지 거래의 대상이 확대되었다.

왜 틀렸을까? ① 거래 대상이나 규모는 점차 확대되고 있다.
② 한 국가 안에서 이루어지는 것이 아니라 국가 간에 이루어지는 상업적 거래이다.
③ 국제 거래가 활발해지면 외국의 상품도 구입할 수 있어, 소비자는 상품을 선택할 기회가 많아진다.
④ 외국 기업과의 경쟁에서 이기기 위해 국내 기업은 기술 혁신 등으로 생산의 효율성을 높이려고 한다.

16 우리나라 사람이 국내 기업에 취직한 경우는 국내 거래이다. 국제 거래는 국가 간에 이루어지는 상업적 거래이다.

17 그래프는 외화에 대한 수요의 감소를 나타낸다. 수입, 자국민의 해외 투자나 해외여행 등이 감소하면 외화의 수요는 감소한다.

왜 틀렸을까? ㄱ. 수출 증가는 외화의 공급 증가, ㄴ. 차관 도입 감소는 외화의 공급 감소 요인이다.

18 국제 거래의 대상은 상품에 한정되지 않는다. 국가 간에는 상품뿐 아니라 자본, 노동력 등 생산 요소도 거래된다.

19 수출의 증가와 외국인의 국내 투자 증가는 외화의 공급 증가 요인이다. 외화의 공급이 증가하면 환율은 하락한다.

20 자료에 따르면 100엔에 1,000원이었던 환율이 1,200원으로 상승하였으므로, 환율이 상승한 것이다. 환율이 상승하려면 외화의 수요가 증가하거나 공급이 감소해야 한다. ① 일본인 관광객 증가는 공급 증가 요인이므로 환율이 하락한다. ②, ③, ④, ⑤는 수요 증가의 요인으로 환율이 상승한다.

21 예시 답안 | 국내 총생산은 시장에서 거래되는 재화와 서비스의 가치만 계산하므로 실생활을 정확히 보여주지 못한다. 따라서 어떤 국가의 1인당 국내 총생산이 크다고 해서 생활 수준이 높다고 단정할 수는 없다.

만점 비법! 국내 총생산이 실생활을 정확히 보여주지 못한다는 내용이 서술되어야 한다.

22 예시 답안 | 부동산이나 물건을 소유한 사람들보다 현금을 보유한 사람들이 불리해진다. / 돈을 빌려준 채권자들이 돈을 빌린 채무자들보다 불리해진다. / 봉급 생활자나 연금 생활자는 불리해지고 건물 소유자 등은 유리해진다. 등

만점 비법! 화폐 가치 하락으로 인해 유리해지는 사람과 불리해지는 사람의 사례를 제시해야 한다.

23 예시 답안 | 사상 최대 규모의 수출을 기록하였으므로, 외화의 공급은 증가한다. 또한, 수입은 대폭 감소하였으므로 외화의 수요는 감소한다. 따라서 환율은 하락한다.

만점 비법! 제시된 상황을 수요와 공급 측면에서 분석하고 환율의 변동 방향을 제시해야 만점을 받을 수 있다.

국제 사회와 국제 정치

01 국제 사회의 특성과 행위 주체 ~ 02 국제 사회의 모습과 공존을 위한 노력

실력 확인 문제   138~139쪽

개념 쏙쏙 1 (1) X (2) ○ (3) ○   2 (1) 국제 사회 (2) 국가

01 ⑤   02 국제기구   03 ①   04 ①
05 ②   06 ①   07 민간 외교   08 ②
09 ③   10 해설 참조

01 국제 사회를 구성하는 각 나라는 자국의 이익을 우선적으로 추구한다.

02 정부, 민간단체, 개인 등을 회원으로 하며, 국가의 범위를 넘어 국제적으로 영향력을 행사하는 국제 행위 주체는 국제기구이다.

03 민간인을 공격한 시리아에 대한 제재가 무산된 것은 유엔(UN, 국제 연합) 안전 보장 이사회의 상임 이사국인 중국, 러시아가 거부권을 행사했기 때문이다. 상임 이사국만 거부권을 행사하는 것은 국제 사회에 힘의 논리가 지배함을 나타내는 대표적인 사례이다.

왜 틀렸을까? ② 국제 사회에서 각 국가의 주권은 원칙적으로는 동등하나 실질적으로는 각 국가의 국력에 따른 힘의 논리가 지배한다.

04 사례에서 부각된 국제 사회의 행위 주체는 한국, 중국, 일본으로 이는 국가에 해당한다.

05 세계화가 진전되면서 국제적 규모로 경제 활동을 하는 다국적 기업이 국제 사회에 미치는 영향력이 확대되고 있다.

06 카슈미르는 주민의 70%가 이슬람교도로 종족, 종교의 구성상으로는 파키스탄에 속해야 했지만, 인도에 편입되어 카슈미르를 둘러싸고 인도와 파키스탄 간에 여러 차례 전쟁이 일어났다. 이는 종교의 차이로 인한 영토 분쟁이다.

07 정부 관계자가 아닌 일반 시민들에 의해서 이루어지는 외교는 민간 외교이다.

08 갈등은 때때로 전쟁으로 이어지기도 하며, 종교와 민족의 차이는 갈등의 원인이 될 수 있다.

왜 틀렸을까? ㄴ. 지구촌이 공동으로 당면하고 있는 문제에 대처하기 위하여 국가들은 상호 협력하기도 한다.
ㄹ. 국제 사회를 구성하는 국가는 자국의 이익을 가장 중시하기 때문에 경쟁과 갈등이 발생한다.

09 오늘날 국가 간의 교류가 활발해지면서 국가를 중심으로 한 전통적인 외교 활동뿐만 아니라 일반 시민들에 의한 민간 외교도 활발하게 전개되고 있다.

10 예시 답안 | 국제 사회의 국가는 자국의 이익을 우선하는데, 한국이 대만과 외교 관계를 단절하고 중국과 수교하는 것이 한국에 더 이익이 된다고 판단했기 때문이다.

만점 비법! 국제 사회의 국가는 자국의 이익을 우선적으로 추구한다는 점을 서술해야 한다.

03 우리나라의 국가 간 갈등과 해결

실력 확인 문제   144~145쪽

개념 쏙쏙 1 (1) ○ (2) X (3) X   2 (1) 동북공정 (2) 동해

01 ⑤   02 ②   03 ①   04 ④   05 ⑤
06 ③   07 ③   08 위안부   09 ①
10 해설 참조

01 제2차 세계 대전 종전 후 연합국 사령부는 독도를 한국 영토로 인정하였다.

02 우리나라 국민이 독도에 살고 있고, 우리나라 경찰이 독도를 경비하고 있는 것은 우리나라가 독도에 대한 주권을 행사하고 있다는 사실을 뒷받침해준다.

왜 틀렸을까? ㄴ. 한국 정부는 국민이 우리 영토인 독도의 중요성을 깨닫고 독도를 더욱 소중히 여길 수 있는 계기가 되도록 일반인의 독도 방문을 허용하고 있다.
ㄹ. 천연기념물인 사철나무가 독도에 서식하는 것은 주권 행사와는 관련이 없다.

03 우리나라와 중국은 불법 조업으로 갈등을 겪고 있다.

왜 틀렸을까? ②, ③, ④, ⑤의 문제로 우리나라와 갈등을 겪고 있는 나라는 일본이다.

04 사진은 제2차 세계 대전 당시 한국의 소녀가 일본군에 의해 위안부로 강제로 끌려가는 것을 표현한 것이다.

05 일본의 옛 문헌인 『은주시청합기』는 일본의 서북쪽 경계는 오키섬을 한계로 한다고 하고 있어서 독도를 일본 땅으로 보지 않았으며, 한국의 옛 문헌인 『세종실록지리지』(1454)에는 독도가 한국의 강원도에 속하는 섬이라고 기록되어 있다.

ㄱ. 일본 역사 교과서에 독도는 일본 땅이라고 기술하려는 시도가 일본 우익 시민 단체에 의해 시작되었다.

ㄴ. 일본은 시마네현 고시를 통해 불법적으로 독도를 일본 시마네현에 편입하였다.

06 일본 지유샤 출판사가 발행한 중학교 역사 교과서가 침략 전쟁인 임진왜란을 '출병'이라는 단어로 미화하고, 식민지 지배를 인정하지 않는 것은 침략 전쟁을 부인하면서 역사적 사실을 왜곡하는 것이다.

07 중국은 동북공정을 통해 중국의 국경 안에서 전개된 모든 역사를 중국의 역사로 편입하면서 역사를 왜곡하고 있다.

08 일본군 '위안부'는 2차 세계 대전 당시 일본군이 점령지에 만든 위안소에서 성(性) 상대를 강요당한 여성들이다.

09 우리나라와 일본, 중국 간 갈등은 평화적이고 합리적인 대화를 통해 해결해야 하며, 시민 단체나 개인도 관심을 가지고 적극적으로 참여해야 한다.

ㄷ. 우리나라를 식민지로 지배한 일본에 대해 진심 어린 사과를 요구해야 하지만 적대 국가로 삼아서는 안 된다.

ㄹ. 국가 간 갈등은 공식 외교뿐만 아니라 민간 외교를 통한 해결도 중시해야 한다.

10 예시 답안 | 고조선, 고구려, 발해의 역사까지 중국 고대 지방 정권의 일부라고 주장한다.

만점 비법! 동북공정과 관련된 역사 왜곡의 내용을 서술해야 한다.

대단원 총정리 문제
148~151쪽

01 ③	02 ①	03 ③	04 ④	05 ④
06 ②	07 ⑤	08 (가) 협력, (나) 갈등		09 ③
10 ②	11 ④	12 ①	13 ④	14 ③
15 ③	16 ⑤	17~18 해설 참조		

01 국제 사회에는 국가 간 갈등을 조정하고 해결할 수 있는 강력한 중앙 정부가 존재하지 않는다.

02 ㄱ. 아랍에미리트와 말레이시아가 북한과의 외교를 단절한 것은 자국의 이익을 우선시한 것이다. ㄴ. 북한의 핵미사일 도발을 규탄하고 확산을 막고자 아랍에미리트와 말레이시아가 북한과의 외교를 단절한 것은 국제 사회의 갈등과 협력이 공존함을 말해주는 것이다.

03 영향력이 있는 개인은 국제 사회의 행위 주체가 될 수 있다.

04 민간단체, 개인 등을 회원으로 하며 국가의 범위를 넘어 국제적으로 영향력을 행사하는 국제 행위 주체는 국제 비정부 기구이다.

05 세계화가 진전되면서 다국적 기업과 국제기구의 활동 범위가 확대되고 있다.

① 제시된 예 중에서 국경 없는 의사회만 국제 비정부 기구에 해당한다.

② 다국적 기업과 국제기구는 국가와는 관련이 없다.

③ 국제 사회의 가장 기본적인 행위 주체는 국가이다.

⑤ 국제 사회에는 강제력을 가진 중앙 정부가 존재하지 않는다.

06 국제 적십자사 연맹은 국가의 범위를 넘어 국제적으로 영향력을 행사하는 국제 사회의 행위 주체로 국제기구 중 국제 비정부 기구에 해당한다.

07 외교 활동은 한 국가가 국제 사회에서 평화적인 방법으로 자국의 이익을 달성하려는 활동을 의미한다.

08 (가) 세계 평화를 위협하는 핵무기 확산을 막기 위해 여러 회원국이 핵확산금지조약을 체결한 것은 국제 사회가 협력하는 모습이다.

(나) 북한이 핵확산금지조약을 탈퇴한 이후 국제 사회의 긴장을 고조시키고, 미국과 대립하고 있는 것은 갈등의 사례이다.

09 국제 사회의 주권 국가는 상황에 따라 다른 국가와 경쟁, 갈등, 협력한다. 한국 전쟁에 중공군이 개입한 것은 갈등, 우리나라와 수교해서 교류하고 있는 것은 협력, 국제 무역 시장에서 우리를 추격해오는 것은 경쟁의 모습이다.

10 세계화로 인해 국제적 교류가 활발해지면서 국가 간 경쟁과 갈등이 심화하였고 동시에 개별 국가들의 협력과 의존이 확대되었다.

11 오늘날에는 공식적 외교뿐만 아니라 경제, 문화, 스포츠 등 다양한 분야에서 민간 외교의 역할과 중요성이 확대되고 있다. ④ 패권 장악을 위한 군사력 강화는 외교적 고립을 초래하게 된다.

12 미국(㉠)은 국가로서 가장 기본적인 국제 행위 주체이다.

13 한국과 독도 영유권 문제를 둘러싸고 갈등을 겪고 있는 국가는 일본, 서해 불법 조업 문제로 갈등을 겪고 있는 국가는 중국이다.

14 우리나라는 독도 영유권 문제, 세계 지도에 동해 표기 문제를 놓고 일본과 갈등하고 있다.

ㄱ, ㄹ. 불법 조업 문제, 발해사나 고구려사 왜곡 문제로 우리나라와 갈등을 겪고 있는 국가는 중국이다.

15 중국의 동북공정은 중국의 국경 안에서 전개된 모든 역사를 중국의 역사로 편입하려는 연구를 말한다. 이 과정에서 중국은 고조선, 고구려, 발해의 역사까지도 중국 고대 지방 정권의 일부였던 것으로 역사를 왜곡하고 있다.

왜 틀렸을까? ㄱ. 몽골의 영토가 중국의 영토라고 주장하는 것은 북방 공정이다.
ㄹ. 티베트의 역사를 인정하지 않는 것은 중국의 서남 공정이다.

16 국제 연합 안전 보장 이사회는 상임 이사국은 자국의 이익을 우선하면서 거부권을 행사할 수 있다. 우리나라가 중국과 갈등을 겪고 있을 때 중국은 자국의 이익을 추구하면서 상임 이사국으로서 거부권을 행사할 것이기 때문에, 국제 연합 안전 보장 이사회에 심판을 의뢰하는 것은 바람직한 갈등 해결 방법이 아니다.

17 **예시 답안 |** (가)는 정부의 공식적 외교 활동이며, (나)는 민간 외교로서 일반 시민들에 의해서 이루어진다.

만점 비법! 외교가 공식적 외교와 민간 외교로 구분된다는 것을 알고 서술해야 한다.

18 **예시 답안 |** 국제 사회는 힘의 논리가 작용하며, 강대국이 자국에 유리하게 국제 사회를 이끌어가고 있다.

만점 비법! 국제 사회를 구성하는 국가의 주권이 원칙적으로는 평등하지만, 실질적으로 강대국에 의한 힘의 논리가 지배하며, 안전 보장 이사회 상임 이사국의 거부권 행사는 이에 관한 대표적인 사례임을 서술해야 한다.

---

7 인구 분포와 인구 문제

01 인구 분포 ~ 02 인구 이동

실력 확인 문제 160~161쪽

개념 쏙쏙 1 (1) 북반구, 중위도 (2) 자연환경적 요인 (3) 개발 도상국, 선진국 **2** 흡인

01 ④	02 ④	03 ③	04 ②	05 ①
06 ㉠ 배출, ㉡ 흡인		07 ①	08 ①	09 ⑤
10 ④	11 ③	12 해설 참조		

01 인구 분포에 영향을 미치는 요인에는 기후, 지형, 식생 등의 자연적 요인과 경제, 교통, 산업 등의 인문적 요인이 있다.

왜 틀렸을까? ①, ②, ③, ⑤ 산업, 정치, 문화, 경제는 인문적 요인이다.

02 세계 인구는 북반구의 북위 20°~40° 지역에 가장 많이 분포하고 적도 지역이나 극지방은 인구가 적게 분포한다.

왜 틀렸을까? ㄱ. 해발 고도가 높은 산지 지역보다 해발 고도가 낮은 평야 지대에 인구가 더 많이 분포한다.

03 A는 유럽, B는 아프리카, C는 아시아, D는 오세아니아, E는 북아메리카를 나타내며 대륙별로는 중국, 인도, 방글라데시 등이 있는 아시아에 가장 많은 인구가 밀집되어 있다.

04 세계 인구는 북반구에 90% 이상이 분포하며 아시아의 계절풍 지대에 가장 많은 인구가 분포한다. 내륙 지역보다는 해안 지역, 고위도보다는 중위도 지역에 더 많은 인구가 분포한다.

왜 틀렸을까? ② 세계 인구 분포는 지구상에 고르게 분포하지 않고 특정 지역에 집중되어 분포한다.

05 대륙별 인구 분포는 아시아에 60% 이상, 아프리카에 15%, 유럽이 10% 순이며 상대적으로 오세아니아에는 인구가 적게 분포한다.

06 배출 요인에는 낮은 임금, 열악한 주거 환경, 전쟁, 자연재해 등이 있으며, 흡인 요인에는 높은 임금, 풍부한 일자리, 쾌적한 기후 환경, 다양한 교육·문화·의료 시설 등이 있다.

07 인구 이동의 유형에는 이동 범위에 따라 국제 이동과 국내 이동으로 구분할 수 있으며, 이동 동기에 따라 자발적 이동과 강제적 이동으로 구분할 수 있다. 이동하여 머무르는 시간에 따라 일시적 이동과 영구적 이동으로도 나뉜다. 아메리카에 정착한 유럽인들은 노동력을 보충하기 위해 강제적

으로 아프리카 흑인들을 이주시켰으며 이는 강제적 이동에 해당한다.

08 최근에 인구의 국제 이동은 경제적 목적이 대부분이고, 개발 도상국에서 북아메리카, 서부 유럽 등의 선진국으로의 이동이 활발하다.
왜 틀렸을까? ① 서부 유럽 지역은 부족한 노동력을 메우기 위해 인구가 유입되고 있는 지역이다.

09 인구 유입 지역은 산업이 발달하여 임금이 높고 일자리가 풍부한 북아메리카와 서부 유럽이고, 인구가 유출되는 지역은 동남아시아와 북부 아프리카 지역이다.

10 제시된 자료는 북부 아프리카에서 서부 유럽으로, 동남아시아에서 유럽과 서남아시아로, 남아메리카에서 북아메리카로의 인구 이동을 보여 주고 있다. 이것은 모두 경제적 이유로 일자리를 찾아 이동하는 것을 나타낸다.

11 인구 유입 지역에서 문화권이 다른 지역의 인구가 이동하게 되면 원주민과 이주민 간에 갈등이 발생하며, 인구 유출 지역에서는 우수한 인력이 해외로 나가 국내에 노동력 부족 현상이 발생한다.
왜 틀렸을까? ③ 미국에서는 일자리를 찾아 남아메리카에서 이주해온 히스패닉이 점차 많아지고 있으며 이로 인한 갈등이 발생하기도 한다.

12 예시 답안ㅣ 산업화 이전에는 주로 농사에 적합한 지형과 기후가 나타나는 지역에 인구가 집중되었으나 산업화 이후에는 대도시와 공업 지역을 중심으로 인구가 집중하게 되었다.
만점 비법! 산업화 이전과 이후의 인구 변화가 잘 나타나도록 구분하여 서술해야 한다.

03 인구 문제

실력 확인 문제
168~169쪽

개념 쏙쏙 1 (1) 높은, 낮은 (2) 저출산 **2** 성비
3 (1) ㄴ, ㄷ (2) ㄱ, ㄹ

01 ①	**02** ④	**03** ⑤	**04** ③	**05** ④
06 고령화 현상		**07** ①	**08** ②	**09** ②
10 ①	**11** 해설 참조			

01 세계의 인구는 점차 증가하고 있다. 개발 도상국은 인구 급증의 문제가 심각하며, 선진국은 출산율 저하와 인구의 고령화가 문제가 심각하다.

왜 틀렸을까? ⑤ 선진국은 고령화로 인해 노인 부양 부담 비율이 높아지고 있다.

02 개발 도상국에서는 농촌의 인구가 도시로 이동하여 도시 인구가 급격히 증가하여 주택 부족, 교통 혼잡, 환경 오염 등의 여러 가지 문제가 발생하고 있다.
왜 틀렸을까? ㄱ. 인구 급증은 노동력이 넘쳐 실업 등의 문제가 발생하기도 한다. ㄷ. 인구 급증은 개발 도상국의 인구 문제이다.

03 개발 도상국에서는 인구 문제를 해결하기 위해 출산 억제 정책을 추진하며, 인구 부양력을 높이기 위해 식량 증산 및 산업화 정책을 실시하고 있다.
왜 틀렸을까? ㄱ의 노인 일자리 창출과 ㄴ의 출산 장려금 지급은 선진국의 인구 문제를 해결하기 위한 대책이다.

04 선진국의 인구 문제는 의학의 발달과 보건 기술의 발달로 인구가 고령화되고 양육비 및 교육비 부담 증가와 여성의 사회 진출이 활발하여 저출산 현상이 나타난 것이 원인이다. 이러한 저출산으로 노동력이 부족하여 외국인 노동자들을 유입하기도 한다.
왜 틀렸을까? ③ 이촌 향도로 인한 도시 인구의 증가는 개발 도상국에 해당하는 특징이다.

05 제시된 자료의 (가)는 개발 도상국에서 나타나는 인구 구조이며, (나)는 선진국에서 나타나는 인구 구조이다. 선진국에서는 노년층의 인구가 매우 많으며 개발 도상국은 유소년층의 인구가 많다.

06 고령화 현상에 관한 설명이다.

07 제시된 자료는 여성이 평생 동안 평균적으로 아이를 낳은 명수를 나타내는 합계 출산율 추이이며 우리나라의 합계 출산율은 현저히 줄어들고 있다.
왜 틀렸을까? ① 이민의 증가는 합계 출산율의 변화보다는 인구수 변화와 관련이 깊다.

08 저출산 문제가 심화되면 국가의 노동력 및 경제 활동 인구가 감소하게 되고 이로 인해 경제 성장이 둔화한다. 또 노인 인구를 위한 사회 복지 비용이 증가한다.
왜 틀렸을까? ② 저출산으로 인해 인구의 고령화가 진행되면 노인 인구를 위한 실버산업이 발달하게 된다.

09 제시된 자료는 경제 협력 개발 기구 회원국의 합계 출산율로서 저출산 문제를 나타내고 있다. 저출산의 해결을 위해서는 보육 시설을 확충하고 출산 및 육아 수당을 지급하여 출산율을 높이는 데 힘을 써야 한다.
왜 틀렸을까? ㄴ, ㄹ은 개발 도상국의 인구 급증에 따른 문제를 막기 위한 대책이다.

10 제시된 자료는 출산율을 높이기 위한 홍보 표어이다.

11 예시 답안 | 실버 산업을 육성하고 노년층의 재취업을 보장한다. 아울러 노인 복지를 강화하며 노인 문화를 창출한다.

만점 비법! 실버 산업, 노년층의 재취업, 노인 복지에 대한 서술이 잘 되어야 한다.

대단원 총정리 문제

172~175쪽

01 ④	02 ④	03 ②	04 ⑤	05 ④
06 이촌 향도		07 ②	08 ㉠ 흡인 요인 ㉡ 배출	
요인		09 ⑤	10 ③	11 ②	12 ①
13 ①	14 ④	15 ③	16 ⑤	17 ②
18 ①	19 ①	20~22 해설 참조		

01 아시아에는 세계에서 가장 많은 인구가 분포한다. 건조 기후 지역과 오스트레일리아 내륙 지역은 인구가 희박하며, 유럽 지역은 인구가 조밀하다.

왜 틀렸을까? ① 인구는 대륙별로 자연환경이 다르기 때문에 불균등하게 분포한다.

02 지도에 ◯ 표시된 지역은 캐나다 북부와 사하라 사막 지역으로, 캐나다 북부 지역은 겨울 기온이 매우 낮고 사하라 사막 지역은 건조하여 인구가 거주하기에 불리하다.

03 우리나라의 인구 분포는 산업화 이전인 1960년대까지는 농업이 발달한 지역에 인구가 조밀하였으나, 1960년 이후 산업화와 도시화로 인해 인구가 도시로 집중되어 농어촌과 산지 지역의 인구는 감소하기 시작하였다.

04 인구가 밀집된 지역은 비옥한 평야 지대와 경제가 발달한 도시이다.

왜 틀렸을까? ㄱ, ㄴ. 한대 기후 지역과 사막 기후 지역은 인구가 희박한 지역이다.

05 제시된 자료는 우리나라의 산업화 이전의 인구 밀도와 현재의 인구 밀도를 나타낸 지도이다. 산업화 이전에는 주로 자연적 요인이 큰 영향을 주었으나 산업화, 도시화 이후에는 주로 인문적 요인이 큰 영향을 주었다.

왜 틀렸을까? ① 강원도 일대는 인구가 희박한 지역이다. ② 1966년 남서부 지역에는 벼농사에 유리하여 인구가 집중되었다. ③ 1966년의 인구 분포는 자연적 요인의 영향을 주로 받았다. ⑤ 2015년 인구 분포는 인문적 요인의 영향을 주로 받았다.

06 1960년대 이후 산업화와 도시화가 이루어짐에 따라 이촌 향도 현상이 나타나 대도시, 공업 도시, 위성 도시가 발달하여

도시 지역에 인구가 집중하였다. 이촌 향도 현상이란 인구가 농촌을 떠나 도시로 이동하는 현상을 말한다.

07 제시된 자료는 우리나라의 산업화 이전의 인구 분포를 나타낸 것이다. 주로 농업 사회인 산업화 이전의 인구 분포는 지형이나 기후처럼 자연적 요인이 큰 영향을 주었다.

왜 틀렸을까? ㄴ, ㄹ은 인구 요인에 영향을 주는 인문적 요인이다.

08 인구를 끌어들이는 요인을 흡인 요인, 밀어내는 요인을 배출 요인이라고 한다.

09 오늘날 인구 이동은 경제적 요인으로 개발 도상국에서 선진국으로의 이동이며, 서부 유럽과 북아메리카는 대표적인 인구 유입 지역이다.

왜 틀렸을까? ⑤ 흡인 요인이 강한 지역은 인구가 늘고, 배출 요인이 강한 지역은 인구가 줄어든다.

10 17세기 영국 청교도들이 메이플라워호를 타고 종교적 자유를 찾아 신대륙으로 이동하는 인구 이동은 C에 해당한다.

왜 틀렸을까? A는 스페인과 포르투갈이 식민지 개척을 위해 남미로 진출하는 인구 이동이다. D는 미국 남부의 노예 노동력을 위해 아프리카인들을 강제로 이주시키는 인구 이동이다. E는 경제적 목적으로 취업을 위해 북부 아프리카에서 서부 유럽으로 인구가 이동하는 것이다.

11 핀란드에서 지중해 쪽으로의 인구 이동은 국제 이동이며 은퇴 후 요양을 위해 떠나는 이동은 자발적 이동에 해당한다.

12 북부 아프리카에서 서부 유럽으로의 인구 이동은 일자리를 위한 경제적 인구 이동에 해당한다.

13 인구 유출 지역에서는 노동력의 유출로 실업률이 낮아진다.

14 제시된 자료는 선진국의 인구 피라미드를 나타낸 것이다. 노인 인구 비율이 높아져 고령화 현상이 나타나면 경제 활동 인구가 감소하여 노동력이 부족해진다.

15 65세 이상의 인구 비율이 전체 인구의 7% 이상이면 고령화 사회, 14% 이상이면 고령 사회, 20% 이상이면 초고령 사회라고 한다.

왜 틀렸을까? ㄱ. 프랑스는 65세 이상 인구 비율이 19%로 아직 초고령 사회는 아니다. ㄹ. 인도는 노인 인구에 대한 부양 부담은 상대적으로 적은 편이다.

16 제시된 그래프는 세계 인구가 급증하고 있는 추세를 보여 주고 있다. 인구가 급증하면 빈곤, 식량, 용수 부족, 자원 부족 등의 문제가 생긴다.

왜 틀렸을까? ⑤ 인구가 급증하면 노동력은 증가하게 된다.

17 제시된 자료는 인구의 부양 부담비를 나타낸 그림이다.

2005년에는 8명이 1명의 노인을 부담하면 되었지만 2020년에는 4명, 2050년에는 1명이 노인 1명을 부담해야 하는 것을 알 수 있다. 이것은 출산 장려를 통해서 인구의 고령화 현상을 해결해야 극복할 수 있다.

18 우리나라의 합계 출산율은 세계 최저로서 저출산의 원인은 보육 시설의 부족, 여성의 사회 진출 증가, 여성의 육아 부담, 결혼과 출산에 대한 가치관의 변화 등이 있다.

왜 틀렸을까? ① 남아 선호 사상은 여아보다 남자아이를 선호하는 현상으로 성비의 불균형과 관련있다.

19 제시된 인구 피라미드는 피라미드형에서 점차 종형으로 변화하는 모습으로 인구의 노령화와 저출산 문제가 예상된다.

왜 틀렸을까? ① 총인구수가 지속적으로 감소하기보다는 증가의 속도가 둔화된다고 볼 수 있다.

20 **예시 답안 |** 우리나라의 인구 집중 지역은 수도권, 남동 임해 공업 지역, 지방 대도시와 인근 위성 도시 등이고 인구 희박 지역은 태백산맥과 소백산맥 일대의 산지 지역, 전라남도 농업 지역, 농어촌 지역 등이다.

만점 비법! 지도를 보고 우리나라의 인구 분포를 집중 지역과 희박 지역으로 나누어 설명해야 한다.

21 **예시 답안 |** 북부 아프리카에서 서부 유럽으로의 인구 이동은 대부분 풍부한 일자리와 높은 임금을 위한 경제적 목적의 인구 이동이다.

만점 비법! 서부 유럽으로의 인구 이동이 경제적 목적이라는 점과 북부 아프리카에서의 이동이라는 점을 서술해야 한다.

22 **예시 답안 |** 출산율을 높이기 위해서는 임신과 출산 관련 의료비와 양육비 및 보육료를 지원하고, 영유아 보육 시설을 확대해야 한다. 또한 결혼 및 가족에 관한 인식 변화 등도 필요하다.

만점 비법! 출산율을 높이기 위한 대책을 2가지 이상 서술해야 한다.

 사람이 만든 삶터, 도시

01 세계의 매력적인 도시 ~ 02 도시 내부의 다양한 경관

실력 확인 문제   184~185쪽

개념 쏙쏙 **1** (1) 도시, 촌락   (2) 상주   **2** 공동화
3 (1) 파리   (2) 카이로

01 ⑤   **02** ①   **03** ⑤   **04** ①   **05** ③
06 개발 제한 구역   **07** ①   **08** ③   **09** ②
10 해설 참조

01 도시는 촌락에 종합 병원이나 백화점과 같은 고급 서비스업 및 편의 시설을 제공한다.

02 도시는 주로 2·3차 산업에 종사하는 사람들이 많은데 비해 촌락은 주로 1차 산업에 종사하는 사람들이 많다. 따라서 도시가 촌락보다 직업이 다양하다. 한편 촌락은 농경지와 녹지 비율이 도시보다 높다.

왜 틀렸을까? ㄷ, ㄹ. 도시는 촌락에 고차원의 상업·교육 등의 기능을 제공하고, 촌락은 식량을 생산하여 도시로 제공한다.

03 자유의 여신상은 뉴욕, 오페라 하우스는 시드니의 대표적인 랜드마크이다.

왜 틀렸을까? ㄱ, ㄴ. 자금성은 중국의 베이징, 콜로세움은 이탈리아 로마의 대표적인 랜드마크이다.

04 (가)는 고층 빌딩이 많고, 높은 지대를 감당할 수 있는 도심, (나)는 업무 기능보다는 상업 기능이 발달한 부도심, (다)는 접근성이 낮고 주거 기능이 발달한 주변(외곽) 지역에 입지하는 것이 유리하다.

05 지도상 위치로 보아 (가)는 도심, (나)는 주변(외곽) 지역이다. 주변(외곽) 지역은 도심에 비해 상주인구가 많다.

06 도시가 외곽 지역으로 무질서하게 퍼져나가는 것을 방지하기 위해 도시 지역 외곽의 녹지 개발을 제한하는 구역을 개발 제한 구역이라고 한다.

07 A는 중추 관리 기능, 고급 상가, 전문 서비스업 등의 기능이 입지한 도심이다. B는 도심의 기능을 분담하는 부도심이며, C는 주거 기능이 발달한 주변 지역이다.

08 일반적으로 접근성이 높을수록 지가가 높아진다. 따라서 부도심(B)은 주변 지역(C)보다 지가가 높다.

왜 틀렸을까? ① 도심(A)은 부도심(B)보다 접근성이 높다. ② 도심(A)은 주변 지역(C)보다 상주인구가 적다. ④ 주변 지역(C)은 도심(A)보다 대기업 본사 수가 적다. ⑤ 주변 지역(C)은 부도심(B)보다 상점의 평균 임대료가 낮다.

09 기사는 인구 공동화 현상에 의해 학생 수가 감소한다는 내용으로 제시된 지역은 도심에 해당한다.

왜 틀렸을까? ㄴ, ㄷ. 공업 단지와 주거 기능은 주로 외곽 지역에 형성된다.

10 예시 답안 | 도시는 지역에 따라 접근성이 다르기 때문에 지대(지가) 또한 다르다. 도심은 접근성이 좋아 지대(지가)가 높고 주변 지역은 접근성이 나빠 지대(지가)도 낮다. 접근성이 좋은 도심에 상업 및 업무 기능이 집중하면서 주거 기능은 주변 지역으로 이전하게 된다.

만점 비법! 접근성과 지대(지가)에 따른 지역 분화의 원인과 과정을 모두 서술해야 한다.

03 선진국과 개발 도상국의 도시화 ~ 04 살기 좋은 도시

실력 확인 문제   192~193쪽

개념 쏙쏙 **1** (1) 가속화 (2) 선진국   **2** 역도시화
3 (1) 선진국 (2) 개발 도상국

01 ①	**02** ④	**03** ③	**04** 도시화율
05 ②	**06** ⑤	**07** ⑤	**08** ④
09 해설 참조			

01 초기 단계는 대체로 도시화율이 30%에 미치지 못하는 단계를 의미하므로 도시에 거주하는 인구보다 촌락에 거주하는 인구의 비율이 높다.

왜 틀렸을까? ② 이촌 향도 현상이 활발하게 일어나면 도시 인구가 크게 증가하므로 도시화율도 빠르게 상승한다. ③ 도시는 제조업과 서비스업 등 많은 일자리가 있기 때문에 촌락 인구의 유입을 유도하는 중요한 요인이다. ④, ⑤ 종착 단계에 들어서면 도시화율의 성장세가 둔화되며, 도시에서 촌락으로 인구가 이동하는 역도시화 현상이 나타나기도 한다.

02 ㉠은 도시 인구 비율이 낮은 초기 단계, ㉡은 산업화가 진행되면서 이촌 향도 현상이 발생하여 도시 인구 비율이 급증하는 가속화 단계, ㉢은 도시화율의 증가 추세가 둔화된 종착 단계이다.

왜 틀렸을까? ㄱ. 초기 단계는 농업 중심의 사회로 인구는 전국에 걸쳐 고르게 분포한다. ㄷ. 도시화가 심화될 경우 역도시화 현상이 일어날 수 있지만 인구는 여전히 도시에 집중하여 분포한다.

03 1970년에 우리나라의 도시화율은 50%이므로 이후 도시 인구가 촌락 인구보다 많았다.

왜 틀렸을까? ① 우리나라는 현재 종착 단계에 있다. ② 도시 인구 증가율은 1960~80년대에 가장 활발하였다. ④ 종착 단계에서는 3차 산업 종사자의 비중이 가장 높다. ⑤ 1970년대는 촌락에서 도시로의 이동이 활발하였다.

04 전체 인구 중에서 도시에 사는 인구가 차지하는 비율을 도시화율이라고 한다.

05 ㉮는 도시화의 종착 단계에 들어선 선진국으로, 도시화율이 높다. ㉯는 도시화율이 낮으면서 도시화의 속도가 빠른 국가이다. 실제로 ㉮는 영국, ㉯는 중국이다. ㉮는 ㉯보다 경제 발전 수준이 높고, 3차 산업 종사자 비율이 높다. 반면 ㉯는 ㉮보다 이촌 향도 현상이 활발하며, 종착 단계에 진입하는 시기가 늦다.

06 옥상 녹화 사업을 통해 녹지 면적이 늘고 바람길을 고려한 건물 배치가 이루어지면 여름철 평균 기온을 낮출 수 있다.

07 인구가 특정한 몇몇 도시에 편중되거나 일시에 많은 인구를 수용할 준비가 갖추어져 있지 못하다면 주택 문제, 교통 문제, 환경 오염 문제 등 각종 도시 문제가 발생하게 된다.

08 불량 주택 문제는 재개발을 통해 해결할 수 있다. 개발 제한 구역은 도시의 무분별한 팽창을 방지하기 위해 설정한 것이므로 규제를 완화할 경우 도시 환경 문제는 심화된다.

09 예시 답안 | A는 선진국, B는 개발 도상국이다. 선진국은 대부분 산업 혁명 이후 공업 발달과 함께 도시화가 점진적으로 진행되었다. 반면, 개발 도상국은 제2차 세계 대전 이후 산업화와 함께 급속한 도시화가 진행되었다.

만점 비법! 선진국과 개발 도상국의 도시화 과정을 정확하게 비교하여 서술해야 한다.

대단원 총정리 문제   196~199쪽

01 ③	**02** ①	**03** 두바이	**04** ③	**05** ④
06 ②	**07** 접근성	**08** ⑤	**09** ⑤	**10** ⑤
11 ⑤	**12** ②	**13** ④		
14 ㉠: 이촌 향도 현상, ㉡: 역도시화 현상			**15** ②	
16 ③	**17~18** 해설 참조			

01 그래프에서 (가)는 도시에서 높게 나타나는 지표, (나)는 촌락에서 높게 나타나는 지표이다. 주어진 지표 중 인구 밀도, 건물 높이, 직업의 다양성은 도시에서 높고, 농업 종사자의 비율은 촌락에서 더 높다.

02 도시는 촌락에 공산품 등의 재화와 각종 서비스를 제공하고 있으며, 촌락은 도시에서 생산하기 어려운 농수산물을 도시로 공급하고 휴식 및 여가 공간을 제공하기도 한다.

왜 틀렸을까? 고차원의 서비스는 도시가 촌락에 제공한다.

03 '이 도시'는 아랍에미리트의 두바이이다. 부르즈 할리파는 세계에서 가장 높은 빌딩으로 두바이의 랜드마크이다.

04 지도의 A는 영국의 런던, B는 프랑스의 파리, C는 이집트의 카이로, D는 아랍에미리트의 두바이, E는 인도의 아그라, F는 중국의 베이징이다. 에펠탑은 파리, 피라미드는 카이로, 타지마할은 아그라의 대표적인 랜드마크이다.

05 인구 공동화란 도심의 상주인구가 감소하는 현상이다. 지가가 높은 도심에는 상업·업무 기능이 집적되고, 상대적으로 지가가 낮은 주변 지역에는 주택, 학교, 공장 등이 입지한다.

06 (가)는 상업·업무 기능이 집중되어 고층 건물의 밀집도가 높게 나타나는 도심 지역, (나)는 주거 지역이 조성되어 있는 주변 지역이다. 도심 지역은 주로 상업·업무 기능이 집중되어 있기 때문에 통근자들과 쇼핑객들로 인해 주간에 유동 인구가 많다.

왜 틀렸을까? ㄴ, ㄹ. 인구 공동화 현상이 나타나며 지가가 최고치를 형성하는 곳은 도심이다.

07 도시 내에서 기능들이 분리되는 까닭은 지역에 따라 접근성과 지대·지가가 다르기 때문이다. 접근성은 특정 지역에 도달하기 쉬운 정도인데, 도시의 중심에 위치하거나 교통이 편리한 지역일수록 접근성이 좋아 지대·지가가 높다.

08 도심의 인구 공동화는 도심의 주거·교육 기능 등은 약화되고 업무·관리·상업 기능 등은 강화되면서 도심의 상주인구가 감소하는 현상이다. 주거지가 외곽으로 이전하면서 출·퇴근 시 교통량이 증가하여 교통 혼잡이 나타난다.

09 지대 지불 능력이 큰 상업 및 중심 업무 기능은 도심에, 지대 지불 능력이 작은 공업 기능과 주거 기능은 주변 지역에 입지하는 경향이 있다.

10 상주인구가 많으면 주민 센터가 여러 개 필요하다. 하지만 상주인구가 적으면 여러 동을 합쳐서 하나의 주민 센터에서 업무를 통합하여 처리한다. 이런 까닭으로 서울의 도심에는 통합 주민 센터가 생기고 있다. 도심은 인구 공동화 현상으로 인해 상주인구는 적으나 주간 유동 인구는 많은 지역이다.

11 (가)는 도심에서 높은 지표, (나)는 주변 지역에서 높은 지표이다. 도심이 높은 지표는 대기업 본사의 수, 상업지 평균 지가, 특급 호텔의 수, 업무용 고층 건물의 밀집도이며, 외곽에서 높은 지표는 아파트 수, 상주인구, 대형 마트의 수, 거주자의 평균 통근 거리이다.

12 도시화 곡선에서 ㉠은 초기 단계, ㉡은 가속화 단계, ㉢은 종착 단계이다. 초기 단계는 농업 중심의 사회로 인구는 전국에 걸쳐 고르게 분포하며, 초기 단계에서 종착 단계로 갈수록 1차 산업의 비중은 줄고 3차 산업의 비중은 증가한다.

왜 틀렸을까? ㄴ, ㄷ. 이촌 향도 현상이 활발한 시기는 가속화 단계이며, 역도시화 현상이 나타나는 시기는 종착 단계이다.

13 (가)는 도시화율이 높은 미국이다. (나)는 이촌 향도가 활발히 진행되고 있는 중국이다. (다)는 아직 도시화의 초기 단계에 머물러 있는 에티오피아이다. 따라서 (가)는 (나)보다 공업화가 일찍 시작되었다.

왜 틀렸을까? ① (가)는 종착 단계에 있다. ② (나)는 주로 이촌 향도 현상이 나타나고 있다. ③ (다)는 도시화율이 약 20%밖에 되지 않기 때문에 도시보다 촌락에 거주하는 사람이 많다. ⑤ (가)~(다) 중 경제 발전 수준이 가장 높은 국가는 (가)이다.

14 ㉠은 이촌 향도, ㉡은 역도시화이다.

15 (가)는 브라질 쿠리치바의 대기 오염 감소 및 교통 체증 해결 사례, (나)는 독일의 슈투트가르트 대기 오염 감소 사례, (다)는 우리나라 울산의 수질 오염 개선 사례이다. 따라서 (가)~(다)의 공통점은 환경 오염 문제를 해결한 사례이다.

16 인구가 특정한 몇몇 도시에 편중되거나 일시에 많은 인구를 수용할 준비가 갖추어져 있지 못한다면 여러 도시 문제가 발생하게 된다. 대중 교통망을 확충하면 교통 혼잡을 줄일 수 있다.

왜 틀렸을까? ① 이촌 향도를 장려하면 도시의 과밀화는 더욱 심해진다. ② 도심은 지가가 비싼 곳으로 대단위 아파트를 건설하는 것은 부적절하다. ④ 에너지 소비가 많은 업체를 육성하면 대기 오염이 심화될 수 있다. ⑤ 쓰레기를 줄이기 위해서는 일회용품 사용을 자제해야 한다.

17 **예시 답안 |** 촌락은 다양한 여가 생활의 공간을 도시인들에게 제공하고 도시는 촌락에 종합 병원이나 백화점 같은 고급 서비스업을 제공하면서 도시와 촌락의 상호 작용은 더욱 활발해지고 있다.

만점 비법! 촌락과 도시의 기능을 모두 정확하게 서술해야 한다.

18 **예시 답안 |** 도심의 인구가 감소함에 따라 학교와 동사무소들은 통폐합될 것이다. 인구 공동화 현상으로 출퇴근 시간에 교통이 혼잡해질 것이다.

만점 비법! 도심의 상주인구 감소를 파악하고, 그에 따라 나타날 현상을 두 가지 이상 정확하게 서술하였다.

글로벌 경제 활동과 지역 변화

01 농업의 세계화와 지역의 변화

실력 확인 문제 206~207쪽

개념 쏙쏙 **1** (1) 열대 (2) 자유　**2** (1) 자급적 (2) 상업적
3 (1) 전통 농업 (2) 전통 농업 (3) 현대 농업 (4) 현대 농업

01 ①	02 ⑤	03 ⑤	04 곡물 메이저
05 ④	06 ⑤	07 ③	08 ④

09 해설 참조

01 농산물 교역이 활발해지면서 일부 국가에서는 기업적 농업을 중심으로 경쟁력 있는 상품 작물을 전문적으로 생산하여 판매하고 있다.

02 교통·통신의 발달로 지역 간 교류가 증가하고, 경제 성장으로 생활 수준이 향상되면서 다양한 농산물에 대한 수요가 증가하였다. 이에 따라 전 세계를 대상으로 농산물의 생산이 이루어지는 등 농업의 세계화가 진행되고 있다.

03 최근 산업화와 도시화로 도시 인구가 증가하면서 곡물을 비롯하여 채소, 과일, 원예 작물 등 여러 농산물을 생산하여 판매하는 상업적 농업이 발달하고 있다.
　왜 틀렸을까? ㄱ, ㄴ은 자급적 농업의 특징에 대한 설명이다.

04 곡물 메이저란 전 세계를 대상으로 곡물 시장에서 매우 큰 영향력을 행사하고 있는 다국적 농업 기업을 말한다.

05 네덜란드는 국토가 좁지만 세계 최대의 원예 농업 국가로 수출액이 매우 많다.

06 플랜테이션은 열대 및 아열대 기후 지역에서 선진국의 자본과 기술, 원주민의 값싼 노동력을 바탕으로 차, 커피, 카카오 등과 같은 기호 작물이나 천연고무, 목화 등과 같은 공업 원료가 되는 작물을 재배하는 경작 방식이다.

07 차, 커피, 카카오는 주로 열대 기후 지역에서 재배되는 기호 작물로 차는 아시아의 중국, 인도, 커피는 라틴 아메리카의 콜롬비아, 브라질, 동남아시아의 베트남, 인도네시아 등에서 재배되고, 카카오는 아프리카 기니만 연안의 코트디부아르, 가나 등이 대표적인 재배 지역이다.

08 농업 생산의 기업화와 농산물 시장 개방 확대로 세계 여러 지역에서 생산된 농산물이 유통되면서 소비자들은 외국산

농산물을 손쉽게 접할 수 있게 되었다. 하지만 농업 생산의 기업화에 따라 상대적으로 자본과 기술이 부족한 소규모 농가가 어려움을 겪을 수 있으며, 곡물 메이저가 식량을 장악하여 곡물의 거래와 가격을 마음대로 조정하게 된다.
　왜 틀렸을까? ㄹ 외국 수입 농산물에 의존하게 되면 결국 식량 자급률이 낮아져 식량 안보에 심각한 위협이 된다.

09 **예시 답안** | 기업이 이윤을 극대화하는 과정에서 바나나 가격의 안정성을 해칠 수 있으며 소비자나 재배 농가에 부담을 줄 가능성이 있다.
　만점 비법! 바나나 가격의 안정성을 해칠 수 있다고 서술해야 한다.

02 다국적 기업과 생산 지역의 변화

실력 확인 문제 212~213쪽

개념 쏙쏙 **1** (1) 개발 도상국 (2) 본사　**2** 공간적 분업
03 산업 공동화

01 ⑤	02 ⑤	03 ⑤	04 ②	05 ④
06 ④	07 ③	08 해설 참조		

01 다국적 기업이란 두 개 이상의 국가에 생산 공장이나 자회사, 지사 등을 운영하여 상품을 생산하고 판매하는 기업이다.

02 다국적 기업은 생산비를 절약하고자 저임금의 노동력 확보가 유리한 지역에 생산 공장을 설립하는 경우가 많다. 한편, 현지 시장 개척이나 무역 장벽을 피하려고 선진국에 생산 공장을 설립하는 경우도 있다.

03 다국적 기업은 활동 거점을 한 국가에 두지 않고 여러 나라에 두어 세계적으로 활동한다. 따라서 전 세계를 대상으로 상품의 기획과 생산, 제조, 판매 등의 기업 활동을 한다.

04 다국적 기업은 그 규모가 커지면서 자국 내의 핵심 지역에 한정되었던 기업이 점차 지방을 거쳐 해외로 그 입지가 확대된다. 일반적으로 국내에서 단일 공장 → 지방에 분공장 건설 → 해외의 영업 대리점이나 지점 → 국외에 분공장을 건설하여 다국적 기업의 조직이 완성된다.

05 기업의 규모가 커지면서 본사, 연구소, 생산 공장 등의 기업 기능이 지리적으로 분리되어 입지하는 현상을 공간적 분업이라 한다. 다국적 기업의 본사는 주로 선진국에 입지하여 경영 전략을 세우고 기업 전체를 관리한다. 생산 공장은 임금이 저렴하고 시장이 넓으며 현지 정부가 적극적으로 지원

하는 개발 도상국에 입지하는 경우가 많지만 현지 시장 개척, 무역 장벽 극복을 위해 선진국에 입지하기도 한다.

왜 틀렸을까? ㄴ. 기술 개발을 담당하는 연구소는 전문 인력이 많고 정보 수집이 유리한 지역에 입지한다.

06 지도는 다국적 기업의 글로벌 네트워크를 보여준다. 생산 공장은 중국을 비롯하여 동남아시아 지역에 밀집된 것으로 보아 대체로 저임금 노동력을 고용하기 유리한 곳에 있다.

왜 틀렸을까? ㄹ. 기업의 관리 기능을 수행하는 곳은 본사로 우리 나라에 위치해 있다.

07 다국적 기업은 공간적 분업을 통해 이익을 극대화하는 경우가 많으며, 이 과정에서 본국과 투자 유치국에 긍정적·부정적 영향을 끼치게 되는데 투자 유치국에 고급 기술은 이전되지 않는 경우가 많다.

08 예시 답안 | 우리나라 기업의 경우 미국에 공장을 세워 자동차를 생산하면 세금이나 운송비를 절약하고 현지 시장의 특성에 맞는 제품을 생산할 수 있어 현지에서 제품을 판매하는데 유리하다. 미국은 우리나라 공장이 들어섬으로써 일자리가 늘어나고 지역 경제가 활성화될 수 있다.

만점 비법! 우리나라와 미국의 경제적 효과를 모두 정확하게 서술해야 한다.

03 서비스업의 변화와 주민 생활

실력 확인 문제 218~219쪽

개념 쏙쏙 **1** (1) 서비스업 (2) 정보화 **2** 서비스업
3 전자 상거래

01 ④	**02** ⑤	**03** ②	**04** 탈공업화
05 ⑤	**06** ①	**07** ②	**08** 해설 참조

01 서비스업은 물자 생산 대신에 서비스를 제공하는 산업으로 1차 산업인 농·임·수산업이나 2차 산업인 제조업, 광업을 제외한 거의 모든 분야가 서비스업에 해당한다.

02 경제가 발전할수록 1차 산업의 비중은 줄어들고, 2·3차 산업의 비중이 높아지다가 탈공업화 사회에 진입하게 되면 2차 산업의 비중은 줄어들고 3·4차 산업 중심의 사회가 된다.

03 제시된 자료는 교통의 발달에 따른 것으로 국가 및 대륙 간 교통, 특히 항공 교통의 발달과 관련이 있다.

04 글의 내용은 탈공업화 현상에 관한 설명이다. 탈공업화 사회에서는 지식과 정보의 중요성이 강조된다.

05 전자 상거래는 소비자 입장에서 보면 상품 구입에 들어가는 시간의 제약이 없어 언제든지 물품 구입이 가능하며 상품 구매를 위하여 이동할 필요가 없다. 한편 판매자 입장에서 보면 판매 사원이 필요 없어 적은 자본으로 운영이 가능하다.

왜 틀렸을까? ㄱ. 상품의 배송은 택배 업체를 통해 이루어진다. 그러므로 전자 상거래가 성장하면 택배 산업도 함께 성장하게 된다. ㄴ. 전자 상거래는 쇼핑몰이 온라인상에 있기 때문에 상품을 진열할 매장이 필요하지 않다.

06 (가)는 기존의 유통 구조, (나)는 전자 상거래 유통 구조를 나타낸 것이다. 전자 상거래는 인터넷 등을 통해 상품을 판매하기 때문에 거래 지역이 넓다. 또한 시간과 장소의 제약을 받지 않아 물품 구매 시 이동 거리가 짧고 시간과 비용을 절약할 수 있다.

07 인도에 전화 상담실이 발달한 이유는 영어를 사용하는 인력이 풍부하고, 미국과 시차가 12시간이라 낮과 밤이 다르므로 업무가 연속적으로 이루어질 수 있기 때문이다.

08 예시 답안 | 인터넷 쇼핑, TV 홈쇼핑 등 전자 상거래가 증가함에 따라 소비자가 구입한 물건을 집까지 배송해 주어야 하는 일이 증가하였기 때문이다.

만점 비법! 택배 물량의 증가 원인을 전자 상거래와 연관 지어 정확히 서술해야 한다.

대단원 총정리 문제 222~225쪽

01 ②	**02** ②	**03** 로컬 푸드		**04** ④
05 ②	**06** ④	**07** ①	**08** ①	**09** ①
10 ③	**11** ①	**12** ④	**13** ①	**14** ⑤
15 ④	**16~17** 해설 참조			

01 그림을 보면 열대 과일을 주변에서 쉽게 맛볼 수 있고, 세계 여러 나라에서 수입된 식재료로 밥상이 차려진 것을 알 수 있다. 이는 농업 생산의 기업화와 농산물 시장 개방 확대로 세계 여러 지역에서 생산된 농산물이 유통되면서 소비자들은 외국산 농산물을 손쉽게 접할 수 있다는 것을 보여준다.

02 (가) 시기는 과거, (나) 시기는 최근에 해당한다. 오늘날에는 세계화로 농산물의 국제 교역량이 급증하면서 세계 주요 농업 지역에서 농산물의 생산, 유통, 판매가 이전보다 전문적이고 대규모로 이루어지는 농업의 기업화가 이루어지고 있다.

03 로컬 푸드란 특정 지역에서 생산한 먹을거리를 가능한 그 지역 안에서 소비하자는 것을 말한다. 일반적으로 소비지로부터 반경 50km 이내에서 생산된 농산물을 의미한다.

04 A는 자급률이 가장 높은 쌀이다. B는 자급률이 크게 하락한 보리이다. C는 옥수수와 더불어 대부분 수입에 의존하는 밀이다.

05 우리나라의 모든 식량 자급률이 낮아지는 것으로 보아 지금 상태가 지속된다면 식량 안보에 문제가 될 수 있다.

> **왜 틀렸을까?** ① 쌀은 전체 식량 자급률보다 높다. ③ 쌀 소비량은 식생활의 변화로 인해 계속 감소하고 있다. ④ 국제 곡물 시장을 장악한 곡물 메이저의 영향을 받아 식량 자급률이 낮아지고 있다. ⑤ 농업의 세계화가 계속해서 진행된다면 결국 전체 곡물 자급률이 더 낮아지게 될 것이다.

06 그림은 플랜테이션의 형태를 도식화한 것이다. 열대 지역에서 주로 이루어지는 플랜테이션은 선진국의 자본과 기술, 원주민의 노동력을 이용하여 열대의 상품 작물을 단일 경작하는 농업 방식이다. 이 농업은 자연환경에 적응하여 농경을 해왔던 전통적 농업을 황폐화시키고, 해당 지역의 식량 부족 문제를 심화시키기도 하였다.

> **왜 틀렸을까?** ④ 원주민들의 소득 수준은 매우 낮은 편이다.

07 미국의 대규모 밀 농사와 네덜란드의 화훼 농업은 세계 시장을 대상으로 하는 상업적인 농업이다.

> **왜 틀렸을까?** ㄴ, ㄹ 몽골의 유목과 아프리카의 이동식 화전 농업은 자급적인 농·목업에 해당한다.

08 생산 공장의 이전으로 인해 본국 입장에서는 공장이 해외로 유출되어 실업률이 증가하면서 지역 경제가 침체될 수 있고 산업 공동화의 우려가 제기될 수 있다. 반면 투자 유치국의 경우 고용이 증가하며 지역 경제 활성화가 나타날 수 있다. 그러나 다국적 기업이 진출하면 현지 소규모 기업이 경쟁에서 밀려날 수 있다.

09 기업의 성장으로 기능이 여러 곳에 분산 입지하는 현상을 공간적 분업이라고 한다. 생산 기능은 값싼 노동력이 풍부한 곳을 선호하여 주변 지역이나 해외에 입지한다. 그렇지만 관리 기능을 담당하는 본사는 풍부한 자본과 우수한 경영 인력이 있는 대도시에 남으며, 기술 개발을 담당하는 연구 부분은 우수 인력을 구하기 쉽고 관련 시설들이 잘 발달하고 있는 곳에 입지한다.

10 (가) → (다) 시기로 가면서 국내에만 입지했던 생산 공장과 영업 지점들이 점차 해외로 확장되면서 기업의 공간적 분업화 수준이 높아져 다국적 기업의 조직이 나타나고 있음을 알 수 있다. 따라서 제품의 해외 생산 비중은 해외에 더 많은 생산 공장이 입지하고 있는 (다) 시기가 (나) 시기보다 높다.

> **왜 틀렸을까?** ① 기업의 공간적 분업화 수준은 (가) → (다) 시기로 갈수록 높다. ② (나) 시기에 본사는 최신 정보와 많은 자본을 얻기 쉬운 국내의 핵심 지역(대도시)에 입지한다. ④, ⑤ 기업의 해

외 생산 시설과 영업 지점 등이 (가) 시기보다 (다) 시기에 더 많으므로 고용자 중 외국인의 비율 및 기업의 해외 투자액은 (가) → (다) 시기로 갈수록 증가한다.

11 제시된 그림을 보면 하나의 제품에 들어가는 부품의 생산국이 각각 다른 것을 알 수 있다. 이것은 세계 경제의 국제적 분업 현상이 나타나고 있다는 것을 보여 준다. 국제적 분업 현상이 활성화되면 무역 장벽이 약화되고, 관세 등의 경제적 국경이 사라져 자유 무역이 확대되므로 지구촌 경제 시대가 열릴 것이다.

12 3단계는 3, 4차 산업 비중이 높은 탈공업화 사회이다. 탈공업화 사회는 서비스업 중심의 산업 구조가 나타나며, 지식과 정보가 가장 중요한 생산 요소로 등장한다.

> **왜 틀렸을까?** ㄱ. 탈공업화 사회에서는 2차 산업의 비중이 낮아진다. ㄷ. 토지와 노동은 농업 사회의 중요한 생산 요소이다.

13 신문 기사는 ○○마트의 해외 진출 사례를 보여 주는 것으로, (가)에 들어갈 신문 기사의 제목은 '유통의 세계화를 찾아서!'가 가장 적절하다.

14 그림을 보면 인터넷을 통해 세계 여러 곳의 소식을 바로 알 수 있고, 제품 판매 및 구입 등의 경제 활동도 세계적인 범위로 이루어지고 있음을 알 수 있는데, 이는 통신의 발달로 인해 공간의 한계를 극복한 모습이다. 또한, 항공 교통을 이용해 세계 여러 곳을 손쉽게 여행할 수 있는 것은 교통 수단의 발달과 관련 있다.

15 (가)는 직접 구매, (나)는 홈쇼핑 등의 전자 상거래이다. 전자 상거래는 직접 구매에 비해 제품을 직접 비교할 수 없지만 유통 단계가 단순하고 공간적 제약의 영향이 적다.

16 **예시 답안** | 우리나라 ○○ 자동차 기업의 공간적 분업을 보여 주고 있다. 자동차 기업의 본사는 기업의 출신 국가에 위치하는 경우가 대부분이고, 연구소는 기술이 발달한 우리나라와 일본, 미국 등 선진국에 위치하는 경우가 많다. 현지 조립 공장은 미국처럼 시장이 넓거나 인도네시아, 베트남 등과 같이 노동력이 저렴한 지역에 입지한다.

> **만점 비법!** 본사와 연구소, 생산 공장의 입지를 정확히 서술해야 한다.

17 **예시 답안** | 소비자 입장에서는 물건을 사는 데 있어 시간적·공간적 제약이 줄어들었다. 생산자 입장에서는 판매 사원이 필요 없어 적은 자본으로 운영이 가능하다. 관련 산업으로는 택배 산업의 발달을 들 수 있다.

> **만점 비법!** 전자 상거래의 발달이 미치는 영향을 두 가지 이상 정확히 서술해야 한다.

01 전 지구적 기후 변화와 해결 노력

실력 확인 문제   232~233쪽

개념 쏙쏙 **1** (1) 지구 온난화, 온실 가스 (2) 자연 상태
2 탄소 배출권 거래제   **3** (1) 인삼 재배지 북상, 봄꽃 개화 시기 변화 등 (2) 북극해 빙하 면적 축소, 멕시코 3월 강수량이 평년값의 3배, 아르헨티나 2012년 이후 최고 연평균 기온 기록 등

01 ③	**02** 지구 온난화	**03** ②	**04** ②
05 ⑤	**06** 교토 의정서	**07** ②	**08** ②
09 ⑤	**10** ⑤	**11** 해설 참조	

01 지구 온난화는 인간 활동과 밀접한 관련이 있으며, 지구의 평균 기온이 올라가는 현상이다. 전 세계적인 문제로 지구의 평균 기온이 올라감에 따라 빙하가 녹아 해수면이 상승하여 문제가 되고 있다.

02 파타고니아는 안데스산맥이 위치한 라틴 아메리카에 있는 관광지로 지구 온난화로 환경이 변화하고 있다.

03 온실가스 농도의 상승을 가져오는 원인으로는 농업·축산 폐기물, 산업 공정, 에어컨 냉매, 비료 사용, 에너지 사용 등이 있다.
   왜 틀렸을까? ㄴ. 원자력 발전과 온실가스 농도는 상관이 없다. ㄷ. 해수면 상승은 지구 온난화로 인한 영향이다.

04 인삼 재배지 변동의 원인은 지구 온난화이다. 지구 온난화의 영향으로 빙하 면적이 감소하고 있다.

05 온실가스의 감축에 관한 선진국과 개발 도상국의 입장은 다르다. 선진국은 개발 도상국의 온실가스 감축을 요구하지만, 개발 도상국은 과거 선진국을 예로 들며 온실가스 감축의 어려움을 호소하고 있다.

06 탄산가스 배출량의 규제에 초점을 맞추어 국가별 목표 수치를 정해 놓은 협약으로 선진국의 감축 의무 이행을 위한 제도를 마련했지만, 미국의 탈퇴로 실효성이 없어진 협약은 교토 의정서이다.

07 해당 그림은 인간 활동을 배제한 자연적인 온실 효과를 설명하는 그림이다.

08 대기는 지표에서 발생하는 에너지 중 일부만 흡수하여 온실 효과를 발생시킨다.

09 파리 협정은 개발 도상국과 선진국이 모두 함께 참여하여 만들어진 협정이다. 국제법적인 구속력이 없는 것이 한계점으로 알려져 있다. 교토 의정서를 대체하는 협정으로, 2020년 이후의 기후 변화 대응을 담고 있다.

10 탄소 배출권 거래제는 우리나라를 포함하여 유엔에 속한 선진국과 개발 도상국 모두에게 해당한다. 주로 국가보다는 기업 사이에서 이루어진다.
   왜 틀렸을까? ㄴ. 탄소 배출권 거래제는 국제적 협약이지만 직접적인 거래는 기업들 사이에서 이루어진다.

11 예시 답안 | 그동안 선진국들이 경제 발전을 하는 과정에서 온실가스를 많이 배출하였다. 지금은 개발 도상국이 과거의 선진국처럼 경제 발전을 하고 있어서 의무적 감축에는 어려움이 있다.
   만점 비법! 주어진 단어를 모두 사용하여 개발 도상국의 의견을 알맞게 서술해야 한다.

02 환경 문제 유발 산업의 국가 간 이전 ~
03 생활 속의 환경 쟁점

실력 확인 문제   240~241쪽

개념 쏙쏙 **1** (1) 공해 수출 (2) 선진국, 개발 도상국
2 바젤 협약   **3** (1) 간척 사업 (2) 원자력 발전소

01 ②	**02** 빈곤	**03** ①	**04** ③
05 전자 쓰레기	**06** ②	**07** ④	**08** ⑤
09 ①	**10** 해설 참조		

01 ② 봄꽃의 개화 시기 변화는 지구 온난화와 관련된 영향이다.

02 우리나라도 과거 산업화와 함께 선진국의 자본과 기술을 도입하며 공해 산업을 무분별하게 진행하였다.

03 전자 제품 제조업체는 제조할 때 위험한 물질을 쓰지 않도록 해야 하며, 소비자는 안전하게 폐기해야 한다.
   왜 틀렸을까? ㄷ. 폐기해야 할 제품은 알맞게 폐기해야 한다. 개발 도상국으로 보내게 될 경우 전자 쓰레기 이전 문제가 발생한다. ㄹ. 전자 제품은 필요할 때에만 소비해야 전자 쓰레기 문제 해결에 도움이 된다.

04 환경 문제 해결을 위한 국가적 차원의 노력으로는 저탄소 녹색 성장, 쓰레기 종량제 실시, 환경 마크 지정 등이 있다.
   왜 틀렸을까? 대중교통과 자전거 이용, 쓰레기 분류 배출, 신문지 재활용 등은 개인 차원의 노력이며, 국제 환경 협약 체결, 국제 규정과 협약 준수 등은 국제적 차원의 노력이다.

정답과 해설

05 전자 쓰레기는 섬유 유리, 납, 주석, 구리, 철, 알루미늄이 주요 재질이며 컴퓨터와 전자 기기에서 발생한다. 또한, 전자 쓰레기 이전 문제가 주목받고 있는 상황이다.

06 독일, 일본 등이 우리나라보다 먼저 석면 방직 기계를 해외로 수출하였다. 석면 방직 기계의 주요 수출국은 경제 발전 수준이 높은 선진국들이다.

07 자료는 인도 보팔 지방의 가스 누출 참사에 관한 내용을 담고 있다. 미국 기업이 인도에 공장을 지었고 그 이후에 발생한 참사이다. 인도 정부 역시 해당 공장의 위험성을 인지하고 있었지만, 경제 발전을 위하여 위험을 무릅쓰고 공장을 받아들였다.

08 제시된 내용과 같은 특징을 가진 공해는 소음 공해이다. 물리적인 현상을 동반하는 것과 건물 훼손으로 이어지는 것은 진동 공해이며, 폐기물 처리와 식량 부족 문제는 전혀 상관이 없다.

09 원자력 발전을 찬성하는 측은 친환경성과 경제성을 강조한다. 반대하는 측은 돌발 사고 가능성과 폐기물 처리 문제를 제기하고 있다.

10 예시 답안 | 간척 사업이다. 찬성 의견으로는 농사나 공장을 지을 수 있는 용지의 증가 등이 있고, 반대 의견으로는 해양 생태계 파괴와 어민들의 어업 활동 차질 발생 등이 있다.

만점 비법! 해당 사업의 이름을 정확히 적고, 찬성과 반대 의견을 모두 서술해야 한다.

대단원 총정리 문제
244~247쪽

01 ⑤	02 ④	03 ④	04 탄소 배출권
05 ②	06 ①	07 ④	08 ①	09 공해 수출
10 ④	11 ①	12 ④	13 ②	14 ⑤
15 수질 오염	16 ③	17 ③	18 ④
19 간척 사업	20~22 해설 참조		

01 지구 온난화는 온실가스가 적외선 파장의 일부를 외부로 나가지 못하게 흡수하는 과정을 반복하며 진행된다.

02 (가)는 지구 온난화를 설명하고 있으며, (나)는 이산화 탄소를 설명하고 있다.

03 자료는 이산화 탄소 농도 증가에 따라 지구의 평균 기온이 상승하고 있음을 보여 주고 있다. 이와 같은 변화의 직접적

인 원인은 인간 활동의 증가, 화석 연료 사용의 증가에 따른 온실가스 배출량 증가이다. 대기 중의 온실가스 농도가 증가하면 온실 효과가 강화되어 지구의 평균 기온이 상승하게 된다.

04 탄소 배출권은 온실가스 배출량을 줄인 것을 유엔의 담당 기구에서 확인해 준 것을 의미한다. 이는 온실가스 배출량 감축을 위한 국제적 제도 중 하나이다.

05 이산화 탄소를 억제하는 방법으로는 신·재생 에너지 개발, 원자력 에너지 이용, 절약 및 효율 향상 기술, 이산화 탄소 포집 및 저장 기술 개발 등이 있다.

왜 틀렸을까? ㄴ. 이산화 탄소는 주로 석유, 석탄과 같은 화석 연료가 연소될 때 배출된다.
ㄹ. 지구 온난화를 막기 위해 각 국가는 국제 환경 협약 체결, 국제 규정과 협약 준수 등의 노력을 해야 한다.

06 지구의 평균 기온이 올라가는 것을 지구 온난화라고 하는데, 이에는 이산화 탄소가 가장 영향이 크다.

왜 틀렸을까? 승우: 온실 효과가 아예 없었더라면 지구의 평균 기온은 낮아질 것이다.
은채: 이산화 탄소의 지구 온난화 지수는 1이다. 하지만 프레온 가스의 지구 온난화 지수는 1,300~23,900 정도이다.

07 신문 기사는 시대에 따른 석면 공장의 이동을 보여 준다. 1980년대에는 독일이 우리나라로 석면 기계를 수출하였다.

08 아프리카 등 77그룹이 주도적인 역할을 하여 유해 폐기물의 국가 간 이동을 줄이고자 맺은 협약은 바젤 협약이다. 이는 협약이 맺어진 스위스 바젤에서 이름을 따온 것이다.

09 공해 수출은 한 나라의 기업이나 제품이 다른 나라로 가서 공해를 일으키는 행위이다.

10 보팔의 가스 누출 사고는 공해 수출로 인한 사고의 대표적인 예이다. 이런 공해를 수입하는 나라는 경제적인 이익을 보고 수입하며, 개발 도상국보다는 선진국에서 먼저 환경 문제를 유발하는 산업에 대한 규제가 심해졌다.

11 전자 쓰레기로 인한 환경 오염의 대표적인 사례가 토양 오염이다. 유해 폐기물의 교역을 규제하는 협약으로 바젤 협약 등이 있다. 주로 선진국에서 개발 도상국으로 전자 쓰레기가 이동하며, 이곳에서 구리 등을 채취하여 개발 도상국 주민들이 돈을 번다. 최근에는 규제를 피하고자 기부 형식으로 전자 쓰레기를 교역하고 있다.

12 급속한 기술 발전으로 전자 쓰레기의 발생량은 증가하고 있다. 기술 발전으로 인한 전자 제품의 생산이 활발해지고, 이에 따른 소비 역시 활발해지기 때문이다.

13 세계 화훼 시장의 중심지는 네덜란드이고 케냐에서는 생산이 이루어질 뿐이다. 네덜란드의 환경 기준이 강화되어 케냐로 이전한 것이며, 화훼에 좋은 지형 때문은 아니다.

14 상호의 의견은 세제의 과다 사용을 유발할 수 있으며, 이는 환경 문제를 일으킬 수 있다.

15 세제를 많이 사용하면 하천 오염, 해양 오염 등 수질 오염을 일으킨다.

16 공사장에서 발생할 수 있는 공해로는 소음 공해와 진동 공해가 있다. 이들 중 진동 공해의 경우 물리적인 현상을 동반하며, 건물을 훼손하기도 한다. 또한, 수면을 방해하고 업무 능률을 떨어뜨리며, 장기간 지속될 경우 정서 장애 등을 초래하기도 한다. ③ 많은 사람에게 호흡기 질환을 유발하는 공해는 대기 오염이다.

17 유전자 재조합 농산물(GMO)은 병충해에 강하고, 다량 생산으로 식량 문제에 큰 도움이 될 수 있다. 하지만 표기가 제대로 되어 있지 않고, 안전성에 대한 검증이 부족하다.

18 원자력 발전소 설치 찬성 의견으로는 지역 경제 활성화와 일자리 증가, 생산 효율성 및 경제성이 높다는 점이 있다.

19 간척 사업에 관한 쟁점이다. 찬성 측은 농경지, 택지, 공장 부지 등을 위한 용지 공급 측면을 강조하고, 반대 측은 갯벌의 생태계 파괴와 어민들의 생존권 위협을 강조한다.

20 **예시 답안 |** 이산화 탄소, 프레온 가스, 메테인, 아산화 질소 등이 있다. 지구 온난화로 인한 영향으로는 인삼 재배 가능지의 북상, 봄꽃 개화 시기의 변화, 북극해의 빙하 면적 축소, 해수면 상승으로 인한 침수지 발생, 특정 지역의 폭우 및 폭염 등의 이상 기후 발생 등이 있다.

　만점 비법! 지구 온난화를 일으키는 기체 두 가지와 지구 온난화의 영향을 두 가지 서술해야 한다.

21 **예시 답안 |** 선진국의 환경 문제 유발 산업이 규제로 인하여 개발 도상국으로 이전하려 할 것이다. 또한, 개발 도상국은 환경 문제 유발 산업에 대한 규제가 약하고 경제적 문제의 해결이 시급하므로 이전을 받아들여 개발 도상국 지역의 환경 문제가 극심해질 것이다.

　만점 비법! 선진국과 개발 도상국의 상황을 모두 활용하여 현상을 예측, 서술해야 한다.

22 **예시 답안 |** 유전자 재조합 농산물은 병충해에 강하고 적은 비용으로 많은 양을 수확할 수 있어 장기적으로 세계의 식량 문제를 해결하는 데 큰 도움이 됩니다.

　만점 비법! 많은 수확량에 따른 세계의 식량 문제 해결과 관련지어 찬성 입장을 서술해야 한다.

11 세계 속의 우리나라

01 우리나라의 영역과 독도

실력 확인 문제 254~255쪽

개념 쏙쏙 **1** (1) × (2) ○ (3) × **2** (1) 직선, 3 (2) 경상북도
3 (1) 최저 조위선 (2) 안용복

01 ①	**02** ⑤	**03** ④	**04** ①	**05** ④
06 조경 수역		**07** ⑤	**08** ⑤	**09** ⑤
10 ④	**11** 해설 참조			

01 영공은 영토와 영해의 수직 상공이다.

02 판문점은 남과 북의 군사 분계선에 위치한 곳으로, 남한과 북한의 접경 지역이다.

03 동해안은 해안선이 단조롭고 해안선 주변에 섬들이 없으므로 대부분 통상 기선을 사용한다. 일부 남해안과 가까운 동해안의 남쪽 해안선은 직선 기선을 사용하고 있다.

04 대한 해협은 일본의 쓰시마섬과 가까운 곳으로 12해리를 영해로 적용할 경우 일본의 영해와 중복되는 문제가 있어 기선으로부터 3해리까지를 영해로 적용하고 있다.

05 지구의 자전에 따라 동쪽 지역이 먼저 해를 보게 된다. 독도는 우리나라의 가장 동쪽에 위치한 영토이기 때문에 우리나라에서 해돋이를 가장 먼저 볼 수 있는 곳이다.

06 동해는 한류와 난류가 교류하는 바다로 한류성 어족인 명태와 난류성 어족인 오징어 등 다양한 어류가 서식하며, 독도 인근 해역도 이러한 특징이 나타난다.

07 독도는 수면 위로 올라와 있는 부분(동도와 서도)에 비해 수면 아래 잠겨 있는 지형이 훨씬 크다. 독도는 약 460~250만 년 전 해저에서 화산 활동으로 인해 만들어진 거대한 화산섬이다.

08 제시된 자료는 메테인하이드레이트로, '불타는 얼음'이라고도 불린다. 독도 주변 수심 350m 이하의 깊은 바다에 많이 매장되어 있으며 석유나 천연가스, 석탄 등을 대신할 수 있는 미래의 에너지 자원으로 주목받고 있다.

09 안용복은 조선 시대에 울릉도와 독도 근해에서 어업을 하던 일본인 어부들을 쫓아 일본으로 건너가 독도가 조선의 영토임을 확인받고 돌아왔다.

왜 틀렸을까? ①·③·④는 민간단체의 노력이며, ②는 정부 기관의 노력이다.

10 울릉도 동남쪽 뱃길 따라 87K는 독도가 울릉도에서 동남쪽으로 87.4km 떨어져 있다는 독도의 위치를 나타낸다.

왜 틀렸을까? ①·⑤ 독도가 우리 땅임을 나타내는 역사적 근거를 보여준다.

11 **예시 답안 |** 독도는 해상 교통의 요지이며, 군사·안보적인 면에서도 매우 중요한 위치이다.

만점 비법! 독도의 가치에 관해 두 가지 이상 정확하게 서술해야 한다.

02 우리나라 여러 지역의 경쟁력 ~ 03 통일 이후 국토 공간

실력 확인 문제   262~263쪽

개념 쏙쏙 **1** (1) 서해안 (2) 문화유산   **2** (1) ㉢ (2) ㉠ (3) ㉡
03 ㄷ, ㄹ

01 ⑤	**02** ④	**03** ④	**04** ①	**05** ⑤
06 ①	**07** 지역 브랜드		**08** ②	**09** ⑤
10 ④	**11** ④		**12** 해설 참조	

01 동해는 일출과 해수욕장을 바탕으로 지역 경쟁력을 키울 수 있다.

왜 틀렸을까? ①은 서해안에 위치한 충청남도 보령과 관계 있다. ②·③·④는 황해와 남해의 공통적인 특징이다.

02 양동마을은 세계 문화유산인 경주 역사 지구에 있다.

03 장소 마케팅은 그 지역의 이미지를 대표할 만한 특정 장소를 상품화하여 지역의 가치를 높이는 것이다. 자유의 여신상은 뉴욕의 랜드마크라고 할 수 있다.

왜 틀렸을까? ①·②·③은 지역 특산품, ⑤는 지역브랜드이다.

04 지역 축제는 지역의 다양한 소재를 바탕으로 특정 시기에 개최된다. 남원 춘향제, 영동 난계 국악 축제, 강화 고인돌 축제 등은 역사·문화적 특징과 관련이 있다.

왜 틀렸을까? ②·③은 지역 특산품, ④는 자연 환경을 이용한 축제, ⑤는 국제적인 문화 행사를 이용한 축제이다.

05 강원도에서는 추운 겨울 기후를 이용하여 얼어붙은 하천에서 산천어 잡기 축제를 하고 있으며, 보령에서는 갯벌을 이용하여 머드 축제를 개최하고 있다.

왜 틀렸을까? ㄱ, ㄴ은 역사·문화적 특징을 이용한 축제이다.

06 왼쪽 그림은 강원도 평창 동계 올림픽 마크이며, 오른쪽 그림은 강원도 횡성의 한우 캐릭터이다.

07 지역 브랜드는 지역의 가치를 높이는 데 이용할 만한 지역의 특징을 상품화하는 지역화 전략이다.

08 (가)는 남해안의 다도해, (나)는 서해안의 갯벌, (다)는 동해안의 낙산 해수욕장이다.

09 대륙과 해양을 연결하는 한반도의 지리적 장점을 회복하기 위해서는 남북이 다시 하나가 되어야 한다.

왜 틀렸을까? ①·②·③·④ 모두 우리나라의 경쟁력을 높이는 데 필요한 것들이지만, 제시된 글과 같은 한반도의 지리적 장점을 회복하는 데 가장 우선시되는 과제는 ⑤이다.

10 분단으로 인해 남북 모두 과다한 군사비 지출이 계속되고 있다.

11 제시된 사진은 남북 이산가족들이 상봉하여 기쁨을 나누는 모습이다.

12 **예시 답안 |** 남북 연결 교통망을 복원해야 하며, 통일되면 남북 간에 군사적 대립과 갈등이 줄어들고 한반도에 평화가 정착될 것으로 기대된다.

만점 비법! 통일을 위해 필요한 과제와 통일의 기대 효과를 모두 바르게 서술해야 한다.

대단원 총정리 문제   266~269쪽

01 ④	**02** ③	**03** ⑤	**04** 제주도, 울릉도, 독도	
05 ①	**06** ⑤	**07** ①	**08** ④	**09** 안용복
10 ⑤	**11** ①	**12** ③	**13** ①	**14** ①
15 ⑤	**16** 보령, 머드 축제		**17** ⑤	**18** ⑤
19 시베리아		**20** ①	**21** ②	
22~24 해설 참조				

01 대한 해협과 같이 특별한 경우를 제외하면 일반적으로 영해는 기선에서부터 12해리까지이다.

왜 틀렸을까? ① 영공의 수직적 범위는 일반적으로 대기권까지를 삼는다. ② 영공은 영토와 영해의 수직 상공이다. ③ 영역은 영토, 영해, 영공으로 이루어진다. ⑤ 영토는 육지와 주변 섬들까지 포함한다.

02 우리나라의 가장 서쪽은 동경 124°이다.

03 대한 해협은 부산과 일본 쓰시마섬 사이의 바다로, 12해리를 적용하면 양국의 영해가 중복되는 문제가 있다.

   왜 틀렸을까? ① ㉠ – 통상 기선, ② ㉡ – 직선 기선, ③ ㉢ – 바깥쪽, ④ ㉣ – 직선

04 통상 기선은 주변에 섬이 없는 해안이나 해안선과 멀리 떨어져 있는 바깥쪽 섬의 경우에 적용하는 영해 기선이다.

05 독도는 한때 강원도에 속했으나, 현재는 경상북도에 속해 있다.

06 동해를 중심으로 러시아, 우리나라, 일본이 마주하고 있어 극동 아시아 지역에서 군사와 안보의 측면에서 매우 중요하다.

07 제시된 자료는 차가운 바닷물과 따뜻한 바닷물이 서로 만나 섞이는 조경 수역을 나타낸다. 조경 수역은 수온이 다른 곳에서 서식하는 다양한 어류가 있어 좋은 어장이 된다.

08 메테인하이드레이트는 화산 지형과 무관하다.

09 안용복은 민간인 신분으로 일본 정부에 항의하여 독도가 조선 땅임을 확인받은 인물이다.

10 '오징어 꼴뚜기 대구 홍합 따개비'는 독도 주변 해역에 수산 자원이 풍부한 특징을 나타내며, 이 가사는 독도가 우리 땅임을 증명하는 데는 적절하지 않다.

   왜 틀렸을까? ① 독도가 일본의 오키섬보다 울릉도와 더 가까운 것을 설명할 수 있다. ② 오랜 옛날부터 우리 조상들이 알고 있었다는 역사적 사실을 설명할 수 있다. ③ 실제 우리나라 국민이 거주하며 살고 있다는 것을 설명할 수 있다. ④ 우리나라의 행정 구역에 속하는 현재 우리나라 영토이다.

11 백제 유물과 유적이 많은 곳은 충청남도 공주와 부여이다. 횡성은 한우로 유명하다.

12 (가)는 세계 문화유산으로 등재된 경주 역사 유적 지구의 모습, (나)는 세계 자연 유산으로 등재된 제주도의 모습이다.

13 해녀는 제주의 문화유산이며, 화산과 용암동굴로 구성된 세계 자연 유산과 관련이 멀다.

14 서울 엔 타워는 서울을 상징하는 랜드마크로, 장소 마케팅으로 볼 수 있다.

15 동계 올림픽은 겨울철 많은 눈, 산지 지형과 관계 있고, 해피 700은 해발 고도 700을 의미하며, 고도가 높아 여름철에도 다른 지역에 비해 덥지 않고 서늘하여 여름철 피서지로서 적합한 것을 홍보하는 것이다.

16 충청남도 보령은 넓은 갯벌과 해수욕장을 이용하여 매년 머드 축제를 개최하고 있다.

17 우리나라는 북쪽으로는 유라시아 대륙 지역과의 교류에 유리하며, 남쪽으로는 바다를 이용하여 세계 여러 지역과 교류할 수 있는 위치적 장점을 갖고 있다.

18 분단으로 인해 한반도의 지리적 장점을 살리지 못하고 있으며, 남북의 경쟁과 갈등, 과도한 군사비 지출, 군사적 대립과 정치적 불안 등이 발생하고 있어 우리나라의 성장에 걸림돌이 되고 있다.

19 시베리아 횡단 철도는 러시아의 블라디보스토크에서 시베리아 대륙을 횡단하여 멀리 모스크바를 지나 유럽 여러 지역으로 연결되는 세계에서 가장 긴 철도이다.

20 분단 때문에 남북이 교류하고 협력하는 데 한계가 많다. 남한의 우수한 기술과 많은 자본이 북한의 풍부한 자원, 값싼 노동력과 결합하면 성장 가능성과 세계 속에서 우리나라의 경쟁력이 매우 높아진다.

21 통일되면 한반도의 개발 잠재력이 신장되어 얻을 수 있는 경제적 효과가 크다.

22 **예시 답안 |** 독도의 지정학적 위치는 군사적, 안보적인 면에서 매우 중요한 가치가 있다.

   만점 비법! 독도의 위치적 중요성을 군사·안보적인 측면에서 서술해야 한다.

23 **예시 답안 |** (가)는 지역의 역사적 특징(유물, 유적 등), (나)는 지역 특산품을 지역화 전략에 이용하고 있다.

   만점 비법! 두 지역의 지역화 전략에 이용된 특성을 모두 바르게 서술해야 한다.

24 **예시 답안 |** 남북 간에 군사적 대립과 경쟁, 갈등이 줄어들고 국방비 지출이 줄어들며 한반도에 평화가 정착된다.(또는, 세계 평화에 이바지한다.)

   만점 비법! 사진 자료와 관련된 통일의 기대 효과를 바르게 서술해야 한다.

정답과 해설

12 더불어 사는 세계

01 지구상의 다양한 지리적 문제

실력 확인 문제

개념 쏙쏙 **1** (1) 일본 (2) 상승 **2** 영토
3 (1) × (2) ○

01 ② **02** ③ **03** ② **04** ① **05** ②
06 생물 다양성 **07** ③ **08** ④ **09** ③
10 해설 참조

01 다국적 기업들의 독점과 횡포는 영역 분쟁의 원인이 아니라 경제적 불평등의 주요 원인이다. 영역 분쟁의 주요 원인은 종교·민족 갈등, 자원 개발을 둘러싼 갈등 등이다.

02 북극해, 카스피해는 석유와 천연가스가 많이 매장되어 있는 지역으로, 자원 개발을 둘러싼 주변 국가 간의 갈등이 지속되고 있다. 남아메리카의 오리노코강 유역은 석유 자원 개발을 둘러싼 분쟁이 발생하고 있다.

03 러시아와 일본 간에 자원 개발 및 군사적 목적으로의 영유권 분쟁이 발생하고 있는 지역은 쿠릴 열도이다.

왜 틀렸을까? ③ 난사 군도를 둘러싼 분쟁 당사국은 중국, 필리핀, 말레이시아, 베트남, 타이완, 브루나이이다.
⑤ 센카쿠 열도 분쟁의 당사국은 일본, 중국, 타이완이다.

04 기아 문제의 주요 원인으로는 기상 이변이나 분쟁으로 인한 생산량 감소, 가축 사료나 바이오 에너지 원료로의 이용 비중 증대에 따른 가격 상승 등을 들 수 있다.

05 생물 다양성 감소는 급속한 인구 증가와 산업화, 무분별한 자원 개발로 인해 급속하게 진행되고 있다.

왜 틀렸을까? ㄴ의 친환경 농법의 개발과 ㄹ의 신·재생 에너지의 개발은 생물 다양성 감소를 막기 위한 대책이 될 수 있다.

06 생물 다양성은 자연 생태계와 생물 종 안에 있는 모든 유전자의 다양성을 포괄한다.

07 영양 결핍 인구 비율은 저개발국이 많은 아시아와 아프리카가 선진국이 많은 앵글로아메리카와 유럽에 비해 높게 나타난다.

왜 틀렸을까? ① 옥수수 수출량은 미국이 많다.
②, ④ 1인당 국내 총생산과 1인당 에너지 소비량은 유럽, 앵글로아메리카가 높게 나타난다.
⑤ 국제 난민 유입 인구수는 북한의 경우 매우 낮다.

08 도시와 촌락 간의 지역 격차는 전 지구적인 지리 문제가 아니라 한 국가 내에서 나타나는 지역 문제로 볼 수 있다.

09 저위도 지역에 분포하는 열대림 지역은 세계에서 생물 다양성이 가장 풍부한 곳이다.

10 **예시 답안 |** 열대림은 이산화 탄소를 흡수하고 산소를 공급하며 지구 온난화 현상의 가속화를 막는 데 중요한 역할을 한다.

만점 비법! 열대림의 중요한 생태적 기능에 관하여 정확하게 서술해야 한다.

02 발전 수준의 지역차 ~ 03 지역 간 불평등 완화를 위한 노력

실력 확인 문제

개념 쏙쏙 **1** (1) 비정부 기구 (2) 국민 총 행복 지수 **2** 공정 무역
3 (1) 문화·사회적 지표 (2) 경제적 지표

01 ② **02** ② **03** ⑤ **04** ⑤ **05** ②
06 공적 개발 원조 **07** ② **08** ① **09** ⑤
10 해설 참조

01 유아 사망률과 평균 기대 수명은 지역 간 격차의 발생 원인과 관련되는 것이 아니라 지역 간 격차를 확인할 수 있는 지표이다.

02 문맹률, 합계 출산율, 인구 증가율, 1차 산업 종사자 비율은 선진국보다 저개발국에서 높게 나타난다.

03 인간 개발 지수가 높은 지역이 발전 수준이 높은데, 유럽의 국가들이 아프리카의 국가들보다 인간 개발 지수가 높다.

왜 틀렸을까? ① 1인당 소득과 기대 수명은 서로 비례한다.
② 교육 수준의 국가별 차이는 1인당 소득의 국가별 차이보다 작다.
③ 인간 개발 지수에 가장 큰 비중을 차지하는 영역은 기대 수명이다.
④ 아프리카에 위치한 국가들은 유럽에 위치한 국가들보다 인간 개발 지수가 낮다.

04 하루 1.25달러보다 적은 돈으로 사는 사람들의 비율은 적도를 중심으로 한 저위도 지역이 고위도 지역보다 높다. 이를 통해 저위도 지역이 고위도 지역보다 경제 발전 수준이 상대적으로 낮음을 파악할 수 있다.

354 | 정답과 해설

05 경제 성장률은 저개발국이 선진국들보다 높게 나타난다. 즉, 연평균 경제 성장률과 경제 발전 정도는 비례하지 않는다.

06 공적 개발 원조는 선진국의 정부나 기관이 저개발국의 발전을 위해 자본이나 기술을 지원해 주는 제도이다.

07 적정 기술은 해당 지역의 조건(자연적, 사회·문화적)을 고려하여 해당 지역에서 지속적으로 생산·소비될 수 있도록 만들어진 기술이다. 적정 기술의 개발과 적용이 활성화될 경우 저개발국의 삶의 조건이 개선되고 선진국과의 격차가 완화될 것이다.

08 적정 기술의 단점은 발전의 효과가 나타나는 데 다소 시간이 소요된다는 것이다. 일반적으로 효과가 가장 빨리 나타나는 지원은 자본(자금) 지원이다.

09 유상 원조는 원조 금액에 대한 이자를 지불해야 하기 때문에 장기적으로 지원 대상 국가의 경제적 부담을 증가시킨다. 따라서 유상 원조 비중의 강화는 오히려 세계 경제 불평등을 더욱 악화시킬 수 있다.

10 예시 답안 | 생산자의 경우 좀 더 많은 수익을 배분받을 수 있게 되며, 소비자의 경우 좀 더 품질 좋은 커피를 값싸게 공급받을 수 있게 된다.

만점 비법! 생산자와 소비자의 측면을 각각 정확하게 서술해야 한다.

대단원 총정리 문제

290~293쪽

01 ②	02 ③	03 ①	04 ②	05 ④
06 ②	07 ④	08 ③	09 ①	10 ③
11 ④	12 국민 총 행복 지수		13 ①	14 ②
15 ④	16 공적 개발 원조		17 ②	

18~20 해설 참조

01 캐나다 퀘벡주는 프랑스어를 사용하는 주민들과 영어를 사용하는 주민들 간의 문화적 차이로 인한 갈등이 지속되고 있다.

02 아프리카는 유럽 열강으로부터 독립하는 과정에서 인위적으로 국경선이 결정되었기 때문에 현재 부족 경계와 국경이 일치하지 않는다. 따라서 한 국가 내에 서로 다른 부족이 분포하면서 부족 간의 갈등이 내전으로 심화되는 경우가 많다.

03 촌락 지역의 인구 감소는 한 국가 내에서의 지리 문제에 해당

한다. 비종교 인구 비중의 증가는 '문제'가 아니라 현상이다.

04 (가)는 쿠릴 열도이다. 쿠릴 열도는 석유, 금, 각종 수산 자원이 풍부한 곳으로, 현재 러시아와 일본 간의 영유권 분쟁이 발생하고 있는 지역이다.

왜 틀렸을까? ① 쿠릴 열도는 현재 러시아가 실효 지배하고 있다.

05 북극해 연안은 석유, 천연가스 등의 매장량이 풍부하여 이 자원들의 개발을 둘러싸고 인근 5개 국가(미국, 캐나다, 노르웨이, 덴마크, 러시아) 간에 영유권 분쟁이 발생하고 있다.

06 카스피해를 바다로 볼 경우 카스피해와 접해 있는 해안선 길이가 긴 국가들이 자원 개발에 있어 상대적으로 유리해진다. 따라서 카스피해를 바다로 볼 것이냐, 호수로 볼 것이냐를 둘러싼 인근 국가들 간의 분쟁이 지속되고 있다.

07 생물 다양성은 무분별한 남획과 환경 오염, 산업화에 따른 개발, 외래종의 유입 등으로 인해 크게 축소되고 있다. ④ 열대림을 보존할 경우 생물 다양성은 유지되거나 오히려 증가할 수 있다.

08 식량 문제는 주요 곡물 가격의 급상승과 다국적 기업들의 독점으로 인한 분배의 불균형 등으로 인해 점차 악화되고 있다.

왜 틀렸을까? ㄱ. 곡물 수요는 바이오 에너지의 원료, 가축 사료 등으로 이용되는 비중이 증가하면서 오히려 증가하고 있다.
ㄹ. 전 세계 인구는 지속적으로 증가하고 있다.

09 옥수수의 가격은 바이오 에너지로 이용되는 비중이 증가할수록 수요가 증가하기 때문에 상승한다.

왜 틀렸을까? ④ 식량 작물이 다른 용도로 사용되는 비중이 증가할수록 작물 가격은 상승하게 되고, 따라서 저개발국은 작물을 수입하는 데 어려움을 겪게 되어 식량난이 악화될 가능성이 크다.

10 생물 종 개체 수는 적도를 중심으로 저위도의 열대림 분포 지역에서 가장 많고, 고위도 지역에서 상대적으로 적게 나타난다.

왜 틀렸을까? ① 냉·온대림이 주로 분포하는 캐나다, 중국 등의 수치가 높게 표시된 것으로 보아 열대림 개체 수를 나타낸 지도가 아님을 알 수 있다.

11 인간 개발 지수는 경제 발전 수준이 높은 선진국에서 저개발국보다 높게 나타난다.

왜 틀렸을까? ① 인간 개발 지수가 가장 낮은 대륙은 아프리카이다. ⑤ 인간 개발 지수에는 소득 수준, 교육 수준, 기대 수명 등의 지표가 반영된다. 인구 규모는 인간 개발 지수에 반영되는 지표가 아니다.

12 국민 총 행복 지수(GNH)는 부탄이 국민 삶의 질을 측정하기 위해 고안한 지표이다.

13 천연자원은 오히려 아프리카에 위치한 저개발국이 더 풍부한 편이며, 노동력 또한 인구 증가율이 높은 저개발국이 선진국보다 풍부하다.

14 (가)는 1인당 국민 총소득이 많고 3차 산업 종사자 비율이 높은 선진국들인 반면, (나)는 1인당 국민 총소득이 적고, 3차 산업 종사자 비율이 낮은 저개발국이다. 저개발국은 선진국보다 일반적으로 출산율과 인구 증가율이 높은 반면, 도시화율은 선진국이 더 높고 1인당 자원 소비량도 선진국이 더 많다.

15 비정부 기구(NGO)는 시민들이 중심이 되어 조직된 국제기구로 시민들의 자발적인 봉사와 참여 활동을 통해 운영된다.
왜 틀렸을까? ① 각국의 정치적 이해관계의 영향을 크게 받는 대표적인 국제기구는 정부 대표로 이루어진 국제 연합(UN)을 들 수 있다.

16 공적 개발 원조는 선진국 정부나 공공 기관들이 저개발국에 대해 기술이나 자본을 지원해 주는 제도이다.

17 공정 무역 제품은 일반 제품에 비해 생산자의 이익 배분율이 더 높은 반면, 유통 단계가 단조로워지면서 유통업자에게 배부되는 수익률은 줄어들게 된다.

18 **예시 답안 |** 외래종의 유입으로 인한 토착종의 개체 수 감소와 무분별한 개발로 인한 생태계 파괴 등
만점 비법! 생물 종 다양성 감소의 원인을 모두 정확하게 서술해야 한다.

19 **예시 답안 |** 적정 기술의 장점은 해당 지역의 경제적·사회적·자연적 조건에 맞는 기술을 개발하여 지원해 줌으로써 지역 주민들이 손쉽게 이용하고 스스로 발전할 수 있는 기반을 조성해 준다는 점이다. 그러나 현재의 가난과 경제적 어려움을 바로 해결해 주는 데는 한계가 있다.
만점 비법! 적정 기술의 장점과 단점을 모두 정확하게 서술해야 한다.

20 **예시 답안 |** 회원 국가들끼리 교류를 활성화하여 공동으로 경제를 발전시키고 선진국에 대응하기 위한 기반을 조성하기 위해서
만점 비법! 저개발 국가들이 공동으로 경제를 발전시키기 위해 지역 경제 협력 체제를 결성했음을 정확하게 서술해야 한다.

창의 쑥쑥 수행 평가

1 인권과 헌법

예시 답안 | 296~297쪽

1. 사형제 찬반 토론하기

❶

주장	사형제를 찬성한다.
근거	사형제의 실시는 범죄자들에게 본보기가 되어 그들이 강력 범죄를 저지르는 데 두려움을 느끼게 될 것이다.

❷

찬성팀의 주요 근거	반대팀의 주요 근거
• 사형 제도는 범죄 예방 효과가 있다. 미국 텍사스주에서는 사형 집행 후 살인 사건 발생률이 63%나 감소하였기 때문이다. • 사형 제도를 유지하여 사회의 안정과 질서를 유지하는 것이 더욱 많은 사람의 인권을 보호하는 일이다	• 사형 제도는 범죄 예방 효과가 없다. 캐나다에서는 사형 제도를 폐지하였음에도 불구하고 오히려 살인 사건 발생률이 44%나 감소하였기 때문이다. • 사형 제도는 생명권을 침해한다. 즉 인간의 존엄성과 인권을 침해하는 제도이다.

2. 인권 증진을 위해 헌신한 인물 조사하기

내가 소개하고 싶은 인물	마틴 루서킹
인물을 소개하는 까닭	「나에게는 꿈이 있습니다」라는 연설문에 감동하여서
인물의 약력 및 생애	• 제2차 세계 대전 후 조지아주(州) 애틀랜타에서 출생하였다. • 1954년 앨라배마주(州) 몽고메리의 침례교회 목사로 취임하였다. 1955년 12월, 시내 버스의 흑인 차별 대우에 반대하여 5만 명의 흑인 시민이 벌인, '몽고메리 버스 보이콧 투쟁'을 지도하여 1년 후인 1956년 12월에 승리를 거두었다. • 그 직후 남부 그리스도교도 지도 회의를 결성하고, 1968년 4월 테네시주(州)의 멤피스시(市)에서 흑인 청소부의 파업을 지원하다가 암살당하기까지, 비폭력주의에 근거하여 흑인이 백인과 동등한 시민권을 얻어내기 위한 '공민권 운동'(1963년의 워싱턴 대행진 등)의 지도자로 활약하였다. • 1964년에는 이러한 공로가 인정되어 노벨 평화상을 받았다. 주요 저서에는 몽고메리 버스 보이콧 투쟁에 관하여 쓴 『자유를 향한 위대한 행진』(1958) 외에도 『우리 흑인은 왜 기다릴 수 없는가(Why We Can't Wait)』(1964), 『흑인이 가는 길』(1967) 등이 있다.
인물이 인권 증진에 이바지한 점	시영 버스의 차별적 좌석제에 대한 버스 보이콧 운동을 비폭력 전술로 이끌어 승리를 거두었다. 그 뒤 1963년의 워싱턴 대행진을 비롯한 수많은 운동을 이끌어 공민 권법·투표권법의 성립을 촉진하였다.

2 헌법과 국가 기관

예시 답안 | 298~299쪽

1. 우리나라의 삼권 분립 현황

신문 기사 제목	견제 기관 ( )부에서 ( )부 견제	내용
국회법 개정안에 법률안 거부권 행사	행정부에서 입법부 견제	대통령이 국회에서 이송된 국회법 개정안에 대해 법률안 거부권을 행사하였다.

2. 헌법 재판으로 기본권 침해를 구제받은 사례는 어떤 것이 있을까?

❶

사건명	유출된 주민등록 번호 위헌 사례
판결 결과 (종국 결과)	위헌
사건 내용 정리	특정 사이트의 개인 정보가 불법으로 유출되자 개인 정보가 유출되어 주민 등록 번호를 바꾸고 싶던 A씨는 「주민 등록법」상 주민 등록 번호 변경이 어렵다는 답변을 듣게 된다. 이에 A씨는 헌법재판소에 헌법 소원을 제기하고 헌법재판소에서는 「주민 등록법」 제7조가 개인 정보 자기 결정권을 침해하여 헌법에 합치되지 않는다고 위헌 판결을 내렸다.

❷ 악용될 수 있는 주민 등록 번호를 변경할 수 없는 것은 국민의 기본권을 침해하는 행위나 다름없으므로 헌법재판소의 위헌 결정에 찬성하는 입장이다.

3 경제생활과 선택

예시 답안 | 300~301쪽

1. 합리적 선택의 경험 나누기

❶ 일요일에 친구와 놀이공원에 갈지, 집에서 텔레비전을 볼지 고민한 적이 있다.

❷

친구와 놀이공원 가기	집에서 텔레비전 보기
〈비용〉 차비 3,000원 / 입장료 18,000원 / 점심값 8,000원 〈장점〉 재미, 친구와의 추억, 예쁜 사진 등	〈비용〉 없음 〈장점〉 지출이 없음, 휴식의 즐거움 등

❸ 1. 친구와 놀이공원에 가면 총 29,000원의 지출이 발생한다. 집에서 텔레비전을 보면 별도로 지불해야 하는 지출 금액이 없다.

2. 놀이공원에 가면 좋아하는 놀이기구들을 신나게 탈 수 있고, 친구와 우정을 더욱 돈독하게 할 수 있다.

3. 집에서 텔레비전을 보면 하루를 편히 쉬면서 좋아하는 텔레비전 프로그램을 보면서 소소한 재미를 느낄 수 있다.

4. 결국, 나는 친구와 놀이공원에 가면 얻을 수 있는 재미, 추억, 예쁜 사진의 가치가 29,000원과 텔레비전 보는 것의 즐거움을 더한 것보다 크다고 판단하여 놀이공원을 선택했다.

2. 기업가 정신을 발휘해 보자.

❶ 음식 판매 관련, 미용 서비스 관련, 취미 생활 관련, 미세 먼지 관련

❷ 몇 해 전부터 대기 오염의 정도가 매우 심각해졌다. 바람을 타고 건너오는 미세 먼지나 국내 산업 시설에서 나오는 매연 등으로 인해 호흡기 질환을 호소하는 사람들이 많다. 그런데, 이러한 문제에 대한 뾰족한 해결책이 없는 실정이다.

❸

사업 아이템	공기 질 관리
현재 문제점	공기 질이 심각한 수준으로 나빠지고 있고, 이로 인해 일상생활을 위협받고 있음.
구체적 사업 방안	사설 경비 업체와 같이 상업 시설의 미세 먼지를 전문적이고, 체계적으로 관리하는 회사를 설립하여 수익을 창출함. 공기 청정기를 가동하고, 실시간으로 미세 먼지 농도를 표시하는 측정기를 통해 실시간으로 공기의 상태를 고객들에게 알려줌으로써 고객들의 신뢰를 확보함. 일반 가정뿐만 아니라 카페나, 헬스장 등 비교적 장시간 머무르는 시설에서 수요가 많을 것으로 판단됨.

4 시장 경제와 가격

예시 답안 | 302~303쪽

1. 애장품 가격 매기기

❶ 초등학교 때 친구에게 선물 받았던 무선 조종 자동차

❷

가격(원)	500	1,000	1,500	2,000	2,500	3,000	3,500
수요량(개)	7	6	5	4	3	2	1

❸, ❹ 생략

2. 수요·공급의 변동으로 인한 가격 변동 사례 보고서 작성하기

❶

수요의 변동으로 인한 가격 변화 사례	명절을 앞두고 제수용 과일에 대한 수요가 증가하여 과일값이 상승하고 있다.
공급의 변동으로 인한 가격 변화 사례	살충제 파동과 조류인플루엔자로 인해 달걀의 공급이 감소하여 달걀값이 상승하고 있다.

❷

시장 가격의 변동	시장 거래량의 변동
수요가 증가하여 수요 곡선이 우측으로 이동하면 시장 가격은 상승하고 거래량도 증가한다.	공급이 감소하여 공급 곡선이 좌측으로 이동하면 시장 가격은 상승하지만, 거래량은 감소한다.

5 국민 경제와 국제 거래

예시 답안 | 　　　　　　　　　　　　304~305쪽

1. 국내 총생산, 1인당 국내 총생산 조사하고 비교하기

❶

국가	국내 총생산		1인당 국내 총생산	
	액수	순위	액수	순위
미국	19조 4천억 달러	1	6만 달러	7
일본	4조 9천억 달러	3	4만 달러	23
중국	12조 달러	2	3만 달러	27
대한민국	1조 5천억 달러	11	1만 달러	74
룩셈부르크	6백억 달러	73	11만 달러	1

❷ 국내 총생산을 인구수로 나눈 것이 1인당 국내 총생산이다. 따라서, 각국의 인구수가 같다면 국내 총생산과 1인당 국내 총생산은 정확히 비례하겠지만 각국 인구는 모두 달라 두 지표 간의 관계가 일정한 패턴을 보이지 않는다. 룩셈부르크의 경우 국내 총생산의 순위는 73위에 불과하지만 1인당 국내 총생산의 순위는 1위이다.

❸ 여가나 가족과 함께 보내는 시간, 주당 근로 시간 등이 생활 수준을 나타내는 지표이다.

2. 물가/실업률 관련 보고서 작성하기

❶

	물가 상승	높은 실업률
사례	• 명절을 앞둔 경우처럼 소비가 증가할 때 • 수입품의 가격이 오를 때	• 소비가 둔화될 때 • 기업이 채용 규모를 줄일 때

❷

	물가 상승	높은 실업률
정부의 대책	세율을 인상하거나 정부 지출을 줄인다.	세율을 인하하거나 정부 지출을 늘린다.

❸ 경기가 활성화되면 자연스럽게 물가는 상승하고 실업률은 안정되는 경향을 보인다. 반대로, 경기가 침체하면 물가는 안정되지만, 실업률이 높은 수준을 보인다. 따라서, 물가를 안정시키는 정책은 실업률을 높이게 되고 실업률을 해결하기 위한 정부의 정책은 물가 상승을 부추기게 되는 것이다. 이런 이유로 물가 상승과 실업을 동시에 안정화하는 것은 매우 어려운 일이다.

6 국제 사회와 국제 정치

예시 답안 | 　　　　　　　　　　　　306~307쪽

1. 국제 연합(UN) 신문 만들기

❶

제목	유엔, 새 대북 제재 결의안 만장일치로 채택

국제 연합 안전보장이사회는 2017년 12월 22일 긴급회의를 열고, 북한에 대한 압박을 강화하기 위해 휘발유나 경유 같은 석유 정제품을 90%까지 대폭 줄이는 내용의 대북 제재 결의안을 처리했다. 미국과 영국, 프랑스, 러시아는 물론 북한의 주요 무역 상대국인 중국도 이번 결의안에 찬성표를 던졌다. 이번 결의안은 최근 잇따른 북한의 핵 실험과 미사일 발사로 인해 국제적 긴장감이 고조되는 시점에 통과됐다.

❷

○○일보		
학년　반　모둠		년　월　일
국제 연합 무력 도발 국가에 강력 제재 결의	중국, 안전 보장 이사회에서 거부권 행사	
	국제 연합, 독도가 한국 영토임을 재확인	
당신의 작은 후원으로 국제 평화의 꽃이 핍니다		

7 인구 변화와 인구 문제

예시 답안 | 　　　　　　　　　　　　308~309쪽

1. 대통령 직속 저출산 고령화 위원회에 정책 제안하기

❶ 구체적인 방안
① 출산에서 양육까지 국가에서 체계적으로 관리
② 기업이나 정부의 정년을 65세로 연장하기
③ 노약자 돌봄 시설의 확대
④ 어린이집, 유치원 무상 지원

❷ 기대 효과
모든 아이는 모두의 아이라는 인식으로 출산에서 양육까지 국가가 체계적으로 관리한다. 어린이집, 종일 유치원에 취학 전 아동 보육 등을 무상으로 실시하여 출산율을 높일 수 있다. 또한 정년을 연장하고 정년 후 노인들을 재고용하여 사회 참여를 확대시켜 고령화 사회에 대비한다.

2. 인구 포스터와 표어 만들기

〈1단계〉 저출산의 원인은 자녀 양육비의 증가, 결혼 연령 상승 및 미혼 인구의 증가, 결혼 및 가족에 관한 가치관의 변화 등이 복잡하게 얽혀 있다.

〈2단계〉 포스터 주제: 출산율이 계속해서 낮아진다면 도시 전체가 텅 비게 된다.

〈3단계〉 텅 빈 도시에서 아이들이 혼자 외롭게 놀고 있는 포스터를 배경으로 하여 "아이에게 이런 환경을 물려주실 건가요?"라는 표어를 삽입한다.

8 사람이 만든 삶터, 도시

예시 답안 | 310~311쪽

1. 세계에서 가장 살기 좋은 도시와 가장 살기 힘든 도시

❶ 살기 좋은 도시의 특징

대부분 선진국에 위치한 도시로 정치·사회적 안정성 및 낮은 범죄율, 풍부한 문화 시설, 쾌적한 자연환경, 도로 시설 및 대중교통, 편의성 등이 잘 갖추어져 있을 것이다.

❷ 살기 힘든 도시의 특징

정치적 불안정, 내전 등으로 인한 도시 시설의 파괴, 경제적 빈곤 및 실업, 치안 불안 등으로 살기 힘든 도시일 것이다.

2. 살기 좋은 도시의 조건

❶ 도시의 안전성이 높고, 건강·보건 등 의료 시설, 문화·환경, 교육, 도시 시설 인프라 등이 잘 갖추어져 있기 때문이다.

❷ 자연환경이 쾌적한 도시, 적정 규모의 인구가 거주하는 도시, 범죄율이 낮고 안전을 보장받을 수 있는 도시, 다양한 편의 시설을 이용할 수 있는 도시, 주차 문제나 교통 체증이 없는 도시 등

9 글로벌 경제 활동과 지역 변화

예시 답안 | 312~313쪽

1. 다국적 기업의 공간적 분업

❶ 입지 고려 사항을 보면 본사는 대도시 또는 선진국, 연구소는 대학 및 연구소 밀집 지역, 생산 공장은 개발 도상국에 입지하는 것이 좋겠어.

❷ 국내에 영업 지점과 생산 공장을 늘려나간다.

해외에 영업 대리점과 영업 지점을 세운다.

비교적 지가와 인건비가 저렴한 국가에 생산 공장을 세운다.

국외 현지에 본사 역할을 대신하는 자회사를 세운다.

❸ 지방에 분공장이나 영업 지점 설치 ➡ 해외에 영업 대리점 및 지점 설치 ➡ 해외에 분공장을 세움. ➡ 다국적 기업으로 통합된 기업 조직 형성

2. 다국적 유통 업체 입점에 따른 영향

❶ 지역 주민 1: 소비자는 쇼핑의 편리함과 다양한 물건을 선택하고 구매할 권리가 있으며 대형 마트 입점에 따른 채용 효과 등 지역 경제 활성화도 고려해야 할 것입니다.

❷ 지역 주민 2: 아파트 생활이 보편화되고 마트 쇼핑, 몰링에 익숙해진 지역 주민들로서는 지역 내 큰 쇼핑몰이 들어와야 집값도 오르고 편의성이 높아지기 때문에 대형 마트 입점에 찬성합니다.

❸ 지역 중소 상인 1: 외국계 대형 마트가 입점한다면 지역의 기존 상권이 잠식되어 매출이 감소하는 등 저희 같은 중소 상인들의 생존권이 위협받을 수 있습니다.

❹ 지역 중소 상인 2: 외국계 대형 마트의 입점은 지역에서 얻은 수익을 지역 내에서 소비하는 것이 아닌 본사로의 송금을 통해 지역 사회에서 환원율을 낮추어 지역 경제의 순환 체계를 왜곡할 수 있습니다.

10 환경 문제와 지속 가능한 환경

예시 답안 | 314~315쪽

1. 우리의 생활에 직접적으로 영향을 주는 환경 문제

❶ 환경 문제

예 지구 온난화로 인한 여름의 무더위와 겨울의 강추위, 사막화로 인한 봄철 황사 및 미세 먼지 기승, 지구 온난화로 인한 여름철 잦고 큰 태풍

❷ 문제에 대한 해결 방안

예 지구 온난화 해결을 위해 국제적, 국가적, 개인적 노력을 한다. 사막화를 막기 위한 나무 심기 등

2. 농약과 환경 쟁점

❶ 예 농약을 사용하여 키운 작물들에 남은 농약 성분이 사람에게 매우 유해하기 때문이다. 게다가 농약을 쓰지 않고 농작물을 키우기가 힘들다.

❷ 예 오리나 우렁이 등을 논에 사육하여 해충을 잡아먹게 한다. 미세 조류 클로렐라를 이용하여 농사를 짓는다.

정답과 해설

11 세계 속의 우리나라

예시 답안 | 316~317쪽

1. 북부 지방의 경쟁력

❶ 1단계: 지역 선정

예 (1) 선정한 지역: 평양

(2) 지역의 지리적 특성: 대동강 유역에 위치하며, 고조선과 고구려의 수도였고, 현재 북한의 중심 도시이다.

❷ 2단계: 지역화 전략 수립하기

예 (1) 지역 브랜드 만들기

① 지역 브랜드 선정: 평양냉면

② 이유: 평양을 대표하는 음식으로 평양을 홍보하기에 적합하기 때문이다.

(2) 지역 브랜드를 이용한 홍보 캐릭터 만들기

① 홍보 캐릭터: 옥류관 음식점 사진과 평양냉면 사진에 고구려 전통 의상을 입은 남녀 캐릭터를 그려 본다.

② 캐릭터 설명: 옛 고구려의 복장을 한 남녀가 평양을 대표하는 음식인 평양냉면과 대표 음식점을 홍보한다.

2. 독도는 이래서 우리 땅입니다.

예 독도는 삼국 시대부터 이미 울릉도와 함께 신라의 지배를 받아왔다. 현재도 우리나라 행정 구역 일부로 속해 있으며, 독도에는 독도 경비대는 물론, 거주하는 주민들도 있다. 일본의 여러 문헌이나 지도 등에도 울릉도와 독도는 자신들의 영토가 아님을 밝히고 있다. 일본은 1904년 러일 전쟁을 일으키며, 군사적으로 중요한 위치에 있는 독도를 사람들이 살지 않는 무인도라고 하며 일방적으로 자신들의 영토로 삼았다. 하지만 울릉도 주민들이 독도 근해에서 어업을 하며 생활을 하고 있었고, 조선 시대 어부 안용복은 독도 부근에서 고기를 잡던 일본인 어부를 쫓아 일본에 가서 독도가 조선 땅임을 확인받고 온 사실도 있다. 따라서 일본이 독도가 사람이 살지 않아 임자 없는 땅이라며 자신들의 영토로 삼은 것은 역사적 사실을 인정하지 않고 자신의 입장에서만 억지 주장을 펼치는 것이라고 판단된다.

12 더불어 사는 세계

예시 답안 | 318~319쪽

1. 사라지고 있는 지구상의 동물들

예 • 반달곰

온대림 지역에 주로 서식하는 곰과의 포유동물로 가슴에 흰 초승달 무늬가 있는 것이 특징이다. 우리나라 곳곳에 살았지만 일제 강점기 때 포획으로 많은 수가 사라졌고, 최근까지 밀렵이 끊이지 않아 멸종 직전에 이르렀다. 현재 지리산, 설악산, 오대산, 태백산, 강원도 DMZ 지역에 소수 남아 있다. 세계적으로 중국 북동부, 러시아 연해주·아무르 지역에 분포한다.

• 푸른바다거북

주로 열대, 아열대 해양의 해변에 살고 있으며, 머리가 작고 등갑이 단단하다. 푸른바다거북의 알과 살이 별미로 인식되면서 산란장이 습격당하거나 불법으로 포획되는 일이 많아졌다. 또한, 해양 오염이나 사람들이 쳐 놓은 그물에 걸려 죽는 일이 빈번해지면서 현재 멸종 위기에 처하게 되었다. 우리나라에서는 수온이 높은 남해안이나 제주 연안에서 볼 수 있다.

2. 국제 행복 지수로 본 우리나라의 행복도는?

❶ 예 경쟁 위주의 사회 분위기와 다른 국가들에 비해 긴 근로 시간, 안정되지 못한 노후 복지 제도 등을 들 수 있다. 또한, 공동체 문화의 약화로 인한 소외감과 개인주의의 확산도 행복도를 낮추는 원인으로 볼 수 있다.

❷ 예 제도적으로 가족과 함께 할 수 있는 시간 확보, 근로 시간 단축, 복지제도 개선 등과 같은 정책이 마련되어야 하고, 함께 협력하며 성취감을 느낄 다양한 기회를 제공해 주어야 한다. 성적이나 결과 위주의 평가보다는 과정과 개인 발전 위주의 평가 문화가 정착되어야 한다.